Kollegiale Selbstverwaltung als Führungsprinzip

Inga Enderle

Kollegiale Selbstverwaltung als Führungsprinzip

Theoretische Rekonstruktion und empirische Untersuchung der Arbeitsweise Freier Waldorfschulen

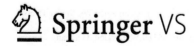

Inga Enderle
Alfter, Deutschland

Zgl. Dissertation an der Alanus Hochschule für Kunst und Gesellschaft, Fachbereich Bildungswissenschaft, Alfter, 2017

ISBN 978-3-658-23546-8   ISBN 978-3-658-23547-5 (eBook)
https://doi.org/10.1007/978-3-658-23547-5

Die Deutsche Nationalbibliothek verzeichnet diese Publikation in der Deutschen Nationalbibliografie; detaillierte bibliografische Daten sind im Internet über http://dnb.d-nb.de abrufbar.

Springer VS
© Springer Fachmedien Wiesbaden GmbH, ein Teil von Springer Nature 2019
Das Werk einschließlich aller seiner Teile ist urheberrechtlich geschützt. Jede Verwertung, die nicht ausdrücklich vom Urheberrechtsgesetz zugelassen ist, bedarf der vorherigen Zustimmung des Verlags. Das gilt insbesondere für Vervielfältigungen, Bearbeitungen, Übersetzungen, Mikroverfilmungen und die Einspeicherung und Verarbeitung in elektronischen Systemen.
Die Wiedergabe von Gebrauchsnamen, Handelsnamen, Warenbezeichnungen usw. in diesem Werk berechtigt auch ohne besondere Kennzeichnung nicht zu der Annahme, dass solche Namen im Sinne der Warenzeichen- und Markenschutz-Gesetzgebung als frei zu betrachten wären und daher von jedermann benutzt werden dürften.
Der Verlag, die Autoren und die Herausgeber gehen davon aus, dass die Angaben und Informationen in diesem Werk zum Zeitpunkt der Veröffentlichung vollständig und korrekt sind. Weder der Verlag noch die Autoren oder die Herausgeber übernehmen, ausdrücklich oder implizit, Gewähr für den Inhalt des Werkes, etwaige Fehler oder Äußerungen. Der Verlag bleibt im Hinblick auf geografische Zuordnungen und Gebietsbezeichnungen in veröffentlichten Karten und Institutionsadressen neutral.

Springer VS ist ein Imprint der eingetragenen Gesellschaft Springer Fachmedien Wiesbaden GmbH und ist ein Teil von Springer Nature
Die Anschrift der Gesellschaft ist: Abraham-Lincoln-Str. 46, 65189 Wiesbaden, Germany

INHALTSÜBERSICHT

1 Einleitung

2 Begriff der Führung

3 Relevanz von Führung

4 Denkweisen von Führung

5 Kollegiale Selbstverwaltung als Führungsprinzip

6 Arbeitsgrundsätze kollegialer Selbstverwaltung

7 Bewertender Diskurs kollegialer Selbstverwaltung

8 Zielsetzung der empirischen Untersuchung

9 Erhebungsdesign der empirischen Untersuchung

10 Auswertungsdesign der empirischen Untersuchung

11 Darstellung der empirischen Ergebnisse

12 Diskussion der empirischen Ergebnisse

13 Gesamtresümee

Quellenverzeichnis

Anlagen

INHALTSVERZEICHNIS

1	**Einleitung**	**1**
1.1	Ausgangslage, Fragestellung und Zielsetzung	1
1.2	Forschungsstand und Relevanz der Untersuchung	9
1.3	Ausgewertete Literatur und zitierte Autoren	14
1.4	Herangehensweise und Vorgehen	22
2	**Begriff der Führung**	**27**
2.1	Inhaltliche Reichweite des Führungsbegriffs	27
2.2	Merkmale von Führung	32
2.3	Ableitung einer Arbeitsdefinition von Führung	35
3	**Relevanz von Führung**	**37**
3.1	Legitimation von Führung	37
	3.1.1 Führungsakzeptanz	37
	3.1.2 Führungsnotwendigkeit	40
3.2	Typische Aufgaben von Führung	44
3.3	Strukturelle versus personale Führungsaufgaben	48
4	**Denkweisen von Führung**	**53**
4.1	Subjekttheoretisches Führungsprinzip	54
	4.1.1 Eigenschaften des Führenden	56
	4.1.2 Verhalten des Führenden	59
4.2	Situationstheoretisches Führungsprinzip	68
	4.2.1 Fokusse des situationstheoretischen Führungsprinzips	71
	4.2.1.1 Führungsbeziehung	72
	4.2.1.2 Moral und Werte	79
	4.2.1.3 Verantwortungsteilung	84
	4.2.1.4 Mitarbeiter und Aufgabe	88
	4.2.2 Beispiele aktueller Ansätze des situationstheoretischen Führungsprinzips	89
	4.2.2.1 Intrapreneurship und Selbststeuerung	89
	4.2.2.2 Theorie U: von der Zukunft her führen	93
	4.2.2.3 Dialogische Führung	99
4.3	Entstehung eines neuen integralen Führungsprinzips	104
	4.3.1 Selbstregulierte Kreise in der Soziokratie	107
	4.3.2 Dynamische Rollen in der Holakratie	114
	4.3.3 Selbstführung in der integralen evolutionären Organisation	126

5 Kollegiale Selbstverwaltung als Führungsprinzip ... 135
5.1 Begriffliche Abgrenzung von kollegialer Selbstverwaltung ... 137
5.2 Ableitung einer Arbeitsdefinition von kollegialer Selbstverwaltung ... 146

6 Arbeitsgrundsätze kollegialer Selbstverwaltung ... 149
6.1 Organisationsmanagement ... 155
   6.1.1 Strukturelle Dynamik und Offenheit ... 156
      6.1.1.1 Externe Autonomie und interne Flexibilität ... 156
      6.1.1.2 Organisation als lebendiger Organismus ... 162
      6.1.1.3 Kontinuierliche Weiterentwicklung durch Lernprozesse ... 166
      6.1.1.4 Ermöglichung eines intuitiven Handelns ... 171
      6.1.1.5 Formierung der Struktur aus der konkreten Aufgabe ... 175
   6.1.2 Positionslosigkeit und funktionale Hierarchie ... 179
      6.1.2.1 „Verwaltungsmäßige" Organisation ... 179
      6.1.2.2 Fähigkeits- und Kompetenzprinzip ... 183
      6.1.2.3 Erwiesene Sachverständigkeit ... 187
   6.1.3 Demokratiefördernde Organbildung ... 190
      6.1.3.1 Demokratische Mitverantwortlichkeit ... 190
      6.1.3.2 Zeitlich alternierende Führungsgremien ... 193
      6.1.3.3 Einbezug von Eltern und Schülern („Kunden") ... 198
   6.1.4 Informelle Bezüge zwischen Organen und Individuen ... 205
      6.1.4.1 Zwischenmenschliche Beziehungen durch informelle Strukturen .. 205
      6.1.4.2 Grundsatz der Präzision und Verbindlichkeit ... 209
      6.1.4.3 Horizontaler Informationsfluss ... 212
6.2 Personalführung ... 215
   6.2.1 Selbstführung und Selbstverantwortung ... 216
      6.2.1.1 Selbstführung ... 216
      6.2.1.2 Engagement, Eigeninitiative und geistige Produktivität ... 222
      6.2.1.3 Verantwortungsauthentizität ... 225
   6.2.2 Systematische Mitgestaltung mittels regelmäßiger Konferenzen ... 229
      6.2.2.1 Paritätische Mitwirkung ... 229
      6.2.2.2 Konferenz als zentrales Element ... 232
      6.2.2.3 Ganzheitlichkeit und Sinnhaftigkeit ... 235
   6.2.3 Konferenz als dialogisches Organ und „fortlaufendes Seminar" ... 239
      6.2.3.1 Kommunikation, Information und Koordination ... 239
      6.2.3.2 Identifikation mit dem übergeordneten Organisationsziel ... 243
      6.2.3.3 Erarbeitung eines gemeinsamen Bewusstseins ... 247
      6.2.3.4 Kontinuierliche Selbsterziehung und -entwicklung ... 252
   6.2.4 Konferenz als hierarchiefreies Beschlussorgan ... 257
      6.2.4.1 „Republikanisch-demokratisches" Prinzip ... 257
      6.2.4.2 Entscheidungsfindung durch Konsens ... 265
      6.2.4.3 Entscheidungsdifferenzierung und Ablaufstrukturierung ... 273
      6.2.4.4 Kollegiale Harmonie und gegenseitiges Vertrauen ... 276

6.3 Führungsverständnis ... 282
   6.3.1 Antinomie von „Bürokratie" und „Verwaltung" ... 282
   6.3.2 Anthroposophisches Menschenbild ... 284
   6.3.3 Kollektive Führung ... 290
   6.3.4 Hilfe durch Beratung und exzeptionelle Intervention ... 294

7 Bewertender Diskurs kollegialer Selbstverwaltung ... 297
   7.1 Kritische Aspekte des Arbeitsprinzips ... 297
      7.1.1 Kein originäres Arbeitsprinzip ... 298
      7.1.2 Fragmentärer Entwurfsstatus ... 310
      7.1.3 Stagnierende Weiterentwicklung ... 320
   7.2 Missverständnisse beim Transfer des Urgedankens ... 330
      7.2.1 Ambivalente Termini und Fehlinterpretationen ... 332
      7.2.2 Konservieren von Traditionen ... 339
      7.2.3 Defizitäre Grundlagenarbeit ... 343
   7.3 Konsequenzen nicht wahrgenommener Führungsaufgaben ... 346
      7.3.1 Demokratische Gruppe als kultivierungsbedürftiges Gebilde ... 347
      7.3.2 Ausbildung unerwünschter informeller Hierarchien ... 355

8 Zielsetzung der empirischen Untersuchung ... 359

9 Erhebungsdesign der empirischen Untersuchung ... 363
   9.1 Vorstudie und Forschergruppe ... 364
   9.2 Erhebungsmethode und statistische Menge ... 366
   9.3 Erhebungsinstrument ... 367
      9.3.1 Entwicklung und Begründung des Erhebungsinstruments ... 367
      9.3.2 Lehrerfragebogen ... 370
   9.4 Erhebungsverfahren ... 372
   9.5 Auswertung und Ergebnisse der explorativen Lehrerstudie ... 375
   9.6 Folgestudie: Geschäftsführerbefragung ... 376

10 Auswertungsdesign der empirischen Untersuchung ... 379
   10.1 Datengrundlage der Auswertung ... 379
   10.2 Auswertungsmethode ... 384
      10.2.1 Konfirmatorische Faktorenanalyse ... 385
      10.2.2 Mehrfaktorielle Differenzierung ... 388
         10.2.2.1 Praktiziertes Führungsmodell ... 388
         10.2.2.2 Altersverteilung ... 390
         10.2.2.3 Erfolgte Beratungsleistungen ... 392
         10.2.2.4 Qualität des Organisationsklimas ... 396
         10.2.2.5 Exogene Variablen im Überblick ... 398

10.3 Entwicklung und Darstellung der Auswertungskategorien (Faktoren) ... 399
   10.3.1 Führung in der kollegialen Selbstverwaltung: Verständnis ... 399
   10.3.2 Führung in der kollegialen Selbstverwaltung: Einstellung ... 400
   10.3.3 Führung in der kollegialen Selbstverwaltung: Belastung ... 402
   10.3.4 Führungskompetenz: Führungsfähigkeit ... 403
   10.3.5 Führungskompetenz: persönliche Konfliktfähigkeit ... 404
   10.3.6 Veränderungspotential: Schulebene ... 405
   10.3.7 Veränderungspotential: Unterrichtsebene ... 406
   10.3.8 Ganzheitliche Arbeit: Zufriedenheit ... 407
   10.3.9 Ganzheitliche Arbeit: Belastung ... 408
   10.3.10 Engagement und Verantwortung ... 409
   10.3.11 Management: Struktur ... 410
   10.3.12 Management: Eltern- (Kunden-) Orientierung ... 412
   10.3.13 Personalführung: Anerkennung und Wertschätzung ... 413
   10.3.14 Personalführung: Koordination und Zielerreichung ... 414
   10.3.15 Personalführung: Kommunikation, Information, Transparenz ... 415
   10.3.16 Praktische Freiheit ... 417
   10.3.17 Problembereich: soziale Bedingungen ... 418
   10.3.18 Problembereich: unerwünschte informelle Hierarchien ... 419
   10.3.19 Problembereich: Bezug zur Anthroposophie ... 421
   10.3.20 Problembereich: subjektive Bedeutsamkeit der Arbeit ... 422
   10.3.21 Problembereich: Stellenwert des Schülers beim Lehrenden ... 423
   10.3.22 Problembereich: Arbeit als Selbstverwirklichung ... 425
10.4 Auswertungskategorien (Faktoren) im Überblick ... 426

11 Darstellung der empirischen Ergebnisse ... 427
11.1 Deskriptive Auswertung (Items) ... 427
   11.1.1 Zufriedenheit mit der praktizierten Führung ... 427
   11.1.2 Zufriedenheit mit der schulischen Selbstverwaltung ... 429
11.2 Undifferenzierte Auswertung der Faktoren ... 431
11.3 Differenzierte Auswertung der Faktoren ... 449
   11.3.1 Faktorenauswertung diff. nach dem praktizierten Führungsmodell ... 449
   11.3.2 Faktorenauswertung diff. nach der Altersverteilung ... 453
   11.3.3 Faktorenauswertung diff. nach erfolgten Beratungsleistungen ... 456
      11.3.3.1 Maßnahmen zur Organisationsentwicklung ... 456
      11.3.3.2 Maßnahmen zu Supervision/Coaching ... 460
   11.3.4 Faktorenauswertung diff. nach der Qualität des Organisationsklimas ... 464

12 Diskussion der empirischen Ergebnisse ... 471
12.1 Diskussion der deskriptiven Auswertung (Items) ... 471
12.2 Diskussion der undifferenzierten Auswertung der Faktoren ... 474
12.3 Diskussion der differenzierten Auswertung der Faktoren ... 489

13 Gesamtresümee ... 497
13.1 Zusammenfassender Überblick ... 497
13.2 Zentrale Erkenntnisse ... 501
    13.2.1 Kollegiale Selbstverwaltung als eine Form der Führung ... 501
    13.2.2 Kollegiale Selbstverwaltung als lebendig-organisches Gebilde ... 503
    13.2.3 Führung in der kollegialen Selbstverwaltung ... 505
    13.2.4 Selbstverwaltungskompetenz als (Selbst-)Führungskompetenz ... 507
    13.2.5 Selbstverwaltung versus Selbstverwirklichung ... 510
    13.2.6 Anschlussfähigkeit an den wissenschaftlichen Führungsdiskurs ... 512
13.3 Kollegiale Selbstverwaltung als Führungsprinzip mit Implikationen ... 516
    13.3.1 Organisationsmanagement ... 518
    13.3.2 Personalführung ... 522
    13.3.3 Führungsverständnis ... 533
13.4 Weiterer Forschungsbedarf und Ausblick ... 537

Quellenverzeichnis ... **541**
Anlagen ... **615**
    Anlage 1: Lehrerfragebogen ... 615
    Anlage 2: Mantelfragebogen für Geschäftsführer ... 639

TABELLENVERZEICHNIS

Tab. 01: Reichweite des Begriffs der kollegialen Selbstverwaltung 148
Tab. 02: Praktizierte Führungsform 389
Tab. 03: Altersverteilung insgesamt 391
Tab. 04: Dichotome Altersverteilung 392
Tab. 05: Maßnahmen zur Organisationsentwicklung 394
Tab. 06: Maßnahmen zu Supervision/Coaching 396
Tab. 07: Qualität des Organisationsklimas 397
Tab. 08: Exogene Variablen im Überblick 398
Tab. 09: Faktor 01: Führung in der kollegialen Selbstverwaltung: Verständnis 400
Tab. 10: Faktor 02: Führung in der kollegialen Selbstverwaltung: Einstellung 401
Tab. 11: Faktor 03: Führung in der kollegialen Selbstverwaltung: Belastung 402
Tab. 12: Faktor 04: Führungskompetenz: Führungsfähigkeit 404
Tab. 13: Faktor 05: Führungskompetenz: persönliche Konfliktfähigkeit 405
Tab. 14: Faktor 06: Veränderungspotential: Schulebene 406
Tab. 15: Faktor 07: Veränderungspotential: Unterrichtsebene 407
Tab. 16: Faktor 08: Ganzheitliche Arbeit: Zufriedenheit 408
Tab. 17: Faktor 09: Ganzheitliche Arbeit: Belastung 409
Tab. 18: Faktor 10: Engagement und Verantwortung 410
Tab. 19: Faktor 11: Management: Struktur 411
Tab. 20: Faktor 12: Management: Eltern- (Kunden-) Orientierung 412
Tab. 21: Faktor 13: Personalführung: Anerkennung und Wertschätzung 414
Tab. 22: Faktor 14: Personalführung: Koordination und Zielerreichung 415
Tab. 23: Faktor 15: Personalführung: Information, Kommunikation, Transparenz 416
Tab. 24: Faktor 16: Praktische Freiheit 418
Tab. 25: Faktor 17: Problembereich: soziale Bedingungen 419
Tab. 26: Faktor 18: Problembereich: unerwünschte informelle Hierarchien 420
Tab. 27: Faktor 19: Problembereich: Bezug zur Anthroposophie 421
Tab. 28: Faktor 20: Problembereich: subjektive Bedeutsamkeit der Arbeit 423
Tab. 29: Faktor 21: Problembereich: Stellenwert des Schülers beim Lehrenden 424
Tab. 30: Faktor 22: Problembereich: Arbeit als Selbstverwirklichung 425

Tab. 31: Auswertungskategorien (Faktoren) im Überblick 426
Tab. 32: Zufriedenheit mit der praktizierten Führung 428
Tab. 33: Zufriedenheit mit der schulischen Selbstverwaltung 430
Tab. 34: Faktorenauswertung diff. nach der praktizierten Führungsform 450
Tab. 35: Faktorenauswertung diff. nach der Altersverteilung 454
Tab. 36: Faktorenauswertung diff. nach erfolgten Beratungsleitungen: OE 458
Tab. 37: Faktorenauswertung diff. nach erfolgten Beratungsleitungen: S/C 461
Tab. 38: Faktorenauswertung diff. nach der Qualität des Organisationsklimas 465
Tab. 39: Arbeitsgrundsätze kollegialer Selbstverwaltung: Organisationsmanagemt. 518
Tab. 40: Arbeitsgrundsätze kollegialer Selbstverwaltung: Personalführung 523
Tab. 41: Führungsverständnis in der kollegialen Selbstverwaltung 534

ABBILDUNGSVERZEICHNIS

Abb. 01: Praktizierte Führungsform 390
Abb. 02: Altersverteilung insgesamt 391
Abb. 03: Dichotome Altersverteilung 392
Abb. 04: Maßnahmen zur Organisationsentwicklung 394
Abb. 05: Maßnahmen zu Supervision/Coaching 396
Abb. 06: Qualität des Organisationsklimas 398
Abb. 07: Zufriedenheit mit der praktizierten Führung 428
Abb. 08: Zufriedenheit mit der schulischen Selbstverwaltung 430
Abb. 09: Undifferenzierte Faktorenauswertung 432
Abb. 10: Faktorenauswertung diff. nach der praktizierten Führungsform 451
Abb. 11: Faktorenauswertung diff. nach der Altersverteilung 455
Abb. 12: Faktorenauswertung diff. nach erfolgten Beratungsleitungen: OE 459
Abb. 13: Faktorenauswertung diff. nach erfolgten Beratungsleitungen: S/C 462
Abb. 14: Faktorenauswertung diff. nach der Qualität des Organisationsklimas 466

ABKÜRZUNGSVERZEICHNIS

a. d. Engl. / **Französ**.	aus dem Englischen / Französischen
Abb.	Abbildung
akt.	aktualisiert
Art.	Artikel
Aufl.	Auflage
Ausl. ie	Auslassung durch die Verfasserin
Bd. / Bde.	Band/Bände
BdFWS	Bund der Freien Waldorfschulen
BoD	Book on Demand
Diss.	Dissertation
durchges.	durchgesehen
Ed. / Eds. / ed.	Editor, Edition / Editors / edited
ebd.	ebenda
Erg. ie	Ergänzung durch die Verfasserin
erw.	erweitert
f. / ff.	fortfolgend (singular/plural)
f. d.	für der/die/das
GA	Gesamtausgabe
H.	Heft
Hrsg. / hrsg. v.	Herausgeber / herausgegeben von
ie	Kürzel der Verfasserin
Kap.	Kapitel
no publ.	no publication
o. D. / o. V. / o. S.	ohne Datum / ohne Verlag / ohne Seite
p. / pp.	page (singular/plural)
rev.	reviewed
S. / Sp.	Seite / Spalte
Tab.	Tabelle
transl. fr.	translated from
überarb.	überarbeitet
übers. v.	übersetzt von
unter Mitarb. v.	unter Mitarbeit von
unveränd.	unverändert
verbess.	verbessert
vgl.	vergleiche
vollst.	vollständig
zit. n.	zitiert nach
zugl.	zugleich

1 Einleitung

1.1 Ausgangslage und Zielsetzung

In jeder historischen Epoche und in jedem sozial-gesellschaftlichen Kontext ist das Thema der Führung ubiquitär. *„Wo zwei oder mehr Menschen interagieren, wird geführt"*, schreibt Grunwald (1998: 85), sodass Führung von jedem Menschen regulär erfahren und praktiziert wird – in Kindergarten, Schule, Universität, in Freundschafts- und Partnerbeziehungen oder in Arbeitsverhältnissen. *„Solange Menschen zusammenleben, wird immer die Führungsfrage gestellt"*, testiert auch Werner (2013: 94). Konkludierend gewinnen Führungsprozesse immer dann an Relevanz und Wirksamkeit, wenn Menschen längerfristig in sozialen Kollektiven mit intentionaler Orientierung koalieren und interaktiv handeln. Aus dieser Kohärenz lassen sich unvermeidliche interpersonelle Gruppenphänomene ableiten, die Führungsaktivitäten effizieren und kausal mit diesen verbunden sind. In der logischen Folge erfasst Führung in sozialen Kontexten obligatorisch zu erfüllende Aufgabenkomplexe. Gleichwohl existiert keine kongruente Auffassung über Ziele, Prämissen, Observanzen, Prozesse, Strukturen und Konsequenzen von Führung, sodass die Frage nach einer „idealen Führung" unbeantwortet bleibt. Vielmehr korreliert deren semantische Intention mit dem individuellen Standpunkt des jeweiligen Betrachters, sodass sich der Fokus auf dessen latente sozial-ethische Ideologie richtet. Dadurch wird ein denotatives Spektrum von einem monokratisch-autoritären bis zu einem kooperativen Laissez-faire-Führungsstil offeriert, jedoch stets vor dem Hintergrund einer faktisch akuten Führungsnotwendigkeit. In diesem Sinne schlussfolgert Grunwald (1998: 85) mit dem Blick auf die Prozesse des Zusammenwirkens sozialer Gruppen: *„Man kann nicht nicht führen."*

Hierzu kontrastierend figuriert „kollegiale Selbstverwaltung" als ein konstitutives (Erkennungs-)Merkmal von Freien Waldorf- und Rudolf-Steiner-Schulen[1], welche als Institutionen eines souveränen und rechtlich-staatlich (wie wirt-

---

[1] Bei der föderativen Vereinigung „Bund der Freien Waldorfschulen" werden sowohl Rudolf-Steiner-Schulen als auch Waldorfschulen als Mitglieder aufgeführt. Die im Folgenden verwendete Bezeichnung „(Freie) Waldorfschule" steht stellvertretend für beide Betitelungen.

© Springer Fachmedien Wiesbaden GmbH, ein Teil von Springer Nature 2019
I. Enderle, *Kollegiale Selbstverwaltung als Führungsprinzip*,
https://doi.org/10.1007/978-3-658-23547-5_1

schaftlich) nicht determinierten kulturellen Gesellschaftsbereichs („Geistesleben") aus der „Geisteswissenschaft"[2] Rudolf Steiners – der Anthroposophie – hervorgehen. So wurde seinerzeit kollegiale *„Selbstverwaltung als zeitgemäße Sozialform für mündige Menschen"* (Krampen 1994) angesehen: Durch dessen immanente statusbezogene Konformität sowie solidarisch-demokratische Verantwortungsteilung sollte dieses neuartige Arbeitsprinzip zunächst auf institutioneller Ebene die genuine Prädisposition für ein freies Denken des Einzelnen optimal stimulieren und fördern, denn dieses wurde als eine antezedende Bedingung für eine notwendige gesellschaftliche Weiterentwicklung und Reformierung verstanden. Aufgrund deren „republikanisch-demokratischen" Grund-

---

[2] Steiner (vgl. GA 21) bezeichnete die von ihm begründete Anthroposophie als *„Geisteswissenschaft"*. Diesen Begriff verwendete er jedoch in eigener Diktion: So divergiert dieser von dem heute üblichen Verständnis, welches diesen als Sammelbezeichnung für etwa vierzig unterschiedliche Disziplinen einsetzt, die sich mit dem Menschen und dessen kulturellen, geistigen, medialen, sozialen, historischen und religiösen Schöpfungen befassen (vgl. Reinalter/Brenner 2011: 871ff.). Nach Gadamer (1958: 1304, Ausl. ie) umfasst diese im *„(...) deutschen Sprachgebrauch sämtliche Wissenschaften, die nicht Naturwissenschaften sind (mit Ausnahme der Mathematik), also alle, die in der theologischen, juristischen und philosophischen (d. i. philologisch-historischen) Fakultät gepflegt werden"*.
Erstmals 1847 lässt sich eine Unterscheidung zwischen einer „natur-" und „geisteswissenschaftlichen" Methode finden, die später Wilhelm Dilthey (1883) weiter präzisierte und prägte. Er strebte – entgegen dem seinerzeit vorherrschenden Naturalismus – eine einheitliche Begründung der Geisteswissenschaften an, indem er ein lebensphilosophisches Fundament entwickelte, welches das menschliche Leben und dessen Ausdrucksformen mit einer Eigengesetzlichkeit des menschlichen Geisteslebens erklärte. Dilthey (vgl. 1883) begründete diese als *„Erfahrungswissenschaft der geistigen Erscheinungen"* beziehungsweise als *„Wissenschaft der geistigen Welt"*. Den von ihm verwendeten Geist-Begriff definierte er im Sinne eines Geisteslebens eines Individuums oder einer sozialen Gemeinschaft (vgl. Diemer 1974: 212). Die so verstandene „Geisteswissenschaft" beinhaltet das Bewusstsein, dass nicht alle erscheinenden Phänomene naturwissenschaftlich erklärbar sind und eine „Geistwelt" existiert, in der alles in einer Objektivität miteinander verbunden ist. Wissenschaftlich befasst sich diese vornehmlich mit den durch den menschlichen Geist hervorgebrachten Gütern („Geistesprodukte").
Steiners Begriff der „Geisteswissenschaft" umfasst hingegen die exakte methodischempirische Beobachtung und wissenschaftliche Beschreibung des Geistigen beziehungsweise der Geistwelt selbst (vgl. Kiersch 1992). Diese ist als Disziplin zu verstehen, die sich in der geistigen Dimension vollzieht und darauf abzielt, diese erforschbar und wissenschaftlich erfassbar zu machen, und steht gleichberechtigt neben der Naturwissenschaft. Für den Zugang zu den Gesetzmäßigkeiten der geistigen Welt und damit zum Forschungsgebiet setzt Steiner eine langjährige Auseinandersetzung mit sich selbst voraus. Die Ergebnisse der Geistesforschung sind somit zunächst nur persönlich erlebbar und durch unmittelbare Erfahrung verifizierbar (vgl. Steiner GA 13; GA 138). Der in der vorliegenden Arbeit verwendete Begriff der Geisteswissenschaft ist im Sinne Steiners als Wissenschaft der geistigen Welt bzw. des Übersinnlichen zu verstehen.

Ausgangslage und Zielsetzung 3

legung wird im Kontext der kollegialen Selbstverwaltung eine konventionelle „Führung" – ohne präzise Demarkierung – in der Regel als ein antagonistisches Phänomen begriffen und kategorisch negiert. *„So etwas wie einen Direktor wird diese Schule nie haben können"*, so bereits Steiner (1919 zit. n. Schalk/Leist/Kügelgen 1969: 434). Jedoch bilden auch Kollegien in Waldorfschulen interagierende Sozietäten, in denen obligate sozialpsychologische Gesetzlichkeiten wirken. Eine oppositionelle Haltung gegenüber „Führung" bedeutet folglich keine objektive Absenz von zu erfüllenden Führungsbedarfen. So stellt Ronco (2010) berechtigterweise die Frage: *„Wie führt sich eine selbstverwaltete Schule?"* Denn *„Führungsaufgaben bestehen auch dann, wenn niemand sie ergreift"* (Dietz 1996: 82) und *„... durch einfaches Weglassen von Führung* [ist] *nicht gelöst, was sie zu leisten hätte"* (ebd.: 73, Ausl. u. Erg. ie). Aber wie werden ignorierte oder supprimierte Führungsnotwendigkeiten ohne eine Akzeptanz von „Führung" in der kollegialen Selbstverwaltung reguliert und reüssiert? Existiert ein Weg der paritätischen Zusammenarbeit, der das Diktat der Sozialpsychologie erfolgreich korrumpiert, oder inhäriert diesem Weg eine „Fata Morgana" der Führungslosigkeit? *„Selbstverwaltung: Träume und Tatsachen"* differenziert sinngemäß die Zeitschrift *„Erziehungskunst"* (3/2012); *„Selbstverwaltung – eine Illusion?"* stellt darin Maurer (2012) zur Diskussion. Zu fragen bleibt schließlich: *„Wer verantwortet, wer leitet?"* (Wember 2012) in einer selbstverwalteten Institution, denn *„Kollektive können keine Verantwortung übernehmen"* (Wienert 2003).

Neben nach außen funktionsfähig auftretenden Organisationen werden in einschlägigen Diskussionen vielerorts drastische Probleme beklagt, die durch eine „Führungsabsenz" in der kollegialen Selbstverwaltung bedingt sind. Auf diesen basierend wird kollegiale Selbstverwaltung zu einem Synonym *„(...) für eine Unzahl von Konferenzen, endlosen Debatten, jeden Abend eine andere Sitzung, Entscheidungen erst, wenn es nichts mehr zu entscheiden gibt, gegenseitige Blockade, Lähmung jeder Initiative, Bermuda-Dreieck für die Verantwortung: Keiner wars gewesen, keiner hat es gewollt – die Herrschaft der Anonymität und des Mittelmaßes"* (Brater/Maurus 1999: 59, Ausl. ie). Auch Bauer (2006: 131) merkt kritisch an: *„In der öffentlichen Wahrnehmung assoziiert der Begriff Freiräume für die Beteiligten, steht aber auch für begründete* *oder sogar irrationale Ängste vor Chaos und Kompetenzwirrwarr."* Konsequenzen zeigen sich nicht nur in physischen und psychischen Belastungserscheinungen der Involvierten (vgl. Peters 2013a; 2013b: 185ff.), auf die persiflierende Werke wie *„Überlebenshandbuch für Waldorflehrer"* (Schwartz/Pietschmann 2001) rekurrieren, sondern auch in der Genese sozialer Keimzellen für unerwünschte informelle Machtstrukturen. Demgemäß werden dem Selbstverwaltungsbegriff *„... alle chaotisierenden Eigenschaften wie Unprofessionalität, Verantwortungslosigkeit, Kräfteverschleiß, Unentschlossenheit und damit Leistungsunfähigkeit zugeordnet und mit tatsächlichen Beispielen untermauert. (...) Es ist daher nicht verwunderlich, dass die Selbstverwaltung gegenwärtig in der Krise steckt"*, konkludiert diesbezüglich Herrmannstorfer (2010: 4, Ausl. ie; vgl. Info3 10/2010).

Darüber hinaus lässt sich kollegiale Selbstverwaltung nicht als ein definites und präzise skizziertes Konzept erfassen – mit der Konsequenz einer terminologischen und inhaltlichen Vagheit. Von Rudolf Steiner ist dieses Arbeitsprinzip zu keiner Zeit konkret in der Form eines ausgearbeiteten Führungsmodells deklariert worden, da er präformierte Regularien im Sinne einer *„Universalarznei"* und von einem *„Nahrungsmittel, das für alle Zeiten sättigt"* (Steiner GA 23: 9) als paradoxal ablehnte und eine flexible Offenheit der Arbeitsprozesse affirmierte. Ferner entsprach die kursorische Gründung der ersten Waldorfschule 1919 einer projektierten Skizze, bei der keine zeitlichen Ressourcen zur systematischen Planung und Konkretion deren internen Konstitution verblieben (vgl. Leber 1974: 47f.). Vielmehr sollte sich eine organisationale Struktur unter Einhaltung spezifischer Arbeitsgrundsätze kollegialer Selbstverwaltung lebendig-organisch aus der praktischen Zusammenarbeit profilieren. Herrmannstorfer (2010: 7) weist folglich darauf hin, *„(...) dass Selbstverwaltung nicht einfach als Lehrstoff vermittelt werden kann, also kein nachzustellendes Modell ist. Man muss an ihr teilhaben."* Bis heute konnte jedoch noch keine ausgereifte Sozialform prosperieren und sich prävalent etablieren (vgl. Möhle 2010: 8). Nach Harslem (1995: 1225, Ausl. ie) befindet sich kollegiale Selbstverwaltung *„(...) über weite Strecken noch in dem Stadium einer anfänglichen Entwicklung, ohne daß diese Formen schon wirklich beherrscht würden bzw. erfolgreich gehandhabt werden könnten."* Die semantische Ambivalenz sowie die freilassenden Arbeitsprozesse erzeugen so vielfach verzerrte Interpretationen fernab des Ursprungsimpulses und angereichert mit destruktiven, selbstverwaltungsfremden und -inhibierenden Elementen. Die Resultate reichen von methodisierten Exempeln Rudolf Steiners über unangemessen ausgeprägtes Selbstverwirklichungsstreben der Organisationsmitglieder bis zu Resignation und Rückzug aus der Selbstverwaltungsarbeit.

Aus dem kontemporären Stadium kollegialer Selbstverwaltung resultiert die Frage: *"Hat die Selbstverwaltung eine Zukunft"* (Strawe 2008)? Hier präsentieren sich die Ansichten in einem Spektrum von dogmatischer Verfechtung, welche sich in *"ideologischer Überhöhung"* (Harslem 2003: 16) und *"sozialromantischen Vorstellungen"* (ebd.: 15) widerspiegelt, bis zu pauschalierender Negation, die sich durch den *"Ruf nach ‚Führung'"* (Strawe 2008: 5) und eine innerorganisational entstehende *"Renaissance des Führungsgedankens"* (Herrmannstorfer 2010: 4) zeigt oder in der auflodernden Frage: *"Kommt der Waldorf-Direktor?"* (Harslem 2003; vgl. auch Müller 2002) zum Ausdruck kommt. Denn *"innerhalb von Einrichtungen führen ‚Selbsterfahrungen' zu einer resignativen Haltung und daraus zu dem Wunsch, die Mitverantwortung wieder zurückzugeben"* (Herrmannstorfer 2010: 4). Interniert zwischen der Wertschätzung individueller Handlungsfreiheiten und der Defatigation durch die Bewältigung der mit kollegialer Selbstverwaltung einhergehenden Herausforderungen entstehen so Diskurse zur *"Schulleitung heute: direktorale oder kollegiale Führung?"* (Krzyweck 1996), die Lösungsansätze vor dem Hintergrund dichotomer Optionen erörtern. In diesem Sinne sieht Czesla (2010: 10) die Reputation kollegialer Selbstverwaltung durch eine allmähliche Agonie bedroht: *"Der Blick auf pathologische Erscheinungsformen (lähmende Entscheidungsprozesse, unendliche Konferenzen bis zur Erschöpfung, informelle, d.h. versteckte, Machtstrukturen ohne Verantwortungsübernahme usw.) hat in den letzten Jahren den selbstverwalteten Institutionen den Ruf eingetragen, ein veraltetes und ineffizientes Organisationsmodell aus Tradition zu pflegen."* Damit rückt konkludierend die Frage in den diskursiven Fokus: *"Selbstverwaltung – ein alter Hut?"* (Brater/Maurus 1999).

Doch scheint die Archivierung des Prinzips kollegialer Selbstverwaltung im Sinne eines „Auslaufmodells" verfrüht, da bisher kein programmatischer Versuch einer systematischen Aufarbeitung und Präzisierung deren fundamentalen Idee ausgehend vom Ursprungsimpuls vorliegt, die darüber hinaus eine Lokalisierung von Unzulänglichkeiten und Verfahrensfehlern sowie eine Erörterung adäquater Lösungswege zuließe. Nach Kiersch (2001) ist „*das Selbstverwaltungskonzept der Waldorfschule – bisher nur begrenzt realisiert*", sodass dessen immanente Potentiale noch nicht gänzlich erschlossen wurden. „*Viel sinnvoller wäre es daher zu fragen, was denn besser gemacht werden könnte, im Verstehen, in den Strukturen, in den Prozessen, in dem Verhalten, um so den Selbstverwaltungsgedanken (wieder) zu stärken, zu fördern und damit sichtbar und erkennbar zu machen*", so Herrmannstorfer (2010: 6), dies insbesondere vor dem Hintergrund, dass „*(...) Wirtschaftsunternehmen, die zunehmend auf Kundenbegegnung und -beziehung angewiesen sind, heute auf der Suche nach Managementformen* [sind], *die eher in Richtung Selbstverwaltung gehen*" (Czesla 2010: 10, Ausl. u. Erg. ie) und somit „*(...) seit über einem Jahrzehnt Managementkonzepte gefeiert werden und überraschend breit eingeführt sind, von denen man mit Fug und Recht behaupten kann, daß sie ganz wesentliche Elemente, wie sie aus den selbstverwalteten Einrichtungen bekannt sind, aufgreifen und erfolgreich praktizieren*" (Brater/Maurus 1999: 60, Ausl. ie). Diese kursieren dort als „*Inbegriff modernen Managements*" (ebd.: 61) und als innovative Chance, schwerfällige und langwierige in flexible und dynamische Prozesse zu verschlanken, spezifische Kundenwünsche zu integrieren, über Handlungsoptionen unmittelbar am Ort des Geschehens zu entscheiden, Kontrollmechanismen zu reduzieren sowie die Selbstverantwortung und „*Eigengestaltungsräume der Mitarbeiter*" (ebd.: 60) ganzheitlich und sinnhaft zu extendieren: „*Selbstverwaltung ist das Grundprinzip einer modernen Sozialgestaltung*", so Strawe (2012). Daher annulliert Herrmannstorfer (2010: 4) die These der Obsoleszenz kollegialer Selbstverwaltung und postuliert die Notwendigkeit korrektiver Maßnahmen zur Regenerierung deren Funktionalität: „*Insofern führt die häufig gestellte prinzipielle Frage: ‚Führung oder Selbstverwaltung' auf eine schiefe, abschüssige Bahn. Denn die heutige Frage ist: ‚Selbstverwaltung, aber wie?'.*"

Ausgangslage und Zielsetzung 7

Dies induziert zugleich die prinzipielle Fragestellung: *"Führung und Selbstverwaltung – ein Widerspruch?"* (Harslem 1994). Denn „Führung" wird im Waldorfschulkontext häufig auf deren autoritäre Ausprägung reduziert verstanden und als antagonistisches Prinzip zur kollegialen Selbstverwaltung interpretiert. Ein möglicher Grund liegt in dem Transfer und der generalisierenden Gültigkeit des zu Rudolf Steiners Lebzeiten vorherrschenden Führungsverständnisses, das auf dem sogenannten Menschenbild des „Homo Oeconomicus"[3] der klassischen Nationalökonomie gründete und im traditionellen Ansatz des „Scientific Managements"[4] Niederschlag fand, und das den Menschen als rein rational-ökonomisch interessiert und ähnlich *"wie eine komplizierte Maschine (,homme machine')"* (Rosenstiel/Molt/Rüttinger 2005: 42) betrachtete. Doch sind „Führung" und „Selbstverwaltung" in diesem Sinne kontrovers zu verstehen? Und bedeutet die Negation von (traditioneller) Führung in der kollegialen Selbstverwaltung tatsächlich „Führungslosigkeit"? War diese von Steiner intendiert, oder ist diese auf zeitgeschichtliche Einflüsse reduzibel? Restringiert Führung zwangsläufig die propagierte Handlungsfreiheit und korrumpiert die anvisierte hierarchische Gleichheit? Bei der Suche nach Antworten eröffnen sich zunächst weitere Fragen: Was ist unter „Führung" eigentümlich zu verstehen, und warum ist diese relevant? Welche Konsequenzen kann „Nicht-Führung" haben? Kann Führung sinnvoll in der kollegialen Selbstverwaltung verortet und erfolgreich in diese integriert werden? Kann *"Schulführung durch Selbstverwaltung"* (Strawe 2010) erfolgen oder weiterführend *"Selbstverwaltung als Führungsmodell"* (Ross 2008) verstanden werden?

---

[3] Unter einem „Homo Oeconomicus" wird ein unsoziales oder unmoralisches und egozentrisches Wesen verstanden, das stets dessen vorteilhafteste Handlungsoption durch die Maximierung des eigenen Nutzens auf der Basis rationaler Überlegungen anstrebt und besonders durch finanzielle Anreize zu motivieren ist (vgl. Rosenstiel/Molt/Rüttinger 2005: 43).

[4] Die arbeitstheoretische Auffassung des ingenieurmäßig-ökonomischen Scientific Managements beruht auf den Arbeiten von Taylor (1903; 1911), aufbauend auf den Studien von Smith (1776) und den Gedanken von Marx (1859) und war geprägt von extremer Arbeitsteilung. Der rationale arbeitsteilige Einsatz von Mensch und Maschine im Produktionsprozess und die konsequente Trennung von exekutiver und geistig-planender Tätigkeit (Funktionsmeistersystem) begründete seinerzeit ein neues Leistungs- und Effizienzdenken mit der Intention, die divergierenden Interessen von Organisation (maximale Produktivitätssteigerung) und Mitarbeiter (höhere Löhne) durch Arbeitsintensivierung zu harmonisieren.

Ziel der vorliegenden Arbeit ist die theoretische wie empirische Recherche, auf welche Weise Führung und kollegiale Selbstverwaltung assimilierbar sind und weiterführend, inwieweit kollegiale Selbstverwaltung als ein autonomes und charakteristisch demarkierbares Führungsprinzip verstanden werden kann.

Flankierend wird dem Anliegen nachgegangen, inwiefern „Führung" und „kollegiale Selbstverwaltung" zwei differente respektive diametrale Phänomene darstellen, oder kollegiale Selbstverwaltung den Führungsaspekt bereits integriert: In welcher Form ist Führung in die kollegiale Selbstverwaltung einzuordnen? Was ist „kollegiale Selbstverwaltung", und nach welchen Grundsätzen wird in dieser gearbeitet? Wie wird der obligate Führungsbedarf in deren Kontext reüssiert? Welche Potentiale und welche Probleme bilden sich in der praktischen Umsetzung von kollegialer Selbstverwaltung ab? Gibt es zur kollegialen Selbstverwaltung similäre Konzepte, und inwiefern offerieren diese komplementäre Impulse oder inspirieren sich diese wechselseitig?

In Orientierung an diesem Fragenkatalog sollen – an eine profunde terminologische und konzeptionelle Klärung von „Führung" anschließend – Begriff und Idee der kollegialen Selbstverwaltung theoretisch eruiert, rekonstruiert und konzeptualisiert werden mit dem Ziel deren Operationalisierung einerseits und deren Anbindung an den Diskurs der Führungsforschung andererseits. Für diese wissenschaftliche Verortung und aufgrund deren Relevanz auch über die Waldorfschulgrenzen hinausweisend wird kollegiale Selbstverwaltung nicht dezidiert aus Schulführungsperspektive erörtert, sondern in generischer Weise aus der Sicht von „Führung in Organisationen". Auf der vorangestellten Theoriegrundlage baut die anschließende empirische Untersuchung auf mit der Zielsetzung, einen Einblick in den praktischen Umgang mit Führungsprozessen und die faktische Erfüllung von Führungsbedarfen in der kollegialen Selbstverwaltung in Waldorfschulen zu gewinnen sowie vorherrschende Dysfunktionen markieren zu können.

Die vorliegende Arbeit beabsichtigt, durch die theoretisch fundierte Aufarbeitung der Arbeitsgrundsätze der kollegialen Selbstverwaltung mit dem Blick auf das Führungsgeschehen eine Ausgangslage für weiterführende Forschungsvorhaben zu generieren. Durch die in der Form einer „Tour d'Horizon" angelegte Untersuchung soll das theoretisch Erarbeitete praxisbezogen verifiziert und in die Gegenwart transferiert werden, um aktuell sich im Verständnis von kollegialer Selbstverwaltung etablierte Routinen zu identifizieren.

1.2 Forschungsstand und Relevanz der Untersuchung

Die vorliegende Arbeit zu Führungsprozessen in der kollegialen Selbstverwaltung an Waldorfschulen tangiert zwei weite Themenkreise, die ein umfassendes Literaturstudium erfordern. Der Forschungsstand bezieht sich sowohl auf den Bereich der Führungstheorien als auch auf den Bereich der kollegialen Selbstverwaltung in Waldorfschulen.

Im Rahmen der Führungsthematik werden zum Verständnis von „Führung" hierzu beitragende Grundlagen sowie der aktuelle Stand einschlägiger Konzepte herangezogen, die eine explizite oder implizite Verwandtschaft zumindest in Teilaspekten zur kollegialen Selbstverwaltung aufweisen und somit für die Fragestellung der vorliegenden Arbeit relevant erscheinen. Wie eingangs erwähnt, wird nicht speziell aus der Sicht von Schulführung argumentiert, sondern von Führung in Organisationen allgemein, um das Prinzip der kollegialen Selbstverwaltung nicht auf den Schulbereich zu restringieren bzw. dieses auf weitere Bereiche extendieren zu können.

Das Gebiet der kollegialen Selbstverwaltung bedarf aufgrund des Defizits einschlägiger Werke der umfassenden Aufarbeitung. Diese integriert die Erarbeitung sowohl von anthroposophischen Grundlagen und zeitgeschichtlichen Verhältnissen (z. B. soziale Dreigliederung) als Ausgangspunkt für die Begründung einer selbstverwalteten Schule als auch konkret der Arbeitsgrundsätze kollegialer Selbstverwaltung und deren Schwachstellen. Der hiesige Forschungsstand erfasst vor allem den Bereich, der die Themen von Führung und kollegialer Selbstverwaltung in Waldorfschulen tangiert.

Der recherchierte Forschungsstand im Bereich der *Führung* bezieht sich insbesondere auf die jüngsten Führungsansätze, die zur kollegialen Selbstverwaltung affine Aspekte aufgreifen. Der Bereich der Führung allgemein stellt ein umfassend bearbeitetes Gebiet mit langer Forschungstradition dar, auch in all dessen Teilbereichen (z. B. spezielle Führungsansätze). Es liegt eine Vielzahl an Studien und Publikationen vor, insbesondere auch aus dem englischsprachigen Raum. Trotz der großen Popularität des Themenkreises sind die vertretenen Meinungen und Ansätze teils divergierend oder konträr sowie Kategorisierungen (z. B. von Führungskonzepten) unterschiedlich demarkiert. Es existieren mannigfaltige Perspektiven und Ausgangsstandpunkte, was insbesondere durch den sozialpsychologischen Aspekt des Führungsphänomens als zwischenmenschliche Interaktion und Beziehung begründet werden kann. Im Bereich der Führung werden kontinuierlich und in regelmäßigen Abständen neue Erkenntnisse und Konzepte entwickelt, die bei Publikation zumeist reges öffentliches wie forschungsbezogenes Interesse erfahren. Dadurch wird Dokumentiertes zügig eruiert, implementiert und weiterentwickelt. Gründe hierfür können einerseits in der alltäglichen Begegnung und der extensiv angelegten Relevanz von Führungsprozessen liegen. Andererseits wird mit den Themen des Managements und der Führung dasjenige Gebiet des Wirtschaftslebens erfasst, in dem die in einer Leistungsgesellschaft zentralen volkswirtschaftlichen Werte (Arbeit und Kapital) gebunden sind und somit innovative, Effektivitäts- und Effizienzsteigerung versprechende Modelle auf allgemeine Resonanz stoßen.

Besonders hervorzuheben sind zum einen aktuelle Konzepte der situationstheoretischen Führungsprinzipien, die Mitarbeiter [5] und Aufgabe fokussieren (vgl. Kap. 4.2.2). Zu nennen sind das Intrapreneurship und die Idee der Selbststeuerung, die Theorie U: von der Zukunft her führen (Scharmer) sowie die Dialogische Führung (Dietz). Zum anderen sind die jüngsten Ansätze der integralen Führungsprinzipien (vgl. Kap. 4.3) zu betonen, die noch recht unpopulär sind, sodass diese zwar zum Teil umfänglich diskutiert werden, gegenwärtig aber erst wenige einschlägige Forschungsergebnisse existieren. Hier sind die selbstregulierten Kreise in der Soziokratie (Endenburg), die dynamischen Rollen in der Holakratie (Robertson) sowie die Selbstführung in der integralen evolutionären Organisation (Laloux) aufzuführen. Beide Strömungen sind im Bereich der Führungsforschung anzusiedeln, können jedoch durchaus auf eine

---

[5] In der vorliegenden Arbeit werden Personen als Träger von Funktionen mit dem geschlechtsneutralen Gattungsbegriff bezeichnet, sodass nicht zwischen weiblicher und männlicher Form differenziert wird.

Schule transferiert werden. Diese skizzieren Ansätze, die zur kollegialen Selbstverwaltung affine Aspekte integrieren, können somit komplementäre Impulse darbieten. Der Bezug zum anthroposophischen Gedankengut besteht bei diesen nur teilweise explizit (z. B. bei Dietz und Scharmer), zumeist jedoch unbeabsichtigt, sodass die gewonnenen Erkenntnisse auf Erfahrungswerten und Forschungsresultaten beruhen und durch die praktischen neuzeitlichen Notwendigkeiten induziert sind. Eine erschöpfende Erfassung dieser Ansätze kann im Rahmen der vorliegenden Arbeit jedoch nicht geleistet werden.

Bearbeitet man die Literatur, die sich mit *kollegialer Selbstverwaltung* an Waldorfschulen befasst, zeichnet sich ein inkonsistentes und fragmentäres Bild ab. Die existierenden Quellen thematisieren einzelne Aspekte kollegialer Selbstverwaltung – zum Teil auch Führungsprozesse – arbeiten diese aber nicht systematisch auf. So widmet sich eine Autorengruppe (z. B. Herrmannstorfer und Strawe) vordergründig dem Entstehungsimpuls kollegialer Selbstverwaltung an Waldorfschulen und fokussiert auf die gesellschaftlich-politischen Verhältnisse der damaligen Zeit sowie die Dreigliederungsbewegung. Diese schildert das über der kollegial selbstverwalteten Organisation stehende höhere gesellschaftliche Ziel. Eine andere Gruppe (z. B. Leber und Lievegoed, auch Harslem) erörtert insbesondere die konstitutionelle Seite von Waldorfschulen und blickt auf die Institution als gesamtes. In diesem Kontext versteht Leber (1974/1991) die Waldorfschule als System und berücksichtigt eine systemtheoretische Sichtweise nach Niklas Luhmann (1964). Harslem (1996) hingegen nimmt den Dreigliederungsgedanken Steiners (GA 23) als Grundlage und bezieht diesen auf die Mikroebene der Schule. Lievegoed (1970/1986) spezialisiert sich auf heilpädagogische Einrichtungen. Eine weitere Autorengruppe konzentriert sich vornehmlich auf die internen Prozesse der Zusammenarbeit (z. B. Dietz, Glasl und Lievegoed, auch Harslem). Bei den sozialen Abläufen und Beziehungen werden wiederum zumeist spezifische Bereiche bearbeitet. So fokussiert Dietz (z. B. 2008a; 2006) die Entscheidungsprozesse im Rahmen der kollegialen Selbstverwaltung und betont das Prinzip des Dialogs. Glasl und Lievegoed (1993/2011) befassen sich hingegen mit den Phasen der Organisationsentwicklung, die jeweils eigene Handlungsbedarfe effizieren, sowie Glasl (2013) damit einhergehend mit dem Umgang von Konflikten. Einige Autoren (z. B. Brater und Dietz) versuchen darüber hinaus, grundlegende Regeln für die Zusammenarbeit in selbstverwalteten Institutionen zu formulieren, die jedoch sehr allgemein gehalten und unvollständig sind.

Wie an den Autorennamen erkenntlich, überschneiden sich diese bei den verschiedenen Themenfeldern, sodass auch in der sachlichen Zuordnung Inhomogenität besteht. Daraus leitet sich ab, dass einschlägige Autoren oftmals keinen Forschungsschwerpunkt vertreten, sondern interdisziplinär arbeiten und sich mit variierenden Themen im Kontext der Waldorfschule beschäftigen. Dies erweckt den Anschein, dass aus Forschungssicht der Bereich „Waldorfschule" als Gesamtheit betrachtet wird, der keiner Spezialisierung bedarf. Es erscheint evident, dass hieraus keine profunden theoretischen Einblicke und eine nur unzureichend fundierte wissenschaftliche Erarbeitung resultieren können. Dieses Faktum spiegelt sich auch in der Vielzahl an Zeitschriftenartikeln anstelle einschlägiger Monografien wider. Bei den vereinzelten Ansätzen der Konkretisierung bestimmter Themen bilden sich darüber hinaus uneinheitliche „Suchbewegungen" ab, die jedoch zu keinem manifesten Ergebnis führen. Auch die biographischen Hintergründe der Autoren variieren stark. Eine breite Gruppe bezieht deren Kenntnisse aus der Praxiserfahrung als Lehrer oder Berater (z. B. Harslem und Leber). Zwar realitätsnah fehlen dann oftmals die wissenschaftlich gesicherten Belege für das Dokumentierte. Eine andere Gruppe verfügt hingegen über einen wissenschaftlichen Vitae und bearbeitet das Thema gemäß deren Profession (z. B. Glasl und Strawe).

Umfassende wissenschaftliche Werke, die kollegiale Selbstverwaltung in Waldorfschulen als Arbeitsprinzip ganzheitlich erfassen und aufarbeiten und durch empirische Erhebungen validieren, liegen gegenwärtig nicht vor. *„Während die pädagogische Konzeption der Waldorfschule doch vielfach beschrieben und auch mehr oder minder beachtet oder gewürdigt wurde, läßt sich dasselbe nicht von ihrer Sozialverfassung sagen"*, protokolliert Leber (1974: 11) bereits vor über 40 Jahren, und daran hat sich bis heute nichts Grundlegendes geändert. Der mögliche Grund hierfür kann in dem dynamisch gedachten Charakter der Idee kollegialer Selbstverwaltung liegen, der diese als lebendiges Zusammenwirken zwischen Menschen auf der Basis bestimmter

Maxime kennzeichnet. Nach Steiner ist kollegiale Selbstverwaltung nicht als statuiertes Konzept zu denken, da diese sich erst durch das situative Tun bildet: Aus dem als „Rätsel" aufgefassten Gegenwärtigen wird notwendiges Verhalten intuitiv-vorausschauend erahnt und durch die Erfahrung im aktuellen praktischen Handeln validiert. Konzeptionelle Handlungsschemata seien hingegen vergangenheitsorientiert und -reproduzierend. Dass selbst Steiner es unterließ, seine konkreten Vorstellungen zur kollegialen Selbstverwaltung aufzuzeichnen, lässt sich auf diese basalen Gedanken zurückführen. Seinerzeit funktionierte kollegiale Selbstverwaltung vermutlich durch seine kontinuierliche persönliche Betreuungs- und Beratungsleistung, weniger durch die Transparenz eines präzise verständlichen Prinzips. Wie Steiner die Art der Zusammenarbeit gedacht hat, lässt sich daher nur indirekt aus seinen Werken ableiten. So liefern beispielsweise die Nachschriften der Konferenzen mit den Lehrern der ersten Waldorfschule (vgl. Steiner GA 300) fruchtbare Hinweise. Die Absenz einer expliziten Beschreibung kollegialer Selbstverwaltung an Waldorfschulen durch deren „Urvater" führt unvermeidlich zu Verunsicherungen und zugleich zu individuellen Interpretationsansätzen, die nicht selten in den heute vielfach geschilderten Problemen münden. Vor dem Hintergrund bereits eines Defizits gültiger Grundlagenwerke zur kollegialen Selbstverwaltung erscheint es plausibel, dass keine wissenschaftlichen Arbeiten vorliegen, die sich darüber hinaus speziellen Aspekten der kollegialen Selbstverwaltung – zum Beispiel der Führung – widmen.

In den nicht-wissenschaftlich ausgelegten Zeitschriften (vor allem „Erziehungskunst" oder „Info3") findet sich hingegen eine Vielzahl an Beiträgen konkret zur kollegialen Selbstverwaltung an Waldorfschulen, die insbesondere die Problematiken deren Umsetzung im Alltag skizzieren und auch erfolgreiche Lösungsansätze dokumentieren. Diese sind jedoch zumeist speziell institutionsbezogen ausgelegt und nur marginal auf andere Organisationen transferierbar. So werden die aus der kollegialen Selbstverwaltung resultierenden Konflikte zahlreich und prägnant erörtert, die Ursachen und Lösungen hingegen verbleiben in der Regel vage. Einerseits wird das System kollegialer Selbstverwaltung grundsätzlich examiniert und eine konventionell geführte

Organisation mit einem Direktor, Rektor bzw. Schulleiter[6] als sinnvolle Abhilfe erachtet, andererseits werden Problematiken euphemistisch dargestellt mit der Intention, Gewohntes zu konservieren – und damit auch die liebgewonnenen Handlungsfreiheiten in der Arbeit, die teilweise die eigentliche Idee kollegialer Selbstverwaltung deutlich verfehlen. Dies lässt spekulieren, dass mancherorts die Ursachen für Fehlprozesse nicht nur auf deren implizit-unbewussten Charakter zurückzuführen sind, sondern darüber hinaus auf eine mangelnde Bereitschaft mit deren Auseinandersetzung. Faktische Lösungsansätze mit praktischer Perpetuierung existieren folglich nur ausnahmsweise.

Insgesamt erweist es sich als eminent schwierig, ein profundes Bild von kollegialer Selbstverwaltung auf der Basis von Literaturquellen zu rekonstruieren. Oftmals werden grundlegende Kenntnisse über das soziale Zusammenarbeiten und die prozessualen Aspekte in Waldorfschulen impliziert und so eine sachliche Introduktion für Fachfremde vernachlässigt oder versäumt. Die Werke stehen zumeist isoliert und autark nebeneinander und nehmen keinen oder nur marginalen Bezug aufeinander und auf bereits erarbeitete Ergebnisse. Eine auf vorliegenden Erkenntnissen konstituierende Forschung existiert weitgehend nicht. Teilweise werden Phänomene wiederholt behandelt, jedoch mit unterschiedlicher Terminologie belegt. Das so zunächst innovativ Wirkende erweist sich nach Auswertung letztlich nur als „alter Wein in neuen Schläuchen". Daneben führt es zu einer ambivalenten Begriffsvielfalt, die ein Einordnen der Erkenntnisse in einen thematischen Gesamtkontext äußerst diffizil gestaltet. Andererseits kaschiert dies die Tatsache, dass neben der redundanten Bearbeitung andere Themenkomplexe unerschlossen bleiben.

1.3 Ausgewertete Literatur und zitierte Autoren

Im Bereich der *Führung* werden als Grundlage allgemeine Standardwerke des betriebswirtschaftlichen Managements herangezogen. Ein besonderer Schwerpunkt liegt auf der betriebswirtschaftlichen Teildisziplin der Führung und des Personalmanagements. Auch wird englischsprachige Literatur aus den Bereichen „Leadership" und „Management" verwendet, da eine Vielzahl bedeu-

---

[6] Im Folgenden werden die Begriffe „Direktor", „Rektor" und „Schulleiter" synonym verwendet.

tender Studien und Forschungsergebnisse aus den USA stammen. Zu den speziellen situativen Führungsansätzen im Bereich des Personalmanagements werden vordergründig die jeweiligen Initiatoren bzw. hiermit in Verbindung stehenden Vertreter herangezogen, die sowohl der deutsch- wie auch englischsprachigen Forschungslandschaft angehören. Die Führungsliteratur wird angereichert durch Quellen aus der Organisationspsychologie, die sich konkret auf die Personalführung beziehen und mit speziellen Themen der Führung auseinandersetzen. Zur Darstellung der Problematik fehlender Führung und damit zusammenhängender zwischenmenschlicher Prozesse sowie zum Thema der Legitimation von Führung werden Ergebnisse aus dem Bereich der Gruppenforschung herangezogen, die in der Fachdisziplin der Sozialpsychologie zu verorten sind.

Die *Verlage* der aufgeführten Fachbücher können nur tendenziell typischerweise benannt werden, jedoch keinesfalls ausschließlich. Die Führungsliteratur wird zumeist in Verlagen wie Haupt, Springer Gabler, Schäffer-Poeschel und Vahlen veröffentlicht, die Literatur mit psychologischen Thematiken in Verlagen wie Beltz, Hogrefe, Kohlhammer und Schäffer-Poeschel. In beiden Fällen handelt es sich um Verlage, die sich durch ein umfassendes Fachbuch-Programm auszeichnen und sich als wissenschaftliche Literatur publizierende Institutionen etabliert haben. Auch existieren in diesem Themenbereich populär-wissenschaftlich publizierende Verlage, die hier vereinzelt Berücksichtigung finden, zum Beispiel Campus und Gabler.

Neben Fachbüchern und Fachbuchbeiträgen werden zudem Artikel aus einschlägigen *Fachzeitschriften* ausgewertet, die überwiegend dem englischsprachigen Raum entstammen. Diese umfassen Themen der allgemeinen Betriebswirtschaft oder spezialisieren sich auf die Gebiete der Führung und des Managements und der neuen integralen Führungsansätze sowie der Organisationsentwicklung. Des Weiteren wird auf Zeitschriften der Organisations- und Sozialpsychologie und der allgemeinen Psychologie zurückgegriffen. Diese Fachzeitschriften haben wissenschaftlichen Standard und sind in der Forschungslandschaft renommiert und teils hoch gerankt. Daneben finden auch einige nicht-wissenschaftliche Zeitschriften Berücksichtigung, deren Beiträge jedoch nur der Ergänzung bereits erarbeiteter Themen dienen.

Zur Aufarbeitung der relevanten Themenbereiche der *kollegialen Selbstverwaltung* an Waldorfschulen werden in erster Linie Originalquellen von Rudolf Steiner herangezogen, um die Reproduktion eventueller Fehlinterpretationen seiner Schriften zu vermeiden sowie seine tatsächlichen Kernaussagen wertfrei verarbeiten zu können. Steiners Werke basieren auf seiner Anthroposophie. Es eröffnet sich ein sehr weitläufiges Spektrum an vorliegenden Beiträgen. So existieren rund 5.900 Vorträge, die zu einem großen Teil nur als stenografische Notizen erhalten sind. Daher ist kritisch anzumerken, dass es sich bei diesem großen Umfang an Werken vielfach um Nachschriften seiner Vorträge durch Dritte handelt, sodass die Authentizität und Wissenschaftlichkeit der Inhalte nicht uneingeschränkt vorliegen. Bei seinen selbst verfassten Schriften – einer umfassenden Reihe von Aufsätzen und Briefen sowie 28 Büchern (darunter auch seine Dissertation) – handelt es sich zudem um Werke, die vor etwa einhundert Jahren erstellt wurden, sodass darauf zu verweisen ist, dass vereinzelt ein zur Gegenwart abweichendes Vokabular angewandt wird, das unterschiedlich interpretiert werden kann (z. B. „Schulverwaltung" für „Schulführung"). Nach Rudolf Steiners Tod am 30. März 1925 verwaltete Marie von Sievers, seine zweite Ehefrau, als testamentarische Erbin seinen gesamten literarischen und künstlerischen Nachlass. Insbesondere durch ihre Arbeit wird das Lebenswerk Steiners als Einheit sowie unverändert herausgegeben. Marie Steiner bearbeitete selbst über 500 Veröffentlichungen und verfasste Einführungen und Erläuterungen. Zur Fortsetzung der von ihr begonnenen Arbeit gründete sie 1943 die Rudolf Steiner Nachlassverwaltung, einen Verein zur Verwaltung seines literarischen und künstlerischen Erbes. 1947 übertrug sie diesem offiziell sämtliche Rechte an den Werken Steiners. So entstand die Rudolf Steiner Gesamtausgabe (GA), die vom Rudolf Steiner Verlag sukzessive seit Anfang der 1960er Jahre herausgegeben wurde und bis heute noch nicht vollständig verlegt ist. Diese umfasst etwa 5.600 Werke und rund 1.000 Reproduktionen seiner Wandtafelzeichnungen. Ergänzend dazu wurde eine dezidierte Dokumentation zum Werk Steiners erstellt. Mittlerweile sind mehr als 350 Bände der Gesamtausgabe erschienen, darunter teilweise voluminöse Werke, die nochmals in Teilbände untergliedert werden. Durch die lange Historie der Aufarbeitung von Rudolf Steiners Schriften existieren unterschiedliche

Ausgaben von diversen Herausgebern mit jeweils individuellen Anmerkungen. Hier sind insbesondere Erich Gabert und Hans R. Niederhäuser zu nennen, die in Rahmen der Dokumentation der Lehrerkonferenzen (vgl. Steiner GA 300a) detaillierte zusätzliche Ausführungen leisten (vgl. Gabert 1975; Gabert/Niederhäuser 1975). Neben der Verfügbarkeit der Gesamtausgabe als gedruckte Medien, sind die unter Steiners Namen publizierten Werke vollständig online zugänglich, auch in verschiedenen Sprachen (z. B. Russisch), unter anderem in der Online-Bibliothek für Geisteswissenschaft der Freien Verwaltung des Nachlasses Rudolf Steiners (http://fvn-rs.net), im Steiner-Online-Katalog mit russischer Herausgeberschaft (http://bdn-steiner.ru), in der Steinerdatenbank (http://steinerdatenbank.de) oder im Rudolf Steiner Online Archiv (http://anthroposophie.byu.edu). Auf der Internetseite „Rudolf Steiner im Klartext" (http://www.steiner-klartext.net) findet sich zudem eine Sammlung von Vortragsnachschriften.

Es ist anzumerken, dass sich die Schriften Steiners oftmals aufeinander beziehen und sich Textpassagen wiederholen, da er die Gedankenansätze seiner zentralen Schriften (z. B. „*Die Philosophie der Freiheit*" (GA 4), „*Die Kernpunkte der sozialen Frage*" (GA 23)) an verschiedenen Stellen aufgreift, auf unterschiedliche Kontexte bezieht und weiter ausführt. Neben diesen Hauptwerken und zahlreichen weiteren Quellen spielen in der vorliegenden Arbeit insbesondere die etwa 70 Nachschriften von Konferenzen in der Zeit von 1919 bis 1924 (vgl. Steiner GA 300), die Steiner mit dem Lehrerkollegium der ersten Waldorfschule abhielt, eine besondere Rolle. Diese liefern wichtige Hinweise und Ratschläge von Steiner zu den anfallenden Fragestellungen und Herausforderung zur praktischen Arbeit in der kollegialen Selbstverwaltung der ersten Waldorfschule – jedoch keine explizite und erschöpfende Darstellung deren Arbeitsgrundsätze. Steiners Werke werden vielfach als unwissenschaftlich kritisiert. Steiner selbst betrachtete seine Geisteswissenschaft als Wissenschaft und seine Erkenntnisübungen (z. B. Meditation) als Forschungsmethode. Seine Hauptwerke (z. B. seine Dissertation; vgl. GA 3) weisen explizit einen wissenschaftlichen Charakter auf, da Steiner nicht isoliert und ausschließlich auf geisteswissenschaftlicher Basis arbeitete, sondern vielerlei Bezüge zu wissenschaftlichen Erkenntnissen erstellte, diese zugrunde legte und darauf aufbaute.

Die Originalquellen von Steiner werden in der vorliegenden Arbeit durch Sekundärquellen ergänzt. In den bearbeiteten Themenkreisen werden jeweils die diesen Bereich repräsentierenden und weiterführend bearbeitenden Vertreter herangezogen, die ebenso einen (theoretischen oder praktischen) anthroposophischen Hintergrund aufweisen. Die zeitgeschichtlichen Verhältnisse zu Beginn des 20. Jahrhundert und damit auch das Thema der sozialen Dreigliederung als kontextuale Bedingung der Waldorfschulbegründung stellen gut aufgearbeitete Themengebiete dar. Zwar engagierte sich Steiner in dieser Dreigliederungsbewegung, doch wurde diese nicht genuin durch ihn begründet, sondern stellte eine Signatur der Zeit dar. So befassten sich bereits zu Steiners Lebzeiten diverse Theoretiker und Praktiker aus Volkswirtschaft und Politikwissenschaft mit neuen Formen der Gestaltung gesellschaftlicher Verhältnisse, woraus sich der Gedanke der sozialen Dreigliederung formierte. Im hiesigen Kontext werden sowohl Quellen herangezogen, die sich mit der Dreigliederung insgesamt befassen als auch speziell mit der Freiheit des Geisteslebens als einer deren Teilbereiche. Besonders fundierte Beiträge liefern hierzu Albert Schmelzer (1991) mit seiner Dissertation *„Die Dreigliederungs-Bewegung 1919: Rudolf Steiners Einsatz für den Selbstverwaltungsimpuls"* sowie Christoph Strawe (1986) mit seiner Habilitation *„Marxismus und Anthroposophie"*, in welcher er die beiden Formen gesellschaftlicher Ausgestaltung kontrastiert. Zudem sind insbesondere Benediktus Hardop und Udo Herrmannstorfer als einschlägige Vertreter hervorzuheben.

Die meisten waldorfbezogenen Publikationen sind dem Themenkreis der Waldorfpädagogik zuzuordnen, das heißt der entwicklungsorientierten und wesensgerechten Erziehung des Kindes, wobei einige Autoren spezielle Schwerpunktsetzungen vornehmen. Zur Einführung in die Besonderheit der Waldorfschulen und deren Pädagogik wurden Grundlagenwerke zitiert. Hervorzuheben sind hier die „Augenzeugendokumente" von A. Karl Stockmeyer (1997; 1989), eines Lehrers der ersten Waldorfschule in Stuttgart. Des Weiteren werden einzelne Aspekte näher beleuchtet, wie die Zusammenarbeit von Lehrern und Eltern an Waldorfschulen, die Ausbildung von Waldorflehrern und der Qualitätsaspekt an Waldorfschulen. Flankierend werden Werke mit empirischen Einblicken in Waldorfschulen und Zugängen zur Waldorfpädagogik verwendet (z. B. Randoll 2013a). Eine Erschließung des Themenbereichs der Zusammenarbeit in Waldorfschulen auf der Basis der Arbeitsgrundsätze kollegialer Selbstverwaltung sowie die sich hieraus ergebenden Problematiken liegt nur unzulänglich vor. Bei der diesbezüglichen Recherche fällt auf, dass kaum Werke existieren, die sich konkret und umfassend mit dem Thema der kollegialen Selbstverwaltung befassen. Zumeist werden Teilbereiche aufgegriffen (z. B. Entscheidungsfindung) oder die aus der Praxis resultierenden Probleme und Defizite kollegialer Selbstverwaltung (z. B. Ineffizienz) erörtert. Als vereinzeltes Werk, das den Versuch einer dezidierten Darstellung der Sozialgestalt der Waldorfschule unternimmt, liegt jenes von Stefan Leber (1974) vor, das 1991 aktualisiert und neu aufgelegt wurde, das jedoch auch in der Neuauflage bereits über 25 Jahre alt ist. Als besonders fruchtbar für grundlegende Aspekte dieses Themenkomplexes erweisen sich die Arbeiten von Karl-M. Dietz zur Dialogischen Führung (vgl. 2016; 2014a; 2014b; 2008a; 2008b; 2006; 2002; zus. m. Kracht 2002/2016). Auch wenn sich keine empirischen Arbeiten finden lassen, die sich explizit mit dem Arbeitsprinzip kollegialer Selbstverwaltung an Waldorfschulen befassen, liegen einige Studien zumeist in Form von Dissertationen vor, die hieran angrenzende Themenfelder oder Teilbereiche erörtern. Zu nennen sind Eginhard Fuchs und Ingo Krampen (1992), Wenzel M. Götte (2006), Walter Kugler (1981), Hans-P. Lorent (1992), Annette Robert (1999) und Albert Schmelzer (1991). Neben diesen aufgeführten Einzelstudien existieren Autoren, die nicht nur mit einem solitären Werk zum Thema der kollegialen Selbstverwaltung beitragen, sondern sich grundlegend mit (spezifischen) Themen der Waldorfschule auseinandersetzen und somit eine besondere Bedeutung für die vorliegende Arbeit einnehmen. Hier sind insbesondere Karl-M. Dietz, Friedrich Glasl, Bernard C. J. Lievegoed, Benediktus Hardop, Michael Harslem, Udo Herrmannstorfer, Stefan Leber und Christoph Strawe aufzuführen.

Bei den herangezogenen Werken handelt es sich einerseits um wissenschaftlich fundierte, andererseits auf Erfahrungswerten beruhende Publikationen. Es lassen sich einschlägige *Verlage* benennen, die sich auf die Veröffentlichung anthroposophischer Literatur spezialisiert haben: Der „Philosophisch-

Anthroposophische Verlag am Goetheanum", der aus dem ältesten Verlag mit anthroposophischer Ausrichtung entstand, dem Philosophisch-Theosophischen Verlag in Berlin, der 1908 von Marie von Sievers (später: Marie Steiner) begründet wurde. In diesem Verlag erschienen sämtliche Publikationen Rudolf Steiners. Im Zuge der Gründung des Rudolf-Steiner-Verlags wurde dem Philosophisch-Theosophischen Verlag die weitere Veröffentlichung der Schriften Steiners gerichtlich untersagt; dieser konzentrierte sich daraufhin insbesondere auf die Herausgabe von Publikationen des Goetheanums. Zum Verlagsprogramm gehört hauptsächlich Literatur aus den Themenbereichen: Anthroposophie, Waldorfpädagogik, anthroposophische Medizin, Eurythmie, Heilpädagogik und biologisch-dynamische Landwirtschaft. Die „Rudolf Steiner Verlag AG" wurde zum Zweck der Herausgabe des literarischen Nachlasses von Rudolf Steiner durch seine testamentarisch als Rechtsnachfolgerin bestimmte Frau 1943 gegen Ende ihres Lebens gegründet. Der ebenso von ihr ins Leben gerufene Verein „Rudolf Steiner Nachlassverwaltung", unter dessen Dach der Verlag steht, verpflichtete sich, nach ihrem Tod eine chronologisch aufgebaute, systematisch gegliederte Gesamtausgabe von Rudolf Steiners Werk zu besorgen. Dessen Aufgabe, dieses Gesamtwerk zu publizieren, verfügbar zu halten und der Öffentlichkeit zugänglich zu machen, ist unverändert geblieben. Neben Steiners Schriften und Vorträgen zu den verschiedensten Lebensbereichen umfasst sein Nachlass auch zahlreiche Entwürfe und Skizzen. Der „Verlag Freies Geistesleben" ist stark mit der Waldorfschule verwurzelt. Bereits 1921 rief die Waldorf-Astoria-Zigarettenfabrik für die Pädagogik der 1919 gegründeten Freien Waldorfschule auf der Stuttgarter Uhlandshöhe einen Verlag der Waldorf-Astoria ins Leben, der jedoch während des Nationalsozialismus verboten wurde. Nach Wiederaufnahme der Arbeit nach Kriegsende gründete der Schulverein der Waldorfschule zusammen mit der Anthroposophischen Gesellschaft in Stuttgart 1947 einen neuen Verlag – den Verlag Freies Geistesleben. Die „info3 Verlagsgesellschaft" entwickelte sich aus dem gleichnamigen Monatsmagazin und ist unternehmerisch mit diesem verankert. Dieser fokussiert Themen, die sich auf die sozialen Impulse Steiners beziehen, insbesondere mit der Eigentumsfrage des Kapitals. Der „Menon Verlag" wurde 1991 als Verlag des Friedrich von Hardenberg Institut e. V. gegründet, welches sich mit

Ausgewertete Literatur und zitierte Autoren

den Themen der Anthroposophie und Kulturwissenschaft beschäftigt (insbesondere spiritueller Individualismus, Dialogische Führung/Dialogische Kultur). Dessen Verlagsprogramm umfasst Arbeiten des Instituts sowie vereinzelt auch Werke externer Autoren.

Neben Monografien und Fachbuchbeiträgen wurden auch Artikel aus fachspezifischen *Zeitschriften* zur Erörterung der Themen herangezogen. Hier sind einige einschlägige Zeitschriften zu nennen, die speziell die Veröffentlichung anthroposophisch ausgerichteter Themen fokussieren: Die Zeitschrift „Erziehungskunst – Waldorfpädagogik heute: Die Zeitschrift für Waldorfpädagogik" erfasst alle Themen der Waldorfpädagogik und richtet sich an Eltern, Lehrer und Studierende sowie alle an der Waldorfpädagogik Interessierte. Somit ist diese nicht wissenschaftlich ausgelegt. Für die vorliegende Arbeit liefert die Zeitschrift dennoch wertvolle Hinweise, da diese zahlreiche Beiträge von an Waldorfschulen Praktizierenden insbesondere zur kollegialen Selbstverwaltung veröffentlicht. Da in diesem Bereich nur wenige Publikationen existieren, werden diese Beiträge und Praxiserfahrungen als Ergänzung zu den wissenschaftlich aufgearbeiteten Themen herangezogen und/oder bevorzugt Artikel verwendet, die von wissenschaftlich arbeitenden Autoren verfasst wurden. Die Zeitschrift veröffentlicht Artikel älteren Datums frei zugänglich im Internet (vgl. http://www.erziehungskunst.de/archiv), jedoch werden die hier verwendeten Online-Ressourcen im angefügten Literaturverzeichnis nicht explizit ausgewiesen. Die Zeitschrift „info3 – Anthroposophie im Dialog" ist ein liberales, unabhängiges Monatsmagazin, das ursprünglich als Informationsmittel für die aufkommenden Initiativen der sozialen Dreigliederung (daher Info3) diente. Heute befasst sich diese mit den Ideen Rudolf Steiners im Dialog mit wichtigen geistigen Gegenwartsströmungen. Die Zeitschrift ist nicht wissenschaftlich ausgelegt, liefert aber einschlägige Beiträge zur kollegialen Selbstverwaltung, die aufgrund mangelnder Quellen zu diesem Thema arrondierend herangezogen werden. Die Zeitschrift „Punkt und Kreis – Zeitschrift für anthroposophische Heilpädagogik, individuelle Entwicklung und Sozialkunst" richtet sich an Eltern und Angehörige, Mitarbeiter in Schulen, heilpädagogischen und sozialtherapeutischen Einrichtungen und Werkstätten. Diese ist nicht wissenschaftlich orientiert und dient in der hiesigen Arbeit als Ergänzung und Anreicherung bereits erarbeiteter Themen durch Erfahrungswerte aus der Praxis. Die Zeitschrift „Sozialimpulse – Rundbrief Dreigliederung des sozialen Organismus" publiziert Beiträge zu der Vision einer Gesellschaftsstruktur, in der sich kulturelle Freiheit und Pluralismus auf der Basis von Demokratie und Menschenrechten mit einer kooperativen solidarischen und nachhaltigen Ökonomie verbindet. Die Beiträge sind in der Regel als Online-Ressourcen verfügbar. Durch die wissenschaftliche Sozialisation des Redakteurs weisen viele Artikel der Zeitschrift einen wissenschaftlichen Standard auf. Die Zeitschrift „die Drei – Zeitschrift für Anthroposophie in Wissenschaft, Kunst und sozialem Leben" liefert Beiträge von teilweise renommierten Vertretern des jeweiligen Gebiets und bietet für die vorliegende Arbeit detaillierte Informationen zur sozialen Dreigliederung. Das Eröffnungsheft erschien am 27. Februar 1921 aus Anlass des 60. Geburtstags Rudolf Steiners. Die Zeitschrift „Das Goetheanum – die Wochenzeitung der Anthroposophie" wurde 1921 von Rudolf Steiner begründet und dient heute als offizielles Organ der Anthroposophischen Gesellschaft zur Information über aktuelle soziale und kulturelle Fragen sowie zur Stellungnahme zu diesen Themen aus anthroposophischer Sicht. In dieser werden Artikel renommierter Vertreter der Anthroposophie publiziert. Die Zeitschrift ermöglicht thematisch ergänzende Einblicke. Arrondierend wurden einige nicht-anthroposophische pädagogische Fachzeitschriften aus dem deutsch- und englischsprachigen Raum sowie nicht-wissenschaftliche Zeitschriften berücksichtigt.

1.4 Herangehensweise und Vorgehen

Der Versuch der theoretischen Erfassung kollegialer Selbstverwaltung erwies sich zunächst als diffizil, da keine Werke vorliegen, die sich deren Terminologie und Konzeption explizit widmen sowie deren Grundsätze der Zusammenarbeit präzise definieren und in akkumulierter Form skizzieren. Zwar existieren Beiträge, die das Thema der kollegialen Selbstverwaltung diskutieren, doch misslang insbesondere aufgrund deren defizitären Aufarbeitung eine hierauf basierende Ableitung einer für Dritte plausiblen und profunden Darstellung des Arbeitsprinzips. Neben dem fragmentären Bezug lediglich auf Teilbereiche der kollegialen Selbstverwaltung (z. B. Problematiken, Entscheidungsprozesse) entbehren einschlägige Auseinandersetzungen zudem oftmals der wissenschaftlichen Fundierung. Darüber hinaus zeigte sich eine ambivalente Begriffsverwendung sowie individuell akzentuierte Interpretationsvarianten zum Thema der kollegialen Selbstverwaltung, sodass schlüssige Bezüge erschwert wurden, und sich ein durch Vagheit, Intransparenz und Missverständnisse signifiziertes Themenfeld darbot. Es konnte somit auf keine fundierte Theoriegrundlage zurückgegriffen werden, die einen Transfer von Begriff und Konzept aus der Literatur und deren spezifische Untersuchung in Bezug auf die Führungsprozesse erlaubte. Eine systematische Aufarbeitung des Themas kollegialer Selbstverwaltung erwies sich unter den obliegenden Umständen und mit dem Anspruch des Reüssierens der formulierten Zielsetzung der Arbeit als notwendig. So wurden der empirischen Untersuchung unter anderem eine begriffliche Demarkierung sowie die Rekonstruktion der Arbeitsgrundsätze kollegialer Selbstverwaltung präponiert. Mit dem empirischen Teil der Arbeit, der auf den Daten einer Vollerhebung der Waldorfschulen in Deutschland basiert, werden schließlich ein grundlegender Überblick zur praktischen Relevanz des Themas sowie eine Verdichtung der fragmentären Themenerfassung angestrebt.

Die optierte Vorgehensweise war durch etwaige Anlaufschwierigkeiten gekennzeichnet, da ohne erfahrungsbasierten Hintergrund und einschlägigem Vorwissen von den Abläufen an Waldorfschulen im Allgemeinen und der kollegialen Selbstverwaltung im Besonderen ein theoriegestützter Nachvollzug und ein literaturbezogenes Verständnis zunächst nur unzureichend gegeben waren. Das Thema präsentierte sich als etisches Phänomen. Schließlich erwies es sich als obligatorisch, die Ursprünge kollegialer Selbstverwaltung zu fokussieren, da ein solches Vorgehen sowohl die Rekonstruktion der Idee kollegialer Selbstverwaltung als auch die Sensibilisierung für deren gegenwärtige Reibungspunkte ermöglicht. Um dies zu leisten, wurde zunächst eine terminologische und konzeptionelle Klärung von „Führung" vorangestellt. Dies begründete sich durch die einseitige Auslegung und negative Attribuierung des Themas „Führung" im Waldorfschulkontext, die sich bei der Recherche abbildeten.

Aus der Wahl der beschriebenen Herangehensweise ergibt sich folgende Vorgehensweise: Der *theoretische Teil* der Arbeit beginnt mit einer begrifflichen Abgrenzung von Führung (Kap. 2), um sowohl die inhaltliche Spannbreite des

Führungsbegriffs (Kap. 2.1) zu vergegenwärtigen als auch die Merkmale von Führung (Kap. 2.2) aufzuzeigen sowie die sinnvolle Ableitung einer Arbeitsdefinition von Führung (Kap. 2.3) leisten zu können. Um die Praktizierung von Führung argumentativ zu stützen, wird in einem nächsten Schritt auf die Relevanz von Führung (Kap. 3) eingegangen, in deren Rahmen die Legitimation von Führung (Kap. 3.1), das heißt deren Akzeptanz (Kap. 3.1.1) und Notwendigkeit (Kap. 3.1.2), die typischen Aufgaben von Führung (Kap. 3.2) sowie die speziellen Führungsaufgaben differenziert nach deren strukturellen und personellen Ausprägung (Kap. 3.3) erörtert werden. Da Begriff und Konzepte der Führung eine historisch bedingte Entwicklung durchlaufen, wird ein Blick auf die Denkweisen von Führung (Kap. 4) geworfen: Dem subjekttheoretischen Führungsprinzip (Kap. 4.1), das sich den Eigenschaften (Kap. 4.1.1) und dem Verhalten des Führenden (Kap. 4.1.2) widmet, folgt das situationstheoretische Führungsprinzip (Kap. 4.2), das die kontextuale Abhängigkeit des Führungsverhaltens in den Mittelpunkt rückt, und dessen Ansätze nach unterschiedlichen Fokussen kategorisiert werden können: Führungsbeziehung (Kap. 4.2.1.1), Moral und Werte (Kap. 4.2.1.2), Verantwortungsteilung (Kap. 4.2.1.3) sowie Mitarbeiter und Aufgabe (Kap. 4.2.1.4). Als Beispiele für aktuelle situationstheoretische Ansätze (vgl. Kap. 4.2.2), die insbesondere Mitarbeiter und Aufgabe fokussieren, werden Intrapreneurship und Selbststeuerung (Kap. 4.2.2.1), die Theorie U: von der Zukunft her führen (Kap. 4.2.2.2) sowie die Dialogische Führung (Kap. 4.2.2.3) vorgestellt. Diese können als Vorreiter für die Entstehung eines neuen integralen Führungsprinzips (Kap. 4.3) verstanden werden, in dessen Rahmen repräsentativ die selbstregulierten Kreise in der Soziokratie (Kap. 4.3.1), die dynamischen Rollen in der Holakratie (Kap. 4.3.2) sowie die Selbstführung in der integralen evolutionären Organisation (Kap. 4.3.3) dargestellt werden.

Hierauf konstituierend richtet sich der Blick auf die kollegiale Selbstverwaltung in Waldorfschulen als Führungsprinzip (Kap. 5), indem zunächst eine begriffliche Abgrenzung (Kap. 5.1) sowie die Ableitung einer Arbeitsdefinition (Kap. 5.2) erfolgen. Um das Prinzip der kollegialen Selbstverwaltung von dessen Ursprüngen aus zu erfassen und möglichst umfassend zu rekonstruieren, werden unter schwerpunktmäßiger Zugrundelegung der Originalquellen Rudolf

Steiners die Arbeitsgrundätze kollegialer Selbstverwaltung (Kap. 6) dezidiert zusammengetragen und in eine aggregierte Form transformiert, wobei diese Aspekte des Organisationsmanagements (Kap. 6.1), der Personalführung (Kap. 6.2) sowie des zugrundegelegten Führungsverständnisses (Kap. 6.3) umfassen. Im Rahmen des Organisationsmanagements werden die Charakteristika der strukturellen Dynamik und Offenheit (Kap. 6.1.1.1 bis 6.1.1.5), der Positionslosigkeit und funktionalen Hierarchie (Kap. 6.1.2.1 bis 6.1.2.3), der demokratiefördernden Organbildung (Kap. 6.1.3.1 bis 6.1.3.3) sowie der informellen Bezüge zwischen Organen und Individuen (Kap. 6.1.4.1 bis 6.1.4.3) erörtert. Im Kontext der Personalführung wird auf die Prinzipien der Selbstführung und Selbstverantwortung (Kap. 6.2.1.1 bis 6.2.1.3), die systematische Mitgestaltung mittels regelmäßiger Konferenzen (Kap. 6.2.2.1 bis 6.2.2.3), die Einrichtung der Konferenz als dialogisches Organ und „fortlaufendes Seminar" (Kap. 6.2.3.1 bis 6.2.3.4) sowie als hierarchiefreies Beschlussorgan (Kap. 6.2.4.1 bis 6.2.4.4) eingegangen. Hinsichtlich des Führungsverständnisses wird die Antinomie von „Bürokratie" und „Verwaltung" (Kap. 6.3.1), das anthroposophische Menschenbild (Kap. 6.3.2), das Prinzip der kollektiven Führung (Kap. 6.3.3) sowie der Hilfe durch Beratung und der exzeptionellen Intervention (Kap. 6.3.4) diskutiert. Abschließend werden im Rahmen eines bewertenden Diskurses kollegialer Selbstverwaltung (Kap. 7) kritische Aspekte des Arbeitsprinzips (Kap. 7.1.1 bis 7.1.3) systematisch aufgearbeitet und typische Problemfelder in der Praxis kollegialer Selbstverwaltung in Form von Missverständnissen in der Übertragung des Urgedankens (Kap. 7.2.1 bis 7.2.3) sowie von sozialpsychologischen Konsequenzen nicht wahrgenommener Führungsaufgaben (Kap. 7.3.1 bis 7.3.2) thematisiert.

An den Entwurf einer theoretischen Basis der Arbeitsgrundsätze kollegialer Selbstverwaltung schließt der *empirische und diskursive Teil* der vorliegenden Arbeit an, der zunächst durch die Zielsetzung und Fragestellung der empirischen Untersuchung (Kap. 8) eingeleitet wird. Das Erhebungsdesign der empirischen Untersuchung (Kap. 9) umfasst die Beschreibung der Vorstudie und der Forschergruppe (Kap. 9.1), der Erhebungsmethode und der statistischen Menge (Kap. 9.2), des Erhebungsinstruments (Kap. 9.3), das heißt dessen Entwicklung und Begründung (Kap. 9.3.1) sowie dessen konkrete Darstellung in Form des Lehrerfragebogens (Kap. 9.3.2), und des Erhebungsverfahrens (Kap. 9.4). Es wird zudem ein kurzer Überblick über die Auswertung und die Ergebnisse der explorativen Lehrerstudie (Kap. 9.5) gegeben und auf eine an die Hauptstudie anschließende Folgestudie in Form einer Geschäftsführerbefragung (Kap. 9.6) verwiesen. Im Anschluss erfolgt die Darstellung des Auswertungsdesigns der vorliegenden Arbeit (Kap. 10): Dieses umfasst die Datengrundlage der Auswertung (Kap. 10.1), die Auswertungsmethode (Kap. 10.2), die wiederum konkret die konfirmatorische Faktorenanalyse (Kap. 10.2.1) und die Kategorien der mehrfaktoriellen Differenzierung (Kap. 10.2.2.1 bis 10.2.2.5) enthält, sowie die Entwicklung und Darstellung der Auswertungskategorien bzw. Faktoren (Kap. 10.3.1 bis 10.3.22) im Einzelnen und schließlich die Auswertungskategorien (Faktoren) in zusammenfassendem Überblick (Kap. 10.4). Darauf folgend schließt sich die Darstellung der empirischen Ergebnisse an (Kap. 11), die sich in die deskriptive Auswertung der Items zur Führung und kollegialen Selbstverwaltung (Kap. 11.1.1 bis 11.1.2), die undifferenzierte Auswertung der Faktoren (Kap. 11.2) sowie die differenzierte Auswertung der Faktoren (Kap. 11.3) nach der praktizierten Führungsform (Kap. 11.3.1), nach der Altersverteilung (Kap. 11.3.2), nach den erfolgten Beratungsleistungen (Kap. 11.3.3.1 bis 11.3.3.2) und nach der Qualität des Organisationsklimas (Kap. 11.3.4) gliedert. Die Diskussion der Ergebnisse (Kap. 12) teilt sich auf in die des deskriptiven Überblicks der Items zur Führung und kollegialen Selbstverwaltung (Kap. 12.1), die der undifferenzierten Auswertung der Faktoren (Kap. 12.2) und die der differenzierten Auswertung der Faktoren (Kap. 12.3).

Die Arbeit schließt mit einem *resümierenden Teil*, der das Gesamtresümee (Kap. 13) beinhaltet, welches sich aus einem zusammenfassenden Überblick (Kap. 13.1), den zentralen Erkenntnissen der vorliegenden Arbeit, in deren Rahmen Leitthesen zur kollegialen Selbstverwaltung formuliert werden (Kap. 13.2.1 bis 13.2.6), sowie einer komprimierten Zusammenführung der Arbeitsgrundsätze kollegialer Selbstverwaltung im Sinne eines Führungsprinzips inklusiv optionaler Implikationen zur Ausschöpfung vorhandener Potentiale (Kap. 13.3.1 bis 13.3.3) zusammensetzt und darüber hinaus einen Hinweis auf weiteren Forschungsbedarf und einen Ausblick (Kap. 13.4) gibt.

2 Begriff der Führung

2.1 Inhaltliche Reichweite des Führungsbegriffs

Um prüfen zu können, in welchem Verhältnis kollegiale Selbstverwaltung und Führung zueinander stehen, ist eine Klärung notwendig, was unter „Führung" explizit zu verstehen ist. Das Thema der Führung ist nicht nur wissenschaftlich prominent und vieldiskutiert, denn „Führung" als Begriff oder als Phänomen ist ein Bestandteil des alltäglichen Lebens und der Alltagssprache. *„Sie zieht sich durch die Geschichte der Menschheit genauso wie die Vergemeinschaftung der Menschen in ihren verschiedensten Ausformungen selbst"* und ist folglich *„(…) ein universelles Phänomen, das alle Kulturen betroffen und (vermutlich zu allen Zeiten) beschäftigt hat"*, so Weibler (2001: 3, Ausl. ie). Obwohl sich das Führungsthema allgemein großer Popularität erfreut, verweist dieses auf einen Prozess, der weder visualisierbar noch konkret mensurabel ist und bezeichnet somit ein hypothetisches Konstrukt. *„Führung ist .. ein unsichtbares Phänomen, das in den Köpfen der Beobachter entsteht"*, so Seliger (2014: 16, Ausl. ie). Möglich ist, dass das Führungskonstrukt gerade deshalb in den Fokus des menschlichen Interesses rückt. So haben *„wir .. es bei Führung mit einem Phänomen zu tun, das niemand direkt beobachten kann und über das trotzdem alle reden"* (ebd., Ausl. ie). Aufgrund der geläufigen begrifflichen Verwendung tritt „Führung" dennoch als etwas Selbstverständliches auf, das nicht weiter reflektiert wird, *„(…) da Selbstverständliches meist wenig Bedachtes ist"* (Rosenstiel 2009: 3, Ausl. ie). Daraus leitet sich der Bedarf einer eingehenden Kontemplation von „Führung" ab, um weiterführende Aussagen treffen können.

„Führung" hat in der einschlägigen Forschung eine umfassende Zuwendung erfahren, und somit existieren im Wissenschaftsbereich unzählige inhaltliche Auslegungen. Bereits vor über 40 Jahren merkte Stogdill (1974: 7) an, dass beinahe so viele Definitionen von Führung existieren wie Definitionsversuche unternommen wurden: *„There are almost as many different definitions of leadership as there are people who have tried to define it."* Auch Rodler und Kirchler (2002: 9, Ausl. ie) stellen fest: *„Kaum ein anderes Gebiet (…) hat so viele unterschiedliche Definitionen hervorgebracht wie die Führungsforschung."* Der Führungsbegriff lässt folglich eine große Bandbreite an Interpretationsmöglichkeiten zu, wird somit in vielfältiger Weise verstanden und in variativen Anwendungszusammenhängen aufgegriffen. *„Dies ist einerseits drauf zurückzuführen, dass der Führungsbegriff oftmals leichtfertig verwendet wird, andererseits aber auch darauf, dass Führung wie jede andere soziale Interaktion aus unterschiedlichen Blickwinkeln gesehen und gestaltet werden kann"*, so Weibler (2001: 9). Die Schwierigkeit, eine allgemein gültige Definition von Führung abzuleiten, kann auf unterschiedlichen Gründen basieren. Kranz (2007: 15ff.) zeigt in ihrer Dissertation hierfür beispielhaft vier Ursachenquellen auf:

- Der Führungsbegriff wird in verschiedenen sozialwissenschaftlichen Disziplinen mit jeweils eigenen Erkenntnisinteressen angewandt: „Führung" interessiert in den Wirtschaftswissenschaften hinsichtlich des ökonomischen Handelns und einer dazu beitragenden menschlichen Verhaltensbeeinflussung, in der Soziologie hinsichtlich des sozialen Zusammenlebens und in der Psychologie hinsichtlich der Analyse des menschlichen Verhaltens, Erlebens und Bewusstseins.
- Die Vielzahl und der Facettenreichtum der Ansätze erschweren eine systematische Aufarbeitung: Nach Schätzungen beschäftigen sich über 1.000 deutsche Wissenschaftler mit dem Führungsthema.
- Das Führungsphänomen wird zunehmend spezifisch betrachtet, sodass „Führung" auf bestimmte Institutionen oder Formen begrenzt verstanden wird. Auch hierbei zeigt sich eine mangelhafte semantische Greifbarkeit.
- Zudem führen die unterschiedlichen Funktionen von Definitionen dazu, dass zwischen den zugrundeliegenden Perspektiven differenziert werden muss: Zum Beispiel können die Betrachtung des Konzepts, der Aufschluss über Verhaltens- und Handlungsweisen oder das Schaffen einer Theoriegrundlage angestrebt werden.

Weibler (vgl. 2001: 24ff.) illustriert in Anlehnung an Bass (vgl. 1990: 11f.) verschiedene Führungsverständnisse, die die angesprochene Komplexität und Vielfalt widerspiegeln und unterstreichen. Neuberger (2002: 2) konstatiert bezüglich dieses Bedeutungspluralismus' von „Führung": *„Führung ist ein umstrittenes Thema, dessen Diskussion kalte Kognitionen und Emotionen oft unentwirrbar vermengt. Die Reaktionen schwanken zwischen Vergötterung und*

Heroisierung (Personenkult), Banalisierung und Trivialisierung (Bürokratisierung: Führung ist ‚nichts als' Lückenbüßer der Organisation und eine verdinglichende Technik), emotionalisierte Verklärung und nüchterne Verwissenschaftlichung und schließlich Dämonisierung oder Diabolisierung (Verführung und Beherrschung der unschuldigen, unwissenden, wiederstrebenden Massen)."
So entsteht ein breites Repertoire an möglichen Auffassungen.

Doch wie kann eine begrifflich-inhaltliche Bestimmung von „Führung" erreicht werden? Aufgrund der hohen Anzahl vorliegender Studien zu diesem Thema erweisen sich der Versuch eines systematischen Zugangs und der Ableitung eines konsistenten Bildes von „Führung" als schwierig. Yukl (vgl. 2006) weist darauf hin, dass „Führung" auch nach Jahrzehnten der Forschungsaktivität immer noch ein unscharf definiertes Konstrukt darstellt. Neuberger (1995a: 2f.) veranschaulicht dies auf metaphorische Weise: *„Will man sich auf dem Gebiet der Führung orientieren, so trifft man auf unübersichtliches Gelände: Es gibt beeindruckende Pracht-Straßen, die aber ins Nichts führen, kleine Schleichwege zu faszinierenden Aussichts-punkten, Nebellöcher und sumpfige Stellen. Auf der Landkarte der Führung finden sich auch eine ganze Reihe Potemkinscher Dörfer, uneinnehmbarer Festungen oder wild wuchernder Slums."*
Dadurch erscheint es evident, dass der Führungsbegriff durch unterschiedliche Abgrenzungsstrategien skizziert werden kann: *„operationale, hierarchisch differenzierende, vernetzend konstellierende, typisierende/Geschichten erzählende und theoretisch akzentuierte"* (ebd. 2002: 8).

In der einschlägigen Literatur wird „Führung" oftmals auf deren autoritäre Ausprägung reduziert und als manipulativ verstanden und erfährt somit die von Neuberger angesprochene „Diabolisierung". Auch Dellbrügger (2013: 30f., Ausl. ie) kritisiert in diesem Zusammenhang eine häufig anzutreffende einseitige Betrachtungsweise: *„Zur weiteren streiflichtartigen Charakterisierung des Denkens über Führung lassen sich zwei fast schon archetypische und in verschiedensten Facetten weit verbreitete Vereinseitigungen oder (Fehl-)Formen unterscheiden, sie seien hier bildhaft einerseits mit Zuckerbrot, andererseits mit Peitsche bezeichnet. Unter Zuckerbrot lässt sich alles zusammenfassen, was mit Anreizen, Bonussystemen, Incentives, Konditionierungstechniken, mit mehr oder weniger raffinierter Manipulation oder gar offener Instrumentalisierung* *arbeitet. (...) Unter Peitsche lässt sich alles subsumieren, was im Führungsbereich mit Kontrolle, Überwachung, militärischer Führung oder gar Zwang zu tun hat."* Definitionen können demzufolge auch eine bestimmte Absicht transportieren: *"Definitionen selektieren und konstruieren, d.h. setzen aus Bau-Elementen eine bestimmte Wirklichkeit zusammen"* (Neuberger 2002: 10). Auf welche Weise den etwaigen Führungsverständnissen subtile Absichten adhärieren können, soll anhand exemplarischer Interpretationen dargestellt werden. Zunächst erfolgt eine Auswahl an Beschreibungen des Führungsphänomens, die eine eher traditionelle Sichtweise widerspiegeln und so auch das zumeist vorherrschende Führungsverständnis in Waldorfschulen erfassen:

- *"Führung ist Fremd-Willensdurchsetzung i.S. einer intendierten, direkten, asymmetrischen Fremdbestimmung, die im Wege informierender, instruierender und motivierender Aktivitäten erfolgt"* (Seidel 1978: 81).
- *"Führung soll heißen, Anweisungen zu geben, die befolgt werden, weil die Untergebenen sich mit ihnen identifizieren"* (Baecker 1994: 32).
- Führung ist *"die Durchsetzung von Herrschaft auf dem Weg der Motivierung"* (Stöber/Bindig/Derschka 1974: 9).
- Führung wird als *"eine Tätigkeit definiert, die die Steuerung und Gestaltung des Handelns anderer Personen zum Gegenstand hat"* (Wild 1974: 158).
- *"By Leadership we mean the art of getting someone else to do something that you want done because he wants do it (...)"* (Eisenhower 1954, Ausl. ie).

Clausen (2009: 361) betont, dass „Führung" jedoch nicht automatisch als autoritär verstanden werden kann, denn *"welche der Regelungsaufgaben jeweils von der Führungskraft und welche von den Teammitgliedern wahrgenommen werden, stellt einen der großen Gestaltungsspielräume im Zusammenspiel zwischen Team und Führungskraft dar."* Demgemäß finden sich zahlreiche Definitionen in der wissenschaftlichen Literatur, die deutlich von dem Gedanken des Herrschers mit Machtmonopol wegführen und das in der Waldorfschule überwiegend vertretene hierarchische Verständnis von „Führung" in unterschiedlichem Ausmaß aufweichen und erweitern. Im Folgenden werden einige exemplarische Beschreibungen aufgeführt, die eine weitgefasste Auslegung von „Führung" beinhalten:

Inhaltliche Reichweite des Führungsbegriffs 31

- *„Führungsaktivitäten wären dann definitorisch alle Aktivitäten, die der Koordination von Zielen und Mitteln in Gruppen und Organisationsformen dienen"* (Scholl 1995: 1753).
- *„Führung bedeutet (...): Orientierung geben"* (Frey/Schmalzried 2013: 2, Ausl. ie).
- *„Führung als Funktion ist eine Rolle, die von den Organisationsmitgliedern in unterschiedlichem Umfang und Ausmaß wahrgenommen wird"* (Staehle 1999: 328).
- *„Man könnte sagen, dass Führungskräfte Energien zu managen haben. Tatsächlich besteht ihre Hauptaufgabe darin, den effektivsten Weg zu finden, um die in ihren Organisationen dominierende Energie in den Dienst eines gemeinsamen Ziels zu stellen"* (Kets de Vries 1998: 177).
- *„War sie [die Führung] einst vor allem ein Instrumentarium zur Beherrschung von Untergebenen, so dient sie inzwischen immer mehr der Befähigung der Mitarbeiter zu eigenständigem unternehmerischem Handeln"* (Dietz 2013: 37, Erg. ie).
- *„Was heißt .. Führung? (...) Eine Führungsfrage bedeutet ... die Frage, was einer Einrichtung immer wieder die Zielhaftigkeit verleiht. (...) Wer oder was bewegt eigentlich die Menschen? (...) Eine weitere Frage lautet: Wie kann, was wir da wollen, umgesetzt werden, das heißt wie organisiert und gliedert sich ein Organismus? (...) Schließlich geht es bei Führung um die Frage, wer das Ganze zusammenhält, wie die Integration geleistet wird. Wir haben also 4 große Führungsfragen, die sich wieder in zwei Paare zusammenfassen lassen: Das erste Paar hat mit Richtung und Motiv zu tun, das zweite mit Gliederung, Differenzierung und Ganzheit, Integration"* (Herrmannstorfer 2008: 14f., Ausl. ie).
- *„Führung ist eine sozial-künstlerische Veranstaltung"* (Werner 2013: 93).

Bei den letztgenannten Definitionen wird deutlich, dass es sich bei „Führung" um einen Prozess des interaktiven Zusammenwirkens zwischen Vorgesetzten und Mitarbeitern handelt. *„Die konventionelle Vorstellung vom Manager als Entscheider und Lenker des Unternehmens ist damit als ein Mythos entlarvt"* (Nicolai/Vollmar 2007: 85). Auch Neuberger (vgl. 1995a) weist darauf hin, dass „Führung" unter anderem ein Gruppenphänomen und damit ein Interaktionsprozess zwischen mindestens zwei Personen ist und darauf abzielt, durch Kommunikationsprozesse Ziele zu erreichen. Somit wird eine erste Annäherung an eine Führungsdefinition erreicht, die mit dem Selbstverwaltungsprinzip verträglicher erscheint als das regulär in Waldorfschulen vertretene Führungsverständnis einer autoritativen Herrschaft, die den Menschen einen fremden Willen oktroyiert.

2.2 Merkmale von Führung

Um ein vertieftes Verständnis zu konsolidieren, wird der Führungsprozess weiterführend in dessen einzelnen Merkmale aufgegliedert. Demgemäß verweisen Wunderer und Grunwald (vgl. 1980: 58ff.; auch Berthel/Becker 2007: 108ff.; Schreyögg/Koch 2010: 264ff.) auf elf Eigenschaften, die aber durchaus ergänzungswürdig sind:

- Die Merkmale der Ziel-, Ergebnis- und Aufgabenorientierung von „Führung" deuten auf deren instrumentellen Eigenschaft und Funktion hin. *„Diese Sichtweise ist insofern berechtigt, als es Führung ‚an sich' nicht geben kann, sondern immer nur Führung auf etwas hin oder von etwas weg"* (Wunderer/ Grunwald 1980: 58).
- „Führung" kann sich auf die Persönlichkeitseigenschaften sowie die Fähigkeiten und Kompetenzen des Führenden beziehen. Fokussiert werden dann überdauernde Verhaltensweisen sowie individuelle Prädispositionen bei der Erbringung einer Leistung.
- „Führung" kann als ein sozialer Prozess zwischen mindestens zwei Personen verstanden werden, *„(...) die durch gemeinsame Normen, gemeinsame Ziele, Gruppenbewußtsein, Rollendifferenzierung u.a. miteinander verbunden sind"* (ebd., Ausl. ie).
- „Führung" kann eine Differenzierung von spezifischen Rollen bewirken, das heißt, an die Inhaber der Führungsrollen werden dann verschiedenen Erwartungen seitens der Gruppenmitglieder gestellt. *„Je nach Aufgabe, Situation, Fähigkeiten und Motivation der Mitglieder entwickeln sich unterschiedliche Rollen (Arbeitsteilung), die hinsichtlich der Zielerreichung komplementär sind bzw. sein sollen"* (ebd.).

Merkmale von Führung

- Bei dem Verständnis von „Führung" als Einflussprozess (Macht) ergibt sich eine Spannbreite von Zwang durch Sanktionen bis Überzeugung von gemeinsamen Zielen, von unidirektionalem Machtmonopol des Führenden bis wechselseitigem Einfluss zwischen dem Führenden und den Mitarbeitern (vgl. Berthel/Becker 2007: 108; Schreyögg/Koch 2010: 264ff.).
- Bei Führungsprozessen bilden sich durch gegenseitige Beeinflussungen der Gruppenmitglieder gemeinsame Normen und Wertvorstellungen aus, *„(...) die in der Regel maßgeblich von den Führern beeinflußt bzw. durchgesetzt werden. Besonders in Arbeitsgruppen mit mehrdeutigen und unstrukturierten Aufgaben haben die oftmals vom Führer gesetzten oder stark beeinflußten Werte und Normen u.a. die Funktion, Komplexität und Unsicherheit zu reduzieren, Regulative für die Lösung der zu bewältigenden Aufgabe vorzugeben, Ziele zu legitimieren sowie deren Realisierung sicherzustellen"* (Wunderer/Grundwald 1980: 59, Ausl. ie).
- Wird „Führung" als soziale Interaktion aufgefasst, ist der wechselseitige Aspekt zwischen mindestens zwei Personen durch verbale und nonverbale Kommunikation angesprochen, *„(...) wobei das gemeinsame Verhalten als Ergebnis der Interaktion angesehen werden kann"* (ebd., Ausl. ie).
- „Führung" bedeutet Entscheidungen zu treffen. *„Unter Entscheidungen werden Denk- und Handlungsprozesse verstanden, die bei der Wahl zwischen alternativen Möglichkeiten auftreten"* (ebd.: 61). Diese tragen zur Reduktion bzw. Beseitigung von Ungewissheit, Komplexität und Konflikten bei.
- „Führung" erfasst einen dynamischen Entwicklungsprozess (zeitliche Dimension). *„Rollen, Normen, Konformität, Gruppenattraktion etc. unterliegen einem ständigen Veränderungsprozeß, der Führer wie Geführte in ihrem Verhalten und Erleben beeinflußt"* (ebd.).
- Bei der Zusammenarbeit von Menschen entstehen aus unterschiedlichen zwischenmenschlichen oder organisationalen Gründen intra- und interindividuelle Konflikte. „Führung" kann sich somit auf Konfliktprozesse beziehen, denn *„durch Führung werden sowohl Konflikte hervorgerufen als auch gelöst bzw. reguliert"* (ebd.: 60; vgl. Berthel/Becker 2007: 108).
- „Führung" beinhaltet grundlegende Informations- und Kommunikationsprozesse zur Vermeidung von dysfunktionalen Organisationsabläufen.

Die aufgeführten Merkmale sind nicht distinkt demarkierbar und überschneiden sich vielfach. Doch skizzieren diese eine Zusammenführung der sachlichen und kontextualen Hintergründe, vor denen „Führung" in der Fachliteratur diskutiert wird und geben somit einen inhaltlichen Überblick über mögliche Merkmale von Führung. Demgemäß extrahiert auch Kotter (2011: 1) auf der Basis diverser Definitionen einige Komponenten, welche für das Führungsphänomen zentral erscheinen und als dessen Merkmale ausgewiesen werden können: *„Some of them are as follows: (a) Leadership is a process, (b) leadership involves influencing others, (c) leadership happens within the context of a group, (d) leadership involves goal attainment, and (e) these goals are shared by leaders and their followers."*

Zumeist stößt man in der wissenschaftlichen Literatur beim Führungsthema jedoch auf den Aspekt der suggestiven Absichten, wie folgende Definitionen zeigen: So hebt Yukl (2006: 8) eine solche Einflussnahme durch „Führung" deutlich hervor: *„Leadership is the process of influencing others to understand and agree about what needs to be done and how to do it, and the process of facilitating individual and collective efforts to accomplish shared objectives."* Auch die recht aktuelle Begriffsbeschreibung von Stentz, Plano Clark und Matkin (vgl. 2012: 1173ff.) erfasst „Führung" als einen komplexen und sozial konstruierten Prozess der Beeinflussung. Ebenso Northouse (2004: 3) definiert Führung als *„a process whereby an individual influences a group of individuals to achieve a common goal."* Brodbeck (2008: 281f.) betrachtet weiterführend den Aspekt der Einflussnahme als einen gemeinsamen Nenner unterschiedlicher Führungsdefinitionen und hält so folgende Begriffsabgrenzung fest: *„Leadership in organizations (...) means having and beeing seen to have the ability to influence and enable others to contribute towards the success of their work unit or organization."* Auf ähnliche Weise betonen Berthel und Becker (vgl. 2007: 108) im Zusammenhang mit Führungsmerkmalen, dass „Führung" eine besondere Manier der Verhaltensbeeinflussung darstellt und sich somit von anderen Formen (z. B. Bitte, Manipulation) unterscheidet. Mit dieser einhergehend erfolgen verschiedene Aktivitäten, wie Information, Instruktion, Weisung, Leistungsbewertung, Motivation oder Konfliktlösung, die methodisch unterschiedlich ausgeführt werden können.

Padilla (2013: 12) grenzt Führungsmerkmale durch drei Komponenten ab: eine führende Person, eine oder mehrere geführte Personen sowie ein organisationales Umfeld, in dem Führender und Geführte agieren. Hingegen unterscheidet Nieder (vgl. 2009: 332) diesbezüglich sowohl eine Personenkomponente, die in der personellen Verhaltens- und Einstellungsbeeinflussung zum Ausdruck kommt, als auch eine strukturbezogene Sachkomponente, die sich in der Formulierung von Zielen und den sich daraus ableitenden Aufgaben sowie deren Umsetzung widerspiegelt (vgl. Kap. 3.3).

Wie sich zeigt, erleichtert die Erörterung verschiedener Führungsmerkmale zunächst nicht die Ableitung einer Führungsdefinition, sondern verdeutlicht erneut die Reichweite des semantischen Spielraums von „Führung". Doch konnte vergegenwärtigt werden, dass „Führung" auf sehr unterschiedliche und spezifische Weise verstanden werden kann. Dies sensibilisiert zugleich das Bewusstsein für die Notwendigkeit, im Umgang mit dem Führungsphänomen und dessen Definitionen stets nach den impliziten Grundlagen, Absichten, Perspektiven und Fokusse zu fragen.

2.3 Ableitung einer Arbeitsdefinition von Führung

Durch die vorangehenden Ausführungen wird zunächst widerlegt, dass kollegiale Selbstverwaltung und Führung als grundsätzlich disparate und unvereinbare Konstrukte wirken und sich zwangsläufig widersprechen. Führung kann durchaus in einem zur kollegialen Selbstverwaltung kongruenten Sinne verstanden werden, insofern keine allgemeingültige und verbindliche Auffassung von „Führung" existiert, sondern diese vordergründig als soziales Phänomen anzusehen ist. Bei der Ableitung einer Führungsdefinition besteht somit die Freiheit, das jeweilige Forschungsziel berücksichtigen und so die unzähligen Beschreibungsmöglichkeiten auf eine sinnvolle, dem Vorhaben dienliche begrenzen zu können. Auf diese Weise wird der Einbezug des individuellen Gesamtzusammenhangs ermöglicht. So kommt Clausen (2009: 359, Ausl. ie) zu dem Schluss: *„Unter Fachleuten besteht weitgehend Einigkeit: Führung ist ein Prozess, an dessen Gelingen immer mehrere Personen und situative Faktoren oder Kontextbedingungen (...) beteiligt sind."* Die semantische Klammer von „Führung" enthält somit keinen fixen Bedeutungsinhalt, sondern lediglich einen plastischen Kern, „(...) der in unterschiedlichen Zusammenhängen jeweils andere Akzentuierungen erfährt" (Neuberger 2002: 10, Ausl. ie). Eine begriffliche Abgrenzung von „Führung" kann folglich als ein variables Produkt verstanden werden, welches durch zur jeweiligen Zeit vorherrschende gesellschaftliche und wissenschaftliche Annahmen bedingt sowie von den jeweils beteiligten Subjekten und von der konkreten Handlungssituation abhängig ist. Diese Tatsache offeriert daher die Möglichkeit, eine selbstverwaltungskonforme Führungsdefinition ableiten zu können.

Die im Folgenden geltende Arbeitsdefinition begreift „Führung" in einem weitgefassten Verständnis, sodass unter dieser die reflektierte Gestaltung von sozialen Beziehungen und/oder Strukturen und Prozessen in Organisationen für das Reüssieren eines gemeinsamen großen Ganzen verstanden wird – respektive ein Interaktions- und Beeinflussungsprozess zwischen mindestens zwei Personen mit dem Bestreben, durch Kommunikation gemeinsame Ziele zu erreichen.

Das hiesige Führungsverständnis, das sich an Neubergers (vgl. 1995a) Ansicht orientiert, greift zugleich die verwendete Definition von Rehn (vgl. 2013) auf, der „Führung" als eine Gesamtprozedur von sozial-interaktiver und strukturell-normativer Steuerung versteht, und der damit eine konforme Auffassung zu Nieder (vgl. 2009) vertritt, der auf eine Personen- und eine Sachkomponente in Führungssituationen verweist. Gemäß Kotter (vgl. 2011) wird „Führung" zudem ein Prozesscharakter beigemessen, sodass „Führung" und „Führungsprozess" synonym verwendet werden. In Anlehnung an die Führungsmerkmale nach Wunderer und Grundwald (vgl. 1980) findet außerdem Berücksichtigung, dass „Führung" diverse, für eine Organisation existentielle Aufgaben erfüllt und als eine prinzipiell personen- und statusunabhängige Funktion zu verstehen ist. „Führung" fungiert so als ein Instrument, um etwas gemeinschaftlich Angestrebtes erfolgreich umzusetzen und zu gestalten. In diesem Sinn unterstreicht Neuberger (2002: 23, Ausl. ie): *„Sie ist kein Ziel, sondern ein Mittel (...)."*

3 Relevanz von Führung

3.1 Legitimation von Führung

Das Führungsverständnis hängt maßgeblich davon ab, inwiefern Führung legitimiert ist. Wird diese als abkömmlich oder deplatziert betrachtet – wie es oft im Kontext kollegialer Selbstverwaltung geschieht – ist eine Ablehnungshaltung durch die Betroffenen naheliegend; wird diese hingegen als opportun empfunden, stoßen Führungsprozesse mit hoher Wahrscheinlichkeit auf Akzeptanz. Um die hierbei zugrundeliegenden Zusammenhänge verstehen zu können, ist zu prüfen, welche signifikanten Qualitäten Führung subjektiv rechtfertigen.

Die Forschungen auf dem Gebiet der Legitimation von Führung sind nur dünn gesät, was auf die hinlängliche Greifbarkeit des Führungsphänomens zurückführbar ist. So wird die Bewertung von Führung dadurch erschwert, dass diese nicht unmittelbar beobachtbar ist. Um Führungsabläufe zu operationalisieren, werden zum Teil Negativabgrenzungen angewandt, die die Gruppeneffekte bei fehlender Führung verdeutlichen (vgl. Kap. 7.3). Ein anderes Vorgehen ist, den Führungserfolg am Führungsergebnis zu messen und somit Methodik und soziales Gebahren des Führenden zu vernachlässigen. Dies bedeutet, dass nur eine Bewertung des Ziels stattfindet, nicht aber des Weges dorthin, doch *„nicht dass oder ob ein Resultat erreicht wird, zählt .., sondern zusätzlich ob es auf die richtige Weise (z. B. kooperativ, ethisch einwandfrei, effizient usw.) erreicht wurde"*, so Neuberger (2002: 44, Ausl. ie).

Bei der Beantwortung der *„Frage der Legitimation von Führung"* (Krause 2001: 370) ergibt sich somit der Bedarf, nicht nur indirekte Rückschlüsse auf den Führungsprozess zu ziehen, sondern einen konkreten Blick darauf zu werfen, welche Aspekte einerseits dessen Akzeptanz, andererseits dessen Notwendigkeit begründen.

3.1.1 Führungsakzeptanz

Damit Führung als legitim betrachtet wird, ist deren Akzeptanz durch die Geführten notwendig. Dabei geht es auch um die Frage *„(...) wie es dazu kommt, dass Gruppenmitglieder eine bestimmte Person in der Rolle des Führenden* *akzeptieren (...)"* (Krause 2001: 370, Ausl. ie). Soll durch Führung in die Handlungswirklichkeit von Menschen eingegriffen werden, bedarf es vorab einer Begründung, warum eine Herausbildung von Führungsstrukturen in der jeweiligen Gemeinschaft als sinnvoll zu bewerten ist, sowie des Abwägens der damit verbundenen Vorteile und Belastungen. Ein einfaches Rechtfertigen reicht zur Beantwortung dieser Frage nicht aus, denn Führung ist eine dauerhafte Aufgabe und ein repetitives Instandsetzen des Handlungsraumes: *„Führung ist ein kontinuierlicher Prozess, eine Abfolge vieler kleinerer und größerer Tätigkeiten, die kaum wahrgenommen und damit auch kaum belohnt werden. Führung ist kein Projekt, das ein bestimmtes Ergebnis hat (...)"*, so Seliger (2014: 18, Ausl. ie). Unterstützend für eine Verteidigung von Führungshandeln können nach Neuberger (2002: 45) folgende Argumente fungieren: *„Es wirkt (Effektivität, Produktivität). Es zahlt sich aus (Kostengünstigkeit, Wirtschaftlichkeit, Verwertungserfolg). Es ist in Ordnung (folgt Traditionen, Werten, Normen oder Gesetzen und reproduziert sie). Es macht Eindruck (Reputation, Image, Anerkennung). Es verbindet (fördert Zusammenarbeit und Zusammenhalt). Es befriedigt (ich und/oder sie wollen es so: Autorität, Macht, Verehrung, Bedürfnisbefriedigung)."*

Mittlerweile stellt die Begründung von Führung ein zentrales Anliegen der Führungsforschung dar. *„Führung wird erst seit relativ kurzer Zeit – seit etwa Mitte des 20. Jahrhunderts – mit wissenschaftlichen Methoden und Ansprüchen untersucht. Davor hat sich Führung ‚von selbst verstanden'"*, so Seliger (2014: 21). In diesem Sinne erörtert zum Beispiel Kehr (vgl. 2000: 70ff.) in seiner Dissertation die Frage nach der Akzeptanz von Führungskräften – sowohl theoretisch wie empirisch – anhand seines *„Input-Prozess-Output-Modells der Legitimation der Führung"*. Dieses postuliert einen Einfluss der Inputfaktoren (Quelle der Autorität des Führenden und der Aufgabenart) zum einen auf die Prozessvariablen (das Entstehen von Führung und das Erleben und Verhalten der Gruppenmitglieder) und zum anderen auf die Output-Variablen, das heißt die Legitimation des Führenden (gemessen an seiner Akzeptanz durch die übrigen Gruppenmitglieder), das Bedürfnis der Gruppenmitglieder nach formaler Führung sowie die Effektivität der Führung (gemessen an der Gruppenleistung, der Zufriedenheit der Gruppenmitglieder und der Gruppenkohäsion). In seiner experimentellen Analyse widmet er sich der Frage, wie sich Führung auswirkt, wenn der Führende durch Setzung, Los, Rotation oder durch Wahl in sein Amt berufen wird. Es zeigt sich, dass zum Beispiel gewählte Führende erfolgreicher sind als solche, die durch Rotation ihr Amt erhielten. Auch die antonyme Sichtweise wird untersucht, deren Blick sich auf die Resistenz und Reaktanz bei den Geführten richtet. Annahme ist, dass jeder Mensch ein Grundbedürfnis nach Wertschätzung und Selbststeuerung hat. Werden durch den Führenden die Meinungen, Einstellungen, Werthaltungen oder das individuelle Verhalten des Geführten hinterfragt, kann dies in seinem Versuch münden, sich diesem Einfluss zu entziehen (vgl. Neubauer/Rosemann 2006: 88ff.). French und Raven (vgl. 1959: 150ff.) unterscheiden zwischen zwei Formen von Abwehrhaltungen: Beim Widerstand (opposition) besteht beim Geführten ein Konflikt mit den inhaltlichen Komponenten des Führungshandelns (z. B. Art der übertragenen Aufgaben). Bei der Resistenz (resistance) ist der inhaltliche Aspekt nebensächlich, vielmehr wird die Art des gemeinsamen Umgangs fokussiert. Resistenz beinhaltet oftmals irrationale Verhaltensreaktionen, zum Beispiel logisch unbegründbares Auflehnen. Diese kann hervorgerufen werden, wenn eine geforderte Tätigkeit als Unterwerfung unter eine willkürliche persönliche Forderung empfunden wird, oder das Verhalten als ungerecht oder erzwungen betrachtet wird sowie bei Antipathie oder Misstrauen gegenüber der Führungsperson. Verstärkt werden diese Prozesse, je sicherer sich der Geführte seiner Meinungen und Überzeugungen ist, je wichtiger diesem seine Anliegen sind und je stärker dieser emotional im Geschehen involviert ist. Brehm (vgl. 1966) weist in seiner *„Theorie der psychologischen Reaktanz"* nach, dass der Einfluss des Führenden vom Geführten massiv blockiert wird (Reaktanz), wenn zuvor – zumindest in seiner Wahrnehmung – ein Entscheidungs- oder Handlungsspielraum existierte, der nun als bedroht oder eingeengt erlebt wird. Das Bestreben des Geführten richtet sich dann verstärkt auf die Wiederherstellung der Handlungs- und Entscheidungsfreiheit. Gemäß Dahl (vgl. 1957: 201ff.) besteht beim Einsatz von Macht grundsätzlich eine Tendenz zur Bildung einer Gegenmacht, die auf Gruppenebene durch Solidarisierung oder Koalitionsbildung gekennzeichnet sein kann. Reaktanz kann unabhängig davon erfolgen, ob die Beeinträchtigungen der eigenen Freiheiten durch eine Person oder durch sachliche Umstände erfahren werden. Jedoch fällt der Grad der Reaktanz höher aus, wenn personale Ursachen vorliegen. Im organisationalen Kontext kann Reaktanz häufig bei Veränderungsprozessen beobachtet werden. Je einschneidender diese sind, desto stärker sind die Verhaltensauswirkungen der Betroffenen (Widerstand). *„Man verzögert bewusst die praktische Umsetzung und spricht schlecht über den Vorgesetzten oder das ganze Unternehmen"* (Neubauer/Rosemann 2006: 90). Vor allem bei Anliegen, die dem Führenden besonders wichtig erscheinen, kann ein solcher *„Bumerang-Effekt"* (ebd.) erfolgen. Im schlechtesten Fall richtet sich die gesamte Gruppe geschlossen gegen die veranlasste Entscheidung. Neubauer und Rosemann (ebd.) tragen folgende psychologische Reaktanz-Merkmale bei Individuen und Gruppen zusammen: *„Man hält inhaltlich nichts von der Sache (kognitiver Bereich). Man ist darüber verärgert (emotionaler Bereich). Man ist bestrebt, etwas dagegen zu tun (motivationaler Bereich). Man handelt entsprechend und setzt sich zur Wehr (Verhaltensbereich)."*

3.1.2 Führungsnotwendigkeit

Um einer Ablehnungshaltung (Resistenz, Reaktanz) in Bezug auf Führungsprozesse in der kollegialen Selbstverwaltung entgegenzuwirken, bedarf es insbesondere einer Rechtfertigung des Vorhandenseins von Führung, welche sich beispielsweise auf Effizienzkriterien oder auf eine Vermeidung sozialer und struktureller Dysfunktionen beziehen kann. Bei dieser Frage nach der Führungsnotwendigkeit unterscheidet Weibler (vgl. 2001: 10ff.) zwischen einer anthropologischen und einer funktionalen Begründung.

Die anthropologische Argumentation fokussiert die unterschiedlich verteilten Fähigkeiten und Bereitschaften der Menschen, Problemlösungen für Gemeinschaften zu erbringen und Führungspositionen zu besetzen. Führung legitimiert sich aus der Schlussfolge, dass Menschen geführt werden müssen bzw. geführt werden wollen, und setzt eine unterschiedliche Bedürfnisstruktur beim Menschen voraus. Aufgrund der Ungleichverteilung von Begabungen und Leistungsfähigkeiten wird einigen Personen der Auftrag zugesprochen, besondere Verantwortung zu übernehmen und Chaos zu vermeiden, das als ungewollt angesehen wird. Dies setzt voraus, dass Führende *„(...) über die für solche*

Aufgaben erforderlichen Qualifikationen verfügen und dass sie die Werte und Ziele des Systems oder der Auftraggeber verinnerlicht haben und loyal verfolgen" (Neuberger 2002: 43, Ausl. ie). Hierarchie ist in diesem Zustand die Alternative zu ungeordneten Zuständen und damit eine Lösungsmöglichkeit, um das Wohl und die Handlungsfähigkeit einer sozialen Gruppe zu erhalten. Zudem existiert eine Vielzahl von Menschen, die von einer starken Persönlichkeit geführt werden wollen, weil diese nicht bereit sind, beispielsweise die Last der Verantwortung zu übernehmen. Unter diesen anthropologischen Argumentationsstrang nach Weibler können auch folgende Aspekte der ideologischen Begründung[7] von Führung nach Neuberger (vgl. 2002: 58ff.; 1995: 8ff.) eingeordnet werden:

- Führung gibt es, weil Menschen geführt werden wollen. Biologisch bedingt suchen sie Schutz und Orientierung bei einem Stärkeren oder Überlegenen.
- Führung gibt es, weil Kollektive geführt werden wollen. Kollektive drohen ohne Führung zu zerfallen, weil sich Egoismus, Sonderinteressen und Rücksichtslosigkeit ausbreiten können. Der Führende wirkt einer Zersplitterung und Zersetzung entgegen, indem dieser die auseinanderfallende Gemeinschaft vereinigt und dieser zur Geschlossenheit verhilft.
- Führung gibt es, weil Menschen der Führung bedürfen. Der Führende schafft Ordnung, weil dieser den Gesamtüberblick behält und über der Sache steht. Einzelnen Personen, die lediglich einen beschränkten Einblick in die Zusammenhänge haben, ist es nicht möglich, ihr Handeln mit dem der anderen Gruppenmitglieder wirksam zu koordinieren.

Ausgangspunkt der funktionalen Begründung der Führungsnotwendigkeit nach Weibler (vgl. 2001: 11f.) sind die Herausforderungen der Lebensbewältigung und -verbesserung von Menschen. Annahme ist, dass viele Problemlösungen eines gemeinschaftlichen Agierens bedürfen. Sobald mindestens zwei Men-

---

[7] Unter Führungsideologien kann nach Neuberger (vgl. 2002: 63ff.) Folgendes verstanden werden: Führungsideologien sind Wahrnehmungsfilter und Denkraster. Diese liefern Deutungsmuster. Ideologien haben eine sinngebende und handlungsbegründende Wirkung. Ideologien ergänzen Zweck- und Konditionalprogramme. Ideologien stiften und kräftigen Zusammenhalt. Zusammenfassend formuliert dienen Ideologien als „Filter für Lebenserfahrung und -tätigkeit (Praxis) und wirken stabilisierend auf diese zurück" (ebd.: 66).

schen miteinander in Interaktion treten, entsteht zugleich ein Koordinationsbedarf, der umso größer wird, je mehr Personen zusammenwirken. Dieser kann durch zwei alternative Formen bewältigt werden, die sich hinsichtlich deren Mechanismus' unterscheiden: Bei der kooperativen Führung werden Diskussion und Konsensfindung unter prinzipiell gleichberechtigten Akteuren als Instrumente angewandt. Bei der funktionalen Führung geht es um eine Einflussdifferenzierung, die auf den folgenden Annahmen gründet: Die Koordinationsvarianten weisen eine unterschiedliche Effektivität und/oder Effizienz auf; es wird ein Optimum an Effektivität und Effizienz angestrebt; funktionale Führung ist die einzige Form der Koordination, die dieses Optimum erzielen kann, das heißt, diese ist die effektivste und effizienteste Koordinationsmöglichkeit. Funktionale Führung leitet sich somit aus dem Bestreben der nachhaltigen Aufrechterhaltung organisationaler Abläufe ab. In diesen Kontext können folgende ideologischen Begründungen von Führung nach Neuberger (vgl. 2002: 58ff.; 1995a: 8ff.) eingeordnet werden:

- Führung ist funktional, weil diese erfolgreiches Handeln sichert. An die Stelle personaler rücken technische Gründe. Mit zunehmender Größe, Komplexität und Differenzierung von Organisationen kann der Einzelne die Gesamtsituation nicht mehr ausreichend überblicken. Es entsteht ein Bedarf an sachlichen (z. B. organisatorischen oder technologischen) Koordinationslösungen. Solche Dauer- und Allgemeinregelungen hindern jedoch dynamisches Handeln in komplexen Situationen. *„Die Führungskräfte sind deshalb als flexible Steuerungsglieder zu sehen, die – einem vorgegebenen Ziel verpflichtet – dafür Sorge tragen, dass auch bei Abweichungen und Störungen zielkonform gehandelt wird"* (ebd. 2002: 60).
- Die Führungshierarchie ist Abbild und Ergebnis menschlicher Fähigkeits- und Motivationsunterschiede und spiegelt die Fähigkeiten und die Einsatzbereitschaft der Organisationsmitglieder wider. Besondere Begabungen und überdurchschnittlicher Einsatz sollen durch die Möglichkeit der Erlangung eines höheren Status, von mehr Funktionen, Einfluss usw. belohnt sowie durch die erzeugte Konkurrenz ein höherer Gesamtnutzen für die Gemeinschaft erzielt werden.

Legitimation von Führung

Um das Faktum von Führung zu legitimieren, bedarf es somit der Verdeutlichung deren Notwendigkeit hinsichtlich deren strukturellen und personellen Realität. Die personelle Führung fungiert dabei als eine Art Ergänzung, da diese immer dann an Relevanz gewinnt, wenn strukturelle Gegebenheiten und organisationale Richtlinien zur Koordinierung nicht mehr ausreichen. In Organisationen wie der Waldorfschule finden sich sehr unterschiedliche Menschen zusammen, sodass nicht von einer Kongruenz der persönlichen und institutionellen Ziele und einem synergetischen Verhältnis von tatsächlichem individuellem Verhalten (Wirklichkeit) und organisational erwartetem und notwendigem Verhalten (Anspruch) ausgegangen werden kann. Vielmehr können hier starke Divergenzen entstehen, sodass die Gefahr droht, dass individuelle die gemeinsamen Ziele behindern oder konterkarieren. Um die institutionelle Existenz und die Erfüllung der Organisationsziele sicherzustellen, ergibt sich der Bedarf einer Harmonisierung von Organisationsstruktur und Personalstruktur. Zentrales Instrument zur Gewährleistung einer Korrespondenz zwischen Verhaltenserwartung und faktischem Handeln stellt nach Türk (vgl. 1981: 36ff.) die soziale Koordination durch Personalführung dar. Analog wäre Personalführung nicht notwendig, wenn sich Individuen ohne Hilfestellung und/oder Aufsicht konform zum gemeinschaftlichen Ziel verhalten würden (vgl. ebd.: 44f.). Die Frage explizit nach der Notwendigkeit von Personalführung erörtern Katz und Kahn (vgl. 1966: 303ff.). Führung bedeutet in diesem Kontext, die Steuerung der Prozesse zu übernehmen, die durch die Organisationstruktur nicht erfasst, abgefangen und geregelt werden können, und auf diese Weise einen reibungslosen Arbeitsablauf zur Erreichung der organisationalen Ziele zu gewährleisten. Diesbezüglich tragen Katz und Kahn verschiedene Argumente zusammen, die auf die grundlegende Steuerungslogik von Organisationen zurückzuführen sind (vgl. auch Kossbiel 1990: 1147ff.).

Es zeigt sich demzufolge, dass zur Führungsnotwendigkeit sowohl eine Ausgestaltung der strukturellen und organisationalen Bedingungen und Regelungen (funktionales Führungsverständnis im Sinne von „Organisationsmanagement") als auch die Steuerung der sozialen Interaktionsprozesse und zwischenmenschlichen Beziehungen (anthropologisches Führungsverständnis im Sinne von „Personalführung") zählen.

3.2 Typische Aufgaben von Führung

Die funktionale Begründung von Führung nach Weibler (vgl. 2001: 11f.) weist darauf hin, dass faktische Führungsaufgaben in sozialen Gruppen und Organisationen existieren, die für deren Handlungsfähigkeit und dauerhaften Fortbestand einer Erfüllung bedürfen. So kann die Rechtfertigung und Notwendigkeit von Führung auf einen obligatorisch anfallenden Handlungsbedarf in Form von Führungsaufgaben gestützt werden.

Beim Leistungserstellungsprozess liefert die Organisation die Elementarfaktoren, wie die Ressourcen und menschlichen Potentiale sowie sachlichen Hilfsmittel und Materialien. Diese finden dimensional in der Aufbauorganisation (Struktur) sowie in der Ablauforganisation (Prozesse) deren Ausdruck. Die Elementarfaktoren werden durch den dispositiven Faktor der Führung ergänzt, der die zielorientierte Gestaltung von Organisationen (Management) und die Leitung von Mitarbeitern (Personalführung) umfasst (vgl. Schneck 2000: 349; Voßbein 1996: 530ff.). Solche Führungsaufgaben treten praktisch in großer Vielfalt auf und zeichnen sich dadurch aus, dass diese nicht routiniert zu lösen sind. Das Eingreifen einer Führungskraft erfolgt zumeist in Situationen, in denen Störungen, Unklarheiten, Widersprüche, Fehler oder ähnliches auftreten, sodass die Geführten nicht in der Lage sind, die Herausforderungen selbst zu meistern. *„Führung ist deshalb auf Aufgaben oder Probleme spezialisiert, die schlecht strukturiert (komplex und kompliziert, mehrdeutig, widersprüchlich, instabil) und zeitkritisch sind"*, so Neuberger (2002: 43). Dennoch können einige grundsätzliche Aufgaben von Führung extrahiert werden, denn es *„... beschreiben viele etablierte Führungstheorien (...) den Weg, Führung über die zu erledigenden Aufgaben zu definieren"* (Kaehler 2014: 459, Ausl. ie). So hat man in der Führungsforschung bereits früh damit begonnen, Funktionen von Führungskräften zu definieren (vgl. z. B. Fayol 1916/1929), sodass sich hier ein breites Spektrum an Gliederungsvorschlägen in facettenreiche Aufgabengebiete bis hin zu umfassenden Aufgabenkatalogen bietet.

Eine populäre Systematisierung lieferte Gulick (vgl. 1937) mit seinem sogenannten POSDCORB-Konzept. Dieses beinhaltet die Führungsaufgaben Planning, Organizing, Staffing, Directing, Coordinating, Reporting und Budgeting. Auf dieser Grundlage bildete sich der klassische Fünferkanon von Führungs-

Typische Aufgaben von Führung

aufgaben heraus (vgl. Koontz/O'Donnell 1955): Planung (Planning), Organisation (Organizing), Personaleinsatz (Staffing), Führung (Directing), Kontrolle (Controlling). Dieser stellt in dessen Grundzügen einen bis heute gültigen Standard dar. Auch trifft man auf hierauf basierende Modifikationen, die sich teilweise lediglich durch deren Begriffswahl vom Grundmodell unterscheiden, zum Beispiel Zielsetzung, Planung, Entscheidung, Steuerung, Kontrolle. Allerdings sind diese Aufgaben von Führungskräften sehr allgemein gehalten und dienen folglich eher als grobes Raster. Nach Kaehler (2014: 459, Ausl. ie) sind dies „*(...) keine Führungsaufgaben, sondern Elementarvorgänge, die fast überall im Leben eine Rolle spielen. Sie sind damit auch Teil des Führens, konstituieren es aber nicht*". Etwas detaillierter gehen Bartlett und Goshal (vgl. 1998: 86ff.) vor und formulieren verschiedene Aufgaben für Führungskräfte in unterschiedlichen Rollen. Darüber hinaus definieren sie hierzu notwendige Qualifikationen (Wissen und Fertigkeiten).

Grundsätzlich legt der Führende die langfristige „Marschroute" oder „Fahrtrichtung" der Institution einschließlich der dazu erforderlichen Mittelentscheidungen fest, plant und organisiert detailliert in allen Organisationsbereichen den Weg zum Ziel, wählt eine optimale Handlungsalternative, sichert und koordiniert die Umsetzung der Einzelaufgaben durch Delegation und/oder situative Einwirkung und Motivierung und überwacht und evaluiert die Zielerreichung durch Hilfsmittel (z. B. Rechnungswesen). Da diese Aufgaben nicht zeitlich sukzessive ablaufen, bestehen zwischen diesen zahlreiche Interdependenzen und Rückkopplungen. Die praktische Ausführung und konkrete Ausfüllung der definierten Aufgaben obliegt der jeweiligen Führungskraft. Die Aspekte der Information und Kommunikation dienen hierbei als verbindende Elemente zwischen den einzelnen Leistungsbeiträgen und ermöglichen, diese im Sinne der Gesamtaufgabe in Einklang zu bringen. Daher zählen auch diese zum Bereich der Führung (vgl. Regnet 2009: 204ff.). Des Weiteren sind Repräsentationsaufgaben zu nennen (vgl. Wöhe/Döring 2002: 84ff.).

Nach Kaehler (2014: 461) beschäftigen sich Führungskräfte „*typischerweise mit drei Tätigkeitsfeldern: Der Sachgeschäftsführung ('Business Management'), der Personalführung ('People Management') und der Selbstführung ('Self Management')*". In der Tradition der oben erwähnten Kataloge definiert er diese

Aufgaben detaillierter. Die Gesamttätigkeit setzt sich dabei aus acht Kategorien zusammen, die zunächst allgemein gehalten sind (vgl. ebd.: 460):

- Sicherstellung von Ordnung und Orientierung,
- Optimierung der organisationalen Strukturen und Prozesse,
- Aufgabendefinition sowie Steuerung und Unterstützung der Arbeitsleistung,
- Personalrekrutierung, -einstellung sowie -bindung und/oder -freisetzung,
- Gestaltung und Förderung der Zusammenarbeit sowie Konfliktmanagement,
- Gewährung von Fürsorge,
- Motivierung und Sinnstiftung,
- Förderung von Lernprozessen, Entwicklung und Innovation.

Nach Kaehler (vgl. ebd.) sind die oben aufgeführten Aufgaben zunächst keiner Position zugewiesen. Vielmehr liegt die Verantwortung für deren Erledigung nicht allein beim Führenden, sondern bei allen am Führungsprozess Beteiligten. So werden diese auf komplementäre Akteure verteilt. Für die praktische Umsetzung der Führungsaufgaben bedarf es konkreter Führungstätigkeiten (Führungsroutinen). Hier nennt Kaehler (vgl. ebd.: 461) Jahres-/Mehrjahresroutinen (z. B. Personalbudgetplanung, Beurteilungs- oder Zielvereinbarungsgespräch, jährliche Teamveranstaltung), Dauerroutinen im Wochen-/Monatsrhythmus (z. B. Mitarbeitergespräch, Teamsitzung, Kurzbesuch am Arbeitsplatz) und Bedarfsroutinen (z. B. Disziplinar- oder Konfliktgespräch, Rekrutierungsprojekt, Wiedereingliederung kranker Mitarbeiter). In diesem Sinne konstatiert Werner (2013: 96): *„Führung muss den richtigen Rhythmus zwischen den beiden Polen Kontinuität und Kreativität finden. In diesem Rhythmus liegt dann die Kraft für die Prosperität des Unternehmens."*

Während die Auflistung von Führungsaufgaben meist autorenabhängig und umstritten ist, haben House u. a. (vgl. 1999: 171ff.) in einer mehrjährigen Studie nachgewiesen, dass sich spezielle Erwartungen benennen lassen, die mehrheitlich an Führungspersonen gestellt werden. Mittels Faktorenanalyse ermittelten sie sechs globale Führungsdimensionen (Erwartungsbündel), von denen vier regelmäßig bestätigt wurden: wertbasierte Führung (Vision, Integrität, Begeisterungsfähigkeit u. a.), teamorientierte Führung (Zusammenarbeit, Integration, Diplomatie u. a.), partizipative Führung (Teilhabe an Entscheidun-

Typische Aufgaben von Führung 47

gen, nicht-autokratisches Verhalten u. a.) und menschliche Führung (Humanorientierung, Bescheidenheit u. a.).

Eine andere gängige Möglichkeit, auf die Berechtigung von Führung zu verweisen, stellt die Ableitung von den Aufgaben übergeordneter Führungsfunktionen dar. Führung umfasst dann zum einen eine Lokomotionsfunktion (Zielerreichungsfunktion), das heißt Führung fördert die Aufgabenerfüllung und Zielerreichung, indem diese die Mitarbeiter mit den für ihre Aufgabenerfüllung relevanten Informationen versorgt, diese zur aktiven Beteiligung motiviert, selbst initiativ wird, die erforderlichen Ressourcen zur Verfügung stellt, dafür sorgt, dass die richtigen Entscheidungen zum richtigen Zeitpunkt gefällt werden und sicherstellt, dass geeignete Menschen vorhanden und mit den passenden Aufgaben betraut werden, das heißt Führung sorgt durch Personaleinstellungen, -entwicklung und auch -freisetzungen dafür, dass die Institution neuen Herausforderungen gerecht werden kann. Die Auswirkungen einer erfolgreichen Lokomotionsfunktion zeigen sich im Grad der Informationsversorgung der Mitarbeiter, in der Produktivität der Gruppe sowie in der Qualität der Aufgabenerfüllung. Zum anderen beinhaltet Führung dann eine Kohäsionsfunktion (Gruppenerhaltungsfunktion), das heißt Führung stärkt die Verbindung der Zusammenarbeitenden, indem diese für eine vertrauens- und respektvolle Arbeitsatmosphäre sorgt, ein Klima des gegenseitigen Akzeptierens und der Unterstützung sicherstellt, latente Gruppenkonflikte und -spannungen offenlegt und klärt (Konfliktmanagement) und Gruppenprozesse diagnostiziert und steuert, zum Beispiel gefühlsbetonte oder affektive Äußerungen aufnimmt und versachlicht. Die erfolgreiche Erfüllung der Kohäsionsfunktion äußert sich in der Qualität des Kooperationsverhaltens in der Gruppe, im Grad der sozialen Integration deren Mitglieder sowie im Ausmaß der Identifikation und Anbindung des Einzelnen an die Organisationsgesamtheit (vgl. Heinen 1984: 150ff.). Des Weiteren hat Führung dann auch eine Koordinationsfunktion, das heißt, Führung verknüpft die Einzelbeiträge der Organisationsmitglieder zu einem sinnvollen gemeinsamen Ganzen, sowie eine Organisationsfunktion, das heißt, Führung bringt die Leistungen der Einzelnen in einen transparenten und geordneten Zustand.

Führungsaufgaben, -erwartungen und -funktionen sind jedoch nicht statisch zu verstehen, sondern unterliegen einem Wandel, der den Veränderungen gesellschaftlicher Werte und Bedürfnisse sowie den weiterentwickelten Forschungsresultaten geschuldet ist (vgl. Weibler 2001: 63f.). Zudem erfolgt mit fortschreitender Hierarchieebene eine Zunahme der zu bewältigenden Aufgabenkomplexität undstellt unterschiedliche Anforderungen an den Führenden (vgl. Bartlett/Goshal 1998: 82). Dennoch wird deutlich, dass Führungsaufgaben eine eigene Qualität aufweisen und sich so von Aufgaben anderer Funktionsbereiche unterscheiden sowie spezifischer Kompetenzen bedürfen. Diese Aufgaben fallen auch im Kontext kollegialer Selbstverwaltung an und erfordern mit dem Blick auf die langfristige Sicherstellung organisationaler Funktionalität eine gewissenhafte Erfüllung. Um die Fragen der Führung „... *muss sich jemand kümmern, jemand muss es machen. Wer auch immer und in welcher Form auch immer. (...) Nie aber kann die Antwort ... darin bestehen, ganz auf Führung zu verzichten"*, so Herrmannstorfer (2008: 15, Ausl. ie).

3.3 Strukturelle versus personale Führungsaufgaben

Nach Woll (vgl. 1996: 230) handelt es sich bei Führung um eine zielorientierte Gestaltung von Strukturen und Prozessen in einem sozialen Gebilde. Führungsaufgaben fallen in allen organisationalen Funktionsbereichen und auf allen organisationalen Ebenen an und erfassen folglich die Gesamtinstitution. Im Kontext der Argumentationsansätze zur Legitimation von Führung (vgl. Kap. 3.1) wurde ersichtlich, dass sich Führungsaufgaben auf zwei grundlegende Bereiche bzw. Dimensionen beziehen: Führung weist einerseits einen Sachbezug (Organisation) und andererseits einen Personenbezug (Menschen) auf. Aus diesem Grund erscheint eine Differenzierung von „Führung" im Allgemeinen in ein Management[8] der Organisation (Führung im weiteren Sinne) und eine Führung des Personals (Führung im engeren Sinne) für eine genauere Betrachtung als sinnvoll (vgl. Birker 1997: 16ff.).

---

[8] von lateinisch: manu agere („Hand anlegen" oder „mit eigenen Händen machen")

Strukturelle versus personale Führungsaufgaben 49

Organisationsmanagement kann als indirekte Führung verstanden werden und setzt bei der Gestaltung der organisationalen Bedingungen an (vgl. Weibler 2001: 116ff.). *"Es sind Strukturen, die Aktivitäten steuern und koordinieren"*, so Rosenstiel (2009: 3). Zudem sollen hierüber die Veränderungen der Unternehmensumwelt situativ berücksichtigt werden (vgl. Schneck 2000: 948). Nach Neuberger (vgl. 2002: 48f.) vermittelt das Organisationsmanagement über Artefakte (Distanzführung) und greift nicht direkt interaktional ein. Die Ausführung erfolgt über Strukturen, Techniken, Institutionen, Systeme oder ähnliches, die vom Management eingerichtet und gesteuert werden. Hentze (1995: 181) bezeichnet das Organisationsmanagement als *„Verwaltungsführung"*, die die *„zielorientierte Planung, Steuerung und Kontrolle von Organisationen"* umfasst. Weibler (2001: 105) konstatiert in diesem Zusammenhang: *„Organisationen und ihre Regelungen sind nicht an bestimmte Individuen gebunden und vermögen über lange Zeiträume hinweg zu bestehen. Ihre Regelungswirkung geht damit über einzelnen Situationen und Personen hinaus."* So wird versucht, im Vorfeld eine Steuerung für eine Vielzahl an Situationen zu schaffen, die erfahrungsgemäß oder vermutlich in der Zukunft eintreten werden, sowie hierfür eine möglichst lang andauernde Gültigkeit zu erzielen. Das Verhalten des Einzelnen wird dabei zumeist über organisationale Positionen und Stellen (Aufbauorganisation) sowie durch Arbeitsaufgaben und Regeln (Ablauforganisation) beeinflusst (vgl. ebd.: 105f.).

Führungsaufgaben im Rahmen des Organisationsmanagements richten sich zum einen nach innen, also auf die Gestaltung des institutionellen Binnenraums. Hierbei geht es sowohl um grundsätzliche und langfristige Strukturen und Abläufe als auch um die Fülle aktuell entstehender Frage- und Aufgabenstellungen. Zum anderen betrifft das Management den äußeren Handlungsrahmen, da die Organisation als selbstständige Einheit zugleich in deren Umfeld als größeres Ganzes eingebettet ist und mit diesem in einer Beziehung der wechselseitigen Beeinflussung steht (vgl. Wöhe/Döring 2002). Von außen wirken gesetzliche Regelungen, gesellschaftliche Entwicklungen, Konkurrenz- und Kundenverhalten usw. auf die Organisation, umgekehrt wirkt die Organisation durch das Handeln deren Mitglieder aktiv auf die Umwelt. Die internale und die externale Dimension des Managements sind nicht als isoliert agierend, sondern als in einem interdependenten Zusammenhang stehend zu sehen: So sollen beispielsweise die in der Organisation erbrachten Leistungen (innen) auch von den Kunden (außen) nachgefragt werden (vgl. Baecker 2008; Drucker 2002; Corsten 1985; Kern 1992). Infolge von Veränderungen und Entwicklungen muss aufgrund dieser Wechselbeziehungen rechtzeitig entschieden werden, inwieweit Gestaltungsmöglichkeiten wahrgenommen werden können, die nach außen gerichtet sind, oder inwieweit eine interne Anpassung sinnvoller ist.[9] Führung nach innen und nach außen ist folglich das Bemühen um die optimale Positionierung der Organisation in deren Umfeld. Durch die kontinuierlichen Veränderungen beider Dimensionen stellt das Organisationsmanagement keine einmalige und statische Aufgabe, sondern einen ständigen Prozess dar (vgl. Birker 1997: 16ff.).

Personalführung kann als direkte Führung verstanden werden. Diese bezieht sich auf die Verhaltensbeeinflussung der in der Organisation arbeitenden Menschen und betont die Interaktion zwischen Führenden und Geführten mithilfe von Kommunikationsmitteln (vgl. Hentze 1995: 181; Schneck 2000: 726; Weibler 2001: 116ff.). *„Das Verhalten des Vorgesetzten, seine Art, Ziele zu verdeutlichen, Aufgaben zu koordinieren, wird zum zentralen Bestandteil der Führung (...)"*, so Rosenstiel (2009: 4, Ausl. ie). Weibler (2001: 105, Ausl. ie) sieht in der Personenabhängigkeit das entscheidende Abgrenzungskriterium zum Organisationsmanagement: *„Personalführung ist .. an konkrete Personen gebunden und muss flexibel auf unterschiedliche Situationen reagieren bzw. antizipierte erwünschte Zustände herbeiführen und unerwünschte Zustände vermeiden."* Neben dem Personenbezug zeichnet sich Personalführung des Weiteren bzw. damit einhergehend durch eine situative Komponente aus, das heißt mit deren Hilfe wird zeitnah unter jeweils spezifischen Bedingungen eine Steuerung des Einzelfalls erwirkt. Personalführung richtet sich dabei direkt und persönlich an die Organisationsmitglieder und erfolgt über das Verhalten des Vorgesetzten (vgl. ebd.: 106).

---

[9] Vgl. hierzu das Prinzip des „Design Thinking" (Problemlösen aus Kundensicht; vgl. Curedale 2013; Klug 2011). Zum Kunden als *„prosumer"* vgl. Toffler (1990: 239; 1980: 275).

Führungsaufgaben im Bereich der Personalführung erstrecken sich auf die sozialen Interaktionen zwischen mindestens zwei Personen und sprechen Aspekte der Information, Kommunikation und Koordination an (vgl. Olfert 2005: 61ff.; Schuler 2000; Schuler/Höft: 389ff.; Schuler/Liepmann 2007: 345ff.; Weibler 2001: 203ff.). Die getrennte Betrachtung von struktureller und personaler Führung erfasst Personalführung so als interpersonelles Phänomen respektive als einen Prozess sozialer Einflussnahme. Diese kann sowohl von der Führungsperson als auch von den Geführten ausgehend erfolgen: Führung kann dann einerseits als eine auf die gemeinsame Aufgabe gerichtete Beeinflussung verstanden werden. Neuberger (1995a: 177) fasst diese Sichtweise unter den „Theorien des Führens" zusammen: *„Führung ist hier eine hierarchisch strukturierte soziale Beziehung, bei der typischerweise ein(e) Vorgesetzte(r) den Geführten gegenübergestellt und – mit Macht-, Informations-, Status-, Fähigkeits-Vorsprüngen ausgestattet – das Handeln dieser Geführten maßgeblich bestimmt."* Andererseits kann Führung als eine wechselseitige, von der Einflussrichtung unabhängige Beeinflussung gedacht werden. Neuberger (ebd.) führt diese Perspektive unter den „Theorien des Geführtwerdens" zusammen: *„Die Betrachtungsweise ist nicht mehr linear (im Schema ‚oben – unten'), sondern polyzentrisch: viele Einflüsse sind gleichzeitig und zum Teil zirkulär wirksam."*

Somit weisen beide Führungsbezüge charakteristische Unterschiede in deren Aufgabenstellungen auf. Neuberger (2002: 48f., Ausl. ie) stellt zusammenfassend fest: *„Führung steht dabei in der Regel für eine personale und interaktionale Akzentsetzung (‚Menschenführung'), während Management den strukturellen und institutionellen Aspekt hervorhebt (‚Unternehmensführung'). (…) Man managt einen Geschäftsprozess oder eine divisionale Organisation, aber man führt Menschen oder Gruppen."* Nach Scharmer (2009: 92) kann der Unterschied von Management und Führung wie folgt gesehen werden: *„Führung unterscheidet sich von Management darin, dass es darum geht, den größeren Kontext zu sehen und weiterzuentwickeln, also den Boden und Raum für die Zusammenarbeit vorzubereiten."* Hiermit weist auch Scharmer einerseits auf die interaktive Komponente von Führung in Abgrenzung zum Management hin. Andererseits spricht er der Personalführung eine Zukunftsorientierung und

Entwicklungskomponente zu, die ebenso bei Seiwert (2015: 46; vgl. auch Drucker/Bennis 1989: 161) zu finden ist: *„Ein Manager ist mehr operativ tätig, er macht die Dinge richtig, während ein Leader die wirklich großen Dinge tut. Er schafft Visionen, bringt das Ganze voran."*

Ist von „Führung" allgemein die Rede, so umfasst diese in der Regel beide Ausrichtungen. Rehn (2013: 82) definiert vor diesem Hintergrund den Gesamtprozess der Führung wie folgt: *„Während die Koordination der Teilprozesse durch die Organisation der Strukturen und Prozesse (Aufbau- und Ablauforganisation) erfolgt, wird die Kooperation vorrangig in Kommunikationssituationen geregelt. ‚Führung' bedeutet in diesem Zusammenhang, die Zusammenarbeit der Mitarbeiter gemäß den Organisationsstrukturen und -prozessen kommunikativ zu gestalten. Da jeder einzelne stets nur einen Teilbetrag zum jeweiligen Ganzen leistet, besteht Führung als bewusste Gestaltung der Zusammenarbeit zugleich in einer ‚Vernetzung des Bewusstseins' der Mitarbeiter, d.h. einem fortwährenden Verbinden und Zusammensetzen der einzelnen Teilbeiträge und Leistungsebenen zu einem sinnvollen Ganzen."* Er versteht das Führungsgeschehen als einen sozialen und kooperierenden Prozess (Personalführung) unter Berücksichtigung struktureller und normativer Bedingungen der Organisation (Organisationsmanagement).

4 Denkweisen von Führung

Wie in Kapitel 2 erörtert, spiegeln die Auffassungen von Führung verschiedene Dimensionen und Kriterien wider. Deren Existenz ergibt sich nicht beliebig oder zufällig, sondern wird maßgeblich durch die Signatur der Zeit geprägt. So unterliegen diese auch einer kontinuierlichen Veränderung und Entwicklung analog zu den jeweils aktuellen gesellschaftlichen Erfordernissen und Bedürfnissen, da die vorherrschenden allgemeinen Ansichten und Werte das Führungsverständnis begründen und legitimieren. Dieses ist somit in korrespondierender Abhängigkeit von zeitspezifischen Verhältnissen zu sehen, die letztlich eigene theoretische Strömungen hervorbringen. Seliger (2014: 17, Ausl. ie) unterstreicht: *„Führung ist (...) immer Spiegel seiner Zeit. Führung wird niemals wert- und ideologiefrei untersucht."* Darauf verweist auch das Wirtschaftslexikon (Woll 1996: 230), in welchem es heißt: *„Die Literatur zum Begriff F. zeigt, daß das Verständnis von F. in starkem Maße vom gesellschaftlichen Bewußtsein abhängig ist. So ist der Inhalt von F. im Bewußtsein der Öffentlichkeit, Politik, wirtschaftlicher Praxis und selbst auch in der Verarbeitung wissenschaftlicher Ergebnisse in der Betriebswirtschaftslehre, Betriebssoziologie und Betriebspsychologie stark zeitgebunden selektiv, so z.B. als Zuschreibung im Schlepptau rechtfertigungsideologischer Interessen, geprägt von normativen od. deskriptiven Gesichtspunkten od. bestimmt durch Kriterien der Effizienz."*

Fichtner (1996) greift diesen Bezug auf und widmet sich in ihrer Studie der Zeitabhängigkeit des Führungsverständnisses und daraus resultierender Konzepte. So beschreibt sie auch die semantische Entwicklung von Führung zwischen 1871 und 1939. Hieraus wird ersichtlich, dass demselben Wort jeweils epochenspezifisch akzentuierte Bedeutungen beigemessen werden und auch in der praktischen Anwendung Ausdruck finden. Diese resultieren aus keiner sukzessiven oder komplementären Konsequenz, sondern folgen unverbunden aufeinander. Das jeweils zugrundeliegende Begriffsverständnis von Führung spiegelt so zugleich charakteristische Aspekte über die zu dieser Zeit pulsierenden gesellschaftlichen Fragestellungen wider, und was seinerzeit als gesellschaftlich legitim galt. Dazu konstatieren Rosenstiel, Regnet und Domsch (2009: 1): *„Vorgesetztenverhalten, das Mitarbeiter vor zwanzig oder dreißig*

Jahren klaglos akzeptierten, stößt heute bei den Geführten auf Widerstand." Werner (2013: 94) führt hierzu aus: *„Die Frage danach, wer führen soll und was gute Führung ist, ist eine Frage, die alle Menschen bewegt, und jede Zeit hat ihre eigene Antwort darauf gefunden. In den Entwicklungsepochen der Menschheit, in den unterschiedlichsten Kulturen gab und gibt es ganz verschiedene Vorstellungen darüber, welches das Ideale Führungsbild ist."*

Die Entwicklungen in der Führungsforschung und die diese aufgreifende Fachliteratur verdeutlichen, dass in den letzten einhundert Jahren ein kontinuierliches Weiter- und Umdenken hinsichtlich relevanter Führungsaspekte und -konsequenzen stattgefunden hat, das auch gegenwärtig anhält und sich künftig fortsetzen wird. Die hervorgebrachten Ansätze und Modelle bilden so die die jeweilige Epoche einfärbenden Perspektiven ab, die retrospektiv unterschiedliche Paradigmen konstituieren: So stellte zunächst das Führungssubjekt den signifikanten Aspekt von Theorien dar (subjekttheoretisches Führungsprinzip), sodass das Führungsphänomen mit den Eigenschaften und dem Verhalten der Führungsperson begründet wurde. Schließlich wurde Führung je nach Situation spezifisch verstanden (kontingenz- oder situationstheoretisches Führungsprinzip), sodass korrespondierend mit den jeweiligen Umfeldfaktoren und der konkreten Arbeitsaufgabe argumentiert wurde. Neuerdings wird das Führungsgeschehen möglichst holistisch begriffen (integrales Führungsprinzip), sodass sich der Blick von einzelnen Attributen löst und Führung auf allen Ebenen erfasst. Die folgende Nachzeichnung dieser Entwicklungen in der Führungsforschung soll eine Standortbestimmung kollegialer Selbstverwaltung als formell hierarchielos gedachte Arbeitsform ermöglichen und bei der Prüfung helfen, ob diese die Anforderungen eines eigenständigen Führungsprinzips erfüllt.

4.1 Subjekttheoretisches Führungsprinzip

Beim subjektabhängigen Führungsverständnis werden die persönlichen Prädispositionen einer Führungsperson analysiert. In den Führungsprozess bringt jedes Subjekt nicht nur seine Eigenschaften, sondern auch seine eigene Auffassung von Führung ein, denn die Wirklichkeit ist sprachlich konstituiert (vgl. Neuberger 2002: 15). Wird der Begriff in unterschiedlichen Sprachen gebraucht, kann dieser zudem dessen Bedeutung wechseln (vgl. ausführlich

Möhring 1998). Darüber hinaus begrenzen sich Worte nicht nur auf deren Denotation, vielmehr haften diesen auch konnotative Variablen an. „*Wie Führung definiert und interpretiert wird, welche Themen im Vordergrund stehen, welche Erwartungen daran geknüpft werden, sagt mehr über die Betrachter von Führung als über Führung selbst*", so Seliger (2014: 17). Das Individuelle des Führungsverständnisses wird durch die persönlichen Ansichten, Einstellungen, Werthaltungen usw. eines Führungssubjekts konstituiert, die konglomeriert als subjektive Theorie oder mentales Modell wirken. „*Mentale Modelle sind innere Grundvorstellungen oder Landkarten davon, wie die Welt zu verstehen ist. (...) Sie sind wie ein Autopilotensystem, das uns für gängige Situationen standardisierte Denk- und Handlungsschemata liefert*" (Clausen 2009: 362f., Ausl. ie). Auch gesellschaftlich vorherrschende Werte können über mentale Modelle transportiert werden. So sind diese oftmals kulturellen Ursprungs, sodass „*(...) die individuellen Erwartungen und Auffassungen über effektive Führung und Organisation in erster Linie durch die Gesellschaftskultur geprägt sind und erst in zweiter Linie durch die Organisationskultur*" (ebd.: 365f., Ausl. ie) und die individuellen Sozialisationserfahrungen (vgl. Brodbeck 2006: 18).

Die Subjektabhängigkeit von Führung wird in verschiedenen Modellen aufgegriffen, die sich in die Eigenschaftstheorien und die Verhaltenstheorien[10] aufteilen lassen (vgl. Rosenstiel 2009: 6ff.). Die Erstgenannten gehen von der An-

---

[10] Eine sich abzeichnende Entwicklungslinie der Verhaltenstheorien der Führung erfolgt in der Tradition der Iowa-Studien, in deren Rahmen eine dreigegliederte Typologie des autokratischen, demokratischen und Laissez-faire-Führungsstils entworfen wurde (vgl. Lewin/Lipitt/White 1939). Diese setzt sich fort über das Führungsstilkontinuum von Tannenbaum und Schmidt (vgl. 1958) bis zum Normativen Entscheidungsmodell der Führung von Vroom und Yetton (vgl. 1973) und befasst sich mit dem Partizipationsgrad (eindimensionale Sichtweise; zu eindimensionalen Führungsstilkonzepten vgl. Neuberger 2002: 493ff.), also dem Ausmaß, in dem die Geführten in die Entscheidungsfindung einbezogen werden (vgl. Greenberg/Baron 2003: 474ff.). Im Rahmen der Ohio-Studien (vgl. u. a. Stogdill 1950; 1957) und der Michigan-Studien (vgl. u. a. Katz/Maccoby/Morse 1950) wurden ebenso prägende Forschungsarbeiten für die verhaltenstheoretischen Führungsansätze geleistet. So identifizieren diese spezifischen Dimensionen des Verhaltens, die für die Führungseffektivität relevant sind. Viele der im Folgenden entwickelten Modelle bauen mehr oder weniger auf diesen Studien auf, sodass sich auch in deren Tradition eine entsprechende Entwicklungslinie gebildet hat (vgl. Herbig 2005: 39ff.; Weibler. 2001: 292ff.). Ausgehend von den Verhaltensdimensionen von Fleishman (1973) und Tscheulin und Rausche (1970) führt dies über das Verhaltensgitter von Blake und Mouton (vgl. 1964) bis zum Reifegrad-Modell der Führung von Hersey und Blanchard (vgl. 1977) und betrachtet sowohl eine Aufgaben-/Leistungsorientierung als auch eine Mitarbeiterorientierung (zweidimensionale Sichtweise; zu mehrdimensionalen Führungsstilkonzepten vgl. Neuberger 2002: 509ff.).

nahme aus, dass bestimmte Persönlichkeitseigenschaften des Führenden seinen Führungserfolg begründen. Die Zweitgenannten sind in der Führungsstilforschung zu verorten, die wiederum bestimmte Verhaltensweisen des Führenden als Bedingung für seinen Führungserfolg betrachtet. Hier finden sich idealtypisch formulierte und abgegrenzte Führungsstile, aus denen die jeweils zugrundeliegenden Menschenbilder (als eine Form mentaler Modelle) abgeleitet werden können. Umgekehrt analog kann auch eine Konstruktion von auf spezifischen Menschenbildern basierenden Führungsstilen erfolgen.

4.1.1 Eigenschaften des Führenden

Die Eigenschaftstheorien stellen die älteste Strömung der Führungsforschung dar und treten in vielfältigen Varianten auf. Seit Ende des 19. bis Anfang des 20. Jahrhunderts stand in annähernd allen Führungstheorien die Führungsperson im Mittelpunkt (vgl. Ostendorf 1990; Ostendorf/Angleitner 2004). Der Führungsprozess wurde als eindimensionale Einflussnahme von dem Führenden ausgehend in Richtung der Geführten betrachtet, wobei die Geführten als Kollektiv galten (vgl. Stippler/Moore/Rosenthal 2011: 16). Zentrales Bestreben stellte die Analyse der Persönlichkeitseigenschaften von Führungskräften zur Ableitung effektiver Führungskonzepte dar. Solche Ansätze, die die Person des Führenden in den Fokus rücken und Umfeldfaktoren (Situation) sowie weitere am Führungsprozess beteiligte Akteure (Geführte) als Einflussfaktoren ausklammern, können in drei Kategorien unterteilt werden, deren folgende Auflistung zugleich deren chronologisches Erscheinen abbildet: die Heldentheorie (Great Man Theory), die Eigenschaftstheorie der Führung (Trait Theory) und die Fähigkeitstheorie der Führung (Skills Theory).

Der älteste Ansatz personenzentrierter Führungstheorien stellt die „Great Man Theory" oder „Hero Theory" dar. Als „Great Man" wird die erfolgreiche Führungskraft verstanden, die in Orientierung an populären Führungspersonen aus Politik und Militär definiert wird. *„Führende wurden als einzigartige, besondere Persönlichkeiten angesehen, ausgestattet mit angeborenen Qualitäten und Charaktereigenschaften, die sie auf natürliche Weise zur Führung befähigten bzw. prädestinierten"* (ebd.). Somit war die Annahme vorherrschend, dass Führungspersönlichkeiten bestimmte angeborene und damit ererbte Persönlichkeitseigenschaften besitzen, wozu sowohl physische Merkmale (z. B. äußeres Erscheinungsbild, Körpergröße) als auch Wesensmerkmale (z. B. Extraversion, Dominanz, Selbstvertrauen, emotionale Stabilität, Intelligenz) zählen. Damit wurde diesen eine besondere Stellung gegenüber anderen Menschen zugewiesen (vgl. Rodler/Kirchler 2002: 24ff.). Was Führende von Nichtführenden unterscheidet bzw. worin die personenbezogenen Unterschiede im Erfolg des Führens liegen, wird in den Eigenschaftstheorien (Trait Theory) der Führung untersucht, jedoch ohne die Formulierung eines „Helden" (vgl. z. B. Kohs/Irle 1920; Bird 1940). Somit beantworten diese die Frage, wer zur Führerschaft geeignet ist: *„Diejenigen Personen, die über eine bestimmte Eigenschaft oder ein Set von bestimmten Eigenschaften verfügen, sind* [hiernach] *in der Lage, Führungspositionen einzunehmen"* (Weibler 2001: 137, Erg. ie) und Einfluss auf das Verhalten der Geführten auszuüben. Führungserfolg wird – ebenso wie in der Great Man Theory – als Konsequenz persönlichkeitspsychologischer und charakterologischer Merkmale des Führenden betrachtet, und das Handeln der Führungskraft lediglich als Ergebnis personenspezifischer Eigenschaften begriffen. Auf diese Weise rückt auch die Eigenschaftstheorie zeitstabile und situationsunabhängige Charaktereigenschaften in den Vordergrund, die zudem klar feststellbar und messbar sind (vgl. Stippler/Moore/Rosenthal 2011: 15). Vor diesem Hintergrund wurde im Rahmen diverser Studien der Versuch unternommen, besonders wünschenswerte und effektive Führungseigenschaften zu identifizieren. Stogdill (vgl. 1948: 35ff.) trug auf der Basis zahlreicher Studien aus den Jahren 1904 bis 1947 eine umfassende Liste von Charaktereigenschaften zusammen, die bei erfolgreichen Führungspersonen erhoben wurden. In einer weiteren Übersichtsarbeit konnte Stogdill (1974) belegen, dass Charaktermerkmale existieren, die situationsunabhängig die Erfolgswahrscheinlichkeit von Führungshandeln erhöhen, und stellte diese zusammenfassend dar: Befähigung (Intelligenz, Ausdrucksfähigkeit, Originalität, Urteilskraft), Leistung (Schulerfolg, Wissen, sportliche Erfolge), Verantwortung (Verlässlichkeit, Initiative, Selbstsicherheit), Partizipation (soziale Aktivität, Anpassungsfähigkeit, Kooperation) und sozioökonomischer Status (Popularität). Mann (vgl. 1959: 241ff.) extrahierte auf der Basis der Ergebnisse sämtlicher Studien von 1900 bis 1957 unter anderem folgende Eigenschaften erfolgreicher Führungspersonen: Intelligenz, Maskulinität, Dominanz und Extraversion. Auch McCall und Lombardo (vgl. 1983) erforschten führungserfolgs- und führungsmisserfolgsabhängige Eigenschaften: emotionale Stabilität und Gelassenheit, zu Fehlern stehen können, gute zwischenmenschliche Fähigkeiten und geistige Breite. Northouse (2004: 16ff.) trug folgende empirisch ermittelten Eigenschaften von Führungspersonen aus der Literatur zusammen, die diese in hohem Maße aufweisen, und die in vielen Studien verifiziert werden konnten: Selbstvertrauen/Selbstwirksamkeit, Entschlossenheit/Durchsetzungsvermögen/Durchsetzungswille, Intelligenz, Integrität/Vertrauenswürdigkeit, Aufgeschlossenheit gegenüber anderen, Interesse an guten sozialen Beziehungen und Körpergröße/Gesundheit. Weinert und Scheffer (1999: 195, Ausl. ie) sprechen weniger von „Eigenschaften" als von einem erkennbaren „Führungspotential" und unterstreichen, dass die hierfür relevanten Eigenschaften „(...) *in den verschiedenen Positionen und Funktionen einer Führungskraft unterschiedlich wirksam und wichtig sind"*. Das Führungstalent entwickle sich bei einer Person bereits in frühen Jahren und manifestiere sich in unterschiedlichen, bereichsübergreifenden Dispositionen (vgl. Weinert 1998: 303ff.): interpersönlicher Bereich (z. B. Durchsetzungskraft, Ehrgeiz, Unabhängigkeit), intrapersönlicher Bereich (z. B. Arbeitsverhalten, Selbstdisziplin, Toleranz), Leistungspotential (z. B. Unternehmergeist, Commitment, Motivation) sowie Intellekt und Interesse (z. B. Beharrlichkeit, Perspektivenreichtum, Pionierhaltung). Es wird sichtbar, dass trotz der Unterschiedlichkeit der hier dargestellten Eigenschaftslisten einige Merkmale wiederholt auftreten und einen gemeinsamen Nenner bilden. Wissenschaftler sind sich heute weitgehend einig, dass Führungspersönlichkeiten in der Regel über Merkmale wie Intelligenz, Ausdauer und Extraversion verfügen (vgl. Wegge/Rosenstiel 2007: 481ff.).

Den beiden erstgenannten Konzepten ist gemeinsam, dass diese die wesentlichen Faktoren erfolgreichen Führens als ontologisch, zeitstabil und situationsunabhängig betrachten. Davon unterscheidet sich die Fähigkeitstheorie (Skills Theory), die deren Fokus auf Fähigkeiten richtet, die erlernt und entwickelt werden können (vgl. Stippler/Moore/Rosenthal 2011: 15). Somit bezieht diese die Möglichkeit ein, dass sich notwendige Eigenschaften auch herausbilden können. Unter „skill" versteht Katz (1955: 33, Ausl. ie) folglich:

„*... an ability which can be developed, not necessarily inborn, and which is manifested in performance, not merely in potential. So the principal criterion of skillfulness must be effective action under varying conditions*". Katz (vgl. ebd.: 33ff.) identifiziert drei Arten von trainierbaren Führungsfähigkeiten: technische Fähigkeiten (technical skills), soziale Fähigkeiten (human skills) und konzeptionelle Fähigkeiten (conceptual skills). Die Intention von Katz (ebd.: 33, Ausl. ie) liegt so nicht in der Darstellung, „*(...) what good executives are (their innate traits and characteristics), but rather on what they do (the kinds of skills which they exhibit in carrying out their jobs effectively)*". Mumford u. a. (2000: 87ff.) erweiterten den Ansatz von Katz um die Annahme, dass die grundlegenden „skills" eines Führenden durch seine Expertise sowie durch seine Umwelt geprägt und verändert werden. Ihr fähigkeitsbasiertes Führungsmodell umfasst fünf voneinander abhängige Komponenten effektiver Führung: Kompetenzen, individuelle Attribute, Führungsoutcome, Karriereerwartungen und Einfluss von außen (Umwelt). Stippler, Moore und Rosenthal (2011: 18) resümieren zu den Fähigkeitstheorien: „*Zusammenfassend kann festgehalten werden, dass die Skill Theory die Bedeutung von Kontextfaktoren betont und erlernte Fähigkeiten, im Gegensatz zu angeborenen Eigenschaften, zur Erklärung effektiver Führung heranzieht. Gemeinsam ist dieser Theorie sowie der Eigenschaftstheorie, dass beide auf die Führungsperson und ihre Attribute fokussieren. Das Erstellen universal gültiger Listen von Eigenschaften bzw. Fähigkeiten, die situationsunabhängig zu Erfolg führen, ist aber in beiden Fällen nicht möglich.*" Zwar kann eine einseitige Betrachtung von Eigenschaften und Fähigkeiten keine sichere Prognose über die Führungsfähigkeit einer Person und ihren Führungserfolg liefern. Dennoch bilden personenzentrierte Ansätze ab, dass es diverser individueller Voraussetzungen bedarf, um Führungsprozesse erfolgreich bewältigen zu können und dass somit nicht jeder fähig und geeignet ist, Führungsaufgaben zu übernehmen.

4.1.2 Verhalten des Führenden

Nicht nur die Charaktereigenschaften und Fähigkeiten einer Führungsperson beeinflussen die Qualität seines Führungshandelns, vielmehr wird diese auch durch seine Verhaltensweisen bedingt. Diese Schlussfolgerung entwickelte sich aus der wissenschaftlichen Erkenntnis, dass Eigenschaften allein nicht ausreichend sind, um Führungserfolg reliabel erklären zu können. In der Konsequenz verlagerte sich das Forschungsinteresse auf die Analyse des Führungsverhaltens und dessen Auswirkungen. Die so chronologisch auf die Eigenschaftstheorien folgenden Verhaltenstheorien der Führung basieren unter anderem auf der Annahme, dass erfolgreiche Führung vom jeweiligen Führungsstil abhängt (vgl. Northouse 2004: 65ff.).

Weibler (2001: 286) versteht unter dem Begriff des Führungsstils „*dauerhaft gezeigte, grundsätzliche Verhaltensweisen eines Führers gegenüber den Geführten*". Ein Führungsstil zeichnet sich dadurch aus, dass dieser ein erkennbares Muster im Verhalten des Führenden spezifiziert, das heißt ein „*konsistentes und typisches Verhalten, das von einem Führenden gegenüber den Geführten vielfach wiederkehrend gezeigt wird*" (ebd.), und somit eine Grundausrichtung des Führungsverhaltens ausdrückt. Der Führungsstil wird sowohl durch die Persönlichkeitseigenschaften als auch durch das (implizit) vertretene Menschenbild des Führenden determiniert. Analog zu den zahlreichen Abgrenzungsoptionen des Führungsbegriffs lässt sich aus der einschlägigen Literatur eine ebenso große Bandbreite verschiedener Führungsstile zusammentragen. Als Abgrenzungskriterien fungieren der Partizipationsgrad des Mitarbeiters bei Führungsprozessen sowie der Grad der Mitarbeiterorientierung oder der Aufgaben- und Leistungsberücksichtigung. Die vielfältigen Klassifikationsschemata von Führungsstilen unterscheiden sich somit hinsichtlich des Inhaltsaspekts der betrachteten Dimensionen (welche) sowie der Anzahl der berücksichtigten Dimensionen (wie viele), die zumeist ein, zwei oder drei Einflussfaktoren umfasst. Vereinzelt existieren auch mehrdimensionale Führungsstiltypologien mit mehr als drei Dimensionen. Weibler (vgl. ebd.: 289) unterscheidet beispielsweise vier inhaltliche Einflussgrößen: Führerseite (Positionsmacht, Ausrichtung des Führerverhaltens usw.), Geführtenseite (Qualifikation, Motivation der Geführten usw.), Führungsbeziehung (Ausmaß der Teilhabe, Qualität usw.) sowie Führungssituation (Aufgabenstruktur, Situationsbeschaffenheit usw.). Kossbiel (vgl. 1990: 1218) modelliert ebenso eine vierdimensionale Typenordnung, welche jedoch leicht abweichend akzentuiert ist: Entscheidungspartizipation (Teilhabe der Geführten an Führungsentscheidungen), Geführten-/Beziehungsorientierung (Berücksichtigung von Mitarbeiterinteressen/soziale Beziehungen), Aufgabenorientierung (Fokussierung der Sachaufgabenerfüllung) sowie Situationsparameter (Einflussmöglichkeiten). Zur Vereinfachung werden Führungsstile konkret formuliert und distinkt voneinander abgegrenzt sowie deren Inhalte abstrakt und reduziert auf die wesentlichen Aspekte bestimmt. Die theoretisch erfassten Führungsstilkategorien spiegeln somit Idealtypen wider, die in deren reiner Form nur selten in der praktischen Realität zu finden sind. Daneben existieren unzählige Mischformen, die Charakteristika verschiedener Führungsstile vereinen.

In den Verhaltenstheorien unterliegt die Suche nach adäquaten Führungsstilen *„den Einflüssen des jeweiligen Zeitgeistes"* (Weibler 2001: 292). Denn nach Werner (2013: 95, Ausl. ie) ist es evident, *„(...) dass es zu Führung kein Handlungsmodell gibt, das für alle möglicherweise vorkommenden Situationen Gültigkeit beansprucht und Sicherheit geben kann, sondern dass Führung stets angemessen auf die Herausforderungen der jeweiligen Zeit reagieren muss."* Der spezifische Führungsstil und das daraus resultierende Verhalten einer Führungsperson stehen in Korrespondenz zu gesellschaftlich vorherrschenden Werten, die über Sozialisationsprozesse seine Grundannahmen über die Umwelt (mentale Modelle) prägen. Ein in der Führungsthematik bedeutendes mentales Modell ist das Menschenbild einer Führungsperson (vgl. ausführlich Enderle 2011), das wiederum als ein ausschlaggebender Prägefaktor ihres Führungsstils gesehen werden kann.[11] Nach Wunderer und Grunwald (1980: 85) sind Menschenbilder *„relativ stabile Strukturen"*, die in vergangenen sozialen Austauschprozessen vor allem mit wichtigen Bezugspersonen manifestiert wurden. *„Über diese Erfahrungen gehen kulturelle Werte, Einstellungen und Traditionen in das Menschenbild ein"* (ebd.). Menschenbilder entstehen zudem in einem historischen Zusammenhang, wodurch kulturelle, wirtschaftliche und politische Entwicklungen das vorherrschende Selbstverständnis vom Menschen determinieren. Demnach sind Menschenbilder einerseits kulturspezifisch und intersubjektiv geprägt und stellen andererseits eine individuelle Teilstruktur

---

[11] In der Betriebswirtschaft begann die bewusste Auseinandersetzung mit Menschenbildern ab der Moderne und somit mit der Industrialisierung Mitte des 18. Jahrhunderts aufgrund der Frage und Suche nach einem effektiven Führungsstil und dem Nachvollzug von Führungsverhalten (vgl. Herzberg 1966: 13ff.).

der Persönlichkeit dar, wodurch auch eigene Bedürfnisse und Interessen in deren Rahmen wirksam werden können (vgl. Weinert 1998: 672; Wunderer/ Grunwald 1980: 75ff.). Demgemäß betont Werner (2013: 95, Ausl. ie): *„Für eine Führungskraft ist es wichtig, sich bewusst zu machen, welches Welt- und Menschenbild sie hat (...)"*. Doch ist dieses zumeist nur teilweise bewusst verankert und einer Reflexion zugänglich.

Im Kontext von Führungsbeziehungen ist insbesondere relevant, dass Menschenbilder zu Vermutungen über die Persönlichkeits- und Verhaltensmerkmale eines anderen führen, sodass diese als zumeist implizite *„... vereinfachte und standardisierte Muster von menschlichen Verhaltensweisen, die Personen im Laufe der Zeit glauben, lokalisieren zu können"* (Scholz 2014: 119, Ausl. ie), zu verstehen sind. Als idealtypische Abbilder der Realität helfen diese, das Wesen und Gebahren der Mitmenschen verständlich, vorhersagbar und kontrollierbar zu machen. Doch fördern Menschenbilder im Umkehrschluss zugleich die menschliche Kollektivierung und damit den Verlust des Blicks für das Individuelle. *„Sie reduzieren die Vielfalt der vorkommenden Menschentypen auf wenige Grundformen (Klassifikationsfunktion) und sie erlauben die schnelle Feststellung, auf welche Grundformen eine gegebene Person zuordenbar ist (Lokalisierungsfunktion)"* (ebd.). Durch diese Schematisierung der sozialen Umwelt wirken diese dann als komplexitätsreduzierende *„Vorausurteile bzw. Stereotype"* (Wunderer/Grunwald 1980: 84). Auf der Basis dieser stilisierten menschlichen Verhaltensannahmen werden sodann *„standardisierte Handlungen abgeleitet"* (Scholz 2014: 119). Geiselhart (2008: 61) bezeichnet Menschenbilder hingegen neutraler als *„inneres Auge"*. Kontrovers zu dieser menschlichen Vereinheitlichung sieht Dellbrügger (2013: 29, Ausl. ie) Führung unweigerlich mit der Bemühung verbunden, die Frage nach dem tatsächlichen Wesen der Individuen zu erörtern, und *„sich dieser eigenen impliziten Antworten darüber, wie der Mensch ist, bewusster zu werden (...)"*.

Menschenbilder in der Führungsliteratur lassen sich prinzipiell in dualistische und pluralistische Varianten differenzieren (vgl. Wunderer/Grunwald 1980: 77). Die sehr vereinfachten dualistischen Ansätze implizieren eine zumeist idealtypische normative Polarisierung in ein pessimistisches und ein optimistisches Menschenbild zur Beschreibung des tendenziellen Verhaltens von Organisationsmitgliedern.[12] Pluralistische Ansätze erlauben hingegen ein kategorial breiteres Spektrum.[13] Hierunter können die recht populären „*Grundtypen*"[14] von Schein (vgl. 1965/1980) gefasst werden, denen jedoch keine eigenständige Klassifikationsleistung gebührt, deren Anspruch Schein auch nicht erhebt. Vielmehr spiegeln diese eine plakative Subsumtion zumeist impliziter Menschenbilder diverser Forschungsansätze im Zeitablauf wider (vgl. Scholz 2014: 124f.). So entsprechen die vier Grundtypen zugleich „*der Abfolge ihres historischen Erscheinens (...)*" (Schein 1980: 77, Ausl. ie). Schein (vgl. ebd.: 172ff.) leitet aus in unterschiedlichen Epochen gesellschaftlich vorherrschenden Menschenbildern als Wenn-Komponente adäquates Führungsverhalten als Dann-Komponente ab. Er nimmt an, dass Vorgesetzte implizite oder explizite Annahmen über ihre Mitarbeiter vertreten, und differenziert verschiedene Gruppen von Hypothesen, die er zu vier „*managerial assumptions about humans*" im Sinne von Menschenbildern verdichtet: den rational-ökonomischen, den

---

[12] Ein Beispiel ist die „Extremtheorie" bzw. „X-Y-Theorie" von McGregor (vgl. 1960/1973), die in diesem Bereich die wohl populärste darstellt, und sich explizit auf den arbeitenden Menschen in Organisationen bezieht. Weitere sehr allgemein gehaltene Menschenbildkonzepte mit dualistischem Format sind jenes von Knowles und Saxberg (vgl. 1967: 22ff., 172ff.) und jenes mit den Bezeichnungen „Adam und Abraham" bei Herzberg (vgl. 1966: 12ff.).

[13] Als Beispiel kann das Menschenbildkonzept von Weinert (vgl. 1984: 30ff.) genannt werden, später mit Langer (vgl. 1995: 75ff.), dessen Basis empirische Feldstudien von 1984 bilden.

[14] Die Annahmen des rational-ökonomischen Menschen bzw. rational-economic man (ca. 1900–1930) entsprechen dem Bild des „Homo Oeconomicus" der klassischen Nationalökonomie, welches dem „Scientific Management" (vgl. Taylor 1903/2014; 1911/2011) zugrunde lag, das auf Studien zur betrieblichen (vgl. Smith 1776/1784) und dem Gedanken der gesellschaftlichen Arbeitsteilung (vgl. Marx 1867/1885/1894) basiert, und die Grundlage der meisten ökonomischen Modelle bildet. Der soziale Mensch bzw. social man (ca. 1930–1950) entspringt der Human-Relations-Bewegung Mitte der 1930er Jahre, die als Reaktion auf zunehmende öffentliche sowie verdeckte Kritik an der tayloristischen Betriebsführung, auf die depressive Wirtschaftslage und ansteigende Unzufriedenheit der Arbeitnehmer entstand. Die Annahmen des sich selbst verwirklichenden Menschen bzw. self-actualizing man (ab ca. 1950) resultieren als eine Strömung aus den Individualisierungsstreben der Humanisierungsansätze, mit denen das Menschenbild differenzierter konzipiert war als bisher. Die Theorien der Vertreter der Human-Resources-Schule waren zumeist durch die humanistische Psychologie geprägt, die innerpsychische Bedürfnisse als menschliche Potentiale (Human Resources) betrachteten. Die sozialwissenschaftlich geprägten Annahmen des komplexen Menschen bzw. complex man (ab ca. 1950) brachten eine parallele Strömung mit humanistischen Überlegungen und uneinheitlichen Menschenbildern hervor. Durch einschneidende Veränderungen (z. B. wirtschaftliche Globalisierung) wurden die bisherigen Menschenbilder als „*Übervereinfachungen und Vereinseitigungen*" (Rosenstiel/Molt/Rüttinger 2005: 44) kritisiert und das Individuum als komplexes, d. h. vielschichtig geneigtes und von diversen Faktoren beeinflussbares Wesen definiert, das somit die Aspekte der drei erstgenannten Menschenbilder integriert.

sozialen, den sich-selbstverwirklichenden und den komplexen Menschen. Diese hypothetischen Konstrukte bestimmen schließlich die anzuwendenden Führungsstrategien[15] sowie die tatsächliche Interaktion zwischen Mitarbeitern und Führendem (vgl. auch Bennis/Schein 1979: 6ff.; Knowles/Saxberg 1967: 22ff.). In diesem Kontext erläutert Werner (2013: 95): *„Eine zeitgemäße Antwort auf die Frage nach Führung wurzelt im jeweiligen Welt- und Menschenbild. Ein materialistisches Weltbild legt das Bild eines Unternehmens analog zu dem eines Uhrwerks nahe. Vor diesem Hintergrund denkt man Führung anders, als wenn man ein Weltbild hat, das sich am Menschen ausrichtet."*

Durch die gegenwärtigen Verhältnisse und sich künftig abzeichnenden Entwicklungen entstehen für Institutionen, Gruppen und Individuen stets neue Herausforderungen. Dynamik und Wandel fordern eine hohe Flexibilität und eine schnelle Reaktionsfähigkeit, verstärkte Kommunikation und einen Abbau von Formalisierung (vgl. Doppler 2009: 91ff.). *„Die Verhältnisse haben sich geändert, und damit auch das Führungsverständnis"*, so Werner (2013: 95). Um sich entsprechend zu wappnen und mit dem Wandel Schritt halten zu können, werden Organisationsstrukturen, Hierarchien, Prozesse und Führungsmodelle kontinuierlich analysiert und modifiziert und so auf das sich entwickelnde aktuelle Menschenbild zugeschnitten. Hatch (1997) charakterisiert den modernen arbeitenden Menschen als *„postmodern man"*, Drucker (1999) als *„Wissensarbeiter"* im Sinne einer Quelle von tätigkeitsrelevanten Informationen und Erfahrungswerten, der an seiner Arbeitsaufgabe wächst und diese nutzt, um die

---

[15] Schein stellt seinen Menschenbildkonzepten adäquate Führungskonsequenzen gegenüber und formuliert *„(...) konkrete Bedingungen, unter denen die von ihm spezifizierten Merkmale des arbeitenden Menschen Gültigkeit beanspruchen können"* (Weibler 2001: 18; vgl. Schein 1980: 79ff.; Wunderer/Grunwald 1980: 79, 93ff.). So bedarf es im Sinne des rational-ökonomischen Menschenbilds einer Führung, die stets auf die Effizienz der Aufgabenerfüllung fokussiert und durch Kontrolle, wirtschaftlichen Belohnungen und Positionsautorität erfolgt. Führung basierend auf dem sozialen Menschenbild bedeutet die Befriedigung der Bedürfnisse des Akzeptiert-Seins, nach sozialer Anerkennung, Gruppenzugehörigkeit und Identität der Mitarbeiter mithilfe eines Gruppenanreizsystems. Die Führungskonsequenzen beim sich-selbstverwirklichenden Menschenbild sind eine sinnstiftende und verantwortungsvolle Gestaltung der Arbeit, Ermöglichung von Mitbestimmung am Arbeitsplatz und Autonomie, eine Umgestaltung der Organisationsstruktur, der Anforderungsprofile und des Arbeitsplatzes in Orientierung an den individuellen Motiven. Liegt ein komplexes Menschenbild zugrunde, bedeutet Führung eine Analyse des Einzelfalls, ein Erkennen und Akzeptieren von Unterschieden, die Fähigkeit, flexibel auf die unterschiedlichen Bedürfnisse der Mitarbeiter eingehen zu können, und Entscheidungen in Situationsabhängigkeit zu treffen.

eigenen Stärken auszubauen. Der Wissensarbeiter ist kein Untergebener im herkömmlichen Sinne, sondern Mitglied einer Gemeinschaft. Dieser weiß mehr über seine spezifische Arbeit als sein Vorgesetzter, der diesen somit nicht mehr inhaltlich kontrollieren, sondern diesem nur noch die Richtung der Arbeit vorgeben kann. Das Wissen stellt das Eigentum des Wissensarbeiters dar, was ihm eine Organisationsunabhängigkeit verleiht (vgl. Kirchler/Meier-Pesti/Hofmann 2004: 165ff.). Der Trend- und Zukunftsforscher Horx (vgl. 2001: 49ff.) konstruiert auf der Grundlage dieser Bedingungen weiterführend ein dynamisches Menschenbild, dessen Persönlichkeit sich aus skills, talents und smarts zusammensetzt.[16] Sennett (1998) spricht von einem „flexiblen Menschen" oder auch von „the corrosion of characters" im Zeitalter der Globalisierung. Dietz (2013: 37) diagnostiziert einen aktuellen Umbruch der gesellschaftlichen Entwicklungen, welcher ein adäquates Menschenbild erfordert: „Unser Leben ist von gegenläufigen Tendenzen geprägt: Optimierung der Arbeitsorganisation gegen zunehmende Arbeitslosigkeit; Massenpsychologie gegen die wachsende Bedeutung des Einzelnen; eine Verarmung vieler Menschen gegenüber dem Reicherwerden weniger; wachsende Gesundheitsbelastungen trotz ständiger Fortschritte der Medizin. Es gilt, diese Erscheinungen in ihrem Zusammenhang zu sehen. Sie erfordern offensichtlich eine Neuordnung der gesellschaftlichen Verhältnisse, die auf der inneren Kraft der individuellen Menschen beruht."* Dietz verweist in diesem Kontext auf einen in den 1960er Jahren initiierten Individualisierungsschub, der durch gegenwärtige gesellschaftliche Entwicklungen eine kontinuierlich zunehmende Tendenz verzeichnet, und dessen Bedeutungsgrad über das Schlagwort des „Wertewandels" weit hinausreicht (vgl. ebd. 2010: 8; 2008b: 11ff.). Auch Horx (2004: 204) erkennt nach neueren Forschungsergebnissen diesen Trend, den er auf zwei Thesen verdichtet: „1. Die Gesellschaft der Zukunft entsteht aus reifer Individualität, 2. Individualität ist der rote Faden der Moderne." Junge (2002: 7, Ausl. ie) schlussfolgert in der Konsequenz, „... dass das Individuum zentraler Bezugspunkt für sich selbst und die Gesellschaft wird." Nach Ebers (1995: 34) kann der moderne

---

[16] „Skills" sind Fertigkeiten und Wissen, die durch Aus- und Weiterbildung als Qualifikation erworben werden. „Talents" sind individuelle Stärken und unabhängig von den skills. „Smarts" umfassen soziale Kompetenzen und emotionale Intelligenz. In dynamischen Umwelten sind talents und smarts die wichtigeren Komponenten, da skills schnell veralten.

Mensch somit nicht mehr als Teil einer Kollektivität betrachtet werden, vielmehr gebührt diesem die Zuschreibung einer individuellen Identität: *„Das moderne universalistische Menschenbild basiert auf den normativen Pfeilern Individualität, Selbstwert und Autonomie. Diese dienen als Code für den individuellen Selbstbezug und den eigenen Gesellschaftsbezug der Individuen sowie für den Fremdbezug der Gesellschaft auf die Individuen. Das selbstbewusste und autonome Individuum, das souveräne Subjekt beherrscht das gesellschaftsbestimmte und gesellschaftsbestimmende moderne Menschenbild."* In der Folge werden historisch überlieferte Strukturen und Lebensgewohnheiten zunehmend aufgelöst, und es *„schwinden im Zeitalter der ,Individualisierung' die hergebrachten Werte rapide. Verbindliche Traditionen verlieren ihre Geltung"*, so Dietz (2013: 39). Der einzelne Mensch ist nun zunehmend aufgefordert, seine Lebensorientierung eigenständig in sich selbst zu finden, wobei Selbsterkenntnis und Selbstentwicklung als wichtige Parameter fungieren (vgl. ebd. 2008b: 17f.), denn ansonsten besteht die Gefahr, dass *„(...) diese neuartige ,Autonomie' Verunsicherung, Orientierungslosigkeit, ja sogar Entfremdung von sich selbst"* (ebd. 2013: 39, Ausl. ie) erzeugt. Ebenso Ehrenbergs (2008: 192, Ausl. ie) Annahmen über den modernen Menschen greifen diesen Gedankenstrang auf: *„Das ideale Individuum wird nicht mehr an seiner Gefügigkeit gemessen, sondern an seiner Initiative. Hierin liegt eine der entscheidenden Veränderungen unserer Lebensweise (...)."* Das zu diesem gesellschaftlichen Entwicklungsstand opportune Menschenbild projiziert den Wunsch nach selbstständigem Tätigsein auf den arbeitenden Menschen: *„Ein solcher Ansatz (...) entspringt der Erkenntnis, dass in jedem Menschen der Wille beziehungsweise die Bereitschaft und Fähigkeit schlummern, eigenverantwortlich tätig zu sein, sich weiterzuentwickeln, aus eigener Erkenntnis heraus zu handeln und gemeinsam mit Anderen einen Beitrag für das Ganze zu leisten"*, so Dellbrügger (2013: 35, Ausl. ie). Damit weist Dellbrügger (ebd.: 34) auf die veränderten Bedürfnisse des Gegenwartsmenschen hin: *„Arbeit ist nicht nur nützlich in Bezug auf ein Anderes, sondern hat einen Eigenwert: Leben, Gestaltung der eigenen Biografie, Selbstentwicklung, auch Selbstverwirklichung kann durchaus in der Arbeit stattfinden."*

Aus dieser Neuordnung der Verhältnisse leitet sich zugleich die Notwendigkeit eines renovierten Führungsverständnisses und von innovativen Führungsformen ab. *„Wir leben in einer Zeit des Aufbruchs individueller Initiativen, im Zeitalter des ‚mündigen Bürgers' und Mitmenschen"*, appelliert Hardorp (1974: 111, Ausl. ie) in diesem Sinne, und *„wir brauchen .. ein Führungs- und Organisationskonzept, das den eruptiv sich meldenden Entwicklungserwartungen der Menschen unserer Tage entspricht".* Denn diese *„radikale Autonomie"* (Dietz 2013: 38) spricht ein Handlungsmodell mit dem Ich im Zentrum an. Werner (2013: 99) führt hierzu weiter aus: *„Menschen sollen Aufgaben ergreifen, die für sie höchstpersönlich sinnvoll sind, weil sie selber darin einen Sinn erkennen und weil sie dies auch tun können, also weil es ihnen möglich gemacht worden ist – und nicht nur, weil es die Führungsverantwortlichen wollen oder für sie entschieden haben."* In der Erkenntnis des individuell Sinnvollen wird so der notwendigen Autonomie für den Einzelnen Rechnung getragen (vgl. Rehn 2012: 3ff.). Auch Gutberlet (2013: 47, Ausl. ie) plädiert für einen freiheitsbetonten Umgang mit dem Menschen in Führungssituationen, da beobachtbar sei, *„(...) dass sich die Haltung gegenüber der Regelbedürftigkeit in unserer Kultur in den letzten fünfzig Jahren sehr verändert hat."*

Verfolgt man die historische Entwicklung vorherrschender Menschenbilder, wird deutlich, dass sich das Konzept des „Homo Oeconomicus"[17], welches sehr eng und starr gefasst war, immer weiter aufweicht sowie flexibler und facettenreicher gestaltet wird. Ausgehend von einer monolateralen Betonung betrieblicher Interessen verschob sich so der Blickwinkel zunächst auf die individuellen Arbeitsbedingungen (Humanisierung) und schließlich zunehmend auf den Menschen selbst (Human Resource). *„Jede Epoche in der Geschichte einer Gesellschaft zeichnet ihr eigenes Bild vom Menschen"*, konspektiert Geiselhart (2008: 22). Damit erwächst ein offensichtlicher Bedarf der fortführenden Beschäftigung mit dem Wesen des Menschen in der Gegenwart und Zukunft zur Prägung eines stets modernen Menschenbilds. *„Es ist leicht zu beobachten, dass die realen Verhältnisse sich ständig verändern. Ebenso ist beobachtbar,*

---

[17] Unter dem Menschenbild des „Homo Oeconomicus" wird ein unsoziales und egozentrisches Wesen verstanden, das stets im Sinne der eigenen (insbesondere materiellen) Nutzenmaximierung agiert (vgl. Rosenstiel/Molt/Rüttinger 2005: 43; Wunderer/Grunwald 1980: 92).

dass die Einsichten in die vorherrschenden Bedingungen meist hinterherhinken. So entsteht eine Kluft zwischen der Realität und den Vorstellungen, dem Weltbild der Menschen. Je größer die Kluft wird, umso unangemessener sind die Reaktionen auf die Realität (...)", erläutert Werner (2013: 95, Ausl. ie). So besteht die Notwendigkeit, die Annahmen über den Menschen möglichst synchron zu den gesellschaftlichen Entwicklungen anzupassen und im alltäglichen Leben zu verankern (vgl. Geiselhart 2008: 121ff.). Nach Dietz (2007: 851, Ausl. ie) ist folglich *„die Klärung von Menschenbild-Fragen (...) kein theoretisches Thema mehr. Sie wird immer mehr zur Grundlage von Lebenspraxis."*

4.2 Situationstheoretisches Führungsprinzip

Situations- oder kontingenztheoretische Führungstheorien umfassen alle Ansätze, die auf die kontextabhängige Determinierung interaktionalen Führungsverhaltens verweisen und so neben den Persönlichkeits- und Verhaltensmerkmalen einer Führungskraft (vgl. Kap. 4.1.1 u. 4.1.2) auch die Auswirkung von Merkmalen der aktuellen Situation berücksichtigen. Beispiele für klassische Situationstheorien der Führung, auf die im Einzelnen jedoch nicht detaillierter eingegangen wird, sind die „Kontingenztheorie" von Fiedler (vgl. 1967), die „Normative Entscheidungstheorie der Führung" (Normative Leadership Model) von Vroom und Yetton (vgl. 1973), das „Reifegrad-Modell" (Situational Leadership Theory) von Hersey und Blanchard (vgl. 1977) und diverse Rollentheorien der Führung. Das Kontingenzmodell der Führung von Fiedler (vgl. 1967) nimmt dabei eine Sonderstellung ein (vgl. Weibler 2001: 328ff.), weil dieses durch die Verknüpfung bisheriger Verhaltenstheorien mit kontextualen Bedingungen (situativ-kontingente Relativierung) als überbrückender Pfad zum situationstheoretischen Paradigma der Führungsforschung figuriert. Dieses postuliert, *„(...) dass es nicht möglich ist, generelle Eigenschaften erfolgreicher Führer und/oder das generell erfolgreiche Führerverhalten zu bestimmen. Es gibt keinen ‚one best way' der Führung und auch keinen ‚great man', der immer und zu jeder Zeit erfolgreich ist"* (ebd.: 294, Ausl. ie). Vielmehr bedingt Führungserfolg in diesem Verständnis eine systematische Analyse der jeweiligen situativen Faktoren. Ausgehend von Fiedlers Impuls hielt so die Idee der Situationsabhängigkeit von effektivem Führungshandeln seit den 1960er Jahren zunehmend Einzug in die Forschung und wird bis heute vordergründig diskutiert. *„Das Thema Führung hat insbesondere in der organisationpsychologischen Forschung eine lange Tradition: Waren es zunächst spezifische Persönlichkeitseigenschaften und Verhaltensweisen des Führenden, auf die zur Erforschung des Führungserfolgs rekurriert wurde, fanden später zunehmend situative Relativierungen der erforschen Zusammenhänge statt",* fasst Krause (2001: 370) die führungswissenschaftlichen Entwicklungen zusammen. Mit der Etablierung der Kontingenztheorien wird die sogenannte „postmoderne" Führungsforschung begründet.

Wie angedeutet, ist die gemeinsame Grundannahme situationstheoretischer Ansätze, *"(...) dass es die Führungspersönlichkeit nicht gibt und dass ein und dasselbe Führungsverhalten in Abhängigkeit von der konkreten Situation zu Erfolg oder aber zu Misserfolg führen kann"* (ebd., Ausl. ie). Dies entstand aus der errungenen Erkenntnis, dass sich *"keiner der erforschten Führungsstile ... für alle Situationen – universell – als günstig erwiesen"* (Rodler/Kirchler 2002: 35, Ausl. ie) hatte, und führte zu dem Schluss, dass in unterschiedlichen Situationen je eigene Handlungsbedarfe entstehen. Auch können komplexe und unüberschaubare Situationen auftreten, in denen eine Einflussnahme durch Führung wirkungslos bleibt (vgl. Neuberger 2002: 586). Nach kontingenztheoretischer Auffassung bedarf somit jede Führungssituation eines spezifischen Führungsstils. *"Führung ,ist' Vieles zugleich (...). Je nach Lage der Dinge (kontextabhängig) muss eine Führungskraft visionär, sinngebend, konfliktbewältigend, motivierend, kalkulierend etc. sein"* (ebd.: 25, Ausl. ie). Folglich ist konkretes Führungshandeln auch nur vor dem aktuellen situativen Hintergrund verständlich: *"Je nach Kontext ist Führung etwas anderes"* (ebd.: 10), und *"je nach Situation und je nach angestrebtem Ziel müssen die Anforderungen in jeweils anderer Weise präzisiert werden"*, erläutert dementsprechend Rosenstiel (2009: 13, Ausl. ie). Die Effektivität eines Führungsstils korreliert folglich mit dessen Korrespondenzgrad zur Führungssituation. Nothouse (2004: 53) fasst in diesem Sinne zusammen: *"The basic premise of the story is that different situations demand different kinds of leadership. From this perspective, to be an effective leader requires that an individual adapts his or her style demand different situations."*

Als Führungssituation kann das gesamte Umfeld einer sozialen Interaktion zwischen Führendem und Geführten im Rahmen ihrer Führungsbeziehung betrachtet werden. Diese erfasst damit die Gesamtheit der situativen Umstände, in denen Führung stattfindet. Die Berücksichtigung der Situationsbedingungen kann „als eine Ausweitung der Betrachtung der Führungsbeziehung" (Weibler 2001: 74) angesehen werden, denn „die situationale Seite der Führungsbeziehung steht keineswegs im Gegensatz zur personalen Seite, sondern schließt diese mit ein" (ebd.). Konkret lässt sich eine Vielzahl von Aspekten unterschiedlicher Natur aufzeigen, die in der Literatur unter eine Führungssituation subsumiert werden, zum Beispiel die Arbeitsaufgabe, die Gruppenkohäsion, die Organisationsstruktur und die Einflüsse der Landeskultur. „Der Begriff der Führungssituation wird dabei als eine Art Globalkategorie für eine große Zahl unterschiedlicher Einflusswirkungen auf die Führungsbeziehung und ihren Führungserfolg verwendet (...)" (ebd., Ausl. ie).

Die Führungssituation analysierend unterscheidet Weibler (vgl. ebd.: 74f.) zwei grundlegende Ausprägungen, die sich hinsichtlich der Art und des Bereichs deren Wirkungen voneinander abgrenzen: Führungssituationsfaktoren[18] (vgl. ebd.: 76ff.) sind Bedingungen, die sich innerhalb der Organisation befinden. Die innere Umwelt kann verstanden werden als die Gesamtheit „aller bestehenden Gefühle, Bedürfnisse, Wertvorstellungen, Wahrnehmungen, Verhaltensweisen und Ansichten der einzelnen Mitglieder" (Schattenhofer 2009a: 20). Neben der Führungsbeziehung und den Beziehungsgeflechten fallen hierunter auch die (Sach-)Aufgabe, das Arbeitsziel und die Organisationsmerkmale. Führungssituationsfaktoren haben „eine spezifische, verändernde Wirkung auf Führungsbeziehungen", so Weibler (2001: 81). Diese können weiterführend nach deren Inhalt und nach deren Einflussrichtung differenziert

---

[18] Führungssituationsfaktoren können inhaltlich die Charakteristika der beteiligten Personen (Führender/Geführter), die Interaktion zwischen den Personen sowie das Interaktionsumfeld betreffen. Die Einflussrichtung der Führungssituationsfaktoren kann in drei Arten unterschieden werden: Bei einer moderierenden Wirkung determiniert der Situationsfaktor die Relation (Ausmaß, Qualität) zwischen Führungsverhalten und -erfolg; bei einer interagierenden Wirkung beeinflussen sich Situationsfaktoren und Komponenten der Führungsbeziehung gegenseitig, wobei sich der Situationsfaktor mit der Veränderung der Beziehungskomponenten ebenfalls ändert; bei einer substituierenden Wirkung ersetzt der Situationsfaktor das Führungsverhalten ganz oder teilweise, wodurch ein Eingreifen des Führenden gegebenenfalls unnötig wird (vgl. Weibler 2001: 76ff.).

werden. Führungssituationsvariablen (vgl. ebd.: 79ff.) liegen hingegen in der Umwelt außerhalb der Organisationsgrenzen. Es handelt sich also um „über-/ außerorganisationale (d. h. über die Organisation hinausgehende) Einflussgrößen" (ebd.: 75). Die äußere Umwelt kann dann als „die Gesamtheit aller Personen, Institutionen und Ereignisse, die nicht zur Gruppe gehören" (Schattenhofer 2009a: 20) verstanden werden. Diese umfassen grundlegende Rahmenbedingungen der Führungssituation, zum Beispiel allgemeine und technologische Entwicklungen, politisch-rechtliche Regelungen, gesellschaftlich-kulturelle Ansichten, soziokulturelle Voraussetzungen sowie ökonomische und demographische Bedingungen (vgl. Weibler 2001: 80f.). „Situationsvariablen haben eine grundlegende, abwandelnde Wirkung auf Führungsbeziehungen" (ebd.: 81) und „wirken umfassend über den organisationalen Kontext, in den die Führungsbeziehung eingebettet ist" (ebd.).

Letztlich ist „die Zahl möglicher situativer Bedingungen (...) unendlich", so Neuberger (2002: 523, Ausl. ie). Jedoch kann kein Mensch bei seinen Entscheidungen alle relevanten Faktoren der Situation berücksichtigen. Dieser ist auf Selektions- und Vereinfachungsverfahren angewiesen, die diesem ermöglichen, die (relativ) optimale Entscheidung zu treffen. Neuberger (vgl. ebd.: 524ff.) diskutiert in diesem Zusammenhang die Reduktionsmechanismen des Individualismus, Empirismus, Objektivismus, Determinismus und Rationalismus. Grundlegende Notwendigkeit für situatives Führen stellt somit ein schnelles Erfassen der gegebenen Umstände zur Abwägung der richtigen Entscheidungen dar, denn „wer situativ führt, ist ein Jenachdemer" (ebd.: 530).

4.2.1 Fokusse des situationstheoretischen Führungsprinzips

In der postmodernen Führungsforschung zeichnen sich einige aktuelle Trends ab, die versuchen, zeitgemäße Antworten auf eine effektive Gestaltung von Führungssituationen zu finden. Die hier zu verortenden Ansätze stehen in der Tradition des situativen Führungsverständnisses und schließen an die bisherigen Forschungserkenntnisse an. Gemeinsam ist diesen insbesondere das Bestreben, konventionelle hierarchische Machtstrukturen aufzubrechen, zu substituieren oder zu eliminieren und somit traditionell in der Führungsliteratur diskutierte Theorien auf unterschiedliche Weise zu „entgrenzen".

Bei der Betrachtung der vorliegenden Konzepte bilden sich verschiedene Schwerpunktsetzungen ab: Während die einen auf die Führungsbeziehung oder die als grundlegend erachteten Werte fokussieren, rücken andere die Verantwortungsteilung oder die Mitarbeiter und die Arbeitsaufgabe in den argumentativen Mittelpunkt. Diese mögliche aber etische Kategorisierung leistet keine eindeutige und distinkte Abgrenzung und Zuordnung, da Konzepte teilweise mehrere der aufgeführten Aspekte vereinen. So können sich identische Attribute und Führungstechniken in unterschiedlich ausgewiesenen Modellen wiederfinden. Doch steht neben der wiederholt aufgegriffenen Praktik zudem eine neue Perspektive oder Idee im Vordergrund, die hier als Abgrenzungskriterium fungieren soll. In Orientierung an dieser Klassifizierung werden im Folgenden exemplarisch einige Führungsansätze vorgestellt. Deren Reihenfolge entspricht nicht exakt deren Chronologie, doch wird über die jeweiligen Bezugspunkte grob der zeitliche Trend nachgezeichnet.

Eine exhaustive Diskussion der Entwicklungen ist im hiesigen Rahmen nicht möglich, da auch hier überaus zahlreiche Ansätze zu finden sind (vgl. Stippler/Moore/Rosenthal 2011). Vielmehr geht es um die Pointierung, inwiefern und auf welche Weise sich das Führungsverständnis weiterentwickelt hat. Diesbezüglich fasst der Neurobiologe Hüther (zit. n. Kottmann/Smit 2014: 103) in einem Interview zusammen: *„Der bislang angewandte autoritäre Führungsstil war in der Vergangenheit richtig, weil Mitarbeiter gebraucht wurden, die nur genau das taten, was man ihnen sagte. Heute ist jedoch ein anderer Typ Mitarbeiter gefragt, nämlich jemand der mitdenkt, kreativ ist und Verantwortung übernehmen will. Davon hängt das Überleben des Unternehmens ab. So jemanden kann man jedoch nicht autoritär führen, sondern man muss ihm Freiräume lassen, ihn von der Firma, ihren Produkten und ihrer Vorgehensweise überzeugen oder umgekehrt die Vorstellungen des Mitarbeiters übernehmen, ihn für die gemeinsame Sache begeistern und ihn respektieren."*

4.2.1.1 Führungsbeziehung

Bis zum 20. Jahrhundert diente die Führungsperson mit ihren Persönlichkeitsmerkmalen und Verhaltensweisen in nahezu allen Führungstheorien als konzeptionelle Basis, während die Beziehung zwischen dem Führenden und den

Geführten als zweitrangig vernachlässigt wurde. Führung wurde als monolaterale Einflussnahme ausgehend vom Führenden in Richtung der Geführten verstanden. Auch neuere Ansätze thematisieren die Charakteristika der Führungsperson, da diese durchaus grundlegende Elemente der Führungsbeziehung darstellen. Doch handelt es sich hierbei um keine isolierte Betrachtungsweise mit dem Ziel, einen dominierenden „Führungshelden" im Sinne eines „Great Man" zu küren. Vielmehr analysieren und betonen diese solche Eigenschaften des Führenden (z. B. Vorbildfunktion, Charisma), die eine kohäsive Wirkung auf die Führungsbeziehung ausüben, welche auf Werten wie gegenseitigem Vertrauen, Respekt und gemeinsamen Visionen aufbaut. Führung nimmt dann den Charakter eines Beziehungsphänomens zwischen Führendem und Geführten an, und die Beziehungsqualität, das heißt die Beschaffenheit deren Interaktion und wechselseitigen Beeinflussung, wird zum Analysegegenstand (vgl. Daft 2008). Hierüber können mögliche Qualitätsunterschiede in der Dyade von Führendem und einzelnem Mitarbeiter sowie eine unterschiedliche Wirkungskraft des Führenden auf den Einzelnen aufgedeckt werden (vgl. Schyns/Knoll 2015: 55ff.). Die Führungsbeziehung kann als ein situativer Faktor verstanden werden.

Bei den die Führungsbeziehung beleuchtenden Ansätzen ist es möglich, drei grobe Grundtendenzen zu differenzieren, die im Folgenden kurz dargestellt werden. Einerseits wird Führungshandeln als durch substitutive Prozesse geprägt verstanden. Hierunter fallen die Ansätze, die auf der „Substitutionstheorie der Führung" nach Kerr (vgl. 1977) sowie Kerr und Jermier (vgl. 1978) bzw. auf deren Weiterentwicklung durch Podsakoff und seiner Forschergruppe (vgl. Podsakoff u. a. 1993) aufbauen. Diese vertreten die These, dass ein unmittelbarer Einfluss des Führenden unter bestimmten Bedingungen (situative Variable) kontraproduktiv und ineffizient ist, und deren Einsatz dadurch einer situativen Entscheidung bedarf. Es gilt somit das „Ausnahmeprinzip der Führung": Routineentscheidungen liegen grundsätzlich in den Händen der Mitarbeiter, und der Führende greift nur bei außerordentlichen Entscheidungen oder bei fehlerhaften Abweichungen ein.[19] Zwischen die Beziehung von Führungsverhalten und Führungserfolg treten sogenannte „Moderator-Variablen",

---

[19] Vgl. das Führungsprinzip „Mangement by Exception".

die „(...) wie ein Filter wirken, der den Effekt des Führungsverhaltens auf eine Führungserfolgsgröße (...)" (Weibler 2001: 338, Ausl. ie) modifiziert. Die Moderator-Variablen können als Führungsubstitute wie auch als Führungsneutralisierer in Erscheinung treten (vgl. Kerr 1977: 135ff.; Kerr/Jermier 1978: 375ff.; Kerr/Mathews 1995: 1021ff.). Das Substitut übernimmt dann die Funktion von Führung und kann verstanden werden als „a person or thing acting or used in place of another" (Kerr/Jermier 1978: 395). Ein Neutralisierer behindert oder hemmt hingegen Führung, sodass Führungsverhalten nicht vollzogen werden kann oder unwirksam wird. Neutralisierer übernehmen keine Führungsfunktion und werden daher als „influence vacuum" (ebd.) bezeichnet. Auch Türk (1981: 65, Ausl. ie) sieht Führung als einen Residualfaktor, „(...) der situationsspezifisch immer dann und in dem Maße eingesetzt wird (einzusetzen wäre), in dem die übrigen Mechanismen sozialer Kontrolle nicht ausreichen bzw. nicht zur Wirkung oder zum Einsatz gelangt sind. Dies deutet auf substitutionale Beziehungen hin. Vorläufig formuliert, hängt in dieser Sichtweise der Bedarf an Personalführung von dem Ausmaß der ‚Kontroll-Lücke' zwischen Handlungs- und Orientierungszielen einerseits, sowie der zielkonformen Wirkung der übrigen Kontrollmechanismen andererseits ab." Türk (vgl. 1995: 328ff.; 1981) stellt hierbei das Kontroll- und Konformitätsproblem ins Zentrum seiner Überlegungen und benennt funktionale Äquivalente (Substitute), die führungsgleiche Effekte aufweisen. Die Annahme herkömmlicher Führungstheorien, dass personale Führung grundsätzlich notwendig sei, wird hierdurch hinterfragt, wobei personale Führung jedoch nicht vollständig entfällt.

Andererseits kann Führung als Beziehungsphänomen auch im Sinne eines Überzeugungsakts von den organisationalen Zielen (Transformation) betrachtet werden. So bildet seit den 1990er Jahren die Beschäftigung mit der sogenannten „transformierenden" (auch: „transformationalen") Führung einen breiten Forschungsstrang (vgl. z. B. Bass 1998; Felfe 2015b: 39).[20] Hierbei werden gedankliche Ansätze aufgegriffen, wie diese zu Beginn der verhaltenstheoretischen Forschung angewandt wurden, das heißt, der Führende wird prinzipiell als motivierende Instanz und protegierender Mentor betrachtet. Aus-

---

[20] Felfe (vgl. 2015: 39ff.) gibt einen Überblick über aktuelle Entwicklungen in der transformierenden Führungsforschung.

gangspunkt bildet der Führungsansatz von Burns (vgl. 1978), der in transaktionale und transformierende Führung unterscheidet.[21] Transformierende Führung stellt dabei eine Weiterentwicklung der transaktionalen Führung dar, löst diese jedoch nicht ab; vielmehr komplementieren sich beide (vgl. Neuberger 2002: 195ff.; Rosenstiel/Molt/Rüttinger 2005: 344ff.). *„Transformierende Führung kennzeichnet einen (Ideal-)Typ, der einem anderen Typ (transaktionale Führung) polar gegenüber gestellt wird. Letztere appelliert an das Eigeninteresse der Geführten und bietet den Tausch (Transaktion) von Belohnungen gegen Gefolgschaft; transformierende Führung dagegen verfolgt kollektive Ziele (das Wohl der Gemeinschaft) und sucht moralisch ‚höhere' Bedürfnis zu befriedigen (Freiheit, Gleichheit, Brüderlichkeit, Gerechtigkeit usw.)"* (Neuberger 2002: 202). Unter transaktionaler Führung kann demnach eine Austauschbeziehung zwischen Mitarbeitern und Führendem verstanden werden, bei der beide Parteien deren eigenen Ziele anstreben (vgl. Burns 1978: 20ff.; Dansereau/Graen/Haga 1975: 46ff.; Gerstner/Day 1997: 827ff.). Rosenstiel, Molt und Rüttinger (2005: 345) bezeichnen diese als *„rationales Tauschkonzept zwischen Führenden und Geführten"*[22] Transformierende Führung hingegen erfolgt nach Burns (1978: 20, Ausl. ie), *„(...) wenn eine oder mehr Personen sich so miteinander verbinden, dass Führer und Gefolgsleute einander zu höheren Niveaus von Motivation und Moralität emporheben. Ihre Zwecke (...) werden fusioniert. Machtgrundlagen werden vernetzt, nicht als Gegengewichte, sondern zur gegenseitigen Unterstützung für den gemeinsamen Zweck. (...) Transformierende Führung wird letztlich moralisch, weil sie das Niveau menschlichen Verhaltens und ethischer Ansprüche sowohl des Führers wie der Geführten hebt und so eine transformierende Wirkung auf beide ausübt."* Transformierende Führung steuert somit auf eine höhere Ebene zu, die die

---

[21] Für eine tabellarische Übersicht zum Unterschied von transaktionaler und transformierender Führung vgl. Rodler und Kirchler (2002: 65).

[22] Als Beispiel kann das Prinzip der Führung durch Zielvereinbarungen („Management by Objectives") aufgeführt werden, das sich in der „Zieltheorie" bzw. „Goal-Setting-Theory" von Latham und Locke (vgl. 1991) wiederfindet. Der angestrebte Führungserfolg wird durch die Vereinbarung klarer Ziele erreicht, die beim Einzelnen als verbindlicher Anspruch gelten. Dabei werden aus übergeordneten Unternehmenszielen Teilziele abgeleitet und jeweils als Arbeitsaufgabe definiert (vgl. auch Locke u. a. 1981: 126ff.; Nerdinger 1995: 106ff.; Weibler 2001: 362ff.). Zur psychologischen Betrachtungsweise des Führens durch Zielsetzung vgl. Wegge (2015: 179ff.).

„wechselseitige Pflichtgemeinschaft" (Weibler 2001: 333) mit sittlichen Werten anreichert, wie Vertrauen[23], Respekt, Transparenz, Offenheit und Loyalität. Die Führungsperson, die in einer Vorbildfunktion agiert, beeinflusst das Verhalten und das Bewusstsein des Geführten derart, dass dieser sich schließlich mit den Organisationszielen identifiziert und nicht nur aus reinem Eigeninteresse handelt (vgl. Avolio/Bass 2004: 3ff.). So ist das leitende Prinzip der transformierenden Führung emotionaler und visionärer Art (vgl. Rodler/Kirchler 2002: 67; Weibler 2001: 333ff.). *„Zentrale Begriffe sind ... Vision, Mission, Enthusiasmus, Commitment, Innovation, das Streben nach höchsten Zielen (...). Ungeahnte Energien werden mobilisiert, wenn man an sich und sein Ziel (seine Mission) glaubt, (...) und miteinander das gemeinsame Ideal verwirklicht"*, so Neuberger (2002: 197, Ausl. ie). Avolio u. a. (vgl. 2004: 1560) unterstreichen die charismatische Komponente transformierender Führungskräfte, und auch Bass (vgl. 1985/1986) verweist auf obligate Eigenschaften wie Charisma und Inspiration. Kottmann und Smit (2014: 141ff.) stellen auf der Basis von Axelrods (vgl. 2009: 112ff.) „Säulen der Kooperation" eine Erweiterung des Modells der transformierenden Führung vor und betiteln diese mit „transkooptionaler" Führung. Diese beinhaltet *„die Transformation des Unternehmens von einer Nehmer-Kultur hin zu einer Geber-Kultur"* (ebd.: 143). Das bedeutet, dass der Führende und die Geführten nicht mehr als Mittel zur Erreichung des Organisationszwecks fungieren, sondern *„die Herstellung und Aufrechterhaltung stabiler Kooperation"* (ebd.) als vordergründige Führungsaufgabe und als Grundlage für den unternehmerischen Erfolg betrachtet werden, in deren Rahmen die Mitarbeiter selbstständig zum Gesamtwohl beitragen.

Nah verwandt mit der transformierenden Führung und teilweise als ein Subkonzept verstanden ist – wie sich in der obigen Ausführung abzeichnete – das Konzept der charismatischen Führung (vgl. z. B. Bennis 1989; House 1977). So wird diese nach Neuberger (vgl. 2002: 201f.) teilweise von transformierender Führung demarkiert und teilweise synonym gebraucht. *„Beiden Ansätzen ist gemeinsam, dass sie das Bestehende radikal verändern oder überwinden*

---

[23] Vgl. hierzu ausführlich die Dissertation von Bartelt (2011) sowie das Führungsprinzip „Management by Conficence". Zur psychologischen Betrachtungsweise von Führung und Vertrauen vgl. Jonge und Scherm (2015: 203ff.).

möchten. *Es werden hohe Ziele gesetzt und hohe Erwartungen an die Geführten gerichtet. Charismatische Führung und transformierende Führung sind beide buchstäblich ‚herausfordernd', weil sie gewohnte Bahnen verlassen und dem Leben der Geführten einen neuen Sinn geben (wollen), der in einer Vision, einem Ideal oder Endziel beschrieben wird"* (ebd.: 201). Charismatische Führung wendet sich jedoch speziell den außergewöhnlichen Eigenschaften des Führenden zu und weniger deren messbaren Resultaten, wie dies die transformierende Führungsidee vornimmt. Charismatische Führung basiert auf der Assoziation einer extraordinären Eignung und Kompetenz des Führenden in Bezug auf Führungsaufgaben, hervorgerufen durch seine schillernde Ausstrahlung und persönliche Anziehungswirkung, die durch Entschlossenheit, Selbstvertrauen und Überzeugungskraft zur Geltung kommen. Besonders relevant ist seine Gabe, Zukunftsvisionen erzeugen und vermitteln zu können, in dem dieser glaubhafte, realistische, erstrebenswerte Ideen klar formulieren und plausibel präsentieren kann. *„Visionen sind Fernziele (aber nicht: Utopien oder Illusionen), die bildhaft ausgedrückt sind, einen starken emotionalen Aufforderungscharakter haben und wichtigen Werten und Anliegen Ausdruck geben"* (ebd.: 206; vgl. auch Buchner 1995: 15; Hinterhuber 1991: 41). Diese können als ein Führungssubstitut verstanden werden (analog der Substitutionstheorie), das anstelle interaktiver Führung das Verhalten der Organisationsmitglieder auf das gemeinsame Ziel lenkt und damit auf etwas Größeres, über der Organisation Stehendes ausrichtet. Der charismatische Führende pflanzt dieses Ideal und initiiert auf diese Weise einen Identifikationsprozess des Einzelnen mit den Organisationszielen, der zugleich eine kohäsive Wirkung auf die Gemeinschaft ausübt. *„Die gemeinsame Vision ist die gemeinsame Perspektive, die – wie ein Magnet die Eisenfeilspäne – die einzelnen Organisationsmitglieder ausrichtet oder wie ein Kompass ‚einnordet'"* (Neuberger 2002: 206). Demgemäß betont auch Senge (2011: 20) mit der Bezeichnung *„shared vision"* die Bedeutung dieser gemeinsamen Komponente in Form von Fernzielen: *„Zur Disziplin der gemeinsamen Vision gehört die Fähigkeit, gemeinsame ‚Zukunftsbilder' freizulegen, die nicht nur auf Einwilligung stoßen, sondern echtes Engagement und wirkliche Teilnehmerschaft fördern."*

Als dritte Strömung kann Führung mit Fokus auf die Führungsbeziehung im Sinne eines Beitrags für andere verstanden werden. Auf diesem Grundprinzip basierend prägte Greenleaf (vgl. 1970/2015) Begriff und Kerngedanken der „Dienenden Führung" oder des „Servant Leaderships"[24]. Das prädisponierte Führungsverständnis priorisiert das Wohl der Geführten in Abgrenzung zu den Eigeninteressen des Führenden, also das genuine Streben nach Macht und Einfluss (vgl. Pircher Verdorfer/Peus 2015: 67ff.). Denn *„wie alle anderen Unternehmensfunktionen sind natürlich auch Führungspositionen nicht als Selbstzweck geschaffen, sondern definieren sich ausschließlich nach ihrer Bedeutung für andere – in diesem Fall eben vor allem die geführten Mitarbeiter"*, so Krost und Kaehler (2010: 54). Somit handelt es sich um *„... ein Führungskonzept, das die Mitarbeiter und ihre Bedürfnisse in den Mittelpunkt stellt und die Führungskraft (...) zu ihrem Diener erklärt. (...) Servant Leadership erwartet von einer Führungskraft die kompromisslose Orientierung am Wohl der Organisation und ihrer Individuen"* (Krost/Kaehler 2010: 54, Ausl. ie). So erklärt auch Keith[25] (Trompenaars/Voerman 2009: 8): *„A servant-leader loves people and wants to help them. The mission of a servant-leader is, therefore, to identify the needs of others and try to satisfy those needs."* Nach Greenleaf (1970: 6) soll der Führende die Motivation für diese Rolle aus seiner Bereitschaft schöpfen, sich in den Dienst anderer stellen zu wollen, sodass Führung zu vergleichen ist mit einem *„natural feeling that one wants to serve, to serve first"*. Eine dienende Führungskraft zeichnet sich demnach dadurch aus, dass diese *„(...) dem Wohlbefinden und den legitimen Interessen der Mitarbeiter, aber auch der Gesellschaft eine hohe Priorität beimisst"* (Pircher Verdorfer/Peus 2015: 69, Ausl. ie). So ist Altruismus eine zentrale Komponente des Ansatzes. Dienen und Führen werden nicht als antagonistische Verhaltensweisen aufgefasst. Vielmehr wird Führung zu einer besonderen Kategorie des Dienens. Hierauf weisen auch Jennings und Stahl-Wert (2004) mit dem Untertitel ihres Buches hin: *„Führen heißt dienen"*. Krost und Kaehler (2010: 56, Ausl. ie) halten fest, *„(...) dass das Sevant-Leadership-Konzept einen wichtigen Perspektivenwechsel hin zum Dienst der Führungskraft an den Mitarbeitern anbietet (...)"*.

---

[24] Der Ansatz ist in den USA weit verbreitet und basiert auf christlichem Gedankengut.
[25] Keith ist Chief Executive Officer (CEO) des Greenleaf Centers for Servant Leadership.

Hale und Fields (2007: 397, Ausl. ie) sehen insbesondere die Deglorifizierung der Führungsrolle als charakteristisches Merkmal dienender Führung und definieren diese vor diesem Hintergrund als „(...) *leadership that places the good of those led over the self-interest of the leader, emphasizing leader behaviors that focus on follower development and de-emphasizing glorification of the leader*". In diesem Sinne unterstreichen auch Drucker (vgl. 2007) und Malik (vgl. 2006: 98ff.), dass nicht die Person des Führenden, sondern sein Beitrag als Maßstab fungiert. Nach Northouse (vgl. 2004: 230ff.) ist es das einzige Führungskonzept, das den Einsatz für andere explizit in den Mittelpunkt rückt und somit einen verantwortungsvollen Umgang mit Macht intendiert.[26] Krost und Kaehler (vgl. 2010: 56ff.) schlagen weiterführend eine alternative Betitelung des Ansatzes vor: „Führen als Dienstleistung". Dadurch relativieren sie die idealistischen Voraussetzungen des dienenden Führens: *„Zum einen ist die Führungskraft Dienstleister jedes einzelnen Mitarbeiters. In dieser Funktion unterstützt sie dessen Arbeit (...). Solchermaßen fördert sie nachhaltig seine individuelle Leistung und Produktivität. Zum anderen ist die Führungskraft Dienstleister der eigenen Organisation und der Gesamtheit der zugeordneten Mitarbeiter. In dieser Funktion sorgt sie unter anderem für ein angemessenes Mitarbeiterportfolio (...) und für die Einhaltung von Regeln"* (ebd.: 56, Ausl. ie). Zur argumentativen Legitimierung des Verständnisses von Führung als „Dienstleistung" konstatieren Krost und Kaehler (ebd., Ausl. ie): *„Dienstleistende Führung bedeutet keine Unterordnung der Führungskraft unter ihre Mitarbeiter. Noch weniger bedeutet sie einen Verzicht auf notwendige, für die Mitarbeiter jedoch unangenehme Maßnahmen, denn diese sind Teil der Dienstleistung gegenüber der Organisation."*

4.2.1.2 Moral und Werte

Neben den die Führungsbeziehung fokussierenden Konzepten finden sich in der Tradition situativer Führungsansätze auch solche, die vornehmlich auf sittlichen Prinzipien basieren (Wertorientierung). Unter „Wertorientierter Führung"

---

[26] Wissenschaftlich zeigt sich jedoch ein unstetes Bild des Konzepts dienender Führung. Neuere Ansätze, die versuchen, ein inklusives Rahmenmodell zu konsolidieren, finden sich bei Dierendonck (vgl. 2011) und Hinterhuber u. a. (vgl. 2014).

oder „Responsible Leadership" werden somit alle Führungsansätze gefasst, die sich argumentativ auf ethische und moralische Normen beziehen. Die Führungskraft nimmt hierbei eine Vorbildfunktion ein. *„Führungspersonen müssen sich ihrer Funktion als Vorbilder bezüglich hoher fachlicher Kompetenz und menschlicher Integrität bewusst sein. Nur dadurch können sie ein Klima des Vertrauens schaffen. Dazu gehören Aufrichtigkeit und die Fähigkeit, Worte und Taten in Einklang zu bringen. Nur dort, wo ein menschliches Vorbild vorhanden ist, wird der Mitarbeiter sich engagieren"* (Frey 2015: 54). Zwar fungieren zum Beispiel charismatische und transformierende Führungspersonen auch als Vorbilder, doch interessieren in diesen Fällen insbesondere die extraordinären Fähigkeiten und Eigenschaften derselben bzw. ihr hierdurch erzielter Führungserfolg. Hingegen verweisen Ansätze, die die Vorbildfunktion des Führenden als einen Grundpfeiler manifestieren, auf sein korrektes moralisches Verhalten gegenüber den Geführten. Wie bei nahezu allen beziehungsorientierten Führungsmodellen gelten auch hier Aspekte wie Vertrauen und Respekt als konzeptionelles Fundament und Ziel. Darüber hinaus kann der Beziehungsaspekt als inhärentes Attribut betrachtet werden, der durch Substitute in Form von Werten gesteuert wird (analog der Substitutionstheorie). Diese Similarität der situativen Führungsansätze markiert die eingangs erwähnten changierenden Abgrenzungsmöglichkeiten. Exemplarisch für eine wertorientierte Führung werden im Folgenden die respektvolle, die symbolische, die authentische und die ethische Führung konturiert.

Ansätze der „Respektvollen Führung" oder des „Respectful Leaderships" sind relativ jung (vgl. z. B. Grover 2014: 27ff.) und illustrieren, wie eine Begegnung auf Augenhöhe trotz Machtdifferenz realisiert werden kann (vgl. Borkowski 2011; Decker/Quaquebeke 2015: 89ff.). Respekt erfasst einerseits eine horizontale Ausrichtung, bei der dieser mit Bedingungslosigkeit einhergeht. Das heißt, *„man muss nichts geleistet haben oder leisten, um diesen zu verdienen"* (Decker/Quaquebeke 2015: 91). Andererseits beinhaltet Respekt eine vertikale Ausrichtung, die sich *„(...) hingegen auf das Anerkennen von Expertise oder Fähigkeiten einer Person"* (Decker/Quaquebeke 2015: 91, Ausl. ie) bezieht und somit eine bewertende Komponente einbezieht. Bei einer respektvollen Führung wird den Mitarbeitern über eine entsprechende innere Haltung der Führungskraft vermittelt, dass diese insbesondere horizontal respektiert werden (vgl. Borkowski 2011: 6ff.). Führende zeichnen sich folglich durch einen wertschätzenden Habitus aus, der in apperzipierbare Aspekte wie Vertrauen, Anerkennung, Höflichkeit und Gerechtigkeit überführt wird. Borkowski (ebd.: 32, Ausl. ie) resümiert in seiner Dissertation, *„(...) dass das Konzept der respektvollen Führung ein geeigneter zusätzlicher Suchscheinwerfer ist auf das, was gute und effektive Führung ausmacht (...)"*. Oftmals stellt diese einen dependenten Bestandteil anderer Führungsansätze dar.

Die „Symbolische Führung"[27] oder das „Symbolic Leadership" erfolgt über die Ebene der Unternehmenskultur als die *„Gesamtheit aller Normen, Werte und Grundeinstellungen einer Organisation"* (Schneck 2000: 948). Die Einflussnahme durch Führung setzt somit *„(...) nicht bei dem unmittelbaren Verhalten der Geführten an, sondern richtet sich auf die der Verhaltensebene vorgelagerten Wirklichkeitsbilder, Überzeugungen, Einstellungen und ähnliches"* (Weibler 2001: 382, Ausl. ie) und wird über Symbole vermittelt. Ein Symbol konstituiert sich aus unterschiedlichen Facetten: Als konkrete Tatsache verweist dieses auf *„... den Sinn, der in Fakten liegt, die vorgefunden oder geschaffen werden"* (Blessin/Wick 2014: 455). Auf der Kommunikationsebene findet dieses dessen Ausdruck beispielsweise in einem Mythos, Slogan oder Grundsatz, auf der Handlungsebene beispielsweise in einem Ritual, einer Konferenzregelung oder etablierten Feier und auf der Objektebene beispielsweise in Form von Logos, Plakaten, Strukturen oder Systemen (vgl. Rosenstiel 1992: 57). Daneben fügt ein Symbol etwas Getrenntes zusammen und weist über sich hinaus. *„Symbole sind nicht Stellvertretungen ihrer Gegenstände, sondern Vehikel für die Vorstellung von Gegenständen"* (Langer 1984: 69). Nach Blessin und Wick (2014: 455) leistet dieses *„als Sinn-Bild Sinn-Stiftung"*. Neuberger (2002: 667f., Ausl. ie) führt dazu weiter aus: *„In der ‚symbolisierenden Führung' (...) geht es somit um die Sinn-Entbindung, also die Geburt neuen Sinns. Neue Hin-Sichten können aufgezeigt oder vorgelebt und durch neue Fakten konkretisiert werden."* Der Verweischarakter eines Symbols ist auslegungsbedürftig und entspricht einem ambigen Zeichen. *„Symbole sind codierte Signale, deren Sinn nur der versteht, der den Code entschlüsseln*

---

[27] Vgl. ausführlich Neuberger (2002: 642ff.).

kann", so Voigt (1989: 14). Einerseits kann das gesamte Führungsgeschehen als symbolisch verstanden werden, in welchem Symbole als entpersonalisierte Führungssubstitute (analog der Substitutionstheorie) wirken (vgl. Blessin/Wick 2014: 455f.). Andererseits kann symbolische Führung als eine Form der kulturellen Führung gesehen werden, bei der es darum geht, *„bedeutungshaltige Fakten zu verändern"* (ebd.: 457). Führung stellt dann selbst ein Symbol dar. Das Konzept umfasst folglich zwei Komponenten, *„(...) nämlich symbolisierte und symbolisierende (oder: sinnkonstituierte und sinnkonstituierende, sinnbindende und sinnbildende) Führung"* (Neuberger 2002: 644, Ausl. ie; vgl. auch Weibler 2001: 380ff.).

„Authentische Führung" oder „Authentic Leadership" fokussiert auf den Identifikationsprozess der Führungskraft mit den Organisationszielen, sodass der Führende diese aus persönlicher Überzeugung vertreten und sein Handeln entsprechend ausrichten kann (vgl. Peus/Wesche/Braun 2015: 15ff.; Walumbwa u. a. 2008: 89ff.). Authentische Führung entstand als Reaktion auf das opportunistische Fehlverhalten vieler Führungskräfte, die überwiegend egoistische Interessen anvisierten und das Wohl von Organisation und Mitarbeiter vernachlässigten oder gefährdeten (vgl. Kuhn/Weibler 2015: 21; 2012: 31ff.; Rosenthal u. a. 2010). Authentische Führung kreiert Führungspersönlichkeiten, *„(...) deren Worte und Taten übereinstimmen, die ihr Handeln an übergeordneten moralischen Werten ausrichten und sich dabei für die Belange anderer (z. B. Mitarbeiter, Organisation, Gesellschaft) einsetzen"* (Peus/Wesche/Braun 2015: 15, Ausl. ie).[28] Die semantische Bedeutung des Adjektivs „authentisch" geht in diesem Kontext über den alltagssprachlichen Gebrauch hinaus. So definieren Avolio, Luthans und Walumbwa (2004: 4, Ausl. ie) authentisch Führende als *„(...) those who are deeply aware of how they think and behave and are perceived by others as being aware of their own and others' values/ moral perspectives, knowledge, and strengths; aware of the context in which they operate; and who are confident, hopeful, optimistic, resilient, and of high moral character"*. Somit kommunizieren diese nicht nur sittliche Normen, sondern richten ihr eigenes Verhalten konsequent nach diesen aus – allen Widerständen zum Trotz (vgl. Avolio 2004; Avolio/Gardner 2005; Gardner u. a. 2005:

---

[28] Vgl. hierzu zum Beispiel das Konzept von Avolio u. a. (2004).

343ff.; Shamir/Eilam 2005: 395ff.). Angestrebt wird eine aufrichtige Beziehung zu den Geführten, die durch positive Emotionen und Vertrauen geprägt ist (vgl. Peus/Wesche/Braun 2015: 15f.). Demgemäß beschreiben Luthans und Gardner (2003: 243, Ausl. ie) authentisches Führen „(...) *as a process that draws from both positive psychological capacities and a highly developed organizational context, which results in both greater self-awareness and self-regulated positive behaviors on the part of leaders and associates, fostering positive self-development".*

„Ethische Führung" oder „Ethical Leadership" betont ein puritanisches Führungsverhalten, das durch die vordergründige Achtung tugendhafter Maxime brilliert (vgl. Kerschreiter/Eisenbeiss 2015: 27ff.; Watts 2008). Sie „*... zeichnet sich dadurch aus, dass die jedes Führungshandeln kennzeichnende zielbezogene Einflussnahme auf andere und damit das Führungshandeln insgesamt moralisch-ethischen Prinzipien folgt*" (Kerschreiter/Eisenbeiss 2015: 27, Ausl. ie). In Bezug auf die notwendigen Eigenschaften einer authentischen Führungskraft unterstreicht Frey (2015: 49): „*Die Basis für ethikorientierte Führung besteht darin, dass die Führungsperson integer, glaubwürdig und berechenbar ist.*" So kommt dieser zugleich eine weitreichende Vorbildfunktion zu: „*(...) Sie verhält sich moralisch korrekt. Dies bedeutet, dass sie in all ihren Entscheidungen und deren Umsetzung neben nicht-genuin moralischen Werten vor allem auch genuin moralische Werte beachtet und positiv verstärkt. Moralische Werte sind der Kompass ihres Handelns*" (Frey/Schmalzried 2013: 4, Ausl. ie). Die Führungsbeziehung basiert auf Komponenten wie Vertrauen, Ehrlichkeit, Rücksichtnahme, Gerechtigkeit und sozialer Verantwortung (vgl. Brown/Treviño/Harrison 2005: 117ff.). In diesem Kontext verweist Bartelt (vgl. 2011) in seiner Dissertation auf eine signifikante Korrelation insbesondere zwischen ethischem Verhalten und Vertrauen. Aufgrund der opponierenden aber obligaten ökonomischen Erfolgsziele einer Organisation hat der authentisch Führende einen „*Verantwortungsdualismus*" (Kuhn/Weibler 2003: 379) zu bewältigen, welcher eine Harmonisierung konfligierender Maßnahmen beansprucht. „*Vor dem Hintergrund der doppelten Verantwortung von Führungskräften für das Erreichen von organisationalen Zielen einerseits (insbesondere Erfolgs-/Ergebnisverantwortung) und der Verwirklichung von Arbeits- und*

Lebensqualität der Mitarbeiter andererseits (Humanverantwortung) stellt sich aus der Perspektive ethischer Führung die Frage, wie mögliche Konflikte, die aus dieser doppelten Verantwortung für Ergebnis- und Humanziele entstehen, aufgelöst werden können" (Kerschreiter/Eisenbeiss 2015: 28; vgl. auch Kuhn/ Weibler 2012: 15ff.; 2003: 377ff.; Neuberger 1995b: 533ff.).

4.2.1.3 Verantwortungsteilung

Neben der Fokussierung der Führungsbeziehung oder von Moral und Werten können situative Führungstheorien auch durch den vordergründigen Einbezug der Organisationsmitglieder in den Führungs- und Verantwortungsprozess gekennzeichnet sein. *„Dass ... weitere Akteure am Führungsgeschehen mitwirken, wurde in der Führungsforschung lange ignoriert, wird seit einiger Zeit jedoch unter den Begriffen Shared Leadership und Collektive Leadership verstärkt diskutiert und untersucht (...)"*, so Kaehler (2013: 30, Ausl. ie). Führungsaufgaben werden so nicht mehr nur durch eine singuläre Führungsperson verantwortet, sondern von der Arbeitsgruppe gemeinsam übernommen (vgl. Miles/Watkins 2007: 90ff.). Wurden in den vorherigen Jahrzehnten vordergründig Führungsdyaden erforscht, weist der Einbezug von weiteren Führungsbeteiligten und damit von Verantwortungsteilung bei Führungsprozessen eine neue Perspektive auf. Der Grund für den Bedeutungszuwachs von Delegation kann darin liegen, dass traditionelle hierarchische Organisationsstrukturen aufgrund veränderter gesellschaftlicher Werte und Bedürfnisse an Legitimation einbüßen, sodass dies die Notwendigkeit neuer Konzepte hervorruft. Exemplarisch werden im Folgenden die Ansätze der geteilten, der distributiven, der kollaborativen und der komplementären Führung skizziert.

„Geteilte Führung" oder „Shared Leadership"[29] befasst sich mit der Frage der angemessenen Distribution von Führungsaufgaben in Organisationen (vgl. Piecha/Wegge 2015: 79ff.). Nach Hoch und Dulebohn (2013: 116) beschreibt geteilte Führung eine kollektive Führung, die sich durch kollaboratives Entscheiden und eine segmentierte Ergebnisverantwortung auszeichnet. *„Das Auftreten von Führung ist demnach nicht an formale Positionen geknüpft, Führung*

---

[29] Vgl. hierzu ausführlich Werther (2014).

erfolgt vielmehr aus verschiedenen Richtungen (...)" (Piecha/Wegge 2015: 79, Ausl. ie). In alternierender Weise übernehmen unterschiedliche Akteure Führungsaufgaben, sodass sich Führen und Geführtwerden abwechseln. So bezeichnen Pearce und Conger (vgl. 2003: 1; auch Pearce/Sims 2000: 115ff.) geteilte Führung als einen dynamischen, interaktiven Determinationsprozess, der situationsabhängig sowohl durch eine gleichrangige (laterale) als auch durch eine aufwärts- oder abwärtsgerichtete (hierarchische) Beeinflussung gekennzeichnet sein kann. Geteilte Führung unterscheidet sich von vertikaler Führung, substituiert diese aber nicht, sondern fungiert ergänzend. Kaehler (2013: 30f.) resümiert hierzu: *„Geteilte Führung wird hier meist als informelldynamischer Prozess gegenseitiger Beeinflussung in Gruppen zu Zwecken der Zielerreichung beschrieben. Üblicherweise wird sie gegen die traditionelle Perspektive rein vertikal-hierarchischer Führung abgegrenzt, wobei die meisten Autoren anerkennen, dass auch in Teams mit ausgeprägter lateraler und / oder aufwärtsgerichteter Führung ein Restbedarf an Top-down-Führung bestehen bleibt."*

Die Idee der „Distributiven Führung" oder des „Distributive Leaderships" stammt ursprünglich aus dem Bereich der Bildungsforschung (vgl. z. B. Harris 2003)[30] und wird seit einigen Jahren auch im Bereich der Führungstheorien diskutiert (vgl. z. B. Bennet u. a. 2003; Spillane/Halverson/Diamond 2004). Diese weist eine deutliche konzeptionelle Ähnlichkeit zur geteilten Führung auf und wird teilweise auch synonym verstanden. So ist auch hier eine Aufteilung von Führungsaufgaben im Sinne einer kollektiven, demokratischen oder kooperativen Führung angesprochen, *„(...) whereby leadership responsibility is dissociated from formal organisational roles, and the action and influence of people at all levels is recognised as integral to the overall direction and functioning of the organisation"* (Bolden 2007: 2, Ausl. ie). Distributive Führung ist jedoch noch allgemeiner zu begreifen als geteilte Führung, da diese explizit den Bereich der komplementären und kollaborativen Führung umfasst, das heißt Führungsaufgaben sowohl auf die Organisationsmitglieder als auch über die Organisationsgrenzen hinausgehend distribuiert (vgl. Bennet u. a. 2003). Nach Bolden (2007: 5) wird Führung so von der Qualität einer Arbeitsgruppe

---

[30] ausgehend von der „Activity-Theory" von Engelström (1999)

bestimmt: *"Leadership, therefore, is seen an integral part of daily acivities and interactions of everyone across the enterprice, irrespective of position."* Der Führende im konventionellen Sinn entspricht nur noch *„the tip of the iceberg"* (ebd.: 3), sodass geteilte Führung *„puts leadership practice centre stage"* (Spillane 2006: 25).

Auch „Kollaborative Führung" oder „Colaborative Leadership" ist eng verwandt mit der geteilten Führung (vgl. Kramer/Crespy 2011: 1024ff.), sodass Kaehler (vgl. 2014: 43) diese Ansätze nicht demarkiert, sondern synonym verwendet. Der Begriff „kollaborativ" enthält das lateinische „co" für „zusammen" und „laborare" für „arbeiten", sodass dies zunächst schlicht das „Zusammenarbeiten" signifiziert. Darüber hinaus thematisiert kollaborative Führung aber die Vorteile eines Agierens in Netzwerken in Abgrenzung zu einem organisationssolitären Entscheiden, Anordnen und Kontrollieren. So richtet sich der Blick über funktionale und organisatorische Grenzen hinaus. Kanter (1994: 97, Ausl. ie) weist in diesem Sinne in ihrem Beitrag *„Collaborative Advantage"* auf den Erkenntnisbedarf hin, dass manche Geschäftsbeziehungen *„(...) cannot be ‚controlled' by formal systems but require a dense web of interpersonal connections (...)"*. Archer und Cameron (2008: 97, Ausl. ie) untersuchten die Bedingungen erfolgreichen Zusammenarbeitens in vernetzten Welten und unterstreichen die Notwendigkeit von hierzu speziell befähigten Führungskräften: *„Getting value from difference is at the heart of the collaborative leader's task, (...) they have to learn to share control, and to trust a partner to deliver, even though that partner may operate very differently from themselves."* Ebenso Chrislip und Larson (1994: 52) appellieren: *„Collaboration needs a different kind of leadership; it needs leaders who can safeguard the process, facilitate interaction and patiently deal with high levels of frustration."* Darüber hinaus definieren sie diverse Prinzipien für eine kollaborative Führung (vgl. ebd.: 138ff.). Vereinzelt bezieht sich kollaborative Führung auch auf den öffentlichen Sektor, zum Beispiel auf Partnerschaften von Schulen oder von Gemeinden (vgl. Rubin 2009).

Ein weiterer auf dem Gedanken der Verantwortungsteilung basierender Ansatz stellt die „Komplementäre Führung" oder das „Complementary Leadership" dar, das als eine Variante der geteilten Führung betrachtet werden kann (vgl.

Kaehler 2014; Miles/Watkins 2007: 90ff.). Der Unterschied zwischen komplementärer und geteilter Führung liegt im Umfang und in der Art der Verteilung von Führungsaufgaben. *„Der Fokus der bisherigen wissenschaftlichen Diskussion liegt deutlich auf der Verlagerung einzelner Aspekte des Führungshandelns auf die Teammitglieder, auf wechselseitigen Einflüssen und Teameffekten des gemeinsamen Führens sowie der situativ abwechselnden Übernahme von Führungsverantwortung durch den jeweils passenden Spezialisten, insbesondere in Projekten. Dagegen vernachlässigen Theorie und empirische Forschung zum Thema Shared Leadership bislang die Definition einer Gesamtheit der zu teilenden Führungsaufgaben, die klare Beschreibung komplementärer Verhaltensbausteine und die Ableitung praxisrelevanter Vorgaben für das Handeln und Verhalten der einzelnen Akteure"* (ebd. 2013: 32). Während die geteilte Führung so *„(...) fast ausschließlich die Verlagerung von Einflussprozessen auf die kollegiale Ebene sowie teilweise auch die Selbstführung des Mitarbeiters thematisiert"* (ebd. 2014: 460, Ausl. ie), wird bei der komplementären Führung der Blick erweitert, *„(...) indem nicht mehr nur Führungskraft und Geführter, sondern zum Beispiel auch Kollegen berücksichtigt werden. (...) Wer organisationale Führung beschreiben will, kommt nicht umhin, auch diese Parteien in seine Überlegungen einzubeziehen"* (ebd. 2013: 32, Ausl. ie). Auf diese Weise wird eine extensive und sich gegenseitig ergänzende Zusammenarbeit skizziert. Kaehler (ebd.: 37, Ausl. ie) resümiert in diesem Kontext: *„Personalführung ist also nicht (...) alleinige Aufgabe der Führungskraft. Vielmehr unterstützt die Führungskraft den Mitarbeiter kompensatorisch beim Selbstmanagement und wird dabei von ihrer eigenen Führungskraft, ihrem Personalbetreuer und gegebenenfalls ihren Kollegen unterstützt, und das immer bezogen auf eine ganz konkrete Führungsaufgabe. Andererseits spielt die Führungskraft in der Personalführung keine so zurückgenommene Rolle, wie Shared-Leadership-Ansätze üblicherweise postulieren, sondern wenn eine Führungsaufgabe nicht wahrgenommen wird, übernimmt die Führungskraft kraft hierarchischer Überordnung mit voller Autorität das Ruder."* Auf der Basis dieses Handlungsprinzips greift sodann eine *„stärkenorientierte Aufteilung"* (ebd.: 36) von Führungsaufgaben.

4.2.1.4 Mitarbeiter und Aufgabe

Zwar lassen sich in den vorangehend skizzierten Führungsansätzen durchaus Tendenzen einer Mitarbeiter- und/oder Aufgabenorientierung dekuvrieren, doch behandeln diese vordergründig eine Optimierung des Führungshandelns einer oder mehrerer Person(en) mithilfe der Berücksichtigung von Mitarbeiterinteressen und -bedürfnissen, eines übergeordnetes Ziels oder der Ermöglichung von Partizipation. So weist Dellbrügger (2013: 30) darauf hin, dass es in der Führungsforschung bisher keinen richtungsweisenden Erkenntnisfortschritt gab: *„Zu Beginn der wissenschaftlichen Auseinandersetzung mit Führung suchte man Führungserfolg mit den Eigenschaften der erfolgreichen Führungskräfte zu erklären, so dass im Umkehrschluss diejenigen zu Führungskräften erklärt wurden, die über die bei erfolgreichen Führungskräften empirisch nachgewiesenen Eigenschaften verfügten. Obwohl auf die Eigenschaftsansätze Weiterentwicklungen folgten, die Verhalten und dann situative Elemente mitberücksichtigten, spielen sie immer noch eine große Rolle. Es scheint keinen echten Paradigmenwechsel gegeben zu haben."* Weibler (2001: 63, Ausl. ie) merkt zu dieser Entwicklung weiterführend an, *„(...) dass sich eine der Führerrolle vergleichbare explizite Ausdifferenzierung von Geführtenrollen in der Führungsforschung nicht finden lässt"*. Dellbrügger (2013: 33, Ausl. ie) konkludiert, dass es eines grundlegend neuen Führungsverständnisses bedarf: *„So muss sich Führung heute nach den Menschen richten und nicht umgekehrt. (...) Führungsmodelle sind, insofern sie dem Bewusstseinswandel und den sich ändernden Bedürfnissen des Gegenwartsmenschen nicht Rechnung tragen, Auslaufmodelle!"* Nach Weibler (2001: 63) ist ein dahingehender Trend durchaus zu verzeichnen: *„Zumindest in jüngerer Zeit deutet sich nun aufgrund veränderter Umfeldfaktoren und den damit verbundenen veränderten Organisationsmodellen an, dass die Position des Geführten aktiver, initiativer und verantwortungsvoller gesehen wird".* So wird angestrebt, *„(...) dass sich Geführte über das reine Folgen hinaus mit Fragen beschäftigen, für die klassischerweise nur die Führungsposition als zuständig erachtet wurde"* (ebd., Ausl. ie). Der Mitarbeiter ist aufgefordert, in sich selbst eine Führungsperson zu erkennen und in dieser Rolle handeln zu lernen. Somit verfolgen mitarbeiterorientierte Konzepte eine diametral ausgerichtete Intention zur charismatischen

Führung: *"Der Ermächtigung und Entfesselung des Einzelnen steht die Unterwerfung unter das Große Individuum gegenüber: sich von ihm inspirieren lassen, von seiner Vision mitgerissen werden, an seinem Vorbild sich orientieren, das eigene Denken einstellen und ihm ohne Vorbehalte und Bedenken folgen"* (Neuberger 2002: 214). Während charismatische Führung das Vertrauen in den Führenden priorisiert, gewinnt bei der am Mitarbeiter orientierten Führung dessen Selbstvertrauen an Relevanz, so *„(...) dass das ermächtigte Subjekt in sich die Größe entdeckt, die es früher an anderen bewundert hat"* (ebd., Ausl. ie). Als Gegengewicht zur divergierenden Wirkung des betonten Individuellen fungiert die übergeordnete Arbeitsaufgabe als gemeinsames Ziel, die als relationales Element wirkt und das Einzelhandeln zu einem zusammengehörigen Ganzen ausrichtet.

Die nachfolgenden exemplarisch dargestellten Ansätze erfüllen die von Dellbrügger formulierte Prämisse eines neuen Führungsverständnisses und gestalten das Führungsgeschehen vom Mitarbeiter aus, indem diese anfallende Führungsaufgaben vollständig auf diesen übertragen. Wegen deren Bedeutung für die vorliegende Arbeit werden diese in gesonderten Kapiteln präsentiert. Die Auswahl umfasst das Konzept des „Intrapreneurships" und die Idee der „Selbststeuerung", die „Theorie U: von der Zukunft her führen" sowie die „Dialogische Führung".

4.2.2 Beispiele aktueller Ansätze des situationstheoretischen Führungsprinzips

4.2.2.1 Intrapreneurship und Selbststeuerung

Pinchot (vgl. 1985/1988) brachte den Begriff des „Intrapreneurships"[31] in die Führungsforschung ein. Das Wort stellt eine Kurzform für die Bezeichnung „intracorporative entrepreneur" dar, womit dieses auf den Entrepreneur (Unternehmer) im Unternehmen (intra) verweist. *„Alle MitarbeiterInnen sollen sich als*

---

[31] Vgl. auch "Organizational Citizenship" (vgl. Organ 1988): *„Leitbild ist der mündige und engagierte Bürger. (...) Organizational citizenship ist die Übertragung dieser Haltung auf unternehmensinterne Bezüge. (...) Es geht nicht um die Firma, die irgendwelchen Leuten gehört, sondern es geht um meine Firma, die mein Lebensmittelpunkt ist"* (Neuberger 2002: 213, Ausl. ie). Vgl. auch Mitunternehmertum. *„Der Mitunternehmer ist eine Art kooperative Variante des Intrapreneurs"* (ebd.: 215).

UnternehmerInnen fühlen, also so denken und handeln, als ob ihre Stelle ein selbständiges Unternehmen wäre" (Neuberger 2002: 213). Dietz (2008b: 9, Ausl. ie) betont, dass es um keine *„Vermassung des Unternehmergedankens"* geht. Vielmehr entspreche Intrapreneurship einer inneren Qualität: *„‚Unternehmer' in diesem Sinne ist kein Beruf, sondern eine Haltung (...). (...) Es geht um eine seelische Disposition und um geistige Fähigkeiten, also um die inneren Bedingungen des Unternehmertums"* (ebd.: 9f., Ausl. ie). Ein solcher Unternehmergeist könne verstanden werden *„(...) als eine unternehmerische Qualität des Menschsein, die unabhängig von äußeren Stellungen oder Tätigkeitsmerkmalen anzutreffen ist"* (ebd.: 10, Ausl. ie). Angestrebt wird insbesondere, durch die Formierung und Auslagerung überschaubarer, eigenständig agierender Organisationseinheiten ein gesteigertes Verantwortungsbewusstsein im Handeln der Mitarbeiter sowie ihr aktives Mitdenken und -gestalten zu innervieren, um darüber die organisationale Flexibilität zu inkrementieren.

Als ein weiterentwickelter Ansatz des Intrapreneurships kann die „Selbststeuerung" oder das „Self Leadership" gesehen werden. An die Stelle eines vertikalen Hierarchiedenkens und formaler Steuerung treten Prinzipien der Selbstorganisation einzelner Mitarbeiter und Gruppen. Führungstheoretisch basiert der Gedanke auf möglichen komplexen und intransparenten Führungssituationen, in denen neoterische oder kontradiktorische Anforderungen zu bewältigen sind und eine interaktionale Fremdsteuerung nicht durchführbar oder nicht lukrativ erscheint. Unter dieser Prämisse kann der Einzelne nicht mehr unmittelbar kontrolliert werden und benötigt für den Handlungsvollzug einen expandierten Entscheidungsspielraum. So wird Führungskompetenz, die sich bislang auf eine Person oder einige wenige zentralisierte, segmentiert und verteilt sich auf alle Organisationsebenen und prinzipiell alle Mitarbeiter, *„(...) die gemeinsam die wesentlichen Veränderungs-Fertigkeiten wie Durchsetzungsvermögen, Leidenschaft, informellen Einfluss, formelle Macht und intellektuelles Kaliber mitbringen. Nicht in einer Person, sondern als Team"* (Pflägling 2015b: 129, Ausl. ie). Typische Führungsfunktionen übernimmt temporär derjenige, der in der jeweiligen Disziplin die höchste Kompetenz ausweist (vgl. Neuberger 2002: 587). Rehn (2013: 87, Ausl. ie) spricht von einer *„wechselnden Führerschaft"*, Dellbrügger (2013: 34) von einer *„Hierarchie der Fähig-*

keiten". Diese Gedanken vertritt auch Kirkpatrick (2010: o. S.): *"Leadership in a self-managed system tends to devolve to the person or persons possessing the most expertise in a particular subject, whether ongoing or temporary. Self-Management is therefore conducive to the notion of dynamic hierarchies, with self-organized work groups forming themselves with or without leaders based on the issue, problems, process or project at hand, and leadership rotating to whoever's expertise is most relevant at a particular moment."*

Nach Neuberger (2002: 587) inhäriert Selbststeuerung eine Doppelaufgabe: *"Die Fesseln bürokratischer Herrschaft sind zu lösen, damit kundennahes, eigenverantwortliches, situationsflexibles und innovatives Handeln erleichtert wird, gleichzeitig aber muss sichergestellt sein, dass die ‚befreiten' Subjekte (oder Teams) nach wie vor auf die Ziele eingeschworen bleiben, die die dominante Koalition verfolgt. Der Gestaltwandel der Herrschaftslogik darf die Verwertungslogik nicht gefährden."* In diesem Sinne erachtet es Rehn (2013: 84) als eine grundlegende Voraussetzung für Selbstführung, *"Gemeinschaftsleistungen durch die freiwilligen Leistungsbeiträge von individuellen Mitarbeitern aus Einsicht in den Gesamtzusammenhang und die gemeinsame Aufgabe zu schaffen"*. Pflägling (2015b: 129, Ausl. ie) sieht dementsprechend sich selbst führende Mitarbeiter als *"Koalition der Willigen"*. *"Das anvisierte Ideal ist, dass hoch motivierte Organisationsmitglieder aus freien Stücken das für die Organisation Bestmögliche tun"*, so auch Neuberger (2002: 587). Jeder Mitarbeiter ist dabei selbst verantwortlich, seine Aufgaben zu suchen und zu planen, notwendige Informationen, Kenntnisse und Kontakte zu erschließen bzw. aufzubauen, seine Einzeltätigkeiten mit denen der Kollegen zu koordinieren, für die Fertigstellung der Aufgabe erforderliche Ressourcen zu beschaffen, Entscheidungen unmittelbar vor Ort zu treffen, Handlungsergebnisse zu evaluieren und zu optimieren, höhere Ziele zu setzen sowie das subjektiv Passende aus einem angebotenen Entgelt- und Gratifikationsmenü selbst zu arrangieren (vgl. Neuberger 2002: 586ff.).[32] *"Self-Management provides people all the power they need from the first day of work to accomplish their mission – and no one*

---

[32] Selbststeuerung geht deutlich über „Empowerment" (engl.: Ermächtigung, Verantwortungsübertragung) hinaus, *"(...) where employees are given designated slices of power while manager above them retains the ultimate power of discipline or termination"* (Kirkpatrick 2010: o. S., Ausl. ie).

has the authority to unilaterally fire them" (Kirkpatrick 2010: o. S.). In diesem Prozess spielt die wahrgenommene Selbstwirksamkeit (self-efficacy) eine bedeutende Rolle (vgl. Bandura 1977/1979), denn der Einzelne erbringt wissenschaftlich erwiesen bessere Ergebnisse, wenn er an die Bewältigung seiner Aufgaben glaubt und folglich *„Selbstvertrauen, Selbstkompetenz, Zuversicht in die eigene aufgabenbezogene Leistungsfähigkeit"* (Neuberger 2002: 588) empfindet.[33] Neuberger (2002: 590) bezeichnet sich selbst führende Mitarbeiter als *„mündige Organisationsbürger"*, Werner (2009) spricht in diesem Sinne von einer *„Führung für Mündige"*.

Schattenhofer (2009b: 446) betont, dass auch bei der Selbststeuerung in Gruppen Führung ein zentrales Element darstellt, jedoch in einem spezifischen Sinne zu verstehen ist. *„Selbststeuerung in Gruppen braucht vielleicht keine formalen (Gruppen-)Führer, aber Leitung im Sinne der Gestaltung des gemeinsamen sozialen Prozesses braucht es allemal. Selbststeuernde Gruppen sind manchmal leiterlose Gruppen, aber nie leitungslose Gruppen."* Dabei bezieht sich Führung weniger auf den konkret-inhaltlichen und formalen Aspekt als auf deren subsidiäre Funktion. *„Leitung findet hier nicht als Problemlösung, sondern als Anleitung zur Problemlösung statt. (…) Leitung wird hier als notwendige Funktion für die Gruppe verstanden und nicht unter dem Blickwinkel der inneren Hierarchie und Machtverteilung gesehen"* (ebd.: 447, Ausl. ie). Anstelle der Vorgabe von Entscheidungen sorgt Führung dafür, *„(…) dass die Kompetenz und das (Steuerungs-)Wissen der an der Gruppe Beteiligten für die Gruppe nutzbar gemacht werden können, und bestimmt nicht selbst in allen Einzelheiten, was gemacht wird"* (ebd., Ausl. ie). Rehn (2013: 88f., Ausl. ie) sieht in diesem Zusammenhang eine wesentliche Funktion von Führung in der Befähigung des Einzelnen zur Selbststeuerung, das heißt in der Hilfestellung beim Übergang von der gesteuerten zur selbstbestimmten Führung: *„In diesem Fall handelt es sich nicht um eine ‚gestützte', sondern um eine ‚freilassende' oder ‚befreite' Führung. (…) Der Führungsbeitrag besteht ausschließlich darin, aus Einsicht in das Wesen des Anderen dessen Selbstführung zu ermöglichen. Mit dieser Erkenntnis des Anderen trage ich dazu bei, dass er sich besser begreifen kann als er es ohne diesen Beitrag gekonnt hätte."* Ein similärer Gedanke

---

[33] Vgl. auch das „Konzept der Kompetenzerwartung" nach Schwarzer (2000).

findet sich bei Werner (2013: 96f., Ausl. u. Erg. ie): *„Führung bedeutet immer erst einmal Selbstführung. (...) [Es geht darum,] sich zu sich selbst in ein bewusstes Erkenntnisverhältnis zu setzen, und aus dieser Haltung heraus bewusst gestalten zu wollen. Eine Legitimation für Führung ist demnach, dass jemand, der es mit der Selbstführung ernst meint, sich nun vornimmt: Ich helfe anderen, sich selbst zu führen."* Dellbrügger (2013: 33) betont: *„Wer gut führen kann, befähigt andere dazu, sich selbst zu führen. So kann im Arbeitszusammenhang der Einzelne das initiative Element und die Gemeinschaft das tragende Element werden. Selbstführung zu ermöglichen bedeutet natürlich auch loszulassen, Verantwortung zu delegieren und bei den Mitarbeitern ein Handeln aus eigener Initiative und Erkenntnis zu fördern."* Auch Lavecchia (vgl. 2013: 73, Ausl. ie) postuliert, dass *„eine Führung, die das Normierende (...) als ihren wesenhaften Aspekt betrachtet"*, nicht mehr den gegenwärtigen Ansprüchen genügt und es eines Führungsideals bedarf, das den Menschen zur Selbststeuerung verhilft (vgl. auch Neuberger 2002: 586ff.; Manz/Sims 1989).[34]

4.2.2.2 Theorie U: von der Zukunft her führen

Ein weiterer situativer Ansatz, der sich durch eine Mitarbeiter- und Aufgabenorientierung auszeichnet, stellt die „Theorie U" dar, die in der Führungsliteratur als ein eigenständiger Ansatz gilt.[35] Erste Forschungsergebnisse lieferten hierzu Senge, Scharmer, Jaworski und Flowers (vgl. 2004). Im Jahr 2007 veröffentlichte Scharmer (2009: 45, Ausl. ie) die „Theorie U" erstmals in Buchform und adressierte mit dieser *„Menschen mit Führungsaufgaben (...), die mit Individuen oder Gruppen Innovationen oder Veränderungsprozesse initiieren (...)"*. Der Ansatz intendiert ein vorausschauendes Führen, das die Zukunft nicht *„durch*

---

[34] Seine Auffassung verdeutlicht er am Beispiel von Sokrates' Führungskunst, die in Platons Dialog Theaitetos als „Hebammenkunst" metaphorisiert wird (vgl. Lavecchia 2013: 74ff.).
[35] Nach Jaworski (vgl. 2012) ist die U-Form das einzige gemeinsame Element der 1970 entwickelten „U-Prozedur" (auch als „Bath Tub" und „U Way" bezeichnet) nach Glasl und Lemson (vgl. Glasl 2013: 141ff.; 1999: 155f.; 1994: 69) und der „Theorie U" nach Scharmer (vgl. 2007/2009). Scharmer benennt die „U-Prozedur" nach Glasl und Lemson als eine der wichtigsten Quellen seiner Forschungsarbeit. Auch in der Literatur wird die Theorie U zumeist als eigenständige aber affine Version der „U-Prozedur" skizziert. Inspiration und Grundlage boten – für Scharmer und für Glasl und Lemson – die Werke von Rudolf Steiner, insbesondere seine „Philosophie der Freiheit" (vgl. GA 4).

Fortschreiben oder Extrapolation der Vergangenheit" (Bösterling 2009: 51) oder durch *"Wiederholung bewährter Rezepte"* (Rehn 2013: 86) gestaltet, sondern sich künftig Entwickelndes als Ausgangspunkt bestimmt. *"Handlung und Führung brauchen eine neue Qualität, die sich an einer zukünftigen Möglichkeit orientiert und aus Mustern der Vergangenheit ausbricht"*, so Scharmer und Käufer (2008: 4). Ziel ist die Überwindung von obsoleten manifestierten Handlungsroutinen durch die Genese alternativer Strategien, die sich an künftigen und künftig notwendig werdenden Änderungen orientieren. Aus diesen leitet sich adäquat ein auf aktuelle Herausforderungen bezogenes gegenwärtiges Handeln ab, das diese künftige Zustandsänderung evoziert. Nicht jede Führungssituation erfordert diesen Prozess, *"(...) doch je komplexer die Herausforderungen und Aufgaben, desto eher stehen Führungskräfte vor der leeren Leinwand*[36]*, wo die Erfahrungen der Vergangenheit nicht nur nicht weiterhelfen, sondern sogar eventuell verhindern, den richtigen nächsten Schritt zu tun"* (ebd.: 10, Ausl. ie).

Nach Rehn (2013: 86, Ausl. ie) erfordert diese Art zu führen eine Ausbildung der *"(...) Fähigkeit, unabhängig von bewährten Verhaltensmustern geistesgegenwärtig zu denken und zu handeln"* und individuelle Lösungen zu finden. Nach Wimmer (2011: 512, Ausl. u. Erg. ie) kann diese als soziale Technik verstanden werden, hinter der *"(...) sich die Anleitung für einen Transformationsprozess* [verbirgt]*, der die Menschen aus ihren Vergangenheitsmustern herausholt und sie öffnet für ein integriertes Denken, Fühlen und Wollen, das gemeinsam eine tragfähige Zukunft wachsen lässt"*. Werner (2013: 95, Ausl. ie) beschreibt diese als Kompetenz, *"(...) die Spuren der Zukunft bereits in der Gegenwart zu erkennen, also sicherstellen können, dass die aus dem Fortgang des Lebens sich ergebenden Notwendigkeiten rechtzeitig bemerkt werden"*. Bösterling (2009: 51) sieht in dieser das Vermögen, *"in der Gegenwart die Zukunft erspüren"* zu können. Ausgangspunkt stellt somit eine Fähigkeit dar, in der Gegenwart als der *"Quellort der entstehenden Zukunft"* (Bösterling 2009: 51) potentielle Chancen wahrnehmen zu können, *"(...) aus denen wirklich Neues entstehen kann"* (ebd., Ausl. ie). Sinngemäß betitelt Scharmer

---

[36] Mit „leeren Leinwand" meinen Scharmer und Käufer den „blinden Fleck" menschlichen Handelns, der im Folgenden noch erläutert wird.

(2003) die „Theorie U" in seiner Habilitationsthesis als *„Social Technology of Freedom".* „,*Aus der Zukunft heraus' zu handeln umfasst das Gefühl, zu erspüren, sich von irgendetwas angezogen zu fühlen, und sich dann in dieses Feld zu begeben und aus der Anwesenheit dieses Möglichkeitsfeldes heraus im Jetzt zu handeln"*, so Scharmer (2009: 208).

Methodischer Gegenstand dieses Ansatzes ist keine Spekulation, sondern eine Schulung des Bewusstseins. Dazu richtet sich der Blick insbesondere auf die Provenienz des Führungshandelns. *„Alle Führungspersonen und Innovatoren (...) schaffen etwas Neues und bringen es in die Welt. (...) Was wir nicht sehen, ist der innere Ort, die Quelle, aus der heraus sie handeln"* (ebd.: 45, Ausl. ie). Scharmer (ebd.: 28) bezeichnet diese als „blinden Fleck" [37]. *„Der blinde Fleck ist der Quellort unserer Aufmerksamkeit in uns bzw. um uns. Es ist der Ort, von dem aus wir handeln, wenn wir handeln. Dass dieser Fleck blind ist, liegt daran, dass er sich gegenläufig zu unserer normalen, nach vorne gerichteten Aufmerksamkeitsrichtung verhält."* An anderer Stelle führt Scharmer (ebd.: 45f.) weiter aus: *„Dieser blinde Fleck betrifft einen Aspekt unseres Sehens oder Wahrnehmens, den wir normalerweise nicht genauer betrachten. Es ist der innere Ort oder die innere Quelle, aus der heraus der Einzelne oder ein soziales System handelt. Dieser blinde Fleck ist gegenwärtig, aber er ist verdeckt, und seine Wahrnehmung und unser Umgang mit diesem blinden Fleck sind wesentlich für Veränderungs- und Innovationsprozesse."* Dieser ist die *„Quellebene der Wirklichkeitsentstehung"* (Scharmer/Käufer 2008: 5). Die „Theorie U" präsentiert schließlich eine Technik, die eine Externalisierung und Applikatur der blinden Flecke ermöglichen soll, denn diese sind *„ein Hebel zur Erweiterung individueller und kollektiver Handlungsfähigkeit"* (ebd.: 4).

Die Bewegung in Scharmers Modell folgt in einer U-Form, von oben links (Ist bzw. Vergangenheit) über den Wendepunkt an der tiefsten Stelle im U nach rechts oben (Soll bzw. Zukunft) und besteht aus sieben Phasen, die Scharmer

---

[37] Scharmer (vgl. 2009: 28ff., 92ff.) erläutert diesen metaphorisch anhand eines künstlerischen Prozesses: *„Der blinde Fleck bezeichnet den Moment, in dem der Künstler vor der leeren Leinwand steht. (...) Zwei Führungskräfte, die sich in der gleichen Situation befinden, die dasselbe tun, können vollkommen unterschiedliche Resultate erzielen, je nachdem aus welchem inneren Ort heraus sie jeweils handeln"* (Scharmer/Käufer 2008: 5, Ausl. ie). Hüther (vgl. 2014) bezeichnet die blinden Flecke als „innere Bilder" eines Menschen.

(2009) als *„kognitive Räume"* bezeichnet.[38] Je tiefer sich der Prozess im U befindet, desto stärker offenbart sich inneres Wissen (selbsttranszendierendes Wissen).[39]

Beim ersten Stadium des „Downloadings" (Runterladen; vgl. ebd.: 124ff.) geht es um den Zugriff auf vergangenheitsorientierte Erfahrungen und Denkmuster und um die Akkumulation disponibler Informationen. Das anschließende „Seeing" (Hinsehen; vgl. ebd.: 134ff.) beschreibt die individuelle oder gemeinsame Beobachtung des realen Umfeldes und die Externalisierung unbewusster Handlungsgewohnheiten auf der Basis eines dialogischen Prozesses. Durch das „Sensing" (Hinspüren; vgl. ebd.: 149ff.) erweitert sich der Wahrnehmungsraum hin zum gegenwärtigen Ganzen, indem es alle Perspektiven einschließt.[40] Der Prozess des „Presencings"[41] (Gegenwärtigung; vgl. ebd.: 168ff.) bedeutet, *„(...) dass man sich mit der Quelle der höchsten Zukunftsmöglichkeit verbindet und sie ins ‚Jetzt' bringt"* (ebd.: 168, Ausl. ie). Diese Phase stellt den tiefsten Punkt des U-förmigen Prozesses und zugleich den Wendepunkt dar. Die Innensicht wird reflektiert, um anschließend mit einem modifizierten Be-

---

[38] In dem Modell von Gasl und Lemson erfolgt eine identische Bewegung in U-Form (vgl. Glasl 1994). Die Phasen werden als *„Fragen"* bezeichnet: Ausgangspunkt ist die Beobachtung des Verhaltens (Frage 1). Durch die Analyse der Beziehungen (Frage 2) werden die gelebten Denk- und Handlungsmuster aufgezeigt (Frage 3). Die Muster werden kritisch hinterfragt (Frage 4), um neue Handlungsanleitungen zu entwickeln (Frage 5). Hierdurch entstehen neue Beziehungen (Frage 6). Das entstandene Neue wird schließlich umgesetzt (Frage 7).

[39] Scharmer (2009: 87ff.) unterscheidet drei Formen des Wissens: Explizites Wissen ist das artikulierbare, sichtbare Wissen. Implizites Wissen ist verkörpertes Wissen, das im alltäglichen Handeln angewandt wird, aber nicht bewusst artikuliert werden kann. Das selbsttranszendierende Wissen stellt die tiefste Ebene dar und erfasst künftige Möglichkeiten, also die Fähigkeit, sich entwickelndes Neues zu erspüren (noch nicht verkörpertes Wissen).

[40] Sensing kann mit der fünften Disziplin von Senge (2011: 23, Ausl. u. Erg. ie) verglichen werden, *„(...) die integrative Disziplin, die alle* [fünf Disziplinen] *miteinander verknüpft und sie zu einer ganzheitlichen Theorie und Praxis zusammenfügt"*. Senge (vgl. 2011) bezeichnet diese auch als *„system thinking"*, das den Einzelnen zum Denken in größeren Zusammenhängen befähigen soll. Dieses markiert den rückwirkenden Kreislauf zwischen Realitätserfahrung (Ereignisse im System) und Wahrnehmung des Systemzusammenhangs (eigene Rolle im System). Durch eine ganzheitliche Betrachtungsweise des Systems (*„Denken in Systemen"*, *„Systemdenken"*) werden die Wirkmechanismen und das zu erwartende Verhaltenen in einer symbolischen, formalen Sprache beschrieben, wodurch typische Verhaltensmuster (*„Archetyp"*) erkannt, explizierbar und modifizierbar werden. *„Das Systemdenken ist ein konzeptuelles Rahmenwerk, ein Set von Informationen und Instrumenten, das (...) entwickelt wurde mit dem Ziel, übergreifende Muster klarer zu erkennen und besser zu begreifen, wie wir diese Muster erfolgreich verändern können"* (ebd.: 17, Ausl. ie).

[41] Der Bergriff „presencing" setzt sich aus „sensing" (spürend, fühlend, wahrnehmend) und „presence" (Gegenwart, Anwesenheit) zusammen.

wusstsein nach außen aktiv zu werden. *"Presencing ist eine Bewegung, in der wir unserem Selbst aus einer entstehenden Zukunft heraus begegnen"* (ebd.) und bietet einen Zugang zur Quelle des inneren Wissens und der inneren Kreativität. Die Wahrnehmung wird vom gegenwärtigen Ganzen (Sensing) zum Quellort eines possiblen zukünftigen Ganzen (Presensing) verlagert. *"Presencing beschreibt den Moment, in dem unsere Wahrnehmung sich mit der Quelle der im Entstehen befindlichen Zukunft zu verbinden beginnt"*, so Scharmer (ebd.: 170). Die anschließende Phase des „Crystallizings" (Verdichten; vgl. ebd.: 193ff.) *„.. heißt, die erspürte zukünftige Möglichkeit zu verdichten und ins Bild bzw. in die Sprache zu bringen"* (ebd.: 194, Ausl. ie). Es wird nach der Quelle und Energie für das eigene Handeln geforscht, um an *„Aufwachorten"* (ebd.: 202) ein zukünftiges Bild zu kreieren. *„Es ist zunächst ein individueller Prozess, der dann in einen kollektiven überführt wird, um dann die ‚Samen und Keime der Zukunft' heraus kristallisieren zu können"* (Bösterling 2009: 54). Beim „Prototyping" (Erproben; vgl. Scharmer 2009: 204ff.) wird das entworfene Zukunftsbild experimentell erforscht, um *„die Zukunft durch das Tun zu erproben"* (ebd.: 204). Die Idee (Prototyp) wird hierbei in *„strategischen Mikrokosmen"* (ebd.: 207) praktisch getestet. Diese fungieren als ein Schonraum, in dem die Innovation zunächst vor den *„Abwehrreaktionen der Umgebung"* (ebd.) geschützt wird. *„Es entstehen ... Orte, oder Werkstätten der Zukunft, in denen die Lösungskeime in kurzzyklischen Lernprozessen gemeinsam erkundet werden"* (Bösterling 2009: 54, Ausl. ie). Beim „Performing" (In-die-Welt-Bringen; vgl. Scharmer 2009: 214ff.) werden schließlich die neuen Handlungsstrategien im Tun vollzogen und das Lernen an den Prototypen in die Alltags- und Gegenwartspraxis integriert. So betrifft dieses die *„Sphäre des Lernens, der Innovation und Veränderung"* (ebd.: 218). In Bösterlings (2009: 54) Diktion findet für die Lösungskeime der Zukunft eine *„Auspflanzung in die neue Umgebung"* statt. Damit ist der Gesamtprozess jedoch nicht abgeschlossen. *„Sind die Prototypen erprobt und ausgewertet, stellt sich die Frage, wie man die wichtigsten Ergebnisse in eine unterstützende institutionelle Infrastruktur einbettet, damit sich der Impuls des Neuen weiterentwickeln kann"* (Scharmer 2009: 216). Das Durchleben der sieben Phasen beschreibt einen Lernprozess, der nach Hüther (2009: 31, Ausl. ie; vgl. auch 2012) wie der eines menschlichen Gehirns beschrieben werden kann: *„Unternehmen, die langfristig erfolgreich sind, gleichen .. zeitlebens lernfähigen Gehirnen: Sie lernen durch Versuch und Irrtum, sammeln Erfahrungen, entwickeln flache, stark vernetzte Strukturen und passen ihre innere Organisation immer wieder neu an sich verändernde Rahmenbedingungen an."*

Führung wird in dem Konzept der Theorie U als ein kollektiv angelegter Prozess verstanden: *„Führung findet auf allen Ebenen statt, nicht nur an der Spitze eines Systems, denn jede wichtige Innovation hat etwas damit zu tun, die Dinge anders als in der Vergangenheit zu tun und nicht nur über neue Ideen zu reden. Die Form von Führung ist in Menschen und Gruppen verankert, die in der Lage sind, etablierte Ideen, Praktiken und sogar Identitäten abzulegen. Führung setzt oft dann ein, wenn Menschen beginnen, sich mit dem zu verbinden, was sie wirklich sind, um ihre Rolle in der entstehenden Zukunft wahrzunehmen"* (Senge 2009: 14, vgl. Scharmer/Käufer 2008: 4). In der Folge richtet sich der Fokus nicht nur auf eine Schulung der Führungspersonen in ihren Fähigkeiten des „Presencings", sondern insbesondere auch auf eine Manifestierung von organisationalen Bedingungen zur Ermöglichung und Förderung eines „Presencings" auf allen institutionellen Ebenen. Die Führungskraft an sich agiert im Sinne eines Wegbereiters, denn zur Initiierung von „Presencing" *„(...) bedarf es einer Führungskunst, die Mitarbeiter zu neuen Erfahrungen einlädt und ermutigt (...). (...) Man kann keinen Menschen motivieren, sein kreatives Potenzial zu entfalten, man kann ihn dazu nur einladen, ermutigen, vielleicht auch inspirieren. Die Lust sich einzubringen, mitzudenken und mitzugestalten lässt sich nicht anordnen oder verordnen, nur wecken"* (Hüther 2012: 10, Ausl. ie). Hüther (ebd.) bezeichnet eine solche Rolle als ein *„Supportive Leadership"*, worunter er versteht, *„(...) dass man alles dafür tut, dass sich die Mitarbeiter frei entfalten können. Dazu gehört auch, dass man sie davor schützt, sich selbst im Wege zu stehen. (...) In diesem Fall ist eine Maßregelung ein Akt der Fürsorge"* (ebd. zit. n. Kottmann/Smit 2014: 107, Ausl. ie). Führung in einem supportiven Verständnis fungiert somit nicht als eine Methode oder ein Werkzeug, sondern stellt eine Frage der inneren Haltung und gegenseitigen Wertschätzung dar.

4.2.2.3 Dialogische Führung

Eine Mitarbeiter- und Aufgabenorientierung zeichnet sich auch in dem situativen Ansatz der „Dialogischen Führung"[42] ab (vgl. Dietz/Kracht 2002/2016). Nach Werner (2013: 100, Ausl. u. Erg. ie; vgl. 2008: 6) ist dialogische Führung auf die Ermöglichung gerichtet, dass alle Beteiligten deren eigenes unternehmerisches Potential erkennen lernen, womit diese den Kerngedanken des „Intrapreneurships" (vgl. Kap. 4.2.2.1) aufgreift: *„(...) Mit dialogischer Führung* [ist] *eine Art der Führung intendiert, bei der ‚der Sinn durchgeht', also bei der jeder Beteiligte individuell die Möglichkeit hat, sich den Sinn seiner Tätigkeit zu erschließen."* Der hier angesprochene Dialog ist somit umfassender zu verstehen als im Sinne einer Kommunikationsform (vgl. Häußer 2009: 35ff.).[43]

Nach Dietz (vgl. 2008b) bedarf es für das erfolgreiche Funktionieren einer Zusammenarbeit der rahmengebenden Voraussetzungen in Form einer Intention, die in die Zukunft gerichtet ist und der Arbeit einen Sinn zuweist. Diese gibt den Einzelideen, -zielen und -aufgaben eine Orientierung und fügt diese zu einem plausiblen Ganzen zusammen. Die Intention fördert so zugleich die Gemeinschaftsbildung und das Interesse am jeweils anderen, da der Einzelne nur in kohäsiver Verbindung zur Gruppe das Gesamtziel erreichen kann, und seine Leistungsbeiträge nur in deren Kontext Relevanz besitzen. Über diese Konstellation stimuliert die Intention *„(...) das mentale ‚Mitleben' mit den Entscheidungen des anderen (Vorgesetzte, Partner etc.). Man muss deren Entscheidungen verstehen, einsehen und mittragen können"* (ebd.: 44). Koinzident ist jedoch seine individuelle Erkenntnisfähigkeit gefordert, denn der Blick für das Ganze *„(...) beruht nicht nur auf Informiertheit (durch andere), sondern auch auf (eigener) Urteilsfähigkeit"* (ebd., Ausl. ie).

Dietz (vgl. 2009a: 391ff.) beruft demgemäß die polaren Prinzipien der individuellen geistigen Produktivität und der freien Empfänglichkeit zu den beiden

---

[42] Der Ansatz der dialogischen Führung wurde Mitte der 1990er Jahre aufgrund von Anfragen aus der Praxis am Friedrich von Hardenberg Institut für Kulturwissenschaften in Heidelberg entwickelt. Durch die 2002 erschienene Publikation von Karl-M. Dietz und Thomas Kracht wurde der Begriff „Dialogische Führung" geprägt. Das Konzept wurde von der Forschergruppe seither weiterentwickelt und findet auch in der Praxis Anwendung, zum Beispiel im Drogerie-Unternehmen dm (vgl. Dietz/Kracht 2002/2016).

[43] Zur Führung im Dialog und unter Einbezug aller Beteiligten vgl. Bonsen und Herzog (2010).

Grundpfeilern für eine erfolgreiche dialogische Führung und Zusammenarbeit und spricht – beide semantisch fusionierend – auch von „*Individualismus als Sozialprinzip*" (ebd. 2009b). Der Referenzpunkt der geistigen Produktivität des Einzelnen erfasst sein schöpferisches Potential und eigenständiges Denkvermögen, welche dieser als einzigartigen Beitrag in die Gemeinschaftsleistung einbringt. Nach Dietz (2009a: 394) zählen zum Repertoire geistiger Produktivität unter anderem die Fähigkeiten, „*sich einen eigenständigen Überblick über die gegebene Situation*" zu verschaffen, „*sich zu umfassender Urteilsfähigkeit*" zu befähigen und „*sich im richtigen Moment das Richtige einfallen zu lassen*". Statt der Befolgung von Handlungsvorgaben sei „*situative Kreativität*" (ebd.) gefragt. Als eine obligatorische Voraussetzung könne hierbei gesehen werden, „*(...) daß es überhaupt individuelle Initiativen gibt, d. h. Mitarbeiter da sind, die selbst etwas mit ihrer Arbeit wollen, inhaltlich engagiert sind und darauf brennen, ihre eigenen Wege zu gehen*", so Brater und Maurus (1999: 64, Ausl. ie). Zum Prinzip der geistigen Produktivität gehörten eine vorhandene Sachkenntnis und ein sachliches Interesse, das zu Lernprozessen motiviert, eine kritische Reflexionsfähigkeit, durch die der individuelle Denkprozess gewohnte Bahnen verlassen und in neue Sphären eindringen kann und so dem Leistungsbeitrag eine subjektive Prägung verleiht. „*Es muß also überhaupt erst einmal ein individuelles Geistesleben aktiv da sein bzw. sich äußern wollen, wenn es sich frei entfalten soll*" (ebd.: 65).

Individuelle geistige Produktivität verläuft jedoch ins Leere, wenn diese keinen fruchtbaren Boden findet, auf dem diese gedeihen kann. Das Individuelle benötigt einen Raum, in dem dies von der Gemeinschaft gehört wird. Nur eine wertschätzende und rezeptive Grundhaltung des Kollektivs ermögliche, dass die „*(...) angeregte individuelle Produktivität sich mit den Schöpfungen der Kollegen zu einem Ganzen verbinden kann*" (Dietz 2009a: 391, Ausl. ie). Hier greift das polare Sozialprinzip der freien Empfänglichkeit. „*Empfänglichkeit als soziale Kunst wird aktiviert gegenüber den individuellen Mitmenschen. (...) Empfänglichkeit realisiert sich weiterhin durch eigene Einsicht gegenüber Sachverhalten und deren Behauptung*" (ebd.: 395, Ausl. ie). Der individuelle Beitrag wird vom jeweils anderen würdigend aufgenommen. „*Hier geht es um ein aktiv erzeugtes Interesse, nicht um passive, nur gelten lassende Toleranz*" (ebd. 2003: 9) oder um den Nutzen für sich selbst. Vielmehr könne man es „(...) als den Willen bezeichnen, den anderen wirklich zu verstehen. Das setzt voraus, dass ich mit den Augen des anderen in die Welt schaue und ebenso auf mich selbst" (ebd., Ausl. ie). Dies basiere wiederum auf dem Interesse an Andersartigem und zunächst Rätselhaftem, das den individuellen Erkenntniswillen und das eigene Denken aktiviert. Das Offensichtliche wird dann nicht passiv akzeptiert, sondern kritisch hinterfragt, und die zugrundeliegenden Zusammenhänge erforscht, ohne jedoch die Gedankenfreiheit des anderen zu missachten. Der Erkenntniswille „(...) will das Erfahrene aus diesem selbst heraus verstehen, will seine Ursprünge und spezifischen Bedingungen ergründen. Er fragt nach Tatsächlichkeit und Ganzheit, nach den Ursachen und Folgen und schließlich nach dem Wesentlichen der Sache" (ebd. 2009a: 393, Ausl. ie). In diesem Stadium werde der Empfänger initiativ und tauche in den produzierten Gedankenraum des anderen ein, wodurch dieser zur Realität werde. Nach Dietz (2003: 9, Ausl. ie) ist eine freie Empfänglichkeit für die produzierten Ideen eines anderen „(...) unabhängig davon, ob er mir sympathisch ist". Auch gehe es „... hier nicht darum, das Verhalten des anderen gut oder schlecht zu finden, sondern – unabhängig davon – es verstehen zu lernen" (ebd., Ausl. ie). So orientiert sich freie Empfänglichkeit nicht an statuierten Regeln, sondern ist als eine grundlegende seelische Haltung zu spezifizieren. „Freie Empfänglichkeit ist .. vor allem eine Bewusstseinsleistung. Sie erschöpft sich nicht in einer bestimmten Verhaltensweise; vielmehr besteht sie in der persönlichen Bereitschaft, eine Idee, die von anderer Seite kommt, aufzunehmen – auch wenn sie unerwartet kommt oder meinen bisherigen Positionen zuwider läuft" (ebd. 2009a: 392, Ausl. ie). Zudem integriere diese eine Offenheit gegenüber kontroversen und unaufgeforderten Anregungen. Wie die individuelle Produktivität bedürfe diese einer Veranlagung, Ermöglichung und Förderung. Dabei zeige sich: „Gerade derjenige, der selbst Initiativen hat, ist in der Lage, auch ganz anders geartete Initiativen anderer Menschen ernstzunehmen und zu fördern" (ebd. 1996: 88).

Die Distanz zwischen Empfänger und Erkenntnisgegenstand wird schließlich überwunden, indem das vom anderen Produzierte in den vertrauten Kontext des Empfängers überführt wird. So ist es dem Empfänger möglich, sich des

Anliegens anzunehmen und dieses zu verantworten oder weiterführende Ideen zu kreieren und gestaltende Kräfte freizusetzen. *„Ich realisiere meinen eigenen Anteil an dem Geschehen und versuche, mich selbst darin zu verstehen. Das kann so weit gehen, dass ich mich gegebenenfalls zur Produktivität über das Gegebene hinaus angeregt fühle"* (ebd. 2009a: 393). Als Ergebnis dieses Prozesses entstehe eine neue Einheit. Es wird deutlich, dass sich Produktivität und Empfänglichkeit mutuell bedingen: *„Produktivität ohne Empfänglichkeit würde in Willkür ausarten und Antisozialität hervorrufen. Empfänglichkeit ohne Produktivität führt zur Anpassung an gegebene Verhältnisse und damit zu einer Ent-Individualisierung"* (ebd.: 394). Dietz (2011: 11) betrachtet das Geschehen in diesem Sinne als zirkulierend respektive als *„Rhythmus"*. *„Noch so gute Ideen können gesellschaftlich nicht wirksam werden, wenn niemand sie aufgreift. Auf dieses Aufgreifen muss eine Gemeinschaft des freien Geisteslebens ihre Bemühung richten. Das ist die tragende Grundlage der Zusammenarbeit. Und wo freie Empfänglichkeit das geistige Milieu belebt, wird wiederum die Produktivität selbst angeregt. Wenn ich weiß, dass meine Ideen nicht willkommen sind, dann werde ich sie bald verschweigen oder ganz aufgeben. Wenn ich aber weiß, dass alle darauf warten, dass ich (ebenso wie die anderen) Ideen erzeuge, die in die Zukunft führen, gegenwärtige Probleme lösen usw., dann wirkt dies als unglaublicher Stimulus auf die eigene Produktivität"* (ebd. 2009a: 391). Dem Individuum wird so vermittelt, dass es sinnvolle und brauchbare Arbeit verrichtet.

Im Ansatz der dialogischen Führung tritt individuelle geistige Produktivität an die Stelle von präformierten Regeln und verbindlichen Routinen sowie Interesse und freie Empfänglichkeit an die Stelle hierarchischer Machtausübung. So kommt der Führung nach Dietz (2008b: 45) eine Doppelaufgabe zu: *„Auf der einen Seite geht es darum, aus dem Bewusstsein für das Ganze zu konkreten, eigenständigen Handlungen des Einzelnen anzuregen. Zum anderen gilt es, die eigenständigen Handlungen der Einzelnen zu einem gemeinsamen Ganzen zusammenzuführen. ‚Führung' wird so zur Integration von zwei Tätigkeitsrichtungen: Die eine führt aus einer das Ganze umfassenden Bewusstseinsleistung zur Einzelhandlung, die andere zum Einordnen der einzelnen Handlungen in einen Gesamtzusammenhang."* Beide Vorgänge verlaufen synchron und sind nicht isolierbar, sodass Führung einer Integrationsleistung entspricht, die umso besser erfüllt ist, je zeitnäher diese erfolgt. Hierzu werden Prozesse des Dialogischen angewandt (vgl. ebd. 2016: 11ff.; 2008b: 46ff.; 1999: 826ff.). In diesem Sinne habe *„Führen primär mit der Gestaltung von Beziehungen zu tun"* (Blesch/Mödinger 2014: o. S.). Nach Blesch und Mödinger (ebd., Ausl. ie) ist *„Führen .. deshalb auch keine Funktion innerhalb der Hierarchie oder des Ablaufs einer Organisation, sondern bezeichnet die Qualität einer Beziehung, die sich in deren Gestaltung gleichsam herstellt. (...) Führen ereignet sich im Miteinander von Menschen als die Gestaltung dieses Miteinanders, und der Dialog ist die ihr angemessene Form der Gestaltung."* [44] Dieser bewahrt dasjenige in einem Fluss, was zu erstarren droht. Strukturen werden nicht kultiviert, sondern formieren sich kontinuierlich im Prozess der Zusammenarbeit. Dietz (2008b: 47) betont: *„Dialogische Führung ist nichts Sanft-Alternatives. Sie fordert den Einzelnen stärker als eine Führung durch Anweisung und Kontrolle. Gleichzeitig bezieht sie ihn umfänglicher in die Arbeit ein."* Das wesentliche Ziel dialogischer Führung liege in der *„gesteigerten Bewusstseinsleistung des einzelnen Menschen"* (ebd.: 48) und damit in der Förderung seiner Fähigkeit, im Sinne des Ganzen intelligent handeln zu können. Nach Werner (2009: 20f.) wirkt diese als ein *„Nährboden für die Entwicklung des Individuellen in der Gemeinschaft."*

---

[44] Dialogische Prozesse umfassen dabei folgende Aspekte:
- Individuelle Begegnung bedeutet das *„Interesse am individuellen Menschen statt Rollenverhalten oder Instrumentalisierung des Anderen"* (Dietz 2008b: 47).
- Transparenz fördert *„Eigenständigkeit des Einzelnen statt Machtwissen oder Meinungsdiktatur"* (ebd.): *„Transparenz bedeutet, dass jeder Einzelne in die Lage kommt, das Ganze in den Blick zu nehmen, und dass dies vorausgesetzt, ermöglicht und gefördert wird. Jeder bildet sich sein eigenes Verhältnis zur gemeinsamen Wirklichkeit"* (ebd. 2003: 11).
- Beratung unterstützt *„Kreativität statt Tradition oder strukturelle Vorgaben"* (ebd. 2008b: 47): *„Beratung bedeutet, einen gemeinsamen Blick in die Zukunft zu werfen, Zukunftsidee zum Aufleuchten zu bringen. Hier ist die Ideenfähigkeit gefragt"* (ebd. 2003: 11).
- Entschlusskraft erzeugt *„Handeln als Initiative statt Selbstverwirklichungsmentalität oder Beauftragung"* (ebd. 2008b: 47). Dietz (2003: 11) betont: *„Und dann gibt es noch den Entschluss, der zur Tat führt (Initiative). Hier ist es wichtig, dass er nicht mit der Beratung verschmolzen wird. An der Beratung sollten sich alle beteiligen können, am Entschluss kann nur mitwirken, wer wirklich Verantwortung für das übernimmt, was beschlossen wird. Das können ganz wenige sein – obwohl der Beschluss vielleicht eine Angelegenheit betrifft, die die ganze Gemeinschaft angeht. Solches ist möglich, wenn die Beratung ordentlich war und wenn immer Transparenz herrscht."*

4.3 Entstehung eines neuen integralen Führungsprinzips

Zum Entwicklungsverlauf der Führungsforschung und deren Resultate fasst Dietz (2010: 7) zusammen: *„Nach körperorientierter Führung (Taylorismus), der Berücksichtigung seelischer Bedürfnisse (Human Relations) und dem Einbezug der Eigenintelligenz der Mitarbeiter (kooperative Führung) wird der Einzelne inzwischen ‚ganzheitlich' von der Arbeitswelt in Anspruch genommen."* Etwas detallierter beschreibt dies Scharmer (2009: 92f., Ausl. ie): *„Die erste Phase ist eindeutig. Die Aufgabe von Führung ist es, eine klare Richtung vorzugeben und dann die Durchführung der Anweisungen zu kontrollieren. (...) Die Antwort auf die gestiegene Komplexität der Führungsherausforderungen war, dass Lernprozesse, Delegation und Dezentralisierung der Verantwortung immer wichtiger im Werkzeugkasten vieler Führungskräfte wurden. (...) In dieser zweiten Phase mussten Führungskräfte lernen, Mitarbeiter und Mitarbeiterinnen in der ganzen Organisation in den Zielsetzungs- und Richtungsfindungsprozess einzubeziehen. Heute lässt sich eine dritte Phase wahrnehmen. Führung heißt jetzt, Bedingungen dafür zu schaffen, dass die Menschen in einer Organisation inspiriert sind, d. h., dass sie beginnen, von einer anderen ‚Energie' oder einem anderen ‚Ort' her zu handeln (...)."* So erfasst dieser Entwicklungsgang eine tiefgreifende Reflexion der konstituierenden Grundgedanken vorherrschender Führungstheorie und -praxis und begründet auf diese Weise eine neue Ära von Führung – die „postpostmoderne" Führungsforschung. Dies aufgreifend lautet das Schwerpunktthema einer Ausgabe des Evolve-Magazins (vgl. 2014): *„Führung neu Denken – eine Kultur jenseits von Kontrolle und Konsens"* [45] und erschienen verschiedene Publikationen, wie *„Reinventing Leadership"* (Bennis/Townsend 1995/2005; Kellerman 1999) oder *„Reinventing Management"* (Birkinshaw 2012). Die Präsumption einer in deren elementaren Grundsätzlichkeit neu verstandenen Führung basiert somit auf einem radikalen Umdenken. Gefordert ist keine Akkomodation einzelner Führungsaspekte oder -segmente, sondern ein profundes Verständnis für organisationale (systemische) Zusammenhänge, die dieses spezifische neoterische Führungsverständnis erst ermöglichen. Daraus leitet sich die Prämisse einer

---

[45] Vgl. auch *„Führung neu denken"* (Seiler 2010); *„Wirtschaft neu denken"* (Rehn 2011: 211ff.).

ganzheitlichen Sichtweise auf das organisationale Handlungsgefüge ab – einer integralen Perspektive. Wissenschaftlich repräsentieren integrale Führungsansätze ein erst marginal ergründetes Ressort. Die im vorangehenden Kapitel 4.2.2 vorgestellten postmodernen Führungskonzepte können als Wegbereiter der integralen Sichtweise verstanden werden, da diese bereits von erzwungenen Hierarchien wegführen und diverse Elemente berücksichtigen, welche die integralen Ansätze argumentativ aufgreifen. Die postpostmoderne Führungsforschung richtet den Blick jedoch nicht vordergründig auf den Menschen und die Berücksichtigung seiner Bedürfnisse, damit dieser seine Potentiale bestmöglich entfalten kann. Vielmehr fokussiert diese darauf, in lebendig-organischer Weise strukturelle und prozessuale Wege zur reüssierenden Umsetzung eines Arbeitsprojekts zu erschaffen. Soziale Harmonie geriert hierbei nicht als dominierendes Ziel, denn Konflikte fungieren als supportives Instrument im Prozess der Problemlösung. Ein weiterer Unterschied ist, dass postmoderne Ansätze oftmals eine Substitution von Führung und eine Abkehr von Hierarchie anstreben, während sich postpostmoderne Modelle einer andersgearteten Hierarchie und Führung zuwenden und diese somit wieder konzeptionell einbeziehen.

Im Folgenden werden exemplarisch drei alternative integrale Ansätze skizziert: die Führung in der Soziokratie, in der Holakratie sowie in der evolutionären Organisation. Diese können als dependent verstanden werden, da die Holakratie als eine weiterentwickelte Variante der Soziokratie figuriert, und die Idee der evolutionären Organisation Aspekte der Holakratie aufgreift. Die beiden letztgenannten stehen zudem in einer deutlichen Verbindung zur „Integralen Theorie" von Wilber (vgl. 2014b; 1997; 1977/1991) sowie zu den „Spiral Dynamics" von Beck und Cowan (vgl. 2008), die jeweils die Entwicklung von Weltsichten thematisieren. Die vorgestellten Ansätze basieren zugleich auf den Gedanken der Evolutionstheorie, wie diese einst in biologischer Programmatik von Darwin (vgl. 1859) vertreten wurde. Diese eruiert im Allgemeinen die Frage nach der Genese und Adaption der Spezies als Resultat einer organismischen Evolution. Als Analyseeinheit fungiert nicht das Individuum, sondern die Population, die im hiesigen Kontext durch die Organisation repräsentiert wird. Diese verfügt über zu Lebewesen analogisierbare Grundstrukturen und wird so als

Organismus begriffen. In evolutionstheoretischer Logik prävaliert diejenige Organisationsform, die sich am besten an die Herausforderungen der Umwelt assimiliert (Selektion), sodass dies über deren Fortbestand entscheidet (vgl. z. B. Kumbartzki 2002; Litz 2007). Dem geht die Annahme voraus, dass Organisationen, ähnlich wie Lebewesen, adaptive Veränderungsprozesse zur Ausbildung von Mechanismen durchlaufen, die eine optimierte Bewältigung bestehender Probleme ermöglichen.[46]

Die evolutionstheoretische Forschung lieferte den Nachweis, dass sich die Menschheit durch eine Sequenz von Bewusstseinsstadien entwickelte. Auf jeder Stufe vollzog sich ein Entwicklungssprung in deren kognitiven, moralischen und psychologischen Fähigkeiten im Umgang mit der Welt. *„Jede Bewegung in eine neue Bewusstseinsstufe hat eine völlig neue Ära eingeläutet. An jedem Wendepunkt änderte sich alles (...)"*, so Laloux (2015: 13, Ausl. ie). Dieser sukzessive Adaptionsprozess erfolgt sowohl in der gesamten Menschheit als auch im einzelnen Menschen und erfasst zum Beispiel die vertretenen Werte und Ansichten sowie vorherrschenden Interessen und Bedürfnisse. So zeichnet Gebser (vgl. 1988, Bd. 2: 83ff.) den evolutorischen Prozess mittels der sich verändernden Weltsichten nach. Wilber (vgl. 2014b; 1997; 1977/1991) bezieht sich auf Gebser, doch erweitert er seine „Integrale Theorie" um weitere Entwicklungsstadien.[47] Die Entwicklung hin zu einem integralen Führungsverständnis wird somit evolutionstheoretisch mit einer sich vollziehenden Be-

---

[46] Auf diese prinzipiellen Gedanken beziehen sich auch Glasl und Lievegoed (1993/2011) in ihrem Modell der „Dynamischen Unternehmensentwicklung", das eine erweiterte Version der „Theorie der drei Entwicklungsphasen" von Lievegoed (1974; 1970/1986) darstellt, nach welcher Veränderungen von Unternehmensstrukturen in drei Entwicklungsstadien verlaufen (Pionier-, Differenzierungs-, Integrationsphase). Etwa 20 Jahre später kombinierte Glasl das Dreiphasenmodell mit den neuesten Erkenntnissen der evolutionären Systemtheorien und ergänzte es durch eine vierte Phase (Assoziationsphase; vgl. Glasl/Lievegoed 1993/2011). Damit beabsichtigte er, ein sich abzeichnendes Entwicklungsdenken moderner Organisations- und Führungstheorien zu berücksichtigen.

[47] Wilber und Gebser sind zwei der wichtigsten Vertreter der integralen Theorie oder Weltsicht, die als Modell für eine holistische Welterklärung verstanden werden kann, das versucht, eine umfassende Sicht des Menschen und der Welt zu entwickeln. Wilber (vgl. 2001/2011) strebt in seiner „Integralen Theorie" an, miteinander konkurrierende prämoderne, moderne und postmoderne, östliche und westliche Weltanschauungen, Denkweisen und spirituelle Einsichten zu verbinden und die Fragmentierung von natur-, human- und geisteswissenschaftlichen Erkenntnissen durch die Unterscheidung der unterschiedlichen Disziplinen zu überwinden, um auf dieser Basis eine ganzheitliche Handlungstheorie (*„A theory of everything"*) zu erschaffen.

wusstseinstransformation begründet, die ein solches notwendigerweise hervorbringt (vgl. Wilber 2014a: IX; Wilber/Engler/Brown 1986). Diese evolutionstheoretische Argumentationsgrundlage bildet eine Parallele zu den Entwicklungsstufen des menschlichen Bewusstseins nach Rudolf Steiner ab (vgl. GA 4; GA 10; GA 13). In diesem Sinne vergleicht Gidley (2007: 127, Ausl. ie) die erkenntnistheoretischen Ideen Rudolf Steiners mit Wilbers Ansatz und kommt zu dem Schluss: *„There are very strong synergies between their notions of states of consciousness (...)."* Auch Trautwein (2016: 115, Ausl. ie) weist auf eine solche Koinzidenz von Rudolf Steiners Ausführungen zum Stufenmodell der menschlichen Kultur- und Bewusstseinsentwicklung hin: So habe er die künftige Entwicklung einer Form integralen Bewusstseins präsumiert, sodass *„(...) es dem Menschen nicht nur gelinge, die (...) Kognitionsfähigkeit auszubilden, sondern sich dabei auch zunehmend umfassender seiner Selbst und der Wechselwirkungen seines Handelns bewusst zu werden".* Dies ermögliche ihm, *„(...) unterschiedliche Perspektiven in das Bewusstsein zu integrieren und das Handeln global nach einem universellen Gemeinwohl auszurichten"* (ebd., Ausl. ie).

4.3.1 Selbstregulierte Kreise in der Soziokratie

Der Ansatz der Soziokratie als die Steuerung einer Organisation durch die „socii" (Genossen) bzw. durch Menschen mit einer gemeinsamen Zielsetzung, erfasst eine sich konsequent an den Prinzipien der Selbstorganisation orientierten Organisationsstruktur und *„(...) steht für eine Form der Führung, die von der Gleichwertigkeit der Individuen ausgeht"* (Haijtema 2008: 1, Ausl. ie).[48] Nach Auffassung von Buck[49] und Endenburg (2006: 3, Ausl. ie) bezieht sich Soziokratie *„(...) auf eine Entscheidungs- und Führungsmethode, die es Organisationen erlauben, sich selbst effektiv zu führen, während sie die Weisheit*

---

[48] Der Begriff der Soziokratie wurde im 19. Jahrhundert von dem französischen Philosophen Auguste Compte geprägt, der als Begründer der Sozialwissenschaften gilt vgl. Buck/ Endenburg 2006: 3). Das Wort „Soziokratie" setzt sich aus „socius" (Begleiter, Gefährte, Kamerad, Mitglied) und „kratein" (regieren, herrschen) zusammen. Beide Begriffsfragmente zusammen können als „die Macht der Gruppe", „geteilte Macht" oder „gemeinsame Stärke/ Herrschaft" verstanden werden.

[49] John Buck ist ein Soziokratie-Berater aus den USA.

jedes Mitglieds nutzt. Um dies zu gewährleisten, ermöglicht es die Soziokratie jedem einzelnen Unterbereich, eine eigene Stimme in der Führung der Organisation zu haben." Auf diese Weise erschließe Soziokratie die kollektive Intelligenz der Organisationsmitglieder.

Die Ursprünge des soziokratischen Ansatzes gehen auf den niederländischen Reformpädagogen und Managementwissenschaftler Boeke (vgl. 1945/1969) zurück, der Mitte des 20. Jahrhunderts die Ideen von Ward (vgl. 1893) reformierte und erheblich extendierte. Boeke verstand unter „Soziokratie" eine Form der Organisationsführung, die auf dem Grundsatz der Gleichberechtigung deren Mitglieder und dem Prinzip der kollektiven Zustimmung basiert. *„Boeke (...) predigte die Gleichwertigkeit der Menschen und forderte den totalen Konsens, nicht nur in seiner Schule, sondern auch in der Wirtschaft"* (Gottschall 1990[50]: 155, Ausl. ie). Von der Demokratie[51] unterscheidet sich diese insofern, als dass sich die Egalität der Mitarbeiter auf den Modus der organisationalen Entscheidungsfindung bezieht: Ein Beschluss kann nur manifestiert werden, wenn niemand von dessen begründeten Vetorecht Gebrauch macht. *„Das führt dazu, dass Individuen mehr Entscheidungsbefugnis bekommen als in einer Demokratie, in der die Stimmenmehrheit gilt. Soziokratie ist in Wahrheit die Macht des Arguments und nicht die Macht der Mehrheit"* (Haijtema 2008: 1). So kann diese als eine Weiterentwicklung der Demokratie verstanden werden kann.[52] In der Soziokratie werden disparate Annahmen zum Menschenbild des *„Homo Sociologicus"* (Dahrendorf 1958/2010) zugrundegelegt, das das Individuum als ein durch die Gesellschaft determiniertes Wesen ansieht, das sich deren Normen, Werten und Erwartungen (sozialen Rollen) adoptiv beugt.

1970 transferierte Endenburg(vgl. 1992: 138) den Ansatz der Soziokratie auf das elektrotechnische Unternehmen „Endenburg Elektrotechnik" in Rotterdam, das er zwei Jahre zuvor von seinen Eltern übernahm. Endenburg hatte in den 1940er Jahren die Reformschule von Boeke besucht und war dort durch seinen

---

[50] Der Artikel von Gottschall (1990) erschien auch in Balck (1996): Vgl. Gottschall (1996).
[51] Zur Demokratie in Organisationen vgl. Zeuch (2015).
[52] Die Soziokratie ist als die Herrschaft der Sozios (Menschen, die in sozialer Beziehung zueinander stehen) zu verstehen, während die Demokratie die Herrschaft des Demos (Gesamtheit der Menschen) umfasst (vgl. Buck/Endenburg 2006: 3).

Lehrer und die vorherrschende konsensuale Mitbestimmung inspiriert worden. *"Die komplexen Probleme der Führung, so hatte der Unternehmer schon während der Schulzeit erkannt, lassen sich weder durch die Allmacht einer Person noch durch die Machtfülle der Mehrheit lösen. Reüssieren könnten Unternehmen (und andere Institutionen) auf Dauer nur mit einem System, das die Vorzüge der Autokratie und Demokratie nutzt und dem einzelnen ermöglicht, sich weiterzuentwickeln"* (Gottschall 1990: 150). Daraus prosperierte die Idee der Soziokratie als eine „*... Führung der dritten Art zwischen Diktatur und Demokratie, deren sichtbarster Ausdruck eine ausgeklügelte Gruppen-organisation ist (...)"* (ebd., Ausl. ie). Endenburgs Überzeugungen wurden durch diverse Quellen befruchtet [53], doch entstammen die Grundzüge des soziokratischen Modells dem Ansatz Boekes (vgl. ebd.: 155; Buck/Endenburg 2006: 3f.).[54]

Soziokratie beruht nach Endenburg (vgl. 1992: 139ff.) auf vier Basisprinzipien, *„(...) die von jüngsten Entdeckungen der Systemtheorie abgeleitet sind: dynamische Steuerung*[55]*, fraktale Konzepte*[56] *und das Phänomen der Selbstorganisation"* (Buck/Endenburg 2006: 5, Ausl. ie):

---

[53] Die Affintät zum Ansatz von Likert und Gibson Likert (vgl. 1976) ist zufällig: Soziokratie ist weniger sozialpsychologisch begründet, vielmehr basiert diese auf angewandter Systemtheorie (vgl. Buck/Endenburg 2006: 5). Likert und seine Frau Gibson Likert (vgl. 1976) eruierten hingegen aus sozialpsychologischer Perspektive eine Strukturbildung (Gruppenverbindungen, Arbeitsbeziehungen, Konfliktbewältigung). Auf dieser Grundlage entwarfen sie das System 4 Total Model Organization (System 4T) sowie das System 5 als Weiterentwicklung (vgl. auch Weissenberg 1977: 545ff.).

[54] 1978 gründete Endenburg das „Soziokratische Zentrum" in Rotterdam, um seine Methode weiter zu popularisieren. Er promovierte in diesem Themengebiet, wurde zehn Jahre später Professor an der Universität Maastricht und etablierte den Lehrstuhl „Die lernende Organisation auf Basis der soziokratischen Kreisorganisation" (vgl. Endenburg 1992/1998; 1981/1998).

[55] Vgl. hierzu die Prinzipien des Ansatzes der Holakratie in Kapitel 4.3.2.

[56] Die „Fraktale Fabrik" bezeichnet ein modernes Konzept des Produktionsmanagements (vgl. Warnecke 1995; 1993). Der Begriff „fraktal" stammt aus der naturwissenschaftlich-mathematischen Chaostheorie (fraktale Geometrie). Eine „Fraktale Fabrik" ist somit als ein System oder Netzwerk selbstständiger Einheiten (Fraktale) aufzufassen. *„Ein Fraktal ist eine selbständig agierende Unternehmenseinheit, deren Ziele und Leistungen eindeutig beschreibbar sind. Fraktale organisieren und optimieren sich selbst und folgen konstruktiv und engagiert den Zielen des Unternehmens als Ganzes. Das Fraktale Unternehmen ist ein offenes System, das aus selbstständig agierenden und in ihrer Zielausrichtung selbstähnlichen Einheiten – den Fraktalen – besteht und durch dynamische Organisationsstrukturen einen vitalen Organismus bildet"* (ebd. 2001: 256). Selbstorganisation und -verantwortung erfolgen sowohl auf operativer als auch auf taktischer und strategischer Ebene.

1. Konsentprinzip: *„Der Konsent regiert die Beschlussfassung"*, so Endenburg (1992: 139). Die soziokratische Entscheidungsfindung beruht weder auf dem Grundsatz des Konsenses (Einstimmigkeit) – den Endenburg (1994: 139) als *„lähmend"* bezeichnet – noch auf demokratischen Majoritätsregeln, sondern auf dem Prinzip der Zustimmung (consent). Dieses besagt, dass nicht alle Beteiligten den Beschluss vollumfassend vertreten können müssen, sondern dass diese lediglich *„keinen begründeten schwerwiegenden Einwand"* (Buck/Endenburg 2006: 5) mehr hervorzubringen haben, der objektiv gegen die disputierte Sachlage spricht. *„Das wichtigste Prinzip ist, dass nur dann ein Beschluss gefasst wird, wenn keiner der Anwesenden einen Einwand mit schwerwiegenden Argumenten hat. Dieses Prinzip nennt man ‚Konsentprinzip' (Kein-Einwand-Prinzip). Feste Fragerunden sorgen dafür, dass sich jeder einbringt und verankern Mitbestimmung in der Gruppe oder der Organisation als Ganzes"* (Haijtema 2008: 1). Eine Einigung erfolgt, wenn jeder den Beschluss toleriert und die Bedürfnisse aller abgedeckt sind. *„Es geht also um Argumentation, und jedes beliebige Kreismitglied ist in gleicher Weise zur Argumentation berechtigt"*, so Endenburg (1992: 139f.). Im fortschreitenden Arbeitsprozess existiert die Option, beschlossene Verfahren zu revidieren, sodass präponiert keine optimale Lösung gefunden werden muss. Dies retrospektive Modifizierbarkeit von Entscheidungen entlehnte Endenburg den dynamischen Steuerungsprinzipien der Organisationskybernetik[57] (vgl. Malik 1984/2015). Diese erfolgt durch die Evaluation der Zwischenergebnisse und bei Disponibilität neuer wesentlicher Informationen. Jedes Organisationsmitglied kann auf dieser Grundlage dessen Zustimmung revidieren, sodass alle Entscheidungen einen interimistischen Charakter aufweisen. Der Entscheidungskonsent kann als fundamental betrachet werden, jedoch ist es nicht notwendig, *„(...) für jede Entscheidung diesen ausführlichen Weg zu gehen. Auf Basis dieses Konsentprinzips kann sich eine Gruppe zu einer autokratischen oder demokratischen Arbeitsweise entschließen. In der Praxis läuft es darauf*

---

[57] Organisationskybernetik lässt sich *„(...) im weitesten Sinne als eine wissenschaftliche Disziplin begreifen, die vom Menschen gestaltete (künstliche) sozio-technische Systeme unter dem Aspekt der Steuerung und Regelung bzw. auf diesen aufbauender komplexerer kybernetischer Mechanismen untersucht"* (Lehmann 1980: 1570, Ausl. ie).

hinaus, *dass es vor allem Entscheidungen der Grundsatzbeschlüsse sind, die mit Konsent entschieden werden und dass die operativen Entscheidungen im Tagesgeschäft delegiert werden"* (Haijtema 2008: 2, Ausl. ie).

2. Kreishierarchie: *"Kreise überlagern hierarchische Strukturen"*, so Endenburg (1992: 139). Die Organisation konstitutiert sich in Kreisen (vgl. Buck/Endenburg 2006: 6). *"Kernelement der betrieblichen Neuordnung ist die Einrichtung und Aktivierung der Steuerungsgruppen, sogenannter Kreise, zusätzlich zu dem betrieblichen Basisprozeß der Leistungserstellung. Sie bilden ein Netzwerk mit der Zielsetzung, daß das Unternehmen und seine wirtschaftlichen Teile mit den fortwährend auftretenden Veränderungen und Störungen selbst fertig werden können. Bei uns heißen Kreise ‚Arbeitseinheiten, wo Chaos umgesetzt wird in zielstrebige Aktion'"* (Endenburg 1992: 139). Ein Kreis kann als eine halb-autonome und selbstorganisierte Einheit verstanden werden, die nach Maßgabe eines kollektiven Ziels agiert. Dieses kann beispielsweise als übergeordnete Vision oder Mission auf der Ebene der gesamten Organisation verankert sein oder in der Form interner und externer Dienstleistungen auf der Ebene einzelner Abteilungen. Die gemeinsame Aufgabe ist konstitutiv für die Anordnung der Kreise. Der Entscheidungsspielraum eines Kreises wird vom jeweils nächsthöheren Kreis definiert, wodurch diesem bestimmte Richtlinien vorgegeben werden. Aufgrund der Restriktionen sind Kreise semi-autonom, jedoch innerhalb dieser Limitation frei und selbstorganisiert. Im Rahmen dieser demarkierten Grenzen trifft ein Kreis Grundsatzentscheidungen, die in dessen abgestecktes Wirkungsressort fallen. Welche als eine solche gilt, bestimmen die Kreise jeweils selbst. *"Jeder Kreis hat seine eigenen Ziele und organisiert die drei Funktionen des Führens, Ausführens und Messens/Rückkoppelns"* (Buck/ Endenburg 2006: 6). Kreise sind daher keine *"Diskutierclubs"*, sondern *"Entscheidungsgremien"*, so Endenburg (1992: 139). Die Kreisstruktur existiert simultan zur konventionellen linearen Struktur, wobei diese die bestehende Linienhierarchie überlagert und regiert. Während auf der Kreisebene normative und strategische Grundsatzentscheidungen getroffen werden, erfolgen auf linearer Ebene (der konventionellen hierarchischen Struk-

tur) deren Ausführung und damit einhergehend operationale Entscheidungen. Die Kreise geben der linearen Ausführungsstruktur auf diese Weise die Richtung vor (vgl. ebd.; Buck/Endenburg 2006: 6). Durch den limitierten Zeitfaktor begrenzt sich die Anzahl möglicher Entscheidungen, wodurch nur Anliegen erörtert werden, die profunde Relevanz haben und den Abstimmungsaufwand rechtfertigen. Somit gründet die Unterscheidung in Grundsatz- und Ausführungsentscheidungen auf pragmatischen Überlegungen.

Daneben werden unterschiedliche Arten von Kreisen differenziert: Der „Eigentümerkreis" setzt sich je nach Rechtsform aus den jeweiligen Eigentümern oder Mitgliedern zusammen. In diesem findet ein Austausch der Interessenlagen statt und wird ein Delegierter für den Spitzenkreis bestimmt. Der „Spitzenkreis" ist das oberste Gremium in einer soziokratischen Organisation. Dieser etabliert und pflegt den organisationalen Konnex zum Umfeld, kreiert Netzwerke, nimmt das außerhalb der Organisation liegende Fachwissen auf durch die Integration externer Experten und verhindert, dass sich die Organisation zu einem in sich geschlossenen System entwickelt (vgl. Buck/Endenburg 2006: 4). Der Spitzenkreis demarkiert die Rahmenbedingungen für den allgemeinen Kreis, der sich ausschließlich aus Organisationsmitgliedern zusammensetzt und unternehmensweite Grundsatzfragen dezidiert. Der „allgemeine Kreis" koordiniert die Arbeit zwischen den Organisationsbereichen, für die dieser wiederum die Richtlinien bestimmt. Die einzelnen „Bereichskreise", darunter auch die „Abteilungskreise" und „Teamkreise", stellen Komponenten des allgemeinen Kreises dar. Auch diese Kreisarten treffen Grundsatzentscheidungen im Rahmen deren Handlungsraums. Neben der permanent institutionalisierten Kreisstruktur existieren auch temporär alternierende Kreise, sogenannte „Hilfskreise" oder „Projektkreise". Diese werden für einzelne Aufgaben designiert und nach Abschluss des Projekts wieder annulliert (vgl. Rüther 2010: 32ff.).

3. Doppelte Kreisbezüge: *„Funktionell verbundene Kreise sind untereinander doppelt gekoppelt – ‚the linking twin'"*, so Endenburg (1992: 140). Ein Kreis ist mit dem nächsthöheren Kreis in dualer Hinsicht verknüpft, denn jeweils mindestens zwei Personen partizipieren an beiden Kreissitzungen (vgl. Buck/Endenburg 2006: 6). Vor dem Hintergrund seiner Kenntnisse über die

Organisationskybernetik leitete Endenburg ab, dass eine Führungskraft als Verbindungsglied der Unternehmensebenen nicht fähig sein kann, den bilateralen Informationsweg synchron – das heißt „top down" als auch „buttom up" – zu steuern. Er manifestierte ein zweites Konnektiv zur Herstellung und Pflege des letztgenannten Informationswegs: den vom Heimatkreis zu wählenden Delegierten (vgl. Haijtema 2008: 3). Dieser ist zusammen mit dem vom nächsthöheren Kreis gewählten Leiter vollständig in den Entscheidungsprozess dieses nächsthöheren Kreises eingebunden. So soll garantiert werden, dass der Informationsfluss zwischen den Kreisen bidirektional abläuft und die Belange aller Beteiligten optimal und dynamisch berücksichtigt werden (vgl. Endenburg 1992: 140).

4. Kompetenzprinzip durch offene Wahlen: In soziokratischen Wahlen (offenen Diskussionen) werden die wesentlichen Funktionen und Aufgaben von den Kreismitgliedern und Vertretern delegiert. Diese resultieren als Notwendigkeit aus dem anstehenden Umsetzungsprozess der gemeinsamen Zielerreichung. Eine Wahl repräsentiert eine besondere Form der Entscheidung, sodass die Aufgabendistribution auf der Basis des Konsentprinzips erfolgt (vgl. Buck/Endenburg 2006: 5f.). Ein Kreis wird erst dann institutionalisiert, wenn für diesen eine „klare Kreiszielsetzung" definiert und die „unternehmerischen Grundfunktionen" festgelegt wurden (Endenburg 1992: 140). Aus Gründen der Wertschätzung werden zunächst ausschließlich fürsprechende Argumente potentieller Kandidaten aufgeführt. Darauf erfolgt ein Vorschlag. Unterbleibt die Zustimmung für eine Person, werden zudem die Argumente erfragt, die gegen den Kandidaten sprechen (schwerwiegender Einwand). Dabei geht es nicht um persönliche Sympathien, sondern um ein sachliches Urteil, ob die Fähigkeiten einer Person mit dem Aufgabenprofil konvergieren. „Unternehmerische Freiräume verlangen unternehmerisches Denken und Handeln, aber auch die nötigen Kenntnisse und Informationen", so Endenburg (ebd.). Neben dessen genuinen Sachziel hat dieses Verfahren einen weiteren Effekt: „Die Kollegen erhalten Rückmeldungen über ihre Stärken und Schwächen, und die Gruppe als Ganzes schreitet in einem Prozess der Selbstfindung voran, in dessen Verlauf (...) irgendwann jeder in die für ihn beste Position rückt" (Gottschall 1990: 153, Ausl. ie).

Das Verständnis von Führung wird in der Soziokratie nicht explizit und einheitlich formuliert. Nach Endenburgs Auffassung ist Macht nicht formal, sondern argumentativ zu verstehen: *„Macht müsse – in einer geeigneten Struktur – sowohl von oben nach unten als auch von unten nach oben ausgeübt werden. Als einziges Machtmittel zugelassen sei aber lediglich das Argument"* (zit. n. Gottschall 1990: 150). Prinzipiell wird in der Soziokratie eine hierarchische Struktur befürwortet, doch durchbricht diese nicht deren grundlegenden Prinzipien. *„Durch die soziokratische Organisation wird die traditionelle Hierarchie nicht angetastet, aber umfunktioniert: Sie dient jetzt nur noch zur Durchsetzung der im Konsent getroffenen Entscheidungen"* (ebd.: 152). Die Selbstregulierung der Kreise stellt nach Endenburg das fundamentale Leitprinzip dar. *„Die Soziokratie lebt von der Anerkennung des Individuums, vom Respekt vor der Gleichwertigkeit der Menschen. Sie kennt keine Gewinner und Verlierer, nur Lösungen"*, betont Endenburg (zit. n. ebd.: 150). Die Autonomie der Kreise realisiert die notwendigen Bedingungen für die Ermöglichung eines ganzheitlichen Denkens und Handelns des Einzelnen. Denn nach Endenburg (zit. n. ebd.: 153f., Ausl. ie) ist es *„... eine Binsenweisheit der Kybernetik, daß wir die Folgen unseres Handelns wahrnehmen müssen, um steuern zu können"*. Dies sieht er in seinem Modell der Soziokratie verwirklicht: *„In der soziokratischen Kreisorganisation garantieren vergleichend-steuernde, ausführende und messend-rückkoppelnde Komponenten ein dynamisches Gleichgewicht (...)"* (zit. n. ebd.: 153, Ausl. ie).[58]

4.3.2 Dynamische Rollen in der Holakratie

Im Zuge struktureller Dysfunktionen, die aus dem rasanten Wachstum des amerikanischen Software-Unternehmens „Ternary Software" in Philadelphia resultierten, erforschte der Gründer Robertson alternative Organisationsmodelle und stieß schließlich auf das Modell der Soziokratie. *„Soziokratie hat uns mit einem großen Teil der Antworten versehen, die wir gesucht hatten. Wir setzten*

---

[58] *„Die Soziokratie ist außerhalb der Niederlande immer noch relativ neu"* (Buck/Endenburg 2006: 23), und birgt so umfassendes unerforschtes Potential. Mittlerweile arbeiten etwa 100 Organisationen in den Niederlanden nach der soziokratischen Methode. Die Zurückhaltung in der Umsetzung kann darin begründet liegen, dass es um gravierende Veränderungen in der Unternehmenskultur und in der Macht der Führenden geht (vgl. Haijtema 2008: 3).

es zusammen mit einigen anderen Schlüssel-Modellen (...) und dann fügten wir selber nach und nach mehrere Innovationen und Fortschritte hinzu. Wir brauchten einen Namen für das neue System als Ganzes und mit der Hilfe von Ken Wilber kamen wir auf den Titel ‚Holakratie' [holacracy]", so Robertson (2006: 6, Ausl. ie).[59] Die sich auf diese Weise entwickelnde Holakratie ist somit eine modifizierte Form der Soziokratie und bezeichnet eine Organisationsform, die die Gestaltung einer transparenten Entscheidungsfindung in großen und vielschichtigen Organisationen ermöglicht, damit diese anpassungs- und wandlungsfähig bleiben.[60]

Robertson (2015: 21, Ausl. ie) betrachtet die Entwicklung eines holakratischen Systems als historische Konsequenz: „The industrial-age paradigm operates on a principle I call 'predict and control': they seek to archive stability and success through upfront planning, centralized control, and preventing deviation. Rather than continually evolving an organization's design on the basis of real tensions sensed by real people, the predict-and-control approach focuses on designing the ‚perfect' system up front to prevent tensions (and then on reorganizing once those at the top realize they didn't quite get it right) (...) Organizations were not built for these kind of changes." Holakratie setzt im Zeitalter der Unplanbarkeit an, in dem klassische Führungsmethoden versagen, und bietet „(...) einen anderen Weg. Und steht damit – neben anderen Ansätzen – für ein neues Paradigma des Organisierens: die Anwendung evolutionärer Prinzipien und Mechanismen der Selbstorganisation in Organisationen (...). (...) Holacracy gibt Organisationen ein Werkzeug, jene Rollen zu entwickeln, die nötig sind, um ihren Seins-Zweck in die Welt zu bringen und leistungsfähig zu bleiben" (Mitterer in Robertson 2016b: VIII, Ausl. ie).

---

[59] Robertson stieg schließlich aus Ternary Software aus und gründete mit zwei Kollegen die Firma „Holacracy One". „Holakratie" wurde zu einem Geschäftsmodell, und die Begriffe „Holakratie" und „Holacracy" zu geschützten Wortmarken von Holacracy One. Auf der Website von Robertson (http://www.holacracy.org) heißt es offiziell: „Holacracy is a complete, packaged system for self-management in organizations. Holacracy replaces the traditional management hierarchy with a new peer-to-peer 'operating system' that increases transparency, accountability, and organizational agility. Through a transparent rule set and a tested meeting process, Holacracy allows businesses to distribute authority, empowering all employees to take a leadership role and make meaningful decisions."

[60] Dies bringt der Untertitel des Buches von Robertson (vgl. 2015) in der Auflage von 2015 zum Ausdruck: „Holacracy: The new management system for a rapidly changing world."

Der Begriff der Holakratie (holacracy) geht zurück auf den polit-naturwissenschaftlichen Literaten Koestler (vgl. 1967/1968). Die von ihm so bezeichnete „Holarchie" besteht aus einem komplexen System von Holons[61], welche durch eine hierarchische Anordnung miteinander verbunden sind. Die Holarchie ist – im Gegensatz zu einer konventionellen starren Hierarchie – ein flexibles und dynamisches Gebilde. Holarchien sind nach oben und unten offen gedacht, sodass stets eine weiterführende Hierarchie existiert. Die modifizierte Wortendung des Begriffes hin zur Holakratie soll auf das Konstitutive des Ansatzes hinweisen (vgl. Hofert 2016: 54).[62]

Inhaltlich gibt es deutliche Interferenzen zu Wilber (vgl. 2014b; 1997; 1977/ 1991) und seiner „Integralen Theorie", die von dem Holon nach Koestler ausgeht und annimmt, dass sich die gesamte Realität aus Holons zusammensetzt. Die Holons bilden Systeme, wobei höhere Ebenen die unteren Ebenen integrieren. *„Individuen sind daher Mitglieder und keine Teile. Es gibt kein Über-Ich sondern ein komplexes Wir, der Sinn und Zweck ist daher etwas Intersubjektives und Dialogisches"*, so Wilber (2014b: 19). Wilbers Theorie inhäriert die Denkrichtung des Holismus', in dem die Dinge stets als Teile eines größeren Ganzen betrachtet werden. Analog verkörpert jedes Holon ein Ganzes und ist gleichzeitig ein Teil eines größeren Ganzen. Der evolutionstheoretische Gedanke, der sich an Wilbers „Integralen Theorie" anlehnt, spiegelt sich insbesondere in der populären Aussage Robertsons wider, dass er das Modell der Holakratie nicht erfunden, sondern dieses sich selbst entwickelt habe, *„(...) because evolution is smarter than you"* (Robertson zit. n. ebd.: 427,

---

[61] „Holon" ist abgeleitet vom griechischen „holos" (ganz) und mit dem Suffix „-on" (Neutron, Proton) versehen, das das Fragmentarische andeuten soll.

[62] In seinem Werk *„The ghost in the machine"* (deutsch: *„Das Gespenst in der Maschine"*) legte Koestler eine Studie zum Thema der allgemeinen Systemtheorie vor. Koestler (vgl. 1968: 221) entwarf darauf basierend ein systemtheoretisches Modell einer selbstregulierenden offenen hierarchischen Ordnung. Ein Jahr später stellte Koestler (vgl. 1970: 192ff.) ein neues Menschenbild dar unter dem Titel *„Jenseits von Atomismus und Holismus – der Begriff des Holons"*. Holons sind autonome, sich selbst erhaltende Einheiten (vgl. Koestler 1968: 196f.). Diese stellen Untereinheiten eines vollständigen Ganzen dar, die eine ausgeprägte Autonomie und Selbstständigkeit aufweisen und dadurch in sich stabil und eigenständig sind (Autonomietendenz). Untereinander sind Holons abgeschlossene Einheiten, in Bezug auf die übergeordneten Steuerungssysteme jedoch abhängige Teile (vgl. ebd.: 196). Der Teilchen-Charakter des Holons bewirkt, dass dieses die Tendenz zur Integration aufweist und anstrebt, sich zu einem größeren Ganzen bzw. einem Vollständigen zusammenzufügen (Integrationstendenz).

Ausl. ie). Hinsichtlich des Entstehungsprozesses führt er aus: *"... I began to realize that rules and methods stemming from my ideas and principles were actually getting in the way of my ultimate search for a better way to organize a company"* (Robertson 2014: o. S., Ausl. ie). Nach Robertson (2015) ist Holakratie somit als ein evolutionäres Betriebssystem (*"operating system upgrade"*) angelegt, welches sich durch die Anwendung und damit auf der Basis realer Daten (Erfahrungen) kontinuierlich weiterentwickelt und optimiert (vgl. Lessmann 2016: 76). Neben den Einflüssen von Koestlers „Holarchie" und Wilbers „Integralen Theorie" wurde der Ansatz der Holakratie durch Elemente weiterer Ideen inspiriert, wie der agilen Softwareentwicklungsverfahren[63], der Organisationskybernetik und des Selbstmanagements[64] (vgl. Mitterer 2015: 426ff.).

Die Nähe des holakratischen Ansatzes zur Soziokratie (vgl. Kap. 4.3.1) wird durch die Zugrundelegung der gleichen Prinzipien deutlich, die jedoch insbesondere durch Erfahrungswerte angereichert und komplementiert werden. Aufgrund dieser Similarität wird im Folgenden explizit auf die divergierenden Aspekte hingewiesen. Auch Robertson (vgl. 2006: 6) benennt vier Basispinzipien als Fundament der Holakratie. Hinzuweisen ist dabei auf die Anwendung differierender Begriffe für identische oder komparable Modi.

1. Selbstorganisierte Kreise mit Doppelverbindungen und präzise Rollen mit klaren Verantwortlichkeiten: *"Flexible organizational structure with clear roles and accountabilities",* lautet es offiziell auf Robertsons Website (http://www.holacracy.org). Ebenso wie soziokratische arbeiten holakratische Organisationen in einer Kreisstruktur, die starre Positionen und rigide Hierarchien ersetzt. Kreise sind als Rollen konglomerierende Einheiten respektive als Bündel von organisationalen Rollen[65] zu verstehen, welche sich

---

[63] Vgl. hierzu das Prinzip des Scrum: Scrum ist eine Ansatz aus der Softwareentwicklung, bei welchem die Anforderungen in Form von Eigenschaften aus der Anwendersicht formuliert. Diese Anforderungen werden sukzessive in Intervallen umgesetzt. Am Ende eines jeden Intervalls steht ein kundentaugliches Teilprodukt, das überprüft und im nächsten Intervall weiterentwickelt wird (vgl. Sutherland 2014).

[64] Vgl. hierzu die Selbstorganisationsmethode von Allen (vgl. 2003/2015), das Morning Star Self Management System von Kirkpatrick (vgl. 2011) sowie das Konzept ROWE (result only work environment): Der Kern dieser Strategien besteht darin, Mitarbeiter nicht für eine bestimmte Anzahl von Arbeitsstunden zu bezahlen, sondern für ein bestimmtes Arbeitsergebnis (vgl. Ressler/Thomson 2009).

[65] Zum Rollenbegriff vgl. ausführlich Preyer (2012: 55ff.). Vgl. auch Dahrendorf (2010).

funktionell begründen, das heißt, diese werden zur Erfüllung eines definierten Ziels notwendigerweise gebildet (vgl. Robertson 2016a: 49ff.). Rollen als die kleinsten Einheiten der Organisation (Holons) werden determiniert durch deren Zweck (purpose), deren Bereich (domain) und deren Verantwortlichkeiten (accountabilities). Der Zweck definiert den Beitrag der Rolle für die Organisation, der Bereich demarkiert den rollenspezifischen Entscheidungsraum, und die Verantwortlichkeiten erfassen alle der Rolle beizumessenden zyklischen Aktivitäten (vgl. Mitterer 2015: 427f.; Robertson 2016a: 90ff.). Holakratie basiert somit auf einer systematischen und exakt definierten Deskription und konkreten Allokation von Rollen auf Mitarbeiter, während dies in der Soziokratie nur optional geschieht. Damit durch die Eigenständigkeiten der Rollen kein Chaos entsteht, müssen *„die Grenzen der eigenen Autonomie – das eigene Spielfeld – .. klar sein. Und hohe individuelle Freiheit braucht gleichzeitig hohe Rollenklarheit. Und genau dieses Regelsystem liefert Holacracy"* (Mitterer in Robertson 2016b: IXf., Ausl. ie). Im Gegensatz zu den oft rigiden und wirklichkeitsfremden Stellenbeschreibungen und Organigrammen konventionell strukturierter Organisationen werden Rollen durch eine kontinuierliche Renovierung und Assimilation an die jeweiligen Bedingungen der Organisationsrealität utilitär formiert – im Sinne eines lebendig-flexiblen Gebildes – oder in Trautweins (2016: 123) Diktion: *„flexible Rollen statt fixierte Stellenbeschreibungen und Organigramme."* Bevor eine Rolle von einer Person energetisiert oder ein Kreis gebildet wird, werden Befugnisse und Zuständigkeiten kollektiv und präzise geklärt oder neu geschaffen. Auf diese Weise werden alle für die Organisation regelmäßig notwendigen Aktivitäten registriert und dokumentiert (vgl. Robertson 2016a: 48f.). Denn Rollen können von einer oder mehreren Person(en) ausgefüllt werden, wobei der Einzelne divergente Rollen in diversen Kreisen der Organisation einnehmen kann (vgl. Mitterer 2015: 427f.). *„Um eine Übersicht über die dergestalt fluktuierenden Rollen und Zuständigkeiten zu behalten, werden in vielen erfolgreichen selbstführenden Unternehmen internet-basierte Protokolle geführt, die es intern und extern erlauben, die zuständigen Kolleginnen zu identifizieren und zu kontaktieren"*, so Trautwein (2016: 123). Holakratie separiert dabei explizit Individuen (Seelen) und besetzbare Rollen (dividing role and soul): *„Der Mensch ist Mensch und hat Rollen, die er erfüllt"* (Wilber 2014b: 14). So wird einerseits vermieden, dass an das Individuum geknüpfte Werte mit den organisationalen Zielen konfligieren. Andererseits werden persönliche Befindlichkeiten und Interessen vom Arbeitskontext isoliert und nur die Rollenperspektive fokussiert.

Einzelne Rollen (Holons) verbinden sich wiederum zu einem Kreis, der ebenso ein Holon bildet (vgl. Robertson 2016a: 47ff.; 2006: 6). *„Ein Kreis ist ein halb-autonomes Team, welches innerhalb des Kontexts eines breiteren („höherstufigen') Kreises existiert, welches ihn einschließt und transzendiert. So ist jeder Kreis ein ‚Holon'. Wie alle Holons erhält und drückt jeder Kreis seine eigene zusammenhängende Identität aus (er hat Agenz), in diesem Fall indem er seine eigene Führung, Handlungen und Messungen vollzieht, sein eigenes Gedächtnis und Lernsystem aufrecht erhält, und sein eigenes Ziel verfolgt (welches von seinem höherstufigen Kreis gesetzt wird). Die Regeln dieser Organisation in Kreisen gelten für alle Größenordnungen. Einige Kreise (Teams) fokussieren sich darauf spezifische Projekte umzusetzen, andere darauf eine Abteilung zu managen, und andere auf die gesamten Geschäftsoperationen. Völlig gleich in welcher Größenordnung ein Kreis sich fokussiert, er schafft seine eigenen Regeln und Entscheidungen, um in dieser Größenordnung zu regieren (Führen), er produziert etwas (Handeln), und er nutzt die Rückmeldung aus dem Handeln, um Anpassungen für die Führung abzuleiten ([Er-]Messen), all das in einer Bemühung beständig sein Ziel (und seinen Zweck) auszudrücken"* (ebd. 2006: 12f.). Jeder Kreis arbeitet in Kohärenz zu seinen Aufgaben und Zuständigkeiten selbstorganisiert, doch ist dieser nicht autark. Jeder Kreis ist ein Element eines umfassenderen Kreises, dessen Anforderungen dieser berücksichtigen muss. Wie im soziokratischen Modell ist daher der übergeordnete Kreis mit jedem Unterkreis über mindestens zwei Rollen miteinander verknüpft (doppelte Verbindung oder double-linking), wodurch der bilaterale Informationsfluss „top down" und „buttom up" optimiert wird.

Ebenso wie in der Soziokratie werden auch hier unterschiedliche Kreise differenziert: Auf der obersten Ebene ist der Gründerkreis (board-circle) verortet, welcher die ökonomischen Interessen bzw. den sozialen Zweck der Organisation repräsentiert (vgl. ebd. 2016a: 163ff.). Daneben existieren sogenannte Superkreise (supercircle), deren Verantwortlichkeit das Gesamtaufgabenfeld betrifft (ähnlich einer Abteilung), das eine Organisationebene oder die vollumfängliche Organisation inkludieren kann. Zudem werden Subkreise (subcircle) eingerichtet, welche für fachspezifische Teilaufgaben des Gesamtbereichs des Superkreises (ähnlich eines Fachbereichs) zuständig sind. Die jeweiligen Kreistypen sind nicht hierarchisch, sondern gleichrangig angeordnet, sodass es keine überstellten Kreise gibt (vgl. Mitterer 2015: 427ff.).

2. Intergale Selbstführung der Rollen und Kreise und lebendige Organisationsstruktur: *„More autonomy to teams and individuals; individuals solve issues directly without bureaucracy"*, sagt hierzu Holacracy One (http://www.holacracy.org). Die strukturelle Ordnung in der Holakratie wird nicht durch ein klassisches Management, sondern vordergründig durch Selbstführung und Selbstorganisation konstituiert, sodass jede Rolle prinzipiell auch mit Führungsaufgaben betraut ist. Die Stellung innerhalb der Hierarchie gilt nicht als Kriterium für eine Entscheidung. Mitarbeiter sind autorisiert, Probleme selbstständig zu lösen und in diesem Sinne als „Entrepreneure" zu agieren. Holakratie signifiziert dann eine Netzwerkorganisation aus weitgehend autonomen Einheiten. Der Versuch der Liquidierung der hierarchischen Struktur[66] stellt einen wesentlichen Unterschied zur Soziokratie dar. Auf diese Weise partizipieren alle Mitarbeiter an brisanten Entscheidungen, und die kollektive Intelligenz wird optimal ausgeschöpft. *„Holacracy ist damit ein System, welches das gesamte Potenzial von Menschen in Organisationen für die Entwicklung der Organisation nutzbar machen will. Jeder Mitarbeiter wird zum Sensor für Verbesserungspotenziale. Die Abhängigkeit von den Entscheidungen weniger Führungskräfte wird durchbrochen, da jeder zu*

---

[66] Der Gedanke der Liquidierung der Hierarchie drückt sich auch im Untertitel des Buches von Robertson in der Auflage von 2016 aus (vgl. 2016a): *„The revolutionary management system that abolishes hierarchy."* Ziel ist es, den üblichen „Ego- und Status-Ballast" zu vermeiden. *„Auch Begriffe wie ‚Angestellter', ‚Arbeiter' oder ‚Manager', werden überflüssig"* (Wilber 2014b: 14) und durch den Begriff des Kollegens ersetzt, der das Gleichgestellte ausdrücken soll, und durch die Benennung der Rolle ergänzt, zum Beispiel Produktion, Finanzen, Marketing.

jedem Zeitpunkt, egal wo in der Organisation, ein wahrgenommenes Potenzial eigenverantwortlich in sinnvollen Output für die Organisation umwandeln kann" (Mitterer in Robertson 2016b: IXf.). Leitungskräfte übernehmen eher konsultative Funktionen, können aber auch aktive Rollen in einzelnen Projekten und im operativen Bereich ausfüllen (vgl. Trautwein 2016: 118ff.). *„Doch es gibt nach wie vor Bosse in dem Sinn, dass alle Mitglieder (als ‚peers') diese Rolle und die damit verbundenen typischen Managementfunktionen einnehmen können"* (Wilber 2014b: 14). Dazu gehört auch, dass *„jeder .. die Verpflichtung* [hat,] *etwas zu tun, wenn ihm oder ihr etwas auffällt, auch wenn dies außerhalb der eigenen Rollen liegt. Dieses Tun kann auch darin bestehen einen Kollegen zu finden, dessen Rollen besser zum Problem oder Thema passen"* (ebd., Ausl. u. Erg. ie). Eine lineare Struktur existiert nicht mehr. Vielmehr übernimmt jeder Mitarbeiter eine oder mehrere Rollen, innerhalb derer dieser selbstständig priorisieren und entscheiden kann. Während in der Soziokratie die Kreise deren operative Handlungen über die Linienstruktur ausführen, konferieren die Rollen in der Holakratie in unterschiedlichen Kreisen und Besprechungsformen (meetings) auf Augenhöhe und lösen auf diese Weise anstehende Aufgaben (sogenannte „Spannungen") gemeinsam.

Es regiert das „Prinzip der integralen Führung": Jeder Einzelne führt sich selbst in seiner Rolle, jeder Kreis arbeitet selbstorgansiert, und für jeden Unterkreis wird eine Leitungsrolle bestimmt. Damit die Kreise autonom und gleichzeitig sachgerecht miteinander verzahnt sind, haben sich in der Holakratie neue Rollenprofile herausgebildet, wobei jeder Kreis spezifische Kernrollen (core roles) umfasst (vgl. Robertson 2016a: 44f.): So gibt es zum einem die Rolle des „lead-links" (vgl. ebd.: 50ff.), die vom übergeordneten Kreis berufen wird. Diese ist mit einer Führungsrolle komparabel, jedoch nicht im konventionellen Sinn zu verstehen, da diese ausschließlich für die Einhaltung und Aufrechterhaltung der Prozesse verantwortlich ist. Dazu zählt auch die Ergebniskontrolle des Unterkreises in Relation zu den Anforderungen des übergeordneten Kreises. Zudem repräsentiert der lead-link die Gesamtheit der Organisation in den Subkreisen. Dieser kann als Kurator des Kreises angesehen werden, der in seinem Kreis für die effiziente Aufgabenerfüllung der Rollen sorgt (vgl. ebd.: 53). Zum anderen existiert die Rolle des „rep-links", welche ein aus dem Subkreis gewählter Vertreter einnimmt, der die Bedürfnisse und Potentiale des Subkreises im nächsthöheren Kreis repräsentiert (vgl. ebd.: 54f.). Im Gegensatz zur Soziokratie wird darüber hinaus die Rolle des „cross-links" institutionalisiert, welche eine informelle Verbindung zu den Nachbarkreisen sichert und so die unmittelbare Zusammenarbeit zwischen zwei Kreisen fördert (vgl. Mitterer 2015: 427ff.; Robertson 2016a: 55f.). Eine besondere Rolle nimmt der „facilitator" (Moderator) ein (vgl. Robertson 2016a: 66f.), der als Prozessbegleiter verstanden werden kann und ausschließlich die Funktionsfähigkeit der fundamentalen Prozesse des Kreises observiert sowie für die Einhaltung von Regeln sorgt: *„They serve the game and not the players"* (ebd.: 66). Zugleich fungiert dieser im wörtlichen Sinn als Moderator der verschiedenen Konferenzen. Ergänzend wird die Rolle des „secretary" (Sekretärs) eingerichtet, welche in eigener Funktion die Arbeits- und Kommunikationsprozesse effektiv gestaltet. Der Sekretär kann als Schriftführer verstanden werden, der Sitzungen arrangiert und dokumentiert sowie diesbezüglich informiert. Neben den verschiedenen Kernrollen kann zudem eine nicht definierte Anzahl an Rollen auf operativer Ebene formiert werden.

3. Integrative Entscheidungsfindung durch valide Einwände und Gültigkeit des Prinzips der dynamischen Steuerung: *„Unique decision-making process to continuously evolve the organization's structure"*, steht diesbezüglich auf der Website von Robertson (http://www.holacracy.org). Das soziokratische Entscheidungsprinzip des „Konsentverfahrens" wird in der Holakratie umbenannt in „integratives Verfahren" (vgl. Robertson 2006: 6ff.). Während in der Soziokratie per Zustimmung dezidiert wird, erfolgt dies in der Holakratie freibleibender bei Absenz valider Einwände.[67] Ein Einwand gilt als valide (gültig), wenn dieser vom Standpunkt der Rolle der betreffenden Person aus sachlich begründet wird, weshalb der disputierte Vorschlag umgesetzt zu negativen Folgen und Schäden für die Organisation führt (vgl. ebd. 2016a:

---

[67] Bei den offenen Wahlprozessen bilden sich Änderungen zur Soziokratie ab, z. B. wird der lead-link wird nicht mehr im nächsthöheren Kreis gewählt, sondern vom lead-link im nächsthöheren Kreis ernannt.

111ff.). Ein valider Einwand begründet sich nur aus der Rolle heraus, nicht aus den persönlichen Präferenzen der Mitarbeiter, und fokussiert das Gesamtziel der Organisation (purpose) (vgl. ebd.: 33). In einem Prozess der Integration werden bestehende Vetos diskussionslos gesammelt. Auf diese Weise werden die Stimmen aller Involvierten sachbezogen berücksichtigt (integrative Entscheidungsfindung). „Integration" kann so als Umgang mit validen Einwänden verstanden werden. Ein Vorschlag ist bei Beschluss durch die unterschiedlichen Argumente komplementiert und modifiziert, sodass dieser zu verbesserten Alternativen führen kann (vgl. ebd.: 111ff.).

Die integrative Entscheidungsfindung zielt nicht auf optimale, fehlerfreie und prinzipielle, sondern auf utilitäre Entscheidungen ab, die im fortführenden Verlauf korrigiert werden können, sodass diese – wie in der Soziokratie – durch einen interimistischen Charakter spezifiziert sind. Robertson (2006: 11, Ausl. u. Erg. ie) exponiert, *„(...) dass jede Entscheidung jederzeit revidiert werden kann. (...) [Es] muss ein besonderer Wert darauf gelegt werden, dass Entscheidungen basierend auf dem Ziel des Kreises und den verfügbaren Fakten getroffen werden, ohne zu viel Spekulation und Vorwegnahme darüber, was passieren ‚könnte' (...), und dann zu adaptieren, sobald sich neue Informationen und neues Verständnis zeigen. Dies führt zu weitaus weniger qualvollen Ringen um die ‚perfekte' Entscheidung (Voraussagen), und viel mehr dazu, einfach etwas auszuprobieren und sich von der Realität sagen zu lassen, wie die richtige Entscheidung tatsächlich aussieht."* Dies bedingt eine permanente Beobachtung und Analyse der praktischen Verhältnisse während der Prozesse, woraus profunde Details abgeleitet werden können, die im Rahmen einer vorgreifenden Planung (predict and control) nicht erfassbar wären (vgl. ebd.: 5f.). *„Es geht ... darum, sich auf ein angemessenes Telos einzustimmen und vollkommen präsent im Hier und Jetzt zu sein, und die Handlungen mit dem natürlichen kreativen Impuls zu verbinden, der dann auftaucht"* (ebd.: 11, Ausl. ie). Dabei arbeitet Robertson mit sogenannten „Spannungen", welche die wahrgenommene Differenz zwischen Soll (desiderabler Zstand) und Ist (faktischer Zustand) kennzeichnen und auf Chancen und Potentiale einerseits sowie Widerstände und Grenzen andererseits verweisen. Hierin sieht Robertson die Quelle der Energie für kontinuierliche Optimierungs- und Stabilisierungsprozesse, sodass Spannungen als eine holakratische Bezeichnung für Verbesserungspotentiale verstanden werden können (vgl. Mitterer 2015: 429f.). Auf diese Weise finden Prinzipien der dynamischen Steuerung[68] Anwendung, die eine Genese brauchbarer Lösungen für den jeweils nächsten Schritt des Entwicklungsprozesses intendieren. Die Teillösungen können relativ instantan evaluiert und korrigiert werden, wodurch direktes und flexibles Reagieren (agility) ermöglicht wird (vgl. Robertson 2006: 10ff.). Robertson (ebd.: 11, Ausl. ie) unterstreicht jedoch, *"(...) dass eine angemessene Struktur und ein angemessener Prozess, wie sie von Holakratie bereitgestellt werden notwendig, doch nicht hinreichend sind, um dynamische Kontrolle und wahre Beweglichkeit [agility] zu erreichen. Effektive Beweglichkeit erfordert zudem, dass die Individuen, die involviert sind, eine gewisse Ebene innerlichen Bewusstseins erreichen und die Möglichkeit haben die Erkenntnisse und Urteile auszudrücken (...)".*

4. Differenzierung von Entscheidungsbedarfen und von Besprechungsformen: *"Efficient meeting formats geared toward action and eliminating overanalysis"*, lautet es offiziell (http://www.holacracy.org). Regelmäßige Treffen gehören zu den grundlegenden Prinzipien der Holakratie. Damit diese effizient verlaufen und nur relevante Anliegen besprochen werden, erfolgt eine Differenzierung der Entscheidungsbedarfe sowie deren Zuordnung zu adäquaten Besprechungsformen (vgl. Mitterer 2015: 430ff.). Alle Zusammenkünfte verlaufen nach festen Strukturen und orientieren sich am übergeordneten Zweck der Organisation. Demgemäß erfolgen zu Konferenzbeginn sogenannte „Check-in-Runden", in denen auch in einem persönlichen Kontakt informelle Spannungen geäußert werden können. Nach der Klärung der administrativen Belange und dem Rapport über den Status quo der Entwicklungen unterschiedlicher Bereiche, wird eine Agenda mit diskussionswürdigen Themen erstellt. Sind die Besprechung und der integrative Entscheidungsprozess abgeschlossen, erfolgt eine Feedback-Runde zur Reflexion von Ablauf und errungenen Lernerfahrungen (vgl. Robertson 2016a: 72ff.).

---

[68] Diese stützt Robertson auf die Konzepte der „Agilen Software-Entwicklung".

Die Konferenzen werden wie folgt unterschieden: Auf struktureller Ebene der sogenannten „Holakratieverfassung"[69] finden „governance-meetings" (Strategie- und Steuerungstreffen) statt. In den Strategietreffen wird über weitgreifende Fragestellungen und den übergeordneten Zweck der Organisation dezidert, wodurch eine Entwicklung der Organisationsstruktur durch die kontinuierliche Adaption der aktuellen Herausforderungen erfolgt, anstatt durch eine in großen Zeitabständen und mit erheblichem Aufwand einhergehenden Restrukturierung (vgl. Robertson 2016a: 127ff.). Die zweiwöchentlichen bis zweimonatlichen Steuerungstreffen hält jeder Kreis ab, sodass der Aspekt der Steuerung im holakratischen System auf alle Organisationseinheiten distribuiert ist. Hier wird über die Art der Zusammenarbeit und die Regeln des Kreises entschieden und damit über Rollen, Zuständigkeiten und Verantwortlichkeiten. Darunter ist auch die Einrichtung, Verbesserung oder Auflösung von Subkreisen zu subsumieren. Während eine Weiterentwicklung und eine Optimierung der Organisationsstruktur und -prozesse explizit angestrebt werden, bleiben Ressourcenfragen (Geld, Zeit, Personal) bewusst außen vor (vgl. ebd.: 67ff.). Daneben werden „dailystand-up-meetings" (tägliche Treffen) sowie zumeist wöchentlich stattfindende „tactical meetings" (operative Treffen) institutionalisiert, um die Handlungsfähigkeit der Organisation zu sichern und kontinuierlich zu verbessern. Es werden alle Angelegenheiten mit Blick auf das Organisationsziel diskutiert, die nicht in den Bereich der Steuerungstreffen fallen (vgl. Allen 2003/2015). Operative Treffen können als Austauschgremium auf Handlungsebene verstanden werden, das die anstehenden Aufgaben und Projekte erfasst, Verbesserungsoptionen für die täglichen Arbeitsabläufe erörtert, über die Entwicklungen verschiedener Arbeitsressorts informiert und so zur Klarheit hinsichtlich der individuellen Verpflichtungen und zur Transparenz im Allgemeinen beiträgt (vgl. Robertson 2016a: 103f.).

---

[69] Die Binnenverhältnisse werden in einer holakratischen Geschäftsordnung, der sogenannten „Holokratie-Verfassung" (holacracy-constitution) geregelt (aktuelle Version 4.0), welche klare und transparente Regeln enthält und als Grundlage der Holakratie fungiert („Spielregeln"). Wesentliche Inhalte sind die Rollen und deren Funktionen, die organisationale Kreisstruktur und die Besprechungsstruktur. Die Holakratieverfassung ist für jeden auf der Website einsehbar (http://www.holacracy.org/constitution) und gültig.

Anstatt auf Führungskräften basiert der Ansatz der Holakratie auf Führungsprinzipien im Sinne von grundlegenden „Spielregeln" für Entscheidungsprozesse, die helfen, „(...) diese Entscheidungen a) an die Oberfläche zu bringen und b) effizient in sinnvolle Ergebnisse für die Organisation zu überführen" (Mitterer in Robertson 2016b: VIII, Ausl. ie). Holakratie stellt somit kein vollendetes Handlungsmodell für Organisationen dar und beschreibt „(...) keine ideale Organisationsstruktur. Jede holakratische Organisation organisiert sich rund um ihren Seins-Zweck (purpose-driven) und sieht daher vollkommen anders aus. Zudem ist die Struktur immer nur eine Momentaufnahme der aktuellen organisationalen Realität" (Mitterer 2015: 426, Ausl. ie).[70]

4.3.3 Selbstführung in der integralen evolutionären Organisation

Die Idee der Selbstführung in der integralen evolutionären Organisation, die Laloux (vgl. 2014a/2015) unter dem Titel „Reinventing Organizations" präsentiert, illustriert Institutionen, in denen Menschen selbstbestimmt in sinnstiftenden Formationen kollaborieren, ihr Handeln an der gemeinsamen Aufgabe und den damit kohärierenden Wertvorstellungen ausrichten, und Führung durch deren Allokation auf sämtliche Ebenen und alle Mitarbeiter realisiert wird. Der Gedanke ist überwiegend praktisch induziert[71] und gründet zugleich auf der evolutionären Entwicklungstheorie, wie der Untertitel von Laloux' Werk im Original assoziiert: „Inspired by the next stage of human consciousness". Auch Laloux (2015: 6) wurde von der integralen Theorie Wilbers (vgl. 2014b; 1997; 1977/1991) inspiriert, berücksichtigt darüber hinaus jedoch einen weiteren Aspekt: „Jedes Mal, wenn sich die Menschheit zu einer neuen Stufe bewegte,

---

[70] Holakratie signifiziert ein noch junges Konzept, das in deutschen Organisationen nur selten angewandt wird und auch wissenschaftlich bisher marginale Beachtung findet. Zudem ist der Begriff im deutschsprachigen Raum wenig geläufig. Nach Robertson existieren jedoch etwa 300 Organisationen weltweit, die nach holakratischen Prinzipien arbeiten und in deutlicher Mehrheit erfolgreich sind. Es stößt vor allem in Unternehmen auf Resonanz, die aus dem Technologiebereich stammen, sich in einer jungen Unternehmensphase befinden und bestrebt sind zu expandieren. Das bekannteste Beispiel ist der amerikanische Online-Schuhversand Zappos, eine Tochter von Amazon mit etwa 1.500 Mitarbeitern, welcher als Vorbild für Zalando gilt. Zappos setzt seit 2013 auf das Modell der Holakratie.

[71] Die praktische Ausrichtung des Ansatzes begündet sich inbesondere durch Laloux' ehemalige Geschäftspartnerschaft bei der Management-Beratungsgesellschaft McKinsey & Co. und späteren Tätigkeit als selbstständiger Berater.

erfand sie eine neue Weise der Zusammenarbeit, ein neues Organisationsmodell." Denn *"mit jeder neuen Stufe des menschlichen Bewusstseins ging auch ein Durchbruch in unserer Fähigkeit zur Zusammenarbeit einher, was zu einem neuen Organisationsmodell führte"* (Laloux 2015: 13).[72] Laloux (ebd.: 2ff.) postuliert eine signifikante Wirkungsbegrenzung gegenwärtig applizierter Management-Paradigmen[73], so *„(...) dass die heutige Organisationsführung ihre Grenzen erreicht hat"* (ebd.: 3, Ausl. ie), und *„wir sehnen uns nach mehr, nach einer radikal anderen Weise der Zusammenarbeit in Organisationen"* (ebd.: 4). In den meisten Organisationen erfolgten bereits vielfältige strukturelle wie auch prozessuale Maßnahmen. *„Es macht den Eindruck, als hätten wir die gegenwärtige Organisationsführung bis an ihre Grenzen ausreizt, und diese traditionellen Rezepte scheinen eher ein Teil des Problems zu sein als deren Lösung"*, so Laloux (ebd.). Begründend durch eine Nachzeichnung der Entwicklungsstufen existierender Organisationsmodelle sowie das Vorfinden deren „kulturellen Seelenlosigkeit" im Rahmen seiner Beratertätigkeit konstatiert Laloux (ebd.: 53) die unausweichliche Notwendigkeit einer radikalen Neuorientierung. Diese sieht er in der so bezeichneten „integralen evolutionären Organisation" verwirklicht, in deren Kontext Organisationen als lebendige Systeme gelten. Diese könne als der Ausfluss einer neuen Stufe menschlicher Bewusstseinsentwicklung betrachtet werden (vgl. Wilber 2014a: IX; Wilber/ Engler/Brown 1986).[74] Laloux plädiert daher – über ein modifiziertes Verhalten hinausgehend – für einen fundamentalen Bewusstseinswandel in Bezug auf Führung und erklärt die Veränderung der gesamten Organisation zum notwendigen Ausgangspunkt (vgl. Kauschke 2014: 36ff.). Nach Wilber (vgl. 2014a: IX) trägt Laloux' Ansatz so zu einer menschlichen Bewusstseinstransformation bei. Laloux' zweijährige Recherche ergab, dass bereits auf der Grundlage eines solchen Bewusstseins agierende Organisationen existieren, von denen er zwölf

---

[72] Laloux (vgl. 2015: 11ff.) zeichnet diese Bewusstseinsentwicklung unter Berücksichtigung der daraus entstehenden Organisationmodelle nach: So verlief die Entwicklung vom reaktiven Paradigma über das magische Paradigma zum tribalen impulsiven Paradigma, aus dem tribale Organisationen entstanden. Darauf folgte das traditionelle konformistische Paradigma, das die traditionellen Organisationen begründete. Aus dem anschließenden modernen leistungsorientierten Paradigma leiteten sich die modernen Organisationen ab und aus dem postmodernen pluralistischen Paradigma schließlich die postmoderne Organisation.
[73] Vgl. sein Buchkapitel: *„Die Grenzen unseres gegenwärtigen Organisationsmodells".*
[74] Zum integralen Bewusstsein vgl. Fitzner (2012), Hosang (2000), Wilber (2007/2009).

in seinem Werk „Reinventing Organizations" darstellt.[75] Diese stammen aus allen geografischen Bereichen und Sektoren (u. a. Wirtschafts-, Regierungs- und gemeinnützige Organisationen, Bildungs-, Gesundheits-, Energie- und Nahrungsmittelbranche), umfassen wenigstens 100 Beschäftigte und arbeiten seit mindestens fünf Jahren nach auf einer integralen Bewusstseinsstufe basierenden Strukturen, Prozessen, Praktiken und Kulturen.[76] Bei den explorierten Organisationen handelt es sich um kommerziell erfolgreiche Wirtschaftsunternehmen (profit) und um gemeinnützige Organisationen (non-profit) (vgl. Laloux 2015: 55ff.), deren Gründer zumeist *„(...) der inneren Notwendigkeit [folgten], ihre Arbeitsumgebung zu verändern und in Übereinstimmung mit ihrer Weltsicht zu handeln. Die herkömmliche Organisationsführung war für sie einfach nicht mehr angemessen. Sie sahen darin ihre Werte und ihre tief empfundenen Grundannahmen über den Sinn der Arbeit und den Umgang von Menschen untereinander verletzt"* (ebd.: 283, Ausl. u. Erg. ie).

Trotz deren Divergenzen und Unkenntnis von der Existenz ähnlich agierender Institutionen verfügen diese Organisationen über eine unerwartete Similarität in deren Strukturen, ökonomischen Verfahrensweisen und Führungsprinzipien. *„Diese wegweisenden Organisationen kannten einander nicht und experimentierten allein; sie arbeiten in radikal unterschiedlichen Sektoren und an verschiedenen Orten; einige haben Hunderte, andere Zentausende Mitar-*

---

[75] Laloux (vgl. 2015: 55ff.) stieß in seinen Recherchen auf folgende Firmen, die er als Beispiele für eine neue Form von Organisation und Kultur der Zusammenarbeit exemplarisch aufführt: RHD (http://www.rhd.org; Soziale Dienstleistungen, USA, 4.000 Mitarbeiter, non-profit); Sounds True (http://www.soundstrue.com; Medien, USA, 90 Mitarbeiter, profit); Sun Hydraulics (http://www.sunhydraulics.com/de; Hydraulikkomponenten, Global, 900 Mitarbeiter, profit); AES (http://www.aes.com; Energieversorgung, global, 40.000 Mitarbeiter, profit); BSO/Origin (IT Consulting, global, 10.000 Mitarbeiter, profit); Buurtzorg (http://www.buurtzorgnederland.com; Gesundheit, Niederlande, 7.000 Mitarbeiter, non-profit); Kliniken Heiligenfeld (http://www.heiligenfeld.de; Gesundheit, Deutschland, 600 Mitarbeiter, profit); ESBZ (http://blog.schule-im-aufbruch.de/schulen-im-netzwerk/evangelische-schule-berlinzentrum-esbz; Schulen, Deutschland, 1.500 Schüler, Mitarbeiter und Eltern, non-profit); FAVI (http://www.favi.com/all/index.php; Metallverarbeitung, Gangschaltungen, Frankreich, 500 Mitarbeiter, profit); Holacracy (http://holacracy.org; Organisationsentwicklungsberatung); Morning Star (https://www.morningstarfarms.com; Nahrungsmittel, USA, 400 bis 2.400 Mitarbeiter, profit); Patagonia (http://www.patagonia.com; Outdoorausrüstung, USA, 1350 Mitarbeiter, profit). Eine gesonderte Fallstudie zum Lebensmittelhersteller Morning Star hat Hamel (vgl. 2011) im Harvard Business-Review veröffentlicht.
[76] Viele der Organisationen existieren so seit langem (zum Teil 30 oder 40 Jahre) und umfassen einige Hundert bis mehrere Tausend Mitarbeiter.

Entstehung eines neuen integralen Führungsprinzis

beiter. *Trotzdem haben sie nach vielen Runden von Versuch und Irrtum überraschend ähnliche Strukturen und Praktiken gefunden. (...) Es bedeutet, dass ein kohärentes Organisationsmodell zu entstehen scheint, das wir bis in die Einzelheiten beschreiben können. Dies ist kein theoretisches Modell, keine utopische Idee, sondern ein ganz konkreter Weg, um Organisationen von einer höheren Bewusstseinsstufe aus zu führen. Wenn wir anerkennen, dass die menschliche Evolution eine Richtung hat, dann zeigt sich hier etwas Außergewöhnliches: ein Entwurf für die Zukunft von Organisationen, mehr noch, ein Entwurf für die Zukunft der Arbeit"* (ebd.: 8, Ausl. ie).[77] Laloux versteht dies als ein Indiz für die Genese einer auf einem radikal veränderten Bewusstsein gründenden neuen Organisationsführung und nicht als okkasionelle Randerscheinung. Mit dem Blick auf die gegenwärtig bereits in signifikantem Ausmaß in einer mit der nächsten menschlichen Entwicklungsstufe implizierenden Struktur agierender Organisationen resümiert Laloux (ebd.: 6f., Ausl. ie): *„Dort sehen wir, dass uns die Zukunft nicht nur bevorsteht – sie zeigt sich schon in der Gegenwart. (...) Vielleicht sind wir nun endlich bereit, die als das zu sehen, was sie sind: (...) Pioniere unserer kollektiven Zukunft."*

---

[77] Das Beispiel „Buurtzorg": Buurtzorg entstand zunächst als Team von zehn Menschen, das sich in einem Quartier um 50 Patienten kümmerte. Inzwischen ist Buurtzorg eine der größten Organisationen in diesem Bereich mit etwa 7.000 Mitarbeitenden in selbstorganisierten Teams in den ganzen Niederlanden. Die Grundprinzipien sind: Jedes Team trägt die Verantwortung für alle Tätigkeiten in der Pflege, deren Organisation und Administration. Die Pflege der Patienten stützt sich auf den Aufbau persönlicher Beziehungen zu den alten Menschen. Das Team stellt neue Mitarbeitende ein, erstellt Fortbildungspläne, plant das eigene Budget und organisiert den Wissensaustausch und die fachliche Weiterentwicklung mit anderen Teams. Es gibt keine Hierarchie und kein mittleres Management, interne Berater unterstützen die Teams dabei, eigene Lösungen zu entwickeln – in fachlichen Fragen oder bei internen Konflikten. Alle Teams wenden ähnliche Grundregeln und Methoden an: Die Größe der Teams liegt bei maximal zwölf Personen, Aufgaben in den Teams sind breit aufgeteilt, um internen Hierarchien vorzubeugen. Neben organisatorischen Teambesprechungen finden regelmäßig fachliche Beratungstreffen statt. Die Teammitglieder bewerten sich jährlich gegenseitig mit einem abgestimmten Kompetenzprofil. Wichtige Entscheidungen werden durch einfache Methoden der Entscheidungsfindung unterstützt, bei der alle zur Entscheidung stehenden Vorschläge gesammelt und begründet werden. In der Runde werden Einwände und Klärungsbedarf ausführlich erörtert und am Ende die Vorschläge angenommen, zu denen es keine prinzipiellen Einwände mehr gibt. Ziel ist dabei nicht der Konsens oder eine Entscheidung „Entweder – Oder", sondern rasch zu praktikablen und durchdachten Lösungen zu kommen, die erprobt und umgesetzt werden können. Das Ergebnis: Die Patienten bleiben nur noch halb so lange in der Pflege und werden wieder selbstständiger, der Kostenaufwand verringert sich entsprechend. Die Zufriedenheit der Mitarbeitenden ist erheblich gestiegen, die Fluktuation ist um 33 Prozent niedriger als in anderen vergleichbaren Organisationen (vgl. Laloux 2015: 62ff.).

Diese Form der Organisationsführung befindet sich noch in einem Entwurfsstadium, sodass Laloux darauf hinweist, dass sein Buch keine fixe und vollendete Deskription eines Modells liefert. Vielmehr sind weiterführende Forschungsleistungen erforderlich, um ausgearbeitete Details für eine solche sinnorientierte Zusammenarbeit zu eruieren. Auf der Basis seiner Untersuchungsergebnisse induziert Laloux (ebd.: 53) jedoch „drei Durchbrüche", die als charakteristische Merkmale für integrale evolutionäre Organisation verstanden werden können:

1. Selbstführung: Der Arbeitsvollzug ist durch die Absenz erzwungener formaler Hierarchien gekennzeichnet, denn es existieren keine Organigramme und Stellenbeschreibungen. Einerseits adressiert Selbstführung den strukturellen Aspekt (vgl. ebd.: 59ff.): Die Arbeit erfolgt in sich selbstverantwortenden und selbstführenden Gruppen von etwa zehn bis fünfzehn Personen, deren Konstellation auf Freiwilligkeit basiert. Die Gruppen organisieren sich selbst, sodass die Tätigkeiten nach den Fähigkeiten und Bedürfnissen der einzelnen Mitglieder delegiert werden. Zwischen den Gruppen bestehen Koordinationsbeziehungen und ein kontinuierlicher Informations- und Wissensdialog. Ein Vorstand oder Management ist nicht institutionalisiert. Vielmehr sind die Führungsaufgaben über die Organisation verteilt, wobei optional und utilitär ein Berater konsultiert werden kann. Auf diese Weise wird Kontrolle durch Vertrauen substituiert. „Typisch für den Wandel zu evolutionären Organisationen (...) ist der Übergang von Angst zu Vertrauen, von Mangel zu Fülle. Dieser Übergang spiegelt sich in den neuen Strukturen wieder. Von Strukturen, die auf Angst, Kontrolle und Überwachung beruhen, geht man über zu Strukturen, die auf Möglichkeiten, Entfaltung und Offenheit basieren" (ebd. 2014b: 37, Ausl. ie). Das Vertrauen fungiert als ein konstitutiver Aspekt, denn dieses spiegelt die Annahme von einem natürlichen menschlichen Bedürfnis wider, mit einer kreativen und selbstverantwortlichen Arbeit zum gesellschaftlichen Leben beitragen zu wollen (Menschenbild). Die unterstützenden Funktionen für die Mitarbeiter sind daher deutlich reduziert, und dieser wird selbst zum Führenden und Verantwortungstragenden (vgl. Kauschke 2014: 38). Doch werden nicht eindimensional das Wohlergehen des Einzelnen und ein harmonisches Miteinander

priorisiert. Vielmehr werden explizit Spannungen zugelassen, da sich die Arbeitsgruppe durch selbstständige Problembewältigung über daraus resultierende Lernprozesse weiterentwickelt. „*Teams müssen durch Konflikte die eigene Mündigkeit entwickeln und durch ihren eigenen Prozess wachsen*", so Laloux (2014b: 38). Diese Neuorientierung der Organisation bedeutet jedoch keine prinzipielle Absenz von Hierarchie. Der Unterschied ist: „*Es gibt keine Gewalthierarchie mehr, also niemand hat mehr Gewalt über die anderen (...). Weil es die Gewalthierarchie nicht mehr gibt, entstehen viele natürliche Hierarchien. Das heißt, dass manche Leute bei bestimmten Themen mehr Erfahrung, mehr Wissen, mehr Kompetenzen oder mehr Begeisterung beizutragen haben als andere*" (ebd.: 39, Ausl. ie). So werden übergreifende Funktionen, wie die Entwicklung neuer Produkte, die Buchhaltung und das Controlling oder Personalmanagement an einzelne Personen oder Gruppen transferiert, die sich besonders für diese Funktion interessieren oder eignen, sodass eine natürliche Kompetenzhierarchie entsteht.

Andererseits adressiert Selbstführung die prozessualen Aspekte, wobei Laloux (vgl. 2015: 99ff.) in seiner Untersuchung etwaige Entscheidungsprozedere für jedes Ressort analysiert.[78] Beispielsweise wird eine Entscheidungsfindung auch in Gehaltsfragen erfasst, die durch einen Beratungsprozess zwischen gleichgestellten Beteiligten gekennzeichnet ist. Beschlüsse werden auf diese Weise grundsätzlich gemeinsam erörtert und verabschiedet.[79] Prinzipiell kann jeder Mensch in jeder Gruppe im Sinne eines integralen Bestandteils der Organisation auf jeder Ebene der Hierarchie wirken und

---

[78] Zu den Abstimmungsprozessen exponiert Laloux (2014: 36, Ausl. ie) in einem Interview folgendes Beispiel: „*.. Eines der schönsten Beispiele ist für mich Jos de Blok, der CEO von Buurtzorg in den Niederlanden, einem Unternehmen für mobile Krankenpflege mit 8000 Mitarbeitern. (...). Er ist den gleichen Regeln unterworfen wie alle anderen dort und wenn eine der Regeln besagt, dass er allein keine Entscheidungen fällen kann, er muss sich mit seinen Mitarbeitern beraten. Dazu hat er einen Abstimmungsprozess geschaffen, der für diese Unternehmen typisch ist: Er (...) schreibt .. einen Blog, den er im internen sozialen Netzwerk von Buurtzorg postet. Er kommuniziert beispielsweise die Idee für eine andere Berechnung der Überstunden. Innerhalb von 24 Stunden lesen das 6000 der 8000 Mitarbeiter, was zwischen 50 und 300 Kommentare hervorruft. Entweder die meisten stimmen dem Vorschlag zu, dann ist 24 Stunden später die Entscheidung getroffen (...). Oder die meisten Mitarbeiter äußern Bedenken, dann reagiert er darauf und räumt ein, dass er die Komplexität des Themas unterschätzt hat und unterbreitet einen anderen Vorschlag oder beauftragt jemanden, das Thema genauer anzuschauen.*"

[79] Vgl. das Prinzip „Systemisches Konsensieren" (vgl. Paulus/Schrotta/Visotschnig 2009).

Entscheidungen treffen, sodass möglichst alle Urteile unmittelbar an der Basis erfolgen. „*Es gibt kein Über-Ich, sondern ein komplexes Wir, der Sinn und Zweck ist daher etwas Intersubjektives und Dialogisches*" (Wilber 2014b: 19). Als Richtwert fungieren die individuellen Kompetenzen, wodurch sich Verwirklichungshierarchien entwickeln können, sowie ein konstruktiv-kollegialer Wettbewerb um Reputation als die Fähigkeit und Möglichkeit, einen Beitrag zu leisten und anderen zu helfen. Zudem wird der Einbezug aller Kollegen vorausgesetzt, die von den Konsequenzen der Entscheidung tangiert werden (vgl. Laloux 2015: 136ff.).

2. Ganzheit: „*Ganzheit bedeutet, persönlich und gemeinschaftlich eine Zusammenführung von Rationalität plus Emotionalität plus Intuition plus Integrität durchzuführen*", so Laloux (zit. n. Wilber 2014b: 18). Hiernach ist es erforderlich, dass Organisationen einen Raum modellieren, in dem der Mitarbeiter als ein Mensch in seiner Ganzheit gesehen und respektiert wird. Dies setzt die Annahme voraus, dass arbeitende Menschen eine Selbstverwirklichung in ihrer Arbeit anstreben sowie die Integration ihrer Lebenserfahrungen, Kompetenzen und Wertvorstellungen in ein gemeinsames Ganzes. „*Neue Anreize bestehen darin, liebender, offener, bewusster und fürsorgender zu werden*", erklärt Laloux (zit. n. ebd.: 17). Die Justierung des institutionellen Daseins auf den Sinn stellt in evolutionären Organisationen somit einen entscheidenden Faktor dar. „*Eine gemeinsame Zielsetzung, ein Sinn, ein Purpose. Viele der postmodernen Unternehmen sprechen zwar über den Sinn und eine Aufgabe und meinen es auch ernst. Aber es ist oft ein zusätzliches Element, um sich wohlzufühlen. (...) In evolutionären Organisationen ist der Sinn wichtiger als einzelne Werte. Die Werte kommen fast automatisch, wenn wir den Sinn wirklich vor Augen haben*" (Laloux 2014b: 38, Ausl. ie). Aufgabe der Führungskraft ist es, diesen zur Orientierung für die Mitarbeiter freizulegen. „*Der Zusammenhang entsteht nun durch die Ausrichtung der Organisation, die alle Beteiligten verbindet. Und in diesen natürlichen Hierarchien kann jeder seinen Beitrag zur Verwirklichung dieses Sinnes leisten und gleichzeitig mit dem Ganzen verbunden sein. Und das ist es, was die Menschen auch in der Arbeit wirklich erfüllt*" (ebd.: 39). Die soziale Gruppe ist der Nukleus der neuen Organisationen,

auf den sich vorherrschende kollektive Werte und Leistungsbeiträge ausrichten. Daraus entstehen zugleich neue Formen der Konfliktbewältigung und Mitarbeiterführung, da der Einzelne durch seine selbstständige Problembewältigung den Sinn des Tuns erkennt. Fokussiert wird somit keine „Wohlfühl-Mentalität", denn *„dadurch, dass man in postmodernen Unternehmen Konflikte eher vermeidet, bleibt auch die Beziehung zum Sinn oder der gemeinsamen Zielsetzung recht oberflächlich"* (ebd.). Als wesentliche Steuerungs- und Reflexionselemente werden kollegiale Rückmeldungen angewandt, die auf dem Grundsatz der gegenseitigen Achtsamkeit basieren. So wird eine Suche nach der Ganzheit in den interaktionalen Beziehungen angestrebt, die sich sowohl auf allgemeine Praktiken bezieht (z. B. sichere und offene Arbeitsumgebung, Räume zur Reflexion, Besprechungen, Gebäudegestaltung, soziales und ökologisches Engagement; vgl. Laloux 2015: 144ff.) als auch auf Personalprozesse (z. B. bezüglich Neueinstellung und Entlassung, Weiterbildung, Karriereplanung, Stellenbeschreibungen, Pflichten, Feedback, Arbeitszeiten und Flexibilität; vgl. ebd.: 175ff.). Hierzu Laloux (zit. n. Wilber 2014b: 18, Ausl. ie): *„Ganzheit zeigt sich auch bei Einstellungsgesprächen. (...) Der ganze Mensch wird eingestellt und nicht nur eine Arbeitskraft."*

3. Evolutionärer Sinn: Organisationen unterliegen nicht dem Verständnis von „Profitmaschinen", sondern werden im Sinne eines Organismus' als Teil eines größeren Prozesses verstanden, zu dem dieser einen Beitrag leistet (vgl. ebd. 2015: 193ff.).[80] *„Die Führungskräfte solcher Organisationen verstehen die Organisationen selbst als ein lebendiges System, ein lebendiges Wesen, wie ein Ökosystem. Und wie jedes lebendige Wesen hat es seine eigene Daseinsmotivation, Energie, Ausrichtung und Kraft. Oder spirituell gesprochen (...) einen Existenzsinn"*, so Laloux (2014b: 39, Ausl. ie). Dem Führenden obliegt es genau hinzuhören, *„(...) wohin dieses Unternehmen von selbst gehen will (...). Dies ist eine fundamental neue Haltung"* (ebd., Ausl. ie). Die Entscheidungsfindung basiert somit auf intuitiven Methoden und Techniken (vgl. ebd. 2015: 200ff.). Auf Rückmeldungen aus der Umwelt

---

[80] Zur Führung von komplexen lebendigen Organisationen vgl. Pflägling (2015a; 2015b; 2009; 2006) und Nowotny (2016).

kann adäquat flexibel reagiert werden, sodass nicht perfekte Lösungen priorisiert werden, sondern eine möglichst instantane Erprobung neuer Ideen (vgl. ebd.: 222ff.).[81]

Führungskräfte werden nicht vollständig eliminiert, doch ändert sich ihre Rolle radikal (vgl. ebd.: 235ff.): *„Sie ist unwichtiger und wichtiger zugleich. Nicht alle Fäden laufen bei ihnen zusammen, sie sind im System viel leichter wegzudenken, weil das ganze System auf mehr Personen ruht, als nur auf der einen Spitze. Die Führungskräfte haben weniger Macht, sie können nicht mehr alles allein entscheiden, sondern sie müssen die Prozesse der kollektiven Intelligenz mittragen und sich daran beteiligen"*, so Laloux (2014b: 37). Führung erfolgt somit gemeinschaftlich auf allen organisationalen Ebenen und durch alle Mitglieder, auch die ehemaligen Führungskräfte. Darüber hinaus fungieren Führungskräfte in einer weiteren neoterischen Rolle: *„Wenn diese neuen Prozesse implementiert werden, müssen die Führungskräfte ständig den Raum schaffen und wahren, damit diese Praktiken ihren Platz finden. (…) Die Rolle der Führungskräfte liegt also weniger auf der Ebene von Strategie und Entscheidung, sondern auf systemischer Ebene"* (ebd., Ausl. ie). Der Führende wird im originären Entscheidungsprozess unwichtiger und übernimmt stattdessen eine Metarolle: Er wird zum Optimierer des Entscheidungsraums. *„Er nutzt also die kollektive Intelligenz und dabei ist seine Haltung erstaunlich frei von Ego, er hat keine Angst, öffentlich zurückgewiesen zu werden"* (ebd.: 36). Führungskräfte bedürfen einer subjektiven Besinnung sowie Bereitschaft zur Kontrollabgabe: *„Vorher konnte man Zielvorgaben machen und Aufgaben verteilen, jetzt ist die Kontrolle systemisch, sie liegt im System selber. Es sind sich selbst korrigierende Systeme, die in gewissem Sinne weitaus mehr Kontrolle ermöglichen"* (ebd.: 38). Dies bedeutet zugleich eine Entlastung der Führungskraft.[82]

---

[81] Für das intuitive Vorgehen werden verschiedene selbstorganisierende Gruppenprozesse initiiert, zum Beispiel die Theorie U von Scharmer (vgl. 2007/2009; Kap. 4.2.2.2).

[82] Die Entwicklung integraler evolutionärer Organisationen ist voraussetzungsreich, worauf der Buchtitel *„Organisationen neu erfinden"* hinweist. Doch beschreibt Laloux (vgl. 2015: 235ff.) auch die notwendigen Bedingungen für die Umwandlung bestehender Organisationen, welche sich inbesondere auf Verfahren und Praktiken beziehen. *„Statt also alles mit einem Mal verändern zu wollen, kann es sinnvoll sein, erst mit einem der drei Durchbrüche evolutionärer Organisationen (Selbstführung, Ganzheit, evolutionärer Sinn) zu beginnen. Die anderen Durchbrüche können dann in der Folge nach und nach eingeführt werden"* (ebd.: 265).

5 Kollegiale Selbstverwaltung als Führungsprinzip

Wie in den vorherigen Kapiteln eruiert, kann der äquivoke Begriff „Führung" – je nach Blickwinkel (z. B. Forschungsziel, Menschenbild) – in einer Reichweite von einem unilateralen autoritativen Verhalten einer solitären Person (Monokratie) bis zu einem paritätischen Interaktionsprozess zwischen mindestens zwei Personen (Demokratie) verstanden werden. So kann eine prinzipielle Antinomie von Führung und kollegialer Selbstverwaltung als falsifiziert betrachtet werden, sodass Führung durchaus in einem selbstverwaltungskonformen Verständnis definierbar ist. Independent des jeweils vertretenen Führungsverständnisses erfasst „Führung" diverse Aufgabenbereiche des Organisationsmanagements und der Personalführung, die in einer Arbeitsgruppe und so auch in Waldorfschulkollegien für das Reüssieren eines gemeinsamen Ziels unvermeidlich erfüllt werden müssen. Diese existieren grundsätzlich unabhängig von einer spezifischen Person (gemäß funktionaler Argumentation der Führungslegitimation), allenfalls ergeben sich menschliche Fähigkeits- und Motivationsunterschiede in Bezug auf die Wahrnehmung dieser Aufgaben (gemäß anthropologischer Argumentation der Führungslegitimation; vgl. Kap. 3.1.2).

Ersichtlich wurde, dass verschiedene Führungskonzepte die Persönlichkeitseigenschaften und Verhaltensstile eines Führenden und/oder die Faktoren der Führungssituation pointieren. Die Situationstheorien als postmoderne Führungsansätze augurieren schließlich (implizit) durch variierende Elemente im Rahmen deren jüngsten Konzepte eine sich graduell vollziehende Veränderung im Führungsdenken und integrieren Gedankenansätze, die sich auch bei der kollegialen Selbstverwaltung wiederfinden: So betonen das „Intrapreneurship" und die Idee der Selbststeuerung (vgl. Kap. 4.2.2.1) insbesondere die Führungsrolle im Sinne einer Anleitung zur Selbstführung, plädieren für alternierende Führungseinheiten und Fähigkeitshierarchien und damit einhergehend für eine Abkehr von erzwungenen formellen Hierarchien. Scharmer greift in seiner „Theorie U" (vgl. Kap. 4.2.2.2) vor allem das Thema des intuitiven Handelns auf und illustriert eine Technik zu dessen Förderung. Ebenso wie in den zuvor genannten Ansätzen wird auch die „Theorie U" durch ein supportives Führungsverständnis arrondiert. Dietz fokussiert mit seinem Ansatz der

© Springer Fachmedien Wiesbaden GmbH, ein Teil von Springer Nature 2019
I. Enderle, *Kollegiale Selbstverwaltung als Führungsprinzip*,
https://doi.org/10.1007/978-3-658-23547-5_5

„Dialogischen Führung" (vgl. Kap. 4.2.2.3) vordergründig die polaren und sich interdependent äquilibrierenden Prinzipien der geistigen Produktivität und freien Empfänglichkeit und betont die Notwendigkeit des kontinuierlichen Austauschs (Dialog) zwischen den Organisationsmitgliedern. Die beiden Ansätze von Scharmer und Dietz beziehen sich dabei explizit auf die gedanklichen Grundlagen und Zusammenhänge von Rudolf Steiner.

Die sich gegenwärtig abzeichnenden neuen Trends der Führungsforschung bringen schließlich die als „postpostmoderne" Führungstheorien subsumierbaren Ideen hervor, die auf eine radikal neue Form der Führung – ausgehend von einer höheren (integralen) menschlichen Bewusstseinsstufe – verweisen. Diese integrale Sichtweise inhäriert einen auf alle Organisationsebenen distribuierten Führungsprozess, sodass Führungsaufgaben durch eine ganzheitliche organisationsstrukturelle Umgestaltung von allen Mitgliedern kollektiv und komplementär übernommen und erledigt werden. Auch hier lässt sich ein deutlicher, wenn auch unbeabsichtigter Bezug zu Rudolf Steiners Gedankengut erkennen, der als Referenzpunkt für seine Erkenntnistheorie (vgl. GA 4) ein sich sukzessive entwickelndes höheres menschliches Bewusstsein supponierte. Diese Interferenzen können für die im Folgenden dargestellte Idee der kollegialen Selbstverwaltung als supplementäre Impulse dienen und inspirierende Anregungen zur Lösungsfindung für vorherrschende Problematiken in der Selbstverwaltungspraxis offerieren. Zugleich ermöglichen diese, die kollegiale Selbstverwaltung aus deren ausschließlich waldorfspezifischen „Sonderstellung" zu profanieren und so eine Anschlussfähigkeit an den führungswissenschaftlichen Diskurs zu erreichen.

Um prüfen zu können, ob und inwieweit kollegiale Selbstverwaltung an die argumentativen Gedankengänge der integralen Führungsansätze anknüpft und als autonome und in sich ganzheitliche Führungsform verstanden werden kann, welche – entstehungszeitlich gesehen – den Ausgangspunkt deren Tradition bildet, werden – nach einer vorangestellten begrifflichen Annäherung und Abgrenzung kollegialer Selbstverwaltung in Kapitel 5 – in den nachfolgenden Kapitel 6.1 bis 6.3 deren immanenten Arbeitsgrundsätze von der Ursprungsidee ausgehend rekonstruiert und zugleich zu einer agglomerierten Darstellung in der Art einer konzeptionellen Vorstufe verdichtet.

5.1 Begriffliche Abgrenzung von kollegialer Selbstverwaltung

Trotz der trivialen Verwendung deren Terminus', zeichnen sich bei der Reflexion und substantiellen Präzisierung „kollegialer Selbstverwaltung" deutliche Restriktionen ab. Während „Selbstverwaltung" als praktisches Arbeitsprinzip an Waldorfschulen auf der Anthroposophie Rudolf Steiners basiert, ist diese – verbalisiert – nicht exklusiv anthroposophischer Natur und *„keineswegs ein Monopol anthroposophischer Einrichtungen, sondern ein feststehender Begriff der deutschen Rechtsordnung (...)"* (Brater/Maurus 1999: 59, Ausl. ie). Folglich stellt „Selbstverwaltung" einerseits ein usuelles Phänomen der Alltagssprache dar, das in variativen Kontexten verortet ist, woraus deren vermeintliches Selbstverständnis resultiert.[83] Nach Bauer (2006: 131, Ausl. ie) lässt sich *„unter den Begriff der ‚Selbstverwaltung' .. eine bunte Palette höchst unterschiedlicher Vorstellungen einordnen. Hochschulen, Kommunen, Sparkassen, Krankenversicherungen, aber auch Schulen in freier Trägerschaft, sozialtherapeutische Einrichtungen, autonome Frauenhäuser und andere alternative Unternehmen wollen nach den Prinzipien von Selbstverwaltung arbeiten."* Darüber hinaus integriert der Begriff eine gesellschaftskritische Perspektive. Die unreflektierte Verwendung des in allen Fällen homonymen Grundbegriffs „Selbstverwaltung"

---

[83] Der Selbstverwaltungsbegriff wird in unterschiedlichen Gesellschaftsbereichen angewendet:
- Öffentlicher Sektor (kommunale und funktionale Selbstverwaltung): Im öffentlichen Kontext werden unter dem Begriff „Selbstverwaltung" die dezentralisierten Steuerungsprinzipien des deutschen Sozialstaates verstanden, die den Transfer von genuin staatlichen Verwaltungsaufgaben auf rechtlich autonome Organisationen vorsehen, um lokalen Experten die eigenverantwortliche Ausgestaltung deren Fachbereiche zu ermöglichen (vgl. Hendler 2007; Hill 2011; Klenk 2006; Kluth 2002; 1997; Krumme 2013; Thieme 1995; Vilmar 2012).
- Non-Profit-Sektor (Selbstverwaltung als Organisationsprinzip): Auch im Kontext von Non-Profit-Organisationen (NPO) werden durch das Selbstverwaltungsprinzip genuin staatliche Aufgaben von hierfür abgestellten oder sich selbst berufenen Institutionen übernommen und autonom ausgeführt, weil der Staat sie nicht tätigen kann oder will (Subsidiaritätsprinzip) und/oder sie Bereiche tangieren, die sich für den Wirtschaftssektor als nicht rentabel erweisen, die betreffenden Leistungen jedoch von der Gesellschaft benötigt werden (vgl. Anheier u. a. 2007; Badelt/Meyer/Simsa 2007; Eschenbach u. a. 2015; Priller/Zimmer 2001; Schwarz u. a. 2005).
- Erwerbswirtschaftlicher Sektor (Arbeiterselbstverwaltung oder Wirtschaftsdemokratie): Selbstverwaltung erfasst hier sowohl einzelbetriebliche als auch wirtschaftspolitische Aspekte, d. h. diese kann einerseits als paritätische Führung eines Betriebes durch seine Mitglieder (vgl. Engelhard 2013; Gubitzer 1989; Gutmann 1985; Keller/Tobler 2002; Sauerland 2013; Watrin 1982), andererseits als demokratisch legitimierte Mitgestaltung des Wirtschaftssektors bei ordnungs- und prozesspolitischen Tatbeständen verstanden werden (vgl. Demirovic 2008; Hoffrogge 2011; Naphtali 1928; Nutzinger 1982; Vilmar 2006).

inhäriert eine interpretative Variabilität und damit missverständliche semantischen Interferenz. Durch das Defizit einer präzisen denotativen Abgrenzung wird „Selbstverwaltung" so zu einem ambivalenten Kompilationsbegriff.

Andererseits kovariieren mit dem Wort „Selbstverwaltung" die spezifischen Praktiken der Zusammenarbeit an Waldorfschulen, die in deren genuinen Observanz auf das geisteswissenschaftliche Gedankengut Rudolf Steiners zurückführbar sind. Dieses Arbeitsprinzip ist an Waldorfschulen traditionell manifestiert und repräsentiert eines deren Kernelemente (vgl. Brater 2013: 38; Fuchs/Krampen 1992: 10). So ist „Selbstverwaltung" „(...) *für das soziale Selbstverständnis der anthroposophischen Einrichtungen bisher durchaus konstitutiv*" (Brater/Maurus 1999: 59, Ausl. ie). Jedoch ist die Bezeichnung für die Form der Zusammenarbeit in der Schule als „kollegiale Selbstverwaltung" nicht durch Rudolf Steiner geprägt worden, sondern leitet sich aus dem Kontext der sogenannten „Dreigliederungsbewegung" ab (vgl. Mosmann 2015: 15; Kap. 7.1.1). Auch hat Steiner die Arbeitsgrundsätze der Zusammenarbeit nie explizit als solche formuliert und dokumentiert, lediglich einzelne geltende Prinzipien dargestellt und erläutert. Eine Rekonstruktion seiner diesbezüglichen Vorstellungen ist allenfalls durch die Auswertung insbesondere der etwa 70 Nachschriften der Konferenzen möglich, die Steiner (vgl. GA 300) mit dem Lehrerkollegium der ersten Waldorfschule in der Zeit von 1919 bis 1924 abhielt. In diesen werden vornehmlich seine Hinweise und Ratschläge zu bestimmten im Schulalltag anfallenden – insbesondere pädagogischen aber auch organisatorischen – Fragestellungen in dialogischer Form dokumentiert (vgl. Gabert/ Niederhäuser 1975: 9ff.; Husemann/Tautz 1979). Mittels dieser protokollierten Fallbeispiele lassen sich der allgemein konstitutive Aspekt der Waldorfschule und die grundsätzlichen Prozesse der Kommunikation und Entscheidung nachzeichnen. *"Obwohl die Konferenznachschriften zum Teil recht fragmentarisch sind, gewähren sie gleichwohl einen Blick in die Problemstellung, die Willensbildung und den eigentlichen Entscheidungsprozeß. Sie stellen als Werkstattgespräche jenes Medium her, in dem sich die modellhaften Urgedanken an konkreten Fragen lebendig entwickeln und aktualisieren"* (Leber 1974: 55).

Trotz der sublimierten Funktion „kollegialer Selbstverwaltung" in der Waldorfschulpraxis erfolgt nur durch wenige Autoren eine detaillierte und basale

Erläuterung deren ideellen Substanz, obwohl sich diese komplex gestaltet. Bei der Auswertung der vorliegenden Quellen zeichnete sich wiederholt eine Präsupposition vorhandener anthroposophischer oder waldorfschulpraktischer Vorkenntnisse des Lesers ab, ohne diese ein sachlicher Nachvollzug an vielen Stellen diffizil oder gar utopisch ist. Zudem gestaltet sich „kollegiale Selbstverwaltung" als nicht operationalisierbares und somit inkommensurables Konstrukt. So resümieren Brüll und Krampen (1992: 157, Ausl. ie.) nach Abschluss ihrer Untersuchungen von Fallstudien zur Freiheit im Bildungswesen hinsichtlich deren Begrifflichkeit: *"Wer gefordert wäre, eine Definition des Begriffes Selbstverwaltung im Bildungsbereich zu geben, würde sich möglicherweise nach der Lektüre der in diesem Band zusammengefaßten Fallstudien schwerer tun als vorher. Jeder der Autoren setzt seine Schwerpunkte anders als alle anderen. Vergleichbar ist fast nichts. Vielmehr tut sich ein anscheinend unendliches Arbeitsfeld auf (...)."* Die simultane Regularität des vokabularen und thematischen Applizierens von „Selbstverwaltung" liefert ein mögliches Indiz für die beklagten Konflikte in der faktischen Umsetzung. In diesem Sinne führen Brater und Maurus (vgl. 1999: 58ff.) dekadente Tendenzen praktizierter Selbstverwaltungsmodelle auf ein sich sukzessive profilierendes Missverständnis hinsichtlich deren ideellen Kerngedanken sowie intentionalen und tatsächlich bilanzierbaren Potentiale zurück. Zur präzisierenden Darstellung des Prinzips „kollegialer Selbstverwaltung" und zur Elimination infiltrierter Fehlassoziationen wird stilistisch mit zahlreichen Abgrenzungen via negationis gearbeitet. Dies unterstreicht den tendenziell diffusen Duktus des Begriffs. Auch Brüll und Krampen (1992: 158) adhibieren diese semantische Technik und formulieren einen ersten definitorischen Ansatz: *"Allgemein läßt sich Selbstverwaltung am ehesten negativ beschreiben: als Organisationsstruktur ohne Einflußnahme oder Bevormundung ‚von außen' beziehungsweise ‚von oben'."*

Demgegenüber existieren auch diverse Ausnahmen, die eine flagrante Beschreibung „kollegialer Selbstverwaltung" in Korrepondenz zum Ursprungsgedanken Rudolf Steiners wie auch kontrastierend zu konventionellen Schulstrukturen oder eben durch plakative Negativdemarkierungen anstreben und diese für den Einzelnen plausibel und figurativ nachvollziebar verdeutlichen. Besonders hervorzuheben ist in diesem Kontext Mosmann (2015), der den

„Selbstverwaltungsbegriff Rudolf Steiners" auf nahezu 70 Seiten extensiv erläutert. Der folgende Versuch einer terminologischen und sachlichen Abgrenzung „kollegialer Selbstverwaltung" zur Genese eines grundlegenden Verständnisses erfolgt unter Referenzierung auf diese Autoren.[84]

In seinem Artikel „Selbst-Verwaltung: Worum geht's?" subsumiert Müller (2004) einige charakteristische Merkmale „kollegialer Selbstverwaltung", die auf Rudolf Steiner und einschlägige Autoren zurückgehen. Demzufolge erfasst „kollegiale Selbstverwaltung" heterogene Perspektiven: *„Einerseits kann sich jeder Mensch, der in einer Schule arbeitet, angesprochen fühlen, bei der Verwaltung der Schule selbst mitzuwirken. (...) Andererseits geht es darum – wenn man die Schule als Ganzes betrachtet –, dass keine Anweisungen von außen kommen, also keine ‚Fremdverwaltung' stattfinden soll. (...) ‚Selbstverwaltung' bezieht sich damit auf die Verantwortung für den gesamten Schulorganismus. (...) Damit ist mit ‚Selbstverwaltung' nicht nur die Verwaltung gemeint, sondern das persönliche ‚Selbst-Verantwortlichsein' für alles, was in der Schule passiert. Ferner, dass nicht nur Sorge für den status quo, sondern auch für die Zukunft getragen werden soll"* (ebd.: 185, Ausl. ie). Auch Brüll und Krampen (1992: 158) erschließen den Ansatz „kollegialer Selbstverwaltung" in einem ganzheitlichen Sinne: *„Das bedeutet in der Unterrichtssituation Autonomie des Lehrers und der Schüler, in der Schulorganisation Autonomie eines Kollegiums und anderer Organe gegenüber Behörden und Kostenträgern."*

So wird „kollegiale Selbstverwaltung" zunächst auf zwei Ebenen verortet: Zum einen impliziert diese ein von staatlichen Weisungen und Interventionen emanzipiertes Agieren und betrifft folglich eine externe Dimension. Dies kontinuierend markieren Brater und Maurus (1999: 61f.) die Autonomie der gesamten Schule als Prämisse für die Unabhängigkeit der pädagogischen Arbeit und für deren Protektion vor Fremdeinflüssen durch Fiskus und Wirtschaft. Auch Leber (1974: 39) exponiert die fundmentale Bedeutung dieses Aspekts: *„Selbstverwaltung bedeutet zunächst rechtliche Unabhängigkeit und erst in zweiter Linie Selbstgestaltung der Organisations- und Verwaltungsform durch*

---

[84] Zur definitorischen Abgrenzung von „kollegialer Selbstverwaltung" werden durch den defizitären Bestand an wissenschaftlichen Arbeiten auch nicht-wissenschaftlich ausgelegte Artikel der Zeitschrift „Erziehungskunst" verwendet, die primär auf praktischen Expertisen beruhen.

die im Bildungswesen Tätigen." Der hier angesprochenen Ebene gebührt besondere Relevanz, da Waldorfschulen die Bereitstellung einer immateriellen Leistung (Bildung) übernehmen, welche durch den Staat verantwortet und reguliert, jedoch nicht von diesem selbst „produziert" wird, wodurch Bildung von einer fachfremd handelnden Instanz determiniert wird. Generalisierend formuliert werden staatliche Übergriffe im Rahmen „kollegialer Selbstverwaltung" als sachlich dysfunktional betrachtet. Die Bedingung staatlicher Autonomie signalisiert folglich eine notwendige Delegation der Verantwortung für das „Bildungsgut" auf das hierfür prädestinierte Ressort.[85]

Gemäß der obigen Abgrenzung nach Müller umfasst „kollegiale Selbstverwaltung" zum anderen eine interne Dimension, die die innerorganisatorischen Strukturen und Prozesse betrifft. An diese knüpfen die meisten definitorischen Konstrukte an, wobei sich wiederum drei Betrachtungsebenen abzeichnen: die strukturelle Konstitution, die sozialen Prozesse des Zusammenarbeitens sowie die pädagogische Unterrichtstätigkeit. Diese Segmente bilden jedoch eine miteinander interagierende und interdependente Allianz, was regulär auch derart dargestellt wird. Nach Leber (1974: 55; 1972: 449, Ausl. ie) weicht der innerorganisatorische Aufbau einer kollegial selbstverwalteten Schule *„(...) von allen bisher praktizierten Schulmodellen erheblich ab"* und stellt sich *„als ein besonderer Typus heraus"* (ebd. 1974: 13). Im Sinne dieser pauschalierenden Aussage erläutert Bauer (2006: 131) präziser: *„Selbstverwaltung ist dann gegeben, wenn diese Institutionen sich unabhängig von vorgesetzten Stellen organisieren und innerhalb der Organisation eine weitgehende und gleichberechtigte Mitwirkungs- und Beteiligungsstruktur der Mitarbeiter im Rahmen äußerst flacher Hierarchieebenen realisieren."* Bauer betont zunächst eine extensive Machtparität und eine damit korrespondierende Partizipation der Organisationsmitglieder in der „kollegialen Selbstverwaltung". Einen hierzu arrondierenden Aspekt stellt Randoll (2013c: 98, Ausl. ie) heraus, der darauf hinweist,

---

[85] Aus dieser externen Dimension im Sinne einer Handlungsautonomie von staatlichen Direktiven leitet sich die Bezeichnung „Freie" Waldorfschule ab. „Frei" bedeutet prinzipiell die Verantwortungsübernahme für einen Schulbetrieb durch einen nichtstaatlichen – freien – Schulträger. Dies trifft grundsätzlich auf alle Privatschulen (in Abgrenzung zu Schulen in öffentlicher Trägerschaft) zu, sodass für diese synonym oft die wertneutrale Bezeichnung „Schule in freier Trägerschaft" oder umgangssprachlich „freie Schule" verwendet wird (vgl. Köpcke-Duttler o. D.; GG Art. 7, Abs. 4).

"(...) dass es an der Waldorfschule keinen offiziellen Direktor gibt. Vielmehr entscheidet das gesamte Lehrerkollegium – bzw. zumindest gewählte Vertreter – über pädagogische, personelle und zum Teil auch über wirtschaftliche Fragen und Angelegenheiten. Insofern trägt jeder Lehrer ein hohes Maß an Mitverantwortung für den gesamten Schulorganismus." Doch unterstreichen Brater und Maurus (1999: 61, Erg. ie) in diesem Kontext, dass Selbstverwaltung *"kein Mitbestimmungsmodell* [ist], *sondern eine Bedingung freier Arbeit"*.

Zudem rekurriert Bauer auf den sich prozessual formierenden Aufbau selbstverwalteter Organisationen, den auch Czesla (2010: 10, Ausl. ie) in seiner Definition von „kollegialer Selbstverwaltung" alludiert: *"Im Kern geht es darum, dass Verwaltung von Einrichtungen des sogenannten freien Geisteslebens*[86] *(...) von den Betroffenen selbst durchgeführt werden muss. Dies deshalb, weil – anders als in Wirtschaftsunternehmen – die Leistung jeweils aktuell in der unmittelbaren Begegnung zweier Menschen entsteht. Organisation in solchen Einrichtungen bedeutet, dass die Vorbereitung dieses freien Begegnungsraumes und die Nachbereitung so gestaltet werden müssen, dass unmittelbar dasjenige einfließen kann, was in der Lerntätigkeit der Begegnung erfahren wird. Wäre dies nicht so, wären solche Einrichtungen abstrakt und lebensfremd organisiert."* So pointiert Czesla die praktische Lebensnähe der Strukturbildung. Zudem führt er an anderer Stelle aus: „Kollegiale Selbstverwaltung" *"ist die aufgabenorientierte Selbstgestaltung von Organen, Strukturen und Prozessen durch die Betroffenen. Betroffen sind in diesem Sinne alle Menschen, die nachhaltig und verantwortlich an der gemeinsamen Aufgabe einer sozialen Institution mitarbeiten"* (ebd.). Demnach existieren in selbstverwalteten Organisationen keine Positionsinhaber, vielmehr organisiert sich deren strukturelles Gefüge in Korrespondenz zu den anstehenden Aufgaben (Aufgabenorientierung). Die Ausführungen von Brater und Maurus (1999: 62f., Ausl. ie) konspektieren schließlich diesen Gedankenansatz einer auf solche Weise organisierten Zusammenarbeit: *"Selbstverwaltung meint eine Form der Organisation der gemeinsamen Arbeit, bei der diese nicht durch Strukturen und Anweisungen vorgegeben und reguliert wird, sondern ein Maximum an in-*

---

[86] Unter das sogenannte „Geistesleben" fasste Steiner den gesamten kulturellen Lebensbereich (vgl. ausführlich Kap. 7.1.1).

dividueller Initiative und Selbststeuerung zur Entfaltung kommen kann. (...) Selbstverwaltung verzichtet weitgehend auf strukturelle (z. B. hierarchische, bürokratische) Steuerungen des individuellen Handelns und beruht auf dem Mut, das angestammte Verhältnis von Organisation und Individuum, bei dem das individuelle Handeln immer Objekt des Organisierens war, umzukehren: Ausgangspunkt ist nicht mehr die Organisation und ihr ‚Zweck', sondern die Vielfalt der individuellen Initiativen, der kreativen Möglichkeiten des Einzelnen, seine Impulse und Motive, die es durch die Organisation nicht in eine bestimmte Richtung zu lenken, sondern zu garantieren und zu koordinieren gilt."

Nach Herrmannstorfer (2010: 4) stellt „kollegiale Selbstverwaltung" „nicht alleine eine Organisationsform, sondern gleichzeitig ein Schauplatz sozialer Entwicklung" dar. Mit Blick auf die innerorganisationalen Prozesse des Zusammenarbeitens gründet die Idee „kollegialer Selbstverwaltung" – so auch Brater und Maurus (vgl. 1999: 64f.) – auf der Intention einer konsequenten Ermöglichung und Garantie der individuellen und kollektiven Freiheit für ein sachgemäßes Arbeiten mit dem Ziel, entbunden von fremden Direktiven und strukturellen Restriktionen aus eigener Erkenntnis entscheiden und handeln zu können. Durch die Prämisse der freien Arbeit soll das kreative Potential eines jeden optimal entfaltet und in ein gemeinsames Ganzes eingebracht werden, das weitreichender ist als die Summe aller Einzelbeiträge: „Damit wurzelt Selbstverwaltung in der aus der Grundlage der Anthroposophie hervorgehenden tiefen Achtung für die individuelle Freiheit und die Initiative des Einzelnen. (...) Selbstverwaltungsstrukturen sind .. notwendig, damit (...) der Einzelne seine Kreativität, seine Initiative, seine Impulse, seine Erkenntnisse realisieren kann, damit das schöpferische Potential jedes einzelnen Mitarbeiters optimal zur Entfaltung kommt, damit ein Handeln des Einzelnen aus Einsicht und aus der Liebe zur Tat möglich wird. Es geht darum, inhaltliche Freiräume zu schaffen, die individuell und in freier Abstimmung mit anderen ergriffen werden können. Selbstverwaltung anthroposophischer Einrichtungen ist ein Prinzip der individualisierten Arbeitsorganisation, nach dem die Kräfte und Fähigkeiten des Einzelnen sich innerhalb der Organisation bestmöglich entfalten können – zum Wohle des Ganzen und zum Wohle der individuellen Entwicklung" (ebd.: 62, Ausl. ie). In komprimierter Version beschreibt es Herrmannstorfer (2010: 4):

"Die sozialen Formen, die sich aus der Inanspruchnahme der Teilhabe durch das individuelle Selbst ergeben, kann man unter dem Begriff ‚Selbstverwaltung' zusammenfassen." Mosmann (2015: 52, Ausl. ie) akzentuiert in diesem Sinne: *"Der Begriff der Selbstverwaltung dreht sich .. allein um die Frage, inwieweit das Selbst auch tatsächlich die Formen und Strukturen der gegenseitigen Verhältnisse originär bildet, und in den Entscheidungen maßgebend ist."*

In diesem Kontext prononcieren Brater und Maurus (1999: 62), dass „kollegiale Selbstverwaltung" jedoch nicht als *„Betriebsdemokratie"* fungiert, in der jeder pauschal bei allen Angelegenheiten partizipiert und unmittelbar mitbestimmt, – diese also nicht beabsichtigt, die Mitglieder mit möglichst umfassenden Mitspracherechten zu equipieren. Dieses Faktum unterstreicht auch Herrmannstorfer (2010: 6): *„Selbstverwaltung heißt nicht, dass alle alles machen oder bestimmen."* Vielmehr wird eine Etablierung und persistente Wahrung der organisationalen Konditionen zur Ermöglichung einer freien pädagogischen Arbeit beabsichtigt, *„(...) so daß die Erziehungsarbeit wirklich aus nichts anderem hervorgeht als aus den individuellen pädagogischen Einsichten und Fähigkeiten der Erziehenden"* (Brater/Maurus 1999: 61, Ausl. ie) in kategorischer Orientierung am Reifeprozess und an den Entwicklungsbedürfnissen des Kindes. *„Ziel der Selbstverwaltung in anthroposophischen Einrichtungen ist also nicht Demokratie, sondern sachgemäßes Arbeiten"*, so Brater und Maurus (ebd.: 62), denn *„wirklich kreativ und der Sache gemäß arbeiten kann man nie auf Anweisung oder nach fremden Willen, sondern immer nur aus eigener Einsicht und entsprechend den eigenen Fähigkeiten und Intentionen"*. Fokussiert wird folglich eine Formierung der Organisation nach aufgabenorientierter Maßgabe der Kindeserziehung, und „kollegiale Selbstverwaltung" ist als eine auf diese Weise induzierte arbeitsorganisatorische Konsequenz zu verstehen.

Zugleich beantwortet „kollegiale Selbstverwaltung" die Schlüsselfrage, wie man trotz profilierter Individualisierung *„etwas Gemeinsames, Verbindliches zustandebringen"* (ebd.: 63) sowie eine konsensuelle und kohäsive Solidarität manifestieren kann. Denn es besteht die Gefahr, *„(...) daß das ungebremste Eigensein der hochindividualisierten Mitarbeiter sich nicht mehr zum gemeinsamen Werk integrieren läßt (...)"* (ebd.: 64, Ausl. ie). In diesem Sinne komplettiert Herrmannstorfer (2010: 7): *„Selbstverwaltung heißt auch, Antworten ande-*

rer Menschen verstehen zu wollen und anerkennen zu können." Analog des Geltens der eigenen Individualität postuliert „kollegiale Selbstverwaltung" so den Respekt der Individualität des jeweils Anderen. *„So gesehen, kann man Selbstverwaltung verstehen als die paradoxe Kunst der Mitarbeiter einer Einrichtung, die anarchischen Tendenzen ihres ethischen Individualismus*[87] *sozial selbst so zu fassen, daß ein gemeinsames Werk zustandegebracht werden kann, das die Kräfte eines Einzelnen übersteigt"* (Brater/Maurus 1999: 63). Im Hinblick auf innerorganisatorische Prozesse „kollegialer Selbstverwaltung" erfasst folgendes Zitat von Brater und Maurus (ebd.) das Wesentiche: *„Selbstverwaltung, so wird deutlich, zielt nicht auf die ‚Mitbestimmung' der ‚Basis', also der bisher Machtlosen (demokratisches Prinzip), sondern auf die Befreiung der individuellen Initiative. Es handelt sich nicht um eine alternative Organisationsform, sondern um eine Revolutionierung des Denkens über und der Praxis von Organisation überhaupt: Nicht die Struktur ist das Primäre, das die Initiative kanalisiert, sondern der individuelle Impuls, der Prozesse in Gang setzt, die sich ihre Formen schaffen, so, wie sich in der Embryonalentwicklung die Blutgefäße aus der Bewegung des Blutes bilden, und nicht zuerst die Gefäße da sind, die dem fließenden Blut seine Bahnen vorschreiben."*

Eine weitere dritte Ebene „kollegialer Selbstverwaltung", die lediglich in der Minorität der definitorischen Ansätze thematisiert wird, greift den Aspekt von schulübergreifenden Organen auf und wird beispielsweise in den Ausführungen von Brüll und Krampen (1992: 165, Ausl. ie) skizziert: *„Viele ... Aspekte der Selbstverwaltung sind unmöglich von einzelnen Schulen allein realisierbar. Lehrerbildung, Altersvorsorge, Qualitätssicherung, Pluriformität, Weiterbildung etc. und letztlich auch der (politische) Einsatz für die Entwicklung eines freien*

---

[87] Als Fähigkeit zum *„Ethischen Individualismus"* bezeichnete Steiner (GA 4: 114) das Vermögen eines Menschen, in einer konkreten Situation geistig-moralische Inhalte und Werte durch freies Denken (moralische Intuition) unabhängig von externalen Moralprinzipien (z. B. gesellschaftlichen Gesetzen) zu erfassen bzw. selbst zu schöpfen. *„Der Mensch handelt, wenn er die Antriebe zu seinem Handeln in Geboten sucht, nach Gesetzen, deren Begründung nicht von ihm abhängt; er denkt sich eine Norm, die von außen seinem Handeln vorgeschrieben ist. Er handelt aus Pflicht. (...) Wir müssen demzufolge nur ein solches Handeln als ethisch gelten lassen, bei dem die Tat nur aus der in uns liegenden Idee derselben fließt. Der Mensch vollbringt von diesem Gesichtspunkte aus nur deshalb eine Handlung, weil deren Wirklichkeit für ihn Bedürfnis ist. Er handelt, weil ein innerer (eigener) Drang, nicht eine äußere Macht, ihn treibt"* (ebd. GA 1: 201ff.; Ausl. ie).

pluralen Schulwesens können sinnvollerweise nur durch schulübergreifende Organe (nicht jedoch übergeordnete Organe) geleistet werden." Insbesondere im Kontext einer angemessenen Qualitätssicherung staatsunabhängiger Schulen erlangen solche Dachorganisationen eine besondere Relevanz (vgl. Brater 2013; Maurus u. a. 2016). *„Geeignete interinstitutionelle Zusammenschlüsse von selbstverwalteten Schulen, die es im Bereich der Ersatzschulen vielfach schon gibt (Verband der Landerziehungsheime, Bundesverband der Freien Alternativschulen, Bund der Freien Waldorfschulen beziehungsweise Arbeitsgemeinschaften der Waldorfschulen auf Länderebene) haben noch eine weitere Chance, die jedoch nach unserer Wahrnehmung bisher kam genutzt wird: Schulbehörden sind oft froh, wenn ihnen die Qualitätskontrolle bezüglich der einzelnen Schule und bezüglich des einzelnen Lehrers teilweise abgenommen wird"*, so Brüll und Krampen (1992: 165).[88]

5.2 Ableitung einer Arbeitsdefinition von kollegialer Selbstverwaltung

Transparent wurde, dass „Selbstverwaltung" prinzipiell kein waldorfschulspezifisch oder anthroposophisch inaugurierter Begriff darstellt, sondern als konventioneller Terminus der deutschen Sprache lediglich in deren Kontext verwendet wird, sodass diese in der Form differenter gesellschaftsinduzierter Impulse einen integrativen Bestandteil der jeweiligen historischen Realität abbildet. So präsentiert sich „Selbstverwaltung" je nach deren Provenienz in unterschiedlicher Ausprägung: kollegial (Waldorfschulen), kommunal und funktional (öffentlicher Sektor), kollektiv und wirtschaftspolitisch (erwerbswirtschaftlicher Sektor) oder als organisationsinternes Arbeitsprinzip (Non-Profit-Sektor). Deren Distinktion erfolgt durch ein dem Substantiv „Selbstverwaltung" jeweils als Attribut präponiertes flektiertes Adjektiv – das inhaltsbestimmende Nennwort bleibt jedoch stets identisch. Werden die Eigenschaftsformen beim Gebrauch des Hauptwortes „Selbstverwaltung" ausgeklammert, offeriert dies

---

[88] Auf nationaler Ebene haben sich die deutschen Waldorfschulen zum „Bund der Freien Waldorfschulen e. V. (BdFWS)" mit Sitz in Stuttgart zusammengeschlossen. Eine adäquate Allianz existiert auf europäischer Ebene als „European Council for Steiner Waldorf Education (ECSWE)". Daneben gibt es die so bezeichnete „Internationale Assoziation für Waldorfpädagogik (IAO)" in Mittel-, Osteuropa und weiter östlich liegenden Ländern zur Koordination einschlägiger Institutionen in diesen Regionen.

Ableitung einer Arbeitsdefinition von kollegialer Selbstverwaltung 147

einen interpretativen Spielraum in der Dimension deren unterschiedlichen Typizitäten. Auf diese Weise besteht die Möglichkeit eines impliziten Transfers semantischer Attribute auf das jeweils andere Konstrukt mit der eventuellen Folge einer Sinnverzerrung.

Darüber hinaus wurde ersichtlich, dass „Selbstverwaltung" im Waldorfschulkontext eine extensivere Wortsubstanz und umfänglichere Komponenten beinhaltet als deren begriffsaffinen Konzepte: So wird diese nicht isoliert als ein opportunes Delegationsinstrument (öffentlicher Sektor), als ein projiziertes organisationales Charakteristikum (Non-Profit-Sektor) oder als revolutionäres Vehikel (erwerbswirtschaftlicher Sektor) verstanden, sondern unifiziert sämtliche Aspekte und statuiert sich rekurrierend auf eine spezifische Erkenntnis- und Gesellschaftstheorie[89] in einem exklusiven Format. Auf der Grundlage der bisherigen Erkenntnisse kann so folgende interime und fakultativ komplementierungswürdige Arbeitsdefinition abgeleitet werden:

„Kollegiale Selbstverwaltung" im Waldorfschulkontext kann als Prämisse für eine freie geistige Arbeit betrachtet werden, die sowohl das Außenverhältnis als auch die Ausgestaltung des Innenverhältnisses einer Organisation umfasst: So postuliert „kollegiale Selbstverwaltung" auf der Metaebene die Autonomie von staatlichen Direktiven und Regulierungen in Bezug auf die Bereitstellung der Bildungsdienstleistung und umfasst auf der Makroebene interinstitutionelle Zusammenschlüsse. Auf der Mesoebene konstituiert sich diese einerseits durch eine formell hierarchielose und sich organisch aus dem Prozess der Arbeit formierende Organisationsstruktur, andererseits durch eine paritätische, die Individualität respektierende Mitgestaltung der Prozesse und Entscheidungen durch alle vom Organisationsziel Betroffenen sowie einen umfassenden und die Sozialität und Kohäsion fördernden Kommunikationsapparat (Konferenzsystem). Auf der Mikroebene integriert „kollegiale Selbstverwaltung" die durch Selbstbestimmtheit geprägten und an den Entwicklungsbedürfnissen des Kindes orientierten Prozesse des Unterrichtsgeschehens.

---

[89] Vgl. Steiners grundlegenden Werke (GA 4; GA 23).

In einem synoptischen Schaubild komprimiert kann die von „kollegialer Selbstverwaltung" in Waldorfschulen erfasste inhaltliche Reichweite folgendermaßen schematisiert werden (vgl. Tab. 1):[90]

Tab. 1: Reichweite des Begriffs der kollegialen Selbstverwaltung (ie)

kollegiale Selbstverwaltung			
externe Ebene		interne Ebene	
Metaebene	Makroebene	Mesoebene	Mikroebene
Beziehung zum Staat und zur Gesellschaft	interinstitutioneller Zusammenschluss auf Länder-, Bundes-, europäischer und internationaler Ebene (AGs, BdFWS, ECSWE, IAO)	Aufbau/Struktur und Abläufe/(soziale) Prozesse	Pädagogik/ Unterricht

Da „kollegiale Selbstverwaltung" in der vorliegenden Arbeit mit dem Fokus auf Führungsaspekte analysiert und auf deren konzeptuelles Potential für einen autonom demarkierbaren Führungsansatz untersucht werden soll sowie darüber hinaus ein Anschluss an den Diskurs der Führungsforschung beabsichtigt wird, konzentriert sich die Sichtweise auf die Mesoebene der internen Interaktionsprozesse und strukturellen Prämissen.

So kann „kollegiale Selbstverwaltung" im Folgenden als eine formell hierarchiefreie Arbeitsform verstanden werden, die sich in einer äquilibrierenden Relation zwischen der Förderung von Individualität und Kreativität und deren Einbettung in eine kohäsiv wirkende Sozialität mit gemeinsamer Intention und Zielsetzung verortet.

---

[90] Zu den unterschiedlichen Ebenen der „kollegialen Selbstverwaltung" vgl. Brüll (1992b: 19ff.).

6 Arbeitsgrundsätze kollegialer Selbstverwaltung

Während die allgemeine Idee der „Selbstverwaltung" nicht genuin aus der Praxis der Waldorfschulen resultiert, ist diese gleichwohl eines deren konstitutiven Merkmale und darüber hinaus ein signifikantes Erkennungsmerkmal in Demarkierung zu anderen Schulformen (vgl. Strawe 2008: 5). Kollegiale Selbstverwaltung (auf der hier betrachteten Mesoebene) offeriert eine Antwort auf die Frage der Ausgestaltung einer Organisation zur Ermöglichung des Reüssierens deren spezifischen Auftrags. Kollegiale Selbstverwaltung stellt so eine Form interaktiver Zusammenarbeit dar, sodass in dieser typischerweise zu erfüllende Führungsbedarfe entstehen. Die Prämisse der obligaten Existenz von Führungsnotwendigkeiten und von sich daraus ableitenden Führungsaufgaben geht auf die Argumentation in Kapitel 3 zurück, wonach das Führungsphänomen in jedem sozialen Kontext auftritt und als Komponente zu beachten und zu gestalten ist: Wo mindestens zwei Menschen interagieren, wird geführt, sodass Führungsprozesse immer dann an Relevanz und Wirksamkeit gewinnen, wenn Personen längerfristig in sozialen Kollektiven mit intentionaler Orientierung koalieren und handeln.

Es zeigte sich, dass Führung einerseits dadurch legitimiert wird, dass Menschen der Führung bedürfen, weil nicht jeder gleichermaßen fähig und bereit dazu ist, Verantwortung zu übernehmen. Die Führungsfunktion umfasst dann den Gesamtüberblick über das organisationale Handeln sowie die Koordination und Ordnung der Einzelleistungen. Andererseits wird Führung dadurch legitimiert, dass Kollektive eine Führung benötigen und ohne diese zu zerfallen drohen, weil sich Egoismus, Sonderinteressen und Rücksichtslosigkeit ausbreiten können. Führung wirkt dann einer Zersplitterung und Zersetzung entgegen, vereinigt die Gemeinschaft und verhilft dieser zur Geschlossenheit. Daraus konnten eine anthropologische Begründung von Führung und eine funktionale Begründung von Führung abgeleitet werden (vgl. Kap. 3.1.2). Während die anthropologische Begründung auf unterschiedliche Bedürfnisstrukturen des Menschen und damit auch auf eine Ungleichverteilung von Begabungen und Leistungsfähigkeiten abstellt, argumentiert die funktionale Begründung mit der Notwendigkeit von Führung zur Aufrechterhaltung organisationaler Abläufe bei steigendem Koordinationsbedarf mit zunehmender Personenzahl. Führung wird dabei als ein Instrument oder Mittel angesehen, um etwas gemeinschaftlich Angestrebtes (Ziel) erfolgreich umzusetzen und zu gestalten. Das Führungsverständnis kann als Bestandteil eines Führungsprinzips angesehen werden, das als ideologische Grundlage für die konkrete Ausgestaltung der Strukturen und Prozesse fungiert, und wird im Rahmen der folgenden Konzeption der Arbeitsgrundsätze kollegialer Selbstverwaltung explizit berücksichtigt (vgl. Kap. 6.3).

Nach Harslem (1994: 72, Ausl. ie) wird mit dem Begriff der Führung in Waldorfschulen jedoch in der Regel eine Antinomie von Führer und Geführten assoziiert, *„(...) daß einem ein anderer sagt, was man zu tun hat – also Macht über einen hat und einem seinen Willen aufzwingt. Das gängige Bild von Führung beinhaltet, daß einer besser Bescheid weiß als die anderen, für andere verantwortlich ist, das Ganze überblickt, die Interessen des ganzen Unternehmens, Betriebes, der Schule etc. vertritt und letztlich an allem Schuld ist. (...) Dabei begegnet man einer deutlichen Hierarchie, sowohl in bezug auf Macht, Einkommen und Ansehen."* Harslem (ebd.: 73) begründet dies mit einem personalen anstelle eines aufgabenorientierten (oder funktionalen) Verständnisses von Führung an Waldorfschulen, sodass Führung in Verbindung mit einer spezifischen Person als Vorgesetzten gesehen wird: *„Diese Fixierung auf die personelle Seite, die immer mit dem Aspekt der Machtausübung in Verbindung gebracht wird, macht es sehr schwer, das Thema Führung auf der funktionalen Ebene zu besprechen, d. h. in bezug auf die Aufgaben, die die Funktion ‚Führung' in einem Unternehmen hat."* So wird Führung an Waldorfschulen häufig kontrovers zum Prinzip der kollegialen Selbstverwaltung aufgefasst und vermieden. In der externen Umwelt wirkt die Organisation dann führungslos, da keine Ansprechpartner und sachliche Zuständigkeiten vorzufinden sind (vgl. ebd.: 72). Im inneren Kollegenkreis können hingegen Vermutungen von indirekten Führungs- und Machtstrukturen aufkommen: *„Es entsteht die Frage nach den Drahtziehern im Hintergrund, nach dem heimlichen Direktor, nach der bestimmenden Gruppe in der Schule"* (ebd.). Die pauschale Negation oder das Ignorieren von Führung bedeutet jedoch keine faktische Absenz der mit dieser verbundenen Aufgaben. Führungsbedarfe sind auch dann vorhanden, wenn diese nicht ausgeführt werden und können unerfüllt zu destruktiven Konsequenzen im Arbeitsablauf führen (vgl. Dietz 1996: 73ff.; Herrmannstorfer 2008b: 14ff.; Kap. 7.3). Auch Harslem (1994: 73) weist darauf hin, dass die Führungsfrage für eine erfolgreiche Selbstverwaltungspraxis gestellt werden muss: *"Sie bleibt aber in den meisten Waldorfschulen unbewußt oder wird unter dem Negativ-Aspekt der Machtausübung betrachtet."*

Dass sich in Waldorfschulen trotz der grundsätzlichen Ablehnung von Führung dennoch ein Bewusstsein für die Existenz diesbezüglicher Aufgaben und die Notwendigkeit deren Erfüllung ausgebildet hat, spiegelt sich in den sich ausbildenden „Führungsmodellen" wider (vgl. Rohde 2005: 1129ff.): Weiterhin mehrheitlich existiert zwar das „klassische Modell", bei dem die Konferenzmitglieder ausschließlich gemeinsam über alle Führungsaufgaben entscheiden (Konsens bzw. Einmütigkeit). Doch dies erweiternd wird auch das sogenannte „Mandatsmodell" praktiziert, bei dem eine funktionale Führung erfolgt, *„(...) die auf viele Köpfe verteilt ist, wodurch unterschiedliche Ressorts entstehen, bei denen jeweils eine Person Entscheidungskompetenz hat"* (Randoll 2013c: 104, Ausl. ie). Daneben wird vereinzelt das „Direktionsmodell" angewandt, bei dem eine funktionale Führung auf eine solitäre Person (Schulleiter) übertragen wird, die allein über die laufenden Führungsaktivitäten entscheidet (vgl. Koolmann 2015: 154). Arrondierend liegen darüber hinaus vielerorts „Mischformen" der aufgeführten Modelle vor (vgl. Höhmann 2005: 174ff.; Krzyweck 1996: 323ff.; Lüdmann-Ravit 1994: 19ff.).

„Was ist aber Selbstverwaltung?", fragen Brüll und Krampen (1992: 157) legitimerweise, und wie funktioniert diese? Auf welche Art wird eine solche Sozietät gleichgestellter Mitglieder geführt? Ist diese als „führungslos" zu verstehen, oder demonstriert diese selbst eine Form der Führung? Denn hinsichtlich der konkreten Ausgestaltung kollegialer Selbstverwaltung an Waldorfschulen existieren – über die Konferenznachschriften (vgl. Steiner GA 300) hinausgehend – keine theoretischen Essays oder schriftlichen Dokumente von Rudolf Steiner. Brüll und Krampen (1992: 157) betrachten die Unspezifizierbarkeit des Prinzips als charakteristisch: *„Ebensowenig, wie man ein farbig angelegtes Gemälde mit einem Farbbegriff richtig bestimmen könnte, kann man allgemein gültige Kriterien für Selbstverwaltung im Bildungswesen definieren."* So hat

Steiner diese Arbeitsweise nur fragmentarisch präzisiert, regulär jedoch durch sein habituelles Gebahren praktisch vorgelebt und auf diese Weise den von ihm vertretenen Ansichten Ausdruck verliehen. Demgemäß sieht Leber (1974: 117) darin nur einen „*sehr allgemein angelegten Urgedanken*". Rudolf Steiners rudimentären Konkretisierungen erfolgten überdies nicht systematisch im Sinne eines konsistenten Gesamtgedankens oder gar eines Konzepts. So können in seinen geisteswissenschaftlichen Diskursen dispergierte grundlegende Maxime des Selbstverwaltungsgedankens extrahiert werden. Mit diesen wird zugleich die marginale Explizierbarkeit des Prinzips erreicht. „*Dennoch können wir uns an eine Beschreibung der Merkmale herantasten. Es muß dabei jedoch klar sein, daß wir es nicht mit einem Rohmaterial zu tun haben, das wir wie im Labor willkürlich zerschneiden, auflösen und analysieren können, sondern mit sozialen Impulsen, die engagierte Menschen in ihre Arbeit hineingetragen haben und die daher nur zu verstehen sind, wenn man nach den inneren und äußeren Motiven der Beteiligten fragt. Insofern sind die Elemente ... notwendig subjektiv*", resümieren Brüll und Krampen (1992: 158, Ausl. ie). Denn präponierte Handlungsimplikationen würden mit den lebendig-organisch gedachten Attributiva kollegialer Selbstverwaltung kollidieren, so „*(...) daß es sich aus der Sache heraus verbietet, Rezepte oder vorgefertigte Strukturen anzubieten (...)*" (Fuchs/Krampen 1992: 14, Ausl. ie). Trotz der homogenen Provenienz eines gemeinsamen Urgedankens präsentieren sich die gegenwärtigen konkreten Ausgestaltungen kollegialer Selbstverwaltung so in individualisierter Divergenz, die das Resultat von jeweils organisationsspezifischen Entwicklungsprozessen reflektieren. Dadurch können im Sinne kollegialer Selbstverwaltung manifestierte Praktiken nur von deren Grundgedanken her statuiert und ohne Anspruch auf Vollständigkeit oder generische Gültigkeit modelliert werden. Dies unterstreichen auch Fuchs und Krampen (ebd.: 13): „*Dabei ist es ganz klar, daß die jeweils zu einer bestimmten Zeit an einem bestimmten Ort zusammenarbeitenden Menschen die ihnen gemäßen Formen jeweils neu entwickeln müssen, daß es allgemeingültige Strukturen oder Verhaltensregeln nicht gibt. Selbstbestimmung heißt eben, dasjenige, was man selbst erfüllen kann, von innen heraus zu entwickeln, das heißt, sich nicht von dem, was andere als Ideal haben, leiten oder gar vergewaltigen zu lassen. In diesem*

Sinne gemeinte Selbstverwaltung ist notwendigerweise noch ein Versuch, nicht etwas, wozu man heute schon ohne weiteres über genügend Fähigkeiten und Erfahrungen verfügt und daher wüßte, wie man es macht." Hardorp (1982: 696) beschreibt in diesem Sinne die Ausbildung unterschiedlicher Organe im Rahmen kollegialer Selbstverwaltung wie folgt: "Jede Schule hat ihre besondere Entstehungsgeschichte, ihre Lebenseigentümlichkeiten, ihre in rhythmischen Lebensabschnitten erfaßbare Biografie." So spricht er von einer "Individualität der Schule" (ebd.). Darüber hinaus weisen die individuellen Gebilde kollegialer Selbstverwaltung interimistischen Charakter auf und können (und müssen) sich innerhalb einer Institution temporär verändern und weiterentwickeln, sodass diesen ein dynamisches Prinzip zugrundeliegt. Czesla (2010: 10) führt hierzu aus: "Selbstverwaltung ist kein ‚Modell', das irgendeiner Aufgabengemeinschaft übergestülpt werden kann könnte. Jede Aufgabengemeinschaft muss ihre eigenen Organe, Strukturen und Prozesse herausbilden. Der soziale Organismus solcher Einrichtungen gewinnt also jeweils eine sehr individuelle Gestalt." Kollegiale Selbstverwaltung kann folglich nicht als ein prototypisches Schema oder "kopierbares Muster" (Herrmannstorfer 2008a: 5) aufgefasst und angewandt werden, denn letztlich gilt: "Im einzelnen kann man zu sehr unterschiedlichen Antworten finden und sehr verschiedene Formen ausbilden" (ebd.).

Auch wenn kollegialer Selbstverwaltung sachtypisch kein präzises Konzept zugrunde liegt, können deren angesprochenen basalen Prinzipien durchaus erfasst und ausformuliert werden, denn diese besitzen in deren Grundgedanken überdauernde Gültigkeit – allenfalls deren konkrete Ausgestaltung muss individuell erfolgen.[91] "Doch der Selbstverwaltungsbegriff Steiners wurde, wenn überhaupt, lange Zeit vor allem durch die Brille der Sekundarliteratur gelesen. Das führte zu Missverständnissen, die einerseits mit Ursache der Krisen sind,

---

[91] Thäler (2001: 11ff.) erörtert in diesem Sinne in seinem Buch „Teamwork in Organisationen" grundlegende Prinzipien der Zusammenarbeit und leitet daraus Regeln ab, die denen der kollegialen Selbstverwaltung ähnlich sind: Verbindlichkeit (Einhalten von Vereinbarungen und Gesetzen), Offenheit und Vertraulichkeit (ehrlicher arbeitsbezogener Austausch und personenbezogene Diskretion), Gleichwertigkeit (keine Hierarchie bei der Meinungsäußerung), kurze Wortmeldungen (Selbstbeschränkung zur Wahrung der Gleichwertigkeit), Störungsfreiheit (Vermeidung äußerer Störungen bei Gruppentreffen), Kritik (konstruktive Verbesserungsvorschläge), Entscheidungsbildung (klar definierte Entscheidungskompetenzen), Kontrolle (Prüfung der Verbindlichkeit im Sinne von Bewusstseinsschärfung) sowie Information (außerhalb des Arbeitskreises über Arbeitsinhalte und Zwischenresultate).

die viele Waldorfschulen im Zusammenhang mit dem Thema Selbstverwaltung durchlebten, andererseits das Potential des Steinerschen Ideals untergruben", so Mosmann (2015: 6). "Zu einem gültigen Urteil kann jedoch nur kommen, wer auf die Urgeste blickt, die dem Selbstverwaltungsgedanken zugrunde liegt", merkt Czesla (2010: 10) in diesem Sinne an. Denn "wer nur die heutige verkümmerte Form von Selbstverwaltung kennt, der verkennt das in ihr veranlagte Urbild", bestätigt auch Herrmannstorfer (2010: 7). Dies soll im Folgenden berücksichtigt werden. Für eine hinreichende Illustration und adäquate Herausstellung der Besonderheiten des Arbeitsprinzips kollegialer Selbstverwaltung sowie die Vermeidung einer Reproduktion der sich im Zeitablauf entwickelten begrifflich-konzeptionellen Missverständnisse bedarf es somit eines retrograden Blicks auf deren Ursprungsidee. Diese findet sich in unterschiedlichen anthroposophischen Schriften Rudolf Steiners[92] wieder sowie in den Dokumentationen seiner Verhaltens- und Handlungsweisen (z. B. in den Lehrerkonferenzen; vgl. Steiner GA 300) und soll in den folgenden Kapiteln systematisch zusammengetragen werden. Nicht grundlegend aber arrondierend zu der Auswertung einschlägiger Primärquellen werden auch Sekundärquellen herangezogen. Eine Zusammenstellung der Arbeitsgrundsätze kollegialer Selbstverwaltung liegt in dieser inkorporierten Form in der Literatur bislang nicht vor. Bezüglich der Abgrenzung der Prinzipien ist darauf hinzuweisen, dass diese in einem verwobenen Zusammenhang stehen und dadurch in unterschiedlichen Kontexten wirksam werden. Kollegiale Selbstverwaltung ist dann als ein verknüpfender Komplex dieser interaktiv angewandten Arbeitsgrundsätze zu verstehen. Dennoch wird versucht, ein redundantes Aufführen weitgehend zu vermeiden und derartige Bezüge lediglich durch Hinweise zu kennzeichnen.

In Kapitel 3.3 zeigte sich, dass Führung sowohl die Ausgestaltung der strukturellen und normativen Regelungen (funktional) als auch der sozialen Interak-

---

[92] Vgl. hierzu insbesondere Rudolf Steiners *„Philosophie der Freiheit"* (GA 4) sowie seine Werke *„Wie erlangt man Erkenntnisse höherer Welten?"* (GA 10), *„Geheimwissenschaft im Umriß"* (GA 13) und *„Von Seelenrätseln"* (GA 21). Es wird darauf hingewiesen, dass die anthroposophischen Ideen Steiners in der philosophischen und erziehungswissenschaftlichen Diskussion umstritten sind bzw. von diversen Autoren in entscheidenden Aspekten als wissenschaftlich diskursunfähig betrachtet werden. Zur kritischen Auseinandersetzung mit der Anthroposophie Rudolf Steiners vgl. z. B. Frielingsdorf (2012); Prange (2000); Ravagli (1993 bis 2005); Ullrich (2015, 1991); Zander (2007); auch Baum und Bondorf (2010); Baum, Bondorf und Hamburger (2007).

tionsprozesse (anthropologisch) umfasst und somit eine sachliche (Organisationsbezug) und eine soziale Komponente (Personenbezug) integriert. Bei der Herausarbeitung der Arbeitsgrundsätze kollegialer Selbstverwaltung ist daher eine Differenzierung in ein Management der Organisation (vgl. Kap. 6.1) und in eine Führung des Personals [93] (vgl. Kap. 6.2) sinnvoll und dient im Folgenden als Kategorisierung, sodass nach organisationalen Funktionsbereichen distinguiert wird, in denen Führungsaufgaben entstehen. Auf diese Weise soll zugleich ein Überblick ermöglicht werden, inwieweit vorhandene Führungsnotwendigkeiten durch kollegiale Selbstverwaltung abgedeckt werden können.

6.1 Organisationsmanagement

Wie in Kapitel 3.3 erörtert, umfasst Organisationsmanagement im allgemeinen Verständnis *„alle mit der Gestaltung der Organisationsstruktur einer Unternehmung verbundenen Aufgaben"* (Springer FM 2013: 269) und kann so als sachbezogene, indirekte oder Distanzführung verstanden werden. Kernaufgaben sind die Konzipierung und Implementierung der organisationalen Aufbau- und Ablauforganisation. Die Aufbauorganisation stellt das *„... System der organisatorischen Einheiten einer Unternehmung, das die Zuständigkeiten für die arbeitsteilige ... Erfüllung der Unternehmungsaufgabe regelt ..."* (ebd.: 26, Ausl. ie) dar. In deren Rahmen werden *„(...) die organisatorischen Einheiten nach Maßgabe ihrer Kompetenzen voneinander abgegrenzt ... und durch Handlungsbeziehungen miteinander verknüpft"* (ebd., Ausl. ie). In Abhängigkeit von der Art der Abgrenzung und Verknüpfung ergeben sich hierbei spezielle Organisationsstrukturen. Zudem gehören die Ausstattung von Organisationseinheiten mit Sachmitteln sowie die Dokumentation der Strukturen und Prozesse (z. B. Organigramme) zur Aufbauorganisation. Die Ablauforganisation erfasst hingegen den *„raum-zeitlichen Aspekt der Organisation"* (ebd.: 4), bei dem eine lückenlose Abstimmung aller Arbeitsgänge durch die entsprechende Gestaltung der organisationalen Elemente (z. B. Handlungsträger, Aufgaben,

---

[93] In den nachfolgenden Kapiteln findet der Begriff des Personals Anwendung – wohlwissend, dass in Waldorfschulen grundsätzlich nicht von „Personal", sondern von „Menschen" oder „Persönlichkeiten" gesprochen wird (vgl. Harslem 2000: 520). Um die Similarität zu den betrieblichen Funktionsressorts und so zu den Handlungsbereichen von Führung zu verdeutlichen, wird die Terminologie jedoch nativ beibehalten.

Sachmittel) in Bezug auf deren zeitlichen und räumlichen Ablauf erfolgt. Dabei sind „generelle ablauforganisatorische Regelungen .. nur bei regelmäßig wiederholten Vorgängen (Routineprozessen) sinnvoll" (ebd., Ausl. ie), die durch Elemente der Flexibilisierung ergänzt werden. Zugleich steht eine Organisation in einer wechselseitigen Beziehung zu deren Umfeld, sodass darüber hinaus die Gestaltung des äußeren Handlungsrahmens zum Organisationsmanagement zählt. Da eine Institution mit kontinuierlichen Veränderungen und Entwicklungen konfrontiert ist, stellt das Organisationsmanagement einen fortlaufenden Prozess zu deren optimalen Positionierung dar.

6.1.1 Strukturelle Offenheit und Dynamik

6.1.1.1 Externe Autonomie und interne Flexibilität

Mit der Begründung der ersten Waldorfschule 1919 in Stuttgart sollte eine Organisation entstehen, die mittels des Prinzips kollegialer Selbstverwaltung durch eine auf die Ermöglichung einer selbstbestimmten Arbeit ausgerichtete Konstitution geprägt ist. Deren Kennzeichen bildete sich in einer strukturell flexiblen Gestaltung und informell verlaufenden Prozessen – anstelle fixierter Hierarchiestrukturen und formeller Direktiven – ab und war geprägt durch Ganzheitlichkeit und die von Übernahme Selbstverantwortung (im institutionellen wie individuellen Sinne) anstelle von obrigkeitsbestimmter Fremdkontrolle. Steiner (GA 333: 14f.) appellierte in diesem Sinne: *„Was im Geistesleben lebt, insbesondere das Schulwesen, muss seiner Selbstverwaltung übergeben werden, von der obersten Spitze der Verwaltung des Geisteslebens bis zum Lehrer der untersten Schulstufe." Diese „.. ideellen Grundlagen für eine ‚neue' Schule waren durch die Menschenerkenntnis und die Sozialanschauungen R. Steiners ... gegeben",* so Leber (1974: 47, Ausl. ie). Aus seinen Gedanken basierend auf der Anthroposophie und seiner Annahme von der menschlichen Fähigkeit zum freien Denken (vgl. GA 4) sowie seinen Überlegungen zur Dreigliederung des sozialen Organismus' (vgl. GA 23) leitete Steiner so die Notwendigkeit eines bis auf die institutionelle Ebene freien „selbstverwalteten" Geistes- bzw. kulturellen Lebens ab.

Organisationsmanagement

„Frei" impliziert in Steiners Sinne zunächst eine „Staatsunabhängigkeit" respektive einen Schulbetrieb ohne regulative behördliche Interventionen. Selbstverwaltung bezieht sich so einerseits auf die Forderung nach einem institutionellen Ordnungsrahmen, der von dem Herrschaftsanspruch der hoheitlichen Gewalt über die Bildungseinrichtungen abgelöst agiert (vgl. Kap. 7.1.1). Dieser leitet sich aus dem entwicklungspsychologischen Ansatz der in der Waldorfschule praktizierten Pädagogik ab, der sich an menschlichen und nicht an staatlichen Bedürfnissen orientiert. Hierzu Steiner (GA 24: 37f.): *„Ein gesundes Verhältnis zwischen Schule und sozialer Organisation besteht nur, wenn der letzteren immer die in ungehemmter Entwickelung herangebildeten neuen individuellen Menschheitsanlagen zugeführt werden. Das kann nur geschehen, wenn die Schule und das Erziehungswesen innerhalb des sozialen Organismus auf den Boden ihrer Selbstverwaltung gestellt werden. Das Staats- und Wirtschaftsleben sollen die von dem selbständigen Geistesleben herangebildeten Menschen empfangen; nicht aber sollen sie, nach ihren Bedürfnissen, deren Bildungsgang vorschreiben können. Was ein Mensch in einem bestimmten Lebensalter wissen und können soll, das muß sich aus der Menschennatur heraus ergeben. Staat und Wirtschaft werden sich so gestalten müssen, daß sie den Forderungen der Menschennatur entsprechen."* Die Pädagogik der Waldorfschule sollte deren Ausgangspunkt beim werdenden Menschen und seinen individuellen Fähigkeiten haben, nicht aber durch gesellschaftliche oder wirtschaftliche Ansprüche und Erwartungen determiniert sein (vgl. z. B. Carlgren/Klingborg 2015: 53ff.; Frielingsdorf 2012: 113ff.).

Auch wenn die Pädagogik somit das Individuelle fokussierte, zielte diese zugleich auf dessen Anbindung an den gesellschaftlichen Zusammenhang (vgl. Gögelein 1990: 185ff.; Leber 2001; Richter 2003). So strebe diese an, *„(...) auf eine der jeweiligen Individualität angemessenen Weise alle ihre Fähigkeiten so zu fördern, daß sie ihre Selbstbestimmung und Selbstverwirklichung als die eines freien Wesens realisieren und sich als solches in den Gesamtzusammenhang der menschlichen Gesellschaft eingliedern kann"* (Schneider 1982: 146, Ausl. ie). Aus dieser pädagogischen Grundlage resultierte die Notwendigkeit einer Autonomie in Erziehungsfragen: *„Alles dies bedingt, daß Lehrplan, Lehrerwahl, Schülerförderung, Schulzeit frei von äußerer Reglementierung sein* *müssen"* (Leber 1974: 31). So forderte Steiner (GA 23: 5, Ausl. ie) die Emanzipierung des gesamten kulturellen Lebens aus der staatlichen Verwaltung und konstatierte, *„(...) dass die Befreiung des Geisteslebens aus dieser Abhängigkeit den einen Teil der so brennenden sozialen Frage bildet."* Denn *„dem Geistesleben kann nur seine Kraft werden, wenn es von dem Staatsleben wieder losgelöst wird, wenn es ganz auf sich selbst gestellt wird"* (ebd. GA 333: 14f.). Steiner (GA 23: 49, Ausl. u. Erg. ie) erachtete es als notwendig, das Kulturleben als ein ebenbürtiges Glied des sozialen Organismus' zu positionieren, *„... das ebenso selbständig sich neben die beiden andern Glieder* [Staat bzw. Rechtsleben und Wirtschaftsleben] *hinstellen muss (...)."* Dem Staat sei die vollumfängliche sachgemäße Ausfüllung des Bereichs des Geisteslebens nicht möglich, *„denn im Grunde entzieht sich alles, was den Fähigkeiten entstammt, einer inhaltlich-verwaltungsmäßigen Festlegung"* (Leber 1974: 39). Dazu Steiner (GA 83: 298f., Ausl. ie) weiter ausführend: *„Es können sich in unserem Zeitalter, wo die Gescheitheit so billig ist, Menschen zu einem kleinen oder großen Kollegium (...) zusammensetzen, um auszudenken, welches die besten pädagogischen Maßregeln sind. Sie werden (...) ganz Ausgezeichnetes ausdenken. Ich bin davon überzeugt, daß diese Menschen, wenn sie nur einigermaßen gescheit sind (...) ideale Programme zustande bringen. (...) Nur kommt es nicht darauf an. Denn das, was wir ausdenken, können wir der Wirklichkeit aufdrängen, aber die Wirklichkeit wird dann nicht so, daß Menschen in ihr leben können. Und auf das letztere kommt es an. (...) Und so kommt es auch in der Pädagogik, in dem Erziehungs- und Unterrichtswesen eben gar nicht auf Programme an, die doch nur aus dem Staatsleben und Rechtsleben heraus gegeben werden."* Eine staatlich definierte Bildung entspricht aus Steiners Sicht somit einer wirklichkeitsfremden Konstruktion und orientiert sich nicht an den (realen) menschlichen Entwicklungsbedürfnissen zur Bewältigung künftiger Herausforderungen. Um eine angemessene Entfaltung des Geisteslebens unter der Bedingung der Freiheit zu ermöglichen, bedürfe dieses einer vollständigen Selbstverwaltung ohne Bevormundung des Staates (vgl. Kloss 1983; 1981; 1957; Paschen 1996; Uehli 1919). In Schmelzers (1991: 55) Diktion ging es um *„den radikalen Gedanken der Autonomie eines staatsunabhängigen Bildungswesens mit eigenen Selbstverwaltungsstrukturen".*

Nur in einem autonomen Kulturleben kann nach Steiner (GA 23: 77) eine wesensgerechte Bildung des Menschen erfolgen, sodass seine Veranlagungen zu einem freien – und somit nicht fremdbeeinflussten – Denken und Handeln adäquat gefördert werden können: *„Dieser Antrieb wird in dem aus einem gesunden Geistesleben erfließenden sozialen Verständnis liegen müssen. Die Erziehung, die Schule werden aus der Kraft des freien Geisteslebens heraus den Menschen mit Impulsen ausrüsten, die ihn dazu bringen, kraft dieses ihm innewohnenden Verständnisses das zu verwirklichen, wozu seine individuellen Fähigkeiten drängen."* Trotz erforderlicher Konventionen bei der Umsetzung seiner Idee mittels Begründung der Waldorfschule prononcierte Steiner stets seine Loyalität gegenüber seiner prinzipiellen Forderung, eine vom Staat losgelöste Schule zu etablieren. Idealtypisch sollte das pädagogische Vorgehen ausschließlich durch das Kollegium entschieden werden, sodass das Unterrichtswesen möglichst vollständig in der Verantwortung der in diesem Tätigen liegt (vgl. ebd.: 26). Die konkrete Ausgestaltung sollte sich an der Einsicht und an den Erkenntnissen des Lehrenden hinsichtlich der Entwicklung der Menschennatur orientieren (vgl. Leber 1993; 1990: 140ff.; Lindenberg 2011a: 123ff.; 2011b: 151ff.; Loebell 2010: 215ff.; 2004; 2000). *„Aus dem Versuch, das Recht der Eigengestaltung und Selbstverwaltung zu verwirklichen, resultiert auf pädagogischem Feld: die freie Wahl des Lehrstoffes und die eigene und freie Wahl der Lehrmethode sowie in bezug auf das Kollegium selbst: die Freiheit der Lehrerberufung und die Festlegung der ... sozialen Gliederung innerhalb des Kollegiums"* (Leber 1968: 9f., Ausl. ie). Die notwendigerweise einzugehenden Kompromisse bei der Begründung der ersten Waldorfschule wurden durch Steiner explizit als solche ausgewiesen, sodass die Ursprungsidee *„(...) einer konsequenten Orientierung der Pädagogik an der anthropologischen Erkenntnis und einem Zurückdrängen staatlicher Ansprüche an das Erziehungswesen"* (Schmelzer 1991: 238, Ausl. ie) unmissverständlich blieb.

Jedoch wird nicht *„(...) das Verhältnis der Institution oder des Systems zur Umwelt zum allein entscheidenden Kriterium für die Freiheit, sondern vor allem die innere Verfaßtheit der Einrichtung, d. h. die Art der Selbst- oder Fremdbestimmung"*, so Leber (1974: 41, Ausl. ie). „Freiheit" betrifft dann die *„(...) relative Unabhängigkeit von staatlichen Richtlinien in bezug auf Lehrplan* *und Lehrerauswahl, vor allem aber die freiheitliche innere Konstitution der Schule"* (Schmelzer 1991: 236, Ausl. ie). Die Forderung nach einer staatsunabhängigen Selbstverwaltung des Geisteslebens bezog sich damit andererseits auf innerorganisationale Strukturen, Prozesse und Sozialbeziehungen (vgl. Rudolf 1960: 72ff.; Ullrich/Idel 2012: 119ff.). Der Aufbau- und Ablauforganisation *"... mag freilich in der Pädagogik nur eine untergeordnete Rolle zukommen. Aber so wichtig dieser zweite Rang ist, so bleibt ebenfalls wahr, daß sich im äußeren Gewand der Institution etwas von dem Geist spiegelt, der in der Pädagogik waltet (...). Pädagogischer Inhalt und Verwaltungsform stehen in einer Wechselbeziehung"*, so Leber (1968: 4, Ausl. ie) zum Typus der Waldorfschule. Damit verfügt die Organisationsstruktur über eine synergetische Wirkung auf die inhaltliche Arbeit, sodass diese *"(...) von konstitutionellen Bedingungen funktional gefördert oder gehemmt, jedenfalls aber beeinflußt"* (ebd. 1974: 54, Ausl. ie) wird. Die institutionellen Bedingungen effizieren ein mit diesen korrespondierendes menschliches Verhalten, was dem *"(...) Zusammenhang von Organisationsform oder Struktur in seiner Wirkung auf das individuelle Handeln (...)"* (ebd.: 33, Ausl. ie) bedeutende Relevanz beimisst. *"So prägt die Form der Verwaltung letztlich auch den Inhalt selbst mit"* (ebd.: 39). Umgekehrt kann eine Bewertung der Angemessenheit organisationaler Ausgestaltung unter der Berücksichtigung erfolgen, *"(...) daß jede soziale Organisation als Abbild der Bewußtseinsstruktur jener Menschen, die in ihr arbeiten, verstanden werden kann, oder: daß die äußere Gestalt das spiegelt, was als innere Kraft die Menschen bestimmt"* (ebd.: 11, Ausl. ie). Denn *"Handlungen als Gestaltungsgeschehen greifen in ein bestehendes Gefüge verändernd und umgestaltend ein. Weil das so ist, können ‚Organisationen' von ihren Handlungen her und von den in ihnen stattfindenden Entscheidungen beschrieben werden. Sowohl am Handlungsvollzug als an den getroffenen Entscheidungen kann abgelesen werden, wie die betreffende Einrichtung strukturiert ist und welche ‚Verfassung' die Organisation hat"* (ebd.: 45). Organisationsstruktur und menschliche Handlungen stehen folglich in einem wechselwirksamen Verhältnis zueinander, sodass erstgenannte simultan als Ermöglichungsraum und Prägefaktor fungiert. Damit bleibt festzuhalten, dass *"... die soziale Verfassung einer sich selbst verwaltenden Schule, die innere Struktur, lebensentscheidend auch für den pädagogischen Prozeß"* (ebd.: 54, Ausl. ie) ist. Nach Leber (vgl. 1974: 55; 1972: 449) unterschieden sich die innerorganisatorischen Verhältnisse der ersten Waldorfschule auf einzigartige Weise von allen bis dahin bekannten Schulmodellen. Denn die strukturelle Ausgestaltung der Organisationsbedingungen bis in deren Detailliertheit sollte den Lehrern eine Ausbildung der eigenen Fähigkeiten zum freien Denken und Handeln ermöglichen (Selbsterziehung; vgl. Kap. 6.2.3.4), damit sie die Schüler in der Rolle von Vorbildern auf ihrem Erziehungs- und Bildungsweg zu einem mündigen Menschen kompetent begleiten können. *"Die Schule hat den werdenden Menschen in seiner Autonomie zu respektieren, d. h. sie sollte sich in ihrem pädagogischen Handeln an dem Fähigkeitswesen und der Entwicklung des Kindes orientieren. Nicht durch Vorschriften und Reglementierung von außen durch die Schulverwaltung, sondern allein durch die konkreten Erlebnisse des Kindes, die Kenntnis seiner persönlichen Situation sowie der menschlichen Entfaltung einerseits und der Erfahrung als Zeitgenosse und bewußter Angehöriger der Gesellschaft andererseits kann die Lehrerschaft zu einem gesunden Ausgleich der verschiedenen Anforderungen kommen, die dem Kind gerecht werden. Das setzt jedoch das Recht auf Selbstbestimmung voraus"* (Leber 1974: 34). Aus dieser Bedingung der Selbstbestimmung resultierte die eigentümliche Konstitution nach dem Prinzip kollegialer Selbstverwaltung: *"Der inneren, für eine zeitgemäße Entwicklung der Kinder notwendigen Autonomie des Lehrenden muß auch seine äußere Selbständigkeit entsprechen. Die Gemeinsamkeit und die wechselseitige Förderung der im schulischen Verband miteinander um die Erziehung der Kinder Bemühten erfordern eine kollegiale Verfassung und braucht Organe für ein konferierendes Bewußtsein"* (Schneider 1982: 190). Mit kollegialer Selbstverwaltung bezogen auf den innerorganisationalen Aufbau und Ablauf wurde somit eine ganzheitliche Umgestaltung der institutionellen Bedingungen angestrebt und keine Integration eines solitären Prinzips in ein ansonsten traditionelles System. Eine solche Organisationsstruktur sollte den Lehrern ein Umfeld ermöglichen, in dem diese ihre inneren pädagogischen Voraussetzungen entwickeln können, und welches diesen den nötigen erzieherischen Freiraum zur Ausübung ihrer Tätigkeit gewährt. Intendiert war somit eine sachlich begründete Ermöglichung von Autonomie.[94] Nach Schneider (1982: 190, Ausl. ie) kann *„nur unter solchen Voraussetzungen .. Lernen so gestaltet werden, daß es allein von dem Ziel bestimmt wird, auf das es in Kindheit und Jugend gerichtet sein darf: den heranwachsenden jungen Menschen so weit zu führen, daß er befähigt ist, sich in einem Prozeß lebenslangen Lernens gemäß den Bedingungen seines eigenen Wesens selbst zu bestimmen und zu verwirklichen, sich zu bilden."* Steiner vertrat damit *„(...) die Forderung nach einer ungehinderten Entfaltung der Lehrerpersönlichkeiten im pädagogischen Tun"* (Schmelzer 1991: 55, Ausl. ie), damit dieser den Freiraum erhielt, *„(...) den Unterricht nach der psychologischen Einsicht in die Entwicklung des Kindes und seiner Bedürfnisse einzurichten"* (ebd., Ausl. ie). Aus diesem Grund konnte es auch vorkommen, dass in einer Parallelklasse etwas Abweichendes stattfand als in einer anderen Klasse, da dies der jeweiligen Lehrerindividualität überlassen blieb. *„Jeder kann das machen, was seiner Individualität entspricht, und er tut es auch. Trotzdem in der Lehrerkonferenz absolutester Einklang im Sachlichen vorhanden ist, gibt es keine Verordnung, daß die eine Klasse im Erziehen und Unterrichten ebenso vorgehen muß wie die Parallelklasse. Denn was erreicht werden soll, muß auf die verschiedenste Weise erreicht werden; es handelt sich nie darum, etwas in äußerlicher Weise vorzuschreiben. (...) Jeder Lehrer macht es, wie er es nach der Individualität der Kinder und nach seiner eigenen für angemessen hält"*, betonte Steiner (GA 310: 103f., Ausl. ie). Die Freiheit des Lehrers wurde folglich durch das Erziehungs- und Bildungsbedürfnis der Schüler begrenzt (vgl. Kiersch 2015; Wiechert 2014). Götte (2006: 108) bezeichnet es als *„Autonomie der Erziehung als Abhängigkeit vom Wesen des Kindes."*

6.1.1.2 Organisation als lebendiger Organismus

Von der Idee bis zur Umsetzung der Begründung der ersten Waldorfschule standen nur knapp vier Monate zur Verfügung (vgl. Leber 1974: 47ff.). So ist nachvollziehbar, dass die kollegiale Zusammenarbeit auf keiner ausgreiften Konzeption basierte und viele konstitutionelle Fragen zunächst unbeantwortet

---

[94] Zur Freiheit des Pädagogen vgl. Respond (1992: 350ff.); zum Berufsbild des Waldorflehrers vgl. Barz (2013).

blieben bzw. sich erst im praktischen Alltag herausbilden mussten. Das offenlassende polytrope Format respektive die „Offenheit des Werdenden" (Strawe 2007: 21) ist jedoch nicht ausschließlich als die Konsequenz eines kurzfristigen Planungshorizonts zu verstehen, sondern war darüber hinaus explizit intendiert: Zunächst sollte „... die Offenheit für verschiedene Entwicklungsrichtungen bestehenbleiben" (Leber 1974: 117, Ausl. ie). Steiner berücksichtigte, dass es sich um eine Zusammenkunft von Individualitäten handelte, die ein eigenes „Sozialgebaren" (Kugler 1981: 100) erst entwickeln müssen. „Die Lehrerschaft besteht ja nicht aus etwas, was man aus Wachs knetet, sondern man muß den einzelnen Lehrer suchen; man muß ihn hinnehmen mit den Fähigkeiten, die er hat. Man muß vor allen Dingen verstehen, welche Fähigkeiten er hat. (...) Auf abstrakte Programmgrundsätze kommt es nicht an, sondern auf die Realitäten, die man vor sich hat. Könnte man die Lehrer aus Wachs kneten, so könnte man Programme machen. Aber das kann man nicht. So hat man zunächst als die eine Realität das Lehrerkollegium vor sich. Das muß man genau kennen. Das ist vor allen Dingen der erste Grundsatz in der Organisation der Waldorfschule, daß das Lehrerkollegium (...) in allen seinen einzelnen Individualitäten genau bekannt ist" (Steiner GA 305: 129, Ausl. ie). Die „äußere Leiblichkeit" (Leber 1968: 9) einer selbstverwalteten Organisation spiegelt somit die Fähigkeiten und Handlungen deren individuellen Mitglieder wider, die von Fall zu Fall verschieden sind. Daneben schenkte Steiner (GA 305: 129, Ausl. ie) einer weiteren Variablen Beachtung, wie er retrospektiv darstellte: „Das zweite sind die Kinder (...). Es waren .. im wesentlichen zunächst Proletarierkinder (...). Aber damit waren natürlich auch Schwierigkeiten gegeben, denn das Proletarierkind bekommt man mit anderen Lebensgewohnheiten im 6., 7. Jahre in die Schule herein als das Kind aus anderen Ständen. (...) Diese Kinder bekamen wir zunächst aus den verschiedensten Schulen heraus. Sie hatten die allerverschiedensten Vorbildungen (...). (...) Da konnte wiederum nicht nach Paragraph 1, Paragraph 2 gegangen werden, sondern da mußte nach den Individualitäten der Kinder, die man in jede einzelne Klasse hereinbekam, vorgegangen werden." Die biografischen Individualitäten der Schüler bedingten demgemäß einzigartige Anforderungen an das Vorgehen der Lehrer und somit an die Ausgestaltung der organisationalen Verhältnisse, und es mussten jeweils entsprechend abgestimmte Handhabungen gefunden werden. Hieraus leitet sich ab, dass jede kollegial selbstverwaltend zusammenwirkende Gemeinschaft in Abhängigkeit deren spezifischen Erfordernisse ein individuelles „äußeres Gewand" entwickeln wird, sodass dieses als etwas natürlich Gediehenes betrachtet werden kann. In diesem Sinne kann man eine selbstverwaltete Organisation *„(...) als ein funktionales Gefüge verstehen, in dem die einzelnen Abläufe miteinander zu einer natürlichen Einheit verbunden sind. Denn die einzelnen Institutionen könnten gleichfalls als ein ‚Organismus' verstanden werden"* (Leber 1974: 144, Ausl. ie). Die Schule gleicht dann einem lebendig-organischen Lebenszusammenhang, dessen sichtbare Gestalt sich dynamisch formiert. Diese organischen Strukturen entwickeln sich aus den konkreten Funktionen und Handlungen, sodass – analog umgekehrt – a priori keine äußere Form festgelegt werden kann. Eine vorab definierte Struktur wäre theoretisch „ausgedacht" und entspräche nicht den natürlich gegebenen (organischen) Gesetzmäßigkeiten und Zusammenhängen. *„In diesem Sinne ist eine Schule, wie sie die Waldorfschule ist, von vornherein ein Organismus und kann nicht dadurch organisiert werden, daß man (...) ein Programm entwirft, wie nun die Schule eingerichtet sein soll. (...) Ich bin von vornherein völlig überzeugt .., daß, wenn sich heute 5 oder 12 Menschen zusammensetzen – und heute sind ja die Menschen alle sehr klug, sehr gescheit –, sie werden ein ideales Schulprogramm ausarbeiten können, worinnen gar nichts zu verbessern ist. (...) Und die Frage entsteht dann bloß: Kann man das in der Praxis durchführen? – Und da wird sich sehr bald herausstellen, daß sehr schöne Programme gemacht werden können, aber in der Praxis hat man einen vollendeten Organismus vor sich, wenn man eine Schule einrichtet",* führt hierzu Steiner (GA 305: 128, Ausl. ie) weiter aus.

Steiner erstellte zur Verdeutlichung seiner Auffassung eine direkte Analogie zum menschlichen Organismus. *„Damit wird erstens der lebendige, einem permanenten Wandel unterliegende Charakter des Sozialen betont, zweitens die hochgradige Abhängigkeit der einzelnen Teile des .. Ganzen (...)"* (Schmelzer 1991: 72, Ausl. ie). Die Mitglieder einer Organisation bilden einen zusammenhängenden Komplex, als dessen integraler Bestandteil diese agieren. Umgekehrt würde diese Organisation ohne deren Mitglieder nicht existieren. Dabei ist jede organisationale Zusammensetzung als so einzigartig zu verstehen wie ein menschlicher Organismus. Das bedeutet auch, dass die Veränderung einer Komponente (z. B. Lehrerzugang oder -abgang) zu einer Auswirkung auf das gesamte System führt, was die Notwendigkeit einer Neuordnung nach sich ziehen kann. Fixierte organisationale Strukturen würden diesen natürlichen Mechanismus korrumpieren. *„Daher kann es sich auch nicht darum handeln, aus irgendeinem gescheiten Einfall im Kopfe die Schule nun zu konstruieren – denn eine Konstruktion, nicht eine Organisation würde entstehen –, sondern es kann sich nur darum handeln, dasjenige, was man schon als einen Organismus hat, wirklich von Woche zu Woche zu studieren. Und da ergeben sich in der Tat für denjenigen, der nun Menschenbeobachtung, das heißt auch Kinderbeobachtung hat, die konkretesten Erziehungsmaßregeln von Monat zu Monat. So wie schließlich auch der Arzt, wenn er einen Menschen vor sich hat, nicht bei der ersten Untersuchung gleich sagen kann, was alles geschehen soll, sondern erst nach und nach den Menschen studieren muß, weil der Mensch ein Organismus ist, so handelt es sich also auch darum, daß man einen solchen Organismus, wie es die Schule ist, aber noch mehr fortwährend studiert. Denn es kann zum Beispiel sein, daß man durch die besondere Art von Lehrerschaft und Kinderschaft, die man, sagen wir, im Jahre 1920 vor sich hat, ganz anders vorgehen muß als bei der Lehrerschaft und Schülerschaft, die man im Jahre 1924 vor sich hat, weil unter Umständen die Lehrerschaft eine andere sein kann durch Zuwachs, und die Kinderschaft wird schon ganz gewiß eine andere sein. Demgegenüber könnten Paragraph 1 bis Paragraph 12 so schön wie möglich sein, aber sie taugten nichts; es taugt nur das, was man wirklich durch die Beobachtung eines jeden Tages aus der Klasse herausträgt"*, erläutert hierzu Steiner (GA 305: 133). Anstelle eines präponierten Konzepts für eine kollegial selbstverwaltete Institution bedarf es vielmehr eines aufmerksamen Hinschauens auf die aktuellen konkreten Bedingungen und eines rezeptiven Wahrnehmens der angemessenen Handlungsausrichtung im Sinne einer notwendigen organismischen Reaktion: *„Dadurch werden ja natürlich immer größere Aufgaben an die Waldorfschule gestellt. Denn wenn man versucht, die ganze Organisation aus dem Leben heraus zu denken, so gibt jedes*

Kind, das man bekommt, eine neue Lektion und eine neue Art, in welche man sich hineinfinden muß, um wiederum mit dem Organismus, der ein neues Glied bekommen hat, durch das entsprechende Menschenstudium zurechtzukommen", so Steiner fortführend (ebd.: 135f., Ausl. ie). Mittels dieser Gedankengänge ist nachvollziehbar, dass Steiner (GA 300: 7) demgegenüber staatliche Vorgaben oder Direktiven eines Vorgesetzen (*"Rektoratsleistungen"*), die lediglich – ohne eigene gedankliche Anstrengung – befolgt werden müssen, als *"Ruhekissen"* ansah.

6.1.1.3 Kontinuierliche Weiterentwicklung durch Lernprozesse

Ausgehend von der Auffassung einer kollegial selbstverwalteten Organisation als lebendiger Organismus (wie z. B. ein Mensch, die Natur) passt sich auch diese den äußeren Gegebenheiten und Änderungen an, um funktions- und überlebensfähig zu bleiben (vgl. Strawe 2007). *"Ein Lebewesen lebt nicht allein dadurch, daß es in einer Haut eingeschlossen ist. (...) Ein Lebewesen gehört der ganzen Welt an und ist nicht denkbar ohne die ganze Welt (...). (...) Es kann nicht leben, ohne daß es mit dem Äußeren der sozialen Ordnung ebenso in Verbindung steht (...)"*, so Steiner (GA 307: 243, Ausl. ie). In Korrespondenz mit den äußeren Gegebenheiten und Einflüssen unterliegt ein organisches Gebilde somit einem kontinuierlichen Lern- und Veränderungsprozess. *"Am Studium des menschlichen Organismus kann eben auch gelernt werden, dass das Lebendige ein immerwährend Werdendes ist"* (Strawe 2007: 21). Die Dynamik und Flexibilität des strukturellen Handlungsrahmens einer kollegial selbstverwalteten Organisation berücksichtigt eben dieses „Lebendige", was eine formell angeordnete Institution nicht leisten könnte. Um dem Anspruch gerecht werden zu können, anstehende Herausforderungen und Aufgaben individuell zu lösen, bedarf es nach Steiner der Reaktionsmöglichkeiten unabhängig von Strukturen und gewohnten Handlungsroutinen, sodass nicht nach einem „Programm" (z. B. Struktur, Position) entschieden wird, sondern sich umgekehrt die Struktur der Organisation nach den notwendigen Handlungen ausrichtet und formiert: *"Man kann nichts für die Ewigkeit begründen. Wir werden schon in einiger Zeit vor die Notwendigkeit gestellt werden, wiederum das, was anthroposophischer Organismus ist, mit neuen Kleidern zu versehen. Aber dieses Schicksal hat man ja als Mensch auch: man kann nicht immer dieselben Kleider anhaben. Und jede Organisation ist ja schließlich doch für das, was lebt, ein Kleid. Warum sollte man just in einem sozial organischen Gebilde für die Ewigkeit arbeiten wollen! Was leben will, muß sich wandeln, und eigentlich ist nur, was sich wandelt, lebensvoll. Daher müssen wir gerade für das, was im eminentesten Sinne lebensvoll sein soll, für die anthroposophische Bewegung eine Organisation haben, die eben auch lebt. Natürlich können wir uns nicht jeden Tag mit einer Reorganisation befassen, aber alle paar Jahre wird es schon notwendig sein! Sonst werden die Stühle, auf denen die führenden Persönlichkeiten sitzen, eben gerade dadurch zu kurulischen. Wenn auf der einen Seite die besondere Spezialität eintritt des Ruhens auf den kurulischen Stühlen, dann juckt es die andern, die nicht darauf sitzen. Und so müssen wir schon die Möglichkeit finden, daß es auch die auf den kurulischen Stühlen juckt! Also wir müssen eben anfangen, die Stühle ein bißchen zu schütteln. Aber wenn man die richtigen Einrichtungen trifft, so kann das alles auf die beste Art von der Welt gehen"* (Steiner GA 257: 162). Steiner sprach mit diesen organischen Anpassungsprozessen eine Art internalisierte und institutionalisierte Organisationsentwicklung an, die für einen kontinuierlich veranlagten Prozess der „Reorganisation" sorgt.

Mit dem Aspekt der organischen Lebendigkeit prononcierte Steiner zugleich die Zeitbedingtheit der organisationalen Ausgestaltung und somit deren Abhängigkeit von den jeweils vorherrschenden gesellschaftlichen Bedingungen und Bedürfnissen (Situationsbezug). Denn aus der Anthroposophie entwickelte Formen, Praktiken oder Institutionen seien in deren Gültigkeit immer an spezifische und begrenzte Kontexte gebunden. Damit seien diese stets relativ und in einer lebendigen Entwicklung zu sehen. Es sollten keine absoluten und ewig gültigen Wahrheiten erzeugt werden, vielmehr gehe Anthroposophie von einer kontinuierlichen Weiterentwicklung des Geistes der Menschheit aus, sodass gegenwärtige Wahrheiten für künftige Zeitalter wieder in radikal anderer Form gegeben sein würden. *„Anthroposophie weiß, daß die Gedanken herausgeboren sein müssen in jeder Zeit aus dem, was man in einem tieferen Sinne den Geist der Zeit nennen kann. Und der Geist der Menschheit ist in fortdauernder Entwicklung. So daß dasjenige, was als Meinung über die Welt in* *einem Zeitalter auftritt, eine andere Form haben muß als dasjenige, was in solcher Art in einem anderen Zeitalter auftritt. Indem Anthroposophie heute vor die Welt hintritt, weiß sie, daß nach Jahrhunderten dasjenige, was sie heute sagt, in ganz anderer Form für ganz andere Menschheitsbedürfnisse und ganz andere Menschheitsinteressen wird gesagt werden müssen, daß sie nicht ‚absolute Wahrheiten' anstreben kann, sondern daß sie in lebendiger Entwicklung ist"*, so Steiner (GA 72: 65). Demgemäß bezeichnete Steiner (GA 300: 8f., Ausl. ie) die selbstverwaltend Tätigen als *„Zeitgenossen"*, die voll im Leben stehen und mit dem historischen Geschehen vertraut sein sollen: *„Wir müssen uns bewusst sein der großen Aufgaben. Wir dürfen nicht bloß Pädagogen sein, sondern wir werden Kulturmenschen im höchsten Grade, im höchsten Sinne des Wortes sein müssen. Wir müssen lebendiges Interesse haben für alles, was heute in der Zeit vor sich geht, sonst sind wir für diese Schule schlechte Lehrer. (...) Durch das Interesse für die Welt müssen wir erst den Enthusiasmus gewinnen, den wir gebrauchen für die Schule und für unsere Arbeitsaufgaben. Dazu sind nötig Elastizität des Geistigen und Hingabe an unsere Aufgaben."* Von den Lehrern forderte er, sich in den verschiedenen Bereichen des sozialen Organismus, in etwaigen Gegebenheiten des gesellschaftlichen Lebens und in Zeitfragen auszukennen und das Handeln an die Wirklichkeit anzubinden. *„Die Lehrer müßten in ihrer Ausbildung die Tendenzen der geschichtlichen und gesellschaftspolitischen Entwicklung sowie von den großen Aufgaben der Pädagogik erfahren; sie selbst hätten in ihrem Bewußtsein auf der Höhe der Zeit zu stehen"*, so Leber (1974: 53).

Weiterführend plädierte Steiner (GA 192: 92f., Ausl. ie) für eine entsprechend enge Verbindung von Lehrtätigkeit und realen Verhältnissen: *„Der Lehrer muß wissen, was er an den Menschen heranzubringen hat (...)"*. Die Schule sollte an den gegenwärtigen und künftig zu bewältigenden Anforderungen ausgerichtet sein: *„Es soll diese Schule wirklich hineingestellt werden in dasjenige, was gerade in unserer Gegenwart und für die nächste Zukunft von der Entwickelung der Menschheit gefordert wird"* (ebd. GA 298: 22f.). Und an anderer Stelle: *„Nur wird in dieser Einheitsschule alles das drinnen sein, was für das Leben drinnen sein muß, und wenn es nicht drinnen wäre, würden wir in das soziale Unheil noch stärker hineinkommen, als wir jetzt drinnen sind.*

Lebenskunde muß aller Unterricht geben" (ebd. GA 192: 98). Die Erziehung der Kinder der Waldorfschule sollte konkret auf das reale Leben bezogen werden, sodass diese *„den schweren Forderungen der künftigen Generationen"* (ebd. GA 298: 33) genügen konnten. Dies sollte durch die Verzahnung der theoretischen menschenkundlichen Erkenntnisse mit *„einer lebensnahen Praxis im Unterricht"* (Robert 1999: 145) geschehen. *„Da muss etwas hinein, was wirkliche Lebenspraxis ist"*, betonte Steiner (GA 300: 271). Sein zentrales pädagogisches Anliegen fokussierte somit auf die Erziehung zur *„Lebenstüchtigkeit"* (Robert 1999: 110), die sich aus den Bedingungen der vorherrschenden Verhältnisse ableitete. *„Es sollte .. nichts nur für die Schule erfunden werden. Nur Dinge aus der äußeren Kultur, aus dem wirklichen Leben, sollten in entsprechender Form in die Schule hineingetragen werden"*, so Steiner (GA 300: 1013f., Ausl. ie). *„Was die Praxis des Gegenwartslebens von dem Menschen verlangt, es muß in den Einrichtungen dieser Schule sich widerspiegeln. Was als beherrschender Geist in diesem Leben wirken soll, es muß durch Erziehung und Unterricht in den Kindern angeregt werden"* (ebd. GA 298: 9). Aus den aktuellen gesellschaftlichen Bedingungen könne somit abgeleitet werden, *„(...) was wirkliche, auf Wirklichkeit gebaute menschliche Erziehungs- und Unterrichtskunst ist"* (ebd.: 34). Auf diese Weise würden in dem Heranwachsenden die notwendigen Kräfte und Fähigkeiten erweckt, die *„(...) er im weiteren Lebensverlauf braucht, um für die gegenwärtige Menschengemeinschaft Arbeitstüchtigkeit und für sich einen ihn stützenden Lebenshalt zu haben"* (ebd.: 10, Ausl. ie). Hierzu äußert sich Steiner (GA 305: 131, Ausl. ie) ausführlich in einem Vortrag: *„Die größere Schwierigkeit ist diese, daß keine noch so ideale Erziehungsmethode den Menschen herausreißen darf aus dem Leben. Der Mensch ist ja nicht irgend etwas Abstraktes, was man durch die Erziehung hinstellen kann und dann ist es fertig, sondern der Mensch ist (...) herausgewachsen aus der sozialen Ordnung. Er muß, nachdem er erzogen worden ist, wieder hinein in diese soziale Ordnung. ... Wenn Sie ein Kind so erziehen wollten, wie es absolut der Idee entspricht, so werden Sie es mit 14, 15 Jahren so haben, daß das allerdings sehr ideal sein kann, aber das Kind findet sich nicht zurecht im heutigen Leben, es weiß nichts anzufangen. So daß also nicht bloß ein Ideal zu verwirklichen war und auch jetzt noch nicht ist in der Waldorf-*

schule, sondern es handelt sich darum, das Kind so zu erziehen, daß es immer den Anschluß findet an das heutige Leben, an die heutige soziale Ordnung. Da nützt es nichts, zu sagen, diese soziale Ordnung ist schlecht. Wir müssen doch, ob sie nun gut oder schlecht ist, darinnen einfach leben. Und darum handelt es sich, daß wir darinnen leben müssen, daß wir also die Kinder nicht einfach aus ihr herausziehen dürfen. So hatte ich also die außerordentlich schwere Aufgabe vor mir, auf der einen Seite eine Idee der Erziehung zu erfüllen, auf der anderen Seite mit dem vollen Leben der Gegenwart zu rechnen."

Das Ziel bestand jedoch nicht darin, die Kinder an die bestehende Ordnung anzupassen. Es sollten vielmehr neue inspirierende Kräfte aus den heranwachsenden Generationen gewonnen werden, die zur Entstehung einer künftigen Gesellschaft beitragen. Dazu Steiner (GA 24: 37): *„Worauf es der Gegenwart ankommen muß, das ist, die Schule ganz in einem freien Geistesleben zu verankern. Was gelehrt und erzogen werden soll, das soll nur aus der Erkenntnis des werdenden Menschen und seiner individuellen Anlagen entnommen sein. Wahrhaftige Anthropologie soll die Grundlage der Erziehung und des Unterrichtes sein. Nicht gefragt soll werden: Was braucht der Mensch zu wissen und zu können für die soziale Ordnung, die besteht; sondern: Was ist im Menschen veranlagt und was kann in ihm entwickelt werden? Dann wird es möglich sein, der sozialen Ordnung immer neue Kräfte aus der heranwachsenden Generation zuzuführen. Dann wird in dieser Ordnung immer das leben, was die in sie eintretenden Vollmenschen aus ihr machen; nicht aber wird aus der heranwachsenden Generation das gemacht werden, was die bestehende soziale Organisation aus ihr machen will."* Robert sieht demgemäß das gemeinsame Ziel der Waldorfschulmitglieder auf zwei Ebenen verortet: Einerseits geht es um eine Erziehung zur Mündigkeit, andererseits um einen Beitrag zur Lösung der sozialen Frage. *„Ihre Bestimmung geschieht aus dem sozialzeitgeschichtlichen Kontext und richtet sich auf die Erstarkung des einzelnen Individuums. Die Entwicklung der Persönlichkeit des Kindes ist so zu gestalten, daß sie später als Individuum allen Lebenssituationen gerecht wird und sie meistern kann und zum zweiten soll der Mensch in seiner Persönlichkeit so gestärkt werden, daß er sich tatkräftig für die menschliche Gemeinschaft einsetzen kann"* (Robert 1999: 111).

6.1.1.4 Ermöglichung eines intuitiven Handelns

Steiner verstand "*das Theoretische als Feind des Tatsächlichen, das Allgemeine als Feind des Konkreten (...)*" (Dietz 1996: 44, Ausl. ie) und vertrat die Meinung: "*Prinzipien und Satzungen sind für das Leben des freien Geistes unnötig und ungeeignet*" (ebd.: 29). So waren Regelwerke und Statuten zur Beschreibung von Positionen für Steiner von untergeordneter Rolle. Wo eine Satzungsdiskussion stattfinde, werde das Prinzip des geistigen Lebens nicht begriffen. Weil das Ausgedachte als theoretische Richtschur für das praktische Handeln fungiere, könne geistige Produktivität nicht entstehen. Autoritär und prinzipiell Veranlagtes lehnte Steiner im Kontext der kollegialen Zusammenarbeit daher ab, denn "*die Freiheit des einzelnen Menschen ist seine Fähigkeit, sich in der Ideensphäre zu bewegen, Ideen zu erzeugen und das ideell Gefaßte je konkret in das tägliche Leben, in pädagogische Maßnahmen etc. zu verwandeln*" (ebd.: 30). Steiner ging es darum, die Freiheit individuell zu ergreifen, das heißt, "*(...) erst zu handeln aus individuellen Impulsen und danach das Handeln zu beschreiben (...)*" (ebd., Ausl. ie). Denn das praktische Tun sollte nach Steiner (GA 259: 332, Ausl. ie) nur a posteriori beschrieben, nicht aber a priori vorgeschrieben werden, da dies einen restriktiven Eingriff in das schöpferische Denken des Einzelnen bedeute: "*Es kann höchstens über die Ergebnisse ... verhandelt werden. Man kann da keine Direktiven geben. Man kann nur eine Aussprache über die Erfahrungen machen, welche die Ergebnisse betrifft, die dabei erzielt worden sind. Aber jedenfalls muß vermieden werden, in die Freiheit ... einzugreifen.*" So sah Steiner (GA 24: 373, Ausl. ie) die Formulierung von abstrakten Theorien im Vorfeld praktischer Ausführung als utopisch und nicht realisierbar an: "*Was hier ausgeführt ist, soll nicht ein utopistisches Programm vorstellen (...). (...) Es ist daher selbstverständlich, daß sich das hier Auszuführende alles Eingehens auf Einzelheiten enthält. Solche Einzelheiten ergeben sich bei wirklich praktisch gedachten Impulsen erst in der Ausführung. Nur der Utopist kann im einzelnen ausdenken, dafür sind seine dem abstrakten Denken entsprungenen Aufstellungen auch nicht durchführbar.*" Regularien entsprechen nach Steiner nur selten der Wirklichkeit. "*Programmatisches Vorgehen ist handlungsfeindlich und beginnt die Handlung dann doch, ist sie nicht wirklichkeitsgemäß*" (Dietz 1996: 45). Dietz (ebd.: 23,

Ausl. ie) merkt hierzu kritisch an: *„Heute ist es üblich geworden, zuerst nach den Prinzipien zu rufen, bevor man sich auf einzelnes einläßt (...). Und es ist andererseits üblich geworden, nach ‚Lebenspraxis' zu rufen, womit man Vorgaben im einzelnen, Konkreten meint. (...) Hier liegt ein grundsätzliches Problem gegenwärtiger Mentalität: man verlangt, etwas geliefert zu bekommen, das man selbst erzeugen muß, will man sich zum freien Menschen entwickeln. Von diesem individuellen Bemühen um Freiheit hängt aber die geistige Produktivität und damit der Fortschritt der Zivilisation ab."*

Neben der Ermöglichung eines experimentellen Handelns des Einzelnen erfordere kollegiale Selbstverwaltung für deren Verwirklichung zugleich *„(...) eine Ausbildung von allgemein-menschlichen Fähigkeiten, die über das bis heute Übliche hinausgehen"*, so Dietz (ebd.: 20, Ausl. ie). Grundlage biete hierfür die Anthroposophie. Diese fokussiere primär auf das Erwecken von Fragen und das Angebot von Methoden zu deren Erforschung und nicht auf das Geben vollendeter Antworten. Werden Sachverhalte dargestellt, erfolge dies nur in allgemeiner Form. Hinsichtlich der reellen Lebensbedingungen, Aufgabenstellungen und Forschungsgegenstände sei der „Forscher" auf sich selbst gestellt, da nur er in Korrespondenz zur konkreten Situation stehe. *„Die Hauptsache der Anthroposophie liegt im Leben und nicht in der Form"*, so Steiner (GA 217a: 44). Trotz Steiners vielfältiger Darstellungen geistiger Zusammenhänge pointiert Anthroposophie somit hauptsächlich die Methodik. Insofern Inhalte vermittelt werden, müssen diese eigenständig erarbeitet und gegebenenfalls weiterentwickelt werden, da diese eines Bezugs auf die eigene Person und die konkrete Situation bedürfen: Auf diese Weise müssen diese Inhalte „verlebendigt" werden. Demgemäß versucht Anthroposophie, eine geistig-lebendige Beschäftigung mit dem Menschen und mit anderen Erkenntnisgegenständen anzuregen – bzw. eine Fähigkeitsbildung zu erwirken. Durch den Ideencharakter der Anthroposophie obliegt es dem Einzelnen selbst, hieraus *„alles Allgemein-Prinzipielle und alles Vorstellungshaft-Konkrete"* (Dietz 1996: 20) abzuleiten. *„Zur Verwirklichung des so gewonnen Freiheitsraumes ist es allerdings notwendig, ihn individuell zu ergreifen und zu erfüllen. Und dazu gehören die erwähnten Fähigkeiten"*, so Dietz (ebd.). Diese Fähigkeiten sollen nach Steiner durch eine Auseinandersetzung mit der Anthroposophie erlernt werden.[95] Dabei erfolge keine Orientierung an vorbestimmten Weltanschauungen oder Lehrinhalten, sondern es werde eine innere Weiterentwicklung initiiert (vgl. ebd.: 55ff.).

Steiner (vgl. GA 259: 174) verstand ein Handeln im Sinne der Anthroposophie als eine erforschende Tätigkeit, die zunächst das lebenspraktische Tun im Einzelfall – das Experiment – beinhaltet und nicht auf allgemeingültigen theoretischen Annahmen oder Prinzipien gründet, die sich auf Erfahrungswerte der Vergangenheit stützen. Er betrachtete dies als ein unvoreingenommenes Erfahren der Wirklichkeit, das ein konkretes Handeln in Form einer Versuchsmethode ermöglicht: *„Es geht nicht darum, irgendwas Fertiges zu proklamieren, irgendwelche Weiheiten in die Welt zu setzen oder Forderungen zu stellen. Sondern es geht darum, tätig zu werden, tatsächlich zuzugreifen; dabei aber zu leben mit offenem Ergebnis. ... Es geht nicht um (...) irgendein chaotisches Durchwursteln, sondern es geht um ein durchschautes, kontrolliertes Vorgehen – wie bei jedem wissenschaftlichen ‚Versuch'"*, so Dietz (1996: 51, Ausl. ie). Der praktische Versuch und die daraus resultierende Erfahrung ermöglichten zudem eine lernende Weiterentwicklung des Einzelnen. Dementsprechend könne Handeln nicht abschließend sein, vielmehr sei jede Unternehmung zur Zukunft hin als offen zu betrachten (vgl. ebd.: 8). Diese Offenheit enthalte zugleich eine implizite Aufforderung zur Weiterentwicklung und -erforschung des gegenwärtig Bestehenden, während fixierte Vorgehensweisen vergangene Erfahrungen bewahrten und demgemäß wirklichkeitsfremd seien. Dazu Steiner (GA 339: 114, Ausl. ie): *„Ich bin ganz überzeugt davon, daß über ein ideales freies Schulwesen sich jeweilig drei, sieben, zwölf, dreizehn oder fünfzehn Menschen, die sich zusammensetzen, die allerallerschönsten Gedanken machen können, und ein Programm aufstellen können (...). Dieses Programm könnte so sein, daß man sich eigentlich nichts Schöneres vorstellen könnte. Die Leute, die dieses Programm ausdenken, (...) könnten dreißig, vierzig Punkte herausfinden, die die höchsten Ideale erfüllen für ein tadelloses Schulwesen – aber anfangen kann man damit nichts! Es ist ganz unnötig, Paragraphen und Statuten in dieser Weise zu formen, wenn man da-*

---

[95] Hierzu beschrieb Steiner (vgl. GA 10) bereits 1902 einen Schulungsweg, wie man zu diesen Erkenntnissen gelangen kann.

mit nichts anfangen kann. Man kann nur etwas anfangen mit einem zusammengestellten Lehrerkollegium, wenn man gar nicht nach Statuten rechnet, sondern nach dem, was man halt eben hat, und daraus in aller Lebendigkeit das Beste macht."

Experimentelles Vorgehen sollte ermöglichen, wirklich Neues zu erschaffen (Innovationen). Dieses Neue zielt auf die Überwindung obsoleter Handlungsroutinen durch die Genese alternativer Strategien ab, die sich an künftigen Notwendigkeiten orientieren. Aus diesen leitet sich ein auf aktuelle Bedingungen bezogenes gegenwärtiges Handeln ab, das diese künftige Zustandsänderung bewirken soll. Das konkrete und erforschende Tun sollte somit ein Handeln basierend auf der individuellen Intuition fördern. Der Intuitionsbegriff bei Steiner ist nicht mit den hierbei gängig assoziierten *„Bauchentscheidungen"* als *„Intelligenz des Unbewussten"* (Gigerenzer 2008) zu verwechseln. Nach Gigerenzer (vgl. ebd.) zeichnet sich Intuition dadurch aus, dass diese ohne willentlichen Akt zügig ins Bewusstsein tritt und handlungsleitend wirkt. Nach Polanyi (vgl. 1985) ist der unverzügliche Zugang dadurch möglich, dass Intuition auf implizites Wissen und Erfahrungswerte (tacit knowledge) zurückgreift, die der Mensch nicht artikulieren aber situationsabhängig nutzen kann. So postuliert Polanyi (ebd.: 14, Ausl. ie), *„(...) daß wir mehr wissen, als wir zu sagen wissen"*. Zumeist ist sich ein Mensch über das Vorhandensein seines impliziten Wissens nicht bewusst, wodurch dieses einen „blinden Fleck" des menschlichen Wissensreservoirs darstellt, der jedoch zur Genese neuen Wissens unabdingbar ist (vgl. ebd.). Analog kann implizites Wissen auch als Basis der Intuition betrachtet werden. Bei der Diskussion eines so verstandenen Intuitionsbegriffs wird fokussiert, einen Zugang zum impliziten Erfahrungswissen zu bahnen und dieses auf diese Weise zu explizieren. Dazu werden Techniken der Intuitionsförderung angewandt, die zugleich schulen, sich auf das eigene Gefühl verlassen zu können, was der zivilisierte Mensch zunehmend verlernt hat (vgl. Scharmer 2009; Kap. 4.2.2.2). Dieses Wissen gründet jedoch auf Vergangenheitswerten und beruht auf evolutions- und erfahrungsbedingten Aspekten. Hingegen meint der Intuitionsbegriff bei Steiner die Entwicklung oder Kultivierung des im Denken wirksamen, lebendig-geistigen Moments hin zu einem vertieften Bewusstsein oder zu einer „höheren Bewusstseinsebene", die sich mit dem Wesen von Gegenständen und Ereignissen zu verbinden vermag. Ausgehend von dieser Ebene wird es dem Menschen möglich, zukünftige Lösungen zu „erspüren". Die Voraussetzung dieses Vorgangs besteht unter anderen darin, das Gegenwärtige in dessen Erscheinungsweise als ein Rätsel zu begreifen, für das aus vergangenen Erfahrungen übernommene Antworten untauglich sind. In der Intuition empfängt der Mensch Ideen und Impulse aus einer *„ideellen Sphäre"* (Steiner GA 4: 165) und wirkt damit in Koinzidenz mit einem aus der Zukunft herfließenden Strom. Diesen Prozess der vollständig im Geistigen verlaufenden Verbindung von Begriffen[96] – anders formuliert: den Prozess des „Lebens im Denken" – tituliert Steiner auch als *„reines Denken"* (ebd.: 108) bzw. als *„Intuition"* (GA 12: 67).

6.1.1.5 Formierung der Struktur aus der konkreten Aufgabe

Steiner (GA 305: 128, Ausl. ie; vgl. auch Kap. 6.1.1.2) vergleicht in seinem Vortrag „Die Waldorfschule als Organismus" die Organisation mit einem lebendigen wachsenden Organismus (analog des menschlichen Organismus'), den er von einem künstlichen Organisiertsein demarkiert: *„Wenn von Organisation gesprochen wird, so meint man heute gewöhnlich, daß man irgend etwas organisieren soll, irgend etwas einrichten soll. Wenn ich heute sprechen möchte von der Organisation der Waldorfschule, so ist es und kann es nicht in diesem Sinne gemeint sein, denn organisieren kann man eigentlich nur dasjenige, was in einem gewissen Sinne mechanisch ist. Man kann die Einrichtung einer Fabrik, irgendeine andere Institution organisieren, wo die Teile zu einem Ganzen durch den Gedanken, den man hineinprägt, zusammengehalten werden sollen. Aber denken Sie sich nur, wie absurd es sein würde, wenn man verlangen würde, man solle den menschlichen Organismus organisieren. Er ist*

---

[96] Nach Steiner wird bei der Betrachtung eines Gegenstandes diesem als Reaktion des menschlichen Denkens ein Begriff beigefügt und mit diesem verbunden. Begriffe werden somit nicht durch Beobachtung oder Wahrnehmung gewonnen, sondern durch *„innerliche Konstruktion"* (Steiner GA 108: 186). *„Die Begriffe werden zu der Beobachtung hinzugefügt"* (ebd. GA 4: 34). Der Begriff stellt so das *„ideelle Gegenstück"* (ebd.) zum Beobachteten dar. Dieser „Begriff" ist nicht mit dem „Wort" zu verwechseln, denn während der Begriff der internalen Ideenwelt angehört, ist das Wort lediglich ein Element der Sprache (vgl. ebd. GA 76: 121ff.; GA 206: 174).

organisiert, er ist da, und man muß ihn als einen Organismus hinnehmen. Man muß ihn studieren. Man muß seine Einrichtungen als die eines Organismus, als einer Organisation kennenlernen." Dieses Verständnis transferierte Steiner (ebd.: 133) auf die Waldorfschule: *"Daher kann es sich auch nicht darum handeln, aus irgendeinem gescheiten Einfall im Kopfe die Schule nun zu konstruieren – denn eine Konstruktion, nicht eine Organisation würde entstehen –, sondern es kann sich nur darum handeln, dasjenige, was man schon als einen Organismus hat, wirklich von Woche zu Woche zu studieren."* Steiner begriff die Waldorfschule so als ein bereits existierendes natürliches Gefüge, das zwar wesenstypisch organisiert ist, aber nicht organisiert werden muss oder kann. Vielmehr sei es erforderlich, diesen Organismus in dessen Dasein verstehen zu lernen. Gemäß dieser Analogie von künstlichem Organisiertsein und natürlichem Organismus sprach Steiner (GA 306: 90) an anderen Stellen auch von dem *"Beleben von Dingen"* oder dem *"Durchseelen von Unorganischem"* im Sinne des Animismus'[97], das heißt der Vorstellung einer „Allbeseeltheit", sodass jeglichen oder bestimmten Objekten der Natur (Pflanzen, Quellen, Felsen, Berge usw.) und damit jedem noch so kleinen Teil der Welt eine „persönliche" Seele oder ein innewohnender Geist zugesprochen wird. In jedem Menschen und in jedem beseelten Objekt entwickelt demnach „Lebenskraft" einen eigenen Willen, der natürlichen Regeln folgt. Diese Regeln können erforscht, aber nicht bestimmt werden. *„Es handelt sich also darum, geradeso wie man beim menschlichen Organismus, um ihn zu verstehen, die Nase oder das Ohr verstehen muß (...)"*, so Steiner (GA 305: 129, Ausl. ie) in diesem Sinne. Solche „inneren Wesen" der Dinge können mit der Menschenseele analogisiert werden, während die äußere Erscheinung dann nur das faktisch Wahrgenommene darstellt. Und *„es ist so, daß die Seele den ganzen menschlichen Organismus erfüllt bis in die äußersten peripherischen Teile, daß sie in allem, was körperliche Äußerung und Offenbarung ist, lebt"* (ebd. GA 306: 201). Wie für Animisten die spirituelle Welt die eigentliche Realität darstellt, so ist auch die Waldorfschule als ein lebendiger „durchseelter" Organismus zu begreifen.

---

[97] Animismus (griechisch: Wind, Hauch); animus oder anima (lateinisch: Seele, Geist)

Demgemäß werden in der kollegialen Selbstverwaltung die erforderlichen Arbeitsaufgaben nicht im Rahmen einer – konstruierten – hierarchischen Struktur mittels Definition an statische Stellen und Positionen mit attribuierten Kompetenzen und Verantwortlichkeiten gebunden sowie deren Erfüllung in Form von Tätigkeitsaspekten vorgegeben. Dies entspräche einem „künstlichen Organisiertsein" und dem Ignorieren des angenommenen organischen „Eigenlebens" der Organisation. Vielmehr ergeben sich die notwendigen Tätigkeiten, für die jeweils individuelle Lösungswege eruiert werden müssen, aus dem Verständnis für das eigengesetzliche Ganze und in Orientierung an der gemeinsamen Zielsetzung. So leiten sich die Arbeitsaufgaben aus dem organisch-sachlichen Zusammenhang und die Lösungswege aus der kreativen Leistung des Einzelnen ab. *„Erst wenn die innerorganisatorische Struktur so gestaltet wird, daß sie keine umzirkten Positionen mit zugeschriebenen Verantwortlichkeiten und Kompetenzen kennt, entsteht jene soziologische Offenheit, welche die Mitglieder zur Initiative und Gestaltung herausfordert. (...) Innerhalb der hier dargestellten Konstitution fallen ... alle Positionen mit zugeschriebenen Kompetenzen weg, was bleibt, ist die sachliche, funktionale Aufgabe, die erfüllt werden muß. Durch den Wegfall der formalen Strukturen wird das Wie zu einer jeweils neu aus den Kräften der mitarbeitenden Lehrer zu beantwortenden Frage"* (Leber 1974: 146, Ausl. ie). Dies bedeutet zugleich, dass keine generellen Handlungsimplikationen existieren. Denn Steiner intendierte, ein aktuelles Anliegen stets als individuelles „Rätsel" aufzufassen, für das eine spezifische Lösung gefunden werden muss. Die Fähigkeit des Menschen, in einer konkreten Situation eigenständig geistige Inhalte im Sinne von Handlungsalternativen frei und unabhängig von überlieferten Prinzipien zu erfassen respektive schöpferisch neu hervorzubringen, bezeichnete Steiner (GA 4: 114) – wie in Kapitel 6.1.1.4 erläutert – als die Fähigkeit zum *„reinen Denken"* bzw. zur *„Intuition"*.

„Intuition" bzw. „moralische Intuition" entspricht somit einem eigenständigen Denken und freiwilligen Handeln in Abgrenzung zu dem Befolgen von Regeln und dem Handeln aus Pflicht und Furcht vor Sanktionen. *„Der Mensch handelt, wenn er die Antriebe zu seinem Handeln in Geboten sucht, nach Gesetzen, deren Begründung nicht von ihm abhängt. (...) Wir müssen den Antrieb von* *außen empfinden und die Notwendigkeit anerkennen, ihm zu folgen, dann handeln wir aus Pflicht. (...) Wir wissen, daß die Ideenwelt die unendliche Vollkommenheit selbst ist; wir wissen, daß mit ihr die Antriebe unseres Handelns in uns liegen. (...) Der Mensch vollbringt von diesem Gesichtspunkte aus nur deshalb eine Handlung, weil deren Wirklichkeit für ihn Bedürfnis ist. Er handelt, weil ein innerer (eigener) Drang, nicht eine äußere Macht, ihn treibt"*, so Steiner (GA 1: 201ff., Ausl. ie). Die moralische Intuition und die sich daran anschließende moralische Phantasie (Inspiration) und adäquate moralische Technik (Imagination) bezeichnen nach Steiner die Fähigkeit, die intuitiv erfassten Impulse auch praktisch umsetzen zu können (vgl. Althaus 2014). Diese bilden so die Grundlage des freiheitlichen Denken und Handelns des Menschen und beziehen zugleich die damit verbundene Verantwortung ein. Die moralische Phantasie *"... ist die Quelle für das Handeln des freien Geistes"*, so Steiner (GA 4: 139, Ausl. ie). Nur Menschen, die über diese verfügen, seien geistig produktiv und vermögen darüber hinaus, diese Ideen auch zu konkreten Vorstellungen zu verdichten. Schneider (2006b: 303) bezeichnet diese Phantasie als *"rein seelisch entworfene Handlungsbilder"*. Durch seine Phantasie bilde der Mensch aus der Summe seiner Ideen Vorstellungen zu künftigen Handlungen. Die Phantasie ermögliche ihm so die Vorwegnahme einer durch die vorgestellte Handlung erzeugten Wahrnehmung. In diesen Vorstellungen werde das Resultat der gewollten Handlung antizipiert, wodurch die Intuition erst zum Motiv einer bestimmten Handlung werde (vgl. ebd. 1982: 130ff.). Nach Steiner (GA 4: 139, Ausl. ie) ist die Phantasie das, *"was der freie Geist nötig hat, um seine Ideen zu verwirklichen, um sich durchzusetzen (...)"*. Hat der freie Geist konkrete Vorstellungen entworfen, bedarf es deren Realisierung. Dazu ist es nach Steiner (ebd.: 140, Ausl. ie) notwendig, dass der Mensch von den Wahrnehmungen *"die bisherige Wirkungsweise, die man neu gestalten oder der man eine neue Richtung geben will (...)"* erfasst sowie die Art und Weise erkennt, nach der sich diese verändern lassen. Diese Fähigkeit, die Wahrnehmungen in eine entsprechende Handlungsabsicht umzuwandeln, ohne den naturgesetzlichen Zusammenhang der gegebenen Welt zu missachten, betitelt Steiner (ebd.) als *"moralische Technik"*, die als drittes Grundprinzip des freien Denkens und Handels neben die Intuition und die Phantasie tritt. Schneider (2006b: 303) bezeichnet diese als „*körperlich und/oder sprachlich ausgeführte Handlung*" und somit als die Fähigkeit, die in der jeweiligen konkreten Situation gegebenen Wirklichkeit so umzugestalten, sodass die durch die Intuition entzündete und durch die Phantasie konkretisierte Handlung realisiert wird (vgl. ebd. 1982: 130ff.).

Ist also ein Denkprozess nicht durch äußere Wirkungsursachen gesteuert und wird ausschließlich von der menschlichen Erkenntnis geleitet, so befindet sich der Mensch nach Steiner im Zustand der Freiheit. In diesem sei er fähig, aus dem eigenen Ich schöpferisch tätig zu werden und einen eigenen Beitrag zu dem gemeinsamen Ziel zu leisten. In einer formell strukturierten oder – in Steiners Diktion – „konstruierten" Organisation sei den menschlichen Ideen eine (künstliche) Richtung bereits vorgegeben, ehe diese enstehen, sodass moralische Phantasie und Technik a priori supprimiert würden. Demgegenüber solle sich die organisationale Struktur in der kollegialen Selbstverwaltung aus den sich natürlich ergebenden Aufgaben bzw. aus der Sache (Aufgaben- oder Sachorientierung) konstituieren und nicht konventionell die Aufgaben aus der organisationalen Struktur; anders formuliert: „*Das Leben schafft die Formen*" (Brater 2010: 1). „*Das ,Organ', die ,soziale Einrichtung' muss aufgabengerecht aus den jeweiligen sozialen Lebensbedürfnissen heraus gestaltet werden, sonst wird Leben durch verfestigte Strukturen behindert, oder es findet keine Organe, deren es sich bedienen kann*" (Strawe 2007: 20). Somit zielt kollegiale Selbstverwaltung darauf ab, institutionelle Voraussetzungen zu schaffen, die ermöglichen, gegebene Probleme („Rätsel") individuell analysieren und angemessene Lösungen schöpferisch entwickeln zu können.

6.1.2 *Positionslosigkeit und funktionale Hierarchie*

6.1.2.1 *„Verwaltungsmäßige" Organisation*

Eine sich durch den Wegfall formalisierter Regelungen und äußerer Strukturaspekte auszeichnende selbstverwaltete Organisation impliziert zugleich eine Aufhebung der durch die Handlungsvorgaben erzeugten „*Bewußtseinsentlastung*" (Leber 1974: 67). Denn solche „*Vorab-Regelungen*" (Dietz 2009a: 394) steuern das individuelle Handeln nach präformierten Abläufen ohne die

Erfordernis einer schöpferischen Geistesleistung. *"Sie sollen das Verhalten des Einzelnen regeln, bevor eine konkrete Situation eingetreten ist"* (ebd. 2011: 9). So läuft diese Bewusstseinsentlastung der Intention eines eigenständig denkenden Geistes zuwider, sodass in diesem Kontext formelle Programmatik als *"ein notwendiges Übel"* (ebd.) und als *"belastend für das Geistesleben"* (ebd.: 10) angesehen werden. Kontrovers hierzu komme es in der kollegialen Selbstverwaltung darauf an, *"(...) dass der Einzelne in seiner jeweiligen Situation und nach eigener Einsicht zu sinnvollem Handeln findet"*, so Dietz (ebd. 2009a: 394, Ausl. ie). Dietz (2011: 11) vertritt folglich die Ansicht, dass in einer selbstverwalteten Organisation das *"auf individueller Initiative und Verantwortung"* beruhende Handeln *"bis in alle Einzelheiten hinein"* gelten muss. Die angemessene innerorganisationale Gestaltung der Waldorfschule weise somit einen Zustand der *"Positionslosigkeit"* (ebd.: 67) auf, jedoch nicht der Strukturlosigkeit. *"Das Geistesleben der Schule benötigt, um wirksam werden zu können, geordnete soziale Strukturen und Formen"*, unterstreicht auch Brater (2010: 4). Nur werden diese – wie in Kapitel 6.1.1.5 bereits erläutert – nicht durch die Organisation vorgegeben, sondern entwickeln sich erst aus den individuellen Beiträgen deren Mitglieder (vgl. Brater/Maurus 1999: 65).

Zur Verwirklichung dieses Gedankens plädierte Steiner für das Manifestieren einer Zusammenarbeit, die diametrale Prinzipien zur bürokratisch-regierungsmäßigen Ordnung aufwies (vgl. Kap. 6.3.1). Die in Steiners (GA 300: 7, Ausl. ie) Denken „lähmenden" Wirkkräfte der Fremdbestimmung sollten konsequent eliminiert werden: *"Deshalb werden wir die Schule nicht regierungsmäßig, sondern verwaltungsmäßig einrichten (...)."* Unter „regierungsmäßig" verstand Steiner das herkömmliche hierarchisch-monokratische und damit die pädagogische Initiative inhibierende System mit einem Direktor bzw. Schulleiter an dessen Spitze. *"Er selbst ist die höchste Stelle der untersten Instanz der Bürokratie der Schulverwaltung und Schulaufsicht. Durch das ‚herrschaftliche' Verwaltungssystem empfängt er seine Kompetenz, seinen Ermessenspielraum sowie die Handlungsanweisungen in Form von Verordnungen, deren Erfüllung er zu veranlassen und zu überwachen hat. Ihm untergeordnet und, soweit möglich, weisungsgebunden (...) sind die einzelnen Lehrer"* (Leber

1974: 57, Ausl. ie). Schmelzer (1991: 236) bezeichnet es daher als „*pyramidal ausgerichtetes Verwaltungssystem*".

Demgegenüber fokussierte die von Steiner affirmierte „verwaltungsmäßige" Sozialgestalt auf die Entfaltung der individuellen Kräfte und die Stimulierung der pädagogischen Initiative der Lehrenden (vgl. Leber 1974: 57; 1972: 451; Osswald 2012: 8ff.). Hierzu Leber (1974: 57): „*In dem neuen Modell der Waldorfschule ist die Interdependenz von pädagogischer Leistung und Verwaltungsstruktur erkannt und so in Beziehung gesetzt und aufeinander zugeordnet, daß pädagogische Funktion und organisatorische Struktur sich nicht widersprechen, sondern wechselseitig fördern. Was die Lehrer an pädagogischen Handlungen zu vollbringen haben (pädagogische Funktion der Schule), wird mit der Struktur (Verfassung) so verknüpft, daß durch die Selbstverwaltung die Lehrer gemeinsam die Aufgabe erhalten, die Prozesse und Leistungen zu organisieren. Indem die hierarchische, regierungsmäßige Struktur wegfällt, sollen die Kräfte des einzelnen Lehrers entbunden und Initiativen angeregt werden, die in den pädagogischen Funktionskreis einströmen. Dasjenige, was in der bisherigen Schulstruktur Funktion und Leistung des ‚Leiters' kraft Amtes war, muß sich weniger durch eine formale Struktur als durch die Tätigkeit und den Willen der Handelnden selbst ergeben. Die Konstitution hat so zu sein, daß sie Initiative und Verantwortungsübernahme nicht behindert.*" Es existierte somit keine Leitungsinstanz in der Form eines Rektorenamtes: „*So etwas wie einen Direktor wird diese Schule nie haben können*", betonte Steiner 1919 (zit. n. Schalk/Leist/Kügelgen 1969: 434). „*Was aber die äußere Konstitution betrifft, muß ich sagen, es ging im kleinen bis jetzt vorzüglich bei unserer Lehrerschaft der Waldorfschule in Stuttgart. Da ist gleich eingangs die Frage aufgetaucht: Wer wird der Direktor sein? – Selbstverständlich niemand; wir haben einfach gleichberechtigte Lehrer durch alle Klassen, und einer aus dieser Lehrerschaft, der etwas weniger Stunden hat als die anderen, der besorgt die Verwaltungsdinge*" (Steiner GA 334: 163). Die verwaltungsmäßige Einrichtung der Schule bedeutete somit, dass deren ursprünglich durch den Direktor besorgten Verwaltung bzw. Führung[98] nun von den aktiv in der Schule

---

[98] Zur Synonymie der Begriffe „Verwaltung" und „Führung" vgl. Kapitel 6.3.1.

Unterrichtenden gemeinsam ausgeübt wurde. Diese zusätzlichen Aufgaben stellten einen ebensolchen Teil der Lehrertätigkeit dar, wie der Unterricht, sodass die Lehrtätigkeit für diese Mehrarbeit einen zeitlichen Raum lassen musste (vgl. Götte 2006: 215; Kap. 6.2.2.3). Jeder Lehrer ist dann ein vollumfänglich berechtigtes Mitglied des Schulganzen, sodass die verwaltungsmäßige Gestaltung keine hierarchische Ordnung im Sinne einer Über- und Unterordnung, sondern eine Nebeneinander- oder Gleichordnung der Beteiligten mit einer kollegialen Verantwortung abbildet, die durch einen Kreis (in Abgrenzung zu einer Pyramide) symbolisiert werden kann (vgl. Leber 1974: 61; Kap. 6.1.4.3).

Leber (1972: 451) bezeichnet das Verwaltungsmäßige als ein Agieren nach dem Prinzip der *„Betroffenheit"*. In diesem Sinne liegt eine Betroffenheit der Lehrer vor, wenn sich die Verwaltungsaufgaben aus der sachlich-pädagogischen Aufgabe heraus ergeben („Sachlichkeit"). Hierzu Steiner (GA 334: 163, Ausl. ie): *„(...) Worum es sich handelt, das ist, daß sich nach und nach nur aus den rein pädagogischen und didaktischen Bedingungen und weiteren Bedingungen des Geisteslebens eine rein didaktische Körperschaft des Geisteslebens bildet, die so verwaltet, wie es im Sachlichen begründet ist."* Nicht betroffen sind hiernach staatliche Instanzen, da diese nicht unmittelbar an der Ausführung des Pädagogischen beteiligt sind und diesen folglich die notwendige „Fachlichkeit" entbehrt (vgl. ebd. GA 24: 6ff.). Am Beispiel der Gestaltung der Lehrpläne erläuterte Steiner (GA 334: 162) diese Logik wie folgt: *„Die Lehrpläne sind staatlich festgesetzte Umschreibungen des Lehrstoffes, des Lehrzieles und so weiter. Etwas anderes ist es, wenn man als pädagogischer und didaktischer Künstler rein aus der Wesenheit des Menschen studieren kann, wie vom siebenten zum vierzehnten Jahre das abläuft, was an den Menschen da herangebracht werden soll. Ich stehe auf dem Standpunkt der Überzeugung, daß durchaus von dem sich entwickelnden Menschen für jedes Jahr die Lehrziele abgelesen werden können. Nun möchte ich, daß derjenige die Lehrziele festsetzt, der im lebendigen Unterricht drinnensteht, und nicht derjenige, der herausgerissen wird und Staatsbeamter wird, der also übergeht von dem lebendigen Lehren zur Demokratie. Ich möchte also, daß das, was das geistige Leben umfaßt, von denen verwaltet wird, die noch drinnenstehen, die* *dieses geistige Leben aufbauen. Also es kommt darauf an, daß die ganze Struktur der Verwaltung aufgebaut ist auf dem Gefüge eines Geisteslebens selbst."* Mit einer verwaltungsmäßig eingerichteten kollegialen Selbstverwaltung wird somit eine Identität zwischen Verwaltetem und Verwalter intendiert. *"Sie steht überall auf einem realen Boden, muß auch aus einem realen Boden heraus arbeiten"*, so Steiner (ebd.). Dieser „reale Boden" sei dadurch gegeben, dass das Geistesleben und mithin die darin lokalisierte Institution „Schule" über eine eigene Verwaltung bzw. Führung verfügten, die nur zur Geltung gebracht werden müssten, indem diesen eine sachgemäße Zuständigkeit übertragen wird.

6.1.2.2 Fähigkeits- und Kompetenzprinzip

Steiner war bestrebt, dem Kollegium ein Lernen aus dem praktischen Alltagsgeschehen zu ermöglichen. Seine Interventionen hätten zwar zu schnelleren und effizienteren Lösungen beigetragen, doch hätte das Kollegium zugleich den *„für das soziale Zusammenleben notwendigen Lernvorgang"* (Leber 1974: 123) nicht erfahren. Als es beispielsweise um die Wahl der Mitglieder eines Verwaltungsrats ging (vgl. Kap. 6.1.3.2), entwickelten sich in einer Konferenz kontroverse Ansichten, sodass Steiner um Hilfe gebeten wurde. Doch er überließ dem Kollegium die Konfliktlösung mit der Begründung, dass er zwar als „übergeordnete" Instanz tätig werden könne, er sich aber nicht der einen Meinungspartei anschließen und damit den Argwohn der anderen provozieren wolle (vgl. Leber 1974: 123). Nach Steiner (GA 300: 244, Ausl. ie) war eine eigenständige Konfliktlösung durch das Kollegium und auch eine diesbezügliche Verantwortungsübernahme notwendig: *„Dieser Verwaltungskörper sollte aus dem Kollegium hervorgehen. (...) Ich könnte ja auch, nach dem, wie wir die Waldorfschule eingerichtet haben, selbst diesen Ausschuss designieren, möchte es aber nach dem Erfahrenen nicht tun, sondern möchte, dass dieser Verwaltungskörper hervorgeht aus dem Willen des Lehrerkollegiums selbst."* Lösungen sollten sich aus den gemeinsamen Argumentationen der Lehrer entwickeln und nicht – gemäß alten Gewohnheitsmustern – von außen vorgegeben werden. Unsicherheiten bezüglich der Selbstständigkeit des Kollegiums zeigten sich bei verschiedenen konfligierenden Thematiken immer wieder.

Nach Leber (vgl. 1974: 123) liegt diesem Sachverhalt eine prinzipielle Frage von gleicher Gattung zugrunde – die Frage nach der Selbst- und Fremdbestimmung. Diese kennzeichnet zwei qualitativ unterschiedliche Dimensionen, die jeweils gleich ausgerichtet sind: Einerseits wird die Klärung der gesellschaftlichen Rahmenbedingungen angesprochen, das heißt, *„wie, wann, wo funktionswidrige Übergriffe eines gesellschaftlichen Bereichs in einen anderen stattfinden"* (ebd.). Die Selbstbestimmtheit einer Organisation bezieht sich somit zunächst auf eine rechtliche Dimension, die deren Handlungsraum definiert. *„Indem eine einzelne gesellschaftliche Einrichtung der staatlichen Aufsicht und Bestimmung entzogen wird, ist sie als frei zu bezeichnen, weil keine hoheitliche Gewalt unmittelbar ihre Ziele von außen bestimmt. Diese Freiheit ist zunächst allein eine formale, insofern, als sie sich auf die Rechtsstellung der Einrichtung bezieht, d. h. aus den öffentlich-rechtlichen Bestimmungen erfolgt kein materieller Eingriff in die Zielsetzungen. In dieser Dimension ist Freiheit und Selbstbestimmung eine Rechtsfrage"* (ebd.). Andererseits werden mit der Frage nach der Selbst- und Fremdbestimmung die Dimension der menschlichen Sozialbeziehungen und deren Determiniertheit angesprochen. Auf dieser Ebene kann die Entfaltung der eigenen Fähigkeiten grundsätzlich durch wirtschaftliche Abhängigkeiten beeinflusst und folglich durch die materielle Unfreiheit manipuliert werden (vgl. ebd.).

In deren Ausprägung grundlegend anders verhält sich die Selbstbestimmung auf der Ebene des Bewusstseins. Hier *„(...) bedarf es – insbesondere in arbeitsteiligen Zusammenhängen wie einer Schule – der fortgesetzten Kommunikation aller Beteiligten untereinander, aber auch mit der Umwelt, also eines geistigen Lebens, das sich im Austausch geistiger Leistungen und Erkenntnisse und ideeller Inhalte realisiert"* (ebd.: 124, Ausl. ie). Findet ein solcher geistiger Austausch statt, ist diesem zugleich auch ein Prozess der Beeinflussung immanent, der jedoch keinen Machtcharakter im Sinne einer herrschaftlichen Gewalt besitzt und ebenso wenig formell bestimmt wird. In einer freien, kollegial selbstverwalteten Organisation basiert dieser Einfluss *„(...) nicht auf irgendwelchen Stützen der Macht, sondern allein auf der entgegengebrachten Anerkennung und der freien Annahme"* (ebd., Ausl. ie). Eine besondere Position des Einzelnen legitimiert sich dann ausschließlich durch Unterschiede im individuellen Wissen und Können, „(...) wodurch derjenige, der etwas Besonderes zu geben hat, eine ‚hervorgehobene' soziale Stellung – durch seine spezifische Fähigkeit – erhält. Er wird nicht zur Autorität kraft Amtes oder durch eine Position oder seinen Status, sondern durch sein Wissen, Können. Seine ‚überlegenen' Fähigkeiten dokumentieren sich allein im Ideengehalt seiner Aussagen, anders gewandt: in den ihm zugänglichen Intuitionen" (ebd., Ausl. ie). Die Gewaltenteilung erfolgt dann in einer „intellektuellen Dimension" (ebd.) nach dem Fähigkeits- und Kompetenzprinzip.[99] Aufgrund des sachlichen Bezugs entsteht auf dessen Grundlage „funktionale Autorität" bzw. eine „funktionale Hierarchie". Eine dieses Prinzip zugrundelegende kollegiale Selbstverwaltung „... meint also nicht, dass jeder in den Fachbereich des anderen hineinredet (...), sondern dass umgekehrt jeder beurteilen lernt, wo er besser dem anderen das Urteil überlässt", so Mosmann (2015: 22f., Ausl. ie).

Prinzipiell solle in einer selbstverwalteten Organisation kein Direktor kraft Amtes (formelle Autorität) walten, da dies ein sachgemäßes Handeln der darin Tätigen korrumpieren würde. Kommen jedoch die individuellen Fähigkeiten und Kompetenzen in der Zusammenarbeit zur Geltung, werde ersichtlich, „(...) daß die tüchtigen Lehrer auch eine gewisse Autorität über die anderen haben, eine naturgemäße Autorität, und ein gewisses hierarchisches System bildet sich heraus. Das braucht aber gar keine Beantwortung der Frage zu sein (...): Wer befiehlt? – sondern das macht sich von selber" (Steiner GA 334: 163, Ausl. ie). Nach Steiner (GA 24: 6) verläuft diese Art der Hierarchiebildung nach dem Prinzip der „Fachtüchtigkeit" (vgl. Kap. 6.2.2.3), nach welchem derjenige eine herausgehobene Stellung innehat, den das profundeste Wissen auf dem jeweiligen Fachgebiet auszeichnet. Für eine kollegial selbstverwaltete Organisation kann die Herausbildung von funktionalen Hierarchien als grundlegend betrachtet werden. „Funktionelle Autorität als wirksamer sozialer Einfluß ist nicht nur eine Realität, sondern schlechthin konstitutiv für das kulturelle geistige Leben" (Leber 1974: 124). Diese schafft ein konstruktives Klima für das Erbringen von individuellen Beiträgen (geistige Produktivität) und für ein bestmögliches Nutzbarmachen von vorhandenem (kollektivem) Wissen. Zugleich

---

[99] Vgl. hierzu die anthropologische Argumentation der Führungslegitimation in Kapitel 3.1.2.

werden „(...) in besonderem Maße die individuell verschiedenen Begabungen und Möglichkeiten der einzelnen in spezifischer Weise im Organisationsablauf zum Ausdruck .." (ebd.: 126f., Ausl. ie) gebracht. Dies bedingt nach Brater und Maurus (1999: 65, Ausl. ie) wiederum ein flexibles Gefüge an höchst differenzierten Formen der Mitarbeit, und ausgestattet mit unterschiedlichen Verantwortungsniveaus, in das sich das einzelne Mitglied nach selbstbestimmter Maßgabe einbringen kann: „In jeder Einrichtung muß es sehr unterschiedliche Partizipationsformen geben, ganz ohne Diskriminierung und der Selbstgestaltung der Mitarbeitenden überlassen. Es muß individuell angepaßte Arbeitsformen mit unterschiedlichen Verantwortungsreichweiten geben. (...) Diese Differenzierung ist nicht als starre Struktur ausgebildet, sondern als bewegliches Gliederungsprinzip, dessen aktuelle Realität sich ausschließlich nach den Fähigkeiten und Möglichkeiten der hier und jetzt in der Einrichtung tätigen Menschen richtet."

Nach Steiner entspricht eine auf diese Weise gebildete Hierarchie einer natürlichen Entwicklung in sozialen Gemeinschaften. Vor dem Hintergrund einer lebendig-organisch gedachten Organisation ist diese als ein inhärenter Bestandteil kollegialer Selbstverwaltung zu verstehen und mit deren genuinen Intention vereinbar. „Auch für den Lehrer werde wieder eine Autorität notwendig sein. Ich habe ja nichts gesagt über die Autorität, die für den Lehrer notwendig sein wird (...)! Ob für den Lehrer eine Autorität notwendig wäre, ist eine weitaus andere Frage, die sich dadurch beantwortet, daß schließlich das Leben selbst dafür sorgen wird. Beachten Sie nur das Leben, wie es ist, das beachtet man heute viel zu wenig. Beachten Sie es nur lebensgemäß und wirklichkeitsgemäß, so werden Sie sich sagen: Ja, die Menschen sind voneinander so verschieden, daß schließlich jemand, der in der allermannigfaltigsten Art eine Autorität sein kann, doch noch immer eine Autorität über sich finden wird. Dafür wird schon gesorgt sein, daß immer einer noch eine Autorität für sich finden kann. Nun, nicht wahr, dieses braucht nicht zu führen bis zu einer höchsten Spitze. Es kann einer einfach dadurch eine Autorität sein, daß er einem in anderen Dingen überlegen ist", so Steiner (GA 330: 326, Ausl. ie). Maßgeblich für das Wirksamwerden dieses Prinzips in der kollegialen Selbstverwaltung ist somit einerseits die Ermöglichung von Individualität und damit auch von Fähigkeitsunterschieden, andererseits die potentielle Variablilität der hierarchischen Verhältnisse, die zulässt, dass grundsätzlich jeder Autorität besitzen oder dem anderen zuerkennen kann. Der hierbei wirkende natürliche Mechanisms substitutiert dann die Notwendigkeit formeller Autorität.

6.1.2.3 Erwiesene Sachverständigkeit

Auch wenn keine formellen Zuweisungen von Machtunterschieden existieren, kann sich eine Person durchaus dauerhaft durch deren Fähigkeiten abheben, doch prinzipiell und *„der Tendenz nach .. äußert sich die funktionale Autorität in Gestalt einer kollegialen Leitung"* (Hartmann 1964: 135, Ausl. ie), sodass der Erfolg des einen von der komplementären Leistung der anderen abhängt. So wirken Prozesse, in denen sich *„(...) die Fähigkeiten gegenseitig ergänzen, Einsichten im Dialog und in der Kommunikation gewonnen werden"* (ebd.: 125, Ausl. ie). Die Herausstellung besonderer Kompetenzen ist dann das natürliche Ergebnis einer gemeinsamen Zusammenarbeit. Diese Auffassung demonstrierte Steiner urbildlich durch seine bewusste und konsequente Ablehnung einer statuierten Autorität in Verbindung mit seiner Person. Seine Ratschläge und Hinweise sollten *„(...) allein auf das Verständnis, d. h. die Institutionsoffenheit und die Zustimmung der Betroffenen, d. h. jener, die ihre Belange selbst bestimmen (...)"* (ebd.: 135, Ausl. ie) basieren und durch die Anerkennung und das Vertrauen der Gesamtheit gestützt sein. Daraus leitet sich ab, dass in diesem Verständnis *„(...) für die geistigen Prozesse rechtlich-formale Kategorien nicht mehr zureichen, um sie zu erfassen. Freiheit herrscht hier allein, wenn sich in meinem Bewußtsein oder in dem der zusammenarbeitenden Menschen ein Verständnis für die Erkenntnisse des anderen, seine Ideen und deren Wahrheitsgehalt bildet. Dies kann niemals erzwungen werden, sondern muß aus freier Einsicht geschehen"* (ebd.: 125, Ausl. ie).

Sachverstand basiert dann nicht auf objektiven Messgrößen (z. B. Qualifikation), sondern tangiert eine geistige oder Bewusstseinsebene, auf der freiwillig und ohne Repression die Fähigkeit des anderen anerkannt wird. Diese Freiwilligkeit bedeutet jedoch nicht, *„(...) daß jeder nun tun wird, was er will: Er wird vielmehr gerade nicht einfach tun, was er will, sondern aus den Bedürfnissen des Geisteslebens heraus, um dieses möglichst fruchtbar zu gestalten, wird* *wieder das Hinneigen zu denjenigen, die einmal eine Autorität sein sollen, ein freiwilliges sein"*, betonte Steiner (GA 330: 326, Ausl. ie). So erfasst diese Grundhaltung eine geistige Ebene, *"(...) wo die Entscheidung nicht bei demjenigen liegt, der etwas zu sagen oder zu geben hat – denn darin läge ja immer noch ein Hauch von Macht –, sondern allein bei der Einsicht des oder der Adressaten"* (Hartmann 1964: 125, Ausl. ie). Funktionale Autorität legitimiert sich dann nicht ausschließlich durch den Beweis besonderer Fähigkeiten, sondern vor allem durch *"(...) bewiesene Sachkunde in einem sozialen System, dessen Mitglieder besonderes Wissen und Können für wünschbar halten"* (ebd.: 57, Ausl. ie), und damit durch den stets erneuten Ausweis vor dem freien Willen der Empfänger. Dieser auf der Bewusstseinsebene verortete Aspekt der Anerkennung weist somit über das reine Fähigkeits- und Kompetenzprinzip hinaus.

Die Profilierung der besonderen Befähigung des Einzelnen ist demnach als ein repetitiv angelegter Ablauf zu verstehen. Damit ruft *"... die Positionslosigkeit einen gruppendynamischen Prozeß hervor, in dem sich ein funktionelles System des sozialen Einflusses ausbildet (...)"* (Leber 1974: 146, Ausl. ie). Anerkennung und Folgeleistung sind dann nicht formell fixiert, sondern provisorisch, das heißt dynamisch und flexibel an den direkten Nachweis von Fähigkeiten gebunden. *"Das heißt aber, daß diese Autorität auf jede Herausforderung (durch ein zu lösendes Problem, Zweifel der beeinflußenden Partei oder auch Selbstkritik) mit einem neuen Beweis antworten muß und unmittelbar nach Lieferung solcher Unterlagen wieder aufgehoben ist"* (Hartmann 1964: 61). Idealtypisch existiert so keine Autorität unabhängig eines Beweises der Sachverständigkeit, und finden Weisungen im Sinne eines Befehls keine Anwendung, *"(...) schon weil theoretisch jede neue Anweisung ein Legitimitätsproblem darstellt"* (ebd., Ausl. ie). Ein möglicher Einflussunterschied begründet sich in diesem Sinne ausschließlich durch erwiesene Sachverständigkeit (vgl. Brater/Maurus 1999: 65f.). Dieses *".. Urbild der Freiheit in den geistigen Beziehungen, wo nicht vom Gebenden, sondern vom Nehmenden das Maß der verwirklichten Freiheit bestimmt wird (...)"* (Leber 1974: 126, Ausl. ie), führt zu einer vollständigen Reversion der konventionellen Macht- und Abhängigkeitsbeziehungen. Es erfordert die Genese einer beständig vorherrschenden

„sozialen Einstellung und Haltung der Offenheit und Anerkennung" (ebd.: 127), welche sich im Respekt gegenüber den individuellen Beiträgen ausdrückt. Diese kann sich „(...) nicht auf Dauer, sondern immer wieder nur neu bilden durch soziales Lernen", so Leber (ebd., Ausl. ie). Hierzu erläutert Mosmann (2015: 20, Ausl. ie): „... Das Urteilen bewegt sich nicht mehr auf der Inhaltsebene, sondern auf der Begegnungsebene. Sobald innerhalb des Geisteslebens sowohl die Abstimmung über Inhalte, als auch die demokratische Legitimation der Posten ausgeschlossen ist, bildet sich eine ‚Hierarchie' entsprechend der individuellen Anerkennungsverhältnisse, die nun nicht mehr definiert werden kann, sondern sich gewissermaßen von unten, aus der konkreten Anerkennung des jeweils anderen, täglich neu baut und bei der ein und der selbe Kollege in einer bestimmten Sachfrage ‚oben', in einer anderen dagegen ‚unten' stehen kann – Posten werden im Geistesleben nicht ‚gewählt', sondern ‚erkannt'. Aus der gelebten Erkenntnis des Nächsten in der konkreten Begegnung ergeben sich dann auf dem Gebiet des Geisteslebens alle gegenseitigen Verhältnisse, d.h., die jeweiligen Positionen und damit die äußere Verwaltungsstruktur einer Schule." Als eine Art informelle Verfassung entsteht sodann eine Hierarchie von individuellen Anerkennungsverhältnissen. „Eine ‚Verfassung', die aber nicht beruht auf starren Gesetzen, auf knöchernen, staatlichen Verordnungen ... kann schon gedacht werden im freien Geistesleben; nur wird sie sich auf die realen, die lebendigen Verhältnisse der Menschen beziehen, die an diesem Geistesleben teilnehmen. (...) Worauf es also ankommt, das ist, daß dem Geistesleben die Möglichkeit gegeben werde, in derjenigen Form zu leben, die ihm aus seinen Kräften heraus möglich ist, so daß der Lehrer der Schule nicht in irgendeiner Weise abhängig ist von einem Staatsbeamten, sondern daß er abhängig ist in menschlicher Weise, in sachlicher, sachgemäßer Weise – wie es aus dem Geistesleben heraus folgt – von einem andern, der nun auch im Geistesleben unmittelbar drinnen steht, und der mit ihm in dem gleichen Geistesleben drinnen wirkt", so Steiner (GA 330: 327, Ausl. ie). Diese Hierarchie von individuellen Anerkennungsverhältnissen stellt somit ein natürliches – organisches – „Produkt" der jeweiligen Organisation dar, welches ausschließlich mit dieser verbunden und nicht auf andere Institutionen übertragbar ist.

6.1.3 Demokratiefördernde Organbildung

6.1.3.1 Demokratische Mitverantwortlichkeit

Steiners Förderung eines demokratischen Miteinanders kann vor dem Hintergrund der gesellschaftlichen Verhältnisse seinerzeit gesehen werden, die zunächst durch die Allmacht der Kirche und schließlich des Staates und des Wirtschaftslebes geprägt waren. In diesen Obrigkeiten suchte der Einzelne Schutz durch Verantwortungsabgabe und tauschte dagegen (unbemerkt) die geistige Eigenständigkeit ein. Hierzu Steiner (GA 330: 327f., Ausl. ie):

„Man merkt es ja, wie heute noch eine gewisse Furcht vorhanden ist vor der Selbständigkeit des Geisteslebens, wie sich viele wohl fühlen in dem staatlichen Schutz. Aber das ist es ja eben, daß sich so viele wohl fühlen in diesem staatlichen Schutz. (...) Die Entwickelung der letzten Jahrhunderte war doch so, daß der Staat Macht hatte aus früheren Eroberungs- und ähnlichen Verhältnissen heraus, und dann wollten die einzelnen Menschen nach und nach an diese Macht heran, um sich von dieser Macht beschützen zu lassen. Da war es eine zeitlang die Kirche. Der war es lieber, wenn nicht allein das lebendige Wort, das aus dem Geiste fließt, auf die Menschen wirkt und sie überzeugt (...). Dann kamen andere, kam das ganze ‚Schulwesen'. Dem war es lieber, wenn nicht das, was aus dem Geiste hervorquillt, auf das Kind wirkt, sondern wenn der staatliche Zwang dahinter steht. Dann kamen zuletzt auch die verschiedenen Wirtschaftsklassen und Wirtschaftskorporationen, bis wir zuletzt jene Wirtschaftskorporation bekommen haben (...), die auch etwas abhaben wollte von der Macht des Staates. Und dann standen dahinter noch die Sozialdemokraten, die wiederum den Staat für sich nehmen wollten. So war die Staatsmacht das Sammelbecken für alle."

Im Rahmen seiner gesellschaftstheoretischen Überlegungen (vgl. GA 23; Kap. 6.1.1.1 u. 7.1.1) forderte Steiner demgemäß eine Loslösung des Geisteslebens von den beiden (ebenso als selbstständig agierend zu verstehenden) Gliedern des Staats- bzw. Rechtslebens und des Wirtschaftslebens, sodass die aus dem Geistesleben entspringenden schöpferischen Gedankenleistungen nicht von den Interessen und Bedürfnissen der anderen Bereiche überformt werden, sondern frei nach deren eigenen „Gesetzmäßigkeiten" gedeihen können. Die Bevormundung des Geisteslebens durch Staat und Wirtschaft erachtete Steiner (GA 330: 328) hingegen als „*etwas höchst Undemokratisches, ja Antidemokratisches*". Solle „*ernstlich Demokratie*" entstehen, „*dann muß dasjenige, was im Geistesleben auszumachen ist, aus dem eigentlichen Staatsleben herausgenommen werden (...). (...) Wenn die Demokratie durchgeführt werden soll, ist das einzig Gesunde, das Geistesleben auf der einen Seite und den Wirtschaftskreislauf auf der anderen Seite auf freien Boden zu stellen*" (ebd., Ausl. ie).

Steiner gründete die Forderung einer Eigenständigkeit des Geisteslebens auf der erlangten und noch weiter zu erlangenden Mündigkeit des einzelnen Menschen. Die mündigen Menschen seien nicht mehr abhängig von („Schutz gebenden") Herrschaftsdiktaten, sondern besäßen die (prinzipielle) Fähigkeit und den Willen, sich selbst zu organisieren, das heißt, eigenständig zu denken und zu handeln sowie sich untereinander zu koordinieren. Die vorherrschende Politik versuche, diese Individualität der Menschen durch Verordnungen zu egalisieren. „*Die Politik, die politische Tätigkeit von jetzt wird sich dadurch äußern, daß sie den Menschen schablonenhaft behandeln wird, daß sie viel weitergehend als jemals versuchen wird, den Menschen in Schablonen einzuspannen. Man wird den Menschen behandeln wie einen Gegenstand, der an Drähten gezogen werden muß (...)*", so Steiner (ebd. GA 300: 6, Ausl. ie). Dies widersprach nach Steiner grundlegend einer demokratischen Auffassung, in der jeder Einzelne – jeder Mündige – zur Geltung kommen muss, denn Demokratie solle einerseits (bereits ausgebildete) Mündigkeit erlauben, andererseits (noch auszubildende) Mündigkeit fördern und weiterentwickeln. „*Was die Zukunft anstreben muß, ist, daß die Staatsmacht kein Sammelbecken ist für alles, was unterkriechen will unter diese Macht, sondern daß sie gestellt werde auf demokratischen Boden. Aber darauf kommt es an, daß auf diesem Staatsboden dasjenige zur Verwirklichung kommt, was der mündig gewordene Mensch mit jedem andern mündig gewordenen Menschen abzumachen hat; da haben wir es mit dem zu tun, was der bloße Rechtsstaat ist*" (ebd. GA 330: 328). Unter wirklicher Demokratie verstand Steiner somit eine Ordnung, die auf der freien Vereinbarung zwischen interagierenden Menschen beruht. „*Soll er aber ‚demokratisch' sein, dann darf in ihm [dem Staat] nur dasjenige walten, was jeder mündig gewordene Mensch mit jedem anderen mündig gewordenen Menschen zu tun hat"* (ebd., Erg. ie). Diesen fundamentalen Gedanken der Demokratie übertrug Steiner auf die kollegial selbstverwaltende Zusammenarbeit der ersten Waldorfschule. So trat er für eine demokratische Mitverantwortlichkeit aller Lehrer ein, *„(...) was jedem von uns die volle Verantwortung gibt für das, was wir zu tun haben. Jeder muss selbst voll verantwortlich sein"* (Steiner GA 300: 7, Ausl. ie). Einerseits bezieht sich diese Verantwortung der Kollegen auf das eigene Tun und dessen Folgen (Selbstverantwortung), wobei sich die Summe der Einzelhandlungen schließlich zu einem organisationalen Gesamthandeln und damit auch zu einer Gesamtverantwortung zusammenfügen (vgl. Kap. 6.2.1.3). Andererseits wird damit die verantwortliche Teilhabe an der Schulführung angesprochen, das heißt die partikulare oder umfassende Übernahme von Funktionen im Schulverwaltungsprozess (vgl. Herrmannstorfer 2012: 31ff.; Rennert 1992: 342ff.). Das zunächst auf den Einzelnen utopisch wirkende Mittragen von Verwaltungsangelegenheiten nach dem Prinzip der demokratischen Mitverantwortlichkeit hatte jedoch die Intention – neben der Geltendmachung der Mündigkeit des Einzelnen und seiner individuellen Beiträge – auch eine Bewahrung der Gleichstellung aller Gemeinschaftsmitglieder durch die Vermeidung der Aneignung eines Erfahrungs- und somit Machtvorsprungs zu ermöglichen. Denn *„wer Beschlüsse ausführt, lernt an der Durchführung und der Tatwirkung, er wird erfahrener und löst sich durch seinen Vorsprung von der Ausgangsbasis der ‚Gleichberechtigten'"* (Leber 1974: 151). So würde bei einer formellen Differenzierung der Aufgabenbereiche und Zuständigkeiten durch eine persistente fachliche Spezialisierung (Expertentum) ein hierarchisches Gefüge geschaffen, das den demokratischen Gedanken konterkariert. Hierzu Leber (ebd.: 153f.): *„Durch die Wahrnehmung bestimmter Aufgaben bildet sich die Möglichkeit zur Überschau und einer sachgerechteren Urteilsbildung im Entscheidungsprozeß bei jenem, die im Kommunikationsprozeß durch ihre Funktion sowie durch ihre Zusammenarbeit mehr wissen als die anderen. Daraus kann in einem auf Gleichberechtigung veranlagten Ordnungsgefüge sehr leicht eine Spannung entstehen, die einerseits wieder etwas Ähnliches wie Rektoratsleistungen oder ‚Ruhekissen' in Form von Verordnungen entstehen läßt, weil es die anderen*

Organisationsmanagement

schon machen, andererseits aber auch Ärger oder Mißgunst zwischen den Beteiligten." Auf diese Weise könnte wiederum ein traditionelles System entstehen, in dem eine Verantwortungsabgabe („Ruhekissen") und zugleich eine Lähmung der eigenständigen geistig-schöpferischen Tätigkeit erfolgt. Demokratie und gleichberechtigte Mündigkeit des Einzelnen können so als basale Voraussetzungen für die Praxis kollegialer Selbstverwaltung betrachtet werden.

6.1.3.2 Zeitlich alternierende Führungsgremien

Durch den Wegfall von Rektoratsleistungen in der ersten Waldorfschule ergab sich eine Fülle an Verwaltungs- bzw. Führungstätigkeiten, die von dem Lehrerkollegium übernommen werden mussten. Hierzu ein Lehrer in einer Konferenz: *"Es wird die Frage gestellt nach der Schulverwaltung. Es müssten viele Dinge der Verwaltung von allen mitgetragen werden"* (Steiner GA 300: 712). Auf diese Anmerkung der Mehrbelastung der Lehrer äußerte sich Steiner (ebd.): *"Das ist ein penibles Kapitel. Ich habe viel über dieses penible Kapitel nachgedacht. Aus dem Grunde ist es schwierig, weil wirklich nur durchführbar ist, was hier gemeint ist, wenn es im Einklänge mit den Willensmeinungen eigentlich des ganzen Kollegiums oder doch der überwiegenden Majorität des Kollegiums inauguriert wird."* Die Schwierigkeit lag somit darin, eine sinnvolle Arbeitsverteilung und somit -entlastung zu organisieren, ohne den demokratischen Grundgedanken der kollegialen Selbstverwaltung zu unterlaufen. Im Sinne der paritätischen Mitverantwortung eines Jeden konsolidierte Steiner so die Idee eines zeitlich wechselnden Komitees zur *"beständigen Repräsentanz"* (ebd.: 714) der Schule in Verwaltungs- bzw. Führungsangelegenheiten – des sogenannten *"Verwaltungsrats"* (ebd.: 724). Hierzu Steiner (ebd.: 740): *"Die Sache ist so, dass ich im Laufe der Zeit von den verschiedensten Seiten darauf aufmerksam gemacht worden bin, dass aus der Stimmung des Kollegiums heraus eine solche Einrichtung als wünschenswert angesehen wird. Aus meinen Aperçus konnte ich solche Anfragen beantworten, dass ich sagte, ich glaube, dass dies notwendig ist. Ich begrüße das mit einer gewissen Befriedigung, dass es jetzt in dieser Weise geschieht, aber ich meine auch, dass es in allem Ernst geschehen muss."* Es sollte ein sich turnusmäßig neu bildender Kreis aus Vertretern des Lehrerkollegiums definierte Aufgaben der Schulverwaltung bzw. -führung für eine gewisse Zeitdauer eigenverantwortlich erfüllen: *„Für alles das, was diejenige Verwaltung betrifft, die zu gleicher Zeit Repräsentation der Schule nach außen ist, da würde sich empfehlen, in der Zukunft an die Stelle von einem zu setzen ein kleines Kollegium von drei bis vier Persönlichkeiten. Dieses Kollegium wird nicht anders wirken können als alternierend, so dass die, trotzdem es jeweils einer ist, sich hintereinander abwechseln und nur in bezug auf wichtige Sachen oder für solche Sachen, die man wert hält einer gemeinsamen Behandlung, man sich mit den anderen verständigt. (...) Wenn ein Kollegium da ist, so wird eine beständige Repräsentanz dadurch vorhanden sein, dass sich die Mitglieder des Kollegiums alternieren für Aufgaben, die begrenzt werden"*, so Steiner (ebd.: 712f., Ausl. ie).

Steiner (vgl. ebd.: 720) ließ einen vorbereitenden Kreis von sechs Mitgliedern wählen, welcher Persönlichkeiten vorschlagen sollte, die in den Verwaltungsrat berufen werden. In der folgenden Konferenz äußerten diese: *„Von dem Komitee, das in der letzten Konferenz gewählt ist, werden drei Lehrer vorgeschlagen, die im Zusammenhang mit dem seitherigen Schulverwalter die Verwaltung der Schule auszuüben hätten"* (ebd.: 725).[100] Über die Annahme oder Ablehnung des vorgeschlagenen Komitees stimmte wiederum das gesamte Kollegium ab. Zu dem angedachten wechselnden Turnus führte Steiner (ebd.: 741f., Ausl. ie) an: *„Nun bitte ich zunächst sich darüber zu äußern, wie lange die Amtsdauer sein soll und der Turnus. Es wird vorgeschlagen ein längerer Turnus, zwei bis drei Monate, weil sonst die Kontinuität fortwährend abreißt. Dies (...) kann auch bei längerer Amtsdauer eintreten, dass der Betreffende die Antwort nicht erhält. Jedenfalls ist eine ganz gewissenhafte Übergabe der Geschäfte vonnöten. Nun meine ich ja, ... eine Amtsdauer von zwei Monaten wäre das Gegebene. Es ist darauf zu sehen, dass einem die Sache nicht zur Last wird. Eine Amtsdauer von zwei Monaten scheint mir zu genügen."* Die ausdrückliche zeitliche Begrenzung des Komitees sollte die Bildung von (undemokratischen) Machtkonglomeraten präventiv unterbinden und eine möglichst große Anzahl von Kollegen an entsprechenden Aufgaben

---

[100] Später wurde vom Vorbereitungskreis der Vorschlag eines vierten Mitglieds für den Verwaltungsrat unterbreitet, der einen weiteren Sachbereich abdecken sollte (vgl. Steiner GA 300: 727ff.). Mit dem „seitherigen Schulverwalter" war der Lehrer E. A. Karl Stockmeyer gemeint.

teilhaben lassen (vgl. Leber 1974: 152ff.). Zudem ermöglichte eine wechselnde Besetzung des Gremiums einen verständigen Nachvollzug der Tätigkeiten anderer. *„Wenn jemand, durch Erfahrungen bereichert, in Reih und Glied zurücktritt, ändert sich sein Verhältnis zu jenen, die jetzt die Funktionen wahrnehmen, er begleitet ihr Tun zumeist verständnisvoller und wacher. Wenn immer dieselbe Persönlichkeit Leitungsaufgaben wahrnimmt, kann sie, die Kollegialordnung sprengend, so dominant werden, daß die Gesamtheit, sich voll mit ihr identifiziert und um Bewußtsein regrediert. (...) Ebenso können aber – dies gilt vor allem, wenn ein bestimmter Wachheitsgrad für die Gesamtbelange im Kollegium erreicht ist – die anderen des Funktionsträgers überdrüssig werden, wenn er in seinen Eigenheiten negativ erlebt wird, worin sich eine Art ‚sozialer Abnutzungsprozeß', der vielfach beobachtet werden kann, dokumentiert. Die zeitliche Begrenzung schafft in beiden Fällen so ein wohltätiges Regulativ, das einen Gleichgewichtszustand zwischen den möglichen Extremen hält"* (Leber 1974: 158f., Ausl. ie). Darüber hinaus wurde hierdurch die notwendige Flexibilität und Lebendigkeit der Organisationsstruktur bewahrt, da je nach situativem Bedarf eine Bildung oder Liquidierung von Organen ermöglicht wurde. Für die Neutralität der Wahl der Mitglieder wurde von einem Lehrer ein *„alphabetischer Turnus"* (Steiner GA 300: 742) vorgeschlagen.

Des Weiteren musste zur Bestimmung des Aufgabengebiets des Verwaltungsrats definiert werden, welche Tätigkeitsaspekte in den Bereich der Schulverwaltung bzw. -führung fallen. *„Zuallererst bitte ich Sie dabei zu berücksichtigen, was in dieses neu zu organisierende Gebiet der Verwaltung einzubeziehen ist. Denn es sind eine ganze Menge laufender Geschäfte, die einfach derjenige ausführen muss, der im Schulhause ist. Diese müssen davon ausgenommen werden, die daran gebunden sind, dass der Betreffende im Hause ist"*, so Steiner (GA 300: 712). So kamen für das Komitee nur einschlägige personenunabhängige Aufgaben in Betracht. Gemäß der Kollegialverfassung wurden diese durch die Gemeinschaft bestimmt und definiert sowie an das Komitee delegiert, das heißt zeitlich begrenzt in voller Verantwortung übergeben. Nachdem durch das Kollektiv die Vollmacht erteilt wurde, sollte das Komitee im Rahmen der Auftragsgrenzen selbstverantwortlich handeln, sodass dessen Mitglieder *„(...) einen bestimmten Sektor des Institutionslebens in*

Eigenverantwortung, aber selbstverständlich im Sinne des Zieles der Institution verwalten" (Brüll 1988: 40, Ausl. ie). Allerdings bezog sich die Handlungsfreiheit vordergründig auf die Art der Ausführung, nicht auf die Entscheidung über die Sache an sich. *"Im Prinzip haben die Lehrer in allem, was Unterricht ist, volle Freiheit, aber nicht in dem, was die Verwaltung der Schule anbetrifft",* so Steiner (GA 300: 1209).

Als konkrete Aufgaben wurden den drei Mitgliedern des Verwaltungsrats zu Steiners Zeiten die Schulverwaltung, die Repräsentation der Schule nach außen und die Vorbereitung der Konferenz übertragen, womit diese sowohl innere wie auch äußere Angelegenheiten der Schule umfassten. Hierzu ein Lehrervertreter in einer Konferenz: *"Es war vorgeschlagen, dass das Dreierkollegium gewisse Agenden der inneren Vertretung der Schule übernehmen solle. (...) Erstens die innere Vertretung, Vorbereitung und Protokollführung der Konferenzen. Zweitens: Heranziehen von Kollegen für bestimmte Arbeitsgebiete; Aufsichtsplan; Einrichtung und Verteilung der Lehrräume; Überlassung der Schulräume an Außenstehende. Das war dasjenige, was sich auf die innere Verwaltung bezieht. (...) In bezug auf die äußere Vertretung, da würde in Betracht kommen die Korrespondenz und der Verkehr mit den Behörden (...)"* (ebd.: 737f., Ausl. ie). Dazu weiter ausführend ein Lehrervertreter aus dem Vorbereitungskreis (ebd.: 725f.): *"Diese drei würden alle Angelegenheiten der inneren und äußeren Vertretung übernehmen, mit Ausnahme von Hausverwaltung, Geschäftszimmer und Finanzen. Im einzelnen werden sie übernehmen von inneren Schulangelegenheiten: 1. Vorbereitung und Protokollierung der Konferenzen; 2. Heranziehung einzelner Kollegen für bestimmte Arbeitsgebiete, zum Beispiel Quartierfragen, Ausschmückung der Klassenzimmer; 3. Aufstellung und Durchführung eines Aufsichtsplanes; 4. Verteilung und Einrichtung der Lehrräume; 5. Aufsicht über die Abgabe von Schulräumen für Veranstaltungen von außen. Von äußeren Schulangelegenheiten werden sie übernehmen: 1. Korrespondenz und Verkehr mit den Behörden; Gegenzeichnung aller Schriftstücke an dieselben; 2. Das, was zusammenhängt mit Aufnahmen (Einleitung von Prüfungen) und Austritten (Behandlung der Zeugnisse); 3. Jahresberichte; 4. Empfang von Besuchern; 5. Propaganda-Aufsätze; Heranziehung des Bundes für Freies Geistesleben zum Kampfe*

gegen das Grundschulgesetz; 6. Einholen von Unterlagen für die Gehaltsregelung; Verwaltung von besonderen Spenden. Das wären die einzelnen Kompetenzen, die sich aus der augenblicklich vorliegenden Verwaltung herauslösen lassen, die von einem Gremium bewältigt werden könnten."
Innerhalb des Verwaltungskomitees fand darüber hinaus eine Differenzierung zwischen exekutiven und beratenden Aufgaben statt, die wechselnd auf die drei Mitglieder verteilt wurden: „Außer der Zeit ist die Tätigkeit der anderen eine beratende, das ergibt sich aus der Sache von selbst. Man wird seine Mitverantwortlichen fragen", so Steiner (ebd.: 742). Auf den Hinweis eines Lehrers in einer Konferenz, dass für das Reüssieren bestimmter Aufgaben jedoch der Einsatz von Experten sinnvoll sei, verwies Steiner (ebd.: 714, Ausl. ie) auf die Möglichkeit des Konsultierens eines sachkundigen Lehrers als Berater durch das amtierende Komitee: „Das, was Sie jetzt gesagt haben, kann von Fall zu Fall gemacht werden, dass derjenige von diesem kleinen Kollegium designiert wird, den der eine oder andere für befähigt hält. (...) Es kann noch weiter gedacht werden. Dass sich ein solches Kollegium bildet, und dass sich das ganze Kollegium einverstanden erklärt, dass, wenn dieses Kollegium findet, dass irgendein Mitglied des Lehrerkollegiums für eine Angelegenheit designiert werden sollte, dass dies auch geschehen sollte. Es kann auch die Vorbereitung der Konferenz zu den Agenden des betreffenden Leiters der Verwaltung in der betreffenden Zeit gehören. Es wird die Aufgabe dadurch eine ziemlich schwierige. Es kann die Vorbereitung der Konferenz durchaus in die Aufgaben desjenigen hineingehören, der für die betreffende Zeit die Aufgabe hat, aus dem kleinen Kollegium heraus die Führung der Schule innezuhaben." Auf diese Weise wurde ermöglicht, die speziellen Fähigkeiten einer Person für die Gemeinschaft nutzbar zu machen, ohne den Grundgedanken kollegialer Selbstverwaltung zu korrumpieren. Darüber hinaus konnte die Berücksichtigung besonderer Kompetenzen einer sachkundigen Person über dessen wiederholte Berufung in ein Komitee erfolgen, welche jedoch einem bewussten Prozess der Zustimmung des Kollegiums unterlag. „Die wiederholte Beauftragung kann durchaus spezifisch ausgebildete Fähigkeiten ausnützen, aber sie bedeutet jeweils einen neu zu vollziehenden Akt, der der Konferenz gegenüber dem einzelnen die Selbstbestimmung sichert" (Leber 1974: 159f.).

6.1.3.3 Einbezug von Eltern und Schülern („Kunden")

Neben der paritätischen Beteiligung aller Organisationsmitglieder am Führungsprozess der Schule sollten im Rahmen kollegialer Selbstverwaltung zudem die Eltern der Schüler, die im übertragenden Sinne als „Kunden" betrachtet werden können, in die organisationalen Prozesse einbezogen werden. So konnten Angelegenheiten des laufenden Schulalltags, das heißt „(...) *wiederkehrende Vorgänge, die zu einer Entlastung der Gesamtheit führen, indem sie von einzelnen wahrgenommen werden*" (Leber 1974: 103, Ausl. ie), an die Elternschaft delegiert werden. Vielfältige Aufgaben wurden so durch die Eltern ausgeführt, sodass diese zum Handlungsgefüge der Waldorfschule gehörten und für deren „*fortlaufende tatkräftige elterliche Unterstützung*" sorgten (ebd.: 195; vgl. Steiner GA 298: 78ff.). Umgekehrt konnte die Waldorfschule auf diese Weise die Nachfrage deren Bildungsangebots unter Konkurrenzbedingungen effektiv steuern (vgl. Herrmannstorfer 2008c: 22ff.). Denn Freiheit im Geistesleben bedeutet zugleich „*(...) die Freiheit der Eltern, frei und nach eigener Einsicht und Verantwortung zwischen den Angeboten für ihr Kind zu wählen*" (Leber 1974: 194, Ausl. ie). So entscheiden sich Eltern für eine Schule auf der Grundlage ihres Vertrauens in deren Funktion als Bildungseinrichtung im Allgemeinen und deren Waldorfpädagogik im Speziellen (Alleinstellungsmerkmal). Das Vertrauen in die besonderen pädagogischen Leistungen kann wiederum als ein Indikator für Qualität verstanden werden (vgl. Herrmannstorfer 2000; Strawe 2000: 18ff.), der darauf basiert, „*(...) daß die Leistungen der Schule in einem weitgehenden Einklang mit den Auffassungen, Wünschen und Erwartungen der Eltern stehen*" (Leber 1974: 194, Ausl. ie).[101] Demzufolge ist die Zusammenarbeit mit und der Einbezug von Eltern als eine Grundvoraussetzung für die kollegiale Selbstverwaltung zu bewerten. Dem Vertrauen

---

[101] Steiner (GA 298: 169, Ausl. ie) merkte hierzu an: „*Zuletzt (...) möchte ich in einigen Worten zum Ausdruck bringen, daß die liebe Elternschaft die Kinder deshalb zur Waldorfschule hereinbringt, weil sie in dem Wesen der Waldorfschule etwas Besonderes sieht.*" An anderer Stelle: „*.. die Waldorfschule ist – wie es auch richtig gewesen ist – dasjenige, was sie geworden ist, durch die Pädagogik und Didaktik geworden. Und heute suchen die Eltern, die ihre Kinder in späteren Zeiten eben hereingebracht haben, die Waldorfschule im wesentlichen eben wegen dieser Pädagogik und Didaktik auf*" (ebd.: 179, Ausl. ie).

auf der Seite der Eltern steht als reziprokes Gegengewicht die Verantwortungsübernahme durch die Lehrerschaft gegenüber (vgl. ebd.: 195f.). Diese umfassende „Kundenorientierung" trägt insbesondere auch beim Erziehungsprozess dazu bei, dass sich dieser unmittelbar an den „Kundenwünschen" ausrichtet. Dazu äußerte sich Steiner (GA 298: 124) seinerzeit: *„Es ist meine Überzeugung, daß es eigentlich bei allen Eltern nur eben die tiefste Befriedigung wird hervorrufen können, wenn in uns das Verlangen nach dem Zusammenwirken mit der Elternschaft besteht."* An anderer Stelle: *„Wir müssen im einzelnen Fall dem Wunsch der Eltern nachgeben"* (ebd. GA 300: 623). Durch den Elterneinbezug wird neben der Vertrauensbildung und der „Kundenorientierung" ein weiterer wichtiger Aspekt erreicht: die Integration der „Kundenexpertise". Bei Eintritt des Schülers in die Schule ist den Eltern deren Aufbau und pädagogische Zielsetzung und mithin die Ausgestaltung des Curriculums bekannt. Diese Daten können (im Sinne eines Angebots) als gegeben angesehen werden, doch *„(...) bleibt ein erhebliches Maß an Flexibilität in allen Fragen der inneren Schulordnung sowie gegenüber einzelnen schulischen Leistungen und Maßnahmen"* (Leber 1974: 197, Ausl. ie). So ergeben sich weitreichende Freiräume, die nur von den Eltern ausgestaltet werden können, um zu einem von den Eltern erwünschtes Ergebnis zu gelangen. Durch ihre umfassende Expertise über ihr eigenes Kind („Sachkenntnis") können sie am besten die freilassenden Komponenten in den Erziehungsprozessen ausfüllen, sodass ihre pädagogischen Desiderate kontinuierlich einfließen. So verwies Steiner (GA 298: 124) in den Konferenzen mit den Lehrern wiederholt auf die Notwendigkeit der Rücksprache mit den Eltern: *„Als ein Grundelement für alles, was wir in der Waldorfschule als unsere Aufgabe betrachten, müssen wir ansehen das Zusammenarbeiten mit der Elternschaft. Es ergeben sich fortwährend im Laufe der Schulführung unzählige Fragen mit Bezug auf das Wohl und Wehe, auf den guten Fortgang und auf die Gesundheit, die leibliche und seelische Gesundheit, es ergeben sich fortwährend unzählige Fragen, die nur im Verein mit den Eltern zu lösen sind."* Die durch die Elternzusammenarbeit erlangte Transparenz sorgte einerseits für Vertrauen bei den Eltern gegenüber der Schule und deren Leistungen, andererseits fungierten die sachverständigen Eltern im Hinblick auf das jeweilige Kind als externe Instanz der kontinuierlichen „Qualitätskontrolle". Hierzu rief Steiner (ebd.: 170, Ausl. ie) die Eltern explizit auf: *„Alles Schulwesen besteht darin, aus Gotteskindern Menschenbürger zu machen. Daß das bei uns, aus diesem Verantwortlichkeitsgefühl in der besten Weise, in der man es tun kann, wach werden soll, das möchte ich insbesondere zu den Eltern gesprochen haben. (...) Aus diesem Geiste heraus möchte ich zu den Eltern sagen, aus diesem Geiste heraus seht herein in unsere Schule und prüft, ob wir wirklich in der Lage sind, das zu tun, was Ihr von uns erwartet."*

Jedoch hatte Steiner eine klare Begrenzung des Elterneinbezugs vor Augen, die sich an seinen Vorstellungen eines dreigegliederten Organismus und eines darin freien – das heißt vollständig autonomen – Geisteslebens orientierte (vgl. Kap. 7.1.1). Steiner intendierte somit keineswegs Mitwirkungsrechte der Eltern, da so die Freiheit der im Geistesleben Stehenden (Sachverständige) beschnitten würde (vgl. Götte 2006: 214f.). Für die Lehrer sah er volle Handlungsautonomie vor. Dazu Steiner (GA 300: 265) in einer Konferenz: *„Dann müsste sehr scharf betont werden die Freiheit des Lehrerkollegiums, die republikanisch-demokratische Einrichtung des Lehrerkollegiums, um zu beweisen, dass man sogar in den begrenzten Möglichkeiten, die man hatte, ein freies Geistesleben sich denken kann."* An anderer Stelle antwortete Steiner (ebd.: 264) auf den Hinweis eines Lehrers, er habe den Eltern an einem Elternabend einen ausführlichen Bericht über alles gegeben, was er die Schüler gelehrt habe: *„Dagegen ist nichts einzuwenden. Aber es kann niemals Vorschrift werden. Wer es tun will, der kann es tun."*

Als Gremium für den Einbezug der Elternschaft fungierten die „Elternabende" oder „Elterntage", an denen alle Eltern teilnehmen und sich umfassend über das Schulleben und die Aktivitäten der an den schulischen Aufgaben beteiligten Elternvertreter informieren konnten (vgl. Dietz 2002; Harslem 1995: 1221ff.; Kniebe/Mattke/Harslem 1999). Für die Einrichtung von Elternabenden sprach sich Steiner (GA 298: 124; vgl. GA 300: 63) explizit aus: *„Deshalb müßte es eigentlich – und es wird ja den Verhältnissen Rechnung getragen werden müssen – immer nötiger und nötiger werden, diese Elternabende auszubauen und zu einer öfteren Erscheinung in unserer Schulführung zu machen."* Die Notwendigkeit der Einrichtung von Elternabenden leitete sich nach Steiner (ebd. GA 300: 263) aus dem Prinzip eines dynamischen Wirkens in der kollegialen Selbstverwaltung ab, das nicht auf Verordnungen, sondern auf dem „lebendigen Verkehr" mit den Betroffenen basiert: *„Und ebenso wie nach dem Zentrum hin die Lehrerkonferenz uns ein Wesentliches ist, so ist uns nach der Peripherie hin dasjenige, was wir in den Elternabenden haben, etwas außerordentlich Wichtiges. Wir versuchen wenigstens von Monat zu Monat, jedenfalls aber von Zeit zu Zeit Elternabende zu veranstalten. Da versuchen wir, die Eltern zu versammeln, die Kinder in unserer Schule haben, und die eben kommen können, und da wird von den Lehrern für die Eltern dasjenige auseinandergesetzt, was eine Verbindung schaffen kann zwischen der Schuljugend und den Elternhäusern. Und gerade auf dieses dem ganzen Schulwesen entgegenkommende Verständnis von Seiten der Eltern rechnen wir so stark. Da wir nicht aus Verordnungen, aus Programmen heraus, sondern aus dem Lebendigen heraus unterrichten und erziehen, können wir uns auch nicht sagen: du hast deinen Lehrplan, der dir von dieser oder jener Intelligenz vorgeschrieben ist, beobachtet, also hast du das Richtige getan. Wir müssen wiederum lernen, das Richtige zu fühlen im lebendigen Verkehr mit denjenigen, die als Eltern, als die Verantwortlichen, uns ihre Kinder in die Schule hineingebracht haben. Und an diesem Echo, das da an den Elternabenden den Lehrern wiederum entgegenkommmt, belebt sich auch von der anderen Seite her das, was der Lehrer braucht, was der Lehrer namentlich dazu braucht, um immer selber innerlich lebendig zu bleiben."*

Der „Leistungserstellungsprozess" im Kontext der Waldorfschule bezieht sich auf den „Erzeugungsvorgang" einer immateriellen Dienstleistung (vgl. Corsten 1985). Dabei geht es um eine „Faktorenkombination", in die der Nachfrager oder Empfänger selbst als „Faktor" einbezogen wird. Im Falle der Waldorfschule ermöglicht das Engagement des Lehrers die wesensgerechte Entwicklung des Kindes und seine Ausbildung von Kenntnissen und Fähigkeiten. Den „Produktionsprozess" stellt der Unterricht dar, das „Produkt" spiegelt die Bildung wider. Der Schüler erfährt seinerseits eine opportune Veränderung, in dem er mittels der Leistung des Lehrers entsprechende Fähigkeiten erlernt. Lehrer und Schüler stellen „Faktoren" dar, die im „Produktionsprozess" des Unterrichts gemeinsam eine Dienstleistung und damit einhergehende Veränderungen generieren (vgl. Leber 1974: 90). Da es sich um eine Leistung handelt, die an oder mit der Person vollzogen wird, ist das hergestellte „Produkt" als „personenbezogene Dienstleistung" (Bauer 2001) zu bezeichnen oder – in Herrmannstorfers (o. D.) Diktion – als „Beziehungsdienstleistung". Diese ist weitgehend nicht standardisierbar, sondern muss individuell abgestimmt werden. Bei personenbezogenen Dienstleistungen werden die Ziele und Prozesse zwischen Anbieter und Kunde – hier also Schule und Eltern bzw. Schülern – gemeinsam vereinbart. Es müssen beide am Prozess mitwirken, wenn das angestrebte Ergebnis reüssiert werden soll (vgl. Maleri/Frietzsche 2008).

Um während des „Leistungserstellungsprozesses" eine konstruktive Lehrer-Schüler-Beziehung zu ermöglichen und zu pflegen, kamen in der ersten Waldorfschule auch den Schülern Mitspracherechte zu.[102] Ein solches Mitspracherecht begrenzte sich bei jüngeren Kindern darauf, dass im Falle derern Unzufriedenheit individuell reagiert und sich bemüht wurde, diese von der Intention des Lehrers zu überzeugen. Hierzu Steiner (GA 300: 651): *„Wegen der Unzufriedenheit der Schüler handelt es sich darum, dass man mit den Kindern redet. Bei den Eltern muss man Rundfragen machen. Bei den Schülern wäre es die Aufgabe, dass sie die Ansicht ihrer Lehrer hätten. Wohin kämen wir denn, wenn die Schüler nicht die Ansicht ihrer Lehrer haben? Es wäre dringend notwendig, dass die Schüler die Ansichten ihrer Lehrer verfechten würden. Es ist etwas, was angestrebt werden muss, dass ein viel besserer Einklang bestünde zwischen Lehrern und Schülern, und dass die Schüler für ihre Lehrer durchs Feuer gehen."* Zum Hinweis eines Lehrers in einer Konferenz, dass die Kinder zu viel kritisierten, antwortete Steiner (ebd.: 652f., Ausl. ie): *„Das sollte nicht sein. Im allgemeinen muss nur nicht der Kontakt verloren werden mit den Kindern. (...) Aber ich meine, dass ich vom Standpunkt der Lehrer hören möchte, was sich von der Praxis ergeben hat. Bei den Eltern kann man Umfrage halten; Schülerkritik kommt nicht in Betracht."* Bei älteren Schülern erfolgte die Möglichkeit der Mitwirkung am Schulleben aus anthropologischen Gründen mit dem Ziel der Berücksichtigung, dass der Schüler Phasen durchläuft, in denen

---

[102] Zur Schüler-Lehrer-Beziehung vgl. Idel (2007); Graßloff und Höblich (2005: 115ff.; 2006: 47ff.); Graßloff u. a. (2006: 571ff.); Helsper u. a. (2007); Höblich und Graßhoff (2006: 47ff.) sowie Leist (2011; 1998; 1996).

ein starkes Interesse an der schulischen Mitgestaltung besteht (vgl. Leber 1974: 215). Die selbstverständliche Autorität des Lehrers wird dann fragwürdig, was die zunehmende seelische Reife und wachsende Selbstständigkeit des Schülers dokumentiert. *„Zunächst in der Form der Kritik am Tun und Verhalten der anderen reift die Sozialfähigkeit des Kindes"* (ebd.: 213). Dieses entwickelt allmählich die Fähigkeit, sich von gewohnten Sozialformen zu distanzieren und diese durch das eigene Bewusstsein und durch die eigene Einsicht zu durchdringen. *„Das Ziel der Mündigkeit im verantwortlichen Handeln aus eigener Einsicht und Moralität bedarf im Jugendalter des Durchgangs durch die Kritik und des Nachreifens einer schöpferischen Persönlichkeit"* (ebd.: 215). Hierdurch begründet sich der Einbezug der Schüler in das Geschehen und das Gewähren von Einblicken in die sozialen Mechanismen der Schule, sodass *„(...) die Schülerschaft zur Mitverantwortung und zu selbstständigem Handeln für die Schule (...)"* (ebd.: 214, Ausl. ie) angeregt wird. Zum Partizipationsbedürfnis des Schülers äußerte Steiner (GA 300: 997, Ausl. ie): *„Es muss mehr Kontakt mit den Schülern gefunden werden in den oberen Klassen. Diese Schüler vertragen es noch nicht in diesem Alter, dass sie ohne persönliches Interesse den ganzen Vormittag durch geführt werden. Sie wollen, dass man sich für sie persönlich interessiert. Sie wollen, dass man sie kennt, dass man eingeht auf sie. Das wollen sie. (...) Sie wollen Kontakt mit dem Lehrer."* Der mögliche Bereich sozialer Gestaltung und Entscheidung durch die Schüler erweist sich jedoch notwendigerweise als eng begrenzt. *„Die den Schüler wirklich berührenden Fragen liegen in diesem Modell außerhalb der Mitwirkungsmöglichkeiten (Versetzung, Notenvergabe, Lehrstoff)"*, so Leber (1974: 216f.). Auch wenn die Schüler lediglich dazu berechtigt sind, ein Urteil über die sie unmittelbar betreffenden schulischen Handlungen und Vorgänge kundzutun und ihnen keine diesbezügliche Entscheidungsbefugnis übertragen wird, so hat der Kontakt der Schüler zu den Lehrern dennoch Rückwirkungen auf das Gesamtgefüge der Schule (vgl. ebd.: 220f.).

Als bewusste Elternschaft, die im Rahmen der freien Schulwahl die Waldorfschule ersucht und für ihre Kinder ausgewählt hat, übernahm diese zugleich eine Aufklärungsfunktion in der Öffentlichkeit, da eine staatsunabhängige Schule nur mit der Hilfe einer bewussten Umwelt existieren konnte (vgl. ebd.:

202). Auf diese Weise sollte „*der Waldorfschul-Geist von der Waldorfschule in unser ganzes Zivilisationsleben*" (Steiner GA 298: 113) hineingebracht werden. Die der Schule und deren Pädagogik bereits vertrauenden Eltern erhielten so die mitwirkende Aufgabe, den Schulgedanken in die Öffentlichkeit zu tragen und das Verständnis hierfür zu erwecken. Neben dem Recht der Beteiligung der Eltern am Schulleben waren diese zugleich damit beauftragt, die Waldorfschulidee affirmierend zu repräsentieren. Durch publizierte Erfahrungswerte sollte die freie Schule gesellschaftliches Ansehen und Legitimität gewinnen. Steiner (GA 198: 159, Ausl. ie) appellierte diesbezüglich an die gesamte Schulgemeinschaft, dass die Schule nur bestehen und sich weiterentwickeln könne, „*(...) wenn wir uns dazu entschließen, unsere Erziehungsgrundsätze in die Öffentlichkeit hineinzutragen, so daß sie innere Überzeugung von Eltern und Nichteltern werden, nur dann kommen wir vorwärts.*" Hierzu weiter ausführend: „*Das, was der Geist der Waldorfschule ist, wird nicht anders vor die Öffentlichkeit gebracht werden können, als wenn diejenigen, welche Kinder haben, die Erziehungsideale kennenlernen, wenn die Elternschaft und auch andere, die damit zusammenhängen, in der Öffentlichkeit zeugen. Auf eine andere Weise gibt es keine Möglichkeit, daß der Geist der Waldorfschule beachtet wird*" (ebd. GA 298: 101). Dieses Anliegen betonte Steiner (ebd.: 136) wiederholt bei den stattfindenden Elternabenden: „*Nun steht die Sache so, daß viele Leute heute das Impulsierende unserer Schule einsehen; was aber noch fehlt, das ist das tatkräftige Zu-uns-Stehen, damit die Sache weitere Stütze und weitere Verbreitung gewinnen kann. Es ist durchaus einzusehen, daß Eltern zunächst das Beste für ihre Kinder möchten. Aber so wie heute die Dinge liegen, sollten die Eltern auch uns helfen. Für uns wird es schwer, durchzudringen. Wir brauchen Hilfe in jeder Beziehung, denn wir brauchen einen sich immer mehr und mehr vergrößernden Kreis, damit wir die Vorurteile gegenüber unserer Pädagogik überwinden können.*" In diesem Rahmen übernahmen die Eltern eine Art von „Werbefunktion" für die Waldorfschule. Mittels der Verbreitung ihrer Überzeugung von der Waldorfschulpraxis trugen sie im Sinne einer Öffentlichkeitsarbeit zum positiven Image und zu einer guten Reputation der Schule bei (vgl. Leber 1974: 195). Hierzu Steiner (GA 298: 159): „*Wir brauchen, um die Waldorfschule zu halten, und um Schulen weiter zu be-*

gründen, wir brauchen eine öffentliche Meinung, die immer größer wird, die dahin geht, daß es im Sinne des alten Schulwesens nur zu Niedergangskräften in der Menschheit führt. Das brauchen wir."

6.1.4 Informelle Bezüge zwischen Organen und Individuen

6.1.4.1 Zwischenmenschliche Beziehungen durch informelle Strukturen

Durch die Absenz fixierter Strukturen in der kollegialen Selbstverwaltung werden soziale Beziehungen wieder zu zwischenmenschlichen Phänomenen. *„Denn wo äußere Bindungen, formalisierte Positionen, umschriebene Rollen und klare Kompetenzabgrenzungen als formaler Bezugs- und Verhaltensrahmen wegfallen, werden die formalen sozialen Beziehungen innerhalb der Gruppe zum Teil ‚privatisiert', d. h. sie werden wieder zu persönlichen Bezügen"* (Leber 1974: 67). Anstelle formeller Vereinbarungen wie Positionen und Ämter werden soziale Bezüge in persönlichen Zusammenkünften (Konferenzen) und somit als menschliche Begegnung auf Augenhöhe gepflegt (horizontaler Informationsfluss; vgl. Kap. 6.1.4.3). *„Augenhöhe bedeutet zugleich, dass es kein Patentrezept gibt, wie man anderen begegnet. Jeder Mensch ist sozusagen eine Gattung für sich, und jede Begegnung verläuft daher anders. Vielmehr geht es darum, einen Zugang zu jedem einzelnen Individuum zu finden. Erkennen seines Wesens, Anerkennen seiner Eigentümlichkeiten"*, so Werner (2013: 96). Dadurch findet Berücksichtigung, dass Menschen in Organisationen auch während ihrer Arbeit weiterhin individuelle und soziale Wesen bleiben. Diesbezüglich Gabert und Niederhäuser (1975: 117) zu den Verhältnissen in der ersten Waldorfschule: *„Auf die Organisation sozialer Prozesse durch Fixierung auf bestimmte Einrichtungen und Strukturen der Institution kam es dabei weniger an; das wesentliche Anliegen bestand darin, daß die Menschen innerhalb der Institution (der Schule) die Möglichkeit haben sollten, sich als Menschen zu begegnen und sich zu entfalten."* Dazu Steiner (GA 83: 251f., Ausl. ie) in einem seiner Vorträge: *„Nun aber glaube ich, daß heute tatsächlich, wenn ich mich so ausdrücken darf, unsere Gescheitheit, unsere allgemeine Gescheitheit so vorgeschritten ist, daß es verhältnismäßig leicht ist, aus sogenannten Vernunftgründen heraus irgendein soziales System auszudenken.*

(...) Jedenfalls kann derjenige, der die heutige soziale Ordnung nicht bloß wahrnimmt von seiten dessen, was man über sie ausdenken kann, sondern vom Gesichtspunkt der Menschenerkenntnis, eigentlich nur davon sprechen, daß soziale Hoffnungen aufkommen können, wenn der Mensch dem Menschen an sich, möchte ich sagen, wiederum näherkommen kann. Es handelt sich vor allen Dingen wirklich nicht mehr um das Ersinnen von Einrichtungen, sondern um die Möglichkeit, den Menschen zu finden, so daß man mit ihm zusammen in den sozialen Einrichtungen drinnenstehen kann. Und da wird man sogar zugeben müssen, daß, wenn in dieser Weise der Mensch innerhalb der sozialen Ordnung oder auch des heutigen sozialen Chaos gefunden werden kann, daß dann mehr oder weniger auch diese oder jene äußere Einrichtung dem gleichen Ziel dienen könne. Denn es ist schon so, daß der Mensch in sozialer Beziehung doch auch auf die allermannigfaltigste Weise gedeihen kann, unter den mannigfaltigst gestalteten sozialen Einrichtungen. Es kommt heute auf den Menschen an, nicht auf die Einrichtungen allein." An die Stelle des Formellen rücke somit das Zwischenmenschliche im Sinne des unmittelbaren Lebens zwischen den betroffenen Personen, das durch dialogische Prozesse – also den sozialen Austausch – gesteuert wird (vgl. Buber 1997: 293ff.; Kap. 6.1.4.3). Der Fokus richtet sich dann auf die Menschen in einer Institution sowie auf deren interaktiven sozialen Beziehungen untereinander, zu deren Ausbildung diese auch ohne handlungsleitendes System in der Lage sind. Aus dem dauerhaft vollzogenen zwischenmenschlichen Kontakt erwächst schließlich eine soziale Verbundenheit durch die gemeinsam gesammelten Erfahrungen und bewältigten Probleme. Keine präformierte formelle Struktur, sondern insbesondere eine individuell zu findende und zu entwickelnde soziale Kohäsion der Arbeitsgruppe bildet so den Ausgangspunkt und die Voraussetzung für die Verfolgung eines gemeinsamen Anliegens im Rahmen kollegialer Selbstverwaltung.

Dieser nonformelle und somit persönlich-dialogische Austauch beruht auf dem sozialen Bedürfnis nach zwischenmenschlicher Kommunikation, bei der auch private und somit affektive Themen einfließen. Auf diese Weise entstehen temporäre informelle Strukturen, die zudem die Gruppenzusammengehörigkeit (Kohäsion) stärken. *"Indem die Erörterung der anstehenden Probleme und*

Entscheidungen in einem Kreis von Gleichberechtigten stattfindet, von denen keiner dem anderen gegenüber eine erworbene oder zugeschrieben Position aufweisen kann (...), bildet sich jenes für geistige Prozesse notwendige, ja konstitutive Klima. (...) Während die bürokratische Organisation ein formal vorgegebenes System des Einflusses kennt, bleiben hier die Bezüge ‚informell', und sie werden erst durch die Aufgabenstellung jeweils neu formalisiert, und dies nur, wenn es für das Bewußtsein der Beteiligten als notwendig erscheint" (Leber 1974: 146f., Ausl. ie). Informelle Strukturen regeln Entscheidungswege nicht im Vorfeld eines Anliegens, sondern formieren sich stets aktuell – das heißt fallgebunden und bedarfsgerecht – und nur für die Dauer deren Notwendigkeit. Konsequenzen sind somit zugleich eine stetige Dynamik und Weiterentwicklung der (informellen) Organisationsstrukturen (vgl. Brater/Maurus 1999: 65). Das Ausmaß bzw. die Konkretion der informellen Strukturierung einer Organisation korreliert mit der Art und dem Umfang der getroffenen Entscheidungen des zusammenarbeitenden Kollegiums. Weist eine eintretende Situation einen sehr geringen vorstrukturierten Charakter auf, und müssen Entscheidungen ad hoc und ungeplant getroffen werden, so stimuliert dies die Bildung informeller Strukturen. Deren Genese beruht somit auf einem geringen Formalisierungsgrad der organisationalen Struktur. Allgemein kann die Kausalität zwischen Formalisierungsgrad und Intensität des individuellen Einflusses wie folgt beschrieben werden: *„Je weniger die innere Struktur tatsächlich durchgestaltet und organisatorisch formalisiert ist, umso stärker wird der Einfluß einzelner Persönlichkeiten sein (...) und umgekehrt. Welche Gestaltungskraft und -form sich dabei ausbildet, hängt ab von der Fähigkeit und Intensität der Zusammenarbeit, der Anerkennung oder dem Mißtrauen, das zwischen Konferenzmitgliedern herrscht"* (Leber 1974: 147, Ausl. ie).

Bei der Bildung informeller Strukturen und somit der Diskussion und Abstimmung anstehender Themen besteht grundsätzlich keine Notwendigkeit einer Beteiligung aller bei sämtlichen Angelegenheiten. Vielmehr gilt hierbei der Grundsatz der Betroffenheit, sodass lediglich zwischen den Personen informelle Strukturen entstehen, die von der Sache direkt tangiert werden. *„Vereinbarungen treffen diejenigen miteinander, die von der Vereinbarung und ihren Folgen unmittelbar betroffen sind"* (Brater/Maurus 1999: 13). Demzufolge sind

Konferenzen, an denen alle beteiligt sind, nur dann sinnvoll, wenn es um *"gemeinsame Verkehrsformen, die Regeln und Formen des Zusammenarbeitens"* (ebd.) geht bzw. *"(...) alles, worüber man sich vereinbaren oder was man miteinander verabreden muß, weil es weder aus der Sache noch aus der Bedürftigkeit Betroffener klar ist"* (ebd., Ausl. ie). Erfolgt eine Orientierung an diesem Prinzip, fällt die die Gesamtheit betreffende Diskussionsplattform relativ klein aus. Zahlreiche Sachverhalte können im Arbeitsprozess und in jeweiliger Betroffenheit vereinbart werden und folgen so einem flexiblen, dezentralen und ohne vorgeschriebenen Instanzenweg organisierten Ablauf: *"Es treffen immer diejenigen miteinander Vereinbarungen, die aus ihrer Arbeitsaufgabe heraus auf deren Notwendigkeit stoßen"* (ebd.: 14). Nach Brater und Maurus (ebd.) ist jedoch grundsätzlich ein Konferenzsystem auf unterschiedlichen Organisationsebenen sinnvoll, *"(...) weil die direkte Besprechung für alles, was Vereinbarungscharakter trägt, zweifellos die effizienteste Form ist"*, da jeder Organisationsangehörige umfassend über laufende Prozesse in Kenntnis gesetzt wird. Entscheidungen fallen nach diesem Prinzip jedoch in überschaubaren, handlungsfähigen und transparenten Gruppen (vgl. Brater 2010: 1).

Die Ergebnisse von Konferenzen in Form von Beschlüssen weisen schließlich eine ebenso vorhersehbare Verbindlichkeit auf wie formelle Vorgaben und wurden in der kollegialen Selbstverwaltung der ersten Waldorfschule auf der Basis sogenannter „Vereinbarungen" festgehalten. *"Die sachlichen Notwendigkeiten und die personellen Voraussetzungen müssen wahrgenommen, und schließlich in Vereinbarungen geregelt werden. (...) Aus dem Zusammen-Anschauen ergeben sich Gesichtspunkte für eine dann zu treffende Vereinbarung, bei der der einzelne in eine freies Verhältnis mit den anderen tritt. Die Vereinbarung ergibt sich als Resultat von Besprechungen; ein Prozeß des Austauschs von Wahrnehmungen und Meinungen geht voran"* (Leber 1974: 141, Ausl. ie). Der Unterschied zwischen formellen Bestimmungen und informellen Vereinbarungen ist folglich das freie Verhältnis der Betroffenen, in dessen Rahmen diese auf Augenhöhe und in beratender Form gemeinsam ein Ergebnis erörtern und beschließen. Vereinbarungen beruhen somit nicht auf starren Gesetzen oder Verordnungen, sondern beziehen sich auf die realen und folglich die lebendigen Verhältnisse der betroffenen Menschen (vgl. Steiner GA 330: 326f.). *„Der Qualität nach kann der Vorgang als Interaktion, als zwischenmenschliche Begegnung angesehen werden"* (Leber 1974: 141). Jedoch liegt der Unterschied der beiden Formen nicht in dem Grad der Verbindlichkeit, *„denn setzt man sich über getroffene Absprachen schlicht und einfach hinweg, weil sich zufällig andere Gesichtspunkte für einzelne ergeben, dann entsteht ‚Unpräzision, Schlamperei'"*, so Leber (ebd.: 142) unter Verwendung von Steiners Vokabular (vgl. Kap. 6.1.4.2). Die paritätisch entwickelten informellen Vereinbarungen substituierten somit fixe Stellen- und Zuständigkeitsbeschreibungen durch frei auszuhandelnde menschliche Beziehungen, eliminierten jedoch nicht das Verbindliche in der kollegialen Zusammenabeit („Gesetz"): *„Das ‚Gesetz' muß .. auf diesem Boden .. ersetzt werden durch die freien menschlichen Verhältnisse, die .. individuell sind und sich immer von Woche zu Woche ändern können, und die durchaus nicht durch starre Gesetze gebunden und in irgendeiner starren Form verewigt werden können"*, so Steiner (GA 330: 327, Ausl. ie).

6.1.4.2 Grundsatz der Präzision und Verbindlichkeit

Bereits in der ersten Waldorfschule bildeten sich nach und nach verschiedene Arten von Zusammenkünften (Konferenzen) aus. Einige dienten nur dem Austausch und hatten kaum Beschlusscharakter, andere wiederum fungierten im Sinne der Substitution traditioneller Rektoratsleistungen. Das Konventionelle wurde durch die kollegiale Selbstverwaltung der Institution somit nicht aufgelöst, sondern durch Andersartiges ersetzt, denn diese *„(...) hat dasselbe zu leisten wie die bürokratische mit ihrer Kompetenzhierarchie und ihrer Verwaltung sowie den Verfügungen, die das Zusammenleben und die Ordnung regeln"* (Leber 1974: 133, Ausl. ie). Damit die Abläufe dementsprechend geregelt und nicht freiwüchsig erfolgten und *„nicht anstelle bürokratischer Übersichtlichkeit die Unordnung"* (ebd.) trat, war jeder Einzelne aufgefordert, die volle Verantwortung zu übernehmen für das, was die Schule als Ganzes zu tun hat (vgl. ebd.). *„Es muss Stil in der Schule sein (...)"*, so Steiner (GA 300: 944, Ausl. ie). Als ein Lehrer in einer Konferenz Befürchtungen von Verzögerungen auf Steiners Vorschlag zum behördlichen Korrespondenzprozedere äußerte, reagierte Steiner (ebd.: 738) demgemäß: *„Wenn von dem Mitglied des Komi-*

tees vorausgesetzt wird, dass es nicht jederzeit zu erreichen wäre, dann möchte ich wissen, was die ganze Einrichtung für einen Zweck hätte. In der Amtsdauer muss es jederzeit zu erreichen sein. Dieser Punkt kann gar nicht in Frage kommen, dass da eine Schwierigkeit eintritt. Eine Bürokratie hängt von der Gesinnung ab, nicht von den Kompetenzen. Wenn man sich vorstellt, dass man die Bürokratie dadurch bekämpft, dass man an ihre Stelle das Chaos setzt, da hat man eine falsche Vorstellung. Das kann man natürlich nicht an die Stelle setzen." Steiner (ebd.: 692) forderte von den Lehrern die gleiche Gewissenhaftigkeit, wie diese in bürokratischen Strukturen vorherrschte, sodass der Unterschied zum konventionellen System nicht in der Gesinnung bezüglich der Ordnung und Genauigkeit lag: *„Wenn nicht eine gewisse Selbstdisziplinierung eintritt, kann man nicht weiterkommen."*

Steiner (ebd.: 728) mahnte in den Konferenzen wiederholt an, dass in den Verwaltungsabläufen Präzision vorherrschen müsse: *„Eine Sache, die offiziell behandelt werden muss, muss in einer Präzision verlaufen."* An anderer Stelle: *„Ich kann Ihnen die Versicherung geben, die Dinge, die durch mich geleitet werden sollen, werden in keiner Weise Unpräzision zulassen"* (ebd.: 735). Und auch: *„Außerdem schadet es nicht, wenn man sich einmal durch eine Probe auf dieses Parlamentarische ein wenig der Präzision bequemt. Die muss unter uns herrschen"* (ebd.: 736f.). Nach Steiner galt somit ein strikter Grundsatz der Präzision in den Prozessen, den er mit der Genauigkeit der Funktion eines Uhrwerks analogisierte: *„Solche Dinge müssen beruhen auf einem strikten, mechanischen Gang, so dass ein Fehler unmöglich ist. Es ist ein Uhrwerk, weiter nichts. Es können doch Fehler gar nicht vorkommen"* (ebd.: 467). Hierzu Leber (1974: 134): *„Dieser Grundsatz der Präzision innerhalb der unbürokratisch-kollegialen Schulverfassung gilt als eine Forderung, gleichsam als kategorischer Imperativ für alle Geschäfts- und Verwaltungsangelegenheiten der Schule. Freiheitliche Ordnung und Selbstbestimmung dürfen in der Organisation nicht zu Bindungslosigkeit führen, sondern bedeuten auch da verantwortliches Handeln. Nur wenn durch verantwortliches Handeln der dafür Beauftragten eine schnelle und konsequente Bearbeitung und Erledigung aller Vorgänge gesichert bleibt, kann die Hierarchie, ohne wichtige Funktionen zu beeinträchtigen, wegfallen."*

Über die Präzision hinausgehend erwartete Steiner ein konsequentes Vermeiden von Fehlern. *"Die einzelnen Vorgänge sind dabei strukturell innerhalb der Schule so abzusichern, daß Fehlleistungen weitgehend ausgeschlossen werden"* (Leber 1974: 133). Steiner (GA 300: 461) erzürnte beim Auftreten von Nachlässigkeiten: *"Die hauptsächlichen Prinzipien haben sich zum Zusammenhang entwickelt. Das, was etwas als Uneinheitliches aufgetreten ist, das ist doch die Schlamperei. Es ist eine Schlamperei eingerissen, indem man sich von selbst hinentwickelt hat zu einer Art, wie es leichter zu machen ist."* Als beim Erstellen der Zeugnisse durch die Lehrerschaft Irrtümer unterliefen, reagierte Steiner (ebd.: 467) folglich mit scharfer Kritik: *"Das ist ein Mangel an Ernst in der Behandlung der Zeugnisangelegenheit. Das ist eine unerhörte Schlamperei, die mit Ernst behandelt werden muss. Die Sucht, die Sachen zu entschuldigen, macht es noch schlimmer. Es ist etwas Unerhörtes. Wenn solche Dinge vorkommen können, da sind wir wirklich nicht im Betrieb der Waldorfschule darin. Wir haben kein Recht, von Zeugnissen zu reden, wenn wir mit einer solchen schlampigen Weise vor die Welt hintreten. Das ist wirklich unglaublich. Wir kommen allmählich hinein in einen Betrieb, der überhaupt nicht ernst zu nehmen ist. Ein Zeugnis, das ist ein Dokument! Wenn man sich so verschreibt – ich möchte wissen, in welchen Betrieb wir hineinkommen."* Eine kollegial selbstverwaltete Organisation strebt demgemäß eine der Bürokratie ebenbürtige Seriosität in den Geschäftsprozessen durch gewissenhaftes Vermeiden mangelnder Sorgfalt und Fehlerhaftigkeit an.

Im Kontext einer präzisen und möglichst fehlerfreien Ausführung der Handlungen unterstrich Steiner zudem die Bedingung von vorhersehbarer Verbindlichkeit. In einer selbstverwalteten Organisation beruht die institutionelle Kohäsion auf den in den Zusammenkünften zu treffenden Vereinbarungen, in deren Rahmen der Einzelne in ein freies Verhältnis zum anderen tritt (vgl. Kap. 6.1.4.1). Vereinbarungen stellen somit Resultate von persönlichen Unterredungen dar, denen ein dialogischer Prozess von individuellen Wahrnehmungen und Ideen vorangeht. Bezüglich solcher Vereinbarungen kritisierte Steiner (GA 300: 1128f.) im sachlichen Zusammenhang mit der gewählten Anzahl von Mitgliedern im Verwaltungsrat: *"Kein Gegenstand kann so behandelt werden, dass man hinterher kommt und sagt: es ist noch einer mehr. Wenn alle Dinge so be-*

sprochen werden, dass irgend etwas gemacht wird, und hinterher in derselben Sache Argumente gemacht werden, dann kommen wir nie zu einem Abschluss. Dann kommt eine Schlamperei in die Sache." So sollte vor allem vermieden werden, dass die Schule nach außen einen fragwürdigen Ruf erhielt, weil zugesicherte Maßnahmen und Beschlüsse nicht realisiert werden und den Vereinbarungen „(...) keine verläßliche Gültigkeit zukommt, so daß schließlich der zwischenmenschliche Verkehr selbst fragwürdig wird" (Leber 1974: 142, Ausl. ie). Dies wäre insbesondere Steiners Intention zuwider gelaufen, die Waldorfschule als Tatsachenbeweis für die Durchschlagskraft der anthroposophischen Gesinnung zu etablieren. Darüber hinaus sollten „Zusagen mit unbedingter Verbindlichkeit" (Brater/Maurus 1999: 66) den Einzelnen vor einer Überforderung in seinem Alltagshandeln schützen, weil kein Verlass auf abgestimmte Verfahren besteht. „Damit die neue Konstitution sich nicht als eine die Beteiligten überfordernde Form erweist, ist es besonders notwendig, daß Vereinbarungen, wenn sie getroffen wurden, sei es in innerorganisatorischen oder Fragen der Aufgabendelegation, vorhersehbare Verbindlichkeit haben" (Leber 1974: 142). Die Vereinbarungen, die im Rahmen der kollegialen Selbstverwaltung auf der Basis von Beschlüssen zwischen den Lehrern getroffen werden, können so in der Qualität eines Rechtsgeschäfts gesehen werden, die einer eben solchen verlässlichen Gültigkeit bedürfen.

6.1.4.3 Horizontaler Informationsfluss

In einer hierarchisch organisierten („regierungsmäßigen") Institution fließen Informationen und Weisungen nach dem sogenannten „Top-Down-Prinzip" von der Hierarchiespitze zu den unteren Ebenen (pyramidale Anordnung). Es gibt einen Vorgesetzten mit zumeist autoritärem Führungsstil, der sich durch ein ausgeprägtes sachliches Interesse an der Aufgabenerfüllung und eine starke Zentralisierung von Entscheidungen auszeichnet. Die Führungsperson trägt die solitäre Verantwortung, während die Mitarbeiter lediglich als Befehlsempfänger in ausführender Tätigkeit agieren. Hierzu schreibt Leber (1974: 57; 1972: 451): „Das hierarchisch-monokratische Prinzip der nach oben zunehmenden Kompetenz läßt sich symbolisieren in der Pyramide. Von einer breiten Basis aufsteigend, nimmt jeweils nach oben die Entscheidungskompetenz zu, bis sie in der Spitze den alleinigen Verantwortungsträger findet." Bei dieser monokratischen Form zielt der Informationsfluss auf eine einseitige Kommunikation und Wahrnehmungsvermittlung, sodass nur eine „Wahrheitsquelle" (Petersen 2003: 371) bzw. ein „nicht hinterfragtes Wahrheitsmonopol" (ebd.) gilt. „Dementsprechend existiert im monologischen Managementverständnis nur eine Wahrheitsquelle, nämlich die des Führenden, was zur Folge hat, dass sich die Beziehung zu den Mitarbeitern als Monolog des Führenden bzw. als Wahrheitstransfer vom Sender zum Empfänger darstellt" (Petersen/Olesch 2011: 4). Auf diese Weise sollen die zu bewältigende Komplexität reduziert und das Bestehende bewahrt werden. Die Arbeitsbeziehung zwischen dem Verantwortungsträger und den Ausführenden basiert auf reiner Sachbezogenheit.

In einer kooperativ organisierten („verwaltungsmäßigen") Institution – wie diese bei kollegialer Selbstverwaltung vorliegt – fließen Informationen zwischen den Beteiligten hingegen durch eine horizontal ausgerichtete Kommunikation, sodass dialogische Prozesse zwischen partnerschaftlich zusammenarbeiteten Organisationsmitgliedern auf der gleichen Hierarchiestufe und damit auf Augenhöhe stattfinden (kreisförmige Anordnung). Dieses „.. Gegenprinzip der Gleichordnung, das gleichrangige Nebeneinander, das kollegiale Miteinander läßt sich symbolisieren im Kreis, in der Runde", so Leber (1974: 57; 1972: 451, Ausl. ie). Ein Kreis als Kommunikationsnetzwerk stellt eine geschlossene Kette dar, bei der es keinen Anfangs- und Endpunkt gibt, aber auch kein Zentrum. Daher verdeutlicht das Symbol des Kreises eine starke bzw. vollständige Dezentralisierung. Kommunikation bedeutet dann die (wechselseitge) Übertragung von Informationen und tritt im sozialen Leben idealerweise als mutueller Dialog seelischer Erlebnisse (Gedanken, Meinungen, Wissen, Erkenntnisse, Erfahrungen, Gefühle usw.) auf. Um Entscheidungen gemeinsam treffen zu können, finden im Vorfeld oft kontroverse Debatten statt, die einer „gemeinsamen Wahrheitssuche" (Petersen/Olesch 2011: 10) in der Form eines kollektiven „Versuchs- und Irrtumsprozesses" bzw. eines „rationalen und unabhängigen Miteinander-Suchens" (Petersen 2003: 371) entspricht. Alle Organisationsmitglieder sind „gleichberechtigte Wahrheits- und Problemlösequellen" (Petersen/Olesch 2011: 13). Auch mit den mit der Organisation zusammenarbeitenden Personen (z. B. Eltern) findet ein horizontal verlaufender Austausch statt. So betont auch Kiersch (1996: 115), dass Steiner nicht von einer für alle verbindlichen Wahrheit ausging, sondern dass von einer Wahrheit *„der Vielfalt des Lebens gemäß konkretisiert"* wird. So sollte in der kollegialen Selbstverwaltung ein *„dialogisches Grundverständnis"* (ebd.: 10) vorherrschen, das sich durch eine Bereitschaft zur offenen Argumentation und zu einem gemeinschaftlichen Lernen auszeichnet, gekennzeichnet durch einen interaktiven Beratungsprozess mit gegenseitigen Rückkopplungen. *„Voraussetzung (...) ist eine Informations- und Kommunikationspolitik, die Lernkapazitäten in Form von Feedbackprozessen, verbunden mit konkreten Problemlösungsprozessen unter Einbeziehung unterschiedlichster Informationen und mithilfe einer fortgeschrittenen Dialogfähigkeit, aktiviert. (...) Auf diese Weise begünstigt der Dialog nicht nur das Miteinander-im-Gespräch-Bleiben, sondern kristallisiert sich als eine Denkweise heraus, die sowohl das Verständnis für andere Menschen als auch die Verständigung mit ihnen umfasst"*, so Kiersch (ebd., Ausl. ie). Individuelle Standpunkte und Eigenverantwortung in den entsprechenden Kompetenzbereichen seien explizit gewünscht (vgl. Kap. 6.2.1.1). Zugleich komme die gegenseitige Abhängigkeit bei der Erreichung des gemeinsamen Ziels zum Vorschein und werde als Anlass genommen, polylaterale Verlässlichkeit zu ermöglichen und Vertrauen in die dialogische Gestaltungskompetenz der Beteiligten aufzubauen (*„moralischer Vertrag"*; Kiersch 1996: 10). *„Dialog und dessen Voraussetzungen Vertrauen und Verlässlichkeit basieren auf einem Konsens, sprich: aus einer allgemeinen Überzeugung von der gegenseitigen Abhängigkeit, in der sich die Dialogpartner befinden"* (ebd.: 13). Das Miteinander basiere dann auf einem partnerschaftlichen Verhältnis auf dem Weg zu einer erfolgreichen Problemlösung.

Steiner (GA 186: 175) wies im hiesigen Kontext der interpersonellen Kommunikation auf das *„Urphänomen der Sozialwissenschaft"* hin. Danach wirken bei zwischenmenschlichen Interaktionen sowohl soziale als auch antisoziale Impulse, so *„... daß wenn Mensch dem Menschen gegenübersteht, der eine Mensch immer einzuschläfern bemüht ist, und der andere Mensch sich immerfort aufrecht erhalten will"* (ebd.). Ein tieferes soziales Verständnis für den anderen Menschen könne nur erreicht werden, wenn sich das Gegenüber von diesem „einschläfern" lasse und somit ohne sein eigenes Wesen geltend zu machen, intuitiv und altruistisch in das Wesen des anderen eintauche. Während das eigene Bewusstsein „schläft", eröffne sich die Möglichkeit, ganz im anderen Menschen aufzugehen bzw. „sozial" zu sein. Hiermit meinte Steiner eine wesenhafte Hinwendung zu der anderen Person, das heißt nicht die bloße Wahrnehmung des Gegenübers, sondern auch dessen Annahme und Akzeptanz. Zugleich müsse ein Mensch auch wieder für sich selbst „erwachen" und das eigene Wesen geltend machen bzw. „antisozial" sein, damit seine Individualität im sozialen Kontakt nicht erlischt. Bezogen auf die kollegiale Selbstverwaltung obliegt es so jedem Beteiligten, sich produktiv einzubringen (Beitrag des Geistes), das heißt, neben dem Willen der Partizipation sollte dieser auch das kundtun, was er weiß und was er denkt (vgl. auch Buber 1997: 293ff.). Demgemäß forderte Steiner (GA 300: 713) die Lehrer bei anstehenden Entscheidungen wiederholt auf: *„Ich bitte sich jetzt zu äußern, frank und frei, was Sie darüber meinen, jeder, der etwas zu sagen hat."* In diesem rhythmischen Wechsel sozialer und antisozialer Impulse entfalte sich schließlich „echte" Kommunikation, auf der das horizontal-dialogische Prinzip beruht. Hierzu Buber (1954: 125, Ausl. ie): *„Wo aber das Gespräch sich in seinem Wesen erfüllt zwischen Partnern, die sich einander in Wahrheit zugewandt haben, sich rückhaltlos äußern und vom Scheinenwollen frei sind, vollzieht sich eine denkwürdige, nirgendwo sonst sich einstellende Fruchtbarkeit (...). Das Zwischenmenschliche erschließt das sonst Unerschlossene."* In diesen grundlegenden Gedanken spiegeln sich Steiners Prinzipien der Individualität und Sozialität (vgl. Kap. 6.2.4.1) sowie das Motto seiner Sozialethik wider (GA 263a: 182): *„Heilsam ist nur, wenn im Spiegel der Menschenseele sich bildet die ganze Gemeinschaft und in der Gemeinschaft lebt der Einzelseele Kraft."*

6.2 Personalführung

Wie in Kapitel 3.3 erörtert, kann „Personalführung" je nach zugrundeliegender Perspektive und angestrebtem Forschungsziel auf eine begrifflich-inhaltlich sehr unterschiedliche Weise ausgefüllt werden. In Abgrenzung zum Organisationsmangement kann Personalführung als eine soziale Interaktion beziehungsweise *„wechselseitige Bedingtheit der Handlungen von zwei oder mehr Personen"* (Weibler 2001: 26) verstanden werden, sodass diese als personenbezogene oder direkte Führung figuriert. Das bedeutet weiterführend, dass Personal- „(...) Führung nicht einseitig festzulegen und im Zeitverlauf konstant ist, sondern in Abhängigkeit des Interaktionsverlaufs variiert, welcher wiederum durch die Persönlichkeiten der Individuen und der umgebenden Rahmenbedingungen beeinflusst wird" (ebd., Ausl. ie). Führung wird in diesem Sinne nicht obligat als soziale Einflussnahme ausgehend von einer solitären Führungsperson verstanden, sondern kann auch wechselseitig in einer horizontal ausgerichteten (machtgleichen) Beziehung stattfinden. Somit ist diese nicht personen- oder stellengebunden, sondern eine notwendige Funktion in sozialen Kontexten, um unausweichlich anfallende Personalführungsaufgaben zu erfassen und zu erfüllen. Diese beinhalten zum Beispiel Tätigkeiten der Information, Kommunikation und Koordination, des Schaffens von Orientierung und Transparenz sowie des Leistens von Rückmeldungen und Wertschätzung in Bezug auf die individuell erbrachte Arbeitsleistung.

6.2.1 Selbstführung und Selbstverantwortung

6.2.1.1 Selbstführung

Steiners Intention zielte nicht nur auf eine Erziehung der Schüler zu frei denkenden und handelnden (mündigen) Individuen, die eine künftige Gesellschaft etablieren und bewältigen können sollten, sondern er sah zugleich die Lehrer in einer ebensolchen Vorbildfunktion für die Kinder, die durch das Prinzip kollegialer Selbstverwaltung ermöglicht und gefördert werden sollte. Seine grundlegende Argumentation bezüglich des freien Denkens legte Steiner (GA 4) in seiner „Philosophie der Freiheit" dar. Hierin exponiert er die Beobachtung und das Denken zu den beiden „Grundsäulen" des menschlichen Geistes: „Sie sind Ausgangspunkte für alles geistige Streben des Menschen (...)" (ebd.: 18, Ausl. ie): Während durch Beobachtung die Fakten zunächst passiv betrachtet würden, stellte deren begriffliche Durchdringung mittels des Denkens eine erklärende Kohärenz zwischen den Beobachtungsgegenständen und -abläufen her. Vereint dienten diese der Auffassung der Welt. „Wir haben zwei Quellen der Erkenntnis: die des Denkens und die des Wahrnehmens (...)", so Steiner (ebd.: 99, Ausl. ie). So sei dem Menschen die Welt zunächst durch die Beobachtung als Wahrnehmung gegeben, was nur einer Hälfte der Wirklichkeit entspreche. Die gesamte Wirklichkeit werde erst durch die denkende Durchdringung der Wahrnehmung erlangt, die dieser den zugehörigen Begriff attribuiere. In der Begegnung mit dem Wahrgenommenen sehe sich der Mensch nun veranlasst, nach der Ursache für das Wahrgenommene zu recherchieren. Dieser Prozess sei ausschließlich durch das Denken möglich (vgl. ebd.: 35). Das denkende Wesen respektive *„das menschliche Bewußtsein .. [ist] der Schauplatz, wo Begriff und Beobachtung einander begegnen und wo sie miteinander verknüpft werden"* und fungiert als *„Vermittler zwischen Denken und Beobachtung"* (ebd.: 36, Ausl. u. Erg. ie). Erst durch das menschliche Denken gelange ein Objekt in sein Bewusstsein, ebenso wie sein Selbst (Selbstbewusstsein). Mittels seines Denkens, dem Fusionieren von Wahrnehmung und Begriff, komplettiere der Mensch den fehlenden Teil der Wirklichkeit und werde zum *„Vollender des Weltenprozesses"* (Schneider 1982: 143), da nur durch seine Erkenntnisprozesse das Wesen der Welt in Erscheinung trete. Es werde deutlich, *„(...) daß in der Wahrnehmung nur ein Teil der Wirklichkeit vorliegt und daß der andere zu ihr gehörige Teil, der sie erst als volle Wirklichkeit erscheinen läßt, in der denkenden Durchsetzung der Wahrnehmung erlebt wird"* (Steiner GA 4: 103, Ausl. ie). Im Erkenntnisakt vereinten sich Wahrnehmung und Begriff. *„Die Wahrnehmung ist also nichts Fertiges, Abgeschlossenes, sondern die eine Seite der totalen Wirklichkeit. Die andere Seite ist der Begriff. Der Erkenntnisakt ist die Synthese von Wahrnehmung und Begriff. Wahrnehmung und Begriff eines Dinges machen aber erst das ganze Ding aus"* (ebd.: 61). Dies bedeute jedoch zugleich, dass „Wirklichkeit" keine gleichsam vollendete Sphäre darstelle, welche der Mensch mehr oder weniger erreichen oder „repräsentieren" kann. Wirklichkeit entstehe vielmehr durch die wahrnehmend-denkende Aktivität des einzelnen Menschen. Das, was durch das Denken in der leiblich-seelischen Organisation des Menschen generiert wird, das heißt, durch das allmähliche Zusammenfügen der Erfahrungen einzelner Denkakte, bilde sich schließlich das menschliche Selbst- oder Ich-Bewusstsein. *„Das ‚Ich-Bewußtsein' tritt dadurch auf, daß im allgemeinen Bewußtsein sich die Spuren der Denktätigkeit (...) eingraben"*, so Steiner (ebd.: 104, Ausl. ie).

Zu den zentralen Ergebnissen Steiners „Philosophie der Freiheit" kann die Erkenntnis zugerechnet werden, dass die Begriffe einen in sich schlüssigen, gesetzmäßig verbundenen Zusammenhang formieren. Steiner erläutert diese Feststellung an verschiedenen Begriffsbezügen – den von Ursache und Wirkung oder von Organismus, Leben und Wachstum. Das Denken, das von einem Individuum hervorgebracht wird, bringt diese Begriffe zur Erscheinung, ist jedoch zugleich an deren Zusammenhang – deren Gesetzmäßigkeit – gebunden. Insoweit das menschliche Denken diese Zusammenhänge in der Welt auffindet, orientiert sich dieses an deren Gesetzmäßigkeiten und ist gleichsam von diesen bestimmt. Diese Zusammenhänge gelten nicht nur für das Bewusstsein, sondern auch für die Welt, die das Bewusstsein denkend zur Erscheinung bringt. Der Denkakte vollziehende Mensch ist daher zugleich vom Wesen des Denkens determiniert. Dies betrifft auch das Denken über den Menschen selbst. Dazu Schneider (1982: 143): „*Der bloß erscheinende Mensch, der sich in der Selbstwahrnehmung gegeben ist, kann ebensowenig als wirklicher Mensch betrachtet werden, wie die bloß erscheinende Welt ohne die Vollendung durch die in der menschlichen Erkenntnis erscheinenden Gesetzmäßigkeiten als eine wahrhaft wirkliche bestimmt werden kann.*" Vom Selbstwahrnehmen respektive von dem selbstreflektierenden Gewahrwerden von Persönlichkeitseigenschaften im Sinne eines biografischen Selbst ist somit das denkende Selbstbestimmen zu demarkieren, das den Menschen in die Gesamtheit einzuordnen vermag und das Verhältnis des Menschen zur Welt abbildet. Nach Steiner (GA 4: 59) ist der Mensch „*ein Wesen unter anderen Wesen*". Ausschlaggebend sei das Erfassen der eigenen Stellung zu den anderen Menschen. „*Da wir .. in einem Punkte der Peripherie stehen und unser eigenes Dasein in bestimmte Grenzen eingeschlossen finden, müssen wir das außerhalb unseres eigenen Wesens gelegene Gebiet mit Hilfe des aus dem allgemeinen Weltensein in uns hereinragenden Denkens kennen lernen*" (ebd.: 61, Ausl. ie). Indem der Mensch das Wesen der Welt und sein eigenes Ich durch sein Denken in Erscheinung bringt, verwirkliche sich dieser selbst (vgl. ebd.: 59f.). Hierzu konstatiert Schneider (1982: 144): „*Der Mensch ist – mit Hilfe des Denkens – immer der Schöpfer seiner Selbstbestimmung oder Wesensbestimmung.*" Erkennend handelnd und aus Erkenntnis handelnd sei es dem Menschen möglich, von seiner jeweiligen Erkenntnisstufe aus, die Welt und zugleich sich selbst zu verändern und weiterzuentwickeln. Ist dieser Denkprozess nicht externalen Wirkungsursachen unterlegen und wird von der reinen menschlichen Erkenntnis geleitet, sodass „die einzige Wirkursache allein im Wollen des Handelnden selbst liegt" (ebd.: 133), befinde sich der Mensch im Zustand der Freiheit. Dies sei bei einer vollständig im Geistigen verlaufenden Verbindung von Begriffen gegeben („reines Denken" oder „Intuition"; vgl. Kap. 6.1.1.4). Erst dann erlange dieser wahre Mündigkeit sowie die Fähigkeit zur Selbstverwirklichung und zum Handeln aus dem eigenen Ich. Hierzu stellt Steiner (GA 3: 59f.) heraus: *„Sich als handelnde Persönlichkeit erkennen heißt somit: für sein Handeln die entsprechenden Gesetze, d.h. die sittlichen Begriffe und Ideale als Wissen zu besitzen. Wenn wir diese Gesetzmäßigkeit erkannt haben, dann ist unser Handeln auch unser Werk. Die Gesetzmäßigkeit ist dann nicht als etwas gegeben, was außerhalb des Objektes liegt, an dem das Geschehen erscheint, sondern als der Inhalt des in lebendigem Tun begriffenen Objektes selbst. Das Objekt ist in diesem Falle unser eigenes Ich. Hat dies letztere sein Handeln dem Wesen nach wirklich erkennend durchdrungen, dann fühlt es sich zugleich als den Beherrscher desselben. Solange ein solches nicht stattfindet, stehen die Gesetze des Handelns uns als etwas Fremdes gegenüber, sie beherrschen uns; was wir vollbringen, steht unter dem Zwange, den sie auf uns ausüben. Sind sie aus solcher fremden Wesenheit in das ureigene Tun unseres Ich verwandelt, dann hört dieser Zwang auf. Das Zwingende ist unser eigenes Wesen geworden. Die Gesetzmäßigkeit herrscht nicht mehr über uns, sondern in uns über das von unserm Ich ausgehende Geschehen. Die Verwirklichung eines Geschehens vermöge einer außer dem Verwirklicher stehenden Gesetzmäßigkeit ist ein Akt der Unfreiheit, jene durch den Verwirklicher selbst ein solcher der Freiheit. Die Gesetze seines Handelns erkennen heißt sich seiner Freiheit bewußt sein. Der Erkenntnisprozeß ist, nach unseren Ausführungen, der Entwicklungsprozeß zur Freiheit. Nicht alles menschliche Handeln trägt diesen Charakter. In vielen Fällen besitzen wir die Gesetze für unser Handeln nicht als Wissen. Dieser Teil unseres Handelns ist der unfreie Teil unseres Wirkens. Ihm gegenüber steht derjenige, wo wir uns in diese Gesetze vollkommen einleben. Das ist das* *freie Gebiet. Sofern unser Leben ihm angehört, ist es allein als sittliches zu bezeichnen. Die Verwandlung des ersten Gebietes in ein solches mit dem Charakter des zweiten ist die Aufgabe jeder individuellen Entwicklung, wie auch jener der ganzen Menschheit. Das wichtigste Problem alles menschlichen Denkens ist das: den Menschen als auf sich selbst gegründete, freie Persönlichkeit zu begreifen."*

Hiernach besitzt der Mensch die Fähigkeit, eigenständig zu denken, und dieses Denken ohne externe Vorgaben auf natürliche Weise an einen größeren Zusammenhang (Wohl der Gesamtheit) anzubinden, der sich eben aus dem freien Denken heraus erschließt. Um eine solche individuelle Entwicklung hin zu einem freien intuitiven Denken zu erlangen und zugleich diese „freie Persönlichkeit" des Menschen anzuerkennen, benötige dieser die Möglichkeit zu einem erforschenden Handeln ohne regulative äußere Vorgaben (vgl. Kap. 6.1.1.4). Aus dieser Argumentation leitete sich für die kollegiale Selbstverwaltung die Notwendigkeit der Selbstführung des Einzelnen ab, welche nicht die Absenz von Gesetzen proklamiert (Anarchie), sondern die Ermöglichung, durch formelle Hierarchielosigkeit im konkreten Handeln intuitiv und der Sache gemäß urteilen und entscheiden zu können bzw. umgekehrt formuliert: nicht an Weisungen „Fachfremder" gebunden und damit zur geistigen Passivität gezwungen zu sein.

Erfolgt der Antrieb für eine Handlung intuitiv aus dem eigenen Ich des Menschen, so werde diese zu seiner eigenen (vgl. Steiner GA 4: 116f.). *„Es kümmert ihn dabei ebenso wenig, was andere in diesem Falle getan, noch was sie dafür befohlen haben. Er hat rein ideelle Gründe, die ihn bewegen"* (ebd.: 138). Empfindet der Mensch eine gewollte Handlung als Abbild seiner ideellen intuitiven Ideen, *„(...) so empfindet er sie als eine freie. In diesem Kennzeichen einer Handlung liegt die Freiheit"* (ebd.: 146, Ausl. ie). Hierzu Steiner (ebd.: 117) weiter ausführend: *„Eine Handlung wird als eine freie empfunden, soweit deren Grund aus dem ideellen Teil meines individuellen Wesens hervorgeht; jeder andere Teil einer Handlung, gleichgültig, ob er aus dem Zwange der Natur oder aus der Nötigung einer sittlichen Norm vollzogen wird, wird als unfrei empfunden. Frei ist nur der Mensch, insofern er in jedem Augenblicke seines Lebens sich selbst zu folgen in der Lage ist."* Die Handlungsabicht

(Objekt) werde zu einem persönlichen Anliegen und eigenen Interesse, sodass der Mensch aus freier Einsicht und aus „Liebe zum Objekt" oder zur Tat handele (vgl. ebd.: 148). *„Das Objekt seines Handelns, sobald er sich einen Begriff davon macht, erfüllt ihn so, daß er es zu verwirklichen strebt. In dem Bedürfnis nach Verwirklichung einer Idee, in dem Drange nach der Ausgestaltung einer Absicht soll auch der einzige Antrieb unseres Handelns sein. In der Idee soll sich alles ausleben, was uns zum Tun drängt. Wir handeln dann nicht aus Pflicht, wir handeln nicht einem Triebe folgend, wir handeln aus Liebe zu dem Objekt, auf das unsere Handlung sich erstrecken soll. Das Objekt, indem wir es vorstellen, ruft in uns den Drang nach einer ihm angemessenen Handlung hervor. Ein solches Handeln ist allein ein freies. (...) Eine Handlung aber, die wir nicht um ihrer selbst willen vollbringen, ist eine unfreie. (...) Unfrei handelt überhaupt jeder Mensch, der eine Handlung aus einem Anlaß vollbringt, der nicht aus dem objektiven Inhalt der Handlung selbst folgt. Eine Handlung um ihrer selbst willen ausführen, heißt aus Liebe handeln. Nur derjenige, den die Liebe zum Tun, die Hingabe an die Objektivität leitet, handelt wahrhaft frei. Wer dieser selbstlosen Hingabe nicht fähig ist, wird seine Tätigkeit nie als eine freie ansehen können"*, so Steiner (GA 1: 201ff.; Ausl. ie). Der Antrieb für das Handeln des Menschen wird dann durch das Verhältnis seines Willens zu dieser Handlung bedingt, das Steiner (GA 4: 114) als *„Liebe"* oder als *„Herz für die Dinge"* (ebd. GA 300: 168) bezeichnet. *„Nur wenn ich meiner Liebe zu dem Objekte folge, dann bin ich es selbst, der handelt. (...) Ich erkenne kein äußeres Prinzip meines Handelns an, weil ich in mir selbst den Grund des Handelns, die Liebe zur Handlung gefunden habe"* (ebd. GA 4: 115f., Ausl. ie).

Um diese Liebe zur Handlung oder zum Objekt entwickeln und somit aus einer inneren Überzeugung und Einsicht handeln zu können, benötigt der Mensch nach dieser Argumentation einen solchen Handlungsraum, der seine geistige Produktivität und Kreativität ermöglicht und diese nicht in deren Schöpfungsprozess restringiert. In der kollegialen Selbstverwaltung wird dieser Freiheitsbedingung durch das Prinzip der Selbstführung – das heißt, die Ermöglichung der Orientierung an und Handlung nach den eigenen (intuitiven) Gedanken und Ideen vor dem Hintergrund eines gemeinsam angestrebten Ziels – Rechnung getragen.

6.2.1.2 Engagement, Eigeninitiative und geistige Produktivität

In Steiners Verhalten spiegelte sich das Bestreben wider, dem Einzelnen im Rahmen der kollegialen Selbstverwaltung eine optimale Handlungsfreiheit in der Form von Selbstführung zu ermöglichen, *„zugleich aber auch ein Anspruch an das eigenständige Verstehen und an die eigene Aktivität"* (Dietz 1996: 77). Unvermeidbar verbunden mit dieser Freiheit sah Steiner nicht nur die Fähigkeit und den persönlichen Willen zum eigenständigen Denken und zur geistigen Produktivität, sondern auch zur tatkräftigen proaktiven Eigeninitiative. *„Der Wille muß bereits in der Gedankenbildung einsetzen (Ideenbildung), dann – und nur dann – folgen auch Taten. Der Wille der Durchsetzung ist davon nicht zu trennen"* (ebd.: 45). Zudem betonte er die Wichtigkeit der Kontinuität des Handelns, die ebenso eine Willensfrage darstelle, denn Schritt für Schritt sollten die Dinge durch konkretes Handeln entwickelt werden. *„Jeder muss das Nötige dazu tun, dass die anderen Dinge nicht einschlafen"*, so Steiner (GA 300: 242). Um die Vorstellungen von einer staatsunabhängigen Schule verwirklichen zu können, forderte er einen maximalen Einsatz von allen Lehrern: *„Jeder muß seine volle Persönlichkeit einsetzen von Anfang an"* (ebd.: 7). Darüber hinaus sollten alle Beteiligten ein umfassendes Verantwortungsbewusstsein in die schulische Gemeinschaft einbringen (vgl. Leber 1972: 449; 1974: 56). *„Zur Aufgabenstellung des Lehrerkollegiums gehört es, durch den Einsatz, durch Verantwortung, durch Kraftanstrengung die neue pädagogische Konzeption der Schule zu verwirklichen"* (ebd. 1972: 450). Das verwaltungsmäßige Schulsystem ist somit nicht als „Schonraum" zu verstehen, denn *„es ging keineswegs darum, irgendetwas lässiger oder schonender zu machen als anderswo"* (Dietz 1996: 15). Steiner duldete kein *„Job-Bewußtsein"* (ebd.: 16) und verlangte *„außerordentliche Effizienz"* und *„vollen Einsatz"* (ebd.: 15), denn jegliche Fortentwicklung beruhe auf dem individuellen Engagement und der tatkräftigen Initiative des Einzelnen (vgl. ebd.: 55ff.). Den von den Lehrern geforderte Einsatz erachtete Steiner als notwendig, um den Kritikern der freien Schule einen tatsächlichen Beweis erbringen zu können, dass das spezielle pädagogische Konzept *„fruchtbar und durchschlagend und lebensnah"* (Leber 1974: 56) ist und sich die dahinter stehenden anthroposophischen Anschauungen gesellschaftlich durchsetzen. Anders als die traditionellen staatlichen

Schulen war die erste Waldorfschule nicht automatisch gesellschaftlich legitimiert. In einer Konferenz sensibilisierte Steiner (GA 300: 100) die Lehrer diesbezüglich: *„Wir müssen furchtbar achtgeben, solange die Schule in dieser schwierigen Lage ist, dass die ganze Welt auf sie schaut. Es muss auch dieser Grundsatz in der Schule geltend gemacht werden: die Leute mögen schimpfen und tun, was sie wollen, aber man muss selbst recht haben. Ich möchte wirklich nicht, dass auch in dieser Schule das eintritt, dass man nicht immer sagen kann, man muss selbst recht haben. Die Waldorfschule muss als ein Musterbeispiel einer anthroposophischen Korporation dastehen."* Die erste Waldorfschule kann somit als ein *„Prototyp"* (Harslem 1996: 121) betrachtet werden, welcher mittels Tatsachen und kontinuierlicher individueller Initiative dessen Berechtigung erst generieren musste (vgl. Leber 1974: 53). *„Die Waldorfschule wird ein praktischer Beweis sein für die Durchschlagskraft der anthroposophischen Weltorientierung"*, so Steiner (GA 300: 6).

Steiner (ebd.: 46) strebte eine optimale, unter den behördlich oktroyierten Kompromissen realisierbare Berücksichtigung seiner idealtypischen Intentionen an: *„Das ist also sehr wichtig, dass Sie praktisch auseinanderhalten das, was möglich ist nach den äußeren Bedingungen, die vorhanden sind, und das, was die Stoßkraft geben soll. Wir dürfen nichts anderes glauben, als dass unsere Ideale verwirklicht werden können. Sie können es auch, es zeigt sich nur nicht gleich."* Die pädagogischen Einzelhandlungen bedurften so einer Anpassung an die hoheitlich auferlegten Minimalforderungen mit dem Ziel der Harmonisierung von visionärem Ideal und faktischen Möglichkeiten (vgl. Leber 1974: 56). Steiner (GA 300: 6f., Ausl. ie) appellierte an die Lehrer: *„Aber wir haben es nötig, Kompromisse zu schließen. Kompromisse sind notwendig, denn wir sind noch nicht so weit, um eine wirklich freie Tat zu vollbringen. (...) Zwei widersprechende Kräfte sind dabei in Einklang zu bringen. Auf der einen Seite müssen wir wissen, was unsere Ideale sind, und müssen doch noch die Schmiegsamkeit haben, uns anzupassen an das, was weit abstehen wird von unseren Idealen. Wie diese zwei Kräfte in Einklang zu bringen sind, das wird schwierig sein für jeden einzelnen von Ihnen. Das wird nur zu erreichen sein, wenn jeder seine volle Persönlichkeit einsetzt."* Retrospektiv äußerte Steiner (GA 305: 132f., Ausl. ie): *„Selbstverständlich mußten die Schulbehörden das-*

jenige, was in den anderen Schulen geleistet wird, als eine Art Ideal ansehen. Sie sagen zwar immer: das Ideal kann man nicht erreichen, man kann nur das Möglichste tun, die Lebenspraxis fordert das oder jenes. Aber gerade in der Praxis, wenn man mit ihnen zu tun hat, dann sehen sie doch alles dasjenige, was schon eingerichtet ist von seiten der Staatsbehörden oder der entsprechenden Behörden, als etwas außerordentlich Gutes an, und dasjenige, was so eingerichtet wird wie die Waldorfschule, für eine Art Schrulle, für etwas, was man macht, wenn man nicht ganz besonnen ist unter dem Hute! ... Man läßt manchmal solch eine Schrulle gewähren, weil man sich sagt: Na, das wird sich schon zeigen, was es ist. – Aber immerhin, man muß auch damit rechnen (...). (...) Denn in keinem Punkte wird in der Waldorfschule irgend etwas angestrebt, was unpraktisch ist, sondern überall in jedem Punkte wird durch diese Schrulle zu verwirklichen versucht dasjenige, was wirklich lebenspraktisch ist." Dieser Zwiespalt zwischen Ideal und Realität bedingte unweigerlich ein besonderes Engagement der gesamten Schulgemeinschaft.

In Kombination mit der Eigeninitiative forderte Steiner von allen Beteiligten als grundlegende Bedingung für die kollegiale Selbstverwaltung das eigenständige Denken und somit die geistige Produktivität bzw. die schöpferische Bewusstseinsanstrengung, denn *„Anthroposophie bleibt nicht Gedankengut, sondern wird in der Art des Handelns wirksam"* (Dietz 1996: 60), sodass nicht das Lehren oder das Verwalten des Gelehrten angestrebt wird. Demgemäß können aus dieser nach Steiner (GA 259: 341, Ausl. ie) auch keine Gewohnheiten oder überdauernde Handlungsanweisungen abgeleitet werden: *„Sobald man in der Anthroposophie so lebt, daß man die Dinge, die man erlebt, wie aus einer Gewohnheit heraus erlebt, so ist dieses etwas sehr Schlimmes. Anthroposophie ist ja etwas, was eigentlich jeden Tag aufs neue erworben werden muß; anders kann man Anthroposophie nicht haben. Man kann nicht bloß sich erinnern an das, was man sich auch einmal zurechtgelegt hat. (...). Denn Anthroposophie darf nicht zur Gewohnheit werden."* Nach Steiner lähmen Regelwerke und Theorien die Eigeninitiative und führen zur Passivität und verhindern zugleich ein geistig produktives Denken (vgl. Kap. 6.1.1.4). *„Nicht erst in abstraktes Planen auszubrechen und dieses dann auszuführen, sondern die Dinge nach und nach konkret zu entwickeln. Denn was mit theoretischen*

Planungsverhalten beginnt, bleibt letztlich leicht ungetan" (Dietz 1996: 44). Steiner sah das Handeln als eine Verantwortung des freien Menschen an, denn *„ein wesentlicher Teil der mit der Freiheit gegebenen Verantwortung besteht darin, tatsächlich zu Taten zu kommen"* (ebd.: 43). In diesem Sinne kritisierte er teilweise die lethargische Tatenlosigkeit seiner Zuhörer und bemängelte die passive Haltung der verantwortlichen Personen sowie die Nichtausführung von erbetenen und dargebotenen Ratschlägen: *„Die Tatenlosigkeit ist fortgesetzt worden. Das erste war, daß ich von einem jungen Mann überallen worden bin, der mir gesagt hat, (...) daß, mit Ausnahme einer Unterredung ..., nichts wirklich geschehen sei. Ich werde noch einmal herkommen, weil ich erwarte, daß wenigstens die erste Tat getan wird: der Aufruf. (...) Es ist nicht die Gesinnung dazu vorhanden, daß etwas Fruchtbares gemacht wird. Wenn man der Meinung ist, daß überhaupt etwas gemacht werden soll, so weiß ich nicht, warum nicht wenigstens der erste Ansatz dazu gemacht wird"* (Steiner GA 259: 259, Ausl. ie). In der kollegialen Selbstverwaltung ist so jeder Beteiligte aufgefordert, sich proaktiv mit seinen geistigen Beiträgen einzubringen, denn das Prinzip lebt von der dialogischen Mitteilung des Wissens und des Erlernten sowie der Ansichten und Standpunkte des Einzelnen. Zugleich bedarf dieses eines allseitigen Willens zur Tatkraft und somit zur konkreten Umsetzung der schöpferischen Ideen und deren Weiterentwicklung im praktischen Tun.

6.2.1.3 Verantwortungsauthentizität

Trotz absenter Führungsinstanz und lediglich informeller Bezüge herrschte in der ersten Waldorfschule keine Verantwortungslosigkeit vor. Steiner hat *„(...) durch sein Verhalten keinen Zweifel daran aufkommen lassen, daß die individuelle Freiheit eine soziale Kehrseite hat, die Verantwortung"* (Dietz 1996: 8, Ausl. ie). Strukturelle Freiheit und und die Ermöglichung der Selbstführung bedeuteten in gleichem Maße (Selbst-)Verantwortung. *„In einer wirklichen Lehrerrepublik werden wir nicht hinter uns haben Ruhekissen, Verordnungen, die vom Rektorat kommen, sondern wir müssen hineintragen (in uns tragen?) dasjenige, was uns die Möglichkeit gibt, was jedem von uns die volle Verantwortung gibt für das, was wir zu tun haben. Jeder muß selbst voll ver-*

antwortlich sein", so Steiner (GA 300: 7). Direktiven durch ein Rektorat verstand Steiner insofern als „Ruhekissen", als dass diese eine Handlungsausführung ohne die Übernahme von Verantwortung bezweckten, da diese eine reine Befolgung von Anweisungen ohne geistige Vorwegnahme der Handlungskonsequenzen ermöglichten. Jedoch war nach dem Prinzip kollegialer Selbstverwaltung *„die Auslagerung von Verantwortung für Leistung und Versagen ... nicht* [mehr] *zu externalisieren. Die Lehrerschaft stand vor Schülern und Eltern vollverantwortlich für alle ihre Entscheidungen und Leistungen"* (Götte 2006: 217, Ausl. u. Erg. ie), die aus ihrer eigenen sachlichen Erkenntnis entsprangen. Im Zusammenhang mit einer erforderlichen Verantwortungsbereitschaft äußerte Steiner (GA 300: 740) bezüglich der Aufnahme von Schülern: *„Wir haben beschlossen, dass dies dem Verwaltungskollegium zufällt. Wenn die ganze Sache einen Sinn haben soll, so darf diese wichtige Sache nicht diesem Verwaltungskollegium entzogen werden. Die bürokratische Denkweise muss heraus. Wenn Sie denken, dass die ganz wichtigen Verhandlungen mit den Eltern dem Verwaltungskollegium entzogen werden sollten, dann denken Sie bürokratisch. Es muss von Anfang an das Verwaltungskollegium beteiligt sein, von Anfang an bei der Aufnahme des Schülers. Das Verwaltungskollegium muss sich bewusst sein, dass es sich nicht nach und nach von den Pflichten drücken kann."*

Die freiheitliche Zusammenarbeit war somit *„... verbunden mit der strikten Forderung nach Eigenverantwortung der Tätigen für ihr Arbeitsgebiet (...). Dadurch kann die hier gemeinte Freiheit nicht mit Beliebigkeit verwechselt werden"* (Dietz 1996: 76, Ausl. ie). Selbstverantwortung bestand nicht nur für fachlich-pädagogische Aufgaben, sondern ebenso für in diesem Kontext anfallende Verwaltungs- respektive Führungsaufgaben: *„So wie der Lehrer in der Führung seiner Klasse und in der Gestaltung des Unterrichts autonom und voll verantwortlich ist, so muss auch in der Verwaltung und Führung der Schule Verantwortlichkeit eines Einzelnen bei den verschiedenen Aufgaben herrschen"* (Wienert 2003: 41). Weil bei einer solchen freiheitlichen Arbeitsweise die jeweiligen Aufgaben vom Einzelnen ganzheitlich ergriffen werden, schließt folglich *„... der Gedanke der Selbstverwaltung (...) den anderen der Selbstverantwortung ein"* (Leber 1974: 148, Ausl. ie).

Demgemäß löst sich in der kollegialen Selbstverwaltung die Verantwortung für ein Handlungsresultat nicht zuordnungsfrei im Kollektiv auf, sondern steht in einer konkreten Relation zum Handlungsträger, sodass ein unmittelbarer Bezug von Selbsthandlung und Selbstverantwortung entsteht, denn „*die einzelne Leistung wird von demjenigen, der sie erbringt, verantwortet*" (ebd.). Das bedeutet, dass Idee und Handeln bzw. Willensbildung und -ausführung aus ein und derselben Quelle stammen und somit einen authentischen Bezug aufweisen. „*Es wäre eine sinnwidrige Verkehrung, wenn grundsätzlich die Leistung von der Verantwortung getrennt würde; dieser Fall träte aber ein, wenn innerhalb der pädagogischen und personalen Zusammenhänge die Entscheidung nicht bei den ausübenden Lehrern läge. Nur wer Leistungen erbringt, kann sie verantworten*" (ebd.). Steiner erläuterte dieses Prinzip unter dem Stichwort der „Sachlichkeit" (vgl. Kap. 6.2.2.3), nach dem in einer Gemeinschaft anfallende Aufgaben von demjenigen auszuführen sind, der auf dem jeweiligen Gebiet den entsprechenden Sachverstand besitzt. In diesem Sinne legitimierte er die staatsunabhängige Selbstverwaltung des Geisteslebens durch die in diesem tätigen „Experten". So sollten Willensbildung (z. B. Lehrpläne) und Willensausführung (z. B. Unterricht) denselben Ursprung aufweisen (Ganzheitlichkeit), weil diese in einem unmittelbaren Entstehungsverhältnis stünden. Durch diese Authentizität der Verantwortungszuordnung werde das Tun eines jeden mit sinnvollen Bezügen versehen. Dadurch, dass der Einzelne die Konsequenzen seiner Handlungen selbst trägt und diese im Vorfeld abschätzen muss, erfahre er eine ganzheitliche Sinnhaftigkeit in seiner Tätigkeit. Auf diese Weise ergibt sich schließlich auf natürlich-sachlichem Weg eine „Verantwortungshierarchie" (vgl. Brater/Maurus 1999: 65). Eine Verantwortungsübernahme für eine Handlung setzt nach Steiner jedoch voraus, dass die zugrundeliegenden Entscheidungen und Handlungen aus eigener Einsicht erfolgen und vollbewusst vertreten werden können (vgl. Altehage 1997: 618). Handlungsentscheidungen werden – wie bereits in den Kapiteln 6.1.1.4 und 6.2.1.1 erläutert – dann als eigene empfunden, wenn diese mittels der Ermöglichung zur Selbstführung aus freiem Willen entstehen. Der frei denkende und sich selbstführende Mensch kann so als eine notwendige Prämisse für die Übernahme von Selbstverantwortung betrachtet werden und Selbstverantwortung zugleich als eine unabdingbare Konsequenz eben dieser Freiheit. In der kollegialen Selbstverwaltung liegen die Zuständigkeit für die jeweilige Tätigkeit und die Verantwortung für das eigene Handeln so zunächst bei den jeweils Betroffenen. *„Es liegt in der Gesetzlichkeit der Schule, (...) daß die einzelne Tätigkeit innerhalb des freien Schulwesens so verstanden wird, als ob sie lediglich in individueller Verantwortung bestünde"* (Leber 1974: 139, Ausl. ie). Doch stehen die einzelnen Selbstverantwortungen nicht isoliert nebeneinander, denn *„(...) die Gesamtheit aller Handlungen, worin die Einzelleistung einbegriffen ist, wird von den Entscheidungsorganen der Institution verantwortet"* (ebd., Ausl. ie). In der ersten Waldorfschule hatte so jeder Lehrer im Rahmen der Konferenzen seine individuellen pädagogischen Handlungen vor der organisationalen Gesamtheit zu legitimieren, während die Konferenz als Gremium wiederum das pädagogische Gesamthandeln nach außen vertrat. *„Sie verantwortet nach außen das Handeln der Schule, wie ihr gegenüber der einzelne Lehrer sein Tun verantwortet"* (ebd.: 148), denn die Schule kann als ein Handlungsgefüge verstanden werden, das die Summe aller Einzelleistungen und -fähigkeiten verbindet. *„Dort, wo die Einzelleistung sich mit anderen zu einer gesamten zusammenschließt, bleibt sie als Gesamtleistung gleichfalls von denen, die sie erbringen, verantwortet"* (ebd., Ausl. ie), sodass die persönliche Selbstverantwortung einen Teil der organisationalen Gesamtverantwortung darstellt, *„denn sonst besteht die Gefahr, daß jegliche Verantwortung diffus wird und die Schule als Institution zerfällt, also das Organisationsziel, möglichst auf Dauer ein Bildungsangebot zu erbringen, wegfällt"* (ebd.: 139). Dies bedeutet jedoch nicht, dass die Verwaltung bzw. Führung einer selbstverwalteten Organisation auf der Basis einer rein kollektiven Verantwortung aufgebaut werden kann, denn *„Kollektive können keine Verantwortung übernehmen"* (Wienert 2003). Vielmehr finden hierbei Steiners Prinzipien der Individualität und Sozialität Berücksichtigung, in deren Sinne der Mensch zwar als Teil eines Ganzen betrachtet wird, der sich wiederum in ein Ganzes eingliedert, jedoch zugleich selbst ein Ganzes darstellt (vgl. Kap. 6.2.4.1). Demgemäß übernimmt der Einzelne für seine Handlungskonsequenzen volle Verantwortung. Indem dieser hierfür das Vertrauen des Kollegiums erhält, werden seine Handlungen in die Gemeinschaft eingebettet, sodass die Organisation als Gesamtgefüge der Einzelhandlungen nach außen geschlossen auftreten kann.

6.2.2 Systematische Mitgestaltung mittels regelmäßiger Konferenzen

6.2.2.1 Paritätische Mitwirkung

In der kollegialen Selbstverwaltung wird den Lehrern „(...) die Gesamtverantwortung für die Unterrichts- und Erziehungsarbeit sowie die Verwaltung der Schule übertragen.." (Kugler 1981: 100, Ausl. ie) und zugleich ein Handlungsraum geboten, in welchem „(...) der einzelne in seinem Arbeitsbereich schöpferisch, verändernd, innovierend nicht nur im Erziehungsprozeß, sondern auch – durch seine Mitwirkung – in der Verwaltung wirken kann" (Leber 1974: 116, Ausl. ie). Aufgrund dieser paritätischen Mitwirkung aller an der Gestaltung und Führung des Gesamtorganismus' und der Übernahme der daraus resultierenden Verantwortlichkeiten bedarf es ebenso einer Möglichkeit der Mitsprache und Mitbestimmung aller (vgl. Baum/Bondorf 2010: 142ff.; Götte 2006: 208ff.; Harslem 2001: 209ff.; Idel/Baum/Bondorf 2012: 141ff.). Wenn die Schule zu einer Angelegenheit des gesamten Kollegiums wird, dann ist auch „(...) jedes Mitglied berechtigt und verpflichtet, über alle die Schule innerlich und äußerlich betreffenden Angelegenheiten informiert zu sein, und es hat ebenso das Recht und die Pflicht, an der gemeinsamen Aufsichtsbildung über die zu fassenden Maßnahmen für die Verwaltung der Schule – im Ganzen und in den Einzelheiten – mitzuwirken" (Lehrs 1988: 36f., Ausl. ie).

Ausgehend von dieser Intention entwickelte sich in der ersten Waldorfschule bereits nach einigen Tagen der Praxis der Vorschlag aus dem Kollegium zur Einrichtung von gemeinsamen Konferenzen: „Wir wollen jede Woche eine Zusammenkunft machen zur Besprechung pädagogischer Fragen, so dass das, was der Einzelne sich erarbeitet, den anderen zugute kommt" (Steiner GA 300: 32). Steiner (ebd.) affirmierte diese Idee: „Das kann sehr gut geschehen. Das ist etwas, was mit Freude zu begrüßen wäre. Recht republikanisch müsste es gehalten werden." Dieser Impuls aus der Lehrerschaft kann als die Geburtsstunde der konferierenden Abstimmung in der kollegialen Selbstverwaltung betrachtet werden, die somit aus einer praktischen Notwendigkeit entstand. So war es nicht Steiner, „(...) der diese für alle Waldorfschulen heute typische Einrichtung ins Leben rief, sondern das Kollegium selbst" (Götte 2006: 212, Ausl. ie). Aus diesen Anfängen konstituierte sich sukzessiv ein umfassendes und für die kollegial selbstverwaltende Zusammenarbeit grundlegendes Konferenzsystem, das das formell organisierte Informations-, Kommunikations- und Beschlusswesen substituierte, sodass Entscheidungen „(...) allein durch wechselseitige Verständigung herbeigeführt" (Leber 1974: 122, Ausl. ie) wurden. Hierzu Götte (2006: 216f.): „So war eine wesentliche Bedingung für die Funktionsfähigkeit einer sich selbst verwaltenden Organisation geschaffen: interne formelle Kommunikation des Systems. Da hier sowohl pädagogische als auch verwaltungstechnische Agenda behandelt wurden, konnte sich die Schule zum einen ihrer geistigen Identität versichern und diese in einem permanenten Kommunikationsprozess stabilisieren und entwickeln. Entscheidungen konnten in fortlaufender Diskussion vorbereitet und schließlich abgedeckt durch die Zustimmung des ganzen Kollegiums getroffen werden, womit die Identifikation der Mitglieder des Kollegiums mit diesen gesichert war."

Von der Begründung der ersten Konferenz an betonte Steiner (GA 300: 14) insbesondere deren Aspekt des hierarchiefreien Austauschs sowie das gleichwertige Mitwirken aller: „Konferenzen sind freie republikanische Unterredungen. Jeder ist darin ein Souverän." Status und Tätigkeit der Teilnehmenden sollten keine Unterschiede aufweisen, vielmehr sollte sich jeder gleichberechtigt an den Diskussionen beteiligen und sich mit der individuellen Initiative einbringen können. Demgemäß sollte „... das freie Gespräch, der Gedankenaustausch, die Verständigung, Vereinbarung und Übereinkunft das herrschaftsfreie Medium sein, in dem die ‚Gleichen' sich begegnen" (Leber 1974: 59, Ausl. ie). Prinzipiell wurde keine Überstimmung der Minderheit (Majoritätsentscheidung), sondern der freie Austausch auf Augenhöhe fokussiert. Steiner (GA 300: 718, Ausl. ie) sorgte konsequent für ein Bewahren dieser angedachten Gleichstellung der Beteiligten: „Hier in der Konferenz und in der ganzen Verwaltung der Waldorfschule gibt es nur Lehrer der Waldorfschule, und die Schwierigkeiten tauchen nur auf wegen der üblichen demokratischen Verfassung der Schule. Aber natürlich treten Schwierigkeiten auf. Ich wende mich dagegen, wenn im

Kollegium das Wort gebraucht wird: erste und zweite Verantwortlichkeit. Es würde das der Anfang von schlimmen Dingen sein können (...). Diese Dinge sind etwas, was streng ausgeschlossen sein muss." Im Rahmen der Zusammenarbeit in der kollegialen Selbstverwaltung sollen Konferenzen somit den Ort und erforderlichen Raum für die Entstehung und Pflege informeller Beziehungsstrukturen und für das Abstimmen von Vereinbarungen als Resultate von hierarchiefreien Dialogen bieten (vgl. Kap. 6.1.4.1).

Die gemeinsame Arbeit in den Konferenzen und damit die persönliche Zusammenkunft der Kollegen wurde in der Folgezeit von Steiner (GA 300: 634) in besonderem Maße fokussiert: *„Die Lehrer sollten möglichst Gelegenheit haben, sich zu finden in den Konferenzen. Das ist etwas Wichtiges."* Denn dieser Aspekt bildete die innere Basis der Waldorfschule und füllte die über dieser stehenden Verfassung mit realem Leben aus. *„Und keine Schule lebt, in der nicht in dieser Weise die Konferenz, die Versammlung der Lehrer von Zeit zu Zeit das Allerwichtigste ist"*, so Steiner (GA 311: 122). Dabei betrachtete Steiner (GA 300: 1207f., Ausl. ie) nicht nur die inhaltliche Komponente der Konferenzen als fundamental, sondern darüber hinaus auch die Einstellung, das Interesse und das Engagement des Einzelnen zur schöpferischen Mitwirkung und Mitgestaltung in den Konferenzen: *„Es ist nicht umsonst, dass ich bei jeder Gelegenheit betone, dass wir auf allen Gebieten nicht vorwärtskommen ohne Enthusiasmus, ohne innere Beweglichkeit. (...) Aber diesen Enthusiasmus, den sehe ich nicht; ich kann nicht finden, dass Mühe gegeben wird, ihn wirklich hervorzuzaubern. ... Wenn ich so alles ausführen könnte, was sich mir aufdrängt, so würde ich zum Beispiel nach einer Lehrerkonferenz probieren, auf wie viel Stühlen Pech klebt, wenn die Lehrerkonferenz zu Ende ist. Es kommt mir vor, Sie kleben auf Ihren Sitzen, Sie sind müde. Ein Mensch kann doch nicht müde sein, wenn er im Geiste leben soll. Müde sein ist doch eine Sache der Interesselosigkeit."* Jedem kam somit die Aufgabe und Verantwortung zu, für fruchtbare Zusammenkünfte in den Konferenzen zu sorgen. Anstelle geäußerter Kritik sollten konstruktive Beiträge erfolgen: *„Ist es nicht so, wie es bei allen solchen Dingen ist, dass eigentlich derjenige, der unzufrieden ist mit den Zusammenkünften oder was immer, viel dazu beitragen kann, sie besser zu machen, indem er persönlich in der Konferenz selbst sich bemüht,* *es besser zu machen? Wenn die Konferenz zu hässlich erscheint, können Sie sich nicht bemühen, sie möglichst schön zu machen? Wenn Sie also selber bemerken, dass es Ihnen schwer wird, dass Sie etwas abschütteln müssen nach der Konferenz, so wird die Sache besser, wenn Sie sich so verhalten, dass die anderen sich wohlfühlen, wenn sie weggehen. Bei der nächsten Konferenz werden Sie sich auch wohlfühlen. Man sollte von den Konferenzen nichts verlangen, sondern mehr die Meinung haben, man sollte geben. Die Kritik an solchen Dingen ist nicht das Fruchtbare, sondern die Versuche, die Sache in sich selbst zu verbessern"*, so Steiner (ebd.: 779).

6.2.2.2 Konferenz als zentrales Element

Zur Gewährleistung der Handlungsfähigkeit der kollegial selbstverwalteten Waldorfschule etablierten sich schließlich regelmäßig stattfindende Konferenzen. In Analogie zu einem lebendigen Organismus (wie der eines Menschen) verstand Steiner (GA 305: 133f., Ausl. ie) die Lehrerkonferenz einerseits als das „Herzstück" der Schule: *„Und deshalb ist das Herz der Waldorfschule, wenn ich von ihrer Organisation spreche, die Lehrerkonferenz, es sind die Lehrerkonferenzen, die von Zeit zu Zeit immer abgehalten werden. (...) Da wird wirklich bis ins Einzelnste hinein alles vor der gesamten Lehrerschaft verhandelt über die gesamte Schule, was der einzelne Lehrer in seiner Klasse an Erfahrungen machen kann. So daß fortwährend diese Lehrerkonferenzen die Tendenz haben, die Schule so als einen ganzen Organismus zu gestalten, wie der menschliche Leib ein Organismus ist dadurch, daß er ein Herz hat."* Die Konferenzen als Zusammenkünfte des Lehrerkollegiums übernahmen somit metaphorisch die Organfunktion eines Herzes. Wie das Blut des menschlichen Körpers flossen hier die Erfahrungen und das Wissen der Lehrer zusammen, wurden durch den gegenseitigen Austausch mit Erkenntnissen angereichert (wie das Blut mit Sauerstoff), strömten von dort aus wieder in den gesamten Schulorganismus und belebten und „verlebendigten" diesen. *„So werden die Lehrerkonferenzen zu dem lebendigen Lebensblut, das den Organismus ‚Schule' durchziehen muß"* (ebd. GA 306: 171), und *„so gestaltet sich das Lehrerkollegium wirklich zu einem Zentralorgan, von dem das ganze Blut der Unterrichtspraxis ausgehen kann, und der Lehrer hält sich dadurch frisch und* *lebendig. (...) Denn das muß ja der Lehrer gerade erstreben: seelisch und geistig jung zu bleiben. Das kann aber nur dann geschehen, wenn ein wirklich geistig-seelisches Lebensblut zu einem Zentralorgan hinfließt, wie das menschliche Blut zum Herzen und von da wiederum ausfließt. Das ist konzentriert als ein geistig-seelisches Kräftesystem in demjenigen, was gesucht wird in der Waldorfschule als das Leben in den Lehrerkonferenzen (...)"* (ebd. GA 307: 241f., Ausl. ie).

Andererseits stellte Steiner (GA 306: 162, Ausl. ie) heraus, *„(...) daß im wirklichen Sinne die Lehrerkonferenz zum Geist und zur Seele des ganzen Schulorganismus werde"* und diesem somit eine Art persönliche Identität verleihen sollte (Animismus; vgl. Kap. 6.1.1.5). *„Die Schule ist ein Organismus, die Lehrerkonferenz die Seele (...)"*, so Steiner (GA 304a: 181, Ausl. ie). Er bezeichnete in diesem Kontext die Schule als ein *„organisch Beseeltes"* (ebd. GA 306: 160). Die Seele könne als jenes Glied eines Organismus' verstanden werden, das dessen leibliche und geistige Existenz miteinander verbindet – in dem Sinne, wie in der Waldorfschule die schöpferischen Ideen und der praktische Unterricht verknüpft werden sollten. *„So liegt gerade bei dem Unterrichtssystem, dem Erziehungssystem, das in der Waldorfschule gepflegt wird, der Schwerpunkt im Lehrerkollegium und in den Beratungen des Lehrerkollegiums, weil die ganze Schule ein in sich belebter und durchgeistigter Organismus sein soll und weil mit wirklich innerem Anteil der Lehrer der 1. Klasse verfolgen soll dasjenige, was der Physiklehrer der 12. Klasse nicht nur macht in seiner Klasse, sondern an den Schülern erfährt und erlebt. Das strömt alles in der Lehrerkonferenz zusammen. Da strömen aber auch durcheinander alle die Ratschläge, die sich aus der gesamten Handhabung des Unterrichts ergeben. Es wird wirklich versucht, in der Lehrerkonferenz etwas zu haben wie die Seele des ganzen Schulorganismus"* (ebd.: 148f.). Nach Steiner (vgl. ebd.: 201) erfüllt die Seele den gesamten Organismus bis in die äußersten peripherischen Teile und befindet sich schließlich in allem Körperlichen, sodass *„(...) die Seele alles Unterrichtens und Erziehens in der Waldorfschule zunächst die Lehrerkonferenz ist (...). (...) Diese Lehrerkonferenzen befassen sich nun nicht bloß mit demjenigen, was äußere Schuleinrichtungen sind, etwa mit der Abfassung des Lehrplanes, mit der Gliederung der Klassen und so weiter, sondern sie* *befassen sich in einer eingehenden Weise mit dem ganzen Leben der Schule und mit allem, was dieses Leben der Schule beseelen soll"* (ebd. GA 310: 86, Ausl. ie). Leber (1974: 130f.) führt hierzu weiter aus: *„Der Begriff Seele des Schulorganismus kennzeichnet bildhaft die Funktion der Konferenzen als Bindeglied zwischen Zielsetzung und Handlung, zwischen Umwelt und reinem pädagogischen Binnenraum, zwischen Persönlichkeit und Sozialität. Es ist die Konferenz ein Mittlerorgan: Wie die Seele durch das Gedächtnis zwischen Augenblick und Dauer Kontinuität in den Handlungen ermöglicht, eine Bewahrung und Durchdringung der vielfältigen Wahrnehmungen schafft, so auch die Konferenz eine Abklärung und Verständigung zwischen den vielfältigen Strebungen im Schulorganismus."*

Sowohl im Sinne eines Herzens als auch im Sinne einer Seele können Konferenzen als *„Kern der kollegialen Schulführung"* (Robert 1999: 141) respektive als zentrale Institution (zentrales Verwaltungs- bzw. Führungsorgan) verstanden werden, in der sich die Ergebnisse der eigenständigen Funktionen der organismischen Bestandteile zentrieren und so die Einheitlichkeit des Gesamtorganismus' ermöglichen. *„Nun habe ich schon .. angedeutet, daß die wesentlichsten Grundbedingungen für die richtige Führung einer solchen Schule darin liegen, daß das Lehrerkollegium wie die Seele und der Geist, aber einheitlich, wirkt auf den ganzen Schulorganismus"*, so Steiner (GA 306: 159, Ausl. ie). Die einheitliche Ausrichtung der Einzeltätigkeiten sollte dadurch geschehen, dass etwaige Einzelerfahrungen in die Konferenzen eingebracht und den anderen zugänglich werden, *„so daß das Lehrerkollegium wirklich innerlich geistig-seelisch ein Ganzes ist, daß jeder weiß, was der andere macht, was der andere für Erfahrungen gemacht hat, inwiefern der andere weitergekommen ist durch dasjenige, was er in der Klasse mit den Kindern erlebt hat"* (ebd. GA 307: 241). Die Konferenzen fungierten so als eine Art gemeinsames Gedächtnis des Organismus'. *„Und diese Dinge, die der einzelne weiß, die werden auf einem ganz anderen Gebiet bei den anderen fruchtbar. Da kennt, möchte ich sagen, der Lehrkörper deshalb, weil er eine Einheit ist, auch die ganze Schule als eine Einheit. (...) Da erfährt man auch, wie der eine Unterricht, den der eine Lehrer erteilt, auf den anderen Unterricht, den der andere Lehrer erteilt, im besonderen wirkt. Gerade so wenig wie es im Menschenorganismus gleichgültig* ist, ob der Magen in der richtigen Weise auf den Kopf abgestimmt ist oder nicht, so ist es in einer Schule nicht gleichgültig, ob die Unterrichtsstunde von 9 bis 10 Uhr in der 3. Klasse in der richtigen Weise entspricht der Unterrichtsstunde von 11 bis 12 Uhr in der 8. Klasse", so Steiner (GA 306: 149, Ausl. ie). Indem Konferenzen in der kollegialen Selbstverwaltung für die Abstimmung der Einzelhandlungen der Organisationsmitglieder und deren einheitlichen Ausrichtung sorgten, bewahrten diese zugleich die dynamische Lebendigkeit des gesamten Systems. Dementsprechend wies Steiner (GA 300: 525) den Konferenzen eine umfassende Bedeutung für das Funktionieren einer selbstverwalteten Zusammenarbeit zu: *„Hier in der Konferenz muss wirklich alles besprochen werden."*

6.2.2.3 Ganzheitlichkeit und Sinnhaftigkeit

Steiner plädierte – im Kontext seiner Idee der sozialen Dreigliederung und somit auf der Ebene des gesellschaftlichen Ordnungssystems – für eine Selbstverwaltung des Geisteslebens (vgl. Kap. 7.1.1). Dabei sollte – wie dargelegt – das Geistesleben durch diejenigen Gesellschaftsmitglieder formiert und organisiert werden, die auch in diesem handeln. *„Die soziale Gliederung der am Unterrichtswesen beteiligten Persönlichkeiten soll von keinen anderen Mächten abhängen als nur von dem an diesem Wesen mitbeschäftigten Menschen. Die Verwaltung der Unterrichtsanstalten, die Einrichtung der Lehrgänge und Lehrziele soll nur von Personen besorgt werden, die zugleich lehren, oder sonst produktiv im Geistesleben sich betätigen"*, forderte Steiner (GA 24: 41f.). Die gesamte Verwaltung des Schulwesens sollte autonom – das heißt unabhängig von Staat und Wirtschaft – auf sich selbst gestellt sein und nur durch praktizierende Lehrer determiniert werden: *„Ein nicht ausübender Pädagoge ist in der Schulverwaltung ein Fremdkörper wie ein nicht künstlerisch Schaffender, dem obliegen würde, künstlerisch Schaffenden die Richtung vorzuzeichnen. Das Wesen der pädagogischen Kunst fordert, dass die Lehrerschaft sich teilt zwischen Erziehen und Unterrichten und der Verwaltung des Schulwesens. Dadurch wird in der Verwaltung voll walten der Gesamtgeist, der sich aus der geistigen Haltung aller einzelnen zu einer Unterrichts- und Erziehungsgemeinschaft vereinigten Lehrer gestaltet. Und es wird in dieser Gemeinschaft nur das*

Geltung haben, was aus der Seelenerkenntnis sich ergibt", so Steiner (GA 300: 861ff.). Die praktische Expertise der Lehrer sollte die pragmatische Grundlage für Entscheidungen bilden und zugleich utopische Tendenzen sowie opportunistisches Verhalten verhindern (vgl. ebd. GA 23: 6ff.). Von Steiner angestrebt war ein strikt sachliches Handeln, das er als Prinzip der *„Sachlichkeit"* (ebd.: 6) signifizierte. Darüber hinaus sollte sich das Mitwirken des Einzelnen jeweils auf dasjenige Fachgebiet begrenzen, auf welchem sich dieser durch profundes Wissen auszeichnet – oder in Steiners (ebd.) Diktion: am Prinzip der *„Fachtüchtigkeit"* bemessen: *„Das Erziehungs- und Unterrichtswesen, aus dem ja doch alles geistige Leben herauswächst, muss in die Verwaltung derer gestellt werden, die erziehen und unterrichten. In diese Verwaltung soll nichts hineinreden oder hineinregieren, was im Staate oder in der Wirtschaft tätig ist. (…) Es ist naturgemäß, dass innerhalb einer solchen Einrichtung Sachlichkeit und Fachtüchtigkeit in dem höchstmöglichen Maße wirken"* (ebd., Ausl. ie).

Aus dieser Argumentation leitete sich auf institutioneller Ebene die Legitimierung der Übertragung der Verwaltungs- bzw. Führungsaufgaben eines konventionellen Rektorenpostens auf das Lehrerkollegium ab. Denn sachliche und fachtüchtige Entscheidungen in Schulführungsfragen könnten nur diejenigen treffen, die auch auf deren ausführender Ebene des Unterrichtens tätig sind. *„(…) Die Verwaltungsorganisation* [darf] *nicht von der Lehrtätigkeit als wesensfremd oder ineffizient abgelöst werden"* (Leber 1974: 40, Ausl. u. Erg. ie), denn diese entsteht im Kontext des pädagogischen Handelns. Dazu Steiner (GA 23: 6, Ausl. ie): *„Jeder Unterrichtende hat für das Unterrichten nur so viel Zeit aufzuwenden, dass er auch noch ein Verwaltender auf seinem Gebiete sein kann. Er wird dadurch die Verwaltung so besorgen, wie er die Erziehung und den Unterricht selbst besorgt. Niemand gibt Vorschriften, der nicht gleichzeitig selbst im lebendigen Unterrichten und Erziehen drinnen steht. (…) Was im Unterricht ganz unmittelbar erfahren wird, das fließt auch in die Verwaltung ein."* Nach Steiner gehören somit fachlich-inhaltliche Arbeit und Verwaltungs- bzw. Führungstätigkeiten untrennbar zusammen und bilden zusammengenommen eine sinnvolle Gesamttätigkeit. *„Wer mit Verwaltungsaufgaben bekannt wird – und das ist innerhalb der Kollegialordnung jeder –, bindet sich in eine Wirklichkeit ein, die von Sachgesetzen bestimmt wird wie nur irgendein anderer Teil* *gesellschaftlichen Lebens*" (ebd.). Für die kollegiale Selbstverwaltung ergab sich daraus eine ganzheitlich ausgerichtete Arbeit – von der dispositiven Tätigkeit bis zur operativen Ausführung, über die Reflexion und Evaluation bis zum erneuten Versuch. Dadurch erhielt der Einzelne einen Blick und ein Bewusstsein für das Organisationsganze und damit auch für die in dessen Kontext zu erfüllenden Herausforderungen und Handlungsbedarfe. *„Aus der fortlaufenden Arbeit innerhalb der Konferenzen erhellt sich für das Bewußtsein – wenn die Tätigkeit reflektiert wird –, welche Aufgaben und Funktionen im Gesamtzusammenhang der Schule und ihrer Verwaltung der Konferenzarbeit zukommen"* (Leber 1974: 117). Darüber hinaus wurden die Konsequenzen des eigenen Handelns unmittelbar sicht- und erfahrbar (Selbstverantwortung; vgl. Kap. 6.2.1.3). Aufgrund dieser Ganzheitlichkeit der Aufgabe, des hieraus resultierenden Verständnisses für die Gesamtorgansiation sowie der erkennbaren Notwendigkeit des eigenen Tuns für das Erreichen des Gesamtziels konnte sich schließlich eine Wahrnehmung der Sinnhaftigkeit des individuell erbrachten Arbeitsbeitrags einstellen.

Zur Verdeutlichung der Untrennbarkeit von fachlicher und verwaltender Arbeit verwendete Steiner wiederum eine Analogie zum menschlichen Organismus (vgl. Kap. 6.1.1.2). Die Funktion eines Organismus' (und damit auch des Schulorganismus') stelle keine Aneinanderreihung von Einzelhandlungen dar, sondern sei ein in sich verwobenes Gebilde, bei dem jedes Element in korrespondierender Wechselwirkung mit den anderen Elementen stehe. Werde ein Detail geändert, so habe dies Auswirkungen auf den gesamten Organismus. *„Da kann man es oftmals erfahren, daß Laien, da wo es gestattet ist, in der Medizin irgendwelche Menschen behandeln. Laien haben sich dann ein gewisses Maß von eben laienhaftem Wissen angeeignet. Nun sagt ein solcher Laie von einem Patienten: Ja, dessen Herz ist nicht normal. – Das kann sogar richtig sein, aber es folgt daraus noch nicht, daß man dieses Herz normal machen soll. Denn derjenige, der dieses Herz hat, der kann seinen ganzen Organismus gerade auf dieses, einer abstrakten Normalität etwas widersprechende Herz gebaut haben. Versucht man dann, sein Herz normal zu gestalten, so paßt dieses Herz nicht zum Organismus. Man muß es so lassen, wie es ist, und muß, wenn die Krankheitszustände zutage treten, trotz der not-*

wendigen Abnormität des Herzens, den ganzen Gang der Therapie eben anders einrichten, als daß man abstrakt auf das Herz losmarschiert mit seinen Arzneien", so Steiner (GA 306: 149f.). Pädagogische und Verwaltungs- bzw. Führungsaufgaben könnten – analog zu organischen Symptomen – nicht durch standardisierte Lösungsmuster (Verordnungen) von außen und ohne den Einblick in die spezifischen Wirkungszusammenhänge reguliert werden. Vielmehr könnten die jeweiligen Eigenheiten des Organismus' nur von diesem selbst adäquat bewältigt werden. Auftretende Phänomene seien als individuelle Einzelfälle im Kontext des jeweiligen Organismus' – das heißt als in das Ganze eingebettet – zu betrachten, für die spezifische Lösungen im erforschenden Handeln gefunden werden müssten. Dazu Steiner (ebd.: 160) exemplarisch: *"Man muß also die Möglichkeit herbeiführen, daß eine Schulführung in der Lage ist, unter allen Verhältnissen dasjenige zur Anwendung zu bringen, was man eben als die richtigen Impulse ansieht. Aber es stellt sich durchaus heraus, daß eine Klasse, wo mehr Mädchen sind, ein ganz anderes psychisches Gebilde ist, als eine Klasse, wo mehr Knaben als Mädchen sind. Dabei kann man ganz absehen von äußeren Verhältnissen, die da auftreten, von demjenigen also, was sich im grob Bemerkbaren abspielt. Sondern, was da eine solche Klasse zu einem besonderen psychischen Gebilde macht, das sind imponderable Impulse, die gar nicht im Äußerlichen grob bemerkbar sind, welche da wirken."* Steiner (ebd., Ausl. ie) betrachtete die Lehrerkonferenzen als Möglichkeit, *"(...) daß auch in dieser Richtung gearbeitet werde"* und somit im vollziehenden Tun und intuitiv konkrete Lösungen am Ort des Geschehens diskutiert werden. Dabei ging es nicht nur darum, den Schulorganismus in dessen Ganzheit zu verstehen, sondern auch alle darin wirkenden Einzelorganismen, insbesondere die zu unterrichtenden Kinder. *"Nun ist ja die Schule daraufhin eingerichtet, Unterricht und Erziehung zu leisten auf Grundlage von Menschenerkenntnis, das heißt aber dann, auf Grundlage der Erkenntnis der einzelnen Kinderindividualitäten. Daher bildet die Beobachtung, die psychologische Beobachtung der Kinderindividualitäten ein wesentliches Moment in der ganzen Ausgestaltung des Unterrichtes im einzelnen, im konkreten. In den Lehrerkonferenzen wird über das einzelne Kind so gesprochen, daß das Wesen der menschlichen Natur eben in jener besonderen Individualität erfaßt* zu werden versucht wird, die in einem Kinde gegeben ist", so Steiner (ebd. GA 310: 86f.). In der kollegialen Selbstverwaltung sollten demgemäß zu erfüllende Aufgaben stets in deren sinnvollen Ganzheitlichkeit gesehen werden.

6.2.3 Konferenz als dialogisches Organ und „fortlaufendes Seminar"

6.2.3.1 Information, Kommunikation und Koordination

Huber (1999: 16, Ausl. ie) erläutert verschiedene Rollenfacetten eines Schuldirektors – diese „... ergeben das Bild vom Schulleiter als Organisationsentwickler und ‚Change Agent', als Personalentwickler und Förderer, als ‚People Person' und Ansprechpartner, als Lehrer, Vorbild und ‚Lifelong Learner', als ‚Homo Polititcus', als Repräsentant und Interessenvertreter, als Vermittler und Mediator, als Verwalter und Organisator, als Finanzmann und Unternehmer (...)". Den aufgeführten Aufgabenaspekten sind insbesondere die übergreifenden Funktionen der Information, Kommunikation und Koordination inhärent und weisen einen das Gesamtgefüge organisierenden und zwischen dessen Mitgliedern vermittelnden Charakter auf. „Aber in der Freien Waldorfschule hat man weder einen Rektor, noch hat man Lehrpläne, noch hat man irgend etwas anderes dieser Art (...)", so Steiner (GA 339: 114, Ausl. ie). Die erste Waldorfschule war weitgehend von der Kultusbürokratie abgekoppelt. „Die Entwicklung des Lehrplanes, Personalentscheidungen, die Finanzverwaltung, die Erstellung des Stundenplanes, die Verteilung der Deputate und die Kontrolle über die Leistungen der Schule wurden in eigener Regie durchgeführt" (Götte 2006: 217). Die Verantwortung für eine gewissenhafte und zuverlässige Ausführung dieser Aufgaben oblag dem Kollegium selbst und wurde somit nicht aus diesem „ausgelagert" und auf die separaten Instanzen des Rektors und des Ministeriums übertragen. Die Lehrer sahen sich folglich mit neuen – und für sie zunächst fremden – Aufgaben konfrontiert. Nach Götte (ebd.: 217f., Ausl. ie) lassen sich „die Grundsätze, nach denen solche externen Leistungen nun selbst erbracht werden sollten, ... unter zwei Rubriken ordnen: erstens geht es um die Gewährleistung der Einheit durch Identifikation mit den geistigen Grundlagen der Pädagogik, zweitens um Einheitlichkeit durch strukturelle Organisation von Kollegialität".

Das Fundament für die Zielsetzung der Herstellung von Einheitlichkeit durch die „*Identifikation mit der geistigen Grundlage*" (ebd.: 217) wurde in den Einführungskursen gelegt, die Steiner vor der Eröffnung der ersten Waldorfschule abhielt (und später wiederholt anregte), um die angehenden Lehrer auf ihre Aufgabe vorzubereiten und ihnen die waldorfpädagogischen Prinzipien – die geisteswissenschaftliche Erkenntnisarbeit und die darauf basierende Methodik und Didaktik – nahezubringen (Koordinationsfunktion von Führung; vgl. Kap. 3.2). „*Ersatz für eine Rektoratsleitung wird geschaffen werden können dadurch, daß wir diesen Vorbereitungskurs einrichten und hier dasjenige arbeitend aufnehmen, was die Schule zu einer Einheit macht. Wir werden uns das Einheitliche erarbeiten durch den Kurs, wenn wir recht ernstlich arbeiten. Für den Kurs ist anzukündigen, daß er enthalten wird: erstens eine fortlaufende Auseinandersetzung über allgemein-pädagogische Fragen; zweitens eine Auseinandersetzung über speziell-methodische Fragen der wichtigsten Unterrichtsgegenstände, drittens eine Art seminaristisches Arbeiten innerhalb dessen, was unsere Lehraufgaben sein werden*", so Steiner (GA 300: 7). Vom 21. August bis zum 5. September 1919, also in einem sehr kompakten Zeitraum – oder in Strawes (1998: 7) Diktion: „*in einer Art Crash-Kurs*" – fanden so unter Steiners Leitung täglich drei vorbereitende Lehrerkurse statt (vgl. Schmelzer 1991: 239; Stockmeyer 1989: 666f.).[103] An der darin gemeinsam zu erarbeitenden geistigen Grundlage sollte sich das konkrete Einzelhandeln im Alltag ausrichten, „*denn gerade im persönlichen Verständnis eines allgemein dem Bewußtsein zugänglichen Inhaltes kann sich das Einheitliche ergeben (...)*" (Leber 1974: 129, Ausl. ie). Den zweiwöchigen Einführungskurs schloss Steiner (GA 295: 185f.) mit folgenden Worten: „*Denken Sie an manches, was ich versucht habe klarzumachen, um ein Begreifen des Menschen, namentlich des werdenden Menschen, psychologisch herbeizuführen, denken Sie an manches zurück! Und wenn Sie nicht wissen, wie Sie das eine oder andere im Unterricht vorzubringen haben, oder wann Sie es vorzubringen haben, an welcher Stelle, dann wird Ihnen überall ein Gedanke kommen können über solche Einrichtungen*

---

[103] Der erste pädagogische Kurs beinhaltete einen Vortrag über die allgemeine Menschenkunde als Grundlage der Pädagogik (vgl. GA 293), einen weiteren Vortrag über methodisch-didaktische Fragen (vgl. GA 294) und am Nachmittag pädagogische Besprechungen in seminaristischer Form (vgl. GA 295).

des Unterrichts, wenn Sie sich an das richtig erinnern, was in diesen vierzehn Tagen vorgekommen ist. Natürlich müßte vieles viele Male mehr gesagt werden, aber ich möchte ja aus Ihnen auch nicht lehrende Maschinen machen, sondern freie, selbständige Lehrpersonen. So ist auch dasjenige gehalten worden, was in den letzten vierzehn Tagen an Sie herangebracht worden ist. Die Zeit war ja so kurz, daß appelliert werden mußte im übrigen an Ihre hingebungsvolle, verständnisvolle Tätigkeit." Steiners Intention bestand somit nicht in der Erziehung der künftigen Lehrer zu nach bestimmten Vorgaben funktionierenden Lehrkörpern, sondern ihre Befähigung zu einem rein auf Menschenerkenntnis basierenden pädagogischen Handeln, welches sich aus dieser zugleich legitimiert. So sollten keine Direktiven „von oben" gelten, *„(...) sondern das Leben ist da, und es ist durchaus Rücksicht genommen auf dasjenige, was man eben bedenken muß gegenüber dem Leben",* so Steiner (GA 339: 114, Ausl. ie). Das jeweils Notwendige finde auch unter den freiheitlichen Bedingungen der kollegialen Selbstverwaltung Berücksichtigung. Und weil es das – wirklich – Notwendige darstelle, ergebe sich auf natürliche Weise eine Einheitlichkeit der individuellen Einzelhandlungen: *„Sie finden überall Freiheit, und dennoch ist in jeder Klasse der Geist darinnen, der dem Lebensalter der Kinder entspricht. Wenn Sie die Seminarkurse nehmen, so werden Sie sehen, sie lassen die größte Freiheit, und dennoch, sie stellen in die Klasse dasjenige hinein, was hineingehört. Und das eigentümliche ist, kein Lehrer hat sich je dagegen aufgelehnt. Alle nehmen den einheitlichen Geist ganz freiwillig auf. Keiner lehnt sich auf, keiner will etwas extra haben. (...) Warum lehnt sich denn kein Lehrer auf gegen den Lehrplan? (...) Jeder hält ihn für vernünftig. Er findet ihn gar nicht unvernünftig. Er findet ihn in seiner Freiheit ganz vernünftig, weil er mit demjenigen zusammenhängt, was nun wirkliche, echte Menschenerkenntnis ist. Aber gerade indem man auf diese Dinge kommt, das Schaffen des Unterrichtsstoffes aus der Phantasie heraus, sieht man, daß Freiheit in der Schule walten muß"* (ebd. GA 311: 36f., Ausl. ie). In den schließlich wöchentlich stattfindenden Konferenzen wurden unter anderem sämtliche pädagogischen Anliegen erörtert. Die Erkenntnisse, Erfahrungen und Arbeitsergebnisse des Einzelnen sollten auf diese Weise der Gemeinschaft zuteilwerden (vgl. Kap. 6.2.3.3).

Das Bestreben um Einheitlichkeit durch eine *„strukturelle Organisation von Kollegialität"* – wie es Götte (2006: 218) formuliert – wurde durch die Gültigkeit des republikanisch-demokratischen Prinzips gesichert (vgl. Kap. 6.2.4.1), nach welchem die Lehrerkonferenz, in der die Mitglieder ohne Über- und Unterordnung gleichgestellt verhandelten (vgl. Kap. 6.2.2.1) sowie Entscheidungen prinzipiell auf der Basis eines Konsens' (Prinzip der Einmütigkeit; vgl. Kap. 6.2.4.2) trafen, das zentrale Handlungsorgan der Schule darstellte (Organisationsfunktion von Führung; vgl. Kap. 3.2). Auf dieser Grundlage wurden schließlich alle weiteren schulorganisatorischen Anliegen in die Konferenzen aufgenommen. *„Erreicht wurde so, dass die Leistungen der Kultusbürokratie und der politischen Organe für das Schulsystem von dieser Schule internalisiert wurden"* (Götte 2006: 216). Neben den Fragen der Funktionsregelung, der innerorganisatorischen Gestaltung, der Lehrerberufungen und -entlassungen usw. umfassten diese auch die Selbstgestaltung der Waldorfschule, das heißt den Abstimmungsbedarf bezüglich Entscheidungen des Wandels, der Erneuerung und der Innovationen und damit der künftigen Entwicklung und Vergrößerung der Schule (vgl. Leber 1974: 118). So *„(...) gehören zur Selbstgestaltung des Kollegiums und damit zur Selbstverwaltung der schulischen Einrichtung auch jene Fragen und Anforderungen, die darüber entscheiden, wie sich die Organisation als solche einer sich wandelnden Umwelt anpaßt"* (ebd.: 147, Ausl. ie).

Die Konferenzen bildeten so schließlich ein die Rektoratsleistungen substituierendes Informations-, Kommunikations- und Koordinationsorgan sowie ein Gremium für Entscheidungsdiskurse und Beschlüsse. Jeder Lehrer war auf diese Weise gleichberechtigt an der Schulführung beteiligt. *„Somit wird das Kollegium (technisch: die Lehrerkonferenz) zur Direktiven gebenden Körperschaft"* (ebd. 1968: 9). Während jeder Einzelne autonom handelte, stellten die Konferenzen das Zentrum dar, in dem das Individuelle zu einem gemeinschaftlichen Ganzen zusammenläuft. *„In dem Organismus, (...) den eine Schule bilden soll, steht jeder einzelne organisch eingegliedert darin, und alle die verschiedenen Fäden von Tätigkeiten, welche ausgeübt werden müssen, damit der ganze Organismus der Waldorfschule lebt, laufen zusammen in den Lehrerkonferenzen, die möglichst oft stattfinden"*, so Steiner (GA 307: 240f.,

Ausl. ie). In deren Gesamtheit als sozialer Organismus funktionierte die Schule somit „(...) vom sinnvoll aufeinander bezogenen Handeln aller. Das erfordert, daß die Tätigen voneinander wissen und daß ihr Tun aufeinander abgestimmt wird. (...) Durch den Austausch der verschiedenen Informationen und durch die Abstimmung der verschiedenen Tätigkeiten bildet sich bei den Beteiligten ein Bewußtsein für die Schule als Handlungsgefüge, als einer sozialen Gestalt, in der der einzelne mit seinen Handlungen bestimmend oder mit anderen zusammen als tätig erscheint. In der wechselseitigen Mitteilung der schulischen Ereignisse und Aktivitäten wird sichtbar, was ein Teil der bisherigen bürokratischen Anordnungen ausmachte ..."* (Leber 1974: 134, Ausl. ie).

6.2.3.2 Identifikation mit dem übergeordneten Organisationsziel

Eine sich selbstverwaltende Organisation protegiert die Individualität jedes Einzelnen. Doch verhält sich dies zunächst kontrovers zum Gemeinschaftlichen, sodass die Gefahr einer zentripetalen Tendenz in der Arbeitsgruppe entsteht. Da in der ersten Waldorfschule als zentrales Funktionsprinzip die Vielfältigkeit galt, konnte die notwendige Einheitlichkeit in der Ausrichtung der Einzelleistungen nicht konventionell durch die formelle äußere Struktur und durch Direktiven einer Führungsinstanz erzwungen werden, vielmehr musste der uniforme Aspekt bereits ins Funktionsgefüge integriert werden (Lokomotionsfunktion von Führung; vgl. Kap. 3.2). Dieser figurierte so als gemeinsam zu erfüllende Aufgabe (Gemeinschaftsziel oder sachliche Mission), auf die das organisationale Handeln Bezug nimmt, und sorgte für ein Äquilibrieren der Polaritäten von Individualität und Sozialität (vgl. Kap. 6.2.4.1) „*So kann also ein Gleichgewicht hergestellt werden zwischen den polaren Anforderungen des freien Geisteslebens nach Persönlichkeitsentfaltung und der sozialen Einheitlichkeitsforderung aus den Lebensbedingungen der Organisation*" (Leber 1974: 66). Anstelle richtunggebender Anweisungen erfolgte eine Orientierung an etwas Größerem und der Organisation Übergeordnetem, wobei die konkrete Ausgestaltung der Handlungen im Ermessen des Einzelnen lag. Gemäß Steiners (GA 300: 6, Ausl. ie) pädagogischer Intention beinhaltet diese übergeordnete gemeinsame Zielsetzung, lediglich „*(...) so zu erziehen und zu unterrichten, wie es der Mensch, wie es die menschliche Gesamtwesenheit erfordert*".

Götte (2006: 106) bezeichnet dies als „*Achtung vor dem Wesen des Kindes*". Alle individuellen Unterrichtstätigkeiten seien strikt darauf auszurichten: „*Alles müssen wir in den Dienst dieses Zieles stellen*", so Steiner (GA 300: 6.).[104] Diese von den Organisationsmitgliedern gemeinschaftlich angestrebte Zielsetzung ermöglichte eine homogene Ausrichtung der einzelnen Handlungsbeiträge zu einem gemeinsamen Ganzen. Denn die Freiheit des Einzelnen bedeutete für Steiner (ebd.: 1031) keine Ziellosigkeit oder Beliebigkeit: „*Wenn bei uns jeder seinen Weg ginge und für sich wirkte, würden wir die Aufgabe nicht erfüllen können.*" Darüber hinaus konnte die Notwendigkeit und damit auch das Ausbleiben der Ausführung einer Handlung nur mittels eines präzise formulierten Ziels registriert werden. „*Denn die Abweisung alles Allgemeinen und Prinzipiellen zugunsten des Konkreten kann nicht bedeuten, daß keine übergeordneten Zusammenhänge und Gesichtspunkte mehr da sind. Sie müssen da sein, sonst kann man gar nicht bemerken, ‚was nicht gemacht wird'. Aber diese großen Zusammenhänge sind nicht die Handlungsebenen selbst, sondern deren Hintergrund. Nicht die Zusammenhänge sind zu proklamieren, um das Handeln dann zu unterlassen, sondern sie sind scharf im Bewußtsein zu halten und zu pflegen, damit daraus konkretes Handeln möglich ist*" (Dietz 1996: 45f.). Für die Bewusstheit dieser „großen Zusammenhänge" bedurfte es einer Identifikation und Verbundenheit des Einzelnen mit der prinzipiellen inhaltlich-pädagogischen Zielsetzung (vgl. Czesla 2010: 10).

Steiner intervenierte vordergründig dann in das Gruppengeschehen, wenn die Gefahr bestand, das gemeinsame Ziel aus den Augen zu verlieren, denn er forderte eine strikte Klarheit in Bezug auf den Sinn eines Vorhabens.[105] Er hielt an den Zielvorgaben seines Wirkens konsequent fest und wirkte so „*(…) energetisch darauf hin, daß die Strategie immer an die Zielsetzung gekoppelt blieb*" (Schmelzer 1991: 258, Ausl. ie). Bei einer Diskussion in einer Besprechung mit der Anthroposophischen Gesellschaft wurde diese Einstellung Steiners (GA 259: 277, Ausl. ie) deutlich: „*Es handelt sich darum, daß die*

---

[104] Vgl. hierzu „*Die Erziehung des Kindes vom Gesichtspunkte der Geisteswissenschaft*" in Steiner (GA 34: 309ff.), auch z. B. (GA 293–295; 298; 300–307; 311); Carlgren/Klingborg (2015: 53ff.); Frielingsdorf (2012: 113ff.); Kiersch (2015; 1990); Lindenberg (2011b: 151ff.); Loebell (2010; 2004; 2000); Richter (2003: 41ff.); Rittelmeyer (2002), Wiechert (2014).
[105] Vgl. hierzu die funktionale Begründung der Führungsnotwendigkeit in Kapitel 3.1.2.

Anthroposophische Gesellschaft in ihren Führern etwas wollen soll; das kann sogar mit dem auseinander gehen, was ich selber für wünschenswert halte. Es muß hervortreten dasjenige, was die Gesellschaft in ihren Führern will. (...) Entweder erklärt die Führung der Gesellschaft: Wir geben die Möglichkeit auf, die Führung weiter zu machen –, oder sie muß aussprechen, was sie will. Aber sie muß in irgendeiner Weise eine Garantie dafür bieten, daß die Gesellschaft einen Willen hat und nicht bloß schimpfen kann. Ein wirklicher Wille muß da sein."* In diesem Sinne plädierte Steiner (ebd.: 236, Ausl. ie) für eine plausible Ausrichtung des eigenen Handelns: *"Ich will nur anführen, daß einmal die Methode ... verbreitet worden ist, ein anderes Mal eine andere Methode. Es kommt darauf an, für eine .. Methodik einzutreten."*

Auch wenn das Prinzip kollegialer Selbstverwaltung grundsätzlich ein Optimum an individueller Handlungsfreiheit gewährleisten sollte, waren die Belange der Schule als ein der Gesamtorganisation übergeordnetes Anliegen anzusehen, an dem sich jegliches Handeln der Lehrenden orientieren und ausrichten sollte. Auf diese Weise entstand eine Formation, *"(...) die sich nicht mehr allein in der individuellen Leistung erschöpft. Die Institution, wenn sie auch von den Kräften des einzelnen lebt, hat ein Eigengewicht, das die Einzelleistungen zu einem Gesamt zusammenschließt"* (Leber 1974: 142, Ausl. ie). So war die Freiheit des Einzelnen vor dem Hintergrund zu betrachten, dass dieser als ein Teil in ein Gesamtgefüge eingebunden ist, zu dessen Gesamtziel und somit zu dessen Daseinszweck dieser beiträgt. Die übergeordnete sachliche Mission bewirkte, dass *"(...) persönliche Möglichkeiten und Strebensrichtungen überformt werden von dem Interesse der gesamten Schule"* (ebd., Ausl. ie). Nach Steiner (GA 300: 442, Ausl. ie) existierten darüber hinaus potentielle Situationen, in denen die schulischen Belange über die Wünsche des Einzelnen gestellt werden müssen: *"(...) Wir müssen doch uns klar sein, dass uns allen das Gedeihen der Waldorfschule in allererster Linie am Herzen liegt; daher können wir da vor einer gewissen rücksichtslosen Art nicht zurückschrecken."* Die gemeinsame Zielsetzung galt so als Angelegenheit eines Jeden, sodass diese bis in alle Ebenen und Organisationseinheiten hinein bekannt sein und verinnerlicht werden musste. *"Obgleich jeder Lehrer innerhalb der Konferenz als ‚Souverän' erscheint, steht hinter der Lehrerschaft als ganzer ein übergeordneter und verbindender Gedanke: die Schule mit ihrer besonderen Pädagogik. Er ist das Ziel und Zweck der Zusammenarbeit"* (Leber 1974: 142). Die Stärke der Verbundenheit über die Gemeinschaftsaufgabe definierte den Grad der faktisch möglichen Freiheit. *"Von der Art, wie dieser Verständigungsprozeß zwischen den beteiligten ‚Souveränen' geschieht und inwieweit dabei neben der persönlichen Einzelleistung das übergeordnete und überindividuelle Prinzip der Schule als Gesamtheit gegenwärtig für alle wird, davon hängt allein der Umfang realisierter Freiheit ab, die in der Sozialität vorhanden ist"* (ebd.: 143). So verstanden fungiert die sachliche Mission als eine innere Verbindlichkeit für alle Beteiligten und drückt sich in den sich daraus ableitenden Einzelaufgaben aus. Diese sind nicht als optional, sondern als verpflichtend zu verstehen, allenfalls deren Interpretation und Ausführung unterliegen einem individuellen Spielraum (vgl. Brater/Maurus 1999: 66f.).

Neben der Förderung der Individualität des Einzelnen wies Steiner somit stets nachdrücklich auf die Belange der Schule hin *„(…) als einem übergeordneten Prinzip eigenen Rechts, für das und in dem der einzelne arbeitet"* (ebd., Ausl. ie). Jeder Lehrer sollte ein Bewusstsein für dieses Ganze entwickeln und auf diese Weise eine *„.. Vergegenwärtigung des gesamten Schulorganismus, seiner Ziele und Aufgaben, in den der einzelne mit seinen Leistungen eingebunden ist (…)"* (ebd.: 143, Ausl. ie), anstreben. Das Erwirken von Einheitlichkeit der Einzelleistungen mittels eines gemeinsamen Anliegens in der Form eines übergeordneten Arbeitsziels war dabei als bedeutender zu erachten als die Funktion der organisationalen Struktur, welcher lediglich eine Hilfsstellung zukam (vgl. Leber 1974: 59ff.). *„Die notwendige Einheitlichkeit eines organisch-organisatorischen Gefüges, die funktionelle Ausrichtung der Leistungen auf einen durchgehenden Gedanken, ein einheitliches Ziel, die Strukturierung der Bezüge zu einem Ganzen, die sonst von dem Befehlssystem aus erfolgt, wird im neuen Modell vorwiegend zu einer Aufgabe der Pädagogik, des Lernens, der Arbeit, der Erkenntnis"*, so Leber (ebd.: 60). Herrmannstorfer (2010: 6) fasst in diesem Kontext sinngemäß zusammen: *„Entscheidend für den Selbstverwaltungsgedanken wird sein, dass möglichst viele der mit einer Einrichtung verbundenen Menschen einen bewussten und erlebten Zugang zur gemeinsamen Aufgabenstellung entwickeln können."*

6.2.3.3 Erarbeitung eines gemeinsamen Bewusstseins

Nach Steiner sollte sich im Rahmen der kollegialen Selbstverwaltung das einheitliche Gesamtziel im Sinne einer übergeordneten Aufgabe aus einem gemeinsamen Bewusstsein [106] ableiten, das auf den größeren Zusammenhang des organisationalen Daseinszwecks verweist. Denn *„die notwendige Einheit und die Verbindung von Individualität und Sozialität läßt sich nur (...) über das Bewußtsein herstellen"*, so Leber (1974: 143, Ausl. ie). Während die gemeinsame Aufgabe (sachliche Mission) als handlungsleitender Kompass der Gruppe wirkte, trat das gemeinsame Bewusstsein als „geistige Mission" in Erscheinung. *„Wenn ein Mensch für einen anderen arbeitet, dann muß er in diesem anderen den Grund zu seiner Arbeit finden; und wenn jemand für die Gesamtheit arbeiten soll, dann muß er den Wert, die Wesenheit und Bedeutung dieser Gesamtheit empfinden und fühlen. Das kann er nur dann, wenn die Gesamtheit noch etwas ganz anderes ist als eine mehr oder weniger unbestimmte Summe von einzelnen Menschen. Sie muß von einem wirklichen Geiste erfüllt sein, an dem ein jeder Anteil nimmt. Sie muß so sein, daß ein jeder sich sagt: sie ist richtig, und ich will, daß sie so ist. Die Gesamtheit muß eine geistige Mission haben (...). Bis in den einzelsten herunter muß dieser Geist der Gesamtheit lebendig sein. Gutes ist von jeher nur dort gediehen, wo in irgendeiner Art ein solches Leben des Gesamtgeistes erfüllt war"*, so Steiner (GA 34: 214f., Ausl. ie). Dieser Gedankenzusammenhang der Arbeitsgruppe sorgte für deren

---

[106] Brater und Maurus (1999: 66f.) diskutieren die Bedingung eines gemeinsamen Bewusstseins unter dem hierfür zwischenzeitlich bevorzugt verwendeten Begriff des „Leitbilds" und weisen diesem die Funktion einer „Mitgliedschaftsbedingung" zu. *„Das Leitbild ist somit ein Instrument der geistigen Integration einer Organisation: es ermöglicht, daß jeder Mitarbeiter selbst, aus eigenen Urteilsvermögen herausfinden kann, ob und inwieweit seine Initiative zur Gesamtaufgabe paßt oder nicht, und es bildet eine Grundlage dafür, in solchen Fragen zu gemeinsamen Urteilen zu kommen"* (ebd.: 66). Einerseits können potentielle Mitarbeiter bereits vor Eintritt in die Organisation reflektieren, ob sie sich mit den geltenden Werten identifizieren können, andererseits wird bei der gemeinsamen Leitbildarbeit ein Identifikationsprozess mit diesen angeregt. *„Jemand, der sich nicht zur gemeinsamen Arbeit bekennt und seine individuelle Initiative nicht in ihren Rahmen stellen will oder kann, kann in dieser Organisation auch nicht mitarbeiten, und zwar schon aus seinem eigenen Interesse heraus nicht, denn er würde hier seine eigenen Impulse gar nicht leben können. Das gilt für den Eintritt in die Einrichtung als Ganzes: Hier muß einfach klar sein, was wir hier eigentlich zusammen anstreben, und es muß darüber gesprochen werden, ob darüber auch ein gleiches Verständnis besteht"* (ebd.). Nach Scheinert, Kionke und Osang (vgl. 2012: 43) stärkt das Leitbild die sozialen Bindungen, gibt Orientierung und fungiert als Wegweiser. Sie sehen in der gemeinsamen Leitbildarbeit *„ein Herzstück der Selbstverwaltung"* (ebd.: 42).

innere Stabilität (Kohäsionsfunktion von Führung; vgl. Kap. 3.2). *"Die Einheitlichkeit im Bewußtsein einer Gruppe von Menschen stellt also eine soziale Kraft dar, die Zusammenhalt, in der Soziologie Kohäsion genannt, und Gemeinschaftlichkeit stiftet"* (Leber 1974: 64). Diese stand richtungsweisend und übergreifend hinter allen Entscheidungsprozessen und individuellen Handlungen und diente auf diese Weise als vereinheitlichende Orientierungsgröße auf Bewusstseinsebene. Dabei wird allgemein *„die Bewußtseinsbildung als ein gemeinsamer Prozeß .. umso notwendiger, je mehr die internen Strukturen auf eine Entbindung und Behauptung der individuellen Kräfte hinwirken"* (ebd.: 143, Ausl. ie): Je freier der Einzelne in seinem Denken und Handeln ist, das heißt, je weniger dieser an Regularien und Vorgaben gebunden ist, desto bedeutender ist eine die formelle Struktur substituierende und als Gegengewicht für das Individuelle wirkende soziale Kraft, die das Gemeinsame ermöglicht. Auf diese Weise war es möglich, trotz individueller geistiger Freiheit und kreativer Produktivität eine gemeinschaftliche Harmonie zu erreichen, *„(...) weil der Geist lebt, nicht die einzelnen Egoisten, weil der Geist wirklich über die einzelnen Egoisten hinüber ein eigenes Leben führen kann. Es ist (...) ein Waldorfschulgeist da, der unabhängig ist von der Lehrerschaft, in den die Lehrerschaft sich hineinlebt, und in dem es immer mehr und mehr klar wird, daß unter Umständen der eine fähiger oder unfähiger sein kann – der Geist aber hat ein eigenes Leben. (...) Der freie Geist ist etwas, was wirklich lebt unter den Menschen, man muß ihn nur zum Dasein kommen lassen, und was wirkt unter den Menschen, man muß ihn nur zum Dasein kommen lassen"* (Steiner GA 339: 42f., Ausl. ie). Steiner (GA 300: 261) fokussierte dabei ein vollständiges Eintauchen der Lehrer in diesen vorherrschenden Geist: *„Es ist absolut notwendig, dass jemand ernannt wird, der sich ganz aus vollem Herzen hineinfindet in den Geist der Waldorfschule."* Dieser Geist existierte anstelle von Direktiven und bot einen Handlungsrahmen – im Sinne einer gemeinsamen „Fahrtrichtung" – dar, in welchem der Einzelne selbstbestimmt handeln konnte. *„Es gibt keine Vorschrift, sondern es gibt nur einen Geist der Waldorfschule. Das ist sehr wichtig, daß man das erfaßt. Der Lehrer ist autonom. Der Lehrer kann innerhalb dieses Geistes durchaus dasjenige tun, was er für richtig hält"* (ebd. GA 311: 36, Ausl. ie). So ermöglichte dieser eine Freiheitlichkeit, die in der gesamten Organisation wirkte, und sorgte zugleich für eine Harmonisierung der Einzelhandlungen zu einem stimmigen Ganzen. Steiner sah in dem gemeinsamen Geist oder Bewusstsein das energetische „Konnektiv", das die Individuen und deren einzigartigen Beiträge zentripetal zusammenhält bzw. als eine „*Antriebskraft für soziales Handeln*" (Schmelzer 1991: 57), welche Egoismus verhindert und gemeinschaftliche Harmonie ermöglicht.[107]

Auf der sachlichen Ebene drückte sich der vereinheitlichende Geist einer Organisation schließlich in den sozialen Umgangsformen der Kollegen und in der Art der Aufgabenerledigung aus. Leber (1974: 62, Ausl. ie) erläutert die Wirkungsweise einer gemeinsamen „geistigen Mission" in Abgrenzung zu einer

---

[107] Steiner ordnete dieser „geistigen Mission" darüber hinaus ein schicksalhaftes Element zu. „*Blickt man auf den äußeren Rahmen, so wird man der formalen Gliederung und Ordnung ansichtig. Schaut man auf die Prozesse, die sich innerhalb des Gefüges vollziehen, so hat man es zunächst mit Leistungen zu tun; blickt man schließlich auf die Menschen, die in dem Zusammenhang tätig sind, so wird man in eben der menschlichen Dimension sehr differenzierter Lebens- und Schicksalszusammenhänge ansichtig*" (Leber 1974: 144.). Steiner bezeichnete dieses verbindende Schicksalselement als „Karma". Die Beziehungen im Rahmen einer Zusammenarbeit und damit auch die Zusammenarbeit selbst entstehen somit nicht zufällig, sondern werden von den Einzelnen gesucht. Demnach existiert nach Steiner (GA 300: 53f., Ausl. ie) ein Unterschied „*(...) zwischen dem, was einen zufällig bloß trifft, und dem, was Schicksal ist ... . (...) Die Frage, wann einen etwas als Schicksal trifft, oder wann einen etwas zufällig trifft, die lässt sich nicht definitionsgemäß erläutern. Man kann sie aber vielleicht an Beispielen erläutern. Ich will sagen, wenn ich empfinde bei einem Ereignis, das mich trifft, dass ich das Ereignis so wie gesucht habe, dann ist es Schicksal. Wenn ich nicht empfinden kann, dass ich es gesucht habe, aber besonders stark empfinden kann, dass es mich überrascht und dass ich viel daran lernen kann für die Zukunft, dann ist es ein Zufall, dann wird es erst Schicksal. Es muss an diesem, was nur empfindungsgemäß erlebt werden kann, der Unterschied zwischen ‚vollendetem Karma' und ‚aufgehendem, werdendem Karma' (...)*" verdeutlicht werden. Nach Steiner (ebd.: 54) gewinnen im Zusammenhang mit dem Karma unterschiedliche Empfindungen an Relevanz, die in zwei emotionale Zustände unterteilt werden können: „*Bei dem einen empfindet man eben mehr, dass man es gesucht hat: zum Beispiel wenn man einen Menschen kennenlernt, empfindet man meistens, dass man ihn gesucht hat. Wenn einen ein Naturereignis trifft, in das man verquickt ist, dann empfindet man, dass man viel daran lernen kann für die Zukunft. Trifft einen etwas durch Menschen, so ist es meist ein erfülltes Karma. Selbst in einer solchen Weise, dass Sie sich hier zusammenfinden zum Beispiel in einem Lehrerkollegium in der Waldorfschule, ist ein erfülltes Karma. Man findet sich so zusammen, weil man sich gesucht hat. Das lässt sich aber nicht definitionsgemäß klarmachen, sondern nur empfindungsgemäß.*" Umgekehrt betrachtete es Steiner (ebd.: 1110, Ausl. u. Erg. ie) als einen „*Fehler des Karmas*", wenn eine Person, die sich nicht in die Lehrerschaft einfügen kann und keinen Anschluss findet, Teil des Kollegiums ist: „*Er ist vielleicht durch einen Fehler des Karmas hier ins Lehrerkollegium hineingekommen. Wenn er einen Menschen finden könnte, mit dem er zusammengehört, dann würde das doch schon eintreten, was ich gesagt habe. Aber ich glaube, es ist im Lehrerkollegium niemand, mit dem ... [er] sich zusammenfinden und mit ihm befreundet sein könnte.*" Die Suche orientiert sich so an einem individuellen Gefühl, den richtigen Ort und die richtige Gemeinschaft für sich und seine Eigenheiten gefunden zu haben.

„sachlichen Mission" wie folgt: Wenn Handlungen aus einem einheitlichen Bewusstsein erfolgen, *„(...) liegt in der einzelnen Handlung eine übergreifende, von der Erkenntnis und vom Ideenbereich gesteuerte Leistung vor. Die Koordination und ‚Harmonisierung' der verschiedenen schulischen Leistungen im Sinne von aufeinander bezogenen Handlungen geschieht durch Zielklarheit, also über eine Verständigung in den Werten und durch Übereinstimmung in den Erkenntnisinhalten, mithin durch einen Akt des Bewußtseins und der Kommunikation. Was sich so als Einheitliches ausbildet, trägt prozessualen, nicht definitiven Charakter. Als Ergebnis stellt sich dann ein gemeinsamer Nenner, ein bestimmter Übereinstimmungsgrad (Konsensus) in den Handlungen her. Für die so konstitutionell geforderten Bewußtseinsleistungen bietet die Struktur des neuen Modells seine Hilfe an in der kommunikativen Kollegialordnung, wobei indes die Einheitlichkeit nur aus dem Prozeß, nicht aber aus der Struktur zu gewinnen ist. (...) Die das soziale auflösenden Tendenzen des rein Individuellen werden insofern kompensiert und in ein Gleichgewicht gebracht, als in sachlichen Fragen der Pädagogik und Didaktik eine konvergierende Sichtweise erzielt werden kann und soll. Der das Soziale erhaltende Gesichtspunkt wird nun auf der Bewußtseinsebene erarbeitet, in der eine vertiefte gemeinsame Erkenntnisbemühung erfolgt. Die Einheit wird also weniger dadurch geschaffen, daß Sachfragen der Organisation, Fragen der Gestaltung, der Organisationsabläufe, der ‚Rektoratsleistungen' im engeren Sinne, der bürokratischen Verwaltung selbst zum Beratungsgegenstand werden. Vielmehr sind es Erkenntnisfragen, Problemaufwürfe aus der Pädagogik und Didaktik, Besprechungen von einzelnen Kindern oder Schülergruppen, die Anlaß für die Bildung des ‚einheitlichen Bewußtseins' werden."*

Als Fundament für die Genese eines einheitlichen Bewusstseins – oder in Steiners (GA 257: 118) Diktion: einer *„Gruppenseele"* oder eines *„Gruppengeistes"* – exponierte er die Verbundenheit über die Anthroposophie (vgl. Schmelzer 1991: 57). Die Anthroposophie und mithin die anthroposophische Menschenkunde und Pädagogik wurden als auf der Bewusstseinsebene lokalisierter Sinn der gemeinschaftlichen Zusammenarbeit verstanden.[108] Dazu Stei-

---

[108] Vgl. hierzu Steiner (GA 192: 92ff.); auch Gabert (1975: 27); Schmelzer (1991: 232) und Zander (2011: 372f.).

ner (GA 257: 118f.) erläuternd: *"Gehen Sie in die primitiven Gemeinschaften, da gibt es noch etwas anderes als bloß die Sprache. Die Sprache ist dasjenige, was im oberen Menschen sitzt. Fassen Sie den ganzen Menschen ins Auge, so finden Sie in primitiven Menschengemeinschaften dasjenige, was Mensch an Mensch bindet, in dem gemeinschaftlichen Blute. Die Blutsbande halten die Menschen zur Gemeinschaft zusammen. Aber in dem Blute lebt das als Gruppenseele oder als Gruppengeist, was bei einer freien Menschheit sich nicht in derselben Weise findet. In eine Gruppe von Menschen, die durch Blutsbande zusammengebunden war, war eingezogen ein gemeinsames Geistiges, gewissermaßen von unten herauf. Da, wo gemeinsames Blut durch die Adern einer Anzahl von Menschen strömt, ist ein Gruppengeist vorhanden. So kann auch durch dasjenige, was wir gemeinsam erleben, indem wir gemeinsam Anthroposophisches aufnehmen, zwar nicht ein solcher Gruppengeist durch das Blut, aber doch ein realer Gemeinschaftsgeist herangezogen werden. Vermögen wir diesen zu empfinden, dann binden wir uns als Menschen zu wahren Gemeinschaften zusammen."* Demgemäß forderte Steiner (ebd.: 119, Ausl. ie) von den Lehrern eine gemeinsame Erarbeitung und Durchdringung der anthroposophischen Grundlagen, um mittels der auf dieser Basis gewonnenen Erkenntnisse und abgeleiteten Pädagogik das Einheitliche der Schule hervorzubringen.

"Wir müssen einfach Anthroposophie wahr machen, wahr machen dadurch, daß wir ein Bewußtsein hervorzurufen verstehen in unseren anthroposophischen Gemeinschaften, daß, indem die Menschen sich finden zu gemeinsamer anthroposophischer Arbeit, der Mensch am Geistig-Seelischen des andern Menschen erst erwacht. Die Menschen erwachen aneinander, und indem sie sich immer wieder und wiederum finden, erwachen sie, indem jeder in der Zwischenzeit ein anderes durchgemacht hat und etwas weitergekommen ist, in einem gewandelten Zustand aneinander. Das Erwachen ist ein Erwachen in Sprossen und Sprießen. Und wenn Sie erst die Möglichkeit gefunden haben, daß Menschenseelen an Menschenseelen und Menschengeister an Menschengeistern erwachen, daß Sie hingehen in die anthroposophischen Gemeinschaften mit dem lebendigen Bewußtsein: Da werden wir erst zu so wachen Menschen, daß wir da erst Anthroposophie verstehen miteinander, und wenn Sie dann auf Grundlage dieses Verständnisses in eine erwachte

Seele – nicht in die für das höhere Dasein schlafende Seele des Alltags – die anthroposophischen Ideen aufnehmen, dann senkt sich über Ihre Arbeitsstätte herunter die gemeinsame reale Geistigkeit. (...) Sie können nicht durch äußere Einrichtungen die anthroposophische Gemeinschaftsbildung hervorrufen. Sie müssen sie hervorrufen aus den tiefsten Quellen des menschlichen Bewußtseins selbst." Das Gemeinsame sollte im Rahmen der Konferenzen durch sogenannte „Erkenntnisgespräche" erarbeitet werden. Hierzu gehörte ein Arbeits- und Erfahrungsbericht der Lehrenden über ihre erarbeiteten Fachgebiete und deren praktischen Anwendung. Die individuellen Erkenntnisse wurden in eine produktive Beziehung zueinander gesetzt, sodass diese synergetisch wirkten und die Schule schließlich vereinigte. *„Dann durchzieht die ganze Schule eine gemeinsame Begeisterung, aber auch gemeinsame Sorgen. Dann tragen alle Lehrkräfte miteinander dasjenige, was für die ganze Schule namentlich in moralisch-religiöser Weise, aber auch in erkenntnismäßiger Weise getragen werden muß"*, so Steiner (GA 306: 148f.). Das gemeinsame Bewusstsein durch die gemeinschaftliche Erarbeitung der anthroposophischen Grundlagen wirkte als *„ein untergründiges, aber verbindendes und einheitliches Element"* (Leber 1968: 110) zwischen Individuum und Kollektiv. Dieser Wirkungsvorgang war jedoch nicht abschließend, sondern bedurfte einer Verstetigung respektive einer Institutionalisierung, so *„(...) daß eine immerwährende Anstrengung gefordert wird, ständig dieser Bewußtheit inne zu werden und sie wiederholt und immer neu herzustellen. Es handelt sich um ein Ideal, das nur fallweise, niemals dauernd erreicht werden kann"* (ebd.: 12, Ausl. ie). Die geistige Einheitlichkeit basierte damit auf einem kontinuierlichen Prozess, wodurch Konferenzen regelmäßig stattfinden sollten (vgl. ebd. 1974: 143), denn *„(...) innerhalb der ‚verwaltungsgemäß' kollegial verfaßten Schulkonstitution* [muss] *dieses Bewußtsein für die Gesamtheit in einem Kommunikationsprozeß immer wieder neu geschaffen werden"* (ebd.: 143, Ausl. u. Erg. ie).

6.2.3.4 Kontinuierliche Selbsterziehung und -entwicklung

Neben ihrer Unterrichtstätigkeit nach den Prinzipien anthroposophischer Pädagogik erhielten die Lehrer der ersten Waldorfschule die Aufgabe, sich immerwährend selbst weiterzuentwickeln, sodass neben das gemeinsame Ziel der

Kindererziehung die Notwendigkeit einer institutionalisierten „Lehrererziehung" (Selbsterziehung) trat. Während der erstgenannte Erziehungsauftrag beinhaltete, das Bewusstsein des Kindes bis hin zur Selbstfindung zu entwickeln, so war „(...) die Forderung gemeinsamer Aufgaben durch ein Kollegium Inhalt seiner Selbsterziehung" (Leber 1968: 12). Ein Lehrender konnte seinen Auftrag in diesem Sinne nur erfüllen, wenn er selbst über die Fähigkeit zur vollbewussten Selbstbestimmung sowie über eine adäquate Erfahrung in dem notwendigen Prozess zu deren Erlangung verfügte. „Da jedoch wohl kaum jemand diesen Prozeß schon vollkommen beherrscht, ist er selbst als Pädagoge aufgerufen, lebenslang in dieser Richtung selbst zu lernen und zu üben. Nur ist der Unterschied zu seinen Schülern dann im engeren Sinne noch der, daß der Lehrende sein Lernen selber motivieren kann und sich nicht mehr motivieren lassen muß" (Schneider 1982: 147). Ein Lehrender, „der durch seine Handlungen, seine Intentionen die Umwelt des Kindes prägt" (Leber 1974: 29), befindet sich demnach selbst in einem lebensbegleitenden Lernprozess, und es wird von ihm verlangt, dass er sich „auf seine Aufgabe vorbereitet, sich schult, würdig macht" (ebd.) sowie als Vorbild für die Schüler fungiert (vgl. Bohnsack 2001: 109ff.). Hierzu Schneider (1982: 188): „Individuelle Lernfähigkeit kann aber nur durch die Lernfähigkeit des Lehrenden geweckt werden. Denn nicht allein die – altersgemäß ausgewählten – Lerninhalte und Lernmethoden regen die menschliche Entwicklung im Kind an, sondern auch die Person des sie vermittelnden Erziehers. Seine eigene Entwicklung als Lernender wirkt ebenso auf den Heranwachsenden, und zwar um so mehr, je mehr der Erzieher in seiner Selbsterziehung sich entwickelt hat. Deshalb gilt auch, daß der Erzieher im Kinde nur so weit eine Entwicklung anregen kann, inwieweit er in bezug auf seinen Selbsterziehungsprozeß bereits über eigene Erfahrungen verfügt." Nach Leber (1974: 29) benötigt die Waldorfschule daher „(...) so etwas wie eine ständige Institutionalisierung der ‚Lehrererziehung', damit sie ihrer Aufgabe, das Kind durch Wort, Handlung, Charakter usw. zu bilden, gerecht werden kann". Dadurch werde zugleich der Bedarf an geeigneten Lehrern gedeckt, „(...) weil die Erziehungskunst wie jeder andere Teil des Geisteslebens von der Tätigkeit und Fähigkeit der Erziehenden abhängig ist (...)" (ebd. 1968: 9, Ausl. ie). Unter der Fähigkeit zur anthroposophischen Erziehungskunst ist nach

Schneider (1982: 156f., Ausl. ie) zu verstehen, *"(...) daß im Zusammenspiel zwischen der anthroposophisch orientierten Menschenkunde und jeweils gegebener Wahrnehmung (der Erziehungsbedürftige in seiner konkreten Entwicklungssituation und seinen Beziehungen zur direkt und indirekt wirksamen Umwelt) die entsprechende Intuition für das pädagogische Handeln unmittelbar gefaßt, diese mittels der Phantasie in die konkretisierte Vorstellung des zukünftigen Erziehungsresultates übergeführt und durch die entsprechende ‚Technik' der bestehenden Erziehungssituation gemäß verwirklicht werden kann."* So erhält der Lehrende die Aufgabe, die anthroposophische Pädagogik nicht rezeptmäßig anzuwenden und nachzuahmen, sondern diese *"(...) aus ihren eigenen methodischen Bedingungen heraus selbständig verstehend zu erarbeiten"* (ebd.: 151, Ausl. ie). Demgemäß unterstrich Steiner (GA 31: 123, Ausl. ie): *"(...) Und doch hängt das Gedeihen des Unterrichtswesens einzig und allein von der Pflege der Individualitäten der künftigen Lehrer ab"*.

Der Prozess der Selbsterziehung sollte nach Steiner einerseits individuell im Alltag stattfinden, sodass die Lehrer durch die Arbeit mit den Kindern erzogen wurden. *"Der Erzieher wird auf diesem Gebiet zum Schüler seines in ihm selbst veranlagten künftigen Wesens. Er kann sich dadurch von den Naturanlagen emanzipieren und weiterentwickeln als Schüler des Geistes"* (Leber 1974: 145). Die sich am Werdenden im Schüler orientierende pädagogische Korrespondenz sollte zugleich seine schöpferische Kraft stimulierende Lernprozesse beim Lehrenden initiieren. Dies erläutert Schneider (1982: 190) wie folgt: *"Die Grundempfindung eines selbstverantwortlichen Erziehers, daß er alle seine pädagogischen Entscheidungen ‚stellvertretend' treffen muß, schafft eine Situation, in der der Lehrende immer auch selber ein Lernender ist. Dieses lernende Lehren korrespondiert aber unmittelbar mit dem Werdenden im heranwachsenden Menschen und ruft die schöpferische Kraft seines Eigenwesens ins Dasein. Sie ist aber das Grundelement wirklicher Lernfähigkeit; denn selbstbestimmtes Lernen ist als schöpferischer Prozeß Verwirklichung der Freiheit."* Steiner (GA 304a: 181) wies diesem Mechanismus darüber hinaus eigene organismische Qualitäten zu: *"Und im täglichen Unterricht, in der Erziehung, im Umgang mit dem Kinde findet der Lehrer für die Lehrpraxis, für die Erziehungspraxis dasjenige, was ihm Geisteswissenschaft gibt, be-*

wahrheitet, bekräftigt jeden Tag; er wächst jeden Tag in immer anschaulicherer Weise hinein. In dieser Art ist Erziehen und Unterrichten selber ein Leben." Andererseits sollte sich der Prozess der Selbsterziehung des Lehrers bewusst und konstitutiv in den gemeinsamen Konferenzen vollziehen, die daher *„so etwas wie eine ständige Institutionalisierung der ‚Lehrererziehung'"* (Leber 1974: 29; vgl. 1968: 12) darstellten. Deren Kontinuität begründete sich daraus, dass die erarbeiteten Erkenntnisse nicht endgültig und dogmatisch zu fassen waren, sondern stets neu ergründet werden mussten (vgl. Bohnsack 2001: 109ff.; Schmelzer 1991: 226). So nahm die „Selbsterziehung" zugleich den Charakter einer kontinuierlichen „Selbstentwicklung" des Einzelnen an. *„Es wird mit dem ‚höheren Selbst' des Menschen gerechnet, das sich mehr und mehr realisiert. Ein Teil meiner menschlichen Wesenheit liegt noch in der Zukunft. Mit diesem ‚werdenden' Menschen wird konstitutiv gerechnet"* (Dietz 1996: 78). So waren die Konferenzen in Steiners Diktion als *„fortlaufende Seminare"* zu verstehen, an denen *„alle pädagogisch an der Schule Tätigen, also alle Lehrer"* (Leber 1974: 131) teilnahmen. *„Diese Lehrerkonferenzen sind nicht nur etwa dazu bestimmt, um den Schülern Zeugnisse vorzubereiten, um sich über die Verwaltungsangelegenheiten der Schule zu beraten und dergleichen, (...) sondern diese Schulkonferenzen sind eigentlich die fortlaufende lebendige Hochschule für das Lehrerkollegium. Sie sind das fortdauernde Seminar"*, so Steiner (GA 307: 240f., Ausl. ie). Die fortlaufende Selbstentwicklung des Lehrers stellte somit einen festen Bestandteil seiner Tätigkeit dar. *„Die institutionalisierte Erziehung der Lehrer kann sich nur innerhalb eines sozialen Feldes entwickeln, indem die ständig veranlaßt sind, miteinander zu verkehren, sich aneinander zu entwickeln, abzuschleifen, zu fördern oder zu bremsen"* (Leber 1974: 30). Steiner (GA 300: 943f., Ausl. ie) sah in den regelmäßigen Konferenzen einen geeigneten Ort für diesen gegenseitigen „Abschleifungsprozess": *„Das Überwinden des Menschen durch sein höheres Ich, das ist dasjenige, was wir haben müssen (...). (...) Die Lehrer müssen sich gegenseitig abschleifen. Sie dürfen sich nicht gehen lassen, so dass der eine alles durchgehen lässt und der andere fortwährend ermahnt. (...) Es muss Stil in der Schule sein, der zusammenfassend wirkt, der im Zusammenwirken auch zustande kommt. So etwas könnte auch Gegenstand der Konferenz sein (...).*

(...) Da müssten wir achtgeben auf das Überwinden des einzelnen Momentes, auf das Überwinden des Menschen durch sein höheres Selbst." Der Selbsterziehungs- und -entwicklungsprozess im Rahmen der Konferenzen sollte nach Steiner (GA 307: 241, Ausl. ie) dadurch erfolgen *„(...) daß für den Lehrer wiederum jede einzelne Erfahrung, die er in der Schule macht, ein Gegenstand für seinen eigenen Unterricht, für seine eigene Erziehung wird. Und in der Tat, wer in dieser Weise, indem er lehrt, indem er erzieht, zu gleicher Zeit auf der einen Seite tiefste psychologische Einsicht in die unmittelbare Praxis aus der Handhabung des Unterrichts und der Erziehung, wie andererseits aus der besonderen Eigentümlichkeit – den Charakteren, den Temperamenten der Kinder –, wer eine solche Selbsterziehung, einen solchen Unterricht für sich selber herausholt aus der Praxis des Unterrichtens, der wird fortwährend Neues finden. Neues für sich, Neues für das ganze Lehrerkollegium, mit dem alle die Erfahrungen, alle die Erkenntnisse, die gewonnen werden in der Handhabung des Unterrichts, in den Konferenzen ausgetauscht werden sollen."* Neben der anthroposophischen Grundlagenarbeit (vgl. Kap. 6.2.3.3) umfassten die gemeinsamen Konferenzen so auch die *„(...) Wahrnehmung aller mit dem pädagogischen Tun unmittelbar zusammenhängenden Erscheinungen"* (Leber 1974: 128, Ausl. ie). Konferenzen stellten damit ein Wahrnehmungs- und Erkenntnisorgan für das pädagogische Schulleben dar. *„Sie können als der Ort betrachtet werden, an dem die Erfahrungen, die Erkenntnisse, welche einzelnen Lehrer sich erarbeitet haben, mit anderen kollegial ausgetauscht werden"* (ebd.: 127). Konkret beinhalteten diese die sogenannten „Schülerbesprechungen", in deren Rahmen der einzelne Schüler zum Diskussionsgegenstand des gesamten Kollegiums wurde, sodass sich in der Summe ein umfänglicheres Bild von diesem ergab, als ein Einzelner je erreichen könnte. Die Konferenz entwickelte so den Charakter einer Art „individualisierten Schülerpsychologie", damit ein *„genaues psychisches Bild der Schüler in der Seele der Lehrer"* (Steiner GA 300: 1195) leben konnte. *„Ein so gearteter Austausch des Wahrgenommenen führt unmittelbar den einzelnen Lehrer über sich selbst hinaus, wenn in der gemeinsamen Erkenntnisbetrachtung die Ursachen (Diagnose) für die Äußerungen und Verhaltensweisen des Kindes gesucht werden"* (Leber 1974: 128). An den Besprechungen einzelner Kinder entwickel-

ten sich zugleich die Lehrer in Form eines Lernens an der Sache selbst weiter, *"so daß an jedem einzelnen Fall ungeheuer viel gelernt werden kann, was vielleicht dann nicht unmittelbar anwendbar ist, was so ist wie das, was der Mensch aufnimmt und von dem er behauptet, er brauche es nicht im Leben. Er braucht es doch. Und das, was man da in sich hineinarbeitet (...), das wirkt dann auf ganz anderen Gebieten weiter"*, so Steiner (GA 306: 161f., Ausl. ie).

Die dazu erstellten Arbeits- und Erfahrungsberichte der Lehrer über den erarbeiteten Inhalt, die Form dessen Unterrichtung (Didaktik) und die dazu angewandte Art des Vorgehens (Methodik), ebenso über den Lernerfolg und die erzielte pädagogische Wirkung halfen den anderen dabei, ihre Aufgabe besser meistern zu können. *"In dieser Lehrerkonferenz, wo die Lehrer vereinigt sind, bringt jeder dasjenige ein, was er selbst (...) gelernt hat, so daß jeder vom andern lernen kann"*, so Steiner (GA 311: 122, Ausl. ie). In diesem Sinne wurde die *"Konferenz als spirituelles Schulungsfeld"* (Schiller 2012: 38; vgl. auch 2001) verstanden, in der die Erfahrungen der praktischen Erprobung der Grundlagen der Menschenkunde gemeinsam besprochen wurden. *"Die fortlaufende Hochschularbeit der pädagogischen Konferenz – sie erfüllt als ein Organ jene Funktionen, die alle persönlichen Tätigkeiten und Fähigkeiten der Lehrerschaft spiegelt (Wahrnehmung) und im Austausch, in der Kommunikation, im Gespräch, in der Reflexion zu gemeinsamen Erkenntnissen reifen lassen"* (Leber 1974: 131).

6.2.4 Konferenz als hierarchiefreies Beschlussorgan

6.2.4.1 „Republikanisch-demokratisches" Prinzip

Die Arbeitsweise in der kollegialen Selbstverwaltung der ersten Waldorfschule war – wie in Kapitel 6.1.2.1 dargestellt – „verwaltungsmäßig" eingerichtet. Daraus leitete sich eine *"demokratisch-kollegiale Schulverfassung"* (Leber 1968: 10) bzw. eine *"kollegiale Gesamtherrschaft (Demokratie)"* (ebd.: 11) ab. Dieses demokratische Prinzip intendierte eine *"Gleichheit des Neben- und Miteinanders"* (ebd. 1974: 58) und berücksichtigte auf diese Weise die Rechte und Bedürfnisse der als mündige Menschen respektierten Lehrer. Mit solitärem Fokus auf diesen individualisierenden Aspekt wäre kollegiale *"Selbstverwaltung (...)*

genossenschaftliche Verwaltung. Sie .. [wäre] Wahrnehmung der Gemeinschaftsaufgaben eines Verbandes Gleichberechtigter (...)" (Kreutzer 1957: 256, Ausl. u. Erg. ie). Doch jeder Demokratie sind auch Kräfte immanent, die destruktiv wirken (vgl. Kap. 7.3.1). Demgemäß wies Steiner darauf hin, dass in einem sozialen Organismus aus individuell denkenden und handelnden Menschen zugleich *„Absterbekräfte"* oder *„Niedergangskräfte"* (GA 83: 284) existieren: *„Aber nun, das muß immer wieder und wiederum festgehalten werden, trägt der soziale Organismus, der kleine oder der große, neben den aufsteigenden Kräften auch immer die Niedergangskräfte in sich. Und so trägt alles, was wir in das soziale Leben hineinpulsieren lassen, zu gleicher Zeit seine Zerstörungskräfte in sich"* (ebd.: 294). Leber (1974: 59; 1972: 452) formuliert dies mit konkretem Bezug auf den demokratischen Aspekt: *„Dort, wo jeder gleichrangig und gleichberechtigt neben dem anderen steht, tritt elementar das Bedürfnis bei jedem einzelnen auf, den anderen zu übertrumpfen, zu überwältigen, ‚gleicher' als der andere zu sein."* Steiner (GA 188: 243) konstatierte in diesem Bewusstsein: *„Demokratie enthält immer das Ferment zum eigenen Untergang, wenn sie nicht zu gleicher Zeit den Keim zu wirklicher Menschenschätzung enthält."*

Arrondierend zu den Prinzipien der Gleichheit und Gleichberechtigung bedurfte es deshalb in der kollegialen Selbstverwaltung eines harmonisierenden Gegenpols, um *„eine fortwährende Heilung .. im sozialen Organismus"* (ebd. GA 83: 294, Ausl. ie) zu gewährleisten – die interessengeleitete Wertschätzung des jeweils anderen respektive *„(...) die Anerkennung des anderen Menschen mit anderen Vorstellungen, Empfindungen und Strebungen"* (Leber 1974: 59, Ausl. ie). Auf diese Weise sollte einem dominierenden und damit das Gemeinschaftliche gefährdenden Individualisierungsstreben entgegen gewirkt werden. Denn *„dort wo neben dem Gleichheitsprinzip anerkannt wird, daß im Anderen ein Wesen lebt, das denselben Ursprung und dieselbe Bedeutung hat wie ich selbst, liegt die polare und notwendige Ergänzung zum demokratischen Prinzip vor"* (ebd.). Steiner bezeichnete dieses ergänzende Prinzip als ein „republikanisches" und stellte es namentlich dem „demokratischen" voran. Damit wies er auf das über das Demokratische Hinausweisende unmissverständlich hin. Während so das Demokratische auf die Unabhängigkeit von Weisungen „von oben" und auf die individuelle Handlungsfreiheit und schließlich auf ein „*Raumschaffen für freie Initiative und Sachkompetenz*" (Schmelzer 1991: 237) verwies, betonte das Republikanische die „*Anerkennung der grundsätzlichen Gleichstellung aller Mitglieder*" (ebd.) und damit das Respektieren der Individualität des jeweils anderen. In diesem Sinne betonte Steiner (GA 330: 265) vehement und nachdrücklich „*die republikanisch-demokratische Einrichtung des Lehrerkollegiums*". Als schillernde Bezeichnung verwandte Steiner (GA 300: 7) alternativ auch den Ausdruck der „*Lehrerrepublik*". Mit der so gedachten „republikanisch-demokratischen" Verfassung wurde simultan das Freiheitlich-Individuelle wie auch das Gemeinschaftlich-Soziale erfasst und gewürdigt. Das Arbeitsprinzip der kollegialen Selbstverwaltung der ersten Waldorfschule verfügte somit über eine „*eigentümliche Verfassung*" (Leber 1972: 450).

Aufgrund der erwähnten „*Absterbekräfte*" bzw. „*Niedergangskräfte*" (Steiner GA 83: 284) in einer demokratischen Gruppe würde demgemäß eine einseitige Betonung von individuellen (antisozialen) Handlungsfreiheiten im alltäglichen kollegial selbstverwaltenden Handeln einen sukzessiven Zerfall der Gemeinschaft bewirken. „*Indem sich die Organisation den Bestrebungen der einzelnen öffnet, muß neben den antisozialen Kräften, die zu Divergenzen und Auflösungen führen, bewußt ein Prozeß der Gemeinschaftsbildung stattfinden, der die Gruppe durch das Bewußtsein und nicht durch die äußere Struktur, nicht durch Bewußtseinsentlastung, sondern -steigerung zusammenhält*" (Leber 1974: 73f.). Nach Steiner führe diese Bewusstseinssteigerung zu einer Überwindung des eigenen Ich (Egoismus) und ermögliche den Respekt und die Anerkennung des Vorstellungslebens des jeweils anderen. Steiner (GA 193: 60f., Ausl. u. Erg. ie) bezeichnete dies als „*gegenseitige Gedankenvorurteilslosigkeit*" und verstand diese als fundamentale Voraussetzung für eine funktionierende soziale Gemeinschaft: „*Ich bin als ein vorurteilsvoller Mensch geboren und muß mir die Gedankenvorurteilslosigkeit im Leben erst erwerben. Und wodurch kann ich sie hier erwerben? Einzig und allein dadurch, daß ich nicht nur Interesse entwickele für dasjenige, was ich selber denke, was ich selber für richtig halte, sondern daß ich selbstloses Interesses entwickele für alles, was Menschen meinen und was an mich herantritt, und wenn ich es noch so sehr für Irrtum halte. Je mehr der Mensch auf seine eigenen eigensinnigen*

Meinungen pocht und sich nur für diese interessiert, desto mehr entfernt er sich in diesem Augenblicke der Weiterentwicklung ... [zur Gedankenvorurteilslosigkeit]. Je mehr der Mensch soziales Interesse entwickelt für das des anderen Menschen Meinungen, auch wenn er sie für Irrtümer hält, je mehr der Mensch seine eigenen Gedanken beleuchtet durch die Meinungen der anderen, je mehr er hinstellt neben seine eigenen Gedanken, die er vielleicht für Wahrheit hält, jene, welche andere entwickeln, die er für Irrtümer hält, aber sich dennoch dafür interessiert, desto mehr erfüllt er im innersten seiner Seele (...) [die Gedankenvorurteilslosigkeit]. (...) Wir finden .. [diese] aber nicht, wenn wir egoistisch in uns bleiben mit unseren Gedanken, sondern nur, wenn wir unsere Gedanken messen mit den Gedanken der anderen Menschen, wenn wir unser Interesse erweitern in unserer Toleranz für alles Menschliche, wenn wir uns sagen: Durch die Geburt bin ich ein vorurteilsvoller Mensch, durch meine Wiedergeburt aus den Gedanken aller Menschen heraus in einem umfassenden sozialen Gedankengefühl werde ich denjenigen Impuls in mir finden (...). Wenn ich mich nicht als den Quell alles dessen, was ich denke, nur selbst betrachte, sondern wenn ich mich als ein Glied der Menschheit bis in das Innerste meiner Seele hinein betrachte, dann ist ein Weg ... [zur Gedankenvorurteilslosigkeit] gefunden. (...) Ernste Selbsterziehung dadurch, daß wir uns einen Sinn für das Rechnen auf die Gedanken des anderen aneignen, daß wir dasjenige korrigieren, was wir als unsere eigene Richtung von selbst in uns tragen, an Unterhaltungen mit den anderen, es muß das eine ernste Lebensaufgabe werden." Steiner setzte – neben der Fähigkeit zum eigenen schöpferischen Denken – somit ein uneingeschränktes und wahrhaftes Interesse an der jeweils einzigartigen Individualität des Mitmenschen voraus. Doch könne ein Mensch die Ideen und Gedanken eines anderen nur in deren unverfälschten subjektiven Ursprünglichkeit wahrnehmen, wenn dieser für das Verstehen des Wesens des anderen eine Zuhilfenahme von Begriffen seines eigenen Geistes unterlasse, da diese Wahrnehmungen darstellten, die bereits durch sein eigenes Denken geprägt sind (vgl. Kap. 6.1.1.4). *"Beim Verstehen einer freien Individualität handelt es sich nur darum, deren Begriffe, nach denen sie sich ja selbst bestimmt, rein (ohne Vermischung mit eigenem Begriffsinhalt) herüberzunehmen in unseren Geist. Menschen, die in jede Beurteilung eines anderen sofort ihre eigenen Begriffe einmischen, können nie zu dem Verständnisse einer Individualität gelangen. So wie die freie Individualität sich frei macht von den Eigentümlichkeiten der Gattung, so muss das Erkennen sich frei machen von der Art, wie das Gattungsmäßige verstanden wird"* (Steiner GA 4: 178). Die Überwindung des eigenen Ich sollte nach Steiner (GA 186: 93) durch dessen bewusste Reflexion angestrebt werden, deren Notwendigkeit sich aus den genuin veranlagten Vorurteilen gegenüber Mitmenschen bzw. einer menschlich wesenstypischen Abwehrhaltung gegenüber den Ansichten Andersdenkender (antisozialer Trieb) ableite: *„Gewissermaßen tritt uns jeder Mensch als ein Feind unseres Vorstellens, als ein Feind unseres Denkens entgegen. Wir müssen unser Denken schützen gegen den anderen. Das bedingt, daß wir in bezug auf das Vorstellen, auf das Denken in hohem Grade antisoziale Wesen sind und uns zu sozialen Wesen überhaupt nur erziehen können. Würden wir nicht durch Erziehung, durch Selbstzucht, durch die Notwendigkeit, in der wir leben, dieses fortwährende Abwehren des anderen Menschen treiben müssen, dann könnten wir durch unser Denken soziale Wesen sein. Aber weil wir es treiben müssen, müssen wir vor allen Dingen uns klar sein, daß wir soziale Wesen erst werden können, durch Selbstzucht werden können, daß wir es aber als denkende Menschen von Natur aus zunächst nicht sind."* Das Antisoziale im Menschen (im Sinne von nicht-gemeinschaftlich oder egoistisch) betrachtete Steiner somit als naturgegeben und das Soziale als einen bewussten und für das Funktionieren kollegialer Selbstverwaltung notwendigen Entwicklungsprozess. Denn das soziale Gefüge einer kollegial selbstverwaltete Organisation sei nur dann funktionsfähig, *„(...) wenn jeder Mitarbeitende bereit ist, gemeinsam mit dem anderen einen Weg der Bewußtseinserhellung und des wechselseitigen Lernens zu gehen"* (Leber 1974: 74, Ausl. ie; vgl. Kap. 7.3.1) – im Sinne einer *„lebendigen Fortbildung"* (Robert 1999: 146). Kollegiale Selbstverwaltung beweist sich somit faktisch im vorhandenen Ausprägungsgrad des wahrhaften Interesses an bzw. der individuellen Fähigkeiten zur Vorurteilslosigkeit gegenüber den Gedanken des jeweils anderen sowie der Toleranz der Gültigkeit unterschiedlicher Sichtweisen. *„Der Verzicht auf Einheitlichkeit wird zugleich zu einem solchen, in dem sich erweisen muß, ob durch Vorurteilslosigkeit Sozialität geschaffen werden kann"* (Leber 1974: 74). Auf diesen

Grundgedanken basieren Steiners (GA 4: 119, Ausl. ie) Maxime des freien Menschen: *"Leben in der Liebe zum Handeln und Lebenlassen im Verständnisse des fremden Wollens (...).*"[109]

Inbesondere im konferierenden Miteinander strebte Steiner ein solches Gleichgewicht zwischen den Polen der Individualität und Sozialität (bzw. Gattung) an. Steiners soziales Denken war so von diametral gegenüberstehenden Grundwerten geprägt, welche sich in allen seinen grundlegenden Ansätzen wiederfinden. Diese Polarität von Individualität und Sozialität kann damit als ein übergreifendes Prinzip Steiners verstanden werden, das sich wie ein „roter Faden" durch seine Gedankenansätze zieht. Der Gesamtentwurf äquilibriert sodann das Divergierende von Individualismus einerseits und Sozialbezug andererseits. Diese Tendenzen sind nicht als antinomisch aufzufassen, vielmehr bedingen sich beide gegenseitig und verbinden sich schließlich zu einem schlüssigen Ganzen.

Steiner (ebd.: 175) legte seinen polaren Prinzipien von Individualität und Sozialität Folgendes zugrunde: *„Der Ansicht, dass der Mensch zu einer vollständigen in sich geschlossenen, freien Individualität veranlagt ist, stehen scheinbar die Tatsachen entgegen, dass er als Glied innerhalb eines natürlichen Ganzen auftritt (Rasse, Stamm, Volk, Familie, männliches und weibliches Geschlecht), und dass er innerhalb eines Ganzen wirkt (Staat, Kirche und so weiter). Er trägt die allgemeinen Charaktereigentümlichkeiten der Gemeinschaft, der er angehört, und gibt seinem Handeln einen Inhalt, der durch*

---

[109] Dietz (2014a; 2014b; 2010; 2009a; 2008b; Kap. 4.2.2.3) greift diese „Gedankenvorurteilslosigkeit" von Steiner mit seinen oszillierenden Prinzipien der „geistigen Produktivität" und „freien Empfänglichkeit" auf: Steiner habe auf vielfältige Weise und mit *„immer wieder neu formulierten und sehr eindrücklichen Hinweisen"* (ebd. 2009a: 392) die Relevanz dieses Sozialprinzips betont (vgl. ebd. 2008a: 53ff.) – und das *„schon in Vorbereitung der Schulgründung 1919"* (ebd.: 390). Die Balance zwischen Produktivität und Empfänglichkeit gehöre zu den *„inneren Lebensbedingungen"* (ebd.: 394) einer Waldorfschule und sei im Rahmen kollegialer Selbstverwaltung von herausgehobener Bedeutung. Dietz (2006) eruiert dies unter einer *„dialogischen Schulführung an Waldorfschulen"*. Bei konsequenter Umsetzung dieses Prinzips sei eine formal-strukturelle Ordnung vollständig substituierbar. *„Die Selbstverwaltung der freien Schule kennt keine Vorschriften im Inneren, sondern gegenseitige Beratung. Dass Gemeinschaft gelingen kann, beruht dann auf dem Prinzip von geistiger Produktivität und freier Empfänglichkeit statt auf Rechten und Pflichten. (...) Durch das Bemühung um Produktivität und Empfänglichkeit stellt sich vielmehr eine Ordnung ein, die unverbrüchlicher ist als diejenige, die durch Strukturen oder Vorschriften je hergestellt werden könnte – eine geistige Ordnung, die auch die seelische Disposition und das soziale Verhalten der Beteiligten einbezieht"* (ebd. 2009a: 395f., Ausl. ie).

den Platz, den er innerhalb einer Mehrheit einnimmt, bestimmt ist." Der Mensch sei Teil eines Ganzen und selbst ein Ganzes und gliedere sich wiederum in ein Ganzes ein. Dieser könne sich nicht „ent-individualisiert" in der Gemeinschaft auflösen und auch nicht als ein rein Ich-bezogenes und isoliertes Individuum (Monade) existieren. *„Kein Mensch ist vollständig Gattung, keiner ganz Individualität",* so Steiner (ebd.: 178). Dadurch, dass das Individuum Teil eines Ganzen ist, seien sein Dasein und sein Handeln durch die Charakteristika der Gemeinschaft geprägt, denn *„das Glied eines Ganzen wird seinen Eigenschaften und Funktionen nach durch das Ganze bestimmt"* (ebd.: 175). Durch seine Zugehörigkeit zu einer Gemeinschaft trage der Mensch neben seiner Individualität ebenso etwas Gattungsmäßiges in sich, das durch die menschliche Gesamtheit definiert wird. Doch bedeute dies nicht, dass der Mensch ein *„Sklave des Gattungsmäßigen"* (ebd.: 176) sei und gefangen im *„elementarsten Stadium"* (ebd.) lediglich seiner *„Naturanlage nach"* (ebd.) handeln und entscheiden könne. *„Von diesem Gattungsmäßigen macht sich .. der Mensch frei. Denn das menschlich Gattungsmäßige ist, vom Menschen richtig erlebt, nichts seine Freiheit Einschränkendes (...)"* (ebd.: 175, Ausl. ie). Ebenso, wie der Mensch Teil eines Ganzen sei, sei dieser auch ein Individuum mit der Befähigung, gemäß seiner Natur und seiner Bedürfnisse eigenständig zu entscheiden: *„Der Mensch entwickelt Eigenschaften und Funktionen an sich, deren Bestimmungsgrund wir nur in ihm selbst suchen können. Das Gattungsmäßige dient ihm dabei nur als Mittel, um seine besondere Wesenheit in ihm auszudrücken. Er gebraucht die ihm von der Natur mitgegebenen Eigentümlichkeiten als Grundlage und gibt ihm die seinem eigenen Wesen gemäße Form"* (ebd.). Dadurch erhalte der (gattungsmäßige) Mensch ein individuelles Gepräge, und sein Denken und Handeln könne so nicht mehr mittels der Gesetzmäßigkeiten der menschlichen Gattung erklärt werden, welche das Individuelle nicht erfassten. *„Wer die Menschen nach Gattungscharakteren beurteilt, der kommt eben gerade bis zu der Grenze, über welcher sie anfangen, Wesen zu sein, deren Betätigung auf freier Selbstbestimmung beruht",* so Steiner (ebd.: 177), denn *„wir haben es mit einem Individuum zu tun, das nur durch sich selbst erklärt werden kann. (...) Da, wo das Gebiet der Freiheit (des Denkens und Handelns) beginnt, hört das Bestimmen des Individuums nach Gesetzen der Gattung auf"* (ebd.: 176, Ausl. ie). Die Erfassung des Individuums mit dessem Besonderheiten sei nur durch eine Fokussierung des einzelnen Menschen möglich. *"Wie der einzelne zu denken hat, lässt sich nicht aus irgendeinem Gattungsbegriffe ableiten. Dafür ist einzig und allein das Individuum maßgebend. Ebenso wenig ist aus allgemeinen Menschencharakteren zu bestimmen, welche konkreten Ziele das Individuum seinem Wollen vorsetzen will. Wer das einzelne Individuum verstehen will, muss bis in dessen besondere Wesenheit dringen, und nicht bei typischen Eigentümlichkeiten stehen bleiben. In diesem Sinne ist jeder einzelne Mensch ein Problem"*, so Steiner (ebd.: 177f.). Mit „Problem" meinte Steiner ein Auffassen des Gebenen – und somit auch des Menschen – als ein „Rätsel", für das individuell nach Antworten gesucht werden muss (vgl. Kap. 6.1.1.4). Mit Bezug auf die kollegiale Selbstverwaltung bedeutet der erläuterte Mechanismus, dass alles Individuelle eine Berechtigung hat und als solches wahrgenommen werden muss, da dieses nicht durch Allgemeingültiges erfasst werden kann. So gebührt jedem individuellen (aus dem Gattungsmäßigen der Gemeinschaft herausgelösten) Gedanken eine gleichgewichtige Geltung und stellt einen ebenbürtigen Beitrag zu einem sich schließlich wieder formierenden Gemeinsamen dar.

Steiner (GA 31: 257) betrachtete damit den *"Individualismus als das soziale Ideal"*.[110] Der individuelle Mensch, der sich vom Gattungsmäßigen befreit hat, gliedere sich wiederum in eine Gemeinschaft ein und bereichere diese durch seine individuellen Beiträge. Eine wahrhafte Individualität werde derjenige sein, der weder allgemeinen Ideen sein individuelles Gepräge aufsetzt noch seine individuellen Wahrnehmungen im unspezifischen Allgemeinen auflöst (vgl. Steiner GA 4: 75f.). Während sich das Individuelle durch ein menschliches Entwicklungsstreben auszeichne, werde dieses zugleich an einen höheren gemeinschaftlichen Zusammenhang – oder in Schneiders (1982: 159) Diktion: an eine *"Universalität"* – angebunden und dadurch eine Überwindung des Egoismus' erzielt (vgl. Schmelzer 1991: 57). Hierzu merkte Steiner (GA 259:

---

[110] Diesen Gedanken greift Steiner (GA 31: 255f.) im *"Soziologischen Grundgesetz"* auf, wonach jegliche kulturelle Entwicklung von der freien Entfaltung des Individuums abhängt: *„Die Menschheit strebt im Anfange der Kulturzustände nach Entstehung sozialer Verbände; dem Interesse dieser Verbände wird zunächst das Interesse des Individuums geopfert; die weitere Entwicklung führt zur Befreiung des Individuums von dem Interesse der Verbände und zur freien Entfaltung der Bedürfnisse und Kräfte des Einzelnen."*

342, Ausl. ie) an, „(...) daß eben Anthroposophie doch fordert, daß man herauskommt über alles auch bloß im erkenntnismäßigen Sinne Egoistische. Der Mensch kann ja natürlich wie andere Lebewesen egoistisch sein. Anthroposophie aber und Egoismus vertragen sich nicht."[111]

6.2.4.2 Entscheidungsfindung durch Konsens

Die Gleichstellung des Einzelnen (Individualität) und die „gegenseitige Gedankenvorurteilslosigkeit" (Sozialität) berücksichtigend wurde in der ersten Waldorfschule die Entscheidungsfindung und Beschlussfassung im Rahmen der Konferenzen idealerweise an dem Prinzip der Einmütigkeit und somit des einstimmigen Konsens' ausgerichtet. Das bedeutete, dass „(...) *Entschlüsse in kontroversen Beratungen nur zustandekommen sollen, wenn eine Minderheit sich hinter die Auffassung der Mehrheit stellt, indem sie ihre Bereitschaft bekundet, trotz gegensätzlicher Auffassung einen Beschluss ‚mitzutragen'"* (Götte 2006: 219, Ausl. ie). Jeder individuelle Standpunkt sollte gleichberechtigt gehört und nicht übergangen werden. *„Es liegen zwei Vorschläge vor. Wir müssen darüber die Debatte führen. Oder wenn ein weiterer Vorschlag ist, muss dieser Vorschlag gemacht werden"*, so Steiner (GA 300: 729). An anderer Stelle: *„Ich möchte Sie bitten, sich zu äußern, inwieweit Sie einverstanden oder nicht einverstanden sind, oder überhaupt etwas zu sagen haben zu dem Vorgebrachten"* (ebd.: 726). Die individuellen Einwände waren jedoch stets mit dem Bezug auf das übergeordnete Organisationsziel (sachlicher Bezug; vgl. Kap. 6.2.3.2) und das gemeinsame Bewusstsein (geistiger Bezug; vgl. Kap. 6.2.3.3) zu sehen.

Nach dem Phasenmodell von Harslem und Schubert (1988: 175f.) führt der Weg zur Einmütigkeit über vier Schritte: In der ersten Phase wird die inhaltliche Festlegung, die Zielformulierung sowie die Bestimmung der Betroffenen vorgenommen. In der zweiten Phase findet eine umfassende Information aller Beteiligten durch den Vortrag von detaillierten Aspekten, individuellen Meinungen

---

[111] Diesen Zusammenhang thematisiert Steiner (GA 34: 34) im *„Sozialen Hauptgesetz"*: *„Das Heil einer Gesamtheit von zusammenarbeitenden Menschen ist umso größer, je weniger der einzelne die Erträgnisse seiner Leistungen für sich beansprucht, das heißt, je mehr er von diesen Erträgnissen an seine Mitarbeiter abgibt, und je mehr seine Bedürfnisse nicht aus seinen Leistungen, sondern aus den Leistungen der anderen befriedigt werden."*

und Urteilen statt. Die dritte Phase stellt den objektiven Urteilsprozess dar, der auf der Grundlage des gemeinsam erarbeiteten Informationstands erfolgt. In der vierten Phase, die nach einer Pause von einem Tag bis einer Woche im Sinne einer Zäsur anläuft, werden hieraus gemeinsam Kriterien entwickelt. Das Prinzip der Einmütigkeit stellt zugleich einen inneren Lernprozess eines jeden Beteiligten und einen gemeinsamen Erziehungsprozess des Gesamtkollegiums dar.[112] *„Einmütigkeit ist dann erreicht, wenn jeder einzelne sich hinter eine Entscheidung stellen kann und bereit ist, ihre Konsequenzen mitzutragen"*, so Harslem und Schubert (ebd.). Der Prozess bis zur Einmütigkeit ist dadurch gekennzeichnet, dass jedem Einzelnen in jeder erdenklichen Phase auf dem Weg zur Entscheidungsfindung das Recht eines Vetos obliegt, wenn dieser die eingeschlagene Richtung als nicht vertretbar und verantwortbar erachtet. Hierzu sensibilisierte Steiner (GA 300: 725f.) nachdrücklich: *„Das sind zwei Meinungsäußerungen. Wenn nun schon diese zwei Meinungsäußerungen aufgetaucht sind, (...) nachdem man sich bereits geeinigt hat, (...) dann ist es ein um so größerer Gegensatz (...)."* An anderer Stelle: *„Ich bitte schon so viel um Ehrlichkeit in der Aussprache. Ich habe wiederholt aufgefordert und lange Zeit verzogen, um eine Aussprache dieses Kontravorschlages zu ermöglichen. Ich fordere noch einmal auf, sich auszusprechen über die Sache"* (ebd.: 731). Somit konnten alle Beteiligten zu jeder Zeit argumentative Korrekturen erwirken, sodass der Entscheidungsprozess an einem früheren Punkt wieder aufgenommen wurde. Nach Steiner (ebd.: 735) sollte dieses Veto jedoch nicht willkürlich erfolgen, sondern nur, wenn es sachlich begründet werden konnte: *„Es ist .. meine Meinung, dass, wenn man einen solchen Gegenvorschlag macht, man ihn begründen soll."*

Steiner (ebd.: 734) forderte und förderte die geistig produktive Beteiligung eines Jeden bei der Erörterung relevanter Themen sowie die argmentative Vertretung eigener Standpunkte. *„Wir müssen ehrlich uns aussprechen. Darauf kommt es an, dass jeder seine festbegründete, innere Meinung hat."* Zu dieser individuellen Sichtweise sollte der Einzelne überzeugt stehen und diese – auch

---

[112] Das Phasenmodell ist an Steiners Schulungsweg zur Erlangung höherer Bewusstseinsstufen angelehnt. Vgl. insbesondere die Werke *„Philosophie der Freiheit"* (GA 4), *„Wie erlangt man Erkenntnisse höherer Welten?"* (GA 10) und *„Geheimwissenschaft im Umriß"* (GA 13).

gegenüber einer andersdenkenden Mehrheit – repräsentieren können. Steiner (ebd.: 733) versuchte auf diese Weise zu vermeiden, dass die Meinung eines anderen aus Bequemlichkeit angenommen wurde, nur *„um die Sache loszukriegen"*. Hierzu Steiner (ebd.: 731f., Ausl. ie) in einer Konferenz: *„Man kann nicht zu gleicher Zeit sagen, ich stelle einen Gegenantrag und erkläre von vornherein, dass ich damit (mit dem ersten Vorschlag) einverstanden bin. Ich bitte, nicht alles zu vertuschen. Wenn Sie über eine Sache nicht einig sind, so gestehen Sie das zu. Aber das Vertuschungssystem darf nicht weitergehen. (...) Wenn (...) Sie einen Gegenantrag vorbringen, dann sehe ich nicht ein, wo dann noch ein Quentchen Ernst liegt, wenn Sie selbst dafür sind, über Ihren Antrag zur Tagesordnung überzugehen."* So sollte zwar grundsätzlich jedes individuelle Argument diskursiv aufgegriffen, doch zugleich vermieden werden, nicht hinreichend begründete Kriterien als Veto in den kollektiven Beratungsprozess einzubringen, da deren Berücksichtigung eine Gefahr der Ergebnislosigkeit von Diskursen inhärierte. *„Das sind Dinge, vor denen einem der Verstand stillstehen muss. Entweder haben Sie einen Grund, einen Gegenvorschlag zu machen, oder Sie haben keinen Grund"*, so Steiner (ebd.: 732) in diesem Kontext. Denn das Ziel bei der Aufnahme kontroverser und individuell begründeter Aspekte in einen Diskurs lag nicht darin, alles nur Erdenkliche zur Sprache gebracht zu haben, sondern in einem prozessualen Weg *„von dem einzelnen Standpunkt hin zu einem gemeinsamen"* (Harslem/Schubert 1988: 172) zu finden. Als es um die Wahl des Verwaltungsrats in der ersten Waldorfschule ging (vgl. Kap. 6.1.3.2), unterstrich Steiner (GA 300: 730) in diesem Sinne: *„Die Sache ist so: dieser Verwaltungskörper sollte aus dem Kollegium hervorgehen, angesichts der Art, wie neulich darüber gesprochen worden ist. Ich sagte schon neulich, ich könnte ja auch, nach dem, wie wir die Waldorfschule eingerichtet haben, selbst diesen Ausschuss designieren, möchte es aber nach dem Erfahrenen nicht tun, sondern möchte, dass dieser Verwaltungskörper hervorgeht aus dem Willen des Lehrerkollegiums selbst."* Durch diese bewusste Mitgestaltung und -bestimmung der Entscheidungsprozesse in allen Phasen und in individueller Klarheit wurde die Freiheit und Mündigkeit des Einzelnen zum Ausdruck gebracht, was Steiner (GA 300: 198, Ausl. ie) stets betonte: *„Sie müssen spüren, wie ich durchaus immer bestrebt bin und* *bestrebt sein werde, im Einklange mit jedem einzelnen dasjenige zur Entscheidung zu bringen, was durch mich zur Entscheidung zu bringen ist (...)."* Das Ideal Steiners stellte somit das Einbringen eines eigenständigen menschlichen Denkens dar und damit einer schöpferischen Geistestätigkeit in den Beratungsprozess im Vorfeld einer Entscheidungsfindung. Ein freies und rein aus dem eigenen Ich entsprungenes Denken (Intuition) könne nach Steiner jedoch nicht von jedem und/oder in jeder thematischen Situation erreicht werden. Als eine gleichwertige Alternative zu einer selbst erlangten Erkenntnis betrachtete er daher den verständigen Nachvollzug der Ideen anderer bei den zu diskutierenden Fragestellungen. So unterschied Steiner zwei mögliche Zugänge zu einem konsensualen Ergebnis bei Beschlüssen.

Der erste Zugang umfasst einen spezifischen anthroposophischen Schulungsweg, durch den eine Entwicklung des menschlichen Bewusstseins und somit eine Ausbildung von Intuitionsfähigkeit erlangt werden soll (vgl. Steiner GA 10; GA 13). Steiner (GA 10: 8) bezeichnete den auf dieser Ebene Wirkenden als *„Geistesforscher"*. In der Form eines Leitsatzes umschrieb Steiner (GA 26: 14) dessen „Forschungsfeld" wie folgt: *„Anthroposophie vermittelt Erkenntnisse, die auf geistige Art gewonnen werden. Sie tut dies aber nur deswegen, weil das tägliche Leben und die auf Sinneswahrnehmung und Verstandestätigkeit gegründete Wissenschaft an eine Grenze des Lebensweges führen, an der das seelische Menschendasein ersterben müßte, wenn es diese Grenze nicht überschreiten könnte. Dieses tägliche Leben und diese Wissenschaft führen nicht so zur Grenze, daß an dieser stehengeblieben werden muß, sondern es eröffnet sich an dieser Grenze der Sinnesanschauung durch die menschliche Seele selbst der Ausblick in die geistige Welt."*[113] Die Erfahrung der geistigen Natur des Menschen wird in der Anthroposophie so zum Ausgangspunkt eines

---

[113] Als Methode des anthroposophischen Schulungswegs sah und beschrieb Steiner die Meditation. Meditation ist eine geistige Konzentrationsübung, bei der durch spezielle „Seelenübungen" (Steiner GA 267; GA 268) eine Überwindung von Physischem (Wahrnehmen) und Geistig-Seelischem (Denken) (vgl. ebd. GA 147: 99), von Wachheit und Schlaf (vgl. ebd. GA 305: 81) erreicht werden soll. Steiner skizzierte verschiedene Meditationsmethoden. Beispielsweise führt es in seiner Schrift *„Wie erlangt man Erkenntnisse der höheren Welten?"* (GA 10) einige grundlegende Meditationen wie die *„Samenkorn-Meditation"* auf, in seiner *„Geheimwissenschaft im Umriß"* (GA 13) expliziert er die Methode der *„Rosenkreuz-Meditation"*, weitere grundlegende Beispiele finden sich in *„Ein Weg zur Selbsterkenntnis des Menschen"* (GA 16).

Erkenntnisweges, der schließlich die gesamte Außenwelt des Menschen-Ich erfasst. Dieser Schulungsweg solle ermöglichen, ein „schauendes Bewusstsein"[114] auszubilden (vgl. ebd. GA 13: 145). *„Er muß das gegenwärtige Bewußtsein mit dem erfüllen, was ein anderes Bewußtsein, das in die Geist-Welt schaut, erkennen kann. (...) Im Geist-Erkennen ist alles in intimes Seelen-Erleben getaucht. Nicht nur das geistiges Anschauen selbst, sondern auch das Verstehen, das das nicht-schauende gewöhnliche Bewußtsein den Ergebnissen des Schauenden entgegenbringt. (...) Es ist so, daß, was innerhalb des Begreifens der physischen Welt bloß in Begriffen als Wahrheit oder Irrtum sich auslebt, der geistigen Welt gegenüber Erlebnis wird"*, so Steiner (ebd.: 4f.). Auch wenn hier ein Prozess der individuellen Erkenntnis angesprochen ist, geht es nicht um subjektive Ansichten, sondern um das sich aus einer Subjektperspektive vollziehende Gewahrwerden einer objektiv-wesenhaften geistigen Welt. *„Diese anthroposophische Weltanschauung kommt auf die individuellste Weise zustande und ist zu gleicher Zeit das Unindividuellste, das sich überhaupt nur denken läßt. (...) In der menschlichen Individualität muß der Inhalt der Welt erlebt werden auf die individuellste Art, aber zu gleicher Zeit muß er erlebt werden mit einem Charakter vollständiger Unpersönlichkeit. (...) – Das ist nämlich das Eigenartige anthroposophischer Wahrheit, daß der Beobachter keine eigene Meinung, keine Vorliebe für diese oder jene Theorie haben darf, daß er durchaus nicht durch seine besondere individuelle Eigentümlichkeit diese oder jene Anschauung mehr lieben darf als eine andere. Solange er auf diesem Standpunkte steht, ist es unmöglich, daß sich ihm die wahren Weltgeheimnisse offenbaren. Er muß ganz individuell erkennen; aber seine Individualität muß so weit gediehen sein, daß sie nichts mehr von dem Persönlichen, also auch von dem ihm individuell Sympathischen und Antipathischen hat. Das muß streng und ernsthaft genommen werden. Wer noch irgendwelche Vorliebe hat für diese oder jene Begriffe und Anschauungen, wer durch seine Erziehung, durch sein Temperament zu dem oder jenem hinneigen kann, der wird niemals die objektive Wahrheit erkennen"* (ebd. GA 117: 155f., Ausl. ie).

---

[114] Mit diesem Begriff knüpft Steiner an Konzeptionen wie der „intellektuellen Anschauung" im deutschen Idealismus (vgl. Tilliette 2015) oder des intuitiven Verstandes in Korrespondenz mit der *„anschauenden Urteilskraft"* bei Goethe an (vgl. 2002: 30ff.; auch Schieren 1998).

Im ersten der von Steiner (GA 26: 14, Ausl. ie) skizzierten anthroposophischen Leitsätze heißt es: *„1. Anthroposophie ist ein Erkenntnisweg, der das Geistige im Menschenwesen zum Geistigen im Weltenall führen möchte. (...) Anthroposophen können daher nur Menschen sein, die gewisse Fragen über das Wesen des Menschen und die Welt so als Lebensnotwendigkeit empfinden, wie man Hunger und Durst empfindet".* Um den anthroposophischen Schulungsweg einschlagen zu können, sei somit ein Streben nach geistiger Erkenntnis als inneres Herzensbedürfnis erforderlich, sodass der Ursprung dieses Weges in einem Bedürfnis gesehen wird, das den Menschen existentiell in seinem Denken, seinem Fühlen (Gemüt) bis in seine Leiblichkeit hinein („wie Hunger und Durst") erfasst. Steiner (GA 10: 7) wies jedoch darauf hin, dass nicht jeder Mensch das im ersten anthroposophischen Leitsatz beschriebene Bedürfnis und/oder die Fähigkeit zur Erforschung des Geistigen besitzen könne: *„Ein schauender Mensch kann nicht ein jeder augenblicklich werden."* Und nicht jeder Mensch sei empfänglich für die Erforschung des Geistigen. *„Wer auf diese Seelentiefen nicht hinhören will, der wird Ausführungen über die sinnlichen Welten naturgemäß ablehnen. Doch gibt es eben Menschen, deren Zahl wahrhaft nicht gering ist, welche unmöglich sich taub gegen die Anforderungen dieser Tiefen verhalten können. Sie müssen stets an die Pforten klopfen, welche nach der Meinung der anderen das ‚Unfaßbare' verschließen",* so Steiner (GA 13: 10). Wenn jemand mit einem nicht-schauenden Bewusstsein annehme, dass das Geistige nicht erschlossen werden kann, so hemme dieser sein geistiges Schauen und schließlich sein diesbezügliches Verstehen. *„Diese Verständlichkeit bleibt nur dann aus, wenn man sich selbst Hindernisse vor sie legt. Wenn man die Vorurteile, die die Zeit aus einer falsch aufgefassten Naturanschauung von ‚Grenzen des Erkennens' sich gebildet hat, zu den eigenen macht"* (ebd.: 4). Sind jedoch diese Erkenntnisse durch einen hierzu Befähigten gewonnen, könnten diese auch den Sinneswahrnehmungen der übrigen Menschen zugängig werden, sofern sie diesen mit *„gesunder Urteilskraft in wirklich unbefangener Weise"* (ebd. GA 10: 7) begegneten. *„Aber dem unbefangenen nicht-schauenden Bewusstsein ist das Geschaute voll verständlich, wenn es der Schauende bis in die Gedankenform hineinbringt. Es ist verständlich, wie dem Nicht-Maler das fertige Bild des Malers verständlich ist. Und* zwar ist das Verständnis der Geist-Welt nicht das künstlerisch-gefühlsmäßige wie bei einem Kunstwerk, sondern ein durchaus gedankenmäßiges wie der Naturerkenntnis gegenüber" (ebd. GA 13: 5). Als zweiten Zugang für einen Konsens bei Beschlüssen sah Steiner somit die Möglichkeit, dass die durch einen Befähigten gewonnenen Erkenntnisse der Geistesforschung übermittelt und auch den „Nicht-Geistesforschern" zugänglich gemacht werden. Nach Steiner (GA 300: 195, Ausl. ie) sei es demnach denkbar, „(...) dass Forschungsresultate vorliegen, die nach bestimmten Richtungen hin vielleicht nur von demjenigen, der sie in einer solchen Weise vertritt, zunächst bekanntgegeben werden können; die selbstverständlich verstanden werden können, wenn sie einmal ausgesprochen sind, die aber eben von einem oder einigen erst als ihre Forschungsresultate ausgesprochen werden müssen." Der Weg zur eigenen Erkenntnis gestalte sich anspruchsvoll und sei langwierig, während das Verstehen vorliegender Forschungsresultate in kurzer Zeit vollzogen werden könne (vgl. ebd.: 196). Doch nahm Steiner hiermit keine Klassifizierung in eine privilegierte und nicht-privilegierte Menschengruppe vor. „Das ganze Verhältnis, in dem man solche Wahrheiten aufnimmt, ist nicht dasjenige auf Autorität hin, aber es ist ein solches, das in einer gewissen Weise anerkennt, dass aus einer solchen Quelle solche Dinge geschöpft werden können", so Steiner (ebd.: 195f.). An anderer Stelle: „Betont muß werden, daß es sich beim höheren Wissen nicht um Verehrung von Menschen, sondern um eine solche gegenüber Wahrheit und Erkenntnis handelt" (ebd. GA 10: 22). So werde eine Ermöglichung des Zugangs zu den Erkenntnissen der Geistesforschung für alle Menschen geschaffen. Steiner (ebd.: 7, Ausl. ie) bezeichnete es als einen irrtümlichen Glauben, „(...) dass die Mitteilungen der Geisteswissenschaft für den wertlos seien, der nicht Neigung oder Möglichkeit hat, diesen Weg selbst zu gehen. Um die Tatsachen zu erforschen, muss man die Fähigkeit haben, in die übersinnlichen Welten hinein zu treten. Sind sie aber erforscht und werden sie mitgeteilt, so kann auch derjenige, welcher sie nicht selber wahrnimmt, sich eine hinreichende Überzeugung von der Wahrheit der Mitteilungen verschaffen. (...) Solche Menschen können aber gleichwohl fühlen, welchen Wert diese Erkenntnisse für das Leben haben, auch wenn sie sie nur aus den Mitteilungen der Geistesforscher erfahren." Dadurch seien die

Erkenntnisse der Geistesforschung nicht nur für die hierzu befähigten Menschen utilitär, sondern erwiesen sich auch im Alltag als anwendungstaugliche Forschungsergebnisse.

Neben der Beschreibung des Weges zur höheren Erkenntnis strebte Steiner so auch die Vermittlung deren Resultate an Nicht-Geistesforscher sowie die Verdeutlichung deren Plausibilität an. Demgegenüber könne ein Nicht-Geistesforscher das Vorgehen des Geistesforschers zur Erlangung seiner Erkenntnisse durchaus auditieren und dessen Präzision und Schlüssigkeit beurteilen: *„Die Schilderung des Pfades in die höheren Welten macht auf mich einen solchen Eindruck, dass ich verstehen kann, warum die mitgeteilten Tatsachen mir einleuchtend erscheinen"*, so Steiner (ebd.: 9). Allerdings werde sich *„ein anderer Teil der geisteswissenschaftlichen Mitteilungen ... mehr oder weniger dem bloßen Verstandesurteile entziehen. Aber es wird unschwer derjenige ein rechtes Verhältnis auch zu diesem Teile gewinnen können, welcher einsieht, dass nicht nur der Verstand, sondern auch das gesunde Gefühl ein Richter über die Wahrheit sein kann"* (ebd.: 8, Ausl. ie). Der Nicht-Geistesforscher könne demnach zu einem adäquaten Gefühlsurteil und logischen Schluss hinsichtlich der Bewahrheitung einer durch einen Geistesforscher dargebotenen Erkenntnis gelangen, indem dieser unbefangen die übermittelten Erkenntnisse auf sich wirken lasse. *„Solche Menschen können aber gleichwohl fühlen, welchen Wert diese Erkenntnisse für das Leben haben, auch wenn sie sie nur aus den Mitteilungen der Geistesforscher erfahren"* (ebd.). So könne zwar nicht jeder ein Geistesforscher werden, *„(...) eine recht gesunde Lebensnahrung sind aber die Erkenntnisse ... für jedermann. Denn anwenden im Leben kann sie jeder. (...) Die Erkenntnisse ... erweisen sich, richtig im Leben angewendet, nicht unpraktisch, sondern im höchsten Sinne praktisch"* (ebd.: 8f., Ausl. ie). Im Rahmen eines Beratungsprozesses im Vorfeld einer Entscheidungsfindung können folglich auch Nicht-Geistesforscher fruchtbare Beiträge erbringen, die einen abschließenden Konsens ermöglichen, auch wenn diese nicht durch eine eigene schöpferische Geistestätigkeit erzielt wurden, sondern auf einem verständnisvollen Nachvollzug von durch einen anderen gewonnene und dargestellte Erkenntnisse gründen.

Personalführung 273

6.2.4.3 Entscheidungsdifferenzierung und Ablaufstrukturierung

In der ersten Waldorfschule wurde das Prinzip der Einmütigkeit vornehmlich bei Entscheidungen in sachlich-pädagogischen sowie die Schule betreffenden Grundsatzfragen angewandt. Auch wenn der konsensuale Beschluss als Ideal grundsätzlich dessen Geltung fand, wird an einigen Stellen der Konferenznachschriften ersichtlich, dass Steiner dieses Prinzip sporadisch durchbrach. Im Zusammenhang mit der Wahl eines vorbereitenden Kreises für die Einrichtung eines Verwaltungsrats ließ er in einer der Konferenzen beispielsweise eine Zettelwahl durchführen (vgl. Steiner GA 300: 720). Insbesondere als es bei der Einberufung dieses Vorbereitungskreises zu Kontroversen bezüglich bereits einmütig getroffener Entscheidungen kam, agierte Steiner disziplinarisch durch die Anwendung eines Majoritäts- anstelle des Einmütigkeitsverfahrens bei den darauf folgenden Entscheidungsfindungen. So veranlasste Steiner (ebd.: 736) für die Abstimmung über die personelle Zusammensetzung des Verwaltungsrats optional eine Akklamation oder Zettelwahl: *„Wir kommen zu dem Vorschlag, die drei Herren ins Verwaltungskollegium zu berufen. Wir kommen zur Abstimmung über diesen Antrag selbst. Da der Antrag so vorliegt, möchte ich formell Sie bitten, wünschen Sie nun über diesen Antrag per Akklamation abzustimmen oder auf Zetteln?"* Auf den Vorschlag einer Akklamation erwiderte Steiner (ebd.): *„Ich bitte diejenigen, welche dafür sind, dass die drei Herren ins Verwaltungskollegium berufen werden, die Hand zu erheben."* Steiner (GA 300: 737f., Ausl. ie) führte in dieser Weise fort: *„Dann kommen wir über die anderen Vorschläge des Komitees zur Debatte. Es war vorgeschlagen, dass das Dreierkollegium gewisse Agenden der inneren Vertretung der Schule übernehmen solle. (...) Bitte sich zu äußern, was Sie zu diesem Punkte zu sagen haben. Sind Sie damit einverstanden, dass diese Agenden dem Verwaltungskollegium übertragen werden? Wer damit einverstanden ist, bitte ich, die Hand zu heben. – Es ist angenommen. (...) Wir kommen dazu, abzustimmen darüber, ob der Verkehr mit den Behörden, Gegenzeichnung der Schriftstücke usw. diesem Kollegium übertragen werden soll. Diejenigen, die dafür sind, bitte ich, die Hand zu erheben."* Steiner ging auf diese Weise sämtlich Aspekte zur äußeren Vertretung der Schule durch und ließ über jeden Punkt einzeln abstimmen mit einer anschließenden Gegenprobe: *"Sie haben nach jeder speziellen Debatte zugestimmt. Ich möchte den ganzen Block noch einmal abstimmungsgemäß behandeln (...). Und ich möchte Sie bitten, en bloc abzustimmen. Ich stimme der Ordnung halber noch einmal ab über alle die bisher besprochenen Gebiete. – Es ist also angenommen"* (ebd.: 739, Ausl. ie).

Dieses disziplinarische Vorgehen Steiners aufgrund der Unsicherheiten bei der Äußerung eigener Urteile kann als Hinweis gewertet werden, dass er mit der Anwendung des Einmütigkeitsprinzips zugleich eine Verantwortung forderte und voraussetzte, den individuellen Standpunkt zu gegebener Zeit tatsächlich einzubringen sowie überzeugt zu vertreten, sodass Beschlüsse ernsthaft aus dem Konsens des Kollegiums entstehen können und keiner erneuten Hinterfragung bedürfen. Dies unterstrich Steiner (ebd.: 736f.) mit folgender Aussage: *„Ich habe mich immer bemüht, einen gewissen familiären Ton anzuschlagen. Es kann ja sein, dass wir zu dem wieder zurückkommen. Dann dürfen nicht gewisse Diskrepanzen da sein, die unausgesprochen bleiben. Außerdem schadet es nicht, wenn man sich einmal durch eine Probe auf dieses Parlamentarische ein wenig der Präzision bequemt. Die muss unter uns herrschen."* Konsensual angelegte Entscheidungsprozesse dienten somit nicht dazu, sämtliche Unschlüssigkeiten zu artikulieren, sondern mit sachgerechten, präzisen Standpunkten zielführend zu argumentieren. In der Praxis wurden schließlich Beschlüsse gefasst und ausgeführt, die sowohl auf einer vollständigen Zustimmung basierten als auch durch eine überzeugende Majorität befürwortet wurden. Somit erfolgte in den Konferenzen der ersten Waldorfschule eine Entscheidungsdifferenzierung in der Form verschiedener Abstimmungsmodi, wobei grundlegende Anliegen durch das gesamte Kollegium einmütig und weniger fundamentale Entscheidungen auch kurzfristig per Akklamation oder Zettelwahl beschlossen wurden. In jedem Fall bedurfte es jedoch einer bewussten Haltung.

Insbesondere hinsichtlich der Aufgaben der Schulverwaltung bzw. -führung zeigte sich schnell, dass Entscheidungen im großen Gremium des Gesamtkollegiums nur unzureichend effizient und nicht sinnvoll zu lösen waren. Da diese Funktionen keine Nebensächlichkeiten darstellten und somit präzise behandelt werden mussten, schlug Steiner für diesen Bereich die Institutionalisierung eines „zeitlich alternierenden Führungskomitees" (Verwaltungsrat) vor, sodass die Leitungsaufgaben auf wenige Personen delegiert wurden (vgl. Kap. 6.1.3.2). So ergab sich darüber hinaus eine weitere Entscheidungsdifferenzierung in der Form einer Delegation von Aufgaben an einen Kreis von Stellvertretern. Der Beschluss über die Einrichtung eines solchen Kreises bedingte wiederum die konsensuale Zustimmung des gesamten Kollegiums, worin sich das Prinzip der Einmütigkeit ausdrückte. Jeder sollte hinter den durch die Repäsentanten stellvertretend getroffenen Entscheidungen stehen und diese verantworten sowie den designierten Personen grundlegendes Vertrauen entgegenbringen können. Steiner (ebd.: 712, Ausl. ie) erachtete somit das Einverständnis und die Akzeptanz des gesamten Kollegiums als fundamentale Voraussetzung, *„(...) weil wirklich nur durchführbar ist, was hier gemeint ist, wenn es im Einklänge mit den Willensmeinungen eigentlich des ganzen Kollegiums oder doch der überwiegenden Majorität des Kollegiums inauguriert wird. (...) Es handelt sich darum, dass diese Sache in voller Harmonie mit dem gesamten Kollegium gemacht wird."* Unter Beachtung der paritätischen Stellung der Lehrer sollte eine solche Regelung ausschließlich im Einvernehmen aller beschlossen werden und keinerlei Unstimmigkeiten nach sich ziehen: *„Selbst wenn jemand etwas zu sagen hat, von dem er glaubt, dass es im weitesten Umfang missfallen könnte, bitte ich, auch diese Sache vorzubringen"*, so Steiner (ebd.: 713).

Parallel zu dem Ideal des einstimmigen Konsens' erfolgte im Rahmen kollegialer Selbstverwaltung somit eine Differenzierung von Entscheidungen mittels auf Vertrauen basierenden Delegationen von Arbeitsaufgaben an designierte Stellvertreter der Gesamtheit, die in deren Sinne und Wohle handelten. Steiner (ebd.: 716) begründete dies mit einer schnelleren und einfacheren Bearbeitung von entsprechenden Entscheidungen in einem dazu abberufenen und zahlenmäßig überschaubaren Kreis: *„Weil er sich beschäftigt hat mit den Fragen, könnte man, falls das Vertrauen zu diesem Kreis besteht, meinen, dass man ihn mit der Ausarbeitung dieser Sache betraut. Im Kollegium diese Frage zu behandeln, ist komplizierter, als sie von einem Kreis behandeln zu lassen, der das Vertrauen des Kollegiums hat."*

Darüber hinaus entwickelte sich die Notwendigkeit einer Ablaufstrukturierung der Konferenzen. Da im Laufe der Zeit die Fragen der Schulverwaltung bzw. -führung zunahmen, beanspruchten diese oftmals einen Großteil der zur Verfügung stehenden Konferenzzeit. So bestand die Gefahr, dass inhaltlich-pädagogische Themen zu knapp und oberflächlich behandelt wurden, während administrative Anliegen dominierten. Die Zusammenkünfte des Kollegiums erachtete Steiner als essentiell für eine funktionierende kollegiale Selbstverwaltung („Herz" oder „Seele" des Organismus'; vgl. Kap. 6.2.2.2). In deren Rahmen sollte alles angesprochen werden können, was die Lehrer beschäftigt. Um dies zu berücksichtigen, konnte der Gang der Konferenzen nicht freiwüchsig sich selbst überlassen werden, sodass Steiner (ebd.: 778f.) vor diesem Hintergrund für eine zeitliche Verortung formaler Themen an das Ende der Konferenzen plädierte: *„Die Verwaltungsangelegenheiten werden wir uns bemühen, nicht vor die Konferenz zu bringen."* Zunächst sollten die Zusammenkünfte den Lehrern einen diskursiven Raum zur Besprechung akuter Themen des Schullebens ermöglichen: *„Und dazu wäre es notwendig, damit die .. Lehrerkonferenz recht fruchtbar ausfallen würde, dass Sie sich also wirklich nach allen Seiten aussprechen würden. Ich meine nicht, dass bloß über den Stundenplan geredet werden soll. Das soll zuletzt ein Ergebnis sein. Aber es wäre wünschenswert, wenn wirklich die einzelnen Mitglieder des Kollegiums sich restlos über all das aussprechen würden, was sie zu sagen haben"*, so Steiner (ebd.: 560, Ausl. ie).

6.2.4.4 Kollegiale Harmonie und gegenseitiges Vertrauen

Anstelle von Direktiven eines Schulleiters oder einer formellen Struktur fungierte in der kollegialen Selbstverwaltung der ersten Waldorfschule das gegenseitige Vertrauen des Kollegiums als Grundlage der Zusammenarbeit, auf das Steiner demgemäß einen besonderen Fokus legte (vgl. Lehrs 1988: 37). Als es um die Bildung eines vorbereitenden Kreises (Komitees) für die Einrichtung des Verwaltungsrats (Führungsgremiums) ging, betonte Steiner (GA 300: 714f., Ausl. u. Erg. ie) in diesem Sinne: *„Nun würde ich natürlich fragen müssen, was das Kollegium sagt zu diesem Komitee, das sozusagen aus sich selbst heraus sich gebildet hat. (...) Denn natürlich, wenn dieses Komitee das* volle Vertrauen des Lehrerkollegiums hat, dann würden wir die Sache [Einrichtung des Verwaltungsrats] leicht leisten." Dieser vorbereitende Kreis sollte sich damit beschäftigen, wie die Verwaltung der Schule konkret geordnet werden kann. „Das Komitee, das diese Fragen ausarbeitet, muss diese Dinge studieren, um Vorschläge für die Verwaltung zu machen (...)" (ebd.: 720). Jedoch sollte dieser Kreis nur dessen Tätigkeit aufnehmen, insofern dies vom gesamten Kollegium affirmiert wurde (Einmütigkeit). „Es handelt sich nur darum, die Vertrauensfrage zu stellen, ob man den Kreis für befähigt hält, Vorschläge zu machen", so Steiner (ebd.: 719). Die Delegation von Entscheidungen basierte somit nicht auf formellen Regelungen und Hierarchien, sondern ausschließlich auf einer zwischenmenschlichen Vertrauensfrage. „(...) Und da ja von vorneherein betont werden muss, dass die Sache aus der vollen Harmonie kommen muss, so wollte ich als Primärfrage die gestellt haben, ob dieser Kreis das Vertrauen des Kollegiums genießt, dass er in dieser Angelegenheit Vorschläge macht für die definitive Gestaltung. (...) Hat dieser oder ein erweiterter Kreis das Vertrauen des gesamten Kollegiums soweit, dass er für die eigentliche Regelung für eine nächste Konferenz Vorschläge machen könnte?", so Steiner (ebd.: 716, Ausl. ie) nachdrücklich.

Das Vertrauen sollte dadurch entstehen, „(...) dass man ein Komitee einsetzt, von dem man voraussetzt, dass es mit Prüfung der Tatsachen unter voller Verantwortlichkeit seine Vorschläge macht" (ebd.: 733, Ausl. ie). Hierzu Steiner (ebd.: 730, Ausl. ie) an anderer Stelle: „Dieser Weg ist der, dass wir einem vorbereitenden Komitee die Prüfung der Sache übertragen haben, weil man annimmt, dass ein vorbereitendes Komitee besser Vorschläge macht als diejenigen, die es aus dem Kopf heraus machen. (...) Von diesem Komitee nehmen wir an, dass es die Vorschläge nach reiflicher Überlegung und Verantwortung macht." Durch die vorangestellte einmütige Abstimmung über den Vollzug einer Entscheidungsdifferenzierung (Delegation) wurde dem designierten Kreis eine angemessene Aneignung von Sachkunde zugesprochen sowie die kollektive Überzeugung proklamiert, dass dieser im Sinne aller das anvertraute Anliegen verantwortlich vorbereiten und eine verlässliche Informationsgrundlage für das übrige Kollegium erarbeiten wird. „Wir haben das Vertrauen, dass es nach reiflicher Prüfung seinen Vorschlag gemacht hat. Nach diesem

Vertrauen würden wir die Verifizierung oder Verwerfung machen müssen", so Steiner (ebd.: 728).

Der Stellenwert einer vertrauensvollen Beziehung – insbesondere bei der Entscheidungsdelegation – spiegelt sich auch in Fragen wider, die Steiners Status bzw. Verhältnis zu den Lehren in der ersten Waldorfschule betreffen. Prinzipiell sah sich Steiner als ein gleichgestelltes Mitglied des Kollegiums. Seine Ansichten und seine Stellung erzielten ausschließlich auf der Basis der Akzeptanz des gesamten Kollegiums Gültigkeit. Was er an Ratschlägen vortrug, bedurfte der Einsicht der Zuhörenden; dass er Ratschläge geben durfte, gründete auf dem ihm gegenübergebrachten Vertrauen. *„Die Stellung Steiners ist also nicht auf einer äußeren Position oder Rolle begründet, ja nicht einmal auf einer aus der Vergangenheit herrührenden Anerkennung, sondern allein auf dem zwischen den Lehrern und ihm gegenwärtig waltenden Vertrauen"* (Leber 1974: 122). So beschrieb Steiner (GA 300: 197) seine Verbindung zur Lehrerschaft in einer Konferenz wie folgt: *„Wir sind eben in jenem Entwickelungsstadium der Menschheit, in dem es notwendig ist, daß immer mehr und mehr Freiheitsimpulse aus den dazu reifen Menschen in die Welt gesetzt werden. Wir dürfen gerade dasjenige, was die Welt aus dem Geiste heraus vorwärtsbringen will, wenn wir so arbeiten, wie Lehrer arbeiten müssen, wir dürfen das unter keinen Umständen auf ein seelisch aufgezwungenes Autoritatives aufnehmen. Alles muß aufgenommen werden ideal auf den guten Willen, auf die Einsicht des Zuhörers, daß derjenige, der spricht über die Dinge, nach dem Gefühl des Zuhörers etwas zu sagen hat. Ein anderes Verhältnis darf nicht bestehen. Jedes andere Verhältnis beeinträchtigt die Wirkung, wenn es sich darum handelt, daß auf Grundlage solcher Mitteilungen und solcher Zuhörer äußere Arbeit geleistet wird, äußere Arbeit, die dann im Zusammenwirken der Menschen geleistet werden kann. Wenn da der Geistesforscher mitwirkt, dann muß das ganze Verhältnis auf dieses autoritativ-freie Aussprechen und freiheitliche Zuhören aufgebaut sein. Anders dürfen auch die äußeren Verhältnisse nicht aufgebaut sein. Daher muß es bis zum letzten i-Tüpfel so sein, daß meine Stellung zum Lehrerkollegium diejenige ist, die nicht von mir oder von irgend jemand gewollt wird gegen den Willen irgendeines Mitglieds des Lehrerkollegiums, sondern die akzeptiert wird im innersten*

Herzen und gewollt wird vom Lehrerkollegium in seiner Gänze. Ob so etwas durch eine äußere Wahl dokumentiert wird oder nicht, darauf kommt es nicht an. Das innere Verhältnis muß ein solches sein." So wie das Denken des Einzelnen frei sein sollte (Intuition), so sollten dies auch die persönlichen Bezüge zwischen den Organisationsmitgliedern sein, und diese nicht durch überdauernde formell-strukturelle Anordnung festgeschrieben und erzwungen werden (vgl. Kap. 6.1.1.5). Anstelle von Direktiven sollte jeder Beschluss aufs Neue durch einen einsichtigen Nachvollzug aller vereinbart werden – ob im gemeinsamen Beratungsprozess oder durch das bekundete Vertrauen in die Entscheidungen der berufenen Stellvertreter.

Vor dem Hintergrund dieses vertretenen Standpunkts negierte Steiner (GA 300: 184, Ausl. ie) zugleich seine Wahl zum Vorsitzenden des Kollegiums: *„Ich meine, es könnte von vornehrein (...) ausgeschaltet werden diese Wahl von mir zum Vorsitzenden. Ich glaube nicht, daß durch den Statutenparagraphen in bezug auf mich das geringste geändert worden wäre. Dann bitte ich, sich daran zu erinnern, daß die Ernennungen neuer Lehrer eigentlich immer im Lehrerkollegium besprochen worden sind. Das würde ich weiter gerne so halten. Ich glaube, daß wenigstens Ideale mitzuarbeiten haben, und daß eigentlich die Sache so liegen müßte, daß das Lehrerkollegium voraussieht, daß man bei der Ernennung einiges durchschaut und daß man auf das Urteil etwas gibt. Mitteilen würde ich schon immer, was da geschieht. Ich würde niemals ausschließen, daß, wenn die eine Seite die entsprechenden Vorschläge macht, von mir auf diese Vorschläge eingegangen wird. Diese Dinge sind so, daß sie sich statutarisch nicht festlegen lassen. Wenn man es festlegt, so wird das die Sache nicht treffen. Dies soll vielleicht nichts anderes sein als ein bißchen Richtigstellung, damit nicht noch mehr Mißverständnisse gehäuft werden."* Steiner sicherte dem Kollegium eine kontinuierliche Berichterstattung seiner Absichten zu. Damit unterstrich er nicht nur seine prinzipielle Parität zum Kollegium in Bezug auf die Entscheidungsfindung bei Führungsfragen, sondern verdeutlichte ebenso die beschriebene notwendige Vertrauensbasis in den Beziehungen, die nicht fixiert werden kann, sondern bei jeder Entscheidung stets neu gebildet werden muss.

Ein solches Vertrauen setzte nach Steiner eine aufrichtige Harmonie im Kollegium voraus; umgekehrt benötige diese Harmonie das gegenseitige Vertrauen der Kollegen. Die Waldorfschule und damit die Lehrerschaft sollten „*als das Musterbild eines harmonischen Zusammenwirkens*" (ebd.: 694) dastehen. Jeder war aufgerufen, hierzu einen Beitrag zu leisten, denn die innere Harmonie stellte nach Steiner (ebd.: 718, Ausl. ie) das Fundament einer funktionierenden kollegial selbstverwaltenden Zusammenarbeit dar: „*Gedeihen kann die Waldorfschule nur dann, wenn das Kollegium harmoniert in sich. (...) Insofern das Kollegium repräsentiert den Gesamtstatus der Waldorfschule, hängt das Gedeihen der Waldorfschule von der inneren Harmonie im Kollegium ab.*" Damit meinte er nicht nur angemessene praktische Umgangsformen, sondern eine zwischenmenschliche Stimmigkeit auf Bewusstseinsebene. Steiner (ebd.: 1029ff., Ausl. ie) betonte in diesem Sinne, „*(...) dass es ja wirklich wichtig ist, dass in unserem Kollegium nicht nur die äußeren Verkehrsformen gesund sind, sondern auch die Untergründe des Zusammenwirkens. Wir können unmöglich wirken (...), wenn nicht alle Untergründe im Kollegium gesund sind, wenn nicht jeder mit dem anderen, und in und aus dem anderen wirkt.*"

Demgemäß wies Steiner (ebd.: 780, Aus. u. Erg. ie) vehement auf sich abbildende Disharmonien im Kollegium hin: „*Vieles (...) liegt wirklich auf dem Gebiete, das schon mehr Nachdenken erfordern würde, als man ihm hier in der Schule widmet: das gegenseitige Verkehren in der Lehrerschaft. (...) [Es] .. waltet über dem Lehrerkollegium, namentlich im gegenseitigen Verkehr, eine gewisse Kälte, eine Frostigkeit. Und nur dann können die Konferenzen Mißstimmung hervorrufen, wenn diese Frostigkeit eine zu große ist. Aber gegen diese Frostigkeit sollte wirklich angegangen werden bei allem, was gegenseitiger Verkehr der Lehrer ist.*" An anderer Stelle kritisierte er, dass unter der Lehrerschaft die Bezeichnung „*erste und zweite Verantwortlichkeit*" (ebd.: 718) kursiere, denn hierin sah er die Gefahr einer Spaltung in „*Kollegium und Kollegen-Cliquenbildung*" (ebd.). Solche Unstimmigkeiten gründeten auf einem mangelnden gegenseitigen Vertrauen und führten umgekehrt zu Misstrauen. Im Kontext der Einberufung des Vorbereitungskreises für die Wahl des Verwaltungsrats appellierte Steiner (ebd.: 718f., Ausl. ie) in diesem Sinne: „*Im Grunde genommen müsste das so sein, wenn sich irgendein Kreis bildet, dass man*

(...) keine Veranlassung hat, über ihn böse Dinge zu sagen. Denn hat man dazu Veranlassung, dann beginnen schlimme Zeiten im Lehrerkollegium. (...) Es handelt sich nur darum, die Vertrauensfrage zu stellen, ob man den Kreis für befähigt hält, Vorschläge zu machen. Wenn solche Worte fallen, da würde man nicht sagen, dass auch nur im Winzigsten ein Lehrerkollegium im Bilden begriffen ist. Das darf nicht sein. Hier muss lautere Harmonie herrschen." Vertrauen und daraus resultierende Harmonie seien jedoch nur möglich, wenn diese wahrhaftig sind. Hingegen entspräche eine künstlich produzierte bzw. vorgetäuschte Harmonie aufgrund eines Umgehenwollens kontroverser Ansichten bloß einer Illusion, die letztendlich zu Misstrauen im Kollegium führe. Dazu Steiner (ebd.: 733, Ausl. ie) im Kontext des Einsatzes des oben erwähnten Vorbereitungskreises: *„Das Misstrauen liegt darin, dass man ein Komitee einsetzt, von dem man voraussetzt, dass es mit Prüfung der Tatsachen unter voller Verantwortlichkeit seine Vorschläge macht. Dann wird ein Gegenvorschlag gemacht. (...) Das heißt, dass man einen Akt, den man selbst gemacht hat, so wenig ernst nimmt. (...) Das bedeutet ein Misstrauen für das Komitee. Die Sache so behandeln, dass wir bloß die Illusion erwecken wollen, dass wir harmonisch und einig sind, das bedeutet das Misstrauen gegen das Komitee."*

Harmonie bedeutete für Steiner also nicht das Vermeiden oder Supprimieren von Kontroversen und Konflikten. Vielmehr legte Steiner (ebd.: 734) – einhergehend mit der Bedingung des gegenseitigen Vertrauens und der inneren Harmonie – einen besonderen Wert auf einen ehrlichen Umgang und eine offene Aussprache der Meinungen im Kollegium: *„Auf dem Felde der Anthroposophie muss Ehrlichkeit und nicht Verwurzeltheit herrschen. Das ist, um was ich Sie bitte, einmal ernsthaft anzufangen, wenigstens hier, an der Stätte der Waldorfschule wenigstens aufrechtzuhalten, dass wir nicht über Disharmonien einfach in eine Atmosphäre von Augenzudrücken übergehen, dass wir uns ehrlich aussprechen. Ist es denn unmöglich, dass sich die Leute sagen, ich habe dies und jenes auf dem Herzen gegen dich, und man leidet sich deshalb nicht weniger gern, und arbeitet deshalb nicht weniger gern zusammen? Warum soll man sich nicht die Wahrheit unter die Augen sagen und trotzdem sich schätzen und achten?"* Steiner (ebd.: 718) thematisierte so eine sachlich bezogene Ehrlichkeit, die die persönliche Sphäre und privaten Verhältnisse nicht tangieren sollte: *"Es ist nicht möglich, dass jeder jedem ganz gleich sympathisch ist. Aber das ist seine Privatsache. Das ist etwas, was nicht ins Kollegium hineingehört."* Der berufliche und der private Umgang sollten demnach klar voneinander abgegrenzt werden und Sympathien oder Antipathien nicht in die Zusammenarbeit des Kollegiums hineinwirken. *"Unter- und Hintergründe bestehen, ich gebe mich keiner Illusion hin"*, so Steiner (ebd.: 734), doch unterstrich er die besondere Wichtigkeit einer funktionierenden Gemeinschaft auf der Basis eines ehrlichen Verkehrens: *"(...) Ich möchte Sie doch bitten, dass jeder, (...) seine unverhohlene Meinung sagt darüber, was sich, mehr innerlich als äußerlich, abgespielt hat"* (ebd.: 1031f., Ausl. ie).

6.3 Führungsverständnis

6.3.1 Antinomie von „Bürokratie" und „Verwaltung"

Insbesondere in Steiners Schriften und aufgezeichneten Vorträgen mit Bezug auf die Zusammenarbeit in der Waldorfschule wird deutlich, dass für den Führungsprozess der Schule oftmals auch der Begriff der „Verwaltung" verwendet wurde. Dies ist auf Steiners Differenzierung in „regierungsmäßig" und „verwaltungsmäßig" zurückführbar (vgl. Kap. 6.1.2.1) und sollte die distinkte Abwendung von einer „regierungsmäßigen" (autoritativ geführten) und eine überzeugte Hinwendung zu einer „verwaltungsmäßigen" (kollegial selbstverwalteten) Einrichtung der Schule zum Ausdruck bringen. Demgemäß betitelte Steiner das zeitlich alternierende Komitee zur Führung der ersten Waldorfschule als „Verwaltungsrat" (vgl. Kap. 6.1.3.2). Eine Schule zu führen bedeutet dann „eine Schule zu verwalten". Auch Leber (vgl. 1974: 153), der sich bei seinen Ausführungen eng an Steiners Vokabular orientiert, synonymisiert „Führung" und „Verwaltung". Dem Begriff „Selbst-Verwaltung" ist dann ein Führungsbezug immanent, sodass bei der Betrachtung organisationaler „Selbstverwaltungsabläufe" evidenterweise zugleich Führungsprozesse erfasst werden.

Diese Offensichtlichkeit wird jedoch kaschiert durch eine – vor allem in der Sekundärliteratur – polarisierende Darstellung von „Führung" und „Selbstverwaltung", wobei Selbstverwaltung in diesem Sinne Führung ausschließt. Hardorp (2013: 56ff.) erörtert diese Kontroverse unter dem widersprüchlich

Führungsverständnis 283

anmutenden Titel: „Führung ohne Hierarchie". Das diametrale Verständnis basiert auf der historisch überlieferten Sichtweise auf die Strukturen einer Institution des Arbeitslebens: Zu der Zeit der Waldorfschulbegründung waren Unternehmen in der Regel nach den Prinzipien hierarchisch-monokratischer Führung ausgestaltet, wodurch sich die definitorische Auffassung von Führung als unidirektionaler Machteinfluss durch eine den übrigen Menschen höhergestellte Person erklärt. Nach dieser Sichtweise gehörte der Führende „... *zur Spitze einer Elite und entwickelte oft übermenschliche Züge oder zumindest ein solches Selbstverständnis"* (Hardorp 2013: 56, Ausl. ie). Führung bedeutete autoritative Steuerung und Kontrolle. Das hierzu adäquate organisationale Grundmodell wird als „Bürokratie" bezeichnet (vgl. Kap. 6.3.1). *„Als historisch entwickelte Struktur manifestiert die bürokratische Organisation gesellschaftliche Ungleichheit, Abhängigkeits- und Unterordnungsbeziehungen, kurz: bestimmte gesellschaftliche Machtverhältnisse; sie setzt sie voraus, bildet sie nach und verstärkt sie"* (Leber 1974: 115). Die Bürokratie spiegelt so die gesellschaftlichen Gegebenheiten auf institutioneller Ebene wider. *„Die bürokratische Organisation ist ein Herrschaftsmittel, das zuerst im gesellschaftlichen Herrschaftsapparat selbst, der Verwaltung, entstand (...). Diese enge Beziehung bürokratischer Strukturformen zum Zwecke der Herrschaftsausübung und -sicherung wurde und wird noch immer leicht vergessen, wenn man den Siegeszug bürokratischer Organisation auf ihre Zweckmäßigkeit zurückführt. Gewiß ist sie außerordentlich zweckmäßig, aber diese Zweckmäßigkeit ist keine unbedingte, sondern gilt nur unter spezifischen Umständen, zu denen insbesondere der angedeutete Herrschaftsbezug gehört (...)"* (Mayntz 1968: 13, Ausl. ie). Das gesellschaftliche Umfeld war seinerzeit geprägt von solchen Machtstrukturen: Gerade erst aus dem Herrschaftsgefüge der Kirche befreit rückten an dessen Stelle die hoheitlichen Einflüsse des Staates. Vor dem Hintergrund der dadurch induzierten revolutionären Auflehnung der Gesellschaft gegen dieses staatliche Machtmonopol wurden auch solche – die gesellschaftlichen Verhältnisse reflektierenden und fortführenden – institutionellen Hierarchiestrukturen abgelehnt (vgl. Brüll 1980: 13ff.; Gabert 1975: 16ff.; Kloss 1980: 83ff.; Schmelzer 1991: 143f., 1989: 638ff.; Selg 2012: 1269ff.; Strawe

2009: 5ff.). Die kategorische Negation von (konventioneller) Führung kann so mit deren vergangenen missbräuchlichen Umgang begründet werden. Die im Zusammenhang mit der ersten Waldorfschule etablierte kollegiale Selbstverwaltung umfasste demgegenüber ein gemeinschaftliches Miteinander (Genossenschaft) auf der Basis eines republikanisch-demokratischen Prinzips, sodass jeder involvierte Mensch paritätisch an den Führungsaufgaben mitwirkte. *„Während das Herrschaftsprinzip bürokratischer und hoheitlicher Verwaltung den Machthaber über den Adressaten setzt, d. h. in subordiniert, sind im Genossenschaftsprinzip beide identisch: der Adressat wirkt an der Willensbildung gleichberechtigt mit. So hebt sich in der genossenschaftlichen Verwaltung das herrschaftliche Prinzip durch die Identität von Machthaber und Machtunterworfenen auf"* (Leber 1974: 38). In diesem oppositionellen Sinne stand das Selbstverwaltungsprinzip für eine herrschaftsfreie Ordnung mit einer inhärenten Identität zwischen Verwaltenden und Verwaltetem und die monokratische Form (Amtsautorität) für eine restriktive Gewalthierarchie mit klar abgegrenzten Handlungsspielräumen für den Einzelnen. So wurde die bürokratische Organisation *„(...) normativ als im Widerspruch zu demokratischen Idealen stehend empfunden (...)"* (Mayntz 1968: 13, Ausl. ie). In diesem polaren Verständnis wurden etwaige Zwischenstufen von Führung ausgeblendet und eine lediglich die Extrempunkte der Autoritätsskala heranziehende Kontrastierung angewandt, die auch aktuell noch oftmals vorherrscht und damit eine Ablehnung von „Führung" rechtfertigt. Doch zeigte sich, dass im Kontext der kollegialen Selbstverwaltung in der ersten Waldorfschule Führung nicht pauschal negiert, sondern diese nur in deren traditionell monokratischen Ausprägung vermieden bzw. durch Alternatives ersetzt werden sollte.

6.3.2 Anthroposophisches Menschenbild

Das Führungsverständnis in der kollegialen Selbstverwaltung basiert auf dem anthroposophischen Menschenbild. Im allgemeinen Verständnis stellen Menschenbilder präformierte Annahmen oder Hypothesen über das Wesen und Verhalten des Menschen dar, um sein Handeln vorausschauender und abschätzbar zu machen (vgl. Bauer/Schieren 2015; Kap. 4.1.2). Im anthroposophischen Sinne wird der Mensch jedoch nicht schematisch, sondern in mannigfaltiger Detailliertheit begriffen, die sich in der Begegnung mit dem anderen Menschen oder auch mit sich selbst als individuell zu beantwortendes „Rätsel" stellt. Dazu Steiner (GA 57: 281, Ausl. ie): „*Wenn das also ohne Frage richtig ist, dass im allgemeinen des Menschen größtes Rätsel der Mensch selber ist, so muss auf der anderen Seite wiederum betont werden, was jeder von uns bei jeder Begegnung mit Menschen fühlt und empfindet, dass jeder einzelne Mensch im Grunde wieder ein Rätsel für den anderen und in den meisten Fällen für sich selber ist. Nicht mit den allgemeinen Daseinsrätseln haben wir es .. zu tun, wohl aber mit jenem für das Leben nicht weniger bedeutsamen Rätsel, das uns jeder Mensch bei jeder Begegnung aufgibt. Denn wie unendlich verschieden sind die Menschen in ihrem individuellen, tiefsten Innern!*"

Diese Mannigfaltigkeit wird nach Steiner in zweifacher Hinsicht begründet: Der Mensch erhalte seine besonderen individuellen Eigenschaften einerseits durch seine genetischen Anlagen (Leib), die er von seinen biologischen Vorfahren ererbt hat. „*Wir erfahren da, dass wir im Menschen zunächst dasjenige haben, wodurch der Mensch sich hineinstellt in seine Vererbungslinie. Er zeigt die Eigenschaften, die er ererbt hat von Vater, Mutter, Großeltern und so weiter. Diese Merkmale vererbt er wiederum auf seine Nachkommen. (...) Aber dasjenige, was er ererbt von seinen Vätern hat, gibt uns nur eine Seite der menschlichen Wesenheit. Hiermit verbindet sich dasjenige, was der Mensch aus der geistigen Welt mitbringt, was er zu dem hinzubringt (...)*" (ebd. GA 57: 282, Ausl. ie). Andererseits würden die menschlichen Eigenschaften somit von seiner „Biografie" (Geist und Seele) determiniert, die bereits in vorherigen Inkarnationen geprägt wurde. „*Mit dem, was da herunterfließt in der Generationsströmung, verbindet sich etwas anderes, das von Leben zu Leben, von Dasein zu Dasein geht. (...) Wir sehen aber, wenn wir einen Menschen von Kindheit an sich entwickeln sehen, wie sich aus dem Kern seiner Natur heraus das entwickelt, was die Frucht vorhergehender Leben ist, was er niemals von seinen Vorfahren ererbt haben kann*" (ebd.: 282f.; Ausl. ie). Dieser Teil sei der unvergängliche des Menschen. So müsse der Mensch „*... die Wiederholung einer anderen geistigen Wesenheit sein, aus deren Biographie die Seinige erklärbar wird, wie die physische Menschengestalt .. durch menschliche Fortpflanzung erklärbar ist. – So wie also die physische Menschengestalt immer* *wieder und wieder eine Wiederholung, eine Wiederverkörperung der menschlichen Gattungswesenheit ist, so muss der geistige Mensch eine Wiederverkörperung desselben geistigen Menschen sein. Denn als geistiger Mensch ist eben jeder eine eigene Gattung"* (ebd. GA 9: 58, Ausl. ie). Zu den ererbten physischen Eigenschaften des Leibes füge sich die geistige Komponente („Biografie") hinzu, die rein individuell und nur dem einen Individuum anhaftend sei. Diese könne folglich nicht an Nachkommen vererbt, lediglich innerhalb der Inkarnationen des eigenen Ich kontinuiert werden. Die geistige Gestalt unterscheide sich somit (im Gegensatz zur physischen) auch von den Vorfahren. Die „Biografie" habe ein Mensch eben aufgrund seines geistig-seelischen Wesenskerns. Wären ihm nur die leiblichen Eigenschaften vererbt, wäre er ein reines Gattungswesen.[115]

Neben der Mannigfaltigkeit verweist Steiner (GA 9: 74) auf die dynamische Entwicklungsfähigkeit der menschlichen Wesenheit aus anthroposophischer Sicht: *„Die Menschheitsentwicklung ist auf keiner Stufe abgeschlossen; sie muss immer weitergehen."* Auf der niedrigsten Stufe der Leiblichkeit folge der Mensch nur den Sinneswahrnehmungen, ohne diese mit eigenem Denken zu durchweben. *„Auch beim unentwickelten Menschen ist das bis zu einem gewissen Grade der Fall"* (ebd.: 34). Der Mensch werde dann von seinen leib-

---

[115] Die „Biografie" umfasst aus anthroposophischer Sicht somit mehr als die ubiquitär assoziierte äußere Lebensbeschreibung eines Menschen. Steiner (vgl. GA 34: 75ff.) bezeichnete diese als den Charakter des Seelisch-Geistigen eines Menschen, der neben seine vererbten Gattungsmerkmale tritt. *„So wie die physische Ähnlichkeit der Menschen klar vor Augen liegt, so enthüllt sich dem vorurteilslosen geistigen Blicke die Verschiedenheit ihrer geistigen Gestalten. (...) Sie besteht in dem Vorhandensein der Biographie eines Menschen. Wäre der Mensch bloßes Gattungswesen, so könnte es keine Biographie geben. (...) Wer über das Wesen der Biographie nachdenkt, der wird gewahr, dass in geistiger Beziehung jeder Mensch eine Gattung für sich ist. (...) Wird nun die Art oder Gattung im physischen Sinne nur verständlich, wenn man sie in ihrer Bedingtheit durch die Vererbung begreift, so kann auch die geistige Wesenheit nur durch eine ähnliche geistige Vererbung verstanden werden"* (ebd. GA 9: 56f., Ausl. ie). Hierzu weiterführend: *„Als physischer Mensch stamme ich von anderen physischen Menschen ab, denn ich habe dieselbe Gestalt wie die ganze menschliche Gattung. Die Eigenschaften der Gattung konnten also innerhalb der Gattung durch Vererbung erworben werden. Als geistiger Mensch habe ich meine eigene Gestalt, wie ich meine eigene Biographie habe. Ich kann also diese Gestalt von niemand anderm haben als von mir selbst. Und da ich nicht mit unbestimmten, sondern mit bestimmten seelischen Anlagen in die Welt eingetreten bin, da durch diese Anlagen mein Lebensweg, wie er in der Biographie zum Ausdruck kommt, bestimmt ist, so kann meine Arbeit an mir nicht bei meiner Geburt begonnen haben"* (ebd.: 57f.). Die Biografie könne als die im Erdenleben sichtbar werdende Spur der unvergänglichen menschlichen Individualität (unsterbliches Ich) verstanden werden.

lichen und sinnlichen Empfindungen geleitet, wobei letztgenannte aus seinem Inneren stammten und individuelle Vorlieben und Abneigungen sowie Gefühle der Lust und Unlust umfassten. *„Offenbarten die Gegenstände sich allein durch die Empfindung, dann könnte es keinen Fortschritt in der geistigen Entwicklung geben. (...) Die Reize der Außenwelt empfindet auch das Kind als Antrieb des Willens (...)"*, so Steiner (ebd.: 41, Ausl. ie). Würde nur diese Ebene als Grundlage zur Beurteilung des Menschen dienen, erfolgte ein Rückschluss auf sein Verhalten ausschließlich auf der Basis seines naturgegebenen Wesens und ohne Berücksichtigung seiner höheren geistigen Konstitution. Diese Sichtweise richte sich auf *„... den unentwickelten Menschen. Die Neigungen seiner Seele hängen an den Verrichtungen seines Leibes. (...) Seine Gedanken dienen nur der Befriedigung seines physischen Bedürfnislebens"* (ebd.: 44f., Ausl. ie). Leib und Seele stellten jedoch nur die einen Bedingungen dar, durch die der Mensch wirkt. *„Im Laufe seiner Entwicklung lernt er diese Werkzeuge immer mehr als Diener seines ‚Ich' gebrauchen"* (ebd.: 39). Die Leiblichkeit als unterste Stufe der menschlichen Wesenheit begrenze die Seele, während das Geistige von oben herunter auf die Leiblichkeit erweiternd wirke, sodass der Entwicklung des geistigen Teils des Menschen keine zeitlichen oder inhaltlichen Grenzen gesetzt seien. Es *„ .. muss festgehalten werden, daß diese ‚geistige Haut' sich fortdauernd mit der fortschreitenden menschlichen Entwicklung ausdehnt, so daß die geistige Individualität des Menschen (seine aurische Hülle) einer unbegrenzten Vergrößerung fähig ist"* (ebd.: 43, Ausl. ie). Je nach Entwicklungsstufe des Menschen könnten seine Wahrnehmungen durch das Denken von den persönlichen Empfindungen gelöst und in Richtung einer subjektunabhängigen und damit selbstständigen Wahrheit gelenkt werden. *„Wenn ein unentwickelter und ein entwickelter Mensch eine Pflanze ansehen, so lebt in dem Ich des einen etwas ganz anderes als in dem des zweiten. (...) Der Unterschied liegt darin, daß der eine sich weit vollkommenere Gedanken über den Gegenstand machen kann als der andere"* (ebd.: 41, Ausl. ie). Nur dem höher entwickelten Menschen seien tiefergehende Einblicke möglich. *„Die Naturgesetze offenbaren sich erst den von der Intuition befruchteten Gedanken des höher entwickelten Menschen"*, so Steiner (ebd.). Diese Art von Gedanken reiften erst im Laufe seiner kontinuierlichen Entwicklung, indem der Mensch im Geiste lebt und dessen Offenbarung verstehen lernt. Des Weiteren ist grundlegend, dass die anthroposophische Sichtweise dem Menschen die Fähigkeit zuspricht, ein höheres Bewusstsein erlangen sowie frei und eigenständig denken zu können. *"(...) Der Mensch kann noch ein anderes Bewusstsein in sich entwickeln als dasjenige, das durch die Leibeswerkzeuge bedingt ist"* (ebd. GA 20: 125, Ausl. ie). Dies begründete Steiner (ebd.: 124f., Ausl. ie) wie folgt: *"Zunächst ist das seelische Erleben des Menschen, wie es sich im Denken, Fühlen und Wollen offenbart, an die leiblichen Werkzeuge gebunden. (...) Das menschliche Seelenleben muss, um innerhalb der Sinneswelt sein Wesen voll zu erfüllen, ein Bild seines Wesens haben. Dieses Bild muss es im Bewusstsein haben; sonst würde es zwar ein Dasein haben; aber von diesem Dasein keine Vorstellung, kein Wissen. Dieses Bild, das im gewöhnlichen Bewusstsein der Seele lebt, ist nun völlig bedingt durch die leiblichen Werkzeuge. Ohne diese würde es nicht da sein (...). (...) Nicht die Seele ist von den Leibeswerkzeugen abhängig, sondern allein das gewöhnliche Bewusstsein der Seele. Die materialistische Ansicht von der menschlichen Seele verfällt einer Täuschung, die dadurch bewirkt wird, dass das gewöhnliche Bewusstsein, das nur durch die Leibeswerkzeuge da ist, mit der Seele selbst verwechselt wird. (...) Dieses Wesen der Seele kann also auch nicht in dem gewöhnlichen Bewusstsein gefunden werden; es muss außerhalb dieses Bewusstseins erlebt werden."* Die Entwicklung der höheren geistigen Ebenen des Menschenwesens erfolge jedoch nicht reflektorisch, sondern bedürfe eines bewussten Schulungswegs (vgl. Kap. 6.2.4.2). Geistige Entwicklung und höheres Denken würden somit weder von der Natur noch von außen bestimmt, sondern vollzögen sich durch die freie geistige Aktivität des Individuums. *"Den Gesetzen des Stoffwechsels ist der Mensch durch die Natur unterworfen; den Denkgesetzen unterwirft er sich selbst"* (Steiner GA 9: 25). Diese Bedingung betont die hier geltende individuell-freiheitliche Komponente. *"So stellt sich die Seele als das Eigene des Menschen der Außenwelt gegenüber. Er erhält von der Außenwelt die Anregung; aber er bildet in Gemäßheit dieser Anregungen eine eigene Welt aus. Die Leiblichkeit wird zum Untergrunde des Seelischen"* (ebd.: 24). Die sich formenden Denkgesetze im Geiste basierten so auf menschlicher Freiwilligkeit und Einsicht. *"Von den Gesetzen des Leibes wird es durch Naturwendigkeiten bestimmt; von den Gesetzen, die es zum richtigen Denken führen, lässt es sich bestimmen, weil es deren Notwendigkeit frei anerkennt"* (ebd.: 25). Steiner (GA 34: 104f., Ausl. ie) skizzierte die Entwicklung des menschlichen Geistes wie folgt: *"Er erwirbt sich das Wissen, die Kenntnis der Gesetze seiner Umwelt; mit anderen Worten: er vollbringt immer mehr mit Bewußtsein (...). Immer geringer wird der Zwang der Umwelt; immer mehr vermag der Geist sich selbst zu bestimmen. Der Geist aber, der sich aus sich selbst bestimmt, das ist der freie Geist. Ein Handeln im vollen hellen Lichte des Bewußtseins ist ein freies Handeln. (...) Die volle Freiheit des Menschengeistes ist das Ideal seiner Entwickelung. (...) Denn der Mensch ist im gegenwärtigen Zustande weder frei noch unfrei; sondern er befindet sich auf dem Wege zur Freiheit. Er ist teilweise frei, teilweise unfrei. Er ist in dem Maße frei, als er sich Erkenntnis, Bewußtsein des Weltzusammenhanges, erworben hat."* In dieser Relation sei es ihm möglich, einen frei denkenden Willen auszubilden.

Das anthroposophische Menschenbild betont demgemäß die Notwendigkeit einer einzelmenschlich ausgerichteten Sichtweise, die sich dadurch auszeichnet, dass diese den Mensch als einzigartiges Individuum anerkennt und als solches auch behandelt. Hingegen schließt dieses eine Kategorisierung des menschlichen Wesens (wie es diverse, insbesondere traditionelle Menschenbildkonzeptionen vornehmen) aus. *"Wenn wir so mit Lebensweisheit uns durchdringen, dann wird sich uns das Grundrätsel des Lebens, das uns der einzelne Mensch bietet, lösen können. Nicht dadurch ist es zu lösen, daß wir abstrakte Vorstellungen und Begriffe hinpfahlen. Das allgemeine Menschenrätsel kann man in Bildern lösen. Dieses einzelne Rätsel ist nicht durch das Hinpfahlen der abstrakten Vorstellungen und Begriffe zu lösen, sondern wir müssen jedem einzelnen Menschen so entgegentreten, daß wir ihm unmittelbares Verständnis entgegenbringen. Das kann man aber nur, wenn man weiß, was im Grunde der Seele ist"*, so Steiner (GA 57: 296). Ein in diesem Verständnis abgeleitetes Menschenbild begegnet diesem in dessen Vielschichtigkeit und Bestimmtheit aus sich selbst in einer freilassenden Weise. Nach Schneider (2006b: 302, Ausl. ie) entstehe so ein Bewusstsein für *"(...) ein wesenhaft abgestuftes, mehrschichtiges Menschenbild, das von der körperlichen Organisation der Sinnes- und Bewegungsorgane über die grundlegenden Kraftfelder des Seelischen (Temperamente) in die freiheitliche Zielsetzungsfähigkeit des Geistes einmündet."* Dabei wird der Fokus einerseits auf die Entelechie[116] und andererseits auf die freien Handlungsmöglichkeiten des Menschen gelenkt. Das Menschenbild der Anthroposophie integriert somit sowohl seine Mannigfaltigkeit, seine Entwicklungsfähigkeit, als auch seine Fähigkeit zum freien Denken (vgl. Kugler 2010; 1980). Demgemäß spricht Schneider sowohl von einem *„dynamischen"* (2006b: 302) als auch von einem *„freiheitlichen"* (2006a: 67) Menschenbild. *„Nur ein solches Menschenbild wird dem Menschen wirklich gerecht, das dynamisch aufgebaut ist, Entwicklungsgesetze und -schritte aufzeigt und dabei die menschliche Entscheidungsspanne (Freiheit) in der Polarität von Gut und Böse zugrundelegt"* (ebd.: 71). Vor dem Hintergrund eines solchen Menschenbildes begründet sich die alle Arbeitsgrundsätze kollegialer Selbstverwaltung durchdringende individuelleinzigartige Sichtweise auf den Menschen.

6.3.3 Kollektive Führung

Explizit über Führungsformen sprach Steiner erst spät (ab ca. 1923), doch in seinem Verhalten fand sein Führungsverständnis seit jeher Ausdruck. So können diverse Aspekte durch das wiederholte Auftreten in seinem Handeln und in seinen Hinweisen extrahiert werden (vgl. Dietz 1996: 55ff.). Es ging Steiner weder um monarchische (hierarchische) noch um partizipatorische Führung. *„Worum es in Wirklichkeit geht, ist so neu, daß es zugegebenermaßen nicht leicht und auf Anhieb zu verstehen ist"*, so Dietz (ebd.: 89). Am ehesten zu charakterisieren sei Steiners Führungsverhalten durch die Umschreibung: *„Anthroposophie tun"* (ebd.). So bleibt anzumerken, *„(...) daß ‚Führung' in diesem Zusammenhang etwas anderes bedeutet als dasjenige, was man traditionell darunter versteht"* (ebd.: 73, Ausl. ie).

---

[116] Unter „Entelechie" (griech. entelecheia) wird in der Philosophie etwas verstanden, das sein Ziel (telos) in sich selbst hat. Entelechie umfasst einerseits die Bedeutung der Reifegestalt, das heißt eines Individuums, das sein Ziel in sich trägt und so ein vollendetes Ganzes darstellt, andererseits des Innehabens von Vollendungspotential, das heißt von vollendeten Fähigkeiten als abrufbares Vermögen.

Nach Dietz (ebd.: 7) kann introduzierend festgehalten werden: *"Rudolf Steiner hat einen Führungsstil gepflegt, der dem Mitmenschen gar keine andere Möglichkeit ließ, als frei zu werden"*. Wie sich in den vorangehenden Kapiteln abbildete, bestand Steiners primäres Ziel in der Vermeidung von Gedanken- und Handlungsunfreiheit beim einzelnen Lehrer in seiner Arbeit und einer dementsprechenden Gestaltung und Pflege eines Milieus zur aktiven Förderung der Ideenbildung und des konkreten Tätigwerdens. Hierzu fokussierte Steiner stets das Menschlich-Individuelle und damit die subjektive Gesinnung, nicht das Allgemeine und Prinzipielle in Form statuierter Regeln in der Funktion von äußerlich festgelegten Maßstäben. Geistige Erneuerungen erwartete Steiner nicht nur, sondern protegierte diese auch, denn *"wo niemand etwas Produktives beiträgt, findet ein Geistesleben im eigentlichen Sinne nicht statt"* (ebd. 2009a: 391). Steiner prohibierte eine freie Initiative selbst dann nicht, wenn das Handeln von seinen Vorstellungen abwich, oder er dieses für falsch erachtete, da die Menschen ihre eigenen Erfahrungen sammeln und damit einhergehende Lernprozesse durchleben sollten (vgl. Schmelzer 1991: 260). Er sah in der Schöpfung individueller Ideen das priorisierte Ziel und vermied so jegliche geistige Lenkung oder Programmatik (vgl. Dietz 1996: 55ff.). In diesem Sinne affirmierte Steiner eine paritätisch angelegte kollektive Führungsweise in der kollegialen Selbstverwaltung, in deren Rahmen er jedem Lehrer nicht nur einen Beitrag zugestand, sondern echtes Interesse für seine geistige Produktivität zeigte und ihn stets zur Selbstständigkeit und eigenen Urteilsbildung aufforderte (vgl. Schmelzer 1991: 260). *"Jeder einzelne Mensch ist nicht nur als Individualität akzeptiert, sondern es wird mit seiner geistigen Aktivität im Konkreten gerechnet"* (Dietz 1996: 75). Denn Steiner intendierte mit seinem Führungsverhalten nicht das Verwalten oder Moderieren gegebener Zustände, sondern die Veränderung und Weiterentwicklung und so die Schöpfung von Erneuerungskräften (vgl. ebd.: 82ff.; Schmelzer 1991: 261). Eine autoritative Führungsweise und das Erteilen von Direktiven hätten Steiners Intention korrumpiert, sodass sich aus dieser eine kollektive Führungsform als unumgänglicher Imperativ ableitet.

Steiners *"Führungstätigkeit (...) fordert demgemäß eine große innere Beweglichkeit: es geht um eine ständige Oszillation zwischen eigenen Initiativen und Anregungen einerseits und darum, Initiativen anderer aufzunehmen und zu fördern"* (Dietz 1996: 88, Ausl. ie). So versuchte Steiner durch sein Verhalten die polare Opposition der persönlichen Freiheitlichkeit (Individualität) und der wirksamen Zusammenarbeit (Sozialität) nicht nur zu äquilibrieren, *„(...) sondern noch mehr: sie als zwei Seiten derselben Münze aufzuzeigen"* (ebd.: 75, Ausl. ie; vgl. Kap. 6.2.4.1). In der kollegialen Selbstverwaltung maß er jedem einzelnen Menschen eine gleichgewichtete Bedeutung zu und vermied jegliche Kollektivierung, sodass allgemeine Führungsstrategien keinen Platz gefunden hätten. Auch erachtete er sich selbst nicht als eine höhergestellte Gegenposition zur Lehrerschaft, die deren Tätigkeit einfordern muss. Vielmehr attribuierte er dieser ein grundsätzlich veranlagtes freiwilliges Engagement: *„Wer sich als Mitglied innerlich und äußerlich engagiert, tut das aus eigenem Willen"* (Dietz 1996: 76). So war das Verhältnis zwischen Steiner und den Lehrern als ein gegenseitiges zu betrachten, in dem keiner Anweisungen oder Vorschriften vom jeweils anderen erhielt. *„Niemand führt hier einen anderen! Wer hier persönliche Führung suchen würde (zum Beispiel nach Art eines Gurus), läge ganz falsch. Vielmehr gilt das Prinzip der Selbstführung. Jeder führt sich selbst in dem Maße, in dem er das kann. Wenn es gelingt, dann können (...) Formen der Zusammenarbeit gefunden werden, in denen man Selbstführung üben kann. Niemand ist hier ‚esoterischer'* [mit esoterisch ist hier die innere Haltung gegenüber der Anthroposophie gemeint] *als der andere. Jeder hat sein eigenes, individuelles Verhältnis zum Geistigen. Es gibt keine vermittelnde, mit einem Priestertum vergleichbare Funktion"* (ebd.: 80f., Ausl. u. Erg. ie). Diese Selbstführung setzte wiederum voraus, dass der Mensch frei denkend sich selbst wahrnimmt und selbst erkennt. *„Bei der Selbstführung ist das eigene ‚höhere' Selbst der Führer des bereits ausgebildeten, niedrigeren. Das setzt aber voraus, daß ich diese Tatsache zu realisieren versuche. Sonst tritt Willkür und Beliebigkeit an die Stelle dessen, was sich durch Konsequenz und Stimmigkeit auszeichnen muß. Selbstführung ist verbunden mit Selbstverantwortung"* (ebd.). Wirken alle Beteiligten kollektiv am Führungsprozess mit, so tragen diese auch einen Teil der kollektiven Verantwortung (vgl. Kap. 6.2.1).

An die Stelle von Anweisungen traten die individuellen Entscheidungen der Lehrer auf der Basis ihrer Erkenntnis und Einsicht. *„Rudolf Steiner hat durch sein Verhalten gar nicht möglich gemacht, daß sich jemand an seine An-*

weisungen hält. Denn er hat in aller Regel gar keine gegeben. Auch darin ist ein Moment größtmöglicher individueller Freiheit in der Zusammenarbeit mit Rudolf Steiner zu sehen" (Dietz 1996: 77). Nach Dietz (ebd.: 35f.) zeigte er in allem Handeln den *"absoluten Willen, frei zu lassen".* In einer der Lehrerkonferenzen äußerte sich Steiner (GA 300: 197) in diesem Kontext: *"Wollte man in unserer Zeit etwas auf autoritativen Wegen, sei es auf autoritativen Wegen des suggestiven Wirkens oder zahlreicher anderer seelischer Machtwege, in die Welt bringen, so würde das das größte Unheil nach und nach bedeuten."* Demgemäß gab Steiner eigene Anregungen in der Regel in Ideenform wieder, wobei die konkreten Maßnahmen und Methoden durch den Einzelnen gefunden werden sollten. *"Er ‚teilt mit'. Wie die Menschen diese Mitteilungen aufgreifen und was sie daraus machen können, ist ihre Sache"*, so Dietz (1996: 34). Jeder musste sich selbst einen Entscheidungs- und Handlungsweg gestalten können. *"Zu Rudolf Steiners Führungsstil gehört also wesentlich die Ideenform seiner Darlegungen. Zwischen der Idee und der einzelnen Tat aber liegt das Allgemeine und Prinzipielle einerseits und das Vorstellbare andererseits. Auf diesen beiden Ebenen macht Steiner nach Möglichkeit keine Vorgaben"* (ebd.: 22). Steiner (vgl. GA 295: 185f.) förderte somit keine nach bestimmten Vorgaben routiniert funktionierenden Lehrkörper, sondern Pädagogen, die mit Verstand und Hingabe und unter Berücksichtigung eines grundlegenden Verständnisses anthroposophischer Grundlagen ihre Tätigkeit vollbrachten (vgl. Paschen 2010; Kap. 6.2.3.1). *"Die Kunst des Lehrers besteht nicht in erster Linie in pädagogischen oder anderen sozialen Techniken, die man sich antrainieren kann, sondern in der Verwandlung des eigenen Verhältnisses zur Wirklichkeit"* (Dietz 1996: 15). Denn die anthroposophische Denkweise beinhaltet nicht das Zurückgreifen auf allgemeingültige Handlungsmuster, da solche oftmals die Realität verfehlen. Vielmehr ist das konkrete Handeln situationsabhängig hervorzubringen, sodass dieses zur individuell eigenen Tat wird. *"Anthroposophie wird in ‚Ideenform' gegeben. In dieser Form kann sie der einzelne produktiv aufgreifen und verwandeln. Sie existiert nur durch die Menschen, die sie aufgreifen. Anthroposophie ist also nicht gegeben als Theorie, nicht als ewige, geoffenbarte Wahrheit, nicht als Handlungsanweisung, nicht einmal als etwas Prinzipielles, Allgemeingültiges oder als Modell zum Nachmachen. Sie ist in der ihr angemessenen Ideenform ein schöpferisches Potential, das darauf rechnet, vom einzelnen Menschen schöpferisch ergriffen und realisiert zu werden"* (Dietz 1996: 15).

6.3.4 Hilfe durch Beratung und exzeptionelle Intervention

Introspektiv sah sich Steiner keineswegs in einer Führungsrolle, was den umfassenden Konferenznachschriften (vgl. GA 300) an zahlreichen Stellen explizit und implizit entnommen werden kann. Vielmehr verstand er sich als gleichgestellt zum Kollegium und nahm so die Rolle eines „anthroposophischen Beraters" ein, der dem Kollegium der ersten Waldorfschule zur eigenen Erkenntnis verhalf und/oder diesem seine Erkenntnisse der Geistesforschung zum einsichtigen Nachvollzug offenbarte. Vor dem Hintergrund dieser Sichtweise bildete sich das Prinzip der Subsidiarität ab (vgl. Brater 2010: 1): Grundsätzlich lag die Initiative bei denjenigen, deren Arbeitsfeld angesprochen war, also in der Regel beim Kollegium. Konnten Anliegen auf dieser Ebene nicht gelöst werden, wurde die „nächsthöhere" Ebene – in diesem Falle die Person Steiners als Berater – konsultiert. Als „höher" ist in diesem Kontext der Übungsgrad in der Geistesforschung und damit die Entwicklungsstufe des menschlichen Bewusstseins zu verstehen, nicht der Status.

Da Steiner als Begründer der Anthroposophie auf einen langjährigen und intensiven Schulungsweg der Geistesforschung zurückblickte und somit über einen erheblichen Erkenntnisvorsprung gegenüber dem Kollegium verfügte, erachtete er sein exzeptionelles Intervenieren in Form von Ratschlägen und in der Rolle eines Beraters als legitim (im Sinne von nicht „selbstverwaltungsfeindlich"). Wie in Kapitel 6.2.4.2 bereits dargestellt, ist der Weg zu dieser eigenen Erkenntnis langwierig, während das Verstehen vorliegender Forschungsresultate in überschaubarer Zeit vollzogen werden kann: *„Es erforscht sich gerade dasjenige, was sich auf so spezielle Zweige der Pädagogik bezieht, eigentlich doch nur dadurch, dass man vieles erst durchmacht, vieles durchlebt, dass man erst langjährige Forschungswege einschlägt. Das Verstehen ist einfach und kann in kurzer Zeit geschehen, das Erforschen ist keineswegs so einfach und erfordert durchaus Initiationswege"*, erläutert hierzu Steiner (GA 300: 196).

Dennoch verdeutlichte er, dass selbst ein geisteswissenschaftlich Geübter nicht in der Funktion zu verstehen sei, Resultate autoritär und im Sinne eines Befehls zu verkünden, denn *„wer geisteswissenschaftliche Forschungsergebnisse mitteilt, spricht nicht als Autorität, wie gewöhnlich universitäre oder wissenschaftliche Autorität aufgefaßt und wahrgenommen wird"* (Leber 1974: 122). Hierzu Steiner (GA 300: 196): *„Aber wenn derjenige, der solche Forschungen mitteilt, sich an seine Mitmenschen wendet, so tut er das auch von sich aus niemals in der Form, daß er als Autorität sprechen möchte in dem gewöhnlichen Sinn des Wortes, wie man in der äußeren exoterischen Welt die Autorität auffaßt."* An anderer Stelle weiter ausführend: *„Es spricht also derjenige, der so spricht, nicht in dem Sinne, daß das, was er sagt, auf Autorität in dem gewöhnlichen Sinne angenommen wird. (...) Dann würde es nicht wirken, nicht durch jene imponderablen Kräfte an die Mitmenschen übergehen, durch die es übergehen soll. Es muß das ganze Verhältnis ein anderes sein. Das Verhältnis muß ein solches sein, daß alles dasjenige, was gesagt wird, angenommen wird von den Hörenden auf völlig freien Willen hin, daß beim Aufnehmen gar nichts ankommen darf auf den Willen desjenigen, der spricht, sondern alles einzig und allein ankommen muß auf den Willen derjenigen, die zuhören"* (ebd., Ausl. ie). Anstelle eines autoritativen Vorgehens sei der Verkündende somit auf die freiwillige Anerkennung seiner Zuhörer angewiesen. Seine geisteswissenschaftlichen Erkenntnisse könnten dabei durchaus subjektiv ausfallen und dadurch womöglich andere sein als bei anderen Menschen. Das ziehe jedoch nicht nach sich, *„(...) daß geisteswissenschaftliche Forschungsergebnisse immer nur solitär und auf Autorität hin übernommen werden müßten; sie sind immer und jederzeit der menschlichen Vernunft, Logik und Einsicht zugänglich"* (Leber 1974: 121). Die Forschungsergebnisse geben demnach lediglich Anhaltspunkte, deren Befürwortung oder Ablehnung jeweils beim Empfangenden liegen. Steiner akzeptierte somit, dass die Menschen (z. B. in einer Organisation) in Bezug auf die Geistesforschung unterschiedliche Entwicklungsstufen aufweisen und folglich auch über unterschiedliche Fähigkeiten verfügen, wodurch es durchaus Personen gebe, die in der Geistesforschung fortgeschrittener sind und mehr Kenntnisse besitzen. In diesem Fall sei die

Konsultation eines Erfahrenen angemessen, und konterkariere dies nicht das republikanisch-demokratische Prinzip kollegialer Selbstverwaltung. Die Auffassungen Steiners hinsichtlich seiner Rolle und seines Verhältnisses zu den Lehrern bildeten sich in verschiedenen Konfliktsituationen bei der praktischen Umsetzung des Schulbetriebs ab, aus denen kontroverse Ansichten und persönliche Spannungen innerhalb des Kollegiums resultierten. Mittels dieser Fallbeispiele verdeutlichte Steiner seine ursprüngliche Intention und setzte diese mit den faktischen Abläufen in Relation, damit ein Lernprozess bei den Lehrern initiiert wurde. Idealtypisch sollten diese autonom arbeiten, an ihrer Erfahrungen lernen und eigene praktische Lösungen für konkrete Probleme erörtern. Tatsächlich fungierte Steiner jedoch als ständiger Ansprechpartner, sodass er sich teilweise konkret von dieser Rollenzuweisung abgrenzen musste. Die Lehrer neigten im Alltag dazu, in alte Strukturen und Gewohnheit zu verfallen, oder sie ersuchten bei Konflikten Steiners Rat. Steiner verwies sie jedoch repetitiv auf die intendierten Ziele und wandte teils harsche Kritik bei den Ratsuchenden an, damit sie sich selbst zu vertrauen und eigene Ideen zu kreieren lernten.[117]

---

[117] Als es z. B. um die Thematik der Lehrerberufung und -entlassung ging, agierte das Kollegium der ersten Waldorfschule in bürokratischer Weise: „*Dabei stellte sich die Frage (...) nach der Autonomie in den das Kollegium selbst betreffenden Angelegenheiten (...). Schließlich wurde ein Statut ausgearbeitet, in welchem die Aufgaben und Zuständigkeiten genau voneinander abgegrenzt werden*" (Leber 1974: 119, Ausl. ie). Als dieses Statut von einem Lehrer in einer Konferenz thematisiert wurde, äußerte sich Steiner (GA 300: 185, Ausl. ie): „*Mir ist es schwer, zu einem Statut Stellung zu nehmen, weil mir jedes Statut gleichgültig ist. Man kann die Sache nur so machen, wie sie von Tag zu Tag gefordert wird. Statuten sind notwendig der Außenwelt gegenüber, dass es nach etwas aussieht. (...) Ich glaube nicht, dass durch ein Statut in einer Sache irgend etwas Wesentliches geändert werden kann.*"

7 Bewertender Diskurs kollegialer Selbstverwaltung

7.1 Kritische Aspekte des Arbeitsprinzips

Mittels der Illustration der grundlegenden Arbeitsprinzipien kollegialer Selbstverwaltung in Kapitel 6 wurde deutlich, dass diese nicht als eine isolierte Komponente in einer ansonsten konventionell strukturierten Organisation figuriert, sondern selbige von der Basis bis ins periphere Detail durchzieht und nachhaltig prägt. Die Organisation wird vollständig von traditionellen Denkweisen abweichend ausgestaltet. Dadurch tangiert kollegiale Selbstverwaltung alle organisationalen Ressorts, in denen Führungsbedarf entsteht, und offeriert zu deren notwendigen Erfüllung mehr oder minder ausgereifte Lösungsalternativen.

Hingegen wird unter der Bezeichnung „kollegiale Selbstverwaltung" in der ubiquitären wie fachspezifischen Diskussion nur exzeptionell *„ein Prinzip der individualisierten Arbeitsorganisation"* (Brater/Maurus 1999: 62) verstanden, in der sich die Leistungen des Einzelnen im Sinne des Ganzen optimal entfalten können – respektive eine in deren Grundgedanken effizienten Organisationsform, bei der der exekutiv Tätige gleichsam *„Verwaltender auf seinem Gebiete"* (Steiner GA 23: 6) ist und so auch die Erfüllung von entstehendem Führungsbedarf gesichert ist. Vielmehr provoziert der Begriff Missverständnisse und assoziiert oftmals ein hierarchie- und führungsloses Chaos sowie ineffiziente und schwerfällige Entscheidungsprozesse (vgl. Bauer 2006: 131). Weil sich etwaige Kommunikations- und Delegationswege sowie Funktionen, Zuständigkeiten und Verantwortungsbereiche konfundieren, wird – plakativ formuliert – ein *„Bermuda-Dreieck für die Verantwortung"* (Brater/Maurus 1999: 59) oder ein *„Alibi für Unprofessionalität"* (Herrmannstorfer 2008a: 5) suggeriert. Insbesondere bei Involvierten löst der Teminus nicht selten Verunsicherung aus, denn in der Praxis führt kollegiale Selbstverwaltung vielerorts zu *„Zeitmangel, Erschöpfung, Unverbindlichkeit und Rückzug aus der Kollegiumsarbeit"* (Strawe 2008: 5). Kollegiale Selbstverwaltung bedeutet dann hoher Arbeitsaufwand, Überforderung und mangelhafte Ergebnisse (vgl. Baumann 2010: 25ff.).

Zahlreiche faktische Beispiele, bei denen kollegiale Selbstverwaltung als Freiraum für eine omnipotente Mitsprache und -entscheidung aller missverstanden wird, verifizieren die negativen Assoziationen und stellen so die

Selbstverwaltungsidee hinsichtlich deren prinzipiellen Funktionalität in Frage. In den hieraus resultierenden, teilweise die Handlungsfähigkeit oder Existenz der Waldorfschule bedrohenden Schwierigkeiten bilden sich diverse immanente Schwachstellen des Arbeitsprinzips ab sowie typische Problemfelder in dessen Auslegung und praktischen Handhabung, die repetitiv in dysfunktionaler Weise auftreten. Insbesondere letztere werden zumeist als eine unausweichliche Bedingung für die freiheitliche Arbeitsweise passiv akzeptiert (vgl. Bauer 2006: 190ff.; Harslem 2003: 13ff.). Doch zugleich existieren auch funktionierende Modelle kollegialer Selbstverwaltung, sodass die konfliktären Aspekte nicht als obligate Selbstverwaltungssymptomatik diagnostiziert werden können. Hieraus leitet sich die Notwendigkeit ab, neben den in Kapitel 6 erarbeiteten Intentionen und Potentialen kollegialer Selbstverwaltung ebenso deren kritischen Bereiche zu analysieren sowie deren Ursachen und Evidenz zu erörtern.

7.1.1 Kein originäres Arbeitsprinzip

„Kollegiale Selbstverwaltung" figuriert in Waldorfschulen als eine formell hierarchiefreie Arbeitsweise und hat sich zu einem eigenständig erfassbaren Prinzip entwickelt. Bei dem retrograden Blick auf deren Ursprünge wird jedoch deutlich, dass diese nicht genuin als ein Arbeitsprinzip entworfen und entwickelt wurde, sondern im Kontext eines umfassenden Gesellschaftsentwurfs entstand und sich aus diesem in einer eher nicht konkretisierten Form ableitete. Mosmann (2015: 15) weist darüber hinausgehend darauf hin, dass das kontemporär gebräuchliche Appellativ der „kollegialen Selbstverwaltung" oder *„ein anderer speziell auf die Waldorfschule bezogener Selbstverwaltungsbegriff"* nicht originär durch Rudolf Steiner geprägt wurde, *„vielmehr steht der Begriff der ‚Selbstverwaltung', sofern er die Schule betrifft, im Kontext der Dreigliederungsbewegung"*. Zur Erlangung eines eingehenden Verständnisses des Entstehungsimpulses „kollegialer Selbstverwaltung" bedarf es so einer Hinwendung zu diesen historisch-gesellschaftlichen Verhältnissen, in welche diese eingebettet war.

In der Zeit um 1918 hatte sich die Gesellschaft erst kurz zuvor aus der kirchlichen Allmacht befreit, doch wurde diese nun staatlich dominiert. Ende des Ersten Weltkriegs resultierte so der Bedarf einer inneren Neuordnung, welche

Politik, Wirtschaft und Kultur erfasste. Diese revolutionäre Aufbruchsstimmung effizierte eine allgemeine Offenheit gegenüber radikal-fundamentalen Gedanken mit Veränderungspotential und offerierte neue Weichenstellungen. So entstand die „Kampagne für eine soziale Dreigliederung", die neoterische Ideen und Maßnahmen für eine gesellschaftliche Umgestaltung (Kulturrevolution) propagierte (vgl. Gabert 1975: 16ff.; Molt 1919; Schmelzer 1991: 143f.; 1989: 638ff.; Strawe 2009: 5ff.).[118] Auch Steiner engagierte sich in dieser sozialen Bewegung und verfasste in diesem Kontext sein Werk *„Die Kernpunkte der sozialen Frage"* (GA 23). Er betrachtete die vorherrschende gesellschaftliche Lage als einen *„bewusstseinsgeschichtlich bedeutenden Moment"* (Schmelzer 1991: 66), da diese *„bisher schlummernde Potentiale der Selbstbestimmung und Selbstorganisation"* (ebd.) freizulegen vermochte und somit *„emanzipatorische Möglichkeiten"* (ebd.) immanierte. Zwar war die bis etwa 1921 anhaltende Kampagne lokal und temporär begrenzt und blieb retrospektiv weitgehend wirkungslos, doch kann der Impuls von 1919 als unmittelbare Vorgeschichte der Waldorfschulbegründung und so auch der Einführung des Arbeitsprinzips kollegialer Selbstverwaltung verstanden werden (vgl. ebd.: 13ff.).

Im Jahre 1893, noch vor Kriegsausbruch, eruierte Steiner in seinem Buch *„Die Philosophie der Freiheit"* (GA 4) die Grundfrage zur individuellen Situation des Menschen und weiterführend zur gesellschaftlichen Struktur und Entwicklung (vgl. Strawe 1998: 1). Angestrebt wurde die Emanzipation des Einzelnen aus der Vormundschaft der Verbände („Soziologisches Grundgesetz"; vgl. Steiner GA 31: 255f.) und damit zugleich die Substitution des vorherrschenden Systems, das *„durch eine zunehmende ‚Verfilzung' von Staat, Wirtschaft und Kultur sowie eine weitverbreitete ‚Untertanenmentalität'"* (Schmelzer 1991: 27) gekennzeichnet war. In einem weiteren Schritt wurden die Überwindung der sozialen Ausbeutung (Klassengesellschaft) und die Restrukturierung der Arbeitsteilung nach Maßgabe einer altruistischen Denk- und Handlungsweise („Soziales Hauptgesetz"; vgl. Steiner GA 34: 34) intendiert. Um die sozialen

---

[118] Zur sozialen Dreigliederungsbewegung vgl. ausführlich Steiner (GA 23; GA 24; GA 223; GA 298; GA 330; GA 337a), auch Kugler (1981); Schmelzer (1991); Strawe (2009; 2003a; 2003b; 1998; 1986), zudem Bischoff (2010); Bos (1996; 1992); Brüll (1992a; 1984; 1980); Colsmann (2004); Frielingsdorf (2012); Hardorp (2009; 2008); Heinen-Anders (2013; 2011); Kloss (1983; 1981; 1980; 1957); Kniebe (1989); Leber (1982; 1977); Paschen (1996); Reetz (2007); Schweppenhäuser (1975; 1972; 1970; 1963); Selg (2012: 1269ff.), Uehli (1919).

Missstände zu nivellieren, durfte nach Steiner (GA 330: 59) „*weder bürgerlich noch proletarisch, sondern nur menschlich*" gedacht werden. In diesem Verständnis zeichneten sich Bestrebungen ab, die vorherrschenden gesellschaftlichen Zustände, „*(...) in der die drei Systeme von Staat, Wirtschaft und Kultur verfestigend ineinanderwirkten, in Richtung einer freiheitlicheren, selbstverwalteten Gesellschaft zu überwinden*" (Schmelzer 1991: 34, Ausl. ie).

Im Rahmen seines Engagements für die soziale Dreigliederung formulierte Steiner einen Aufruf „*An das deutsche Volk und an die Kulturwelt*" (GA 330), für welchen er konsentierende Unterschriften einholte, und begann mit der Vorstellung seiner Gedanken zu einem Gesellschaftsentwurf vor offiziellen Stellen (vgl. Schmelzer 1991: 65f.; Strawe 1998: 5ff.). In seinem Aufruf appellierte Steiner (GA 330: 41): „*Denn dadurch, daß Sie den sozialen Organismus dreigliedern, lassen Sie den Menschen teilnehmen an allen drei Gliedern. Er steht im Wirtschaftsleben, er steht im demokratischen Staate, er steht im Geistesleben drinnen oder hat ein bestimmtes Verhältnis dazu. Er wird nicht zersplittert, sondern er wird das verbindende Glied der drei Gebiete sein. Nicht um Aufrichtung der alten Standesunterschiede handelt es sich, sondern gerade um eine Überwindung der alten Standesunterschiede, um ein vollständiges Ausleben des freien Menschen, dadurch, daß der soziale Organismus selbst in gesunder Weise das äußere Leben des Menschen gliedert. Das ist das, um was es sich in Zukunft handelt.*" Auf diese Weise sensibilisierte er die Adressaten für die Notwendigkeit einer Kulturerneuerung in Deutschland: „*Die Menschen werden weder in Klassen noch in Stände sozial eingegliedert sein, sondern der soziale Organismus selbst wird gegliedert sein. Der Mensch aber wird gerade dadurch wahrhaft Mensch sein können*" (ebd. GA 23: 113). So wandte sich Steiner (GA 24: 352f., Ausl. ie) gegen jegliche zentralistische Bestrebungen des Staates und affirmierte eine diesbezügliche exhaustive Freiheit respektive Autonomisierung und Föderalisierung: „*Alle juristischen, pädagogischen und geistigen Angelegenheiten werden in die Freiheit der Personen gegeben. Auf diesem Gebiete hat der Staat nur das Polizeirecht, nicht die Initiative. (...) Der Staat überläßt es den sach-, berufs- und völkermäßigen Korporationen, ihre Gerichte, ihre Schulen, ihre Kirchen und so weiter zu errichten, und er überläßt es dem einzelnen, sich seine Schule, seine Kirche,*

Kritische Aspekte des Arbeitsprinzips

seinen Richter zu bestimmen. Natürlich nicht etwa von Fall zu Fall, sondern auf eine gewisse Zeit." Zugleich forderte Steiner die Unabhängigkeit des Wirtschaftslebens von staatlichen Interventionen. In schlussfolgernder Konsequenz entwarf Steiner (vgl. GA 23: 48ff.) als Lösungsansatz für die sozialen Missstände eine soziale Theorie bzw. ein Strukturprinzip gesellschaftlicher Ordnung, die eine dreiteilige Auffächerung der Gesellschaft in Staats- bzw. Rechtsleben, Wirtschaftsleben und Geistesleben vorsah[119] (vgl. auch Bos 1992; Brüll 1980; Kloss 1983; Leber 1982; 1977). Die drei selbstständigen Glieder verfügten hiernach über eine je eigene Gesetzlichkeit und Organisation und standen in einem lebendigen und wechselseitigen Austausch zueinander. Diese gesell-

---

[119] Steiner verstand das gesellschaftsstrukturelle Ideal in drei prinzipiell selbstständig agierende Glieder aufgeteilt. Eine summierende Verbindung solle durch eine persistente Wechselwirkung über deren Leistungen generiert werden („Soziales Hauptgesetz") – im Sinne eines lebendigen Organismus': *„Die Einheit des ganzen sozialen Organismus wird entstehen aus der selbstständigen Entfaltung seiner drei Glieder"* (Steiner GA 23: 14). Nur so könnten diese in einen fruchtbaren Austausch treten, *„(...) in dem die Dreiheit ihrer Ideen erst zu einer höheren Einheit werden kann"* (ebd.: 72, Ausl. ie). Komplettierend zum autonomen Wirken der drei separaten Glieder sah Steiner diese so über einen gegenseitigen lebendigen Austausch von Ertrag und Entschädigung zu einem gemeinsamen Ganzen verbunden, welches die Summe der Einzelleistungen übersteigt und zu einer Erhöhung des Gesamtwohls der Menschheit beiträgt (vgl. ebd.: 50ff.). Die Funktions- und Überlebensfähigkeit des dreigeteilten gesellschaftlichen Organismus sollte auf einem institutionalisierten und damit nicht zufälligen Zusammenwirken der Verwaltungen von Rechts-, Wirtschafts- und Geistesleben basieren. So sprach Steiner *„einerseits vom Geistesleben, Rechtsleben und Wirtschaftsleben als von drei ‚Gliedern' eines ‚sozialen Organismus', andererseits als von drei ‚Systemen' eines gesamtgesellschaftlichen Funktionszusammenhangs"* (Schmelzer 1991: 72). Im Sinne Steiners „Soziologischen Grundgesetzes" sollte die Einheit des Gesamtorganismus' nicht durch vorgegebene Herrschaftsstrukturen erreicht werden, sondern sich aus dem Zusammenspiel von Selbstverwaltungsgremien konstituieren (vgl. Steiner GA 23: 74).
Einerseits erstellte Steiner zur Verdeutlichung seiner Idee des dreigegliederten gesellschaftlichen Organismus eine Analogie zum menschlichen Organismus (vgl. Steiner GA 23: 44ff.). Andererseits transferierte er die Schlagworte des Wahlspruchs der französischen Revolution von 1789 auf seine Idee: Steiner ordnete dem Wirtschaftsleben das Prinzip der Brüderlichkeit (Solidarität, materielle Gerechtigkeit), dem Staats- bzw. Rechtsleben das der Gleichheit (Gleichheit vor dem Gesetz, politische Gleichheit aller Menschen, Volkssouveränität, Demokratie) und dem Geistesleben schließlich das der Freiheit (Gedanken- und Meinungsfreiheit, Wahlfreiheit, Zunftfreiheit, Gewerbefreiheit, Versammlungsrecht) zu (vgl. Strawe 2003a: 14ff., 2003b: 14ff.). So sollten die drei Prinzipien jeweils von einem dafür zuständigen gesellschaftlichen Glied realisiert werden. *„Dann wird man erkennen, dass das Zusammenwirken der Menschen im Wirtschaftsleben auf derjenigen Brüderlichkeit ruhen muss, die aus den Assoziationen heraus entsteht. In dem zweiten Gliede, in dem System des öffentlichen Rechts, wo man es zu tun hat mit dem rein menschlichen Verhältnis von Person zu Person, hat man zu erstreben die Verwirklichung der Idee der Gleichheit. Und auf dem geistigen Gebiete, das in relativer Selbstständigkeit im sozialen Organismus steht, hat man es zu tun mit der Verwirklichung des Impulses der Freiheit"*, so Steiner (GA 23: 71).

schaftliche Fasson betrachtete Steiner als die einzig lebensmögliche soziale Struktur (vgl. Strawe 1998: 5ff.).[120]

Mit „Staats- bzw. Rechtsleben" bezog sich Steiner (GA 23: 49) auf den gesamten Bereich „*des öffentlichen Rechtes, das eigentliche politische Leben*". Das öffentliche Recht, welches die Sicherheit und Gleichheit aller Menschen betrifft und die innere Ordnung des Staates fokussiert, verstand er in Abgrenzung zum Privatrecht (Wirtschaft). Das Verhältnis von Mensch zu Mensch gestalte sich im Rechtsleben als ein rein menschliches und demzufolge fundamental anders als im Wirtschaftsleben (vgl. ebd.: 54). Im Rechtsleben solle jeder „Souverän" und damit gleichgestellt vor dem Gesetz sein (Prinzip der Gleichheit). Dem Staat war eine reine Ordnungsfunktion zugedacht, sodass dessen Kompetenzen der Volksvertretung und der Verwaltung auf politische, militärische und polizeiliche Aufgaben beschränkt wurden (vgl. Schmelzer 1991: 61).

Der Bereich der „Wirtschaft" erfasst nach Steiner (GA 330: 28) alles, was „*Warenproduktion, Warenzirkulation, Warenverbrauch*" betrifft, sodass die Kernaufgabe des Wirtschaftslebens die Bedarfsdeckung darstellen sollte. Im Wirtschaftsleben wirke ein speziell diesem immanentes Verhältnis von Mensch zu Mensch: „*Innerhalb der Wirtschaftseinrichtungen wendet sich der Mensch an den Menschen, weil der eine dem Interesse des andern dient (...)*", so Steiner (GA 23: 53, Ausl. ie). Somit richte sich dieses auf eine optimale Versorgung jedes Einzelnen mit Waren des Wirtschaftslebens, die dieser zur Befriedigung seiner Bedürfnisse und Interessen benötigt (Prinzip der Brüderlichkeit). Die dezentrale Steuerung des Wirtschaftsleben sollte nach Steiner (vgl. ebd.: 9) durch dessen Selbstverwaltungsorgane erfolgen, die er als „*Assoziationen*" (ebd.: 10) bezeichnete.

---

[120] Mit einer neuen Gesellschaftsordnung einhergehend fokussierte Steiner (vgl. GA 23: 73ff.) eine Neuordnung der volkswirtschaftlichen Produktionsfaktoren: Boden, Kapital und Arbeit. Bezüglich Boden und Kapital beschäftigte sich Steiner mit einer veränderten Eigentumsordnung (Befristung der Bodenverfügungsrechte und Kreislaufprinzip des Kapitals; vgl. auch Brüll 1984: 19ff.; Hardorp 2009; 2008; Heinen-Anders 2013, 2011; Reetz 2007; Schmelzer 1991: 78ff.; Schweppenhäuser 1970, 1963). Hinsichtlich des Faktors „Arbeit" intendierte Steiner (vgl. GA 23: 75ff.) die Aufhebung deren Warencharakter und so die Verhinderung einer Übermacht des Arbeitgebers über den Arbeitnehmer. Nach Steiner sind individuelle Arbeitsleistungen, die zwar auf der Basis des Kapitals im Wirtschaftsleben erzeugt werden, deren Wesen nach dem freien Geistesleben zuzuordnen.

In den Fokus von Steiners Ausführungen rückte schließlich die „gesunde" Gestaltung des Geisteslebens (vgl. ebd.: 43; Strawe 2015: 5ff.). Das „Geistesleben" umfasst nach Steiner (vgl. GA 23: 24f.) den kulturellen Bereich, zu welchem das Bildungswesen von der Volksschule bis zur Universität, das künstlerische Schaffen und das religiöse Leben zähle. Zudem ordnete Steiner die gesamte, im Wirtschaftsleben gebundene menschliche Arbeit dem Geistesleben zu, denn in diesem würden die menschlichen Fähigkeiten und Arbeitskräfte ausgebildet (vgl. Schmelzer 1991: 92). *„Die Entwicklung dieser Fähigkeiten kann aber nur dadurch erfolgen, dass ihre menschlichen Träger aus der eigenen freien Initiative heraus sie zur Wirkung bringen können"*, so Steiner (GA 23: 85). Der zum freien Denken fähige menschliche Geist könne sich nur unter freiheitlichen (in Abgrenzung zu brüderlichen) Bedingungen adäquat entwickeln (vgl. Strawe 2003a: 14ff.; 2003b: 14ff.). Demnach vermochte ausschließlich das Geistesleben diese Aufgabe zu leisten, denn in diesem sollte das Verhältnis des Menschen zum Menschen ein freiheitliches sein (Prinzip der Freiheit). *„Während die Wirtschaft mit den aus der menschlichen Natur stammenden Bedürfnissen zu tun hat, das Rechtsleben mit dem Verhältnis von Mensch zu Mensch, befaßt sich das geistige Leben mit der einzelnen menschlichen Persönlichkeit. Wo die einzelne Individualität in ihrer unverwechselbaren Art produktiv wird, lebt das Geistesleben als schöpferischer Quell (...)"*, so Leber (1974: 32, Ausl. ie).

Darüber hinaus forderte Steiner (GA 23: 5, Ausl. ie) die Emanzipierung des gesamten kulturellen Lebens aus der staatlichen Verwaltung und konstatierte, *„(...) dass die Befreiung des Geisteslebens aus dieser Abhängigkeit den einen Teil der so brennenden sozialen Frage bildet."* Denn *„dem Geistesleben kann nur seine Kraft werden, wenn es von dem Staatsleben wieder losgelöst wird, wenn es ganz auf sich selbst gestellt wird"* (ebd. GA 333: 14f.). Steiner (GA 23: 49, Ausl. ie) sah so die Notwendigkeit, das Geistesleben als ein ebenbürtiges Glied des sozialen Organismus zu positionieren, *„... das ebenso selbständig sich neben die beiden andern Glieder hinstellen muss (...)."* Dem Staat sei die vollumfängliche Ausfüllung des Bereichs des Geisteslebens nicht möglich, *„denn im Grunde entzieht sich alles, was den Fähigkeiten entstammt, einer inhaltlich-verwaltungsmäßigen Festlegung"* (Leber 1974: 39).

Um eine wesensgerechte Entfaltung des Geisteslebens unter der Bedingung der Freiheit zu ermöglichen, bedürfe dieses dessen vollständige Selbstverwaltung (vgl. Kloss 1983; 1981; 1957; Paschen 1996; Uehli 1919). In Schmelzers (1991: 55) Diktion ging es um *„den radikalen Gedanken der Autonomie eines staatsunabhängigen Bildungswesens mit eigenen Selbstverwaltungsstrukturen"*. Nur in einem solchen freien Geistesleben könne die Veranlagung einer freien Initiative des Menschen erfolgen: *„Dieser Antrieb wird in dem aus einem gesunden Geistesleben erfließenden sozialen Verständnis liegen müssen. Die Erziehung, die Schule werden aus der Kraft des freien Geisteslebens heraus den Menschen mit Impulsen ausrüsten, die ihn dazu bringen, kraft dieses ihm innewohnenden Verständnisses das zu verwirklichen, wozu seine individuellen Fähigkeiten drängen"* (Steiner GA 23: 77). Dabei solle das Geistesleben durch diejenigen Gesellschaftsmitglieder organisiert und verwaltet werden, die auch in diesem handeln (vgl. Kap. 6.2.2.3). In diesem Kontext entstand der Begriff der „Selbstverwaltung", der sich im Laufe der Zeit zu einer eigenständigen Bezeichnung der Arbeitsweise einzelner Institutionen des Geisteslebens entwickelte, in der ursprünglichen Bedeutung jedoch die staatliche Unabhängigkeit des gesamten Geisteslebens meinte (vgl. Mosmann 2015: 15).

Im Sommer 1919 zeichneten sich eine Zurückdrängung der Volksbewegung und eine Stagnation der Dreigliederungsbewegung ab (vgl. Kniebe 1989: 667ff.). Gründe hierfür lagen unter anderem in einer wachsenden Gegnerschaft aus unterschiedlichen politischen und gesellschaftlichen Lagern: *„Mangelndes Verständnis für die Dreigliederungsidee eher auf proletarischer, mangelnde Bereitschaft zu politisch-öffentlichem Handeln eher auf bürgerlicher Seite. Erkenntnisschwäche und Willensschwäche hatten sich als Hauptfeinde der Bewegung erwiesen"* (Schmelzer 1991: 225; vgl. Robert 1999: 139ff.). Steiner (GA 223: 50f., Ausl. ie) sah die Ursache für das Scheitern darin, dass der damalige Mensch noch nicht die hierzu notwendige Bewusstseinsstufe entwickelt hatte: *„Man möchte sagen, als von dem Dreigliederungsimpuls im sozialen Leben gesprochen worden ist, da war das gewissermaßen eine Prüfung, ob der .. Gedanke schon so stark ist, daß gefühlt werden kann, wie ein solcher Impuls unmittelbar aus den zeitgestaltenden Kräften herausquillt. (...) Nun, die Prüfung hat ein negatives Resultat ergeben. Der .. Gedanke ist noch nicht stark*

genug in auch nur einer kleinen Anzahl von Menschen, um wirklich in seiner ganzen zeitgestaltenden Kraft und Kräftigkeit empfunden zu werden."
Als Steiner die Auswegslosigkeit einer erfolgreichen Umsetzung wahrnahm, initiierte er schließlich eine Schwerpunktverlagerung (vgl. Schmelzer 1991: 240f.): So rückte er die Anthroposophie in den Vordergrund seines Wirkens.

„Stand bisher der Sozialimpuls der Dreigliederung im Zentrum des öffentlichen Wirkens, so wurde nun der Kulturimpuls der Anthroposophie stärker in die Öffentlichkeit getragen. Dabei ging es nicht um die Vermittlung vorgegebener Inhalte, sondern um das Entwickeln von Fähigkeiten, die sich als Voraussetzung sozialen Gestaltens im Sinne der Dreigliederung erwiesen hatten: individuelle Erkenntnis und situationsgerechtes Handeln" (ebd.: 230). Eine kulturelle Erneuerung sollte nun vorangehen und als Grundlage für die Umsetzung des gesellschaftlichen Dreigliederungsgedankens dienen (vgl. Bischoff 2010: 188ff.). Diese implizierte die Entwicklung eines höheren menschlichen Bewusstseinsins, denn *„die Realisierung der Dreigliederung hängt ab von entwickelten menschlichen Fähigkeiten, ihre politische Durchsetzbarkeit erscheint als Funktion eines Bewußtseinswandels, die geistige Revolution ist Voraussetzung der sozialen"* (Schmelzer 1991: 263). Eine Kulturerneuerung könne nur erreicht werden, wenn sich der Mensch durch Willensschulung und Selbsterziehung weiterentwickelt und lerne, *„sich wirklich als Werdender im Leben zu erkennen"*, so Steiner (GA 330: 349). In diesem Sinne eröffne die Anthroposophie *„einerseits ... den Weg zu einer Weltanschauung, in welcher der Mensch sich als geistiges Wesen ergreifen kann und so die Kraft gewinnt, die soziale Welt aus einer frei gefaßten Idee heraus zu gestalten. Andererseits ermöglicht erst die Aktivierung des Denkens ein wirkliches Verständnis der Dreigliederungsidee"* (Schmelzer 1991: 227, Ausl. ie). Ein freies Denken und ein höheres Bewusstsein wurden so zu den Prämissen für das individuelle Verstehen des gesellschaftlichen Dreigliederungsansatzes in dessen Grundgedanken und Intention sowie in einem nächsten Schritt für eine Renovierung des sozialen Organismus'.

Der Ausgangspunkt für eine Reformation des menschlichen Bewusstseins lag demzufolge im Gebiet des Geisteslebens, und die Schule als Institution desselben fungierte hierbei als eine probate Entwicklungsstätte. Eine auf die

Kulturerneuerung ausgerichtete Schule wurde nun als *"Einzelschritt innerhalb einer großzügigen, auf die Zukunft gerichteten Sozialkonzeption"* (ebd.: 233) angesehen und rückblickend teilweise als der effektivste Ausdruck der Dreigliederungsbestrebungen interpretiert (vgl. ebd.: 239). Brüll (1992a: 99, Ausl. ie) bezeichnet diese hingegen als *"... ein kleines Stückchen freies Geistesleben, der letzte Rest der gescheiterten Dreigliederung (...)"*. Die Waldorfschulbegründung kann folglich als notwendige Voraussetzung oder als basales Instrument zur Umsetzung eines übergeordneten gesellschaftlichen Gesamtziels verstanden werden – respektive als erster Schritt eines umfänglichen Ansatzes zur Lösung der sozialen Frage (vgl. Frielingsdorf 2012: 186ff.). Steiner (GA 337a: 140, Ausl. ie) selbst sprach den Waldorfschulen die Funktion von *"Musterinstitutionen"* zu, *"(...) an denen man sehen wird, daß in solchen .. Institutionen unsere Ideen praktisch verwirklicht werden können. Diese können dann Nacheiferung finden in dem Sinne, daß man den Tatsachen dasjenige glaubt, was man vorher den uns überzeugend scheinenden Worten nicht glauben wollte."* Während die unmittelbare Befreiung des Geisteslebens im Zuge der Dreigliederungsbewegung scheiterte, so fungierte die Emanzipation der dem institutionalisierten Geistesleben angehörenden Waldorfschule in diesem Sinne als indirekt auf die Gesellschaft wirkendes Kraftfeld. Von der einzelnen Schule sollte eine synergetische Schulbewegung ausgehen, die das gesamte Unterrichtswesen restrukturiert und schließlich als Kulturimpuls nachhaltig wirkt (vgl. Colsmann 2004: 148ff.; Leber 1974: 75f.; Schmelzer 1991: 241). So sollte die Waldorfschule *"(...) in der Zukunft eine neue Dreigliederung gebären"* (Brüll 1992a: 99, Ausl. ie; vgl. Kugler 1981: 16). Steiner (GA 298: 34) stellte damit *"die erzieherische soziale Frage in die gesamte soziale Frage"* seinerzeit hinein. Denn nach Steiner (vgl. ebd.: 29) stehen Individuum und Kollektiv in einem wechselseitigen und untrennbaren Zusammenhang: Staat und Gesellschaft würden durch den Einzelnen geprägt und wirkten wiederum auf den Einzelnen zurück (vgl. auch Bos 1996). Eine Veränderung und Weiterentwicklung der gesellschaftlichen Lage setzt vor dem Hintergrund dieses Verständnisses unweigerlich bei der Renovierung des Erziehungs- und Bildungssystems dieser Gesellschaft an.

Nach Steiner (vgl. GA 330: 32ff.; auch Molt 1986; 1972; 1925) war die erste Waldorfschule als eine einheitliche Volks- und höhere Schule gedacht, die als Grundlage dienen sollte für *„eine freie Bildung für alle Menschen und die Überwindung der Klassenvorrechte in Bildungsfragen"* (Strawe 1998: 6) – oder in Schmelzers (1991: 237) Diktion: für die *„soziale Koedukation verschiedener Volksschichten"*. Steiner (GA 192: 91) negierte demgemäß eine – seinerzeit vorherrschende – Determinierung menschlicher Bildung durch die Zugehörigkeit zu einer gesellschaftlichen Klasse und affirmierte eine ständeunabhängige menschliche Entwicklung. *„Einheitsschule – so sagt unsere Zeit! An keine andere als eine Einheitsschule wird herantreten diejenige Erziehungs- und Unterrichtskunst, die, so wie es angedeutet wurde, aus dem ganzen Menschenwesen heraus ihr Können schöpfen will. Soll die Menschheit künftig sozial gerecht leben können, dann wird sie zunächst sozial richtig ihre Kinder erziehen müssen"* (ebd. GA 298: 34). An anderer Stelle führt Steiner (GA 192: 96) hierzu weiter aus: *„Und sie werden sehen, wenn in der Zukunft in den Bildungsanstalten zusammensitzt der Tischler- oder Maschinenlehrling mit denjenigen, der vielleicht selber Lehrer wird, dann wird sich auch da etwas ergeben, was zwar eine spezialisierte, aber doch noch immer eine Einheitsschule ist."* Bei der Eröffnung der ersten Waldorfschule am 7. September 1919 in Stuttgart sprach Steiner (GA 298: 33, Ausl. ie) die Eltern der Kinder, die als erste diese Schule besuchen sollten, demgemäß als *„Pioniere"* an – nicht nur *„für eine menschliche persönliche Absicht, sondern für eine Kulturforderung (...)"* der damaligen Zeit. Nur mit diesem Verständnis und dieser Sichtweise könnten die Ziele der Waldorfschule akkurat aufgefasst werden, so Steiner (GA 300: 6): *„Die Waldorfschule muß eine wirkliche Kulturtat sein, um eine Erneuerung unseres Geisteslebens der Gegenwart zu erreichen. Wir müssen mit Umwandlung in allen Dingen rechnen; die ganze soziale Bewegung geht ja zuletzt auf Geistiges zurück, und die Schulfrage ist ein Unterglied der großen geistigen brennenden Fragen der Gegenwart. Die Möglichkeit der Waldorfschule muß dabei ausgenützt werden, um reformierend, revolutionierend im Schulwesen zu wirken."* Denn durch die Erziehung und Bildung der Kinder könnten neoterische Denk- und Handlungsweisen in die zukünftige Gesellschaft hineingetragen werden, sodass der ersten Waldorfschule ein *„kulturerneuernder Charakter"*

(Schmelzer 1991: 236) zukomme. *„Die Waldorfschule ist eingerichtet als Musterbeispiel"*, so Steiner (GA 300: 46). Ausgehend von einer einzelnen Institution, also *„aus vielleicht kleinen Anfängen heraus"* (ebd. GA 23: 96), erhoffte sich Steiner (GA 298: 34) mehr gesellschaftliches Verständnis für und Vertrauen in seine Idee der gesellschaftlichen Dreigliederung: *„Möge ein Kleines zu diesem großen Ziele die Waldorfschule beitragen können."* Die Begründung der ersten Waldorfschule in der Form einer kollegial selbstverwalteten Einrichtung des freien Geisteslebens, ebenso wie die Überbrückung des Abgrundes zwischen den sozialen Klassen verweisen somit deutlich auf deren Bezug zur gesellschaftlichen Dreigliederungsidee (vgl. Schmelzer 1991: 237f.). Auch nach Robert (1999: 119, Ausl. ie) ist *„(...) die in den Waldorfschulen praktizierte Selbstverwaltung Ausfluß eines neuen Gliederungskonzepts der Gesellschaft, das Steiner entwarf, das die Freiheitserfüllung des Menschen in einem bestimmten sozialen Rahmen gewährleisten sollte"*. Es werde deutlich, *„(...) daß die Waldorfschule als eine freie Schule zutiefst – nicht zuletzt in ihrer Sozialgestalt – mit der Bewegung zur Dreigliederung des sozialen Organismus verbunden ist"*, so auch Leber (1974: 21, Ausl. ie), *„doch gleichzeitig muß ihr anderes Entstehungsmoment, die anthropologische Wurzel, die neue Menschenkenntnis, berücksichtigt und gebührend hervorgehoben werden"*. Darüber hinaus inhäriert die Schulbegründung somit zugleich eine der angestrebten Kulturerneuerung zugrundeliegenden neuen anthropologischen Sichtweise. Zu dieser Doppelintention seines Projekts fasste Steiner (GA 334: 105) zusammen: *„Wie meine ‚Philosophie der Freiheit' untersucht, woraus beim einzelnen Menschen die Kräfte zur Freiheit kommen, so untersuchen meine ‚Kernpunkte der sozialen Frage', wie der soziale Organismus beschaffen sein muß, damit der einzelne Mensch sich frei entwickeln kann. Und das sind im Grunde genommen die beiden großen Fragen, die uns im öffentlichen Leben der Gegenwart beschäftigen müssen."*

Die erste Waldorfschule als eine kollegial selbstverwaltete Institution hatte folglich primär instrumentellen Charakter („Musterinstitution"), um ein gesellschaftsweit angelegtes Vorhaben initiieren zu können. Aus dieser Tatsache schlussfolgert Leber (1974: 19f., Ausl. ie), *„(...) daß eine Schule, die aus dem Gedanken einer Befreiung des Geisteslebens gegründet wird, zugleich ihren*

Beitrag auch für die Verbreitung des sozialwissenschaftlichen Verständnisses der Dreigliederung zu erbringen hat: 1. indem sie als Einrichtung und in ihrer spezifischen Sozialgestalt von der Fruchtbarkeit eines sich selbstverwaltenden Geisteslebens Zeugnis ablegt und zu einer ständigen Aufforderung für die gesellschaftliche Erneuerung wird, insofern sie bestimmte freiheitssichernde Garantien der Gesellschaft benötigt; 2. daß diese sich einerseits in ihrer Pädagogik an jene Schichten wende, die noch nicht von überlieferten Denkgewohnheiten besetzt sind, und somit einen Beitrag zur Förderung bildungsferner Schichten leiste; 3. daß sie Anregungen zu einem Sozialempfinden an die Schüler vermittle, damit der soziale Organismus als lebensfähig sich erweisen kann für den Menschen. Diese Vermittlung sozialwissenschaftlicher Empfindungen und Erkenntnisse wird so notwendig sein wie die der vier Grundrechenarten." Jedoch bedeutete diese genuine Verbundenheit der Einzelinstitution mit dem gesellschaftlichen Anliegen keine Schmälerung der Bedeutsamkeit und Relevanz deren grundsätzlichen Existenz und inhaltlichen Handlungen. Nach Steiner (GA 298: 155) überwog schließlich vielmehr seine pädagogische Intention gegenüber dem sozialwissenschaftlichen Gedanken: „Ich habe von Anfange an die Aufgabe der Waldorfschule so gefaßt, daß ich sie als eine rein pädagogisch-didaktische angesehen habe." An anderer Stelle: „Aber betonen muß ich, daß das Wesentliche dieser Schule in dem Pädagogisch-Didaktischen liegt, in der Anpassung dieses Pädagogisch-Didaktischen an die gegebenen realen Verhältnisse des Lebens" (ebd. GA 303: 15). Das ursprüngliche gesellschaftliche Ziel verlagerte den Schwerpunkt hin zu einem pädagogischen, wobei die Ausgestaltung der Methodik und Didaktik stets in einen zeitlichen Kontext eingebettet war und somit an die Bedingungen des gegenwärtigen und künftigen Lebens anknüpften (vgl. Gögelein 1994: 3ff.). „Kollegiale Selbstverwaltung" – bezogen auf die organisationale Zusammenarbeit – stellt folglich die Konsequenz bzw. das Hilfsmittel eines gesellschaftsstrukturellen Ansatzes auf institutioneller Ebene dar, jedoch (genuin) kein eigenständiges Ziel. Bei isolierter Betrachtung und Diskussion kollegialer Selbstverwaltung als institutionelles Arbeitsprinzip ist dieser kollaterale Status zu berücksichtigen, und sind gegebenenfalls für einen vollumfassenden Führungsansatz notwendige Supplemente hinzuzufügen respektive vorhandene Aspekte auszubauen.

7.1.2 Fragmentärer Entwurfsstatus

Regulär geht der Begründung einer Organisation eine Planungsphase voraus, in der wissenschaftliche Erkenntnisse und praktische Erfahrungswerte für eine theoretische Modellentwicklung verarbeitet werden (vgl. Kuster u. a. 2008). Das Modell dient schließlich als handlungsleitender Orientierungsrahmen. Ein solcher Vorlauf war bei der Waldorfschulbegründung 1919 – angesichts der restriktiven zeitlichen Ressourcen von knapp vier Monaten – nicht gegeben (vgl. Leber 1974: 47ff.). Folglich ist es nachvollziehbar, dass dies ausschloss, *„‚Nebengedanken' – wie etwa nach der Konstitution – systematisch zu verfolgen"* (ebd.: 48). Zwar *„(...) findet man durchaus auch bestimmte gedankliche Vorleistungen und Überlegungen. Sie gewinnen aber nie die ‚planerische Konkretheit' eines Handlungsprogramms (...). Die Vorüberlegungen geben lediglich Richtungen an, in denen praktisch gearbeitet werden kann und soll, nicht aber konkrete Handlungsanweisungen. Man könnte hier von einer Idee sprechen"* (ebd.: 47, Ausl. ie). Mit Rückbezug auf die in Kapitel 7.1.1 dargestellten Entstehungszusammenhänge kollegialer Selbstverwaltung sind somit die in der ersten Waldorfschule praktizierten Arbeitsgrundsätze als eine fragmentäre und unvollendete Idee zu verstehen. Kollegiale Selbstverwaltung stellt kein in sich geschlossenes Handlungsmodell dar, sondern bedarf einer weiterführenden Ausgestaltung. *„Mit dieser Waldorfschule wird nicht ein ideales, fertig ausgedachtes Schulprogramm verwirklicht"*, so auch Gabert und Niederhäuser (1975: 11).

Bei der Analyse der in Kapitel 6 zusammengetragenen Arbeitsgrundsätze kollegialer Selbstverwaltung wird das Kursorische der institutionellen Begründung deutlich sichtbar, da grundlegende Handhabungen fundamentaler Organisationsbereiche nicht explizit thematisiert und bis heute mangelhaft gelöst werden, oder es existieren Ausformungen und Routinen, deren Belegbarkeit durch die ursprünglichen Intentionen sowie deren kontextuale Sinnhaftigkeit nur unzureichend nachvollzogen werden können (vgl. Kap. 7.2). Beispiele finden sich vordergründig im Bereich der Personalführung (z. B. Personalauswahl bzw. Personaleinstellung sowie Personalentwicklung und Organisationsentwicklung), aber auch im Bereich des Organisationsmanagements (z. B. Zuständigkeiten und Delegationswege). Im Folgenden werden ausgewählte

Aspekte ausführlicher diskutiert, die einen für diese Arbeit relevanten Ausschnitt der defizitären Bereiche kollegialer Selbstverwaltung widerspiegeln, jedoch nicht als erschöpfende Erfassung aller Entwicklungsbedarfe betrachtet werden können.

Als es um die Aufnahme des Unterrichtsbetriebs in der ersten Waldorfschule ging, akquirierte Steiner strikt nach seinen Vorstellungen das künftige Lehrerkollegium (Personaleinstellung). Dazu sandte er seine Helfer aus, geeignete Lehrpersonen zu finden und für das Vorhaben zu gewinnen (vgl. Stockmeyer 1989: 664ff.). Hinsichtlich der Lehreranstellung hieß es von behördlicher Seite im Württembergischen Schulgesetz von 1836 (Art. 26; vgl. Krafft 1885): *„(...) Es dürfen dabei nur Lehrer, welche diese Behörde nach Kenntnissen und Sittlichkeit für befähigt erkennt, angestellt werden."* Die künftigen Lehrer mussten nicht staatlich geprüft, sondern vom Ministerium hinsichtlich ihrer Vorbildung und ihres Lebenslaufs als geeignet anerkannt werden.[121] Steiner nutzte diese Lücke im Schulgesetz, sodass er ohne Rücksicht auf Examina das neue Lehrerkollegium frei zusammenstellen konnte (vgl. Leber 1974: 15ff.; 50f.; Schmelzer 1991: 231ff.). Schließlich wurden 17 Lehrerkandidaten mit einem Altersdurchschnitt von 32 Jahren ausgewählt, von denen zwölf ins Kollegium berufen wurden (vgl. Husemann/Tautz 1979; Selg 2009: 25f.). Die Vorbildung der angehenden Lehrer gestaltete sich sehr heterogen: *„Nur wenige hatten eine pädagogische Tätigkeit ausgeübt, die meisten kamen aus künstlerischen und wissenschaftlichen Berufen"* (Schmelzer 1991: 232). Und tatsächlich besaßen von den zwölf Lehrern nur drei oder vier ein staatliches Zeugnis (vgl. Gabert 1975: 27).

Das Recht auf freie Lehrerwahl kann als eine grundlegende Voraussetzung für die Umsetzung des spezifischen Bildungskonzepts der Waldorfschule betrachtet werden (vgl. Leber 1974: 86). Die freie Lehrerwahl bezieht sich einerseits auf Einstellungsentscheidungen unabhängig von einschlägigen Propädeutika der Bewerber und damit ohne obligatorische Bindung an formal-

---

[121] Die potentiellen Lehrer der ersten Waldorfschule hatten einen ausführlichen Lebenslauf einzureichen und sich persönlich im Ministerium vorzustellen, wurden aber alle zugelassen. *„Aber der Griff des Staates wurde wieder fester, und die Lücke wurde durch Verordnungen geschlossen, so daß dann, von wenigen Ausnahmen abgesehen, von allen Lehrern der Waldorfschule staatliche Prüfungszeugnisse gefordert wurden"* (Gabert 1975: 27).

graduierte Abschlüsse. Würde der Staat diktieren, „(...) welchen normierten Ausbildungsgang die Lehrer absolviert haben müssen, damit sie auch an einer ‚freien' Schule unterrichten können, übt er ein Kontrollrecht aus, das prinzipiell die Selbstverwaltung und damit den Ansatz der Befreiung des Kulturlebens aushöhlt. Freiheit der Institution in rechtlicher Hinsicht muß deshalb (...) immer die Freiheit der Lehrerwahl einschließen" (ebd.: 51, Ausl. ie). Das Recht auf freie Lehrerwahl bedeutet jedoch nicht ein bloßes Weglassen von formalen Nachweisen einer adäquaten Ausbildung. Zeugnisse fungieren staatlicherseits als eine standardisierte Maßnahme zur Absicherung der Leistungsqualität einer Person. Sollen diese substituiert werden, bedarf es somit zum Beispiel einer Instanz (wie damals Steiner), die die angedachten und erforderlichen Fähigkeiten individuell prüft bzw. in der praktischen Anwendung durch den Einzelnen kontrolliert. Eine solche Instanz ist in gegenwärtig aktiven Waldorfschulen in der Regel nicht vorzufinden.

Andererseits bezieht sich die freie Lehrerwahl auf eine repressionsfreie Entscheidungsoption des Kollegiums bezüglich der Zusammenarbeit mit einer der Gemeinschaft beitretenden Person. Gemäß den spezifischen Bedingungen der Waldorfschule sollen auf diese Weise viable Mitarbeiter zur Wahrung einer möglichst hohen Qualität sowohl in der pädagogischen Arbeit als auch in der Selbstverwaltungstätigkeit gefunden werden (vgl. Schuler 2000; Schuler/Höft 2007: 289ff.). Im kollektiven Entscheidungsprozess über das Begründen oder Kontinuieren eines Arbeitsverhältnisses steht die Sachlichkeit an erster Stelle (nicht die kollegiale Solidarität), sodass Beurteilungen stets mit Bezug auf das gemeinsame Ziel erfolgen sollen. Die Sicherstellung der Sachlichkeit in personalen Entscheidungsprozessen stellt eine besondere Herausforderung dar. Nur unzureichend etabliert in gegenwärtigen Einrichtungen sind Vorgehensweisen, die in diesem Kontext potentielle informelle Strukturen (z. B. Cliquenbildung und Ausgrenzung; vgl. Kap. 7.3.2) verhindern und Objektivität wahren.

Die im Kontext der Lehrerberufung (Personaleinstellung) zu erbringenden Anforderungen der Kandidaten erweisen sich im Rahmen kollegialer Selbstverwaltung als ungenau und deren konkrete Prüfung als schwierig. So ging es Steiner insbesondere um den Nachweis der Fähigkeit, mit den Schülern in ein „richtiges Verhältnis" (Leber 1974: 52) zu kommen, das jedoch nicht systematisch deklariert wurde. Im Prozess des Unterrichts bringt sich der Schüler selbst in den Erziehungsprozess ein, wodurch dem Lehrer-Schüler-Kontakt eine besondere Bedeutung zukommt. *„Dieser Kontakt bleibt das Konstitutive erzieherische Element der Pädagogik von der Erdenreife bis zur Mündigkeit"* (ebd.: 217). Hierzu Steiner (GA 300: 65): *„Das Wichtigste ist, dass immer Kontakt da ist, dass der Lehrer mit den Schülern eine richtige Einheit bildet."* In allen Altersstufen sollte ein pädagogisches Grundverhältnis im Sinne eines lebendigen Miteinanders zwischen Schülern und Lehrern bestehen (vgl. Leber 1974: 213). Für Steiner drückte sich dieses jedoch nicht in absolvierten und nachgewiesenen Examina der Lehrer aus. *„Für ihn stellte sich die ‚Prüfungsaufgabe' darin, daß sichtbar wird, ob der künftige Lehrer eine aktive, für den werden Menschen ersprießliche Beziehung zu ihm herstellen könne. Wichtiger als die Präsenz eines bestimmten Wissens und einer Summe von Fachkenntnissen war für ihn, ob er sich in die Seele und die Wesenheit des Kindes zu versetzen vermag"* (ebd.: 52). Diese Auffassung resultierte aus seiner Kritik am gegenwärtigen Prüfungswesen: *„Wenn heute der Lehrer geprüft wird, so ist es oftmals nur so, daß man konstatiert, ob er dasjenige weiß, was er, wenn er ein bißchen geschickt ist, auch wenn er es nicht weiß, später im Konversationslexikon oder Handbuch nachlesen kann. Das kann man ganz auslassen bei der Lehrerprüfung. Damit aber wird wegfallen der größte Teil dessen, was heute der Inhalt der Lehrerprüfungen ist. Denn zu konstatieren wird sein bei dem, was an die Stelle der heutigen Examina zu treten hat, ob der Mensch, der es zu tun hat mit der Erziehung und dem Unterricht werdender Menschen, ob der eine persönlich aktive, für den werdenden Menschen ersprießliche Beziehung zu diesen werdenden Menschen herstellen kann, ob er mit seiner ganzen Mentalität (...) untertauchen kann in die Seelen und in die ganze Wesenheit des werdenden Menschen. (...) Darauf wird zu sehen sein bei allen künftigen sogenannten Prüfungen, die anders sich ausnehmen werden, als die Prüfungen sich ausnehmen von heute: daß das Lehrpersonal wirklich Bildner des werdenden Menschen sein kann"*, so Steiner (GA 192: 92, Ausl. ie).

Über die Fähigkeit der Lehrer zu diesem „richtigen Verhältnis" zu den Schülern und dessen kontinuierliche Pflege wachte Steiner aufmerksam. Erkannte Steiner (GA 300: 168f., Ausl. ie) diesbezügliche Defizite, reagierte er konsequent mit entsprechenden Maßnahmen: „*Es handelt sich also um die Personalfrage. Es handelt sich darum, dass unser bisheriger Lehrer für den Handfertigkeitsunterricht nicht das leisten konnte, was man von ihm erwarten muss, und dass deshalb an einen Ersatz gedacht werden muss. (...) Es handelt sich darum, dass er einerseits nicht fertig wurde mit den großen Klassen, dass er gesagt hat, dass die Kinder der oberen Klassen nicht zur Arbeit kämen. Das zeigt sich auch dadurch, dass die Kinder der oberen Klassen nicht fertig geworden sind. (...) Was aber das Schwerwiegendste ist, das ist, dass er kein Herz für die Dinge aufgebracht hat, die ihm oblagen; daß er sein Interesse darin hegt, sich mit gutem Studium zu beschäftigen, daß aber darüber das, was eigentlich zu tun gewesen wäre (...), eben nicht geschah. So dass für mein Urteil schließlich nichts übrig bleibt, als sich nach einer besseren Kraft umzusehen. (...) So wie sich die Dinge entwickelt haben, ist es unmöglich, dass wir ihn im Kollegium weiter haben. Er ist kein Mann, der sich hineinfindet in den Geist der Schule.*" Mit dem Recht der freien Lehrerberufung einhergehend ist so auch jenes der Personalentlassung. Da der pädagogische Auftrag insbesondere durch die die Institution konstituierende Lehrerschaft geleistet wird, kann die Entscheidung über eine mögliche Freisetzung des Einzelnen nicht dem Staat obliegen (vgl. Leber 1974: 119ff.).

Unklar ist, wie in den folgenden Jahrzehnten die Überwachung der Erfüllung dieser nicht präzise gefassten Ansprüche und die gegebenenfalls notwendige Maßnahmeneinleitung in Abwesenheit Steiners gehandhabt wurden und gegenwärtig erfolgen. Bezüglich der Qualität der pädagogischen Leistung der Lehrer gilt in aktuell bestehenden Waldorfschulen grundsätzlich das Prinzip der Selbstverantwortung und -evaluation. Zwar werden darüber hinaus die pädagogischen Handlungen prinzipiell vor der „Geschäftskonferenz"[122] (auch:

---

[122] Die Geschäftskonferenz „*.. verantwortet nach außen das Handeln der Schule, wie ihr gegenüber der einzelne Lehrer sein Tun verantwortet*" (Leber 1974: 148, Ausl. ie). Diese ist das zentrale Beratungs- und Beauftragungsorgan des Lehrerkollegiums und verfügt in pädagogischen Anliegen über volle Entscheidungskompetenz (z. B. bei pädagogischen Innovationen, Fragen zur Struktur und zum Profil der Schule). Die Geschäftskonferenz „*(...) hat im wesentlichen zum Gegenstand, was an Entscheidungen und Beschlüssen usw. das Kollegium als solches, also die Lehrerschaft, betrifft*" (ebd.: 135f., Ausl. ie), sodass diese teilweise auch als „pädagogische Leitung" bezeichnet wird. Der Teilnehmerkreis ist sachlich-funktional begründet und umfasst folglich den Kreis der tätigen Lehrer.

Kritische Aspekte des Arbeitsprinzips 315

„Interne Konferenz"[123], „Schulkonferenz", „Schulleitungs- oder Schulführungskonferenz") legitmiert und verantwortet. Zudem wurde neben dem konstitutiven Organ der Geschäftskonferenz beispielsweise ein waldorfschuleigenes Verfahren zur Qualitätssicherung und -entwicklung eingeführt, welches im Jahr 2008 entworfen und erprobt wurde und seit dem Jahr 2011 im Unterricht eingesetzt wird (vgl. Landl/Peters/Röhler 2016).[124] Systematisch erfasste und zu erfüllende Anforderungen bezüglich der Eignung einer Person als Lehrer (im Steiners Sinne) oder konkrete Dokumente über einschlägige Ansprüche, an denen Leistungen sachlich-objektiv gemessen werden könnten, liegen demgegenüber weitgehend nicht vor. Ebensowenig existiert eine Kontrolle ausübende Schlüsselperson (wie damals Steiner), da sich in der Regel auf das Gleichheitsgebot aller Kollegen berufen wird (vgl. Kap. 6.2.4.1).

Die anthroposophische Ausrichtung der Waldorfschulen bildet deren Grundlage und definiert deren Besonderheit (Alleinstellungsmerkmal) und institutionelles Profil. So galt die Verinnerlichung der Anthroposophie für Steiner als fundamental. Während die durch ihn berufenen Lehrer überwiegend über keine staatlichen Examina verfügten, waren jedoch beinahe alle mit der Anthroposophie vertraut (vgl. Schmelzer 1991: 231ff.). Darüber hinaus wurden sie von Steiner in einer Art „Intensivkurs" auf ihre Aufgabe vorbereitet, indem er ihnen die waldorfpädagogischen Prinzipien nahebrachte. Auch in der Anfangszeit der

---

[123] An manchen Schulen hat sich die Bezeichnung der „Internen Konferenz" etabliert, doch suggeriert dieser leicht die Einschränkung der Mitglieder auf einen Kreis von Auserwählten und führt mancherorts zu Konflikten (vgl. Kugler 1981: 103). *„Dieser Terminus verdeckt leicht, daß es hier um die inhaltliche Realisation der Selbstverwaltung geht, und suggeriert die Vorstellung einer besonders auserwählten Gruppierung"* (Leber 1974: 135). Diese Bezeichnung ist auf das zugrundegelegte Kriterium der Konferenzteilnahme zurückzuführen, das nur hauptamtlich angestellten und in Vollzeit unterrichtenden Lehrern gestattet, der Konferenz beizuwohnen (vgl. ebd.: 149).

[124] Dieses Verfahren basiert auf der Annahme, dass Unterrichtsqualität nur entstehen kann, wenn der Lehrer diese selbst anstrebt und bereit ist, seine Arbeit fortlaufend zu reflektieren. Demgemäß baut dieses auf drei Säulen auf: Durch die Bildung von Intervisionsgruppen innerhalb des Kollegiums, der eine Fortbildung vorangeht, tauscht sich das Kollegium auf Augenhöhe aus. Einmal jährlich stattfindende externe Hospitationen werden von einer Gruppe von Fachleuten durchgeführt, die sich aus erfahrenen Lehrern zusammensetzt. Eine Fortführung dieser Arbeit und die Überführung in einen nachhaltigen Prozess werden durch interne Hospitationen ermöglicht (vgl. Landl/Peters/Röhler 2016).
Zu weiteren Konzepten der Qualitätssicherung vgl. Strawe (2000); eine empirische Studie zur Schulqualität liefern Liebenwein, Barz und Randoll (2012). Vgl. auch allgemein das GAB-Verfahren zur Qualitätssicherung und Qualitätsentwicklung (Brater 2000).

Waldorfschule in den 1920er und den beginnenden 1930er Jahren lag die Verantwortung für die Lehrerbildung bei den Lehrern der Stuttgarter Schule, während in der Folgezeit nicht nur in Deutschland weitere Ausbildungseinrichtungen entstanden. Heute wird die Lehrerbildung in Zusammenarbeit mit der zentralen Einrichtung des Bundes der Freien Waldorfschulen koordiniert und in Lehrerseminaren und Hochschuleinrichtungen an verschiedenen Orten durchgeführt. In Deutschland existieren mittlerweile elf Waldorflehrerseminare und mehr als 40 berufsbegleitende Ausbildungskurse bzw. etwa 65 Institute in fast 30 Ländern (vgl. Werner/Plato 2001: 16ff.). Angehende Waldorflehrer können sich auf vakante oder neu eingerichtete Stellen bewerben, die von den jeweiligen Schulen (statt staatlich zentral) ausgeschrieben werden. Auch gegenwärtig benötigen diese nicht unbedingt ein Staatsexamen für die Unterrichtserlaubnis.[125] Jedoch bedarf es stets des Einholens einer solchen beim zuständigen staatlichen Schulamt (je nach Bundesland auch beim Regierungspräsidium oder Kultusministerium), welches die Eignung feststellt.

Trotz der mittlerweile sichtbar weiterentwickelten Lehrerausbildung bleibt unklar, ob und auf welche Weise der individuelle Bezug zur Anthroposophie gegeben und dessen Vorhandensein im Rahmen der Personalauswahl gesichert ist. Auch wenn einschlägige Grundlagen als Lehrinhalte in die Ausbildung integriert sind, kann hieraus keine persönliche Identifikation und Verbundenheit mit der Anthroposophie geschlussfolgert werden. Für Steiner (GA 300: 261) war jedoch der Bezug zur Anthroposophie und dass sich ein Lehrer *„ganz aus vollem Herzen hineinfindet in den Geist der Waldorfschule"* von größter Bedeutung für die sachgerechte Erfüllung dessen Aufgaben. Die Verbundenheit über die Anthroposophie sollte zugleich die Wirkung einer kohäsiven Kraft im Kolle-

---

[125] Auf der Internetseite des Bundes der Freien Waldorfschulen (vgl. http://www.waldorfschule.de/waldorflehrer/ausbildung) lautet es: *„Lehrer, die an einer Freien Waldorfschule unterrichten möchten, benötigen eine Qualifikation, die je nach Bundesland an unterschiedliche Voraussetzungen gebunden ist. Diese kann eine staatliche Lehrerausbildung oder eine gleichwertige Ausbildung sein, wie sie unter anderem an Hochschulen und Waldorf-Seminaren durchgeführt wird. In jedem Falle sollte eine waldorfpädagogische Qualifikation, evtl. durch eine kurze Zusatzausbildung, angestrebt werden. Die Möglichkeiten, sich diese Qualifikation anzueignen, sind vielfältig. (...) Einige der Lehrerseminare sind als Hochschulen staatlich anerkannt, beispielsweise die Freie Hochschule Stuttgart und die Alanus-Hochschule in Alfter. (...) An den Lehrerseminaren bestehen teilweise eigenständige Ausbildungsgänge zum Lehrer an Freien Waldorfschulen. Die Studiengänge unterscheiden sich stark voneinander."*

gium freisetzen und ermöglichen, die Leistungen eines Direktors im Rahmen der kollegialen Selbstverwaltung zu substituieren (vgl. Kap. 6.2.3.3).
Randoll (vgl. 2013c: 70ff.) hat in seiner Waldorflehrer-Studie unter anderem das individuelle Verhältnis zur Anthroposophie der in den heutigen Waldorfschulen tätigen Lehrer auf einer sechsstufigen Skala erhoben. Lediglich ein Drittel aller Lehrer bezeichnet sich danach als „praktizierend/engagiert", wie es von Steiner angedacht war. Allerdings sieht sich auch nur eine geringfügige Anzahl der Lehrer (3 Prozent) als der Anthropospohie gegenüber „indifferent/ neutral" oder gar „kritisch/skeptisch" und „negativ/ablehend" eingestellt, sodass sich die Mehrheit der Lehrer bei „positiv bejahend" (40 Prozent) und „kritisch-sympathisch" (22 Prozent) einstuft.[126] Dass aus einer grundsätzlich positiven Einstellung zur Anthroposophie nicht evidenterweise eine innerliche Verbundenheit abgeleitet werden kann, bestätigt die in diesem Kontext erhobene Frage nach deren Bedeutung für die Lehrer: Eine „sehr hohe" bzw. „hohe" Bedeutung erhält Anthroposophie in der Berufstätigkeit mit 82 Prozent, im täglichen Leben hingegen nur mit 68 Prozent. So scheint der Stellenwert der Anthroposophie überwiegend an die Arbeit gekoppelt und seltener persönlich verinnerlicht zu sein, sodass diese bei fast 30 Prozent der befragten Lehrer nur eine „neutrale", „geringe" oder „keine" Bedeutung im täglichen Leben einnimmt. Vor dem Hintergrund, dass sich die Waldorfpädagogik und die Zusammenarbeit in der Form kollegialer Selbstverwaltung aus anthroposophischen Grundlagen ableitet, überrascht das Ergebnis, dass über 15 Prozent der Lehrer an Waldorfschulen der Anthroposophie selbst in ihrer Berufstätigkeit lediglich eine „neutrale", „geringe" oder „keine" Bedeutung beimessen. Demgemäß geben über 20 Prozent der befragten Lehrer an, dass sie das Akquirieren „anthroposophisch interessierter Lehrer" als eine der größten Herausforderungen für die Zukunft der Waldorfschulen ansehen, und fast 20 Prozent das „Bewahren und Fördern der Grundsätze der Anthroposophie und Waldorfpädagogik" und damit einhergehend ein Vermeiden der „Verwässerung des Schulprofils" bzw. eine „Profilstärkung" (vgl. Graudenz 2013b: 223ff. u. 269f.). Hieraus leitet sich die

---

[126] Zu ähnlichen Ergebnissen kommt Graudenz (vgl. 2013a: 153ff.), die im Rahmen dieser Waldorflehrer-Studie eine Faktorenanalyse unter anderem zu dem Fragenbereich „Anthroposophie" durchführte.

Gefahr ab, dass aufgrund eines Mangels internalisierter anthroposophischer Bezüge entgegen des Mottos „Anthroposophie tun" (Dietz 1996: 89) ein unreflektiertes Methodisieren von Steiners Ideen erfolgt, welches seiner Intention grundlegend zuwiderläuft und darüber hinaus eine Ursache für Dysfunktionen in der kollegialen Selbstverwaltung basierend auf interpretativen Missverständnissen darstellen kann (vgl. Kap. 7.2).

Ebenso fragmentäre Bereiche der Personalführung in Waldorfschulen stellen die Personal- und die Organisationsentwicklung dar, bei welchen oftmals einheitliche Verfahren und eine systematische institutionelle Integration fehlen (vgl. Boukal 2015: 217ff.; Harslem 2000). Die Ressorts werden an dieser Stelle lediglich genannt, da diese als Indikatoren für eine Weiterentwicklung der Waldorfschulen im Zeitablauf im folgenden Kapitel 7.1.3 näher beleuchtet werden.

Als Kritikpunkt im Bereich des Organisationsmanagements in Waldorfschulen ist vor allem die strukturelle Unübersichtlichkeit aufgrund der Vielzahl an Gremien, Ausschüssen und Konferenzen zu nennen. Diese mündet oftmals in einer unklaren Abgrenzung und Zuordnung von Zuständigkeiten und Verantwortlichkeiten sowie Kommunikations- und Delegationswegen – wovon sowohl interne als auch externe Personen betroffen sind – und kann zu den einleitend angesprochenen Missverständnissen von kollegialer Selbstverwaltung führen. Im Sinne eines einzigartigen Organismus' bildet und benennt jede Waldorfschule deren Organe prinzipiell individuell, sodass eine einheitliche und konkrete Modellierung eines gültigen Organigrammes für diesen Schultyp nur tendenziell möglich ist. Es existieren durchaus breite Überschneidungen zwischen den einzelnen Waldorfschulen, doch zugleich die Möglichkeit einer abweichenden Bezeichnung für funktionell gleiche Gremien und Ausschüsse. Umgekehrt können gleich betitelte Organe unterschiedliche Prozesse beinhalten, die sich beispielsweise auf die Wahl der Mitglieder und Vertreter oder auf die Befugnisse und Zuständigkeiten des Gremiums oder Ausschusses beziehen.

Darüber hinaus wird eine konsequente Dokumentation und klare Beschreibung der Zuständigkeiten und Erfahrungsberichte unterlassen oder – im organischen Sinne kollegialer Selbstverwaltung – bewusst vermieden. Untermauert werden kann dies durch die Abneigung Steiners gegenüber jeglicher Dokumentation, die aus seiner Sicht die Zeit für das tatkräftige Handeln und den realen zwischenmenschlichen Kontakt beanspruche. Auf den Vorschlag eines Lehrers in einer Konferenz in der ersten Waldorfschule, eine Art Klassenbuch *"(...) für Eintragungen in ganz freier Weise* [zu führen], *so dass jeder Lehrer sich über die Arbeit der anderen Lehrer ein wenig orientieren kann"* (Steiner GA 300: 18f., Ausl. u. Erg. ie), entgegnete Steiner (ebd., Ausl. ie) demgemäß: *"Ja, schreibt man etwas Ordentliches hinein, so braucht man Zeit. Das ist dann die Zeit, die zu den Allotria der Kinder führt. In der Zeit, in der man als Lehrer mit den Kindern zusammen ist, sollte man nie irgend etwas anderes machen. Ich meine also, man ist nicht im Klassenzimmer darinnen, wenn man eine Tätigkeit ausübt, die sich nicht auf die Kinder bezieht. Wenn man das Zimmer betritt, ist man mit den Kindern, bis man weggeht (...).Wozu ist es denn nötig, immer einzutragen? Erstens muss es eingetragen werden, zweitens muss es der andere lesen. Das ist ein Zeitaufwand, der verlorengeht für den Verkehr mit den Schülern."* Steiner (ebd.: 19) sprach sich vielmehr für den direkten mündlichen Austausch zwischen den jeweils Betroffenen aus: *"Viel besser ist es, diese Fragen unter sich zu erledigen. Wir setzen ja voraus, dass die Klassenlehrer keine Händel kriegen, sich sehr lieb haben und sich mündlich besprechen. Wer mit einer Klasse zu tun hat, bespricht sich mit den anderen, die auch damit zu tun haben."* Zu bedenken ist jedoch, dass die Komplexität (z. B. Organisationsgröße, Informationsfülle) im Laufe der Zeit gravierend zugenommen hat und weiterhin zunimmt, sodass Waldorfschulen mittlerweile prinzipiell similäre Ordnungsprinzipien erfordern, wie diese in Wirtschaftsunternehmen ausgebildet sind, um interne Strukturen durch Intransparenz nicht zu unterlaufen (vgl. Brater/Maurus 1999: 60ff.).

So ist das Organisationsziel der Effizienz ebenso in der kollegialen Selbstverwaltung als ein wichtiger argumentativer Bestandteil zu betrachten, welcher sich insbesondere aus dem ansteigenden äußeren Druck der Waldorfschulen, wie *"Gesetzgebung, Finanzkrise, Gegnerschaften, wissenschaftliche und wirtschaftliche Konkurrenz, (...) Enttäuschung mancher Teile einer zuvor durchaus wohlwollenden Öffentlichkeit usw."* (ebd.: 59, Ausl. ie; vgl. Baum/Bondorf/Hamburger 2007: 297ff.; Brüll 2010: 20ff.), ableitet. Im Wirtschaftsleben können Folgen von struktureller „Unordnung" und sich daraus ableitende Probleme wie Ineffizienz und Beliebigkeit kurzfristig zu einem geschäftlichen Ruin führen.

Unabhängig von Form und Methode ist eine Berücksichtigung von Bedarfen des Organisationsmanagements so als eine institutionelle Lebensnotwendigkeit von Waldorfschulen zu betrachten. Doch sind eine transparente Gestaltung und ein systematischer Ausbau in diesem Bereich oft nur unzureichend erfüllt.

7.1.3 Stagnierende Weiterentwicklung

Wie in Kapitel 6.1.1.3 erörtert, betonte Steiner stets die Zeitbezogenheit bzw. Kontextabhängigkeit seiner Ideen – im Sinne eines lebendigen Organismus', der sich für dessen Überlebensfähigkeit an äußere Gegebenheiten und Veränderungen der Umwelt anpasst und auf diese Weise weiterentwickelt (Situationsbedingtheit): *„Anthroposophie weiß, daß die Gedanken herausgeboren sein müssen in jeder Zeit aus dem, was man in einem tieferen Sinne den Geist der Zeit nennen kann. Und der Geist der Menschheit ist in fortdauernder Entwicklung. So daß dasjenige, was als Meinung über die Welt in einem Zeitalter auftritt, eine andere Form haben muß als dasjenige, was in solcher Art in einem anderen Zeitalter auftritt. Indem Anthroposophie heute vor die Welt hintritt, weiß sie, daß nach Jahrhunderten dasjenige, was sie heute sagt, in ganz anderer Form für ganz andere Menschheitsbedürfnisse und ganz andere Menschheitsinteressen wird gesagt werden müssen, daß sie nicht ‚absolute Wahrheiten' anstreben kann, sondern daß sie in lebendiger Entwicklung ist"*, erläuterte Steiner (GA 72: 65) mit seiner im oben genannten Kapitel 6.1.1.3 bereits rezitierten Aussage. Der Mensch und die jeweils vorherrschenden Gesellschaftsverhältnisse und -bedürfnisse stehen demnach in einer korrespondierenden Wechselbeziehung, die kontinuierliche Lernprozesse erfordert und initiiert (vgl. ebd. GA 298: 29). So sind die aus der Anthroposophie abgeleiteten Strukturen und Praktiken stets an spezifische Kontexte gebunden und nicht als überdauernd zu verstehen, da jede Epoche eigene Herausforderungen mit sich bringt. *„Es ist leicht zu beobachten, dass die realen Verhältnisse sich ständig verändern"*, merkt Werner (2013: 95) an. *„Man kann nichts für die Ewigkeit begründen"*, betonte Steiner (GA 257: 162) in diesem Sinne. Metaphorisch sprach er davon, den sozialen – analog zum menschlichen – Organismus immer wieder *„mit neuen Kleidern zu versehen"* (ebd.), wobei er als „Kleider" das äußere sichtbare Gewand (Strukturen, Prozesse, Praktiken usw.) des darin innewohnenden Dynamisch-Lebendigen verstand. *„Was leben will, muß sich wandeln, und eigentlich ist nur, was sich wandelt, lebensvoll"*, so Steiner (ebd.). Von den in der kollegial selbstverwalteten Waldorfschule Tätigen forderte Steiner das Bewusstsein von *„Zeitgenossen"*, die in enger Verbindung zu den realen Gegebenheiten stehen und über das Zeitgeschehen informiert sind – oder in Steiners (GA 300: 8) Diktion: *„Kulturmenschen im höchsten Grade"* sind, die *„lebendiges Interesse haben für alles, was heute in der Zeit vor sich geht"*. Das in die Gesellschaft (Wirklichkeit) eingebettete menschliche und organisationale Handeln sollte der *„Lebenspraxis"* (ebd.: 271) bzw. *„dem vollen Leben der Gegenwart"* (ebd. GA 305: 131) entsprechen.

Diese dynamische Sichtweise bedingt eine kontinuierliche Weiterentwicklung des menschlichen und organisationalen Bewusstseins und der daraus resultierenden Praktiken in Korrespondenz zu dem, *„(...) was gerade in unserer Gegenwart und für die nächste Zukunft von der Entwickelung der Menschheit gefordert wird"* (Steiner GA 298: 22f.). Was zu Steiners Zeiten akut und notwendig war, kann nicht in unveränderter Gültigkeit auf die heutige Zeit transferiert werden. Auch wenn eine Besinnung auf die Ursprungsimpulse kollegialer Selbstverwaltung für deren funktionsfähige Umsetzung erforderlich ist, bedarf es einer Berücksichtigung der veränderten sozialen Rahmenbedingungen und Anforderungen der Gegenwart und damit einer Vermeidung des unreflektierten Konservierens traditioneller Denk- und Handlungsweisen (Methodisieren der Anthroposophie). Götte (2006: 219) merkt hierzu kritisch an: *„Was an dieser Debatte zunächst erstaunt, ist die Tatsache, dass fast durchgängig ‚dogmatisch' argumentiert wird. Die Argumente werden weniger aus Erfahrungen und Analysen gezogen, sondern aus der Deutung von überlieferten Äußerungen und Handlungen Steiners im ersten Kollegium gewonnen."* Die aktuelle Gesellschaft sieht sich jedoch mit drastisch veränderten Herausforderungen konfrontiert im Vergleich zu jener vor etwa einhundert Jahren. Während sich zur Zeit der ersten Waldorfschule um 1919 aufgrund der historischen Umstände insbesondere Bestrebungen abzeichneten, den Menschen aus den sozialen Verbänden zu lösen und diesem eine Individualisierung zu ermöglichen, ist der gegenwärtige Mensch – dank des in den 1960er Jahren einsetzenden Individualisierungsschubs und dessen stetigen Fortsetzung (vgl. Dietz 2010: 8;

2008b: 11ff.) – mittlerweile bei einer „*reifen Individualität*" (Horx 2004: 204) angelangt: „*Individualität ist der rote Faden der Moderne*" (ebd.), sodass die Tendenzen zu Pluralität und Individualisierung maßgeblich die gesamtgesellschaftlichen Veränderungsprozesse auszeichnen. Der Einzelne ist mittlerweile zentraler Bezugspunkt für die Gesellschaft und wird nicht mehr als Teil einer Kollektivität betrachtet, vielmehr als ein „*autonomes Individuum*" bzw. ein „*souveränes Subjekt*" (Ebers 1995: 34) oder ein „*mündiger Bürger*" (Hardorp 1974: 111).[127] Diese „*radikale Autonomie*" (Dietz 2013: 38) der Neuzeit stellt nicht nur das eigene Ich ins Handlungszentrum, sondern führt zwischenzeitlich durch dessen einseitige Betrachtung zunehmend zu negativen Ausprägungen in Form von menschlicher Vereinzelung und Egoismus.

Das Bedürfnis nach mehr Individualität durchzog zu Steiners Zeit auch die institutionelle Ebene als Teilbereich der Gesellschaft, auf der noch autoritative Hierarchien und mechanistische Arbeitsabläufe vorherrschten. Die Zusammenarbeit auf der Basis kollegialer Selbstverwaltung hingegen sollte ermöglichen und unterstützen, dass der arbeitende Mensch mündig und selbstbestimmt denkt und handelt, sich kreativ einbringt und die Prozesse mitgestaltet und nahm mit dieser Haltung in der damaligen Zeit eine Pionierstellung ein (vgl. Kap. 7.1.1). Gegenwärtige, der kollegialen Selbstverwaltung sehr ähnliche Führungsmodelle greifen mittlerweile den Ausgangspunkt eines solchen höher entwickelten menschlichen Bewusstseins auf, jedoch nicht mit revolutionärer Intention, sondern unter Zugrundelegung einer evolutorisch bedingten Notwendigkeit (vgl. Kap. 4.3). Diese Modelle entstanden somit aus einem real vorherrschenden Bedürfnis, was darauf hinweist, dass diese Organisationsformen als eine gesellschaftliche Konsequenz entstanden sind und nicht – umgekehrt – modelliert wurden, um auf die Gesellschaft reformierend zu wirken. Die heutige Menschheit scheint demnach eine höhere Bewusstseinsstufe erreicht zu haben als die damalige aufwies, sodass diese Formen der Arbeitsorganisation als logische Implikationen eines natürlichen Bedarfs figurieren.

Die Waldorfschule der Gegenwart und die in dieser praktizierten kollegialen Selbstverwaltung beinhalten somit weniger den Auftrag des Initiierens eines Impulses, um die Menschen aus deren gesellschaftlich determinierten Un-

---

[127] Vgl. hierzu das Menschenbild der Gegenwart in Kapitel 4.1.2.

mündigkeit zu befreien. Während zu Steiners Zeiten das Kollektive überwog und der „*Individualismus als das soziale Ideal*" (Steiner GA 31: 257) gefördert werden sollte, wird heute oftmals der ausgleichende Gegenpol des gemeinschaftlichen Anschlusses – der konsensuellen und kohäsiven Solidarität – vernachlässigt. Vor dem Hintergrund der sich in Steiners Denken gegenseitig ausgleichenden Prinzipien der Individualität und Sozialität („republikanisch-demokratisches Prinzip"; vgl. Kap. 6.2.4.1) führt dies somit zu einem gegenwärtigen Bedürfnis der Überwindung zunehmend egoistischer Tendenzen und zu dem notwendigen Bestreben, trotz profilierter Individualisierung *„etwas Gemeinsames, Verbindliches zustandebringen"* (Brater/Maurus 1999: 63). Der heutige individualisierte Mensch muss wieder lernen, in sozialen Kontexten zu denken. Bereits Steiner (GA 186: 168) wies darauf hin, dass das Gemeinschaftliche trotz Individualisierung nicht aus den Augen verloren gehen darf: „*Das Soziale ist das Notwendige, das muß gepflegt werden*". Denn er nahm an, dass das Egoistische des Menschen „*eigentlich das Natürliche ist*" (ebd.). Wahrhafte Individualität bedeutete für Steiner (vgl. GA 4: 75f.) so eine Balance zwischen einer Auflösung individueller Wahrnehmung und dominierender subjektiver Einfärbung des Allgemeinen, das heißt, individuelles Entwicklungsstreben muss zugleich an ein darüberstehendes Gemeinschaftliches oder Universelles angebunden werden und enthält somit auch den Respekt und die Anerkennung der Individualität des jeweils anderen. Die sich aus den gesellschaftlichen Bedingungen ableitenden institutionellen Herausforderungen haben sich demnach deutlich verlagert. Hingegen hat eine dahingehende Weiterentwicklung des Prinzips kollegialer Selbstverwaltung, welche die Ursprungsidee nicht subjektiv-interpretativ modifiziert (vgl. Kap. 7.2), sondern in deren originären Intention in Korrespondenz mit diesen zeitlich induzierten Bedürfnissen fortschreibt, nur unzureichend stattgefunden. Aufgrund der entstehenden selbstverwaltungsaffinen Führungskonzepte scheint der Grundgedanke kollegialer Selbstverwaltung – bezogen auf die aktuelle Arbeitswelt – zwar mehr denn je den Ansprüchen der Zeit zu entsprechen. Diese gegenwärtigen, sich evolutorisch entwickelten Modelle betonen jedoch (trotz individualisierter Arbeitsweise) konkret das Gemeinschaftliche, aus dem der organisationale Daseins- und Handlungszweck entspringt, und bei dem alle Einzelhandlungen wieder zusammenlaufen. Zwar ist dieser Grundgedanke auch in der kollegialen Selbstverwaltung konstitutiv verankert, in deren praktischen Umsetzung jedoch oftmals missverstanden interpretiert (vgl. Kap. 7.2.1). Zeitgemäße Entwicklungen in selbstverwaltungsähnlichen Verfahren der Zusammenarbeit erfolgten somit nicht in deren Namen und Tradition, sondern in einem parallel agierenden Sektor, sodass diese von den Waldorfschulen durch deren selbst zugeschriebene solitär abgegrenzte Stellung zumeist keine Beachtung fanden und synergetische Effekte (Erfahrungsaustausch) bisher ungenutzt blieben.

Neben der Similarität diverser moderner Führungskonzepte zur kollegialen Selbstverwaltung lässt sich auch ein deutlicher Unterschied erkennen. Dieser liegt unter anderem in der konsequenten Erfahrungsdokumentation, wodurch eine Wiederholung von Fehlern und unzulänglich zielführenden Verfahren vermieden und somit eine effektive Weiterentwicklung der Prozesse ermöglicht wird. Auch wenn sich Steiner (vgl. GA 300: 18f.) – wie in Kapitel 7.1.2 bereits dargelegt – gegen eine Verschriftlichung von Erfahrungen und für eine direkte persönliche Abstimmung aussprach, ist zu berücksichtigen, dass die Welt seither drastisch an Komplexität gewonnen hat und damit einhergehend für ähnliche Tätigkeiten unverhältnismäßig mehr Informationen verarbeitet werden müssen. Zahlreiche Anliegen können per „Zuruf" nicht mehr effizient geregelt werden. Vielmehr bietet sich hier der – die modernen Bedingungen ermöglichende – Einsatz neuer Informations- und Kommunikationstechniken an (z. B. Intranet), welcher in aktuellen Waldorfschulen jedoch nur unzureichend berücksichtigt wird. Entsprechende Informationen und Dokumentationen können so auf simple, zeitsparende und ortsunabhängige Weise für alle Beteiligten zugänglich gemacht werden.

Eine der kollegialen Selbstverwaltung zugrundeliegende organisch-lebendig gedachte Berücksichtigung der jeweils prävalierenden gesellschaftlichen Bedingungen und Bedürfnisse erfordert – für eine Sicherung der institutionellen Zukunftsfähigkeit – eine stetige Weiterentwicklung der Organisation (Organisationsentwicklung) sowie ein kontinuierliches Lernen der Organisationsmitglieder (Personalentwicklung) und damit einhergehend eine repetitive Renovierung der angebotenen Leistung („Produktentwicklung"), denn eine *„Schule steht* unter permanenter sozialer Kontrolle mit wechselnden Erwartungen und sich teilweise widersprechenden Anforderungen einflußreicher gesellschaftlicher Gruppen und Institutionen" (Bildungskommission NRW 1995: 78). Die Bildungskommission NRW (ebd.: 146) weist bereits vor über 20 Jahren darauf hin, dass insbesondere im Bildungswesen stets nach neuen Wegen gesucht werden muss, welche nicht im Sinne eines punktuellen Eingreifens und Verbesserns im Akutfall angelegt sind, sondern de facto eine Weiterentwicklung darstellen: „Reparaturmaßnahmen auf der Grundlage traditioneller Gestaltungsmuster und Verantwortungsstrukturen reichen generell in keinem gesellschaftlichen Gestaltungsbereich mehr aus, um die Entwicklungsprobleme zu lösen. Dies gilt auch für das Bildungswesen und die Schule." Daraus lässt sich die Notwendigkeit eines fest verankerten und somit permanenten Lern- und Entwicklungsprozesses ableiten, der Institutionen wie der Waldorfschule eine bewusste Mitgestaltung der allgemeinen Entwicklung durch eine fortlaufende Reaktion auf Veränderungen im Umfeld oder innerhalb der Organisation ermöglicht. „Sie wird diesen Anforderungsdruck nur dann gewachsen sein, wenn sie sich selbst als lernende Organisation versteht, die sich nicht nur widerstrebend oder bedarfsorientiert reagierend verändert" (ebd.: 78). So betont auch Rahm (2005: 8) in diesem Sinne, dass sich „Bildungsinstitutionen als Learning Communities" verstehen müssen.

Auch wenn Waldorfschulen auf speziellen anthroposophischen Prinzipien basieren, die deren Profilierung konstituieren, bedarf es eines Weiterdenkens auf dieser Grundlage und damit eines Kontextualisierens dieser Prinzipien in der Gegenwart, denn „Schulen werden nicht als statisch gesehen, sie müssen lernfähig und veränderungswillig sein, um sich als lernende Organisationen zu entwickeln" (ebd. 85). Jedoch profiliert sich eine Institution nicht ausschließlich durch deren Wandel, sondern auch maßgeblich durch deren inhaltliche Kernidee, die – unabhängig von Veränderungen – nach außen erkennbar sein und entsprechend kommuniziert werden muss. Eine Waldorfschule sollte folglich in der Lage sein, „(...) nicht nur eine reflexive Haltung zum Entwicklungsgeschehen einzunehmen, sondern auch im gemeinsamen Handeln Schule verbessern" (ebd.: 8). Eine dominierende Anpassung an gesellschaftliche Trends (Außenseite) kann zu einem Verlust der organisationalen Identität führen, eine Fokussierung der internen Entwicklungen (Innenseite) hingegen zu einer Ablösung von der Realität sowie zu einer Reproduktion von (gegebenenfalls auch obsoleten) Prozessschritten durch institutionell begrenzte Impulse. Vielmehr bedarf es einer Weiterentwicklung und Bereicherung des bereits Bestehenden, indem profilbildende Visionen (innen) auf die faktischen Bedingungen (außen) bezogen werden – bzw. in Rahms (ebd.) Diktion: um *„Wachstumsprozesse im Sinne einer Identitätsbildung".*

Da eine Organisation sowohl innen als auch außen kontinuierlich mit Veränderungsprozessen konfrontiert ist, ist dies als ein andauernder und nicht abschließender Prozess zu verstehen. Damit *„Schulen als lernende Organisationen"* (ebd.: 114) in einer sich wandelnden Welt dauerhaft reaktionsfähig bleiben und zeitgemäße Lösungen für anstehende Arbeitsprobleme finden können, bedarf es der ausgebauten und konsolidierten Entwicklungsroutinen, die sich aus einer Synthese von Personal- und Organisationsentwicklung konstituieren. Aus der Personalentwicklung resultiert wiederum eine Produkt- bzw. Dienstleistungsentwicklung (Unterricht), denn die sich weiterbildenden Lehrenden *„.. sind die Träger des pädagogisch-didaktischen Innovationspotenzials einer Schule"* (Boukal 2015: 208, Ausl. ie). Von ihrem Lern- und Entwicklungsvermögen hängt zugleich der Erfolg von Organisationsentwicklungsprozessen ab, welcher sich durch ein verbessertes gemeinschaftliches Handeln abzeichnet. Nach dem Grundverständnis des Prinzips der kollegialen Selbstverwaltung erfolgt Personalentwicklung in dessen Rahmen nicht durch eine kalkulierte Entscheidung einer vorgesetzten Person zur Aktualisierung oder Assimilation der Fähigkeiten eines Mitarbeiters oder aufgrund eines fest etablierten Weiterbildungsprogramms. Vielmehr findet vordergründig in diesem Sinne eine „Selbsterziehung und Selbstentwicklung" der Lehrer in den Konferenzen durch den Austausch pädagogischer Erfahrungen („Schülerbesprechungen"; vgl. Kap. 6.2.3.4) sowie die Erarbeitung anthroposophischer Grundlagen („Erkenntnisgespräche"; vgl. Kap. 6.2.3.3) statt.

Die Bedingung der Selbstentwicklung basiert auf der Annahme Steiners (vgl. GA 4: 121f.), dass sich der Mensch in einem dynamischen Entwicklungsprozess befindet, der ausgehend von Naturbedingungen über gesellschaftliche Sozialisation bis schließlich zu einem möglichst frei denkenden Geist verläuft. Steiner betrachtete diesen Endzustand des freien menschlichen Denkens und Handelns als das anzustrebende Ziel (vgl. Kap. 6.2.1.1), wobei dieser zugleich als Grundlage und Voraussetzung für eine erfolgreiche Umsetzung kollegialer Selbstverwaltung verstanden werden kann. Ein frei denkender Mensch handelt nach seinen eigenen Impulsen (Intuitionen), und eine gewollte Handlung wird vom Menschen als frei empfunden, wenn er nach eben diesen intuitiven Ideen handeln kann (vgl. Steiner GA 4: 116f.). *„In diesem Kennzeichen einer Handlung liegt die Freiheit"*, so Steiner (ebd: 146). Doch betonte er, dass eine Handlung in Freiheit als das letzte und reifste Entwicklungsstadium und somit *„als die reinste Ausprägung der menschlichen Natur"* (ebd.: 120) anzusehen sei. Der Mensch stelle demzufolge kein *„abgeschlossenes Produkt"* (ebd.: 129) dar, sondern ein sich kontinuierlich weiterentwickelndes Wesen, *„(...) bis er an den Punkt kommt, wo er sich selbst findet"* (ebd.: 130, Ausl. ie). Hierzu bedürfe es eines speziellen Schulungswegs, der die Entwicklung eines höheren menschlichen Bewusstseins ermöglicht (vgl. Kap. 6.2.4.2). Steiner (ebd.: 120)[128] unterstrich jedoch, dass diese ausgereifte Bewusstseinsebene – trotz der Verankerung eines freiheitlichen Grundbestrebens in der Natur des Menschen – ein (noch) unverwirklichtes Ideal darstelle: *„Das ist ein Ideal, werden viele sagen. Ohne Zweifel, aber ein solches, das sich in unserer Wesenheit als reales Element an die Oberfläche arbeitet. Es ist kein erdachtes oder erträumtes Ideal, sondern ein solches, das Leben hat und das sich auch in der*

---

[128] An anderer Stelle (GA 4: 119): *„Es wird viele geben, die da sagen: der Begriff des freien Menschen, den du da entwirfst, ist eine Schimäre, ist nirgends verwirklicht. Wir haben es aber mit wirklichen Menschen zu tun, und bei denen ist auf Sittlichkeit nur zu hoffen, wenn sie einem Sittengebote gehorchen, wenn sie ihre sittliche Mission als Pflicht auffassen und nicht frei ihren Neigungen und ihrer Liebe folgen. – Ich bezweifle das keineswegs. Nur ein Blinder könnte es. Aber dann hinweg mit aller Heuchelei der Sittlichkeit, wenn dieses letzte Einsicht sein sollte. Saget dann einfach: die menschliche Natur muß zu ihren Handlungen gezwungen werden, solange sie nicht frei ist. Ob man die Unfreiheit durch physische Mittel oder durch Sittengesetze bezwingt, ob der Mensch unfrei ist, weil er seinem maßlosen Geschlechtstrieb folgt oder darum, weil er in den Fesseln konventioneller Sittlichkeit eingeschnürt ist, ist für einen gewissen Gesichtspunkt ganz gleichgültig. Man behaupte aber nur nicht, daß ein solcher Mensch mit Recht eine Handlung die seinige nennt, da er doch von einer fremden Gewalt dazu getrieben ist. Aber mitten aus der Zwangsordnung heraus erheben sich die Menschen, die freien Geister, die sich selbst finden in dem Wust von Sitte, Gesetzeszwang, Religionsübung und so weiter. Frei sind sie, insofern sie nur sich folgen, unfrei, insofern sie sich unterwerfen. Wer von uns kann sagen, daß er in allen seinen Handlungen wirklich frei ist? Aber in jedem von uns wohnt eine tiefere Wesenheit, in der sich der freie Mensch ausspricht."*

unvollkommensten Form seines Daseins deutlich ankündigt." Neben dieser Tatsache, dass eine grundlegende Bedingung für die Praxis kollegialer Selbstverwaltung einen (vermutlich unerreichbaren) Zustand beschreibt, bleibt zudem weitgehend unklar, wie zumindest eine tendenzielle Entwicklung eines freien Denkens systematisch in den praktischen Alltag eines Lehrers integriert werden kann, und auf welche Weise den Lehrern die Methoden und Fähigkeiten zu dessen Erlangung vermittelt sowie der Prozess der Selbstentwicklung evaluiert werden sollen. Ob die hierfür angedachten und stattfindenden Konferenzen der geeignete Ort sind, ist insbesondere mit Blick auf die gegenwärtige und künftig steigende Komplexität und die damit einhergehende zu verarbeitende Informationsdichte unter dem Aspekt des Zeit- und Kapazitätsmangels zu hinterfragen. Auch bedürfen die hierfür von Steiner angedachten meditativen Übungen der im Schulalltag nur unzureichend verfügbaren Ruhe und Muße.

Über den Selbstentwicklungsprozess der Lehrer hinausgehend werden in selbstverwalteten Waldorfschulen durchaus Maßnahmen zur Personalentwicklung angewandt, die zumeist vom Personalkreis[129] geplant, betreut und delegiert werden. Doch stellt das Feld der Personalentwicklung in vielen Waldorfschulen einen Bereich mit deutlichem Handlungsbedarf dar, da oftmals eine systematische Integration und einheitliche Verfahren fehlen (vgl. Harslem 2000). So ergab die Befragung der Geschäftsführer von Waldorfschulen (vgl. Kap. 9.6), dass nur etwa in 14 Prozent der Fälle konkret eine „Strategie für die Personalentwicklung" vorliegt („trifft voll zu") und in etwa 10 Prozent der Fälle keinerlei derartige Maßnahmen berücksichtigt werden („trifft gar nicht zu"). Etwa 40 Prozent der Geschäftsführer antworteten mit „trifft eher zu" und etwa 35 Prozent mit „trifft eher nicht zu", was jeweils darauf verweist, dass Personalentwicklung zwar stattfindet, aber nicht in systematischer und somit konkret erfassbarer Weise, sodass hier mehr oder weniger umfassende Ausbaupotentiale und -bedarfe bestehen (vgl. Boukal 2015: 217ff.).

---

[129] Für alle anfallenden Personalfragen – von der Personalplanung über die Stellenausschreibung und Personalentwicklung bis zur Einstellung und Entlassung von Mitarbeitern – kann in den jeweiligen Schulen das Organ des Personalkreises gebildet werden. Es setzt sich in der Regel aus Lehrern, dem Geschäftsführer und einem Vorstandsmitglied des Schulvereins zusammen und kann durch für Personalangelegenheiten verantwortliche Mitarbeiter der Schulverwaltung ergänzt werden.

Kritische Aspekte des Arbeitsprinzips

Ein ähnliches Bild zeigt sich im Bereich der Organisationsentwicklung in selbstverwalteten Waldorfschulen. In der Organisationstheorie hat sich der Gedanke durchgesetzt, dass nicht nur Individuen in sozialen Systemen, sondern auch ganze Organisationen lern- und entwicklungsfähig sein können. Erläuterungen, was unter Organisationsentwicklung zu verstehen ist (z. B. Becker/Langosch 1995: 5; Kieser 1999: 119), lehnen zumeist an die von der Deutschen Gesellschaft für Organisationsentwicklung herausgegebenen Definition an: *„Organisationsentwicklung ist ein längerfristig angelegter, organisationsumfassender Entwicklungs- und Veränderungsprozeß von Organisationen und der in ihr tätigen Menschen. Der Prozeß beruht auf Lernen aller Betroffenen durch direkte Mitwirkung und praktische Erfahrung"* (GOE 1980). Unter Organisationsentwicklung wird in der Regel ein ganzheitliches Konzept zur Veränderung von Strukturen, Prozessen, des Verhaltens der Organisationsmitglieder und der Organisationskultur verstanden, die über gruppendynamische Prozesse realisiert wird, sodass die Träger der Veränderungen in einer Organisation die darin tätigen Menschen selbst sind. Begleitet wird dieser Prozess oftmals durch externe Berater als Methodenexperten. Das Ziel von Organisationsentwicklung besteht in der Problemdiagnose und -bewältigung – genauer formuliert: *„... in einer gleichzeitigen Verbesserung der Leistungsfähigkeit der Organisation (Effektivität) und der Qualität des Arbeitslebens (Humanität)"* (ebd.). Auch Gebert (vgl. 1974: 11) hebt diese beiden Hauptziele hervor: Eine Erhöhung der Leistungsfähigkeit der Organisation soll mittels gesteigerter Flexibiliät, Veränderungs- und Innovationsbereitschaft erlangt werden, eine Humanisierung der Arbeitswelt durch Raumschaffen für eine intensivere Persönlichkeitsentfaltung. *„Beide Zielsetzungen stehen in engem Zusammenhang mit bestimmten (gegenwärtigen bzw. künftigen) Veränderungstendenzen in der Umwelt"* (ebd.). Kieser (vgl. 1999: 19) fasst schließlich vier typische Tendenzen von Organisationsentwicklung zusammen: Demnach ist diese als Prozess zu verstehen. Dieser wird von den Betroffenen gemeinsam getragen, sodass die Organisationsmitglieder direkt an diesem beteiligt sind. Es wird ein externer Berater eingesetzt, der durch geeignete Interventionen die Entwicklung initiiert, voranreibt und begleitet. Die Ziele der Organisation und die Ziele deren Mitglieder sollen gleichzeitig und gleichgewichtig verfolgt werden.

Wie der Bereich der Personalentwicklung stellt in selbstverwalteten Waldorfschulen auch die Organisationsentwicklung ein Ressort mit Handlungsbedarf dar, denn nur in deren Minorität existiert eine institutionalisierte Form. Im Rahmen der Befragung der Geschäftsführer von Waldorfschulen (vgl. Kap. 9.6) geben nur etwa 14 Prozent an, speziell ein „Organ für kontinuierliche Organisationsentwicklung" als ein Bestandteil der Organisation verankert zu haben („trifft voll zu"), hingegen 25 Prozent, dass dies „gar nicht zutrifft". Etwa 22 Prozent wählten die Antwortoption „trifft eher zu" und etwa 36 Prozent „trifft eher nicht zu", sodass in diesen Fällen zwar mehr oder weniger Entwicklungsprozesse stattzufinden scheinen, jedoch keine institutionalisierten Formen der Organisationsentwicklung manifestiert sind, die vorhandene Entwicklungspotentiale kontinuierlich nutzen (vgl. Boukal 2015: 198ff.). Diese Sachlage bestätigt auch die Aussage von fast 56 Prozent der Geschäftsführer, dass „in den letzten 5 Jahren Beratungen für den organisatorischen Bereich" beansprucht wurden, im Vergleich zu etwa 33 Prozent, bei denen dies nicht zutreffend war. Externe Beratungen als Alternative zu einem institutionalisierten Organ der Organisationsentwicklung werden in Waldorfschulen offenbar häufiger in Anspruch genommen. Dies verweist auf eine ausgelagerte und bedarfsorientierte anstelle einer kontinuierlichen Organisationsentwicklung. Zumeist handelt es sich hierbei um Schulen, die bereits schulinterne Maßnahmen etabliert haben und so über ein Bewusstsein für die Bedeutung von Entwicklungsprozessen verfügen (vgl. ebd.: 204ff.). Dass Organisationsentwicklung insgesamt eines weiteren Ausbaus bedarf, unterstreichen auch die Aussagen der Lehrer im Rahmen der Waldorflehrerstudie (vgl. Randoll 2013a): So erachten fast 24 Prozent der Lehrer Entwicklungsprozesse der Organisation (z. B. realistische Anpassung an gesellschaftliche Veränderungen) als bedeutendste „Herausforderung für die Zukunft" der Waldorfschule (vgl. Graudenz 2013b: 223ff.).

7.2 Missverständnisse beim Transfer des Urgedankens

Auf der einen Seite zeigt sich eine defizitäre Weiterentwicklung des Prinzips kollegialer Selbstverwaltung, auf der anderen Seite bildeten sich im Zeitverlauf diverse Routinen aus, die nicht auf die genuine Idee kollegialer Selbstverwaltung zurückführbar sind, jedoch gleichwohl durch selbige legitimiert werden.

Waldorfschulen und mithin die kollegiale Selbstverwaltung blicken auf eine mittlerweile etwa einhundertjährige Geschichte zurück, deren gesellschaftliche Signaturen in mannigfaltiger Weise Einfluss auf diese nahmen (vgl. BdFWS 2009; Hiller 2007: 25ff.). In der ersten Waldorfschule traten die Lehrer in direkter Betroffenheit von den damaligen Gesellschaftsverhältnissen und deren sozialen Konsequenzen ihre pädagogische Aufgabe an. Unter der Obhut und Hilfestellung Steiners sowie durch regelmäßig in seiner Anwesenheit stattfindende Konferenzen wurden Intention und Ziele der Schule stets vergegenwärtigt sowie Probleme gemeinsam erörtert und gelöst. Damit das von ihm Beabsichtigte auch in seinem Sinne verstanden und umgesetzt wurde, trat Steiner in der Rolle eines Beraters der Lehrer persönlich ein. Bereits unter seiner Leitung war es wiederholt erforderlich, durch korrektive Impulse die Lehrer auf den intendierten Weg zu lenken. *„Wenn ich im Interesse der Sache immer wieder genötigt bin, diese Dinge ins richtige Licht zu stellen, so ist das notwendig (...). Es ist sehr merkwürdig, wie auf anthroposophischem Boden Dinge gedeihen – auf diesem Boden der Waldorfschule, der rein gehalten werden müsste –, die eigentlich nicht einmal draußen im gewöhnlichen Philisterleben gedeihen würden"*, kritisierte hierzu Steiner (GA 300: 691f., Ausl. ie).[130]

Naheliegend ist, dass die in den nachfolgenden Jahrzehnten entstandenen Waldorfschulen, die nicht mehr unter der persönlichen Aufsicht Steiners standen, mit similären Konflikten konfrontiert waren. Da eine Schlüsselperson wie

---

[130] Damit das, was Steiner beabsichtigte, auch in seinem Sinne verstanden und umgesetzt wurde, äußerte er insbesondere in den zeitlich späteren Konferenzabschnitten vermehrt Kritik am Verhalten der Lehrer. So bemängelte Steiner (GA 300: 1208) zum Beispiel den unzureichenden Enthusiasmus bei den Lehrern, der sich eingeschlichen hatte: *„Ich habe schon ein bisschen den Eindruck, dass für den einzelnen von uns die Führung des Unterrichts etwas langweilig geworden ist. Es ist nicht das elementare Interesse da. Wir brauchen Enthusiasmus. Wir brauchen nicht vornehme Überlegenheit und spitzfindiges Nachdenken. Wir müssen auf uns selbst die Methode anwenden, nicht müde zu sein. Auch in den Klassen sind die Freunde müde, wenn sie unterrichten sollen. Das geht nicht. Das ist gerade so, wie wenn man eine Eurythmistin sitzen sieht während der Proben. Es gibt ein Bild, das furchtbar ist. Das ist stillos."* Auch die Haltung der Lehrer allgemein war Gegenstand von Steiners (ebd.: 1198) Kritik: *„Diese Dinge müssen wir uns in ihrer ganzen psychologischen Intensität vor Augen stellen. Ernst werden wir daran denken müssen, dass wir dies überwinden müssen, wenn die Waldorfschule bestehen bleiben soll. Da muss der gute Wille aller zusammenwirken, vielleicht doch damit, dass vor einem neuen Schulanfang, wenn die Waldorfschule fortgehen soll, vor dem neuen Anfang unbedingt in einer Reihe von Lehrerkonferenzen gerade über diese moralische Haltung der Schule verhandelt werden muss. Wir kommen sonst nicht weiter. Das ist ein großer Mangel, der da ist."*

Steiner jedoch nicht zugegen war, die eine Hilfestellung zur konkreten Ausgestaltung des freilassenden Prinzips der kollegialen Selbstverwaltung leistete, eröffnete dies die Möglichkeit zur Etablierung selbstverwaltungsfremder Verfahrensweisen. Denn die selbstverwaltete Waldorfschule bot aufgrund deren Charakteristik einen Raum zur Manifestierung gesellschaftlicher Orientierungen und revolutionärer Gedanken. In deren Ursprung groß angelegte Ideen konnten so zumindest auf institutioneller Ebene realisiert werden. Auf diese Weise fanden historisch bedingte Reformgedanken einen potentiellen Keimboden, die von einer quantitativen Minderheit vertreten wurden und im Antritt gegen den übermächtigen Gegner der Gesamtgesellschaft Gefahr liefen zu verstummen und in der Majorität konventionell Denkender zu versanden (vgl. Klönne 1989; Mommsen 1998; Roth/Rucht 2008; Winkler 1998). So ist nicht auszuschließen, dass Waldorfschulen gesellschaftlichen Minoritäten jeher eine Nische boten, in welcher deren reformerische Auffassungen gedeihen konnten. Doch verhalten sich diese anakoluthisch zu deren intentionalen Ursprungsimpuls, vielmehr entsprechen diese einem Produkt der jeweils vorherrschenden gesellschaftlichen Verhältnisse (vgl. Gögelein 1994). Aufgrund der ambivalenten Semantik und flexiblen Organisationsstrukturen kollegial selbstverwalteter Waldorfschulen war nicht nur eine Integration solcher Impulse möglich, vielmehr fusionierten diese unbemerkt mit der Selbstverwaltungspraxis. Die daraus resultierenden Konsequenzen werden zum Teil bis in die Gegenwart transferiert.

7.2.1 Ambivalente Termini und Fehlinterpretationen

Obwohl das Prinzip der kollegialen Selbstverwaltung ein konstitutives Merkmal von Waldorfschulen darstellt und dieser somit eine exponierte Stellung in deren Kontext zukommt, ist der diese Arbeitsweise signifizierende Begriff semantisch etisch und ambivalent (vgl. Kap. 5.1). Zwar hat Steiner die konkrete Ausgestaltung kollegialer Selbstverwaltung in einem polytropischen Sinne explizit freigelassen, damit sich diese den situativen Bedingungen adäquat anpassen und ausformen kann, doch liegen dieser durchaus präzise gedachte Arbeitsgrundsätze zugrunde, die in den Kapiteln 6.1 bis 6.3 in konglomerierter Form referiert wurden. Ungeachtet dieser Prinzipien wird kollegiale Selbstverwaltung oftmals in subjektiv-opportuner Weise interpretiert und angewandt. Im Rahmen des potentiellen begrifflichen Spielraums gedeihen auf diese Weise variative Konnotationen, die in praktischer Ausführung zu verzerrten Ausformungen der ursprünglichen Denkart kollegialer Selbstverwaltung führen sowie in Konsequenz zu destruktiven Funktionsweisen, die auf das gesamte Handlungssystem der Waldorfschule inhibierend wirken. Die divergierende Interpretation usueller Termini erfolgt oftmals implizit, sodass eine bewusste Reflexion und Klärung diffizil sind. Auch ist nicht auszuschließen, dass sich auf diese Weise individuell präferierte Verfahrensweisen verfestigt haben, deren Veränderung evidenterweise abgelehnt wird.[131] Missverstandene kollegiale Selbstverwaltung steht dann für ineffektive Entscheidungsprozesse im Rahmen zahlreicher und perpetueller Konferenzen und Intransparenz durch fehlende sachliche Zuständigkeiten. Zugleich sorgt eine fehlerhafte Ausgestaltung und deren Konsequenzen vielerorts zu einem massives Belastungserleben der Beteiligten, sodass hieraus neben organisationalen Ineffizienzen auch physische und mentale Defatigationen resultieren (vgl. Peters 2013). Laut den Ergebnissen der Studie von Randoll (vgl. 2013a) empfindet so die Mehrheit der Waldorflehrer außerpädagogische Selbstverwaltungsaufgaben als besonders belastend.

In ähnlich verkannter Weise wird dem Begriff „Führung" im Kontext kollegialer Selbstverwaltung dessen rein autoritative Ausprägung attribuiert und als disparat zu dieser verstanden. Vor diesem Hintergrund wird klassische Führung mit der Intention der Wahrung der genuinen Idee – aber auch zur Konservierung der oftmals individuell ausgelegten Handlungsfreiheiten – in jeglicher Form unreflektiert abhorriert. Ein Registrieren von – auch bei kollegialer Selbstverwaltung entstehenden – faktischen Führungsbedarfen und deren adäquate Erfüllung werden damit verhindert. So ist es möglich, dass sich Führungsaufgaben unbewusst in der kollegialen Selbstverwaltung suspendieren und zu ökonomischen und sozialpsychologischen Fehlabläufen führen (vgl. Kap. 7.3).

Nicht nur die definitorische Dimension der in der kollegialen Selbstverwaltung usuellen Begriffe und Prinzipien führt zu kontroversen Vorstellungen von deren Funktionsweise, sondern auch das Unverständnis für Steiners Intentionen. Neben einzelnen Worten fallen diesem Umverständnis auch vollständige Sinnzusammenhänge zum Opfer, womit Steiner bereits zu seinen Leb-

---

[131] Vgl. die „Theorie der psychologischen Reaktanz" von Brehm (1966) in Kapitel 3.1.1.

zeiten konfrontiert wurde. *"Steiner baute auf die Kraft einer als richtig anerkannten Idee"* (Schmelzer 1991: 262). Seine Zuhörer zeigten sich diesbezüglich zwar engagiert und interessiert, doch konnten sie seine Ratschläge oftmals nicht authentisch erfassen. Hierzu Steiner (GA 259: 258): *"Das ist eine bemerkenswerte Tatsache, daß man fortwährend Ratschläge verlangt und sie dann nicht einmal bemerkt."* An andere Stelle: *"Ich habe wirklich in der letzten Zeit mit positiven Ratschlägen nicht zurückgehalten. Keiner ist befolgt worden. Es handelt sich darum, daß man an einer bestimmten Stelle Ratschläge gibt und daß sie dann alle in den Wind geschlagen werden"* (ebd.: 251). Dies belegt, dass viele Menschen Steiners Ideen nicht verstehen und seinem Sprachniveau nicht folgen konnten, sodass sie seine Ratschläge zwar akustisch hörten aber nicht sinngetreu umsetzen konnten (vgl. Schmelzer 1991: 261).

Darüber hinaus missverstanden Steiners Zuhörer seine Aussagen immer wieder *"als ewige Wahrheiten oder prinzipielle Anweisungen"* (Dietz 1996: 42). Dies hat sich teilweise bis in die heutige Zeit übertragen. Entgegen Steiners Absicht suchten die Menschen in seinen Aussagen, die eigentlich der eigenen Geistestätigkeit bedurften, nach Handlungsanweisungen. Bezüglich dieses Themas wandte sich Steiner (GA 302: 113) auch an die Lehrer der ersten Waldorfschule: *"Im Grunde genommen ist es schon der Beginn des Unfugs, wenn man jemandem zumutet, man soll ihm sagen: Das muss so und so gemacht werden."* Vielmehr waren Steiners (GA 329: 47f., Ausl. ie) exzeptionelle Empfehlungen als Ideen zu betrachten, die durch eigene Urteilsbildung konkretisiert werden sollten: *"Deshalb, weil ich kein Programm-Mensch bin, weil ich keine Programme und Utopien gebe, sondern weil ich einer bin, der haben will, daß die Wirklichkeit als Wirklichkeit erfaßt wird, deshalb liegt mir gar nichts daran, daß alle meine Anregungen bis in die Einzelheiten ausgeführt werden. Wenn man an irgendeinem Punkte anfangen wird, so zu arbeiten, wie es im Sinne dessen liegt, was ich heute gesagt habe, dann möge von dem Inhalt, den ich vermittelt habe, kein Stein auf dem anderen bleiben; etwas ganz anderes wird sich vielleicht ergeben, aber es wird dann doch etwas sein, was dem wirklichen Leben gegenüber gerechtfertigt ist. Bei Programmen (…) will man immer darauf sehen, daß das einzelne, was ausgedacht wurde, programmäßig verwirklicht wird; hier handelt es sich darum, die Wirklichkeit an einem Punkte anzufassen. Dann mag dasjenige, was daraus kommt, etwas ganz anderes werden! (...) .. Es ist im Grunde genommen heute das Allernotwendigste, daß der Mensch weiß: Man muß von einer Wirklichkeit ausgehen, dann wird sich das andere schon ergeben."* Statt Steiners Empfehlungen als konkretisierungsbedürftige Andeutungen zu verstehen, wurden diese sowohl bei den damaligen Zuhörern als auch bei den nachfolgenden Generationen oft als grundsätzliche Maßnahmen und Methoden ausgelegt.

„*Zum einen also glaubt man in Rudolf Steiners Äußerungen fälschlicherweise Handlungsanweisungen zu finden, denen es zu folgen gelte. Und auf der anderen Seite wird das, was von ihm nur beispielhaft vorgetragen wurde, für die Sache selbst genommen*" (Dietz 1996: 41). Zu diesem zweiten Aspekt kritisierte Steiner wiederholt, dass die Dinge, die er eigentlich zur Illustration der Hauptsache verwende, als die Hauptsache selbst verstanden und dargelegte Exempel und Fälle so als das Entscheidende angesehen würden. „*Man hat sie nicht als Idee zu begreifen gesucht, sondern als Sammlung von Vorstellungen oder gar als Rezept*" (ebd.: 21). Dietz (ebd.: 35) erläutert dieses Phänomen wie folgt: „*Ich kann einen Gedanken nicht aufnehmen, ohne ihn selbst aktiv zu gestalten. Und erst dann ist er ein ‚anthroposophischer Gedanke'. Dazu gehört, daß man Gedanken nicht mit Vorstellungen verwechselt und auch nicht mit sprachlichem Ausdruck. Das betrifft auch die sogenannte anthroposophische Terminologie. Sie ist zunächst eine Verständnishilfe. Sie kann aber zum Hindernis werden, wenn sie sich an die Stelle des Gedankens, auf den sie hinweisen will, selbst setzt. Man bleibt dann der Nomenklatur verhaftet und verwechselt den Namen mit der Sache.*" In einer Konferenz mit den Lehrern betonte Steiner (GA 300: 645) in diesem Kontext: „*Ich bin gern bereit einzugehen, wenn Sie versuchen werden, diese Dinge nicht pedantisch anzuwenden. Wenn Sie bedenken, dass die Gesetze fortwährend biegsam sein können, so dass das die Dinge sind, die nie pedantisiert werden dürfen.*" Denn Steiner befürchtete, dass „*wenn er einmal etwas konkretisiert, .. es gleich zum Muster erhoben*" (Dietz 1996: 42, Ausl. ie) wird.[132] Ziel war es jedoch, über die Einzelheiten der Darstellung hinaus die angesprochene Sache individuell und eigenständig weiterzuentwickeln (vgl. ebd. 2011: 9). Demgemäß unterstrich Steiner

---

[132] Über den Umgang mit Steiners Vorträgen/Schriften vgl. Dietz (2011); Rittelmeyer (1990).

(GA 259: 174), dass die Anthroposophie kein Dogma darstelle, sondern als experimentelles Handeln zu begreifen sei: *„Dasjenige, was wir heute brauchen, ist ein unmittelbares Hineinarbeiten ins Leben, ein Sehen dessen, was in den Menschen ist und sein kann. Und diesen Unterschied der anthroposophischen Bewegung gegenüber anderen Bewegungen, den müsste man sich bestreben, der Welt klar zu machen: ihr Umfassendes, ihr Unvoreingenommenes, ihr Vorurteilsloses, ihr Dogmenfreies: dass sie bloß eine Versuchsmethode des allgemein Menschlichen und der allgemeinen Welterscheinungen sein will."* Nach Steiner (vgl. GA 293: 5) ist Anthroposophie somit als ein erforschendes Handeln zu verstehen und gründet auf der praktischen Anwendung deren Erkenntnisse (vgl. Dietz 2011; Esterl 2000). *„Wir wollen keine anthroposophische Dogmatik lehren, Anthroposophie ist kein Lehrinhalt, aber wir streben hin auf praktische Handhabung der Anthroposophie. Wir wollen umsetzen dasjenige, was auf anthroposophischem Gebiet gewonnen werden kann ..."*, so Steiner (GA 293: 5, Ausl. ie; vgl. auch GA 298: 32f.).

Eine andere Art der fehlerhaften Übertragung von Steiners Intentionen liegt in der unreflektierten Anwendung selbstverwaltungsfremder aber tradierter Praktiken, die zugleich anthroposophisch legitimiert werden. *„Im Übrigen läuft so manches unter Berufung auf Steiner, was gar nicht auf ihn zurückgeht"*, so Dietz (2011: 9), sodass etablierte Routinen in unberechtigtem Glauben eines originalen Rückbezugs auf Steiners Ideen vollzogen würden. *„Das grundlegende Missverständnis, um das es sich hierbei handelt, besteht in der Verwechslung der tradierten Formen und Rituale mit ihren dahinterliegenden (und längst in Vergessenheit geratenen) Ideen"* (Iwan 2007: 28). So bemängelt auch Bauer (vgl. 2006: 190ff.), dass teilweise an „waldorftypischen" Traditionen festgehalten werde, die jedoch nicht auf deren Ursprungsgedanken zurückführbar seien, und auf diese Weise die Gefahr bestehe, dass Veränderungsbedarfe unerkannt bleiben oder registrierte Unzulänglichkeiten als systemimmanent akzeptiert werden. Iwan (vgl. 2007: 28ff.) spricht in diesem Zusammenhang von einer *„Stagnation des Modells Waldorf"*.

Hierunter ist beispielsweise das *„demokratische Missverständnis der Selbstverwaltung"* (Brater/Maurus 1999: 61) zu fassen, welches deutlich von der eigentlichen Denkweise divergiert. Brater und Maurus (ebd., Ausl. ie) appellieren daher, sich darauf zu besinnen, „(...) was ursprünglich .. mit Selbstverwaltung anthroposophischer Einrichtungen, z. B. der Waldorfschule, gemeint war. Da ging es nämlich nie darum, daß alle bei allem mitreden und in Verbindung mit dem ‚republikanischen' Prinzip der Einmütigkeit sämtliche Entscheidungen blockieren, wenn sie – im Extrem – auch nur einem einzigen Mitarbeiter nicht passen. Das nennen wir das ‚demokratische Mißverständnis' der Selbstverwaltung." So werde vielerorts die Idee einer freien Arbeit in ein ausgereiztes Mitbestimmungsmodell überführt und im Sinne eines Möglichkeitsraums zur Befriedigung egozentrischer Bedürfnisse verkannt. Doch „Selbstverwaltung heißt nicht, dass alle alles machen oder bestimmen. Im Gegenteil ist es geradezu ein zentraler Aspekt, die Fähigkeiten und Impulse einzelner Menschen zur Geltung zu bringen", so Herrmannstorfer (2010: 6). Angestrebt werde eine Reflexion von Problemstellungen mit dem Ziel, adäquate Zuständigkeiten nach dem Fähigkeits- und Kompetenzprinzip zu ernennen und auf diese Weise für eine optimale Lösung zu sorgen, das heiße „(...) das Bedürfnis zu verstehen und die verfügbaren Ressourcen so einzusetzen, daß es befriedigt wird" (Brater/Maurus 1999: 64, Ausl. ie). Dazu merkt Bauer (vgl. 2006: 190ff.) kritisch an, dass im Falle einer individuellen Omnipotenz grundlegende ablauforganisatorische Aspekte problematisch verwässert werden. Entscheidungen würden dann vorzugsweise nach dem Konsensprinzip getroffen, sodass eine Aufgabenverteilung nicht nach dem für die kollegiale Selbstverwaltung angedachten und notwendigen Fähigkeits- und Kompetenzprinzip erfolge. Dies führe zu Fehlbesetzungen und mangelnden Leistungen bei der Aufgabenerfüllung sowie zu einer Schwächung der Selbstverantwortung des Einzelnen. Nach Brater und Maurus (1999: 67) ist eine solche universelle Mitsprache aller bei sämtlichen Anliegen nicht prinzipiell notwendig, vielmehr gelte der Grundsatz der Betroffenheit, sodass nur die von den Entscheidungen und deren Handlungsfolgen unmittelbar tangierten Personen an entsprechenden Diskussionen partizipieren sollten. Demgemäß seien organisationsweite Konferenzen, an denen alle Mitarbeiter teilnehmen, nur ausnahmsweise sinnvoll (z. B. bei Grundsatzentscheidungen), während die meisten anderen Anliegen im Rahmen überschaubarer und handlungsfähiger Zusammenkünfte geklärt werden könnten – ohne dadurch das genuine Prinzip der kollegialen Selbstverwaltung zu unterlaufen (vgl. Brater 2010; Kap. 6.1.4.1). Die Probleme der Langwierigkeit und Ineffizienz von Prozessen in der kollegialen Selbstverwaltung werden zudem durch die teilweise *„ungebremste Selbstverwirklichungsmentalität"* (Dietz 1996: 73) der Lehrer verschärft. Die Bedingungen für eine freie Arbeit würden keinen Autorisierungsraum für ein unverhältnismäßig ausgeprägtes Ausleben subjektivistischer Bedürfnisse nach individueller Selbstverwirklichung und Selbstentfaltung schaffen, *„denn schließlich handelt es sich bei den Einrichtungen ja um Arbeitsstätten, bei denen es in erster Linie nicht um Selbstentfaltung der Mitarbeiter, sondern um Bedürftigkeiten anderer Menschen .. geht (...)"*, so Brater und Maurus (1999: 66, Ausl. ie). Schon Steiner (GA 300: 944, Ausl. ie) wies in diesem Zusammenhang auf die Notwendigkeit hin, *„(...) dass die individuellen Eigenheiten ausgelöscht werden. Nicht unsere Individualitäten sollen wir auslöschen, sondern unsere individuellen Eigenheiten."* Jedwede individuelle Handlung sei vor dem Hintergrund der gemeinsamen Aufgabe und geistigen Mission zu betrachten und an dieser zu orientieren. *„Die Freiheit ist zugleich Verpflichtung. Eine aktive Hingabe ist gefordert – eine Hingabe aber nicht an sich selbst und die eigene ‚Freiheit', sondern an den Gegenstand"* (Dietz 1996: 14). Dieser stellt der kreative pädagogische Prozess dar – die *„Erziehungskunst"* (Steiner GA 300: 755) –, welche eines solchen pädagogischen Handlungsspielraums des Lehrers bedarf (vgl. Gögelein 1990: 23ff.; Kiersch 2011: 423ff.). Denn die einer solchen Erziehungskunst immanente Korrespondenz mit dem Werdenden im Schüler kann nicht nach festen Regularien ablaufen (vgl. Leber 1993; 1990: 140ff.; Paschen 2010; Rittelmeyer 2002). Daher vertrat Steiner *„(...) die Forderung nach einer ungehinderten Entfaltung der Lehrerpersönlichkeiten im pädagogischen Tun"* (Schmelzer 1991: 55, Ausl. ie). Diese sollte ihm ermöglichen, *„(...) den Unterricht nach der psychologischen Einsicht in die Entwicklung des Kindes und seiner Bedürfnisse einzurichten"* (ebd., Ausl. ie). Die Grenzen dieser Handlungsfreiheit werden folglich durch das Erziehungsbedürfnis der Schüler definiert.[133] Letztlich geht es wiederum um die Einbettung der Individualität in das soziale Gemeinschaftliche, das heißt um individuelle

---

[133] Vgl. hierzu ausführlich Kap. 6.1.1.1.

Lösungen für eine gemeinsame Fragestellung (vgl. Hellinckx 2010: 11ff.). Demgemäß bezeichnet dies Herrmannstorfer (2001: 7) als „*individuelles Handeln für die Gemeinschaft*".

7.2.2 Konservieren von Traditionen

Da sich kollegiale Selbstverwaltung aus sozialen Interaktionen formiert und nicht auf formellen Strukturen basiert, können sich tradierte Muster in Verhaltensweisen und Prozessen in besonderem Maße etablieren. In diesem Kontext schildert Vries (2008: 41) aus dem Waldorfschulalltag: „*Wie oft erleben wir die Verunsicherung und Skepsis, auf neue Ideen zuzugehen. Mühsame Konferenzgespräche und nicht selten Frust und Stillstand sind die Folge.*" Ein solches Konservieren von Traditionen kann durch starre mentale Modelle der Gruppe oder deren einzelnen Mitglieder bedingt sein. [134]

Mentale Konzepte – „*innere Bilder*" nach Hüther (2014) oder auch „*theory-in-use*" nach Argyris und Schön (1978/1999) – spielen im Alltag und im Berufsleben eine bedeutende Rolle, denn diese dienen der Simplifizierung der menschlichen Realitätswahrnehmung (vgl. Senge 2011: 213).[135] Mentale Theorien sind derart selbstverständlich, dass diese in der Regel subkonszilent und nicht sprachlich konstituiert sind. Teilweise werden diese nur als Gefühl vergegenwärtigt (vgl. Clausen 2009: 363). Doch beeinflussen mentale Modelle nicht nur die Wahrnehmung. Das Besondere ist, „*(...) dass sie aktiv sind – sie steuern unser Handeln*" (Senge 2011: 214, Ausl. ie) und fungieren als Gestaltungsprinzipien, mit denen der Mensch seine Umwelt konstruiert. „*Sofern*

---

[134] Schattenhofer (2009b: 463, Ausl. ie) illustriert mögliche Konsequenzen eines Konservierens von Denk- und Handlungsgewohnheiten mittels Erfahrungswerten aus einer Fallstudie von einer zunächst personenmäßig überschaubaren Initiative, die zügig zu einem Non-Profit-Unternehmen prosperierte: „*Trotzdem sehen die beteiligten Haupt- und Ehrenamtlichen ihr Team immer noch durch die individualistische Brille: Wichtig ist das Engagement des Einzelnen, davon hängt alles ab. Alle Formalisierungen der Zusammenarbeit, die genauere und verpflichtende Definition von Zuständigkeiten etc. stehen unter dem Verdacht, das Engagement des Einzelnen zu begrenzen. (...) jeder macht so viel, wie er kann. (...) Viele Abstimmungsprozesse laufen informell. Fast alle klagen über die vielen Unklarheiten, aber die Versuche, die Organisation zu verbessern, die zu formalisieren und damit zu professionalisieren, scheitern lange Zeit an der Befürchtung, damit die eigene Identität, das was einen besonders macht, aufzugeben.*" Als Folgen resultierten „*dauernde Krisen*" und „*maßlose Überforderung*".
[135] Vgl. hierzu Menschbilder in Kapitel 4.1.2 – als eine Form von mentalen Modellen.

unsere mentalen Modelle einigermaßen gut den gesellschaftlichen Standards entsprechen, sind sie die Grundlage dafür, dass wir relativ schnell und vergleichsweise reibungslos mit vielen unterschiedlichen Menschen zusammenarbeiten können, ohne zu diskutieren, wie das gehen soll" (Clausen 2009: 363; vgl. auch Ilgen u. a. 2005: 525). So benötigt jede Gruppe durchaus gemeinsame mentale Modelle von der Zusammenarbeit, doch begrenzen diese auch die individuelle Sichtweise und inhibieren die Wahrnehmung komplexer Zusammenhänge (vgl. Clausen 2009: 369f.). Weil diese auf Gewohnheitsmustern basieren, kommt es zu einer stetigen Repetition von Vergangenheitsmustern. *"Nicht selten beruhen Probleme, mit denen wir heute konfrontiert werden, auf unseren eigenen ,Lösungen' von gestern"*, so Dietz (2008b: 100). Dadurch können sich Gruppenprozesse verhärten, sodass sich notwendige Veränderungen nur mit immensem Aufwand erreichen lassen.

Ein Verfestigen mentaler Modelle kann einerseits auf das Unvermögen einer Wahrnehmung deren Wirkung zurückgeführt werden. *"In vielen Fällen halten wir unsere mentalen Modelle von der Welt für die Welt selbst und nicht für kulturell geprägte, persönliche innere Bilder von der Wirklichkeit. Darum stehen sie für uns nicht zur Debatte. Wir kommen gar nicht darauf, sie infrage zu stellen"* (Clausen 2009: 370). In der Folge führen diese dann zu einer unbewussten Befangenheit in der faktischen Wahrnehmung im Alltag. *"Aus unbemerkten ,Besetztheiten' entspringt die Selbstverständlichkeit, mit der man die eigene Position für die ,normale' zu halten geneigt ist (…)"* (Dietz 2008b: 99f., Ausl. ie). Einen introspektiven Zugang zu den individuellen mentalen Modellen zu finden und diese zu explizieren stellt aufgrund deren Unbewusstheit eine besonders schwierige Herausforderung dar. Senge (2011: 19) erachtet dies für die Weiterentwicklung einer Organisation jedoch als besonders bedeutend: *"Die Disziplin der mentalen Modelle beginnt damit, dass man den Spiegel nach innen kehrt. Wir müssen lernen, unsere inneren Bilder von der Welt aufzudecken, sie an die Oberfläche zu holen und einer kritischen Betrachtung zu unterziehen. Die Arbeit mit mentalen Modellen erfordert ferner die Fähigkeit, ,lernintensive' Gespräche zu führen, in denen die Beteiligten sowohl neugierig fragen als auch ihre Standpunkte vertreten, in denen sie klar zum Ausdruck bringen, was sie denken und ihr Denken für die Einflüsse anderer öffnen."*

Untersuchungen ergaben, dass Gruppenmitglieder auf diese Art voneinander und miteinander lernen können. Jedoch setzt dies voraus, dass Irritationen im Alltagsgeschehen erfolgen (vgl. Ilgen u. a. 2005: 530). Konflikte können somit in diesem Kontext als nützlicher Bestandteil der Zusammenarbeit und deren Weiterentwicklung betrachtet werden (vgl. Harslem 2012: 35; Lüpke 2009). So sah auch Steiner (GA 186: 128) in zwischenmenschlichen Konflikten eine konstruktive Komponente für das Reflektieren der eigenen Persönlichkeit: *„Wir werden oftmals sehen, daß dasjenige, was uns antipathisch in einem bestimmten Zeitraume berührt hat, wenn nur genügend Zeit hinterher vergangen ist, uns nicht mehr so antipathisch berührt, weil wir einen inneren Zusammenhang sehen. Daß wir auch einmal von diesem oder jenem Menschen antipathisch berührt werden mußten, konnte uns vielleicht ganz nützlich sein. Wir gewinnen manchmal mehr von dem, was uns ein Mensch antut, als von dem, worinnen uns ein Mensch fördert."*

Neben der mangelnden Fähigkeit zur Reflexion der eigenen mentalen Muster kann andererseits eine mangelnde Bereitschaft zur Auseinandersetzung mit diesen zu deren Erstarrung führen. *„.. Hinter dem Brustton der Überzeugung verbergen sich oft genug Unsicherheit und Mangel an Erkenntnisbereitschaft"*, so Dietz (2008b: 100, Ausl. ie). In vielen Fällen ist die erste Reaktion auf einen Konflikt oder auf notwendige Veränderungsprozesse durch Skepsis und oppositionelles Verhalten gekennzeichnet. Auch Senge (2011: 21) merkt an: *„Häufig ist das Verhalten eines Teams von tiefen Abwehrstrukturen geprägt."* Ebenso Clausen (2009: 376, Ausl. ie) weist im Zusammenhang mit Lernprozessen unter Erwachsenen darauf hin, dass je nach Bereitschaft des Einzelnen zur Reflexion der Gewohnheiten *„(...) aus der Irritation eine neue Erkenntnis oder entschlossene Abwehr"* entstehen könne. Diese Ablehnungshaltung könne darauf zurückgeführt werden, dass die Auseinandersetzung mit den inneren Bildern eines Einzelnen oder einer Gruppe einen herausfordernden Prozess bedinge (vgl. Hüther 2014: 31). *„Mentale Modelle verstärken und stützen sich gegenseitig. Wer an dem einen rüttelt, muss bald auch das nächste in Frage stellen. Da das möglicherweise schmerzhaft ist, immunisiert man sich lieber gegen jegliches In-Frage-Stellen der unbewusst eingenommenen Position. ‚Denken' dient dann nicht der Erkenntnis, sondern der Rationalisierung von*

Vorgaben" (Dietz 2008b: 99).[136] Jedoch macht nach Senge (2011: 21) ein Abwehrgebahren *„jedes Lernen unmöglich."* Die daraus resultierende Wahl des einfachsten – weil gewohnten – Lösungswegs führe oftmals zu einer erneuten Begegnung mit den vermeintlich gelösten Problemen: *„Der bequemste Weg erweist sich zumeist als Drehtür"* (ebd.: 79). So stellen Fragen nach der Genese innerer Bilder schwierige Fragen dar. *„Wer sie beantworten will, braucht Mut. Denn nur so lässt sich die Tür zu einem Raum öffnen, den keiner gern*

---

[136] Bereits Steiner (GA 186: 96ff., Ausl. ie) verwies hierauf im Zusammenhang mit einem fixierten Menschenbild als eine Form mentaler Modelle: *„(...) Es würde eine gute Lebensmaxime sein, (...) das Bild des Menschen, das sich uns im Unterbewußtsein fixiert, zu korrigieren (...). Denn dieses Unterbewußte, das hat die Tendenz, nach Sympathien und Antipathien die Menschen zu beurteilen. Das Leben fordert uns ja selbst dazu auf. (...) Jedes Urteil aber, das nach Sympathien und Antipathien gefällt ist, ist gefälscht. Es gibt kein wahres, kein richtiges Urteil, wenn es nach Sympathien und Antipathien gefällt ist. Und deshalb, weil immer das Unterbewußte im Fühlen nach Sympathie und Antipathie geht, entwirft es immer ein gefälschtes Bild des Nebenmenschen. Wir können gar nicht in unserem Unterbewußten ein richtiges Bild des Nebenmenschen haben. (...) Man muß sich sagen, daß man namentlich mit Bezug auf den Gefühlsverkehr mit anderen Menschen ein erwartendes Leben führen muß. Man darf nicht auf das Bild gehen, das sich einem zunächst von dem Menschen aus dem Unterbewußten in das Bewußtsein heraufdrängt, sondern man muß versuchen, mit Menschen zu leben. Man wird sehen, wenn man versucht, mit den Menschen zu leben, daß sich aus der antisozialen Stimmung, die man eigentlich immer zunächst hat, die soziale Stimmung herausentwickelt. (...) Dasjenige, was von Menschen durch Sympathie und Antipathie kommt, ist von vornherein so, daß es antisoziale Lebensströmungen in die menschliche Gesellschaft hineinwirft. Man kann sagen, so paradox das klingt, eine soziale Gesellschaft wäre eigentlich nur möglich, wenn die Menschen nicht in Sympathien und Antipathien lebten. Dann wären sie aber keine Menschen. (...) Der Mensch verhält sich zu dem andern Menschen so, wie es ihm seine besondere Sympathie zu diesem Menschen, der besondere Grad von Liebe, den er ihm entgegenbringt, eingibt. Da spielt eine unterbewußte Inspiration eine merkwürdige Rolle."* Dazu fortsetzend: *„Es würde dem Menschen viel nützen, wenn er solche selbstlose Rückschau auf das Leben öfter hielte, wenn er das Leben durchtränken würde von der aus dieser Selbstschau quellenden Überzeugung: Wie wenig habe ich eigentlich Veranlassung, mich mit mir selbst zu beschäftigen! (...) Dann lösen wir uns gewissermaßen von uns selber los, wenn wir solche selbstlose Rückschau halten. (...) Und das ist so unendlich notwendig, daß wir von dem Brüten über uns selber loskommen. (...) Das aber befruchtet uns so, daß wir wirklich die imaginative Kräfte erhalten, dann auch dem gegenwärtigen Menschen so gegenüberzutreten, daß uns in ihm dasjenige erscheinen kann, was uns sonst erst nach Jahren in der Rückschau von den Gestalten erscheint, mit denen wir zusammengelebt haben. Wir erwerben uns dadurch die Fähigkeit, daß uns wirklich Bilder aus dem Menschen entgegentreten, dem wir begegnen. (...) Sonst werden wir immer antisoziale Wesen bleiben, welche sich nur nach Sympathien und Antipathien dem Menschen, mit dem sie zusammen leben sollen, nähern können, und sich ihm nicht nähern können nach dem Bilde, das aus jedem hervorquellen kann, wenn wir nur selbst die Bilderkräfte im Verkehr mit den Menschen entwickeln.(...) Dann aber, wenn wir uns ein Bild von unserm Mitmenschen machen, dann bereichern wir unser Seelenleben. (...) Wir gewinnen die Möglichkeit, daß in uns die anderen Menschen leben. Aber das muß erworben werden; das ist etwas, was uns nicht angeboren wird"* (ebd.: 128, Ausl. ie).

und nur selten jemand freiwillig betritt. ‚Erkenne dich selbst', steht an dieser Tür, ‚finde heraus, was für innere Bilder es sind, die deinen und unser aller bisherigen Lebensweg bestimmt haben. Versuche zu erkennen, woher sie kommen, was sie bewirken und wohin sie dich führen'" (Hüther 2014: 12, Ausl. ie). Die Charakteristik kollegialer Selbstverwaltung erfordert von jedem Einzelnen, sich in diesem Sinne selbst zu reflektieren und weiterzuentwickeln. „Wer jedoch mit den eigenen mentalen Modellen bewusst umgeht, kommt in eine fruchtbare Auseinandersetzung mit sich selbst" (Dietz 2008b: 99).

7.2.3 Defizitäre Grundlagenarbeit

Kollegiale Selbstverwaltung gründet auf einem gemeinsamen Bewusstsein (geistige Mission), das durch die gemeinschaftliche Erarbeitung der anthroposophischen Grundlagen erlangt wird (vgl Kap. 6.2.3.3). Mangelnde Grundlagenarbeit – das heißt sowohl eine fehlende Bereitschaft zur Auseinandersetzung als auch ein unzureichendes Verständnis – kann zu einer Intransparenz des gemeinsamen Leitbilds führen, sodass sich darüber hinaus kein einheitliches Verständnis in Bezug auf das übergeordnete Ziel der Zusammenarbeit ableiten lässt (vgl. Bauer 2006: 190ff.). Brater und Maurus (1999: 66, Ausl. ie) verweisen jedoch auf die Wichtigkeit eines Konsens' über die gemeinsame Aufgabe und Zielsetzung: „Dafür reicht es nicht, jedem zu unterstellen, daß er schon ein Verständnis der gemeinsamen Aufgabe haben wird, sondern diese Frage muß explizit und verbindlich geklärt werden (...)." Defizitäre Kenntnisse der anthroposophischen Grundlagen können zugleich zu unzureichendem Verständnis basaler Selbstverwaltungsprinzipien führen und als Ausgangspunkt für die in Kapitel 7.2.1 dargestellten Missverständnisse fungieren.

Dietz (2011: 10, Ausl. ie) moniert diesbezüglich einen deutlichen Mangel: So gebe es „(...) manche Anregung Steiners, die bis heute nicht so recht aufgegriffen wird". Hierzu zählt Dietz (ebd., Ausl. ie) beispielsweise die Entscheidungsfindung in der kollegialen Selbstverwaltung: „Schon bei der Begründung der Waldorfschule bringt er etwas völlig anderes zur Sprache als Basisdemokratie und Gruppenbeschlüsse (...)." Diese Komponenten betrachtet Dietz als missverstandene Ableitungen aus der Idee einer gemeinschaftlichen Zusammenarbeit, die nach Steiner auf der Grundlage von Produktivität und Empfänglichkeit beruhe (vgl. ebd.). "Ohne dass geistig ‚produziert' wird, findet im Geistesleben nichts statt. Und wird das von Einzelnen Produzierte nicht von den Anderen aufgenommen, dann geht es der Gemeinschaft verloren. Der Rhythmus zwischen geistiger Produktivität und freier Empfänglichkeit wird so zur Grundlage des Sozialen im Geistesleben, das auf individueller Initiative und Verantwortung beruhen muss – bis in alle Einzelheiten hinein" (ebd.). Die inneren Bedingungen der Zusammenarbeit kollegialer Selbstverwaltung greifen prinzipiell den Individualisierungsgedanken auf und konkretisieren diesen in der Praktizierung eines freien Geisteslebens. Darüber hinaus geht es um die Frage, wie die individuelle geistige Einzelleistung zu einem gemeinschaftlichen Ganzen verbunden (vgl. Brater/Maurus 1999: 66ff.; Dietz 2007: 849) bzw. wie die "Diskrepanz zwischen Egoität und Sozialität" (Dietz 2003: 8) überwunden werden kann.[137] Die Oszillation zwischen den Prinzipien der Individualität und Sozialität respektive der individuellen geistigen Produktivität und der freien Empfänglichkeit für die Ideen anderer (vgl. Dietz 2009a) „.. begrenzt die freie Initiative des Einzelnen aus deren eigener Aktivität sozial und ermöglicht sie dadurch gleichzeitig" (Brater/Maurus 1999: 64, Ausl. ie) und fungiert so als Grundlage eines funktionierenden Miteinanders. Dietz (2009a: 390, Ausl. ie) kritisiert jedoch: "Dieses Arbeitsprinzip (...) hat bis heute allerdings nur wenig Beachtung in den Bemühungen um Selbstverwaltung gefunden." Er thematisiert dies als "das unbeachtete Sozialprinzip des Geisteslebens" (ebd. 2008a). Für die Etablierung eines funktionsfähigen Handlungsgefüges sei es jedoch notwendig, sich auf dieses "Kernanliegen des Geistesleben" (ebd. 2009a: 390) bzw. diese "Ursprünge der Zusammenarbeit" (ebd.) zu besinnen. Auch Brater und Maurus (1999: 64) erachten die polar angelegten Prinzipien von Individualität und Sozialität als konstitutiv für eine erfolgreiche Praxis kollegialer Selbstverwaltung: "Und vielleicht tun sich die Einrichtungen mit ihrer Selbstverwaltung deshalb so schwer, weil sie sich so wenig mit diesem Ansatz beschäftigen." So sei diese grundlegende Anforderung kollegialer Selbstverwaltung praktisch oftmals mangelhaft erfüllt, weil diese ein hypothetisches Gebilde darstelle, welches die Funktionalität einer Organisation nicht direkt und offensicht-

---

[137] Vgl. Individualismus als Sozialprinzip (Dietz 2009b), spiritueller Individualismus: Sozialität und Freiheit (Dietz 2008c) sowie Kapitel 6.2.4.1.

lich lähmt, „(...) da Vorschriften, Regelungen oder Traditionen auch dann noch weiter wirken, wenn die innere Substanz geschwunden ist" (Dietz 2009a: 391, Ausl. ie). Zahlreiche Problematiken in der Selbstverwaltungspraxis seien so darauf zurückzuführen, dass die ursprünglichen Intentionen im Alltag vernachlässigt werden oder keine Anwendung finden (vgl. ebd. 2011). Auch Mosmann (2015: 6f., Ausl. ie) kritisiert in diesem Kontext: „.. Nebensächlichkeiten gerieten gleichwohl immer mehr zur Hauptsache, während dasjenige, was Steiner als Kernpunkt der Verwaltungsfrage skizzierte, weitgehend unangetastet blieb." Zugleich werden dann registrierte Probleme zum Teil irrigen Ursachen zugeschrieben, sodass Lösungsansätze die zenralen Fakten verfehlen. So visieren daraus resultierende Sanierungsmaßnahmen zumeist eine strukturelle Optimierung an. „Die Zusammenarbeit in der kollegialen Selbstverwaltung von Waldorfschulen sieht sich in den letzten Jahren nicht selten dadurch behindert, dass ihre inneren Bedingungen außer Acht gelassen werden. Wenn etwas in der Zusammenarbeit nicht klappt, bastelt man an Strukturen oder normiert Verhaltensweisen. Nach jahrelangen Bemühungen dieser Art gibt es heute Schulen, die hervorragende Strukturen haben – aber die Probleme innerhalb der Selbstverwaltung sind dadurch nicht geschwunden, ja sie scheinen kaum gemildert", so Dietz (2009a: 390).

Ein anderer Aspekt stellt die mangelnde Fähigkeit eines Einzelnen zu der Auseinandersetzung mit den anthroposophischen Grundlagen dar. Hieraus leitet sich die Bedingung der Ausbildung eines schöpferischen Denkvermögens ab. „Mitarbeiter, die für sich persönlich darauf keinen Anspruch erheben, sondern die einfach gerne tun wollen, was man ihnen sagt, oder die lieber einen begrenzten Aufgabenbereich bearbeiten, den sie überschauen können, sollten deshalb in einer Selbstverwaltungsorganisation auch nicht gezwungen sein, sich ständig über Dinge Gedanken zu machen, die sie nicht überschauen können oder wollen. Bei allen Angelegenheiten, die etwas mit Erkenntnis zu tun haben, können nicht ‚alle' mitreden, sondern nur die, die von der Sache etwas verstehen bzw. bereit sind, sich gründlich einzuarbeiten. Selbstverwaltung als Prinzip des Geisteslebens muß also heißen: Jeder nach seinen Fähigkeiten, und keinen in Rollen zwingen, die er gar nicht will oder die er nicht ausfüllen kann" (Brater/Maurus 1999: 65).

7.3 Konsequenzen nicht wahrgenommener Führungsaufgaben

Die Effektivität von Führung in einer Arbeitsgruppe kann daran gemessen werden, wie geführt wird (Prozess) oder welche Ziele mit dieser erreicht werden (Ergebnis). Insbesondere aber wird deren Notwendigkeit deutlich, wenn Führung fehlt, denn *„Führung ist nicht nur unsichtbar, sondern wird nur dann bemerkt, wenn sie nicht stattfindet"* (Seliger 2014: 17). Um die Wirkungskonsequenzen fehlender Führung demonstrieren zu können, wird im Folgenden insbesondere auf sozialpsychologische Erkenntnisse der Kleingruppenforschung zurückgegriffen (vgl. Edding/Schattenhofer 2009; Irle 1975; König/ Schattenhofer 2015).

Eine Nichtberücksichtigung von Führungsaufgaben in der kollegialen Selbstverwaltung kann durch deren bewusstes Ignorieren oder Ablehnen, durch eine mangelnde Fähigkeit zu deren Registrierung und/oder durch unzureichende Kompetenzen für deren Erfüllung entstehen. Selbstverwaltend zu arbeiten bedeutet auch, die Schule auf deren Art zu führen (vgl. Bauer 2006: 190ff.). Dies erfordert wiederum spezielle Potentiale und bedeutet, *„(...) daß in einer selbstverwalteten Einrichtung nicht alle Mitarbeiter an der Selbst-Führung der Einrichtung beteiligt sein können, weil sie dazu die notwendigen Fähigkeiten nicht haben. Dafür haben sie vielleicht andere wertvolle Fähigkeiten für andere Aufgaben dieses sozialen Organismus. So ergibt sich aus der Verschiedenheit der menschlichen Qualitäten und Fähigkeiten, daß zumindest in manchen Bereichen ein Teil der Mitarbeiter führt und dadurch andere geführt werden, wobei das je nach Bereich und je nach Fragestellung immer wieder andere Menschen sind bzw. sein können"*, so Harslem (1994: 81, Ausl. ie). Auch wenn das Kollegium der Waldorfschule prinzipiell als Gemeinschaft von Gleichgestellten zu verstehen ist, existieren dennoch Bereiche, in denen Hierarchien entstehen und sinnvoll sind. Gleichheit ist dort angebracht, *„(...) wo jeder ein Urteil zu einer Sache haben kann. Und nur dort ist es richtig, dass alle in gleicher Weise beteiligt sind. Dies ist vor allem der Bereich der Vereinbarungen über das Zusammenleben und die Zusammenarbeit ..."* (ebd., Ausl. ie).

Demgemäß plädiert Harslem summa summarum für eine bewusste Akzeptanz und Wahrnehmung von Führungsprozessen in einer selbstverwalteten Organisation. Für die Ausübung einer Tätigkeit in der Waldorfschule ergibt sich dann die indispensable Voraussetzung, eine angemessene „Selbstverwaltungskompetenz" zu erwerben.[138] *„Selbstverwaltung ist nicht lernfrei und erhält damit Amateurstatus. Selbstverwaltung heißt, zu einem großen Teil im Leben zu lernen und wird dadurch lebenspraktisch"* (Herrmannstorfer 2010: 7). Selbstverwaltungskompetenz umfasst dabei – über die klassische Führungsfähigkeit hinausgehend – zugleich auch „Selbstführungsfähigkeit" (vgl. Kap. 6.2.1.1). Bleibt ein Erlernen dieser aus oder erfolgt nur unzulänglich, können hieraus unerwünschte Arbeitsergebnisse, hoher Arbeitsaufwand oder Überforderung resultieren. Dass die Aneignung von Selbstverwaltungsfähigkeit eine basale Prämisse darstellt, betont auch Herrmannstorfer (2010: 6): *„Der Selbstverwaltungsgedanke als Realisierungsform der Teilhabe ist kein Naturtatbestand, sondern bedarf der bewussten Ausgestaltung zu einem Kulturfaktor. Selbstverwaltung muss also erlernt werden, auch wenn wir die Möglichkeiten dazu als Erbe der Entwicklung in uns tragen."*

7.3.1 Demokratische Gruppe als kultivierungsbedürftiges Gebilde

In Meyers großem Handlexikon wird unter einem „Führenden" Folgendes verstanden: *„Inhaber derjenigen Position innerhalb einer Gruppe, die mit der Organisation und Kontrolle von Gruppenaktivitäten sowie der Aufrechterhaltung des Zusammenhalts unter den Gruppenmitgliedern verbunden ist"* (Schwachulla u. a. 1974: 102). Dem Führenden wird nach dieser Definition unter anderem die Aufgabe des Gruppenerhalts zugewiesen (Kohäsionsfunktion; vgl. Kap. 3.2). Dies deckt sich mit den Befunden der Gruppenforschung, welche eine soziale Gruppe als ein pflegebedürftiges Gebilde versteht, auch wenn sich diese weitgehend selbststeuert. *„Die Steuerungsaufwände sind erheblich, keineswegs geringer als in der klassischen Organisation, sie sind lediglich anderer Art und setzen zudem an anderer Stelle an. Durch teamorientierte Struktur- und Ablauforganisation, durch dynamische Systeme der Selbstorganisation spart man also keinen Aufwand, man verlagert ihn nur"*, so Doppler (2009: 108). Anstelle einer Formulierung von Vorschriften und Regelwerken der Zusammenarbeit bedarf es hierbei eines kontinuierlichen Aufbau- und

---

[138] Vgl. hierzu auch Kiersch (2001): *„Wie studiert man Selbstverwaltungskompetenz?"*

Pflegeaufwandes. *"Wer eine schlanke, intelligente und flexible Organisationsstruktur nicht nur als Konzept, Leitbild und Organigramm auf dem Papier haben, sondern sie zum Leben bringen will, sollte sich darauf einstellen, auf einer ewigen Baustelle zu arbeiten. Mit bloßen Initialzündungen und Symbolaktivitäten ist es nicht getan"* (ebd.).

Unter einer (Arbeits-)Gruppe kann eine Agglomeration von Menschen verstanden werden, die relativ überdauernd in direkter Interaktion stehen, durch variative Rollen differenziert und demarkiert sowie durch uniforme Grundannahmen und ein „Wir-Gefühl" verbunden sind (vgl. Rosenstiel 2007a: 288; Schattenhofer 2009a: 16ff.). Für deren Funktions- und Handlungsfähigkeit bedarf eine Gruppe einer ausgebildeten Gruppenidentität (vgl. Hogg 2005: 56ff.; Peterson/Behfar 2005: 144). Doch ist diese nicht zwangsläufig mit ausschließlich positiven Aspekten besetzt und führt nicht per se zu produktivem Verhalten. So können sich auch Interessenkonflikte in der Gruppe und dysfunktionale Gruppenidentitäten herausbilden (vgl. Brodbeck 2007: 415ff.).[139] Mögliche Konsequenzen sind dauerhaft restringierte Arbeitsfähigkeiten und -leistungen, eine Präzedenz von Profilierungen gegenüber der Sachaufgabe, oppositionelles Verhalten gegenüber Kollegen und mangelhafte Lerneffekte aus Erfahrungswerten. Eine Aufgabe von Führung besteht in diesem Fall darin, *"(...) solche Gruppenidentitäten zu verändern, um die Arbeitsfähigkeit wiederherzustellen"* (Clausen 2009: 401, Ausl. ie) – beispielsweise kann dies durch das Induzieren einer Krise in den usuellen Arbeitsformen erfolgen, *"(...) um die Aufmerksamkeit aller Beteiligten für dysfunktionale Entwicklungen – seien es*

---

[139] Dysfunktionen von Gruppen können von deren jeweiligen Entwicklungsphase abhängig sein und typischerweise auftreten. Es existieren unterschiedliche Modelle der Gruppenentwicklung, wobei häufig zwischen drei bis fünf sukzessive Phasen beschrieben werden:
- Phasenmodell nach König und Schattenhofer (vgl. 2015): Anfang/Orientierung (Pol: Integration), Positions-/Rollenklärung (Pol: Differenzierung), Vertrautheit/Konsolidierung (Pol: Integration), Differenzierung (Pol: Differenzierung), Abschluss (Pol: Integration).
- Phasenmodell nach Tuckman (vgl. 1965: 384ff.; Tuckmann/Jensen 1977: 419ff.): Forming: Einstiegs-/Findungsphase (Kontakt), Storming: Auseinandersetzungs-/Streitphase (Konflikt), Norming: Regelungs-/Übereinkommensphase (Kontrakt), Performing: Arbeits-/Leistungsphase (Kooperation), Adjourning: Auflösungsphase (Trennung).
- Phasenmodell nach Bennis (vgl. 1972): Dependenz (Abhängigkeit von Leitung), Konterdependenz (Gegenabhängigkeit/Trotz), Interdependenz (reifes Miteinander).
Nicht jede Gruppe durchläuft alle Stufen. Oft verharren Gruppen auf einer Stufe, fallen kurzzeitig in eine vorhergehende zurück oder wiederholen eine Stufe, insbesondere bei gruppalen Störungen.

Abweichungen vom Zeitplan oder latente Konflikte – zu gewinnen". Nach Leber (1974: 55) kann mittels einer solchen (lancierten) Krise der aktuelle Status einer sozialen Gruppe diagnostiziert werden: *"Handlungen des Systems offenbaren sich besonders dort, wo innerhalb der Organisation Krisen auftreten. Das kann sowohl dadurch verursacht sein, daß durch äußeren Zwang ein verändertes Verhalten gefordert wird, wie auch dadurch, daß es zu innerorganisatorischen Konflikten – etwa um Ziele der Organisation – kommt. An den Konflikten verdeutlicht sich dem Betrachter, wie es innerhalb der Organisation zugeht, in welcher ‚Verfassung' sie sich tatsächlich befindet."* Bereits Steiner (GA 305: 135, Ausl. ie) wies darauf hin, dass nicht in reibungslos funktionsfähigen, sondern in problematischen Situationen die Eigenheiten eines Organismus' – als solchen er die Waldorfschule betrachtete – sichtbar würden, und verdeutlichte dies mittels des menschlichen Organismus' eines Kindes: *"... Gesunde Kinder sind verhältnismäßig schwer zu studieren, weil bei ihnen alle Eigenschaften verwaschen sind. Man kommt nicht so leicht darauf, wie die einzelne Eigenschaft da drinnen sitzt, und wie sie sich mit der anderen zusammenschließt. Bei einem kranken Kinde, wo ein Eigenschaftskomplex vorliegt, da kommt man sehr bald darauf, den besonderen Eigenschaftskomplex auch pathologisch zu behandeln. Das kann man dann anwenden bei gesunden Kindern."* Solange die Umwelt relativ stabil bleibt, sind Gruppen zu einer Arbeit ohne regulierende Interventionen fähig. Werden Arbeitsformen oder Kontext volatil, können die genuin veranlagten Spannungen der Gruppe reaktiviert werden, da diese Ziele und Modi neu justieren muss (vgl. Peterson/Behfar 2005: 143ff.). *"Je mehr die Gruppe nicht nur die Aufgabenerfüllung, sondern auch die eigene Organisation steuern muss, desto mehr ist sie auf externe Reflexionshilfe angewiesen (...)"*, so Schattenhofer (2009b: 466, Ausl. ie). Clausen (vgl. 2009: 398) unterstreicht daher, dass auch eine weitgehend selbstgesteuerte Gruppe Führung benötige, die beispielsweise eine Definition konkreter Zielsetzungen oder eine Förderung der Fähigkeit und Bereitschaft der Mitglieder zu notwendigen Veränderungsprozessen umfasse (vgl. auch Peterson/Behfar 2005: 143ff.).

Arbeitsgruppen verfügen somit über ein *"ambivalentes Potenzial"* (Doppler 2009: 109) und können positive wie negative Routinen und Überzeugungen verstärken und stabilisieren. Mangelhaft geführte Arbeitsgruppen können hierdurch deren ursprüngliche Energie wieder verlieren und als überalterte Gruppe ohne besonderes Engagement deren Mitglieder und ohne klare Zielsetzung vor sich hin vegetieren. *„Sie können erstarren und zum Selbstzweck degenerieren"* (ebd.), sodass beispielsweise Argumente des sozialen Kontakts oder des Zugehörigkeitsstatus' anstelle des gemeinsamen Arbeitsziels dominieren. *„Wird eine Gruppe nicht gepflegt, entwickelt sie sich wie eine Neuanpflanzung, der man keine weitere Betreuung angedeihen lässt. Die Folge: Verwilderung. In solchen Fällen wird eine Gruppe leicht zu einem Ort und Instrument der Verhinderung: Es bilden sich Cliquen, die versuchen, sich die Mehrheit zu verschaffen und Minderheiten zu unterdrücken. Es herrscht das Prinzip des kleinsten gemeinsamen Nenners"* (ebd.). Neben dem die synergetischen Prozesse umschreibenden Gruppenvorteil ist folglich auch die destruktive Seite von Gruppen zu berücksichtigen, worauf auch Turner und Pratkanis (1998: 105) verweisen: *„Groups enthrall us with their ability to amplify the range of individual achievements. On the one hand, groups provide us with the opportunity to reach heights far greater than any individual might accomplish. Yet, groups also entail considerable risk for they also have the potential to produce unimaginable destruction."* In diesem Sinne appelliert Antons (2009: 328, Ausl. ie) neben den Leistungsvorteilen einer Gruppe auch *„(...) ihre ‚dunkle Seite' nicht aus dem Bewusstsein verschwinden zu lassen."* Mit „dunkel" bezeichnet Antons (ebd.: 329) *„ein Zuviel eines an sich guten Prinzips"* respektive *„das Negative im Positiven, das Destruktive im Konstruktiven".* Doch weist er eine Verurteilung und Bekämpfung dieser Schattenseite zurück, vielmehr müsse diese als ein notwendiger Teil eines sich ausgleichenden Mechanismus' zwischen „hell" und „dunkel" gesehen werden (vgl. ebd.: 329f.).

Nach Antons (ebd.: 330) walten zwei kontrovers wirkende Kräfte innerhalb sozialer Gruppen: *„Die beiden Kräfte sind solche, unter denen man jedes soziale System betrachten kann: eine zentripetale Kraft, die für den Zusammenhalt des Systems sorgt und eine zentrifugale Kraft, die für Ausdehnung sorgt."* Einerseits existiere ein Pol der Integration, der Kohäsion, der Bindekraft, des „Wir-Gefühls" und andererseits ein Pol der Differenzierung, der Diversifikation, der Fragmentierung. *„Diese beiden Kräfte spiegeln auch die Aufgabe, die für jedes Individuum ansteht, das sich in einen gruppalen Kontext begibt: Es* *gilt auf der einen Seite, einen Teil von Autonomie, Freiheit, Selbstbestimmung und Individualität aufzugeben, damit überhaupt etwas Gemeinsames zustande kommt. Auf der anderen Seite ist es notwendig, sich vor dem Sog des Kollektiven zu schützen, sich abzugrenzen, Nein zu sagen und die Freiheit des eigenen Denkens und Fühlens zu bewahren"* (ebd.). Antons verweist auf die Gefahr, dass sich bei beiden Polen gleichermaßen eine Dominanz ausbilden könne, diese sich jedoch insgesamt zu einem sich gegenseitig bedingenden und äquilibrierenden Ganzen zusammenfügten: *Es gehe „(...) einerseits um einander bedingende und sich beeinflussende Polaritäten, zum anderen darum, dass diese Kräfte in einem Gleichgewicht, in einer Balance zu halten sind. Eine Kraft, die sich ungehindert entfalten kann und keine Bremsung erfährt, äußert sich letztlich in einer pervertierten und destruktiven Weise. Allzu viel Lebendigkeit führt in Auflösung und Chaos, zu viel Ordnung in Erstarrung und Tod"* (ebd.: 329f., Ausl. ie).

Was Antons als zentripetale Kraft der Integration bzw. Kohäsion bezeichnet, betitelte Steiner als „sozialen Trieb", und umgekehrt kann unter Antons zentrifugaler Kraft der Differenzierung bzw. Diversifikation bei Steiner der „antisoziale Trieb" verstanden werden (vgl. Kap. 6.2.4.1). Damit thematisierte bereits Steiner (GA 186: 89f., Ausl. ie) das ambivalente Potential von sozialen Gruppen: *„So möchte sich der Mensch nicht gestehen, daß er eigentlich nur zur Hälfte ein soziales Wesen ist, daß er zur anderen Hälfte ein antisoziales Wesen ist. (...) Das ist eine Grundforderung der sozialen Menschenerkenntnis. Man kann gut sagen: Ich strebe an, ein soziales Wesen zu werden; – man muß es auch sagen, weil, ohne daß man ein soziales Wesen ist, man überhaupt nicht mit Menschen richtig leben kann. Aber zugleich liegt es in der menschlichen Natur, fortwährend gegen das Soziale anzukämpfen, fortwährend ein antisoziales Wesen zu sein."* An andere Stelle: *„Den sozialen Trieben stehen in der Menschennatur einfach selbstverständlich, wegen dieser Menschennatur, die antisozialen Triebe gegenüber. Und genau ebenso, wie in der Menschennatur es soziale Triebe gibt, gibt es antisoziale Triebe"* (ebd.: 162). Und auch: *„Es läßt sich gar nicht leugnen, daß Antisoziales ins Leben durch das Leben selbst hineinspielt. Und sagt man: Der Mensch ist ein soziales Wesen (...), so ist das Unsinn, denn der Mensch ist ebenso stark ein antisoziales Wesen, wie er ein* *soziales Wesen ist. Das Leben selber macht den Menschen zu einem antisozialen Wesen"* (ebd.: 101, Ausl. ie). Da der Mensch in Gruppen lebt und handelt, wirkten auch in diesen Zusammenkünften soziale wie antisoziale Triebe des Menschen. Diese befänden sich in einem Pendelzustand zwischen den Polen, insbesondere bei Abstinenz äußerer Reglementierungen: *„Einfach indem wir Mensch unter Menschen sind, pendelt unser inneres Seelenleben zwischen Sozialem und Antisozialem hin und her. Und dasjenige, was so als diese zwei Triebe in uns lebt, was zu beobachten ist zwischen Mensch und Mensch, wenn man Mensch und Mensch einander gegenüberstehen sieht und sie okkult beobachtet, das beherrscht unser Leben. Wenn wir Einrichtungen treffen (...), sie sind doch ein Ausdruck dieses Pendelverhältnisses zwischen sozialen und antisozialen Trieben"* (ebd.: 164, Ausl. ie). Wie Antons sah Steiner die Notwendigkeit eines Äquilibrierens zwischen beiden Trieben, und auch Steiner (ebd.: 166) sprach sich gegen die Verurteilung der Schattenseite respektive die Bekämpfung des Antisozialen aus, da dieses ein inhärentes Attribut des Menschen und menschlicher Zusammenkünfte darstelle: *„Und wenn jemand dann auftritt und sagt, die antisozialen Triebe sollen bekämpft werden, so ist das ein ganz gewöhnlicher Unsinn, denn sie können nicht bekämpft werden. Sie müssen, nach der ganz gewöhnlichen Entwickelungstendenz der Menschheit, gerade das Innere des Menschen in unserer Zeit ergreifen. Nicht darum handelt es sich, Rezepte zu finden, um die antisozialen Triebe zu bekämpfen, sondern darauf kommt es an, die gesellschaftlichen Einrichtungen, die Struktur, die Organisation desjenigen, was außerhalb des menschlichen Individuums liegt, was das menschliche Individuum nicht umfaßt, so zu gestalten, so einzurichten, daß ein Gegengewicht da ist für dasjenige, was im Innern des Menschen als antisozialer Trieb wirkt."* Steiner betrachtete jedoch das Antisoziale als das Naturgegebene und das Soziale als den zu generierenden und zu kultivierenden Zustand, sodass der Mensch ohne Überwindungsversuche im antisozialen Urzustand verharre. So besäßen menschliche Gemeinschaften einen Mechanismus, *„(...) der aus dem sozial Eingerichteten immer wieder das Antisoziale hervorgehen läßt. Dieses muß stets neu bewältigt werden"* (ebd. GA 23: 9, Ausl. ie). Nach Steiner (GA 186: 165, Ausl. ie) bedarf es dazu des Etablierens eines Gegengewichts, das heißt einer solchen sozialen Struktur, *"(...) durch die das Gleichgewicht dieser Entwickelungstendenz gehalten wird. Innen müssen die antisozialen Triebe wirken, damit der Mensch die Höhe seiner Entwickelung erreicht; außen im gesellschaftlichen Leben muß, damit der Mensch nicht den Menschen verliert im Zusammenhange des Lebens, die soziale Struktur wirken. (...) Die soziale Forderung in unserer Zeit ist gewissermaßen nichts anderes als das notwendige Gegengewicht gegen die innere Entwickelungstendenz der Menschheit."* Steiner (ebd.: 104) sah somit – in Abgrenzung zu Antons – insbesondere bei der antisozialen Kraft eine Gefahr der Dominanz: *"Es muß also durch die soziale Struktur gewissermaßen eine Bändigung der antisozialen Vorstellungsinstinkte geschehen. Das muß eine Widerlage haben, das muß durch irgend etwas ins Gleichgewicht gebracht werden."*[140] Damit erachtete auch Steiner (GA 23: 9) eine soziale Gruppe (z. B. die Gesellschaft oder eine Organisation) als ein kultivierungsbedürftiges Gebilde, das ohne Zuwendung zu zerfallen droht: *"Wie ein Organismus einige Zeit nach der Sättigung immer wieder in den Zustand des Hungers eintritt, so der soziale Organismus aus einer Ordnung der Verhältnisse in die Unordnung. Eine Universalarznei zur Ordnung der sozialen Verhältnisse gibt es so wenig wie ein Nahrungsmittel, das für alle Zeiten sättigt. Aber die Menschen können in solche Gemeinschaften eintreten, dass durch ihr lebendiges Zusammenwirken dem Dasein immer wieder die Richtung zum Sozialen gegeben wird."* An anderer Stelle führte er in diesem Sinne fort: *"Dieses Antisoziale kann nur in einem gewissen Gleichgewicht gehalten werden durch das Soziale; aber das Soziale muß gepflegt werden, muß bewußt gepflegt werden. Und das wird in unserem Zeitalter in der Tat immer schwieriger und schwieriger, weil das andere, das Antisoziale, eigentlich das Natürliche ist. Das Sozia-*

---

[140] Hierzu äußert sich auch Leber (1974: 73, Ausl. ie): *"Was an individuellen Kräften, Neigungen, Leistungen und Schwächen, kurz: an menschlichem Potential durch den einzelnen eingebracht wird, läßt sich durch die Institution mit ihrer Formalisierung in ein bestimmtes Gleichgewicht bringen. Schwächen und Stärken werden von außen ausgeglichen, gesteuert und reglementiert. Darin besteht der Vorzug der bürokratischen Ordnung. Wo sie wegfallen, trifft man unvermittelt auf die Regungen der sozialen und antisozialen Triebe, die durch die Privatisierung des Organisationsgeschehens in den Kontakten sich ungehemmter entfalten können. (...) Dem Vorzug der Einsatz- und Verantwortungsfreude, der durch den Abbau institutioneller Vorprägung der herrschaftlichen Organisation erreicht werden soll, stehen als Nachteil das Freisetzen und das unmittelbare Wirksamwerden von antisozialen Impulsen gegenüber. Sie aktualisieren sich gleichsam naturgemäß aus ihren Grundlagen im notwendig dichteren Sozialverkehr der neuen Verfassung."*

le ist das Notwendige, das muß gepflegt werden. (...) Was notwendig ist und was sehr bewußt erworben werden muß, während es früher instinktiv sich im Menschen geltend machte, das ist gerade das Interesse von Mensch zu Mensch. Der Grundnerv allen sozialen Lebens ist das Interesse von Mensch zu Mensch" (Steiner GA 186: 168, Ausl. ie).

Grundsätzlich kann sowohl eine Dominanz zentrifugaler Kräfte (Differenzierung) als auch eine Dominanz zentripetaler Kräfte (Integration) in einer sozialen Gemeinschaft zu dysfunktionalen Verhaltensweisen führen.[141] Diese Energien stellten etwas *„Naturwüchsiges"* (Antons 2009: 354) in Gruppen dar, können jedoch durch eine Gegensteuerung kompensiert werden. Durch die prinzipielle Förderung der Individualität (Differenzierung oder antisozialer Trieb) in der kollegialen Selbstverwaltung besteht jedoch die Gefahr deren Überbetonung, sodass es zu einem Suspendieren des Sozialen und zu Partikularität statt Gemeinschaftlichkeit (Integration oder sozialer Trieb) sowie zu *„Vereinzelung, Differenzierung und Verpersönlichung"* (Leber 1974: 61) kommen kann. *„Das spielt sich immer ab im Verkehr von Mensch zu Mensch: (...) Behauptung der eigenen Individualität, der eigenen Persönlichkeit gegenüber der sozialen Struktur in der Gesellschaft"*, so Steiner (GA 186: 164, Ausl. ie). Dazu merkt Leber (1974: 74) an: *„Wenn durch den Abbau starrer organisatorischer Strukturen Kräfte des einzelnen freigesetzt werden, dann muß als Gegengewicht die Möglichkeit für eine Sozialisierung geschaffen werden. Sie muß allerdings auch im Bereich des Individuellen verlaufen, im Bereich der Erziehung und Selbsterziehung. Individualitäts- und gruppenbezogene Prozesse verbinden sich so."* Neben der auseinandertreibenden Kraft der Individualisierung kann jedoch auch die hierzu polare Energie dominieren und zu einem gemeinschaftlichen Extremverhalten, zu *„cliquenhafter Sektiererei"*, *„gemeinschaftlicher Selbstbe-*

---

[141] Ein Übermaß an zentripetalen Gruppenkräften kann folgende Effekte hervorrufen (vgl. Antons 2009: 332ff.; Claessens 1977: 10ff.; Edding 2009: 475ff.; Karau/Williams 1993: 681ff.; Kerr 1983: 819ff.; Kuhn 2009: 126ff.; Stroebe/Frey 1982: 121ff.; Rosenstiel/Molt/Rüttinger 2005: 129ff.; Sbandi 1973: 65ff.; Schattenhofer 2009a: 20ff.; Schulz-Hardt/Frey 1998: 150ff.; Seliger 2014: 18ff.; Volmerg 2000: 316ff.; Williams/Karau 1991: 570ff.): Verschmelzung mit dem Kollektiv, Konformitätsdruck, Harmoniestreben und Konfliktscheue, Verfestigung der Gruppengrenzen, Unterwerfung und Gehorsam. Ein Übermaß an zentrifugalen Gruppenkräften kann folgende Effekte hervorrufen (vgl. Antons 2009: 346ff.; Rosenstiel/Molt/ Rüttinger 2005: 136ff.; Schreyögg/Koch 2010: 241ff.; Volmerg 2000: 316ff.): Zerstörung oder Zerfall der Gruppe, Spaltung der Gruppe (Cliquen) und Außenseiterproblem.

zogenheit" und *„kastenähnlicher Gemeinschaft"* (ebd.: 66) führen. In diesem Fall kommt es zu einem Zusammenhalt, der nicht auf einem gemeinsamen Bewusstsein gründet, sondern auf dem *„Gleichklang von Empfindungen"* und einer *„sympathischen Wärme"* (ebd.). Aufgrund dieses Mechanismus' wird die kollegial selbstverwaltete Organisation zu einem *„sozialen Übungsfeld"* (Leber 1981; Zimmermann 1985), auf dem eine ausgewogene Kompensation der polar wirkenden Kräfte erreicht werden muss. Denn: *„Eine Gruppe und ihre Leitung sind diesen dunklen Seiten der Gruppendynamik nicht ausgeliefert – sie sind gestaltbar"* (ebd.: 355).

7.3.2 Ausbildung unerwünschter informeller Hierarchien

In Organisationen ist zwischen der formellen und informellen Ordnung zu unterscheiden. *„Unter der formalen Struktur von Organisationen versteht man alle geplanten und etablierten Relationen zwischen den Organisationsmitgliedern, zwischen den Mitgliedern und den Arbeitsmitteln in den Bereichen der Aufgaben und Funktionen, des unmittelbaren Arbeitsablaufs, der Zuständigkeit, des formalen Aufbaus (Stellen, Unterstellungen) zwischen Organisation und Umwelt, die zu einer optimalen Zielerreichung beitragen sollen (Zweck-Koalitionsprogramme)"* (Preyer 2012: 115, Ausl. ie). In jeder Organisation – speziell auch in einer kollegial selbstverwalteten (vgl. Kap. 6.1.4.1) – gehen formelle Strukturen mit einer informellen Struktur einher. *„In dem sozialen Bereich, der durch diese Ordnung geregelt wird, kann sich für diese formalen Gruppen eine nicht mit der formellen Ordnung identische informale Ordnung einstellen. Sie ergibt sich aus den Bewertungen der Art der Ausführung der vorbestimmten Aufgaben, gemäß dem persönlichen Verhalten in der Gruppe und gemäß der so zugeschriebenen persönlichen und der Mitgliedschaftseigenschaften"* (ebd.: 114). Unter eine informelle Struktur können somit *„alle ungeplanten und affektiven Relationen zwischen den Mitgliedern einer Organisation, die nicht zu der formalen Struktur gehören"* (ebd.: 115), gefasst werden. *„Die informelle Struktur ist weitgehend nicht aufgaben- und funktionsspezifisch. Die informellen Beziehungen in Organisationen können zwischen Mitgliedern beliebiger Funktionen, Aufgabenbereiche, Weisungsbefugnissen und Ausbildung bestehen"* (ebd.). Denn in den Abläufen und der Kommunikationsgestaltung von Organisation ergeben sich Bereiche, die sich nicht durch zusätzliche formale Regelungen navigieren lassen und so durch informelle Strukturen reglementiert werden (vgl. Rosenstiel 2007b: 387ff.). Diese können sich im Fortgang sowohl funktional als auch dysfunktional auswirken, denn informelle Strukturen entziehen sich der Steuerung durch den Initiator (vgl. König/Schattenhofer 2015: 47ff.; Rosenstiel/Molt/Rüttinger 2005: 123ff.).

Ein gruppendynamisches Phänomen ist das Herausbilden von informellen Rollendifferenzierungen[142], welche prinzipiell zunächst der gruppalen Handlungs- und Arbeitsfähigkeit dienen. *"Eine Gruppe ist .. nur dann arbeitsfähig, wenn in ihr ein bestimmtes Repertoire an unterschiedlichen Rollen ausgebildet werden kann"*, so König und Schattenhofer (2015: 48, Ausl. ie). Nach dem Gründungsakt einer Gruppe formiert sich naturbedingt eine solche Spezialisierung der einzelnen Mitglieder, auch wenn diese nicht von außen initiiert wurde. Die Rollen in dieser hierarchischen Ordnung („Hackordnung") werden nicht definiert, *"(...) sondern sie entstehen aus den Erwartungen, die von den anderen (...) der jeweiligen Rolle entgegengebracht und vom Rollenspieler hinreichend akzeptiert werden sowie von ihm in unterschiedlichem Ausmaß verinnerlicht sein können"* (ebd.: 47, Ausl. ie). Diese werden somit nicht eingenommen, sondern verliehen, und können anstelle einer Kopplung an konkrete Personen situationsspezifisch verteilt werden. Bei Nichtbesetzung einer Rolle kommt es zu einer Neuformierung der Gruppe, um die fehlenden Rollensegmente auszufüllen. Die Rollendifferenzierung geschieht nicht ausschließlich aufgrund der

---

[142] Eine solche Rollendifferenzierung veranschaulicht u. a. Schindler (vgl. 1957: 308ff.; 1960: 382ff.) in seinem „Rangdynamik-Modell" bzw. „Rangdynamischen Positionsmodell". Es beschreibt das Vorhandensein und die Wirkung von Macht in Gruppen und besagt, dass sich in einer Gruppe Rangpostionen herausbilden, die einem dynamischen Wechsel unterliegen:
- Alpha: Führerrolle, die sich durch das Ergreifen von Initiative, durch Entscheidungsherbeiführung und durch Ideenumsetzung auszeichnet. Hier kann es zu dem gruppendynamischen Phänomen des Autoritätsdrucks kommen, sodass sich die Gruppenmitglieder der Meinung des hierarchisch Höherstehenden unreflektiert anpassen (vgl. auch Rosenstiel/Molt/Rüttinger 2005: 136).
- Beta: Spezialisten-/Expertenrolle, die sich bei Konfrontation mit den in der Gruppe anfallenden Sachaufgaben herausbildet. Ein möglicher Effekt ist die Prestige- und Kompetenzzuschreibung, bei dem die Gruppenmitglieder die Argumente des auf diese Weise erkorenen Experten unkritisch annehmen (vgl. auch ebd.).
- Gamma: Arbeiterrolle, die die notwendigen Aufgaben erledigt aber kein überdurchschnittliches Engagement beinhaltet.
- Omega: Sündenbock-/Skeptikerrolle und Gegenposition zum Alpha, die für alle Misserfolge der Gruppe verantwortlich gemacht wird.

persönlichen Merkmale und Fähigkeiten des Einzelnen, vielmehr wird diese durch die Gruppenstruktur und den Gruppenprozess bedingt (vgl. ebd.; König 2002; Rosenstiel/Molt/Rüttinger 2005: 123ff.; Stahl 2002: 295ff.). Bereits zu Steiners Zeiten gehörten zu den Diskussionen in den Lehrerkonferenzen auch das Thema unerwünschter informeller Strukturen, die Steiner (GA 300: 718) scharf kritisierte: *„Ich wende mich dagegen, wenn im Kollegium das Wort gebraucht wird: erste und zweite Verantwortlichkeit. Es würde das der Anfang von schlimmen Dingen sein können, wenn in unsere Verhandlungen so etwas hineinspielt wie erste und zweite Verantwortlichkeit, Kollegium und Kollegen-Cliquenbildung. Diese Dinge sind etwas, was streng ausgeschlossen sein muss."* Vielmehr fokussierte Steiner (ebd.) auf eine *„innere Harmonie im Kollegium"* und betonte dies wiederholt (vgl. Kap. 6.2.4.4). Denn informelle Strukturen können auch bewusst initiiert und vom Einzelnen opportunistisch genutzt werden, *„das heißt, Einzelne beginnen, instinktiv gegen die Demokratie zu arbeiten, um den eigenen Standpunkt durchzubringen – informelle, intransparente, ja intrigante Strukturen schieben sich in das demokratische Gerüst hinein. (...) Kurz: Aus Basisdemokratie wird Politik",* erläutert hierzu Mosmann (2015: 51, Ausl. ie).

Zu einer Rollendifferenzierung im Allgemeinen kann in einer Gruppe zudem die Herausbildung einer informellen Führungsinstanz („Alpha") im Speziellen erfolgen. Auch bei selbstgesteuerten Gruppen ohne formelle Führungsinstanz *„(...) wird in Ermangelung einer von außen vorgegebenen Hierarchie auf eine ‚automatische', informelle Art Leitung übernommen, und zwar immer von den gleichen Personen, die – bei formaler Gleichberechtigung – als innerer Kern der Gruppe deren Richtung bestimmen"* (Schattenhofer 2009b: 461, Ausl. ie). Formelle und informelle Führungsstrukturen unterscheiden sich vordergründig durch deren Machtgrundlagen, auf welchen deren Einflussmöglichkeiten gründen. Während formelle Führung an nominell definierte Positionen gebunden ist, legitimiert sich informelle Führung vordergründig durch die Akzeptanz der Gruppe. Die Übertragung der Führungsfunktion erfolgt nicht offiziell, sondern ergibt sich im Laufe der gemeinsamen Zusammenarbeit. Die Machtzuweisung erfolgt zum Beispiel aufgrund besonderer Persönlichkeitseigenschaften oder überlegenen Fähigkeiten; auch gewinnen extrovertierte Personen oftmals an

Einfluss. Für informelle Führungspositionen existieren jedoch keine hierzu universell prädestinierenden Merkmale und Kompetenzen, vielmehr variieren diese zwischen unterschiedlichen Gruppen und Situationen (vgl. Rosenstiel/ Molt/Rüttinger 2005: 124ff.). Solche Mitglieder, *"(...) die mehr in der Schale um den Kern der Gruppe angesiedelt sind"* (Schattenhofer 2009b: 461, Ausl. ie), akzeptieren stillschweigend die informelle Führungsübernahme gewisser Personen *"(...) und erwarten von ihnen Orientierung und Entscheidungen"* (ebd., Ausl. ie).[143] Von informellen Führern wird zumeist in stärkerem Maße als von den übrigen Gruppenmitgliedern eine adäquate Pflichterfüllung vorausgesetzt. Als Sanktionsmechanismus dient der Entzug der informellen Macht, der jederzeit vollzogen werden kann (vgl. König 2002). *„Die besondere Macht von Gruppen liegt in ihren äußerst wirksamen Belohnungs- und Bestrafungsmechanismen, von der Anerkennung über die Missachtung bis zum informellen Entzug der Mitgliedschaft (...)"* (Doppler 2009: 109, Ausl. ie). Prinzipiell besitzt somit die geschlossene Gruppe die größere Macht. *„Informelle Führer sind zwar mächtiger als jedes einzelne Gruppenmitglied, aber immer schwächer als das Gebilde Gruppe, denn sie ist die Quelle der Macht"* (Schreyögg/Koch 2010: 238). Der Automatismus einer unerwünschten informellen Hierarchie ist daran erkennbar, dass diese nicht konkret fassbar ist und sich so einer bewussten Reflexion entzieht. Erst in Krisenzeiten kann diese aufgedeckt und expliziert werden (vgl. ebd.).

---

[143] Würden solche informell Führende zu formell Führenden berufen, gerieten diese jedoch in ein Loyalitätsdilemma (vgl. Hogg 2005: 53ff.). Denn *„mit zunehmender Entwicklung der sozialen Gruppenidentität verändert sich das Verhältnis zur formellen Führung"* (Clausen 2009: 398). Die übrigen Gruppenmitglieder unterzögen den formell Führenden einer Prüfung, ob dieser noch immer Teil der Gruppe ist oder von einer Position außerhalb der Gruppennormen agiert, und sich dieser somit weniger als Gruppenmitglied und eher als Führender identifiziert (Identitätskonflikt). Formelle Führungspositionen stehen somit im Interessenkonflikt zur Gruppe.

8 Zielsetzung der empirischen Untersuchung

Die Durchführung einer empirischen Untersuchung supponiert den Entwurf eines theoretischen Fundaments als konstituierende Basis und referentieller Rahmen. Wie sich im Kontext des Literaturstudiums einschlägiger Quellen abbildete, war ein Rückgriff auf ein finalisiertes Artefakt zur Thematik kollegialer Selbstverwaltung aufgrund dessen defizitären respektive fragmentären Vorliegens nicht möglich. Der empirischen Untersuchung vorangestellt bedurfte es so – zur Erörterung des definierten Forschungsdesiderats – zunächst einer basalen theoretischen Aufarbeitung und Modellierung des zugrundeliegenden Konstrukts. Mittels einer Rekonstruktion der der kollegialen Selbstverwaltung immanenten Arbeitsgrundsätze aus vornehmlich primärliterarischen Quellen und deren Zusammenführung in eine aggregierte Form im Sinne von – mindestens einer fundamentschaffenden Vorstufe – eines spezifisch definierten Führungsprinzips mit eigenem Führungsverständnis (vgl. Kap. 6) wurden schließlich die Voraussetzungen für den konsekutiven Schritt einer empirischen Untersuchung generiert.

Wie in Kapitel 2 eruiert, kann unter dem Begriff „Führung" – in einem weit gefassten und adaptiven Verständnis – ein suggestiver Interaktionsprozess zwischen mindestens zwei Personen mit der Intention des Reüssierens eines gemeinsamen Ziels verstanden werden. So gewinnt die Führungsfrage in solchen Situationen an Relevanz, in denen Menschen persistent in einer Sozietät leben und agieren. Führung legitimiert sich dann einerseits – anthropologisch argumentiert – in einer präventiven Mission zur Verhinderung eines Zerfalls des Kollektivs, andererseits – funktional argumentiert – zur Bewältigung des analog zur Gruppengröße sukzessiv zunehmenden Koordinationsbedarfs zur Sicherung der organisationalen Handlungsfähigkeit und dauerhaften Existenz (vgl. Kap. 3.1.2). „Führung" kann somit als prinzipiell von einer spezifischen Person oder Position unabhängige, aber unausweichlich anfallende Aufgabe betrachtet werden.

Verfechter der kollegialen Selbstverwaltung verstehen selbige zumeist als herrschafts- und hierarchiefrei konstituiert – in Demarkierung zu einer in deren Verständnis usuell monokratisch und autoritär interpretierten Führungsweise –

und reagieren oftmals ablehnend auf jegliche derart verstandene Führungsaktivität, ohne jedoch explizit deren semantisches und substantielles Spektrum erschlossenen zu haben. In diesem Zusammenhang ist anzumerken, dass Rudolf Steiner den Begriff des „Verwaltens" oftmals in Synonymie zu dem des „Führens" verwendet hat, sodass eine terminologische Parallele bzw. Identität zwischen „Selbst-Verwaltung" und „Führung" einer Organisation besteht (vgl. Kap. 6.3.1). Die begriffliche Substitution von „Führen" durch „Verwalten" sollte die konsequente Entsagung und Distinktion von einer „regierungsmäßigen" autoritativen Führung intendieren, nicht aber eine grundsätzliche Abstinenz von Führungsbedarfen und Führungsprozessen proklamieren. Durch unreflektiertes Ignorieren oder konstatiertes Abhorrieren von Führung wird folglich die notwendige Erfüllung der sozialpsychologisch indispensabel auftretenden Führungsbedarfe nicht kompensiert (vgl. Kap. 3). Vielmehr evoziert ein solches Vorgehen nicht selten destruktive soziale und strukturelle Konsequenzen und kann zu einer Korrumpierung der genuinen Selbstverwaltungsidee führen (vgl. Kap. 7.3).

Bei der aggregierenden Rekonstruktion der Arbeitsgrundsätze kollegialer Selbstverwaltung (vgl. Kap. 6.1 bis 6.3) wurde ersichtlich, dass die Idee dieser Arbeitsweise jegliche Führungsbedarfe effizierende Bereiche erfasst sowie mehr oder minder suffizient ausgestaltet. Darüber hinaus bildete sich ab, dass kollegiale Selbstverwaltung variative Komponenten aktueller Führungskonzepte mit situationstheoretischer Denkweise adaptiert (vgl. Kap. 4.2) sowie eine koinzidente Ähnlichkeit zu den innovativen Führungsansätzen des integralen Paradigmas (vgl. Kap. 4.3) aufweist, die gegenwärtig arriviert in Wirtschafts- und anderen Unternehmen praktiziert und als angemessene Arbeitsform der Zukunft diskutiert werden. Aufgrund des ganzheitlichen Leitgedankens kollegialer Selbstverwaltung und deren prinzipiell intendierten Erfüllung sämtlicher im Arbeitskontext anfallender Führungsaufgaben sowie deren konzeptionellen Affinität zu situationstheoretischen und integralen Führungsansätzen zeigt sich, dass diese – trotz der teilweise defizitär bedachten und geregelten Ressorts und der unzureichend statuierten konkreten Implikationen – als ein solides Führungsprinzip eigener Art ausgewiesen werden kann, welches sich gleichberechtigt neben anderen behaupten kann.

Zielsetzung der empirischen Untersuchung 361

Hier setzt die folgende empirische Untersuchung an, deren Design und Ergebnisdiskurs in den Kapiteln 9 bis 12 illustriert werden. Die in diesem Rahmen gewonnenen Erkenntnisse der Auswertung sind insbesondere relevant, um die in den Kapiteln 6.1 bis 6.3 theoretisch erarbeiteten Arbeitsgrundsätze kollegialer Selbstverwaltung aposteriorisch zu validieren sowie praktische Defizite und korrektive Optimierungsoptionen exponieren zu können.

Ziel der empirischen Untersuchung sind die Analyse, Diskussion und Evaluation der faktischen Anerkennung kollegialer Selbstverwaltung als Führungsprinzip und des konkreten Erfüllungsgrads von in sozialen Zusammenhängen indispensabel entstehenden Führungsaufgaben mittels deren Praktizierung. Darauf konstituierend sollen kritische respektive unzureichend saturierte Bereiche exzerpiert und Implikationen zu deren emendierten Handhabung abgeleitet werden, um summa summarum einen konzeptionell komparablen Aufriss über die Arbeitsgrundsätze kollegialer Selbstverwaltung mit einem Hinweis auf deren stagnierenden Potentiale entwerfen zu können.

Vor dem Hintergrund dieser Forschungsabsicht werden im Rahmen der empirischen Untersuchung mittels schriftlicher Befragung die in Kapitel 3.3 in Organisationsmanagement und Personalführung kategorisierten und in Kapitel 6 theoretisch-inhaltlich analysierten Aufgabenbereiche von Führung in der kollegialen Selbstverwaltung exploriert. Darüber hinaus wird das Verständnis von und die Einstellung zu „Führung" der in der kollegialen Selbstverwaltung Tätigen sowie deren apperzipierte in der Gesamtorganisation vorhandene Führungskompetenz erhoben. Zur Erörterung potentieller Schwachstellen wird zudem nach der Zufriedenheit und der Belastung durch die in der kollegialen Selbstverwaltung ganzheitlich ausgerichtete Arbeit und der Belastung durch Führungsaufgaben gefragt sowie zu einem evaluierenden Urteil zur Intensität von Engagement und Verantwortung und der faktisch erfahrenen Freiheit in der selbstverwaltenden Arbeit sowie des wahrgenommenen Veränderungspotentials auf Schul- und Unterrichtsebene aufgefordert. Zusätzlich werden die theoretisch aufbereiteten Problembereiche (vgl. Kap. 7) der unerwünschten informellen Strukturbildung, der Ausprägung des persönlichen Bezugs zur Anthroposophie, der Bedeutsamkeit der Arbeit für den Einzelnen, der Stellenwert des Schülers beim Lehrenden sowie mithin die Gefahr eines dominierenden Selbstverwirklichungsstrebens des Lehrers in der Arbeit beleuchtet (vgl. den Überblick der untersuchten Themenbereiche in Form von gebildeten Faktoren in Kap. 10.4).

Da die verwerteten Daten auf eine umfänglich dimensionierte Studie rekurrieren respektive auf einer Vollerhebung der Waldorfschulen in Deutschland basieren, dienen die gewonnenen Erkenntnisse einem ersten approximativ angelegten Überblick über die Verhältnisse in der praktischen Umsetzung der Arbeitsweise der kollegialen Selbstverwaltung sowie einer die theoretischen Artefakte supplierenden Datenkompilation, sodass zugleich ein Fundament und Impuls für weiterführende Forschungsvorhaben geschaffen wird (vgl. Kap. 13.4). Mittels der hiesigen Exploration soll einerseits eine Relation zur Praxis hergestellt, andererseits das theoretische Opus faktisch untermauert und bewiesen werden. Auf deren Basis werden final zentrale Leitthesen zur kollegialen Selbstverwaltung deriviert, die neue Erkenntnisse als auch Korrekturen von vorherrschenden Missverständnissen und darauf gründenden Verfahrensweisen beinhalten (vgl. Kap. 13.2).

9 Erhebungsdesign der empirischen Untersuchung

Das in der vorliegenden Arbeit ausgewertete Datenmaterial basiert auf den im Rahmen der Waldorflehrerstudie im Jahr 2011 erhobenen Daten, die von Dirk Randoll[144] unter subsidiärer Mitarbeit seiner Forschergruppe[145] durchgeführt wurde (vgl. Randoll 2013a). Im Folgenden werden die Komponenten des Erhebungsdesigns dieser Studie und deren Prozessschritte skizziert sowie die vorangestellte Vorstudie, simultane Teilstudien (z. B. gesonderte Untersuchung der heilpädagogischen[146] Schulen) und eine arrondierende Folgestudie (Befragung der Waldorfschul-Geschäftsführer) in konspektierender Form vorgestellt (vgl. Kap. 9). Daran anschließend werden Design und Verfahren der hiesigen Auswertung illustriert sowie die Entwicklung deren methodischen Instrumentariums für die konsekutive Datenanalyse referiert (vgl. Kap 10).

---

[144] Professor für Erziehungswissenschaft mit dem Schwerpunkt „Quantitative Empirische Sozialforschung" an der Alanus Hochschule in Alfter bei Bonn sowie Institutsleitung für Erziehungswissenschaft und Empirische Bildungs- und Sozialforschung

[145] Co-Projektleitung mit Prof. Dr. Heiner Barz; Projektkoordination Dr. Jürgen Peters

[146] Neben dem Begriff der „Heilpädagogik" finden unterschiedliche, teils synonym verwendete Begriffe Anwendung (z. B. Sonder-, Behinderten-, Rehabilitationspädagogik, z. T. auch Ortho-, Förder-, Spezielle Pädagogik), „(...) ohne dass eine deutliche Präferenz für einen derselben erkennbar wäre" (Biewer 2010: 28, Ausl. ie) – allenfalls verweisen diese auf unterschiedliche Perspektiven und Zugänge (vgl. Eitle 2005: 8). Im deutschsprachigen Raum ist „Heilpädagogik" die älteste Bezeichnung des Fachgebietes, mit der das Heilen und damit der „Erziehungsprozess in der Nähe des Heilens im medizinischen Sinne" (ebd.) assoziiert werden, sodass diese „als eine medizinische oder zumindest von der Medizin abgeleitete Tätigkeit" (ebd.) verstanden wird. Die speziell anthroposophisch orientierte Heilpädagogik geht aus den Impulsen Rudolf Steiners hervor, welche er in seinem 1924 für Ärzte und Heilpädagogen gehaltenen „Heilpädagogischen Kurs" (GA 317) kundtat. Dieser galt der Förderung von Kindern oder auch Erwachsenen, „(...) die aus einer unvollständig gebliebenen Entwickelung heraus erzogen werden sollen, beziehungsweise, soweit es möglich ist, geheilt werden sollen" (Steiner GA 317: 11). Die Besonderheit der anthroposophischen Heilpädagogik ist die Überzeugung, dass der Wesenskern eines Menschen (Individualität) nicht erkrankt, sondern lediglich in seiner harmonischen Entfaltung behindert oder beeinträchtigt sein kann (vgl. z. B. Lievegoed 1970/1986; Schmalenbach 2016). Der Mensch wird als Einheit von Körper, Seele und Geist verstanden. Alles, was dem gewöhnlichen Blick als nicht „normal" erscheint, wird darauf zurückgeführt, dass sich bestimmte Tendenzen prägnant und auch einseitig ausgebildet haben. Diese Prozesse müssen in eine ausgleichende Balance gebracht werden, damit Gesundheit als „Ganzheit" entsteht. Jedem Menschen soll so ermöglicht werden, sich eingebettet in seinen Lebenszusammenhang auf individuelle Art entwickeln zu können. Der hier verwendete Begriff der Heilpädagogik respektive der heilpädagogischen Schulen bezieht sich auf diese anthroposophische Ausrichtung.

© Springer Fachmedien Wiesbaden GmbH, ein Teil von Springer Nature 2019
I. Enderle, *Kollegiale Selbstverwaltung als Führungsprinzip*,
https://doi.org/10.1007/978-3-658-23547-5_9

9.1 Vorstudie und Forschergruppe

Der durchgeführten Studie von Randoll (vgl. 2013a) liegt eine längerfristige Vorbereitungsphase zugrunde, die mit einer Vorbesprechung am 20. Januar 2009 begann. In dieser wurde für die empirische Erfassung der Berufszufriedenheit von Waldorflehrern ein Forschungsdesign sowohl mit einem qualitativen als auch mit einem quantitativen Modul als sinnvoll erörtert. Bis zu diesem Zeitpunkt existierten weitgehend keine umfassenden Erhebungen von waldorfschulbezogenen Daten oder Befragungen von Waldorfschulmitgliedern. Weil somit das potentiell erreichbare Resultat lediglich vage zu spezifizieren war, erschien die Deklaration des qualitativen Moduls als Vorstudie plausibel (vgl. Kuster u. a. 2008: 45ff.).

Im Januar 2010 begannen die vorbereitenden Prozesse, und von Februar bis März 2010 wurde der Leitfaden für die Interviews des qualitativen Vorprojekts entwickelt (vgl. Bohnsack 2014; Flick 2007; Kühl 2009: 32ff.). Dieses inkludierte eine qualitative Befragung in Form von explorativen Gruppendiskussionen und Einzelinterviews, die von Heiner Barz[147] und seiner wissenschaftlichen Mitarbeiterin Tanja Kosubek durchgeführt wurden (vgl. Barz/Kosubek 2013: 15ff.). Im Rahmen dieses Vorhabens fanden von Februar bis März 2010 fünf gruppale Diskurse mit je fünf bis acht (insgesamt 21) Teilnehmern statt. Die homogen gehaltenen Gruppen setzten sich aus Vertretern von Waldorflehrern aus möglichst differenten Schulen zusammen, die einem der folgenden Tätigkeitsbereiche angehörten: Oberstufenlehrer, Klassenlehrer, Fachlehrer, aus ihrem Beruf absentierte ehemalige Lehrer sowie über mehrere Jahre in der Schulverwaltung funktions- bzw. mandatstragende Lehrer. Der Kontakt zu den Waldorflehrern wurde über die Adresskartei der Alanus Hochschule hergestellt. Die Themengebiete umfassten das Schulklima, das Belastungserleben, die Ressourcen und die Resilienz der Lehrer, die Besonderheiten von einzelnen Lehrergruppen sowie die Organisations- und Personalwicklung in der jeweiligen Institution. Durch die Methode der explorativen Gruppendiskussion, die auf Vorkategorisierungen verzichtet und nur durch Moderation geleitet wird, sodass sich die Teilnehmer nicht restringiert und improvisierend mitteilen kön-

---

[147] Professor für Bildungsforschung und Bildungsmanagement an der Philosophischen Fakultät der Heinrich-Heine-Universität Düsseldorf

nen, war in besonderem Maße die Erfassung subjektiver Kognitionen, affektiver Einstellungen und damit einer profunden Wahrnehmungs- und Gefühlsebene möglich. Ziel des qualitativen Moduls war eine systematische Erhebung der spontan geäußerten persönlichen Expertisen im und Attitüden zum Beruf des Waldorflehrers sowie der individuell apperzipierten Belastungsfaktoren (vgl. ebd.: 20).

Die bilateralen Einzelinterviews waren hingegen tendenziell problemzentriert konzipiert und wurden supplierend zur Gruppendiskussionen geführt: zwei mit Oberstufenlehrern und eines mit einem ehemaligen Lehrer. A posteriori wurde die Studie um fünf weitere Einzelinterviews mit Eurythmie-Lehrern komplettiert, sodass insgesamt acht Einzelinterviews in persönlicher und telefonischer Form sowie als Doppelinterview erfolgten. Diese fungierten als inhaltliche Erweiterung der Erhebung.

Für die schriftliche Protokollierung wurden die Gruppendiskussionen und Einzelinterviews in Audioformat elektronisch aufgezeichnet und nach der Exploration transkribiert, kategorisiert und codiert (mittels der Analyse-Software MAXQDA) sowie im Rahmen eines interpretativen Vorgehens qualitativ-inhaltsanalytisch ausgewertet (vgl. ebd.: 20f.).

Auf diese Weise konnten im Rahmen des Vorprojekts verbindliche Aussagen zur Durchführbarkeit, zu Risiken und zur Utilität der intendierten Hauptstudie erarbeitet sowie die Adäquanz des Erkenntnisanspruchs und die Effektivität des Ressourceneinsatzes präsumiert werden. Die Vorstudie führte zu der Überzeugung, dass eine umfänglich dimensionierte Studie einen hierzu proportionalen Erkenntnisgewinn erbringen wird, sodass die nächste Phase mit zunehmenden Detaillierungsgrad und höherer Präzisierung geplant werden konnte, in der die erzielten Ergebnisse der Projektstudie als Grundlage der Hauptstudie dienten. Für diesen Schritt wurde zunächst ein wissenschaftlicher Beirat einberufen, bestehend aus Vertretern des Bundes der Freien Waldorfschulen, Dozenten variativer Ausbildungsstätten für Waldorfpädagogik sowie Wissenschaftlern, die eine Expertise in der empirischen Untersuchung von Waldorfschulen und deren Pädagogik vorweisen. Dieser Beirat fungierte als Kompetenzzentrum bei der Konzeption des Erhebungsinstruments.

9.2 Erhebungsmethode und statistische Menge

Für das strategische, zielgerichtete und systematische Vorgehen zur Gewinnung der intendierten wissenschaftlichen Erkenntnisse war die Präferenz einer Forschungsmethode erforderlich und so die Deklaration der Art und Weise der Auswertung der ermittelten Daten zur Erlangung signifikanter und evidenter Ergebnisse in Referenz zur Fragestellung. Die beabsichtigte Erhebung ist dem Bereich der quantitativen empirischen Sozialforschung zuzuordnen, das heißt der möglichst objektiven Beschreibung von Phänomenen sowie Aufdeckung deren prinzipiellen Gesetzmäßigkeiten und Kausalitäten insbesondere in bezifferter Ausprägung (vgl. Diekmann 2010; Raithel 2008; Rasch u. a. 2014). Quantitative Methoden umfassen folglich alle Vorgehensweisen zur numerischen, das heißt der absoluten oder prozentualen zahlenmäßigen Darstellung faktischer Sachverhalte zur modellhaften Abbildung der Realität (Quantifizierung von Sachverhalten). Die quantitative Methode basiert somit auf einer systematischen standardisierten Messung von empirischen respektive von auf realen Gegebenheiten gründenden Sachverhalten (vgl. Kühl 2009: 392ff.).

Quantitativen Untersuchungen liegen stets größere Fallzahlen zugrunde, denn diese verfolgen das Ziel der Repräsentativität. Die statistische Menge (Stichprobe) musste so stipuliert werden, dass die Auswahl mit Blick auf den fokussierten Sachverhalt wesentliche Rückschlüsse auf die gesamte Gruppe der Merkmalsträger mit koinzidierenden Identifikationskriterien erlaubt. Die untersuchte Stichprobe ist dann repräsentativ, wenn diese die Grundgesamtheit hinsichtlich der untersuchten Eigenschaften abbildet, sodass sich die Ergebnisse der Erhebung generalisieren respektive abstrahieren lassen. Waldorfschulen können aufgrund deren spezifischer Gegebenheiten prägnante Unterschiede aufweisen, sodass eine Komparabilität sowie Repräsentativität einer demarkierten Stichprobe hinterfragt werden kann. Für die geplante Erhebung wurden daher alle aktiven Waldorfschulen in Deutschland (Stand: Februar 2011) als statistische Menge der Merkmalsträger (Population) definiert, von denen nach Angabe des Bundes der Freien Waldorfschulen insgesamt 222 Schulen existierten, inklusive 19 heilpädagogischer Schulen. Die einzelne Waldorfschulinstitution als statistische Einheit umfasst wiederum die jeweils in dieser tätigen Pädagogen. Dies waren im Erhebungszeitraum 6.610 Waldorflehrer mit mindestens einem halben Deputat bzw. 7.547 Waldorflehrer insgesamt. Ausgangspunkt stellte die Bestandsmasse der Waldorfschulen und die diese beschäftigenden Lehrer zum identifizierten Zeitpunkt 2011 sowie sachlich eingegrenzt auf Deutschland dar. Bei der Studie wurde somit eine Vollerhebung der 2011 in Deutschland etablierten Waldorfschulen angestrebt, sodass die Stichprobe mit der gesamten Population kongruent war. Eine Totalerhebung legitimierte sich insofern, da die Grundgesamtheit von 222 Waldorfschulen mit realistischem Aufwand untersucht werden konnte (vgl. Assenmacher 2000: 185; Sachs/Hedderich 2015: 12).

Aufgrund der zu diesem Zeitpunkt nur fragmentären Forschungsbefunde durch empirische Erhebungen der Situation und der Pädagogik von Waldorfschulen und des restringierten Wissens über die Zusammenhänge der zu erhebenden Daten sollte die Studie insbesondere zur ersten Luzidität und Systematisierung des Themenfeldes dienen. Angestrebt wurde so die Genese eines möglichst umfassenden Überblicks über den Status quo und auch eines Fundaments für weiterführende Studien, sodass die Untersuchung im Design einer explorativen Studie angelegt wurde (vgl. Tukey 1977). Die erhobenen Daten sollten zu einer Ableitung von Hypothesen zu den situativen Gegebenheiten sowie deren Ursachen und Gründe autorisieren. Auf diese Weise werden statistische Inferenzen respektive induktive Schlüsse möglich, die über die deskriptive Statistik hinausgehend Implikationen von den Parametern der Stichproben auf die faktischen Werte von Grundgesamtheiten zulassen. Die Inferenzstatistik beruht auf der Anwendung von Regeln der Wahrscheinlichkeitsrechnung unter Akzeptanz eines gewissen Fehlerintervalls. Mit deren Hilfe können zudem Aussagen darüber getroffen werden, ob ein Untersuchungsergebnis als statistisch signifikant gilt (vgl. Schlittgen 2010).

9.3 Erhebungsinstrument

9.3.1 Entwicklung und Begründung des Erhebungsinstruments

Aufgrund deren explorativen Charakters und deren Ziels der Hypothesengenerierung wurde für die Waldorflehrerstudie von Randoll ein Breitbandinstrument für die Datenerhebung gewählt, das eine umfassende Datenmenge als Endergebnis liefert: die schriftliche Befragung (vgl. Reuband 2014: 643ff.). Eine Befragung kann prinzipiell telefonisch, persönlich, computergestützt oder schriftlich erfolgen. Eine telefonische und persönliche Befragung in Form eines Interviews schied wegen des Befragungsumfangs (Vollerhebung) aus. Auch eine Online-Befragung erwies sich als problematisch, da die Studie einen detaillierten Fragenkatalog umfasste. Zudem sollte die Prämisse einer privaten Disponibilität medialer Möglichkeiten vermieden werden, um eine möglichst intensive Probandenteilnahme zu sichern und einer Verzerrung der Ergebnisse aufgrund eines defizitären infrastrukturellen Ausstattungsstatus'vorzubeugen.

Die schriftliche Befragung sollte in der Form eines überwiegend geschlossen formulierten Fragebogens durchgeführt werden und somit zielgerichtet und hochgradig strukturiert sein. Kontrastierend zu einem offen formulierten Fragebogen oder einer qualitativen Befragung werden bei diesen zumeist schriftlichen Fragen die Antwortmöglichkeiten weitgehend vorgegeben, worauf die Bezeichnung „geschlossen" zurückgeht (vgl. Züll/Menold 2014: 713ff.). Zwar erfordern das Konzipieren eines Fragebogens, dessen Versenden und das Warten auf dessen Rücklauf sowie die statistische Auswertung dessen Ergebnisse einen höheren Aufwand als mündlich geführte Interviews. Doch liefert die schriftliche Befragung regulär quantitativ aussagekräftigere Daten, insbesondere durch die umfassende Anzahl der Befragten und der evidenten Antwortvorgaben. Darüber hinaus weist die schriftliche gegenüber der mündlichen Befragung einen Kostenvorteil auf, da ein Fragebogen repliziert und an viele Probanden simultan ausgegeben werden kann. Die Präsenz eines Interviewführers ist nicht notwendig, und ein potentiell irritierender oder manipulativer Einfluss des Befragers unterbleibt (vgl. Franzen 2014: 701ff.). Ein basaler Vorteil schriftlicher Befragung ist zudem das Gewähren von Anonymität, da die Befragung im Kontext von Arbeitsverhältnissen und mithin kollegialer Beziehungen erfolgte. Den Fragebögen wurden lediglich Schulnummern zugeordnet, der einzelne Proband und dessen den Arbeitsgeber tangierenden Aussagen blieben jedoch vollständig inkognito. So wurde präventiv die Angabe von abalienierten oder euphemistischen Antworten aus Furcht vor negativen Konsequenzen supprimiert. Mittels der Schulnummern konnten die jeweiligen Schulen ausschließlich durch die Initiatoren der Erhebung identifiziert werden.

Erhebungsinstrument 369

Die Hauptschwierigkeit bestand darin, dass die Befragten die Fragebögen de facto und authentisch ausfüllten und zurücksandten. Der Fragebogenrücklauf wurde daher so niedrigschwellig wie möglich gestaltet. Tatsächlich existierte für eine hohe Rücklaufwahrscheinlichkeit kein Patentrezept, da eine Partizipation unter anderem signifikant mit dem zugrundeliegenden Erkenntnisinteresse korrespondiert. Diese Sachlage hatte im vorliegenden Fall jedoch vorteilhafte Auswirkungen, da die Probanden als zugleich Betroffene ein solches Interesse an einer Datenerhebung aufwiesen. Zudem wurde im Sinne eines Anreizes offeriert, bei einem Rücklauf von mehr als zwei Dritteln des Gesamtkollegiums ein aus den Daten abgeleitetes Schulprofil zu erstellen, das den Lehrern Auskunft über die Situation ihrer Schule gibt.

Die Ergebnisse der oben angesprochenen Vorstudie wurden im wissenschaftlichen Beirat diskutiert und flossen anschließend in das Design des quantitativen Fragebogens ein. Darüber hinaus wurden Expertenmeinungen aus dem Bereich der Waldorfschule eingeholt. Bei der Konzipierung der Fragebögen war eine Vielzahl an Prämissen zu berücksichtigen, um aussagekräftige Daten zu gewinnen. So wurde die Instruktion zur Bearbeitung des Fragebogens introduzierend exakt expliziert, sodass das Prinzip und die Handhabung evident waren. Die Fragen wurden manifest und plausibel sowie konkret, schlüssig und so komprimiert wie möglich formuliert und insbesondere zum Schluss des Fragebogens hin konzis gehalten, um das Interesse und die Aufmerksamkeit des Stellungnehmenden zu sichern (vgl. Porst 2014: 687ff.).

Einen Maßstab und eine Orientierung bei dem Verfassen der Fragen lieferten die Merkmale der Probandengruppe, zudem wurde auf eine neutrale Formulierung geachtet. Die Methodik der Fragestellungen wurde in sachlicher Dependenz gewählt, um auch bei prekären Fragen eine wahrheitsgetreue Antwort zu erhalten. Die Quantität der Antwortvorgaben wurde überschaubar und dennoch aussagekräftig gehalten. Qualitativ wiesen diese ein proportionales Verhältnis auf und beinhalteten jeweils die auf die Fragen rekurrierenden Messeinheiten und Relationen. Die Skalen wurden – auf Erfahrungsbasis der Vorstudie (Pre-Test) – plausibel systematisiert. Bei Polaritätsprofilen wurde links und rechts der medialen Position eine identische Anzahl an Antwortmöglichkeiten positioniert, um suggestive Beeinflussungen zu vermeiden. Die offerierten Antwortoptionen wurden sachlich adäquat gewählt sowie auf eine sinnvolle Auswertung a posteriori abgestimmt. Die Sequenz und die Struktur folgten insbesondere durch die inhaltliche Systematik der Fragen einer inneren Logik (vgl. Franzen 2014: 701ff.; Latcheva/Davidov 2014: 745ff.).

9.3.2 Lehrerfragebogen

Der Lehrerfragebogen (vgl. Anlage 1) wurde – wie die Bezeichnung bereits verlauten lässt – an die Lehrerschaft der Waldorfschulen ausgegeben. Es waren sämtliche Kollegen der jeweils angeschriebenen Waldorfschule adressiert und zu einem Ausfüllen des Fragebogens aufgefordert. Der Fragebogen sollte als Informationsquelle über die Arbeitssituation der Lehrer zum Erhebungszeitpunkt fungieren. Aus den erhobenen Daten wurde das Extrahieren von Anhaltspunkten über die berufliche Situation von Waldorfschullehrern angestrebt, um diese für die inhaltliche Ausgestaltung der Aus-, Fort- und Weiterbildung aufbereiten zu können. Auch sollten die Ergebnisse in konspektierter Form der jeweiligen Schule auf Wunsch des Einzelnen offeriert werden, um den partizipierenden Kollegen eine Grundlage zur Selbstreflexion zur Verfügung zu stellen.

Zunächst wurde um generelle Angaben über die betreffende Waldorfschule, um die Mitteilung der persönlichen Motive für eine Tätigkeit an dieser Schule sowie um organisatorische und interpersonelle Aspekte der institutionellen Situation gebeten. Mit weiteren Fragen sollte ermittelt werden, wie ausgeprägt die Berufszufriedenheit und die berufliche Belastung des Lehrers sind. Dabei wurden diverse Fragen aus bereits existierenden Fragebögen zur Arbeitssituation von Lehrern an staatlichen Regelschulen adoptiert, um spätere Komparationen vornehmen zu können (vgl. Randoll 2013b: 13f.). Diese stammten zum einen aus dem Projekt „Pädagogische EntwicklungsBilanzen" des Deutschen Instituts für Internationale Pädagogische Forschung (DIPF) in Frankfurt a. M. (vgl. Döbrich 2007; Gerecht u. a. 2007), welches die Arbeitsbedingungen und die Entwicklungsbedarfe an hessischen Gesamtschulen untersuchte, sowie zum anderen aus dem Fragebogen „Arbeitsbezogenes Verhaltens- und Erlebensmuster (AVEM)" von Schaarschmidt und Fischer (2008; 2003; 2001), welcher zur Erhebung individueller gesundheitsförderlicher bzw. -gefährdender

Verhaltens- und Erlebensmuster bei der Bewältigung von arbeitsbezogenen Anforderungen dient (vgl. ausführlich Peters 2013a; 2013b: 185ff.). Dementsprechend gliederte sich die inhaltliche Struktur des Fragenkatalogs in folgende Fragenkategorien (Gesamtitems):

- Motive, Ziele, Unterricht,
- Schulklima,
- Kommunikationsverhalten und kollegiale Zusammenarbeit,
- Evaluation und Qualitätssicherung,
- Eltern(mit)arbeit und Lehrer-Eltern-Kommunikation,
- Berufszufriedenheit,
- arbeitsbezogenes Verhalten und Erleben,
- persönliche Arbeitszeitgestaltung,
- Belastungserleben,
- Bewältigungserleben,
- Gesundheitszustand,
- Gehaltsordnung, Führungsstruktur und Altersversorgung,
- berufliche Situation und Person.

Die jeweiligen Kategorien (Gesamtitems) unterteilten sich wiederum in verschiedene Einzelfragen (Einzelitems). Insgesamt umfasste der Fragebogen 23 Seiten (DIN A 4).

Die Antwortoptionen bei den Einzelitems variierten qualitativ wie quantitativ. Neben der Abfrage von personenbezogenen (jedoch anonymisierten) Angaben, existierten insgesamt fünf offene Fragestellungen: zwei zu Beginn, die sich auf die Motive der Tätigkeit des Lehrers an der betreffenden Schule beziehen, zwei medial, die zur Nennung des favorisierten bzw. idealen Gehalts- und Schulführungsmodells auffordern, sowie eine abschließend, die nach den zentralen Herausforderungen für die Waldorfschule in der Zukunft fragt. Das andere Extrem stellten dichotome Checklistenitems mit den Antwortmöglichkeiten „ja – nein" dar, die bei 36 Einzelfragen vorgegeben waren, zum Teil durch weitere Differenzierungen oder durch die Option „weiß nicht" arrondiert. Bei der Majorität der Fragen wurde eine duale Antwortmöglichkeit dem Erkenntnisinteresse nicht gerecht, sodass hier die Antwortoptionen in eine mehrstufige Likert-Skala parzelliert wurden. Die Auswahl des Skalenformats erfolgte zur Ermöglichung einer ausreichenden Differenzierung bei der Beantwortung sowie einer reliablen und validen Datenerfassung[148] (vgl. Krebs/Menold 2014: 425ff.; Krosnik/Fabrigar 1997). Ein solches Polaritätsprofil bietet prägnantere Antworten und wurde bei 256 Items als vierstufige Skala und bei 64 Items als fünfstufige Skala angewandt. Je nach inhaltlicher Ausrichtung der Fragen lauteten bei vierstufigen Skalen die Antwortmöglichkeiten beispielsweise „trifft voll zu – trifft eher zu – trifft eher nicht zu – trifft gar nicht zu" oder „sehr oft – oft – selten – gar nicht" oder „nicht so gut – könnte besser sein – zufriedenstellend – gut", bei fünfstufigen Skalen beispielsweise „trifft völlig zu – trifft überwiegend zu – teils/teils – trifft überwiegend nicht zu – trifft überhaupt nicht zu" oder „sehr hohe – hohe – weder noch – geringe – keine". Zwar ist die Vorgabe einer mittig positionierten Antwortoption im Falle einer fünfstufigen Skala umstritten (vgl. Borg 2003; Mummendey/Grau 2008), doch wurde diese explizit integriert, um den Befragten eine ambivalente Meinungsäußerung zu ermöglichen.

Daneben existierten okkasionell Aufforderungen zur Angabe von frei formulierten Antworten (z. B. zu der Anzahl der Überstunden) sowie von Multiple-Choice-Antworten (z. B. zur gewünschten Gestaltung des Vorruhestandes oder zur vorherrschenden Gehalts- und Führungsstruktur). Durch vereinzelte Kontrollfragen innerhalb einer thematischen Sequenz (Gesamtitem) wurden die Aussagen auf deren Authentizität geprüft, zum Beispiel „Ich fühle mich im Kollegium häufig isoliert" und „Ich empfinde mich in dem Schulorganismus als Teil eines großen Ganzen".

9.4 Erhebungsverfahren

Die quantitative Datenerhebung erfolgte innerhalb von zwei Zeiträumen: Die erste Phase verlief vom 15. September 2010 bis Weihnachten 2010, die zweite von Januar bis zum 15. Februar 2011, die zur Erzielung eines optimalen Rücklaufs dilatativ angeschlossen wurde. Auf der Liste der potentiell adressierten

---

[148] Die Reliabilität beschreibt die Zuverlässigkeit des Instrumentes, das heißt, inwieweit Messwiederholungen zu dem gleichen Ergebnis führen. Die Validität trifft eine Aussage über die Gültigkeit des Instrumentes, das heißt, inwieweit das gemessen wurde, was gemessen werden sollte.

Erhebungsverfahren 373

Institutionen standen bundesweit 222 Waldorfschulen, von denen 19 heilpädagogisch ausgerichtet waren. Das Institut für Bildungsökonomie in Mannheim bezifferte zum Stichtag des 31. Juli 2010 das personelle Volumen mit 6.610 Waldorflehrern mit mindestens einem halben Deputat und mit 7.547 insgesamt an Waldorfschulen tätigen Waldorflehrern (davon 377 Heilpädagogen). Die Fragebögen waren durch fortlaufende Nummern gekennzeichnet. Zudem wurde jeder Waldorfschule eine Schulnummer zugeteilt, damit den Studienverantwortlichen bei der Datenauswertung zur Erstellung eines spezifischen Schulprofils für Schulen mit einem Fragebogenrücklauf von mindestens zwei Dritteln des Gesamtkollegiums eine Identifikation der jeweiligen Einrichtung möglich war.

Als Empfehlung wurde den Lehrerkollegien eine Bearbeitung der Fragebögen in den stattfindenden Konferenzen ausgesprochen. Für die Beantwortung der Fragen war eine Bearbeitungszeit von 45 Minuten disponiert. In der Introduktion der Fragebögen wurde um eine möglichst kursorische Beantwortung der Fragen gebeten und um die Entscheidung für die am ehesten zutreffende Option im Falle der Ambivalenz. Der Hinweis auf die Anonymität war in der instruierenden Einleitung der Fragebögen emphatisch vermerkt. Zudem bestand die Möglichkeit, dass teilnehmende Lehrer zur Wahrung deren Anonymität den ausgefüllten Fragebogen in einem Umschlag einreichen, falls die bearbeiteten Fragebögen von der jeweiligen Schule im Verbund zurückgesandt wurden.

Konkret begann das Erhebungsverfahren in der Weise, dass zunächst im September 2010 die insgesamt zu diesem Zeitpunkt existierenden 222 Waldorfschulen (davon 19 heilpädagogischer Ausrichtung) durch ein Anschreiben der wissenschaftlichen Arbeitsgruppe, ein Begleitschreiben des Bundes der Freien Waldorfschulen sowie durch einen Beispielfragebogen über das intendierte Projekt informiert wurden. In diesem Rahmen wurde um einen Bescheid gebeten, ob die jeweilige Schule in Korrespondenz mit deren Lehrern prinzipiell eine Beteiligung an einer Befragung affirmiert. Im konsensuellen Fall konnten die Repräsentanten der Waldorfschulen über die entsprechende Kontaktperson an der Alanus Hochschule die den beschäftigten Lehrern homologe Anzahl an Fragebögen anfordern.

Das erste Zeitfenster der Erhebung bis Weihnachten 2010 wurde schließlich um zwei weitere Monate verlängert, da von der sich anhand des Rücklaufs abbildenden Annahme ausgegangen werden musste, dass die Vorweihnachtszeit terminlich ausgeschöpft war und so die Bearbeitung der Fragebögen durch die Lehrer nicht geleistet werden konnte. Im Rahmen dieser Dilatation bekundeten zehn weitere Waldorfschulen das Interesse an der Studienteilnahme. Somit wurden bis Anfang Februar 2010 insgesamt 4.539 Fragebögen an 129 Waldorfschulen (davon 15 heilpädagogischer Ausprägung) versandt. Bei insgesamt 222 potentiell disponiblen und 129 an der Teilnahme interessierten Waldorfschulen belief sich die Interessenquote so auf 58,11 Prozent insgesamt (und 78,95 Prozent bezogen auf die heilpädagogischen Schulen).

Für die Berechnung des Rücklaufs wurden zunächst die rudimentär bearbeiteten Fragebögen aussortiert. Danach hatten faktisch 119 Schulen (davon 14 mit heilpädagogischer Ausrichtung) aus allen sechzehn Bundesländern von den 129 interessieren Schulen verwertbare Fragebögen bereitgestellt. Somit lag die Rücklaufquote bezogen auf die zum Erhebungszeitraum potentiell aktiven 222 Waldorfschulen bei 54,05 Prozent, bezogen auf die 129 an der Teilnahme interessierten und mit Fragebögen ausgestatteten Waldorfschulen bei 93,02 Prozent. Fast 30 Prozent der partizipierenden Schulen erzielten einen Rücklauf von mindestens zwei Dritteln des Kollegiums, sodass diese ein Schulprofil auf der Basis der gewonnen Daten erhielten.

Die Anzahl der rückgesandten und vollständig ausgefüllten Fragebögen belief sich auf 2.005 Exemplare (davon waren 198 von Lehrern heilpädagogischer Schulen). Bezogen auf die Grundgesamtheit einerseits der zum Erhebungszeitpunkt 6.610 Waldorflehrer mit mindestens einem halben Deputat betrug die Beteiligungsquote 30,33 Prozent, andererseits der zum Erhebungszeitpunkt 7.547 insgesamt tätigen Waldorflehrer belief sich die Beteiligungsquote auf 26,57 Prozent. In Relation zu den tatsächlich ausgegeben 4.539 Fragebögen wies die reale Rücklaufquote 44,17 Prozent aus.

Da eine gesonderte Auswertung der heilpädagogischen Schulen geplant war, wurden die Fragebögen dieser Gruppe extrahiert. Hiernach umfasste der Datensatz der Waldorfschulen 1.807 Fragebögen aus 105 Schulen. Bereinigt um die Daten der heilpädagogischen Schulen betrug die Interessenquote

Auswertung und Ergebnisse der explorativen Lehrerstudie 375

(114 interessierte Schulen von 222 Schulen insgesamt) 51,35 Prozent, die Rücklaufquote bezogen auf die zum Erhebungszeitraum potentiell aktiven 222 Waldorfschulen 47,30 Prozent und bezogen auf die 114 an der Teilnahme interessierten und mit Fragebögen ausgestatteten Waldorfschulen 92,11 Prozent. Diese Datensätze bildeten die Grundlage der Lehrerstudie von Randoll.

Die heilpädagogisch ausgerichteten Schulen erhielten hingegen eine Rücklaufquote (verwertbare Fragebögen von 14 Schulen) bezogen auf die zum Erhebungszeitraum potentiell aktiven 19 heilpädagogischen Schulen von 73,68 Prozent und bezogen auf die 15 an der Teilnahme interessierten und mit Fragebögen ausgestatteten Waldorfschule von 93,33 Prozent. Mit Blick auf die an der Befragung partizipierenden 198 Heilpädagogen ergab sich bezogen auf die 377 Heilpädagogen insgesamt eine Rücklaufquote von 52,52 Prozent.

9.5 Auswertung und Ergebnisse der explorativen Lehrerstudie

Der quantitative Ansatz beinhaltet sowohl die Stichprobenauswahl, die Datenerhebung selbst (Messung) als auch die Auswertung (Analyse) des Datenmaterials. Die vorliegenden 1.807 Fragebögen aus 105 Schulen wurden von dem Unternehmen „sociotrend GmbH – Gesellschaft für Sozialforschung, Methodenentwicklung und Statistik" in Heidelberg (http://www.sociotrend.com) elektronisch erfasst und codiert. Aus den erhobenen Daten der Grundgesamtheit wurden mit probaten statistischen Instrumenten Auswertungen vorgenommen und Kausalitäten statistisch analysiert, um zu einer Ableitung von evidenten und verifizierbaren Konklusionen zu gelangen. Diese präzisen Auswertungen durch die wissenschaftliche Arbeitsgruppe erfolgten konsekutiv mittels der IBM Statistik- und Analyse-Software SPSS (Version 20).

Die Ergebnisse der Lehrerstudie fasst Randoll (2013c: 145) wie folgt zusammen: *„Die an den Freien Waldorfschulen tätigen Pädagogen sind nach eigenem Ermessen trotz ihres relativ geringen Gehaltes und trotz der mit der schulischen Selbstverwaltung und den vielen außerunterrichtlichen sozialen wie kulturellen Aktivitäten einhergehenden hohen zeitlichen Belastung mit ihrem Beruf weitestgehend zufrieden – insbesondere auch im Vergleich zu Lehrern an staatlichen Schulen."* Peters (2013a; 2013b: 185ff.), der sich in seiner in die Lehrerstudie integrierten Dissertation der Untersuchung arbeitsbezogener Verhaltens- und Erlebensmuster (AVEM) widmete, arrondiert bezüglich der Ergebnisse, dass die physische und psychische Gesundheit von Lehrern an Waldorfschulen tendenziell positiver bewertet wird als an staatlichen Schulen, was insbesondere durch die größeren Mitgestaltungsmöglichkeiten (Arbeitsorganisation, Selbstverwaltung) bedingt sei.

Die Datensätze aus dem heilpädagogischen Bereich wurden durch Bernhard Schmalenbach[149] ausgewertet und in Form einer Studie veröffentlicht (vgl. Schmalenbach/Randoll/Peters 2014). Insgesamt weisen die Ergebnisse der Studie nur marginale Unterschiede zu der Lehrerstudie von Randoll auf, doch zeichnet sich eine leicht kritischere Tendenz in der Bewertung der Arbeitsbedingungen und des Belastungserlebens ab. Mit Blick auf die Rücklaufquote handelt es sich hierbei um eine Zufallsstichprobe ohne einen repräsentativen Aussagewert.

9.6 Folgestudie: Geschäftsführerbefragung

Ziel der Lehrerstudie war die empirische Abbildung der persönlichen und beruflichen Situation von Waldorflehrern, sodass diese den pädagogischen und den Unterrichtsbereich fokussierte. Zwar bewegen sich Geschäftsführer respektive die für die Geschäftsführung verantwortlichen Personen in Waldorfschulen bezogen auf deren Status auf der gleichen Ebene der Lehrer, doch unterscheidet sich der Inhalt deren Arbeit signifikant von dem des pädagogischen Personals. Die Geschäftsführung beschäftigt sich mit den täglich anfallenden organisatorischen Angelegenheiten sowie den internen Prozessen der Waldorfschulen und verfügt aufgrund der zentralen Funktion über eine holistische Perspektive auf den Gesamtorganismus der Schule. Hieraus leitete sich der Bedarf einer Folgestudie ab, die als ein organisationstheoretisches Addendum der oben aufgeführten Lehrerstudie fungieren sollte. Das aus der Befragung gewonnene Datenmaterial wurde im Anschluss an die Waldorflehrerstudie von Randoll ausgewertet. So konnten die Sichtweisen der verschiedenen Probandengruppen unter Berücksichtigung von Möglichkeit und Sinnhaftigkeit kontrastierend dargestellt werden.

---

[149] Professor für Heilpädagogik sowie Institutsleiter für Heilpädagogik und Sozialtherapie im Fachbereich Bildungswissenschaft der Alanus Hochschule in Alfter bei Bonn

Die konzeptionelle Gestaltung der Befragung wurde im Sommer 2010 von Steffen Koolmann[150] und seinen wissenschaftlichen Mitarbeitern Florian Boukal und Joseph E. Nörling besorgt, anschließend ausgewertet und die Ergebnisse in Form einer Studie publiziert (vgl. Koolmann/Nörling 2015). Ziel der Befragung war die Ableitung eines Gesamtbilds der wirtschaftlichen, sozialen und organisatorischen Verhältnisse der jeweiligen Schule mit dem Blick auf deren Zukunftsfähigkeit (vgl. Koolmann 2015: 15ff.).

Der Geschäftsführerfragebogen wurde mit „Mantelfragebogen für Geschäftsführer" (vgl. Anlage 2) betitelt und bundesweit an die Geschäftsführer respektive die mit der Geschäftsführung betrauten Personen in Waldorfschulen gerichtet. Es wurden so viele Mantelbögen ausgegeben, wie laut Bund der Freien Waldorfschulen zum Stichtag (Juli 2010) aktive Waldorfschulen in Deutschland existierten. Dies waren insgesamt 219 Exemplare. Die schließlich erhobenen Daten basierten folglich auf einer kleineren Population als die Lehrerstudie. Entsprechend der Zielsetzung der Erhebung waren die Themenblöcke in folgende inhaltliche Bereiche gegliedert: Schuldaten, Organisationsstruktur, wirtschaftliche Daten, Sozialdaten, Schulkultur und Schulentwicklung. Die einzelnen Kategorien unterteilten sich in 81 Einzelfragen (Items). Insgesamt umfasste der Fragebogen sieben Seiten (DIN A 4) und war damit deutlich kürzer als der Lehrerfragebogen. Die Qualität der Items variierte zwischen faktischen Datenangaben und persönlichen Einschätzungen und Meinungen. Dabei wurde ein Fragen- und Themenkatalog gewählt, der die praktische Realität in Waldorfschulen vor dem Hintergrund moderner Management- und Organisationsentwicklungsansätze abbilden sollte (vgl. Nörling 2015a: 29ff.).

Die Antwortoptionen bei den Einzelfragen variierten ebenso wie beim Lehrerfragebogen qualitativ wie quantitativ. Kombiniert mit einer Abfrage von schulbezogenen (jedoch anonymisierten) Angaben gab es insgesamt 40 offene Fragestellungen, sodass diese Form dominierte. Neben Daten wie das Schulgründungsjahr, die Anzahl der Schüler und Lehrer, die verfügbare Gebäudefläche und der Betriebshaushalt wurden freie Antwortmöglichkeiten bei der Angabe des praktizierten bzw. favorisierten Gehalts- und Schulführungsmodells,

---

[150] Professor für Ökonomie und Gesellschaft im Fachbereich Wirtschaft der Alanus Hochschule in Alter bei Bonn

zu den Besonderheiten der Sozialstruktur und zu den zentralen Herausforderungen für die Waldorfschule in der Zukunft dargeboten. Einen weiteren Schwerpunkt bildeten die dichotomen Checklistenitems mit den Antwortvorgaben „ja – nein", die bei 29 Einzelfragen vorlagen, zum Teil durch weitere Differenzierungen oder Angaben arrondiert. Bei den Antwortoptionen in Form eines Polaritätsprofils gab es fünf dreistufige, 14 vierstufige Likert-Skalen und jeweils eine fünf- und sechsstufige Likert-Skala. Daneben existierten okkasionell Aufforderungen zur Abgabe von Multiple-Choice-Antworten (z. B. zur Rechtsform der Schule oder zur Gehalts- und Führungsstruktur).

Angestrebt war auch hier eine Vollerhebung in Deutschland. Die Mantelfragebögen wurden zusammen mit den Lehrerfragebögen an die Geschäftsführer respektive die mit der Geschäftsführung betrauten Personen der jeweiligen Schulen ausgegeben. In dem Zeitfenster von Oktober 2010 bis Februar 2011 erfolgte ein Rücklauf von 101 Fragebögen, sodass die Rücklaufquote 46,12 Prozent betrug. Jedoch waren nicht alle Fragebögen vollständig bearbeitet, sodass durch die auftretenden Informationsdefizite die Gefahr einer restriktiven Repräsentativität der Daten bestand. Daher wurde ein Aussortieren der 29 defektiv beantworteten Bögen beschlossen. Die der Studie schließlich zugrundeliegende Stichprobe umfasste so 72 Teilnahmen, was mit einer Quote von 32,88 Prozent korrespondiert.

Als Ergebnis der Studie resümieren Koolmann und Nörling (vgl. 2015: 245ff.), dass Kultur, Management und Entwicklung von Waldorfschulen aus der Innensicht über ein zukunftsfähiges Potential verfügen, dass die Umsetzung zum Teil jedoch von Missverständnissen oder fehlerhaften Prozessen geprägt ist und so hinsichtlich variativer Aspekte Optimierungsbedarfe bestehen. Die Notwendigkeit einer (Weiter-) Entwicklung betreffe dabei weniger die Struktur als vielmehr die interaktiven Abläufe.

10 Auswertungsdesign der empirischen Untersuchung

10.1 Datengrundlage der Auswertung

Das auszuwertende Datenmaterial entstammt der in Kapitel 9 beschriebenen quantitativen Explorationsstudie von Randoll (vgl. 2013a), das heißt der Vollerhebung aller Waldorfschulen in Deutschland. Die Daten des Geschäftsführerfragebogens der Folgestudie (vgl. Kap. 9.6; Anlage 2) wurden von Koolmann und Nörling (vgl. 2015) ausgewertet und bearbeitet, sodass diese bei der Analyse der hiesigen Untersuchung nicht integriert werden, sondern allenfalls bei Bedarf auf deren Ergebnisse rekurriert wird. Ebenso werden bei der anschließenden Auswertung die Daten heilpädagogischer Schulen isoliert, da diese – wie bereits erwähnt – in einer gesonderten Studie analysiert wurden (vgl. Schmalenbach/Randoll/Peters 2014).

Der bei der Lehrerstudie applizierte Lehrerfragebogen (vgl. Anlage 1) sollte in dessen vollumfänglichen Fundus Aufschluss über die berufliche Situation von Lehrern an Waldorfschulen zum Erhebungszeitpunkt geben. Bei der folgenden Auswertung wird jedoch nicht auf den durch diesen erhobenen exhaustiven Datenpool zurückgegriffen, vielmehr werden für die Untersuchung signifikante Datensätze selektiert, sodass aus den einzelnen in Kapitel 9.3.2 aufgeführten Kategorien (Gesamtitems) relevante Einzelitems extrahiert werden. Diese werden spezifisch und fundiert mit Fokus auf das Arbeitsprinzip der kollegialen Selbstverwaltung an Waldorfschulen ausgewertet, was in der Studie von Randoll (vgl. 2013a) angesichts deren umfänglichen Dimensionierung zur Erfassung sämtlicher Aspekte der Arbeitssituation von Waldorflehrern nur in marginalem Umfang geleistet werden konnte. Das optierte Item-Portfolio wird unter Berücksichtigung der von der leitenden Forschungsfrage tangierten thematischen Ressorts kommissioniert. Die folgende Skizzierung dieser Einzelitems orientiert sich an der Systematik der originalen Fassung des Lehrerfragebogens, jedoch werden ausschließlich die Einzelitems aufgeführt, welche in der hiesigen Untersuchung auch faktisch berücksichtigt werden. Hiermit erklären sich die zum Teil lückenhaften Aufzählungen:

1. Motive, Ziele, Unterricht

4. *Kreuzen Sie bitte an, inwieweit Sie den folgenden Aussagen zustimmen können.*
[vierstufige Likert-Skala: trifft voll zu – trifft eher zu – trifft eher nicht zu – trifft gar nicht zu]
   a. Waldorfschulen fordern von Lehrern ein zu hohes Maß an Engagement und Mitverantwortung.
   c. Ich wünsche mir in unserem Kollegium mehr Diskussionen über den Sinn und Zweck qualitätsüberprüfender Maßnahmen an Waldorfschulen.
   f. Waldorfschulen sind gegenüber Neuerungen in Bezug auf die Unterrichtsgestaltung aufgeschlossen.

5. *Kreuzen Sie bitte an, inwieweit folgende Aussagen für Sie persönlich zutreffen.*
[vierstufige Likert-Skala: trifft voll zu – trifft eher zu – trifft eher nicht zu – trifft gar nicht zu]
   b. Wenn den Schülern an meinem Unterricht etwas nicht gefällt, können sie mit mir offen darüber reden.
   c. Ich gebe jedem Schüler im Unterricht die Gelegenheit, seine Meinung zu dem jeweils behandelten Thema zu äußern.
   k. Ich bemühe mich, im Unterricht auf die Wünsche der Schüler einzugehen.
   l. Ich erfahre Respekt und Anerkennung von meinen Schülern.
   m. Schüler wenden sich auch mit persönlichen Problemen an mich.

2. Schulklima

B Fürsorglicher Erziehungsstil der Lehrkräfte

Inwieweit treffen folgende Aussagen auf die Lehrer an Ihrer Schule zu?
[vierstufige Likert-Skala: trifft voll zu – trifft eher zu – trifft eher nicht zu – trifft gar nicht zu]
   3. Die Lehrer an der Schule berücksichtigen die Bedürfnisse der Schüler in ihrer Arbeit.

3. Kommunikationsverhalten und kollegiale Zusammenarbeit

Bitte geben Sie an, inwieweit folgende Aussagen in Ihrer Schule zutreffen.
[vierstufige Likert-Skala: trifft voll zu – trifft eher zu – trifft eher nicht zu – trifft gar nicht zu]
   1. Mit dem Betriebsklima an meiner Schule bin ich zufrieden.
   2. Mit meinem Verhältnis zu meinen Kollegen bin ich zufrieden.
   3. Ich bin zufrieden mit der Kommunikation im Kollegium.
   4. Der Umgangston unter den Kollegen ist freundlich.
   5. Spannungen bzw. Konflikte unter den Kollegen werden gut gelöst.
   8. Im Kollegium gibt es eindeutige Meinungsführer.
   9. Ich fühle mich im Kollegium häufig isoliert.
   10. Ich empfinde die Atmosphäre im Kollegium als vertrauensvoll.
   12. Wenn ich Schwierigkeiten in der Arbeit habe, kann ich im Kollegium offen darüber sprechen.
   13. Im Kollegium unterstützen wir uns gegenseitig bei auftretenden Schwierigkeiten.
   14. Für das Fach/die Fächer, das/die ich unterrichte, erfahre ich das notwendige Verständnis.
   15. In Konferenzen kann ich offen meine Meinung sagen.
   16. Konflikte können wir untereinander offen ansprechen.

Datengrundlage der Auswertung

17. Ich fühle mich von meinen Kollegen mit meinen Anliegen ernst genommen.
18. Über Leistungsanforderungen herrscht im Kollegium ein Grundkonsens.
19. Unterrichtsmaterialien werden gegenseitig ausgetauscht.
20. Wir informieren uns gegenseitig über Inhalte von Fortbildungen.
21. Die Kollegen sind für Veränderungen aufgeschlossen.
22. Wir gehen gemeinsam neue Wege im Unterricht.
23. Zwischen Klassenlehrern und Oberstufenlehrern findet ein regelmäßiger Austausch statt.
25. Die meisten Lehrer sind an der Schulleitungskonferenz zugelassen.
26. Ich empfinde mich in dem Schulorganismus als Teil eines großen Ganzen.
27. Ich habe das Gefühl, dass es vermieden wird, mit mir zusammen zu arbeiten.
28. An unserer Schule gibt es klare Informationsstrukturen.
29. Wenn ich besondere Leistungen erbringe, wird dies im Kollegium wertgeschätzt.
30. Die Verfahren zur Delegation von Entscheidungsprozessen sind transparent.
31. So, wie bei uns die Schule geführt wird, ist es für mich in Ordnung.
32. Die Qualität der Arbeit in der Schulverwaltung ist gut.
33. Die Entscheidungsstrukturen an unserer Schule sind transparent.
34. Die Arbeit im Kollegium ist durch Konkurrenzdenken geprägt.
35. Entscheidungsprozesse realisieren wir an unserer Schule effizient und zielführend.
37. Initiativen werden im Kollegium häufig blockiert.
38. Ich empfinde mich als Mitgestalter der Schule.
40. Ich habe persönliche Entscheidungskompetenzen.
41. Zunehmend stelle ich fest, dass ich nicht zu Wort komme und mir nicht zugehört wird.
42. Die Aufgaben und Kompetenzen bei Personalfragen sind klar geregelt.
43. Die Mitarbeiterbetreuung an unserer Schule funktioniert gut.
44. Manchmal wünsche ich, mehr Verantwortung an einen Vorgesetzten abgeben zu können.
45. Ich habe manchmal das Gefühl, dass ich zu bestimmten Veranstaltungen nicht eingeladen werde.

4. Evaluation und Qualitätssicherung

Bitte kreuzen Sie an, inwieweit Sie diesen Aussagen zur Evaluation und Qualitätssicherung zustimmen oder nicht. An unserer Schule wurde innerhalb der letzten 10 Jahre mindestens eine qualitätsentwickelnde/-überprüfende Maßnahme zu folgendem Thema durchgeführt:

[dichotom: ja (teilgenommen/nicht teilgenommen) – nein]

1. Organisationsentwicklung
8. An unserer Schule gibt es Supervision oder Coaching.
9. Für die Gestaltung des schulischen Geschehens gibt es den notwendigen Spielraum.
10. Über besondere Entwicklungsschritte werden Zielvereinbarungen getroffen.
11. Die Einhaltung der Zielvereinbarungen wird regelmäßig evaluiert.

5. Eltern(mit)arbeit und Lehrer-Eltern-Kommunikation

A *Bitte kreuzen Sie an, inwieweit folgende Aussagen auf Sie persönlich zutreffen.*
[vierstufige Likert-Skala: trifft voll zu – trifft eher zu – trifft eher nicht zu – trifft gar nicht zu]

1. Elternarbeit macht mir Spaß.
2. Ich betrachte Eltern als Partner bei der Bildung/Erziehung ihrer Kinder.
3. Ich informiere die Eltern regelmäßig über das Geschehen an der Schule.
4. Ich gehe Beschwerden/Anliegen von Eltern nach.
5. Ich informiere Eltern regelmäßig über die Lernfortschritte ihrer Kinder.
6. Eltern können mich bei Schulproblemen ihrer Kinder nach Absprache in der Schule ansprechen.
8. Eltern können mich bei Schulproblemen ihrer Kinder auch außerhalb der Schulzeit ansprechen.
13. Mit einigen Eltern kommt es immer wieder zu Konflikten.

6. Berufszufriedenheit

A *Im Folgenden finden Sie Aussagen, die unterschiedliche Aspekte der Berufszufriedenheit betreffen. Bitte kreuzen Sie an, inwieweit Sie diesen Aussagen zustimmen oder nicht. Ich bin zufrieden mit ...*
[vierstufige Likert-Skala: trifft voll zu – trifft eher zu – trifft eher nicht zu – trifft gar nicht zu]

1. meiner beruflichen Situation allgemein.
2. meiner persönlichen Arbeitsorganisation.
3. der Organisation unseres Schulbetriebs.
7. meinem Verhältnis zu den Schülern.
8. meinem Verhältnis zu den Eltern.
11. der Art, wie die Idee der Schulführung an unserer Schule praktiziert wird.
12. den Möglichkeiten, waldorfpädagogische Ideen/Inhalte verwirklichen zu können.
14. der schulischen Selbstverwaltung.
17. der Führungskompetenz an unserer Schule.
18. der Wertschätzung meiner Arbeit im Kollegium.
19. der Arbeitsverteilung im Kollegium.
20. der Wertschätzung meiner Arbeit durch die Schüler.
21. der Art, wie gegenseitige Vertretungen an der Schule organisiert sind.
22. der Arbeit des Vorstandes.
24. der Arbeit der Geschäftsführung.
25. der Wertschätzung meiner Arbeit durch die Eltern.
27. der Möglichkeit, die Organisationsstrukturen in der Schule mitzugestalten.
29. der personellen Ausstattung an der Schule.
33. der pädagogischen Qualität an der Schule.
34. der Rückmeldung, die ich über meine Arbeit erhalte.

Datengrundlage der Auswertung 383

7. Arbeitsbezogenes Verhalten und Erleben

Bitte lesen Sie jeden dieser Sätze gründlich durch und entscheiden Sie, in welchem Maße er auf Sie persönlich zutrifft.

[fünfstufige Likert-Skala: trifft völlig zu – trifft überwiegend zu – teils/teils – trifft überwiegend nicht zu – trifft überhaupt nicht zu]

1. Die Arbeit ist für mich der wichtigste Lebensinhalt.
12. Die Arbeit ist mein Ein und Alles.
23. Ich brauche die Arbeit wie die Luft zum Leben.
34. Ich wüsste nicht, wie ich ohne Arbeit leben sollte.
45. Meine Arbeit erfüllt mich mit Stolz.
48. Als Waldorflehrer muss ich sehr viel Kraft aus mir selber schöpfen.
51. Das Verhältnis zwischen pädagogischer Arbeit und (Selbst-)Verwaltungsarbeit empfinde ich ausgewogen.

8. Persönliche Arbeitszeitgestaltung

[aus dieser Kategorie wurden keine Items verwendet]

9. Belastungserleben

A Wie sehr fühlen Sie sich belastet durch ...

[vierstufige Likert-Skala: sehr stark – stark – etwas – gar nicht]

9. die Vielzahl an Konferenzen?
19. die Arbeitsvielfalt im Allgemeinen?
27. die Häufigkeit der pädagogischen Konferenzen?
29. die Organisationsstrukturen in der Schule?
31. organisatorische Tätigkeiten neben der pädagogischen Arbeit?
34. die Vorbereitung und/oder Durchführung von Schulveranstaltungen?
37. Verwaltungstätigkeiten in der Schule?
38. Tätigkeiten zur Evaluation der Schule?
39. Arbeiten in Gremien des Schulträgers (z. B. Schulverein)?
44. Teilnahme an Schulführungskonferenzen?

B. Selbstwirksamkeitserwartung

[vierstufige Likert-Skala: trifft voll zu – trifft eher zu – trifft eher nicht zu – trifft gar nicht zu]

2. Ich weiß, dass ich zu Eltern guten Kontakt halten kann, auch in schwierigen Situationen.
10. Ich kann gut mit Kritik umgehen.
11. Das Vertrauen in übergeordnete Zusammenhänge (z. B. Karma, geistige Welt) gibt mir in meinem Beruf Halt und Sicherheit.
14. Der Lehrerberuf stärkt mich in meinem Selbstwertgefühl.
15. Der Lehrerberuf ist für mich eine Quelle erlebter Selbstwirksamkeit.
16. Ich kann mich in meiner Arbeit verwirklichen.
18. Bei meiner Arbeit kann ich meine Kenntnisse/Fähigkeiten einbringen.

10. Bewältigungserleben

C *Im Folgenden finden Sie Aussagen über unterschiedliche Möglichkeiten, die beruflichen Anforderungen zu bewältigen.*
Wenn ich berufliche Probleme habe, dann ...
[vierstufige Likert-Skala: sehr oft – oft – selten – gar nicht]
6. suche ich Antworten in den Schriften R. Steiners.

11. Gesundheitszustand
[aus dieser Kategorie wurden keine Items verwendet]

12. Gehaltsordnung, Führungsstruktur und Altersversorgung
Welche Form der Führungsstruktur wird an Ihrer Schule derzeit praktiziert (...)?
[Multiple-Choice, Mehrfachnennungen bei Mischformen möglich][151]
1. Das „klassische Modell": Die interne Konferenz entscheidet in allen Führungsfragen (Entwürfe werden delegiert aber Entscheidungen treffen alle).
2. Das „Mandats-Modell": Es gibt eine funktionale Führung, die auf drei bis fünf Köpfe verteilt ist, dadurch entstehen unterschiedliche Ressorts, bei denen jeweils eine Person Entscheidungskompetenz hat.
3. Das „Direktions-Modell": Eine funktionale Führung, die auf einen Schulleiter (und eventuell einen Vertreter) übertragen wird, der über das laufende Geschäft entscheidet.
Sonstiges [offen] (...)

13. Berufliche Situation und Person
[offen]
13. Wie alt sind Sie?

10.2 Auswertungsmethode

Unter Anwendung der Auswertungsmethode soll ein datengestützter Überblick über die faktischen Verhältnisse praktizierter kollegialer Selbstverwaltung in Waldorfschulen erstellt werden. Die Datenaufbereitung erfolgt mittels der IBM Statistik- und Analyse-Software SPSS (Version 20) und die Darstellungen deren Resultate in graphischer und deskriptiver Form. Das hier angewandte induktive Verfahren[152] soll ein Derivieren von Leitsätzen aus den Erkenntnissen der Empirie und in Referenz zur Theorie ermöglichen und so auch basale Anhaltspunkte für weitere Forschungsvorhaben bereitstellen (vgl. Tukey 1977).

---

[151] Diese Frage wurde aus dem Geschäftsführerbogen (vgl. Kap. 9.6; Anlage 2) importiert und für den Lehrerfragebogen entsprechend umcodiert.

[152] Das induktive Verfahren ist eine wissenschaftliche Methode, die einen Rückschluss vom besonderen Einzelfall auf das Allgemeine und Gesetzmäßige vornimmt.

Der Gesamtauswertung präponiert werden zwei deskriptiv ausgewertete Items illustriert, die einen prägnanten thematischen Aussagewert für die vorliegende Untersuchung beinhalten (*„Zufriedenheit mit der praktizierten Führung"* und *„Zufriedenheit mit der schulischen Selbstverwaltung"*). Das Ausmaß der Verteilung respektive der Streuung der Antworthäufigkeiten soll einen Blick auf die nicht gemittelten Verhältnisse an Waldorfschulen ermöglichen und als Referenzwert dienen.

10.2.1 Konfirmatorische Faktorenanalyse

Zur Datenauswertung wird die multivariate Methode (vgl. Blasius/Baur 2014: 997ff.) der so bezeichneten „Faktorenanalyse" herangezogen (vgl. Backhaus u. a. 2016: 385ff.). Eine Faktorenanalyse dient dem Auffinden von Kausalitäten zwischen Variablen, damit diese in einem nächsten Schritt auf wenige übergeordnete Faktoren – sogenannte latente oder theoretische Variablen – reduziert werden können. Bei diesem Verfahren wird zwischen der explorativen und der konfirmatorischen Faktorenanalyse differenziert. Während bei der explorativen Faktorenanalyse unbekannte Strukturen der vorliegenden Variablen aufgedeckt werden sollen (strukturerkennendes Verfahren), existiert hingegen bei der konfirmatorischen Faktorenanalyse (vgl. Backhaus u. a. 2016: 589ff.; Jöreskog 1969) a priori eine konkrete Vorstellung über potentielle Faktoren, sodass eine definierte (theoretische) Faktorenstruktur mit den vorhandenen Daten auf deren Konsistenz geprüft wird (strukturüberprüfendes Verfahren). Folglich handelt es sich um eine Methode zur Kontrolle der Konvergenz zwischen theoretisch postulierten Strukturen und empirisch erhobenen Informationen. Bei der folgenden Auswertung wird das konfirmatorische Verfahren der Faktorenanalyse angewandt.

Zunächst erfolgt eine Kategorienbildung, bei der die Einzelitems in vorformulierte Klassen parzelliert werden. Auf diese Weise werden die Einzelitems in den jeweiligen Kategorien inhaltlich kongruent aggregiert, sodass neue Itemkomplexe als Faktoren entstehen. Die Zuordnung erfolgt basierend auf den aus der Theorie abgeleiteten präsumierten Zusammenhängen der Items. Der konfirmatorischen Faktorenanalyse ist so die Konstruktion von Korrespondenzregeln (vgl. Backhaus u. a. 2016: 619ff.; Costner 1969; Schnell/Hill/Esser

2011) respektive eine auf subjektiven Vorüberlegungen gründende Hilfstheorie (vgl. Blalock/Blalock 1968; Opp 2014) vorgeschaltet, da theoretische Begriffe nicht direkt observabel sind. Die Zuordnung von Variablen zu den zu messenden Phänomenen erfolgt über diese Korrespondenzregeln. Der Vorgang wird als „Operationalisierung" (Messanweisung) bezeichnet, die Schnell, Hill und Esser (2011: 123) wie folgt definieren: *„Angabe einer Anweisung, wie Objekten mit Eigenschaften (Merkmalen), die der theoretische Begriff bezeichnet, beobachtbare Sachverhalte zugeordnet werden können."* Die direkt beobachtbaren (manifesten) Variablen stellen die Indikatoren dar, die dem theoretischen Begriff zugeordnet werden. Die Hilfstheorie (Korrespondenzregel) beinhaltet Aussagen über die Relation zwischen Indikatoren (messbare Größen) und theoretischen Begriffen, das heißt diese dient dazu, Dependenzen unter Indikatoren und theoretischen Variablen zu beschreiben. Hilfstheorien werden von inhaltlichen Überlegungen gelenkt. Solange die Indikatoren nicht Ursachen, sondern Wirkungen der theoretischen Variablen sind, ist die konfirmatorische Faktorenanalyse das geeignete Verfahren zur Überprüfung der Hilfstheorie oder Korrespondenzregel (vgl. Weede/Jagodzinski 1977: 315f.).

Die konfirmatorische Faktorenanalyse erlaubt nicht nur das Verifizieren der jeweiligen Hilfstheorie, sondern auch das Prognostizieren von Korrelationen unter den theoretisch interessanten Variablen und Faktoren. Darauf konstituierend und auch über die konfirmatorische Faktorenanalyse hinausgehend können somit Kausalzusammenhänge unter den Faktoren analysiert und evaluiert werden. Dabei korrelieren manche theoretischen Variablen stark und direkt, andere nur schwach und indirekt mit den beobachtbaren und messbaren Variablen. Die konfirmatorische Faktorenanalyse führt (wie die explorative Faktorenanalyse) die Zusammenhänge unter vielen gemessenen Variablen oder Indikatoren auf deren Abhängigkeit von wenigen latenten (nicht direkt beobachtbaren) theoretischen Konstrukten oder Faktoren zurück. Beide Verfahren unterstellen die Unabhängigkeit der gemeinsamen Faktoren von den einzigartigen Faktoren (vgl. ebd.: 316f.).

Im Unterschied zur explorativen Faktorenanalyse wird bei der konfirmatorischen a priori festgelegt, welche Indikatoren von welchen Faktoren abhängig bzw. unabhängig sind. Das bedeutet, dass inhaltliche Überlegungen bestimmen, welche theoretisch postulierten Faktoren ein Indikator erfassen und von welchen theoretisch postulierten Faktoren ein Indikator dependent sein soll. Die inhaltlichen Überlegungen bei der konfirmatorischen Faktorenanalyse präsumieren eine große Anzahl von Kor_e = 0,0-Faktorenladungen, die die Berechnungen der anderen Faktorenladungen zwar mit beeinflussen, selbst im Laufe der Analyse aber nicht mehr modifiziert werden. Neben der Vorgabe von Faktorenladungen ist der oblique Zusammenhang unter den Faktoren eines der weiteren Merkmale der konfirmatorischen Faktorenanalyse. Während explorative Faktorenanalysen die Zusammenhänge zwischen den Indikatoren durch viele zum Teil geringe Abhängigkeiten von jeweils mehreren aber untereinander unkorrelierten Faktoren erklären, expliziert die konfirmatorische Faktorenanalyse dieselben Zusammenhänge zumeist durch wenige aber stärkere Abhängigkeiten von wenigen aber untereinander obliquen Faktoren. Hierdurch weist diese ein weiteres abgrenzbares Merkmal auf: die Arbeit mit simplen Strukturen (vgl. ebd).

Bei der konfirmatorischen Faktorenanalyse werden den Indikatoren im Vorfeld Faktoren zugeordnet, sodass auch die Anzahl der zu extrahierenden Faktoren a priori feststeht. Zudem werden zumindest ein Teil der Faktorenladungen vorab auf Kor_e = 0,0 gesetzt, da theoretisch sinnvolle Faktorenstrukturen definiert werden. Diese präformierten Restriktionen können durchaus inkorrekt sein. Daher wird die Reproduzierbarkeit der empirischen Zusammenhänge durch eine festgelegte Struktur und die berechneten Koeffizienten geprüft. Je similärer die empirischen und die rekonstruierten oder vom vorgegebenen faktorenanalytischen Modell implizierten Zusammenhänge sind, desto eher wird man die definierte Faktorenstruktur als haltbar betrachten können. Die modellhafte Zuordnung von theoretischen Konstrukten zu gemessenen Indikatoren kann durch Konfrontation mit empirischen Werten entweder verifiziert oder falsifiziert werden. Zur Sicherung der inneren Konsistenz der Faktoren verbleiben in der folgenden Auswertung die Items zu Faktoren aggregiert, die gerundet mindestens einen Korrelationskoeffizienten (Kor_e) mit der Ladung >= (+/-)0,5 aufweisen, und analog invers werden Items mit einem Kor_e < (+/-)0,5 isoliert.

10.2.2 Mehrfaktorielle Differenzierung

Im Rahmen der Auswertung werden die Ergebnisse durch mehrere Faktoren differenziert analysiert. Hierzu werden statistisch unabhängige, erklärende Variablen (exogen) bestimmt. Diese dienen als veränderliche Stellgrößen, durch deren gezielte Modifikation Auswirkungen auf die abhängigen, erklärten Variablen (endogen) erreicht werden (vgl. Lippe 1993: 259f.). Die Effekte auf die endogenen Variablen werden gemessen und kontrastierend gegenübergestellt. Auf diese Weise können die Antworten zu den einzelnen Kategorien durch die unabhängigen Variablen differenziert untersucht und variative Aussagetrends identifiziert werden.

Bei der vorliegenden Untersuchung handelt es sich um eine mehrfaktorielle respektive fünffaktorielle Untersuchung, die univariat respektive in Bezug auf eine solitäre abhängige Variable (hier in Form von Faktoren) erfolgt (vgl. Kromrey 2009: 198ff.; Schnell/Hill/Esser 2011: 127ff.). Als exogene Variablen fungieren die im Anschluss referierten Stellgrößen.

10.2.2.1 Praktiziertes Führungsmodell

In den Waldorfschulen wird konsensuell oder mindestens per Mehrheitsbeschluss ein Führungsmodell bestimmt, das folgende Varianten aufweisen kann (vgl. Einleitung in Kap. 6):

- Schulführung nach dem „klassischen Modell":
  Die interne bzw. Schulführungskonferenz entscheidet kollektiv alle Führungsfragen. Entwürfe werden delegiert, aber die Entscheidungen treffen alle.
- Schulführung nach dem „Mandats-Modell":
  Es gibt eine funktionale Führung, die auf drei bis fünf Köpfe verteilt ist, dadurch entstehen unterschiedliche Ressorts, bei denen jeweils eine Person die über Entscheidungskompetenz verfügt.
- Schulführung nach dem „Direktions-Modell":
  Es existiert eine funktionale Führung, die vollständig auf einen Direktor oder Rektor bzw. Schulleiter und eventuell einen Vertreter übertragen wird, der über die laufenden Geschäfte entscheidet.
- Sonstiges (z. B. Mischformen).

Auswertungsmethode

Die Modelle beinhalten ein variatives Ausmaß an Mitbestimmungsrechten für den Einzelnen und damit auch einen differenten Umfang an delegierten Führungsaufgaben. Daraus leiten sich unterschiedliche Ausgangslagen für den Einzelnen und seine Arbeitssituation ab. Es ist anzunehmen, dass beispielsweise ein Lehrer einer „klassisch" selbstverwalteten Organisation divergierende Antworten zu denen eines Lehrers einer durch „Mandate" geführten Schule abgeben wird. So erscheint eine Differenzierung nach den praktizierten Führungsmodellen bei der Auswertung der Daten als sinnvoll.

Das praktizierte Modell der Führung wurde durch folgendes Item erhoben:
- *Welche Form der Führungsstruktur wird an Ihrer Schule derzeit praktiziert?*

Die Antwortmöglichkeiten waren in Multiple-Choice-Form vorgebeben und enthielten die oben skizzierten Modelle. Es waren Mehrfachnennungen bei interferierenden Formen möglich. Des Weiteren gab es die Option, keine Angabe vorzunehmen oder die Kategorie „sonstiges" anzukreuzen. Hierbei war supplementär eine offene Antwortmöglichkeit gegeben.

Das Item wurde aus dem Mantelfragebogen bzw. Geschäftsführerfragebogen (vgl. Kap. 9.6; Anlage 2; auch Koolmann 2015: 154ff.) importiert und entsprechend auf den Lehrerfragebogen umcodiert, sodass jedem Lehrer einer bestimmten Schule das von dem Geschäftsführer angegebene praktizierte Führungsmodell zugewiesen wurde.[153] Da das Direktionsmodell lediglich zwei Schulen umsetzten, wurden die Angaben unter die Kategorie „sonstiges" gefasst. Durch dessen geringe Anzahl an Nennungen hatte dieses – autonom betrachtet – keinen repräsentativen Aussagewert. Es ergibt sich folgende Häufigkeitsverteilung (vgl. Tab. 02; Abb. 01):

Tab. 02: Praktiziertes Führungsmodell (ie)

praktiziertes Führungsmodell	Häufigkeit [absolut; H_n]	Häufigkeit [relativ; h_n]
klassisch	345	19,1
Mandat	398	22,0
sonstiges	329	18,3
keine Angabe	735	40,7
gesamt	1.807	100,0

---
[153] Zu den Angaben der Geschäftsführer vgl. Koolmann (2015: 154ff.).

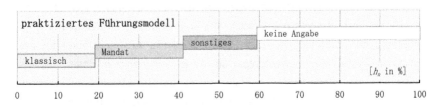

Abb. 01: Praktiziertes Führungsmodell (ie)

Die Häufigkeitsverteilung in Tabelle 02 und Abbildung 01 zeigt, dass das klassische Modell (19,1 Prozent) und das Mandatsmodell (22,0 Prozent) die in den meisten Fällen praktizierten und konkret distinguierbaren Formen der Führung darstellen. Da unter der Angabe „sonstiges" (18,3 Prozent) diverse Möglichkeiten denkbar sind, können bei dieser Gruppe keine plausiblen Angaben gewonnen werden, sodass diese bei der Differenzierung vernachlässigt wird. Der gleiche Sachverhalt liegt bei den Personen vor, die „keine Angabe" (40,7 Prozent) vornahmen. So wurden schließlich die beiden Formen des klassischen und des Mandatsmodells extrahiert und als Grundlage für die Differenzierung der Ergebnisse nach dem praktizierten Führungsmodell verwendet.

10.2.2.2 Altersverteilung

In Waldorfschulen sind – wie in annähernd jeder Organisation – unterschiedliche Altersgruppen vertreten. Da verschiedene Jahrgänge über individuelle Expertisen und Ansichten verfügen, was die Qualität deren Aussagen beeinflussen kann, erscheint eine Differenzierung nach der Altersverteilung bei der Auswertung der Daten als sinnvoll.

Das Alter wurde anhand des folgenden Items erhoben:
- *Wie alt sind Sie?*

Die Antwortmöglichkeit war in offener Form gegeben. Es ergibt sich dabei folgende Häufigkeitsverteilung (vgl. Tab. 03; Abb. 02; auch Randoll 2013c: 69): Mit 82,2 Prozent weist der überwiegende Teil der Lehrer ein Alter von über 40 Jahren auf, hingegen ist die Minorität mit 14,5 Prozent bis 40 Jahre alt. So weist Randoll (ebd.) zu Recht auf eine anstehende *„Pensionierungswelle"* hin.

Auswertungsmethode 391

Tab. 03: Altersverteilung gesamt (ie)

Altersgruppen	Häufigkeit [absolut; H_n]	Häufigkeit [relativ; h_n]
bis 30 Jahre	50	2,8
31 bis 40 Jahre	212	11,7
41 bis 50 Jahre	643	35,6
51 bis 60 Jahre	745	41,2
über 60 Jahre	97	5,4
keine Angabe	60	3,3
gesamt	1.807	100,0

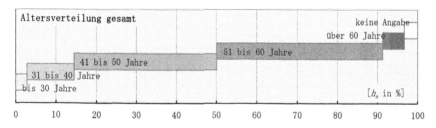

Abb. 02: Altersverteilung gesamt (ie)

Jüngere Personen verfügen über weniger Berufserfahrung und können dadurch praktisch überfordert sein. Zudem erhalten Waldorflehrer in der Regel erst nach einiger Zeit ein paritätisches Mitgestaltungsrecht auch in sensiblen Bereichen (vgl. Kugler 1981: 103; Leber 1974: 149f.; Steiner GA 300: 174). Andererseits erhielten jüngere Jahrgänge gegebenenfalls spezialisierte Ausbildungen und sind hinsichtlich der praktischen Verfahrensweisen unvoreingenommen eingestellt. Ältere Personen verfügen hingegen regulär über profundes Erfahrungswissen, können jedoch aufgrund von durch langjährige Berufstätigkeit evozierte Defatigationen eine entsprechend tendenziöse Haltung einnehmen. Anzunehmen ist, dass jüngere und ältere Personen abweichende Ansichten vertreten. Aufgrund dieser Argumentation erscheint für die Differenzierung bei der folgenden Untersuchung eine dichotome Altersgruppierung sinnvoll, sodass die beiden Gruppen (< 40 Jahre) und (>= 40 Jahre) unterschieden werden. Es ergibt sich folgende Häufigkeitsverteilung (vgl. Tab. 04; Abb. 03): Mit etwa 80 Prozent dominiert die Gruppe der über 40-Jährigen, hingegen entfällt auf Lehrer unter 40 Jahren ein relativer Anteil von etwa 15 Prozent.

Tab. 04: Dichotome Altersverteilung (ie)

dichotome Altersgruppe	Häufigkeit [absolut; H_n]	Häufigkeit [relativ; h_n]
unter 40 Jahren	262	14,5
ab 40 Jahren	1.485	82,2
keine Angabe	60	3,3
gesamt	1.807	100,0

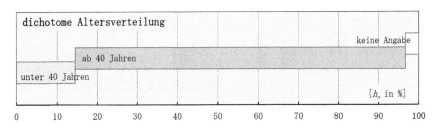

Abb. 03: Dichotome Altersverteilung (ie)

10.2.2.3 Erfolgte Beratungsleistungen

In einigen Waldorfschulen werden externe Beratungen in Anspruch genommen, um eine Verbesserung und/oder Weiterentwicklung der innerorganisationalen Bedingungen zu erwirken. Prinzipiell bieten sich unterschiedliche Beratungsformen an. Im Kontext der kollegialen Selbstverwaltung, die insbesondere die interaktive Zusammenarbeit der Organisationsmitglieder fokussiert, erscheinen die Themen „Organisationsentwicklung" sowie „Supervision und Coaching" besonders relevant.

Die Angaben zu erfolgten Beratungen wurden mit folgendem Item erhoben:
- *Im Folgenden finden Sie einige Aussagen zum Thema „Evaluation und Qualitätssicherung". Bitte kreuzen Sie an, inwieweit Sie diesen zustimmen oder nicht: An unserer Schule wurde innerhalb der letzten 10 Jahre mindestens eine qualitätsentwickelnde/-überprüfende Maßnahme zu folgendem Thema durchgeführt:*
  - *Organisationsentwicklung*
  - *An unserer Schule gibt es Supervision oder Coaching.*

Die Antwortmöglichkeit war als dichotome Auswahl zwischen „ja (teilgenommen)", „ja (nicht teilgenommen)" und „nein" vorgegeben, das heißt, es wurde unterschieden zwischen Maßnahmen, die stattfanden und an denen der befragte Lehrer auch teilnahm, die stattfanden und an denen der befragte Lehrer nicht teilnahm sowie nicht erfolgten Maßnahmen. Die Option „keine Angabe" war ebenso gegeben. Die Kategorien „ja (nicht teilgenommen)" und „nein" werden subsumiert zu „nein/nicht teilgenommen".

a) *Maßnahmen zur Organisationsentwicklung*

Organisationen sind komplexe Systeme mit vielfältigen Vernetzungen und verfolgen das Ziel, über eine effektive Zusammenarbeit die Erfüllung einer spezifischen Aufgabe zu realisieren. Wenn Störungen in diesem Prozess auftreten, sorgt eine Organisationentwicklungsberatung für die langfristige Stabilisierung und Weiterentwicklung des gesamten Systems. Hierbei stehen die Muster des Zusammenspiels der einzelnen Organisationskomponenten sowie die Organisationskultur im Mittelpunkt des Beratungsprozesses. Die Beratungsleistung kann als Hilfe zur Selbsthilfe verstanden werden. Organisationsentwicklung umfasst eine facettenreiche Reichweite an Themen: Konzipierung und Implementierung von Strategien, Entwicklung und Umsetzungsberatung von Ober- und Unterzielen, Optimierung von Abläufen, Schnittstellen und Prozessen, Konzeption und Etablierung von Leitbildern, Gestaltung und Organisation von Kommunikations- und Verständigungsprozessen und Verfahren der Zusammenarbeit zwischen den Gruppen der Beteiligten sowie Stakeholder-Management. Veränderungen sind insbesondere in Organisationen erforderlich, die sich kontinuierlich an einer verändernden Umwelt orientieren und simultan deren unikalen Attribute pflegen und weiterentwickeln. Umgekehrt wird durch Organisationsentwicklung auch die Genese oder Regenerierung einer gemeinsamen Identität im Sinne eines gemeinschaftlichen Organisationsziels fokussiert. Zudem gehört das Konfliktmanagement zu den hier zu lokalisierenden Beratungsaufgaben. Konflikte sind ein integraler Bestandteil jeglichen sozialen Zusammenlebens, doch werden diese häufig als eine „Kampfsituationen" apperzipiert, sodass sich eine die friedliche und konstruktive Regulation erschwerende imponderable Konfliktdynamik entwickeln kann.

Durch persistente Konflikte können resistente Fronten entstehen, die zu einem zunehmenden Restringieren der Wahrnehmungs- und Entscheidungsfähigkeit führen, wodurch sich schließlich obstinate kollektive Verhaltensmuster formieren. Im Laufe der Zeit bewirken Konflikte so eine manipulierte und unilaterale Sichtweise und daraus evident resultierendes Handeln. Unter Konfliktmanagement (vgl. Glasl 2013; 1999) sind prohibitive Maßnahmen für eine solche Eskalation oder für eine Dissemination bestehender Konflikte zu verstehen. Zu den Konfliktberatungsleistungen zählt insbesondere die Mediation, die eine systematische, reflektierte und zielgerichtete Analyse von relevanten Konflikten und deren beständige Lösung zur Reduktion von Reibungsverlusten in der Zusammenarbeit beinhaltet.

Es ist anzunehmen, dass an Beratungsmaßnahmen im Bereich der Organisationsentwicklung partizipierende Waldorfschulmitglieder disparate Einstellungen vertreten zu denjenigen ohne erfahrene Maßnahmen. Daher werden im Folgenden zwischen diesen beiden Gruppen und deren Untersuchungsergebnissen dichotom differenziert. Bezüglich der Teilnahme an Organisationsentwicklungsberatungen ergibt sich so folgende Häufigkeitsverteilung (vgl. Tab. 05; Abb. 04; auch Randoll 2013c: 107ff.):

Tab. 05: Maßnahmen zur Organisationsentwicklung (ie)

Maßnahmen zur Organisationsentwicklung	Häufigkeit [absolut; H_n]	Häufigkeit [relativ; h_n]
ja (teilgenommen)	1.051	58,2
nein / nicht teilgenommen	560	30,9
keine Angabe	196	10,8
gesamt	1.807	100,0

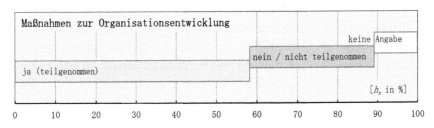

Abb. 04: Maßnahmen zur Organisationsentwicklung (ie)

Mit knapp 60 Prozent haben doppelt so viele Lehrer an Beratungen zur Organisationsentwicklung teilgenommen, im Vergleich zu etwa 30 Prozent, die keine Maßnahmen wahrnahmen. Darüber hinaus fanden Koolmann und Nörling (vgl. Boukal 2015: 198ff.) in ihrer Geschäftsführerbefragung heraus, dass nur in rund 36 Prozent der Schulen ein institutionalisiertes Organ existiert, das eine kontinuierliche Organisationsentwicklung realisiert („trifft voll zu"; „trifft eher zu").

b) Maßnahmen zu Supervision/Coaching

Bei Supervision und Coaching handelt es sich jeweils um berufsbezogene Einzelberatungsformen. Im Führungskontext wird bei Supervision und Coaching insbesondere zwischen der Zielgruppe differenziert: Während sich Supervision an den Geführten richtet und Veränderungen von unten anstrebt, ist Coaching eine Maßnahme für Führungskräfte, die Veränderungen von oben intendiert. Da in der kollegialen Selbstverwaltung die Organisationsmitglieder Führende und Geführte zugleich sind, betreffen beide Formen homolog alle Beteiligten.

Ursprünglich stammt die allgemeine Supervision aus dem Bereich der psychosozialen Berufe. Mit Hilfe eines Supervisors lernen Einzelpersonen, Gruppen und Organisationen, deren professionelles Handeln und Verhalten zu evaluieren und zu optimieren. Ansatzpunkte können beispielsweise Werte und Normen, Persönlichkeitsmerkmale, Gedanken und Gefühle, die persönliche Entwicklung, Spiritualität, Ziele und Strategien, Beziehungen und Zusammenarbeit in der Organisation, Schnittstellen und Synergien, Rollenerwartung und -ausführung, Aufbau- und Ablauforganisation, Macht und Verantwortung, Entscheidungsprozesse, Information und Dokumentation oder das Qualitätsmanagement darstellen.

Das Coaching (Einzel-, Team-, Projektcoaching) umfasst in Demarkierung zur klassischen Beratung generell solche Formen, bei denen betroffene Personen zur Genese eigener Lösungen durch strukturierte Gespräche flankiert werden. Die Themen betreffen Fragen des beruflichen Alltags, zum Beispiel die Führung, Kommunikation und Zusammenarbeit. Dabei soll eine Beurteilung und Entwicklung persönlicher Kompetenzen und Perspektiven ermöglicht, Anregungen zur Selbstreflexion gegeben und bestenfalls ein Überwinden von interpersonellen Konflikten erzielt werden.

Im Unterschied zur Organisationsentwicklung, die sich an Institutionen als Ganzes richtet, umfassen Supervision und Coaching Maßnahmen der individuellen Beratung. Naheliegend ist, dass persönliche Beratung zur Genese modifizierter Einstellungen führt. Daher werden bei den folgenden Auswertungen die Lehrergruppen differenziert, die einerseits an diesen Beratungsformen teilnahmen, andererseits nicht teilnahmen. Dabei ergibt sich folgende Häufigkeitsverteilung (vgl. Tab. 06; Abb. 05; auch Randoll 2013c: 107ff.):

Tab. 06: Maßnahmen zu Supervision/Coaching (ie)

Maßnahmen zu Supervision / Coaching	Häufigkeit [absolut; H_n]	Häufigkeit [relativ; h_n]
ja (teilgenommen)	623	34,5
nein / nicht teilgenommen	1.094	60,5
keine Angabe	90	5,0
gesamt	1.807	100,0

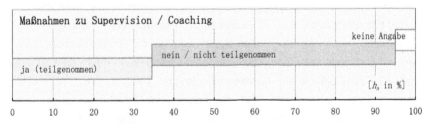

Abb. 05: Maßnahmen zu Supervision/Coaching (ie)

Eine individuelle Supervision oder ein persönliches Coaching haben fast 35 Prozent der Lehrer erhalten, hingegen gab es etwa 60 Prozent, denen keine Maßnahmen in diesem Bereich zukamen.

10.2.2.4 Qualität des Organisationsklimas

Das Organisations- oder Betriebsklima spiegelt die subjektiv erlebte und apperzipierte längerfristige Qualität des sozialen Zusammenwirkens wider. Es hat bedeutende Auswirkungen auf die Beteiligten und deren Arbeit. Untersuchungen ergaben, dass ein als schlecht bewertetes Betriebsklima zu Demotivation, erhöhtem Krankenstand und defizitären Leistungen führen und so Auswirkungen auf die Produktivität des Einzelnen und der gesamten Organisation haben kann (vgl. Gontard 2002). In der Praxis wird das Organisationsklima als allgemeine Stimmungslage in der Belegschaft wahrgenommen, die in einer fließenden Skala von Harmonie bis zu Mobbing reichen kann. Die Organisationskultur steht in enger Dependenz zum Organisationsklima, da diese den Umgang, das Auftreten und das Verhalten der Mitglieder untereinander sowie gegenüber Organisationsexternen und neuen Mitarbeitern beeinflusst. Die Beteiligten richten explizit oder latent deren Arbeits- und Sozialverhalten an den kulturellen Werten und Normen einer Organisation aus oder opponieren diese.

Es kann angenommen werden, dass auch das soziale Klima in einer Waldorfschule Auswirkungen auf die Ansichten und Einstellungen der Lehrenden hat, denn insbesondere in der kollegialen Selbstverwaltung nehmen der soziale Umgang und zwischenmenschliche Interaktionen einen hohen Stellenwert ein. Aufgrund der Signifikanz des Organisationsklimas erscheint es daher sinnvoll, bei der folgenden Auswertung eine Differenzierung in ein als eher gut evaluiertes und ein als eher schlecht evaluiertes Organisationsklima vorzunehmen.

Die Häufigkeitsverteilung zur Qualität des Organisationsklimas wurde durch folgendes Item erfasst:
- *Mit dem Betriebsklima an meiner Schule bin ich zufrieden.*

Die Antwortmöglichkeiten waren in der Form einer vierstufigen Likert-Skala [trifft voll zu – trifft eher zu – trifft eher nicht zu – trifft gar nicht zu] vorgegeben und wurden dichotom in positiv und (eher) negativ kategorisiert. Dabei wurden Mittelwerte ($M \leq 2$) der Ausprägung „positiv" beigemessen und Mittelwerte ($M > 2$) der Ausprägung „(eher) negativ". Es ergibt sich folgende Häufigkeitsverteilung hinsichtlich der Qualität des Betriebsklimas (vgl. Tab. 07; Abb. 06; auch Randoll 2013c: 98ff.):

Tab. 07: Qualität des Organisationsklimas (ie)

Qualität des Organisationsklimas	Häufigkeit [absolut; H_n]	Häufigkeit [relativ; h_n]
positiv	496	27,4
(eher) negativ	1.293	71,6
keine Angabe	18	1,0
gesamt	1.807	100,0

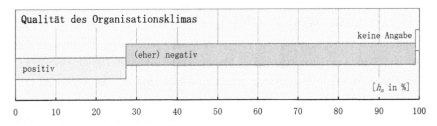

Abb. 06: Qualität des Organisationsklimas (ie)

Nur knapp 30 Prozent der Lehrer empfinden das Betriebsklima ihrer Schule als positiv, hingegen gaben über 70 Prozent der Lehrer an, dass sie das soziale Miteinander (eher) negativ beurteilen.

10.2.2.5 Exogene Variablen im Überblick

Zusammenfassend sind die in der hiesigen Untersuchung berücksichtigten exogenen Variablen in der folgenden Tabelle 08 noch einmal aufgeführt. Diese stellen die unabhängigen Variablen dar, nach denen die verschiedenen Resultate der konsekutiven Faktorenauswertung differenziert werden.

Tab. 08: Exogene Variablen im Überblick (ie)

unabhängige Variablen	dichotome Differenzierung
1. praktiziertes Führungsmodell	klassisch Mandat
2. Altersverteilung	< 40 Jahre >= 40 Jahre
3. erfolgte Beratungsleistungen 3. a) Maßnahmen zur Organisationsentwicklung 3. b) Maßnahmen zu Supervision / Coaching	jeweils: ja (teilgenommen) nein / nicht teilgenommen
4. Qualität des Organisationsklimas	positiv (eher) negativ

Entwicklung und Darstellung der Auswertungskategorien (Faktoren) 399

10.3 Entwicklung und Darstellung der Auswertungskategorien (Faktoren)

Die in Kapitel 10.1 illustrierten Variablen (Items) werden in unterschiedliche Themensegmente kategorisiert, die die auszuwertenden Faktoren definieren. Die Allokation der Variablen zu den jeweiligen Faktoren basiert a priori auf inhaltlichem Taxieren der aus den Daten zu erwartenden Aussagewerten (vgl. Kap. 10.2.1). Zunächst werden die Variablen aggregiert, bei denen ein linearer Zusammenhang anzunehmen ist. Durch ein Verifizieren deren Korrelationen mittels des Statistikprogramms SPSS werden die Items zu Faktoren konglomeriert, bei denen ein faktischer Korrelationskoeffizient (Kor_e) >= (+/-)0,5 vorliegt. Im Folgenden werden die so generierten Auswertungskategorien (Faktoren) mit deren zugehörigen Variablen (Items) explizit erläutert.

10.3.1 Führung in der kollegialen Selbstverwaltung: Verständnis

Die Kategorie zum Verständnis von Führung in der kollegialen Selbstverwaltung soll die von den Mitgliedern in selbstverwalteten Waldorfschulen vertretenen subjektiven Auffassungen von „Führung" widerspiegeln. Hier wird eruiert, in welcher Interpretation die Terminologie und das Konzept in diesem Kontext kursieren. Folgende Leitfragen werden erörtert:

- *Was verstehen Waldorfschulmitglieder unter „Führung" im Kontext kollegialer Selbstverwaltung?*
- *Inwiefern entspricht die kontemporär praktizierte Form von Führung dem Verständnis der betroffenen Waldorfschulmitglieder?*

Der „*Faktor 01: Führung in der kollegialen Selbstverwaltung: Verständnis*" bildet sich insbesondere in den Variablen (Items) ab, die Aussagen über die Zufriedenheit mit den faktischen Führungsstrukturen in den jeweiligen Waldorfschulen inkludieren, denn die applizierte Form korrespondiert mindestens mit einer mehrheitlichen Affirmation der Schulmitglieder im Rahmen der gemeinschaftlichen Beschlussfassung in der kollegialen Selbstverwaltung. Die Zufriedenheit mit der Implementierung mit der optierten Variante bringt zum Ausdruck, inwiefern der intendierte und damit von den Mitgliedern als angemessen empfundener Führungsgedanke auch realisiert wird und zu saturierenden Abläufen führt. Die folgenden fünf Items wurden unter Anwendung der konfirmatorischen Faktorenanalyse auf deren Korrelation geprüft und aufgrund deren starken Zusammenhangs ($Kor_e >= (+/-)0{,}5$) zu einem Faktor subsumiert (vgl. Tab. 09):

Tab. 09: Faktor 01: Führung in der kollegialen Selbstverwaltung: Verständnis (ie)

Faktor 01: Führung in der kollegialen Selbstverwaltung: Verständnis	
Items	Kor_e
- Ich bin zufrieden mit der Art, wie die Idee der Schulführung an unserer Schule praktiziert wird. [vierstufige Likert-Skala: trifft voll zu - trifft eher zu - trifft eher nicht zu - trifft gar nicht zu]	0,763
- So, wie bei uns die Schule geführt wird, ist es für mich in Ordnung. [vierstufige Likert-Skala: trifft voll zu - trifft eher zu - trifft eher nicht zu - trifft gar nicht zu]	0,697
- Ich bin zufrieden mit der Arbeit des Vorstandes. [vierstufige Likert-Skala: trifft voll zu - trifft eher zu - trifft eher nicht zu - trifft gar nicht zu]	0,734
- Ich bin zufrieden mit der Arbeit der Geschäftsführung. [vierstufige Likert-Skala: trifft voll zu - trifft eher zu - trifft eher nicht zu - trifft gar nicht zu]	0,758
- Die Qualität der Arbeit in der Schulverwaltung ist gut. [vierstufige Likert-Skala: trifft voll zu - trifft eher zu - trifft eher nicht zu - trifft gar nicht zu]	0,793

10.3.2 Führung in der kollegialen Selbstverwaltung: Einstellung

Mittels der Kategorie der Einstellung zur Führung in der kollegialen Selbstverwaltung soll die subjektive Haltung die Waldorfschulmitglieder zum Thema „Führung" erfasst werden. Dazu wird vor dem Hintergrund der kontemporär an den Schulen praktizierten Führungsmodelle evaluiert, in welchem Maße diese akzeptiert oder obstruiert werden, und inwieweit die durch Führungsprozesse effizierte Situation die Beteiligten belastet. Es wird eruiert, ob tendenziell eine Affirmation des klassischen Modells oder aus anthropologischen oder funktionalen Gründen strukturiertere Konzepte angestrebt werden. Hierzu werden folgende Leitfragen fokussiert:

- *Welche Legitimation (Akzeptanz/Ablehnung) erfährt die gegenwärtig praktizierte Form der Führung bei den Waldorfschulmitgliedern?*
- *Inwiefern ermöglicht die applizierte Variante von Führung Mitgestaltungsspielräume für die Waldorfschulmitglieder?*
- *Inwiefern belasten die aus den Führungsprozessen resultierenden Umstände die Beteiligten?*

Entwicklung und Darstellung der Auswertungskategorien (Faktoren)

Der „Faktor 02: in der kollegialen Selbstverwaltung: Einstellung" spiegelt sich vor allem in den Variablen (Items) wider, die Aussagen über die Akzeptanz des praktizierten Führungsmodells und der Führungspartizipation enthalten sowie über Belastungen durch hieraus resultierende Strukturen. Eine saturierende Teilhabe liefert Hinweise auf eine als kollegiale Selbstverwaltung gedachte und umgesetzte Führung sowie adäquate Mitgestaltungsmöglichkeiten. Aussagen zu potentiellen Belastungen durch strukturelle Konsequenzen der praktizierten Führungsform arrondieren das Bild der zu erfassenden Einstellungen. Die folgenden acht Items wurden unter Anwendung der konfirmatorischen Faktorenanalyse auf deren Korrelation kontrolliert und aufgrund deren starken Zusammenhangs (Kor_e >= (+/-)0,5) zu einem Faktor zusammenfasst (vgl. Tab. 10):

Tab. 10: Faktor 02: Führung in der kollegialen Selbstverwaltung: Einstellung (ie)

Faktor 02: Führung in der kollegialen Selbstverwaltung: Einstellung	
Items	Kor_e
- Ich bin zufrieden mit der pädagogischen Qualität an der Schule. [vierstufige Likert-Skala: trifft voll zu - trifft eher zu - trifft eher nicht zu - trifft gar nicht zu]	0,662
- Ich bin zufrieden mit der personellen Ausstattung an der Schule. [vierstufige Likert-Skala: trifft voll zu - trifft eher zu - trifft eher nicht zu - trifft gar nicht zu]	0,552
- Ich bin zufrieden mit der Rückmeldung, die ich über meine Arbeit erhalte. [vierstufige Likert-Skala: trifft voll zu - trifft eher zu - trifft eher nicht zu - trifft gar nicht zu]	0,581
- Ich bin zufrieden mit der Organisation unseres Schulbetriebs. [vierstufige Likert-Skala: trifft voll zu - trifft eher zu - trifft eher nicht zu - trifft gar nicht zu]	0,758
- Ich bin zufrieden mit der Möglichkeit, die Organisationsstrukturen in der Schule mitzugestalten. [vierstufige Likert-Skala: trifft voll zu - trifft eher zu - trifft eher nicht zu - trifft gar nicht zu]	0,719
- Ich empfinde mich in dem Schulorganismus als Teil eines großen Ganzen. [vierstufige Likert-Skala: trifft voll zu - trifft eher zu - trifft eher nicht zu - trifft gar nicht zu]	0,698
- Ich empfinde mich als Mitgestalter der Schule. [vierstufige Likert-Skala: trifft voll zu - trifft eher zu - trifft eher nicht zu - trifft gar nicht zu]	0,635
- Wie sehr fühlen Sie sich belastet durch die Organisationsstrukturen in der Schule? [vierstufige Likert-Skala: trifft voll zu - trifft eher zu - trifft eher nicht zu - trifft gar nicht zu]	-0,618

10.3.3 Führung in der kollegialen Selbstverwaltung: Belastung

Die Kategorie des Belastungsempfindens durch Führung in der kollegialen Selbstverwaltung soll die subjektive Herausforderung durch die aktive Partizipation des Einzelnen an Führungsprozessen abbilden. Während in konventionellen Schulen die Erfüllung von Führungsaufgaben durch einen speziell hierzu denominierten oder geschulten Direktor bzw. Schulleiter erfolgt, werden entsprechende Führungsbedarfe in Waldorfschulen regulär von den in diesen beschäftigten Lehrenden wahrgenommen.[154] Folgende Leitfrage wird erörtert:

- *Inwiefern fühlen sich die Waldorfschulmitglieder durch die aktive Mitgestaltung der Schulführungsprozesse belastet?*

Tab. 11: Faktor 03: Führung in der kollegialen Selbstverwaltung: Belastung (ie)

Faktor 03: Führung in der kollegialen Selbstverwaltung: Belastung	
Items	Kor_e
- Wie sehr fühlen Sie sich belastet durch Tätigkeiten zur Evaluation der Schule? [vierstufige Likert-Skala: sehr stark - stark - etwas - gar nicht]	0,581
- Wie sehr fühlen Sie sich belastet durch Arbeiten in Gremien des Schulträgers (z. B. Schulverein)? [vierstufige Likert-Skala: sehr stark - stark - etwas - gar nicht]	0,739
- Wie sehr fühlen Sie sich belastet durch Teilnahme an Schulführungskonferenzen? [vierstufige Likert-Skala: sehr stark - stark - etwas - gar nicht]	0,674
- Wie sehr fühlen Sie sich belastet durch organisatorische Tätigkeiten neben der pädagogischen Arbeit? [vierstufige Likert-Skala: sehr stark - stark - etwas - gar nicht]	0,729
- Wie sehr fühlen Sie sich belastet durch Verwaltungstätigkeiten in der Schule? [vierstufige Likert-Skala: sehr stark - stark - etwas - gar nicht]	0,823

---

[154] Während früher Lehrkräfte aufgrund ihrer exzellenten Unterrichtsfähigkeiten zum Direktor oder Rektor bzw. Schulleiter berufen wurden, gilt mittlerweile das Amt des Schulleiters als eigene Profession mit spezifischem Anforderungsprofil. So bildet bereits Nordrhein-Westfalen als erstes Bundesland künftige Schulleiter vor ihrer Amtsübernahme gezielt aus. Seit dem zweiten Schulhalbjahr 2008/2009 führen die Bezirksregierungen so die „Qualifikationserweiterung für Lehrerinnen und Lehrer, die ein Amt als Schulleiterin oder Schulleiter anstreben" durch, lautet es auf der Internetseite des Schulministeriums (https://www.schulministerium.nrw.de/docs/bp/Lehrer/Schulleitung/SLQ/index.html).

Entwicklung und Darstellung der Auswertungskategorien (Faktoren) 403

Der „Faktor 03: Führung in der kollegialen Selbstverwaltung: Belastung" wird insbesondere durch die Variablen (Items) projiziert, die Aussagen über das individuelle Belastungserleben erfassen. Die Ausprägungen der Antworten spiegeln das als negativ apperzipierte Ausmaß der additiven Anforderungen durch kollegiale Schulführung wider. Die in der obigen Tabelle 11 aufgeführten fünf Items wurden unter Anwendung der konfirmatorischen Faktorenanalyse auf deren Korrelation geprüft und aufgrund deren starken Zusammenhangs (Kor_e >= (+/-)0,5) zu einem Faktor verdichtet.

10.3.4 Führungskompetenz: Führungsfähigkeit

Bei der Kategorie der wahrgenommenen Führungskompetenz in Form von Führungsfähigkeit wird die Analyse des vorhandenen führungsthematischen Könnens und Wissen in der kollegialen Selbstverwaltung an Waldorfschulen anvisiert. Dazu wird erfasst, inwiefern die an Management und Personalführung Partizipierenden über adäquate Fähigkeiten disponieren oder diesbezügliche Schulungen erhielten. Wenn alle an der Führung teilhaben, bedingt dies auch die Existenz notwendiger Kompetenzen für die Ausführung einschlägiger Aufgaben. Hierzu werden folgende Leitfragen eruiert:

- *Wie wird die Qualität der Schulführung wahrgenommen?*
- *Wie wird die Funktionalität der Schulführung wahrgenommen?*

Der „Faktor 04: Führungskompetenz: Führungsfähigkeit" wird insbesondere durch die Variablen (Items) wiedergegeben, die Aussagen über die wahrgenommenen Fähigkeiten zur kompetenten Ausführung von Führungs- und Managementaufgaben und zur Konfliktlösung enthalten. Diese geben Aufschluss über das Reüssieren notwendiger Führungstätigkeiten und über das Konservieren der Funktionsfähigkeit und Effizienz der Organisation durch die Mitglieder der Waldorfschulen sowie über deren kollektives Vermögen zur konstruktiven Konfliktlösung im Sinne der präventiven Vermeidung eines destruktiven sozialen Miteinanders. Die folgenden drei Items wurden unter Anwendung der konfirmatorischen Faktorenanalyse auf deren Korrelation inspiziert und aufgrund deren starken Zusammenhangs (Kor_e >= (+/-)0,5) zu einem Faktor gruppiert (vgl. Tab. 12):

Tab. 12: Faktor 04: Führungskompetenz: Führungsfähigkeit (ie)

Faktor 04: Führungskompetenz: Führungsfähigkeit	
Items	Kor.
- Ich bin zufrieden mit der Führungskompetenz an unserer Schule. [vierstufige Likert-Skala: trifft voll zu - trifft eher zu - trifft eher nicht zu - trifft gar nicht zu]	0,785
- Spannungen bzw. Konflikte unter den Kollegen werden gut gelöst. [vierstufige Likert-Skala: trifft voll zu - trifft eher zu - trifft eher nicht zu - trifft gar nicht zu]	0,851
- Konflikte können wir untereinander offen ansprechen. [vierstufige Likert-Skala: trifft voll zu - trifft eher zu - trifft eher nicht zu - trifft gar nicht zu]	0,852

10.3.5 Führungskompetenz: persönliche Konfliktfähigkeit

In der Kategorie der Führungskompetenz in Form von persönlicher Konfliktfähigkeit wird erörtert, inwieweit den Waldorfschulmitgliedern eine erfolgreiche Lösung der in sozialen Gefügen obligat auftretenden Konflikte ohne Hilfestellung eines Direktors oder Rektors bzw. Schulleiters individuell gelingt. Des Weiteren geht es um die persönliche Wahrnehmung von Konflikten als Chance respektive als konstruktive Veränderungsimpulse und um den souveränen Umgang mit Konfliktsituationen. Hierfür wird die Beantwortung folgender Leitfragen intendiert:

- *Inwiefern können Konflikte im Kollegium erfolgreich gelöst werden?*
- *Inwiefern können Konflikte mit Eltern („Kunden") konstruktiv bewältigt werden?*
- *Welche Ausprägung hat die Fähigkeit der Lehrer im souveränen Umgang mit Konflikten?*

Der „*Faktor 05: Führungskompetenz: persönliche Konfliktfähigkeit*" zeichnet sich insbesondere in den Variablen (Items) ab, die Aussagen über die subjektive Einschätzung zum eigenen Umgang mit Konflikten umfassen. Diese geben Aufschluss darüber, inwiefern sich Lehrende zu einem erfolgreichen Absolvieren des zur Führungstätigkeit zählenden Konfliktmanagements individuell befähigt fühlen. Die folgenden drei Items wurden unter Anwendung der konfirmatorischen Faktorenanalyse auf deren Korrelation geprüft und aufgrund deren

Entwicklung und Darstellung der Auswertungskategorien (Faktoren) 405

starken Zusammenhangs (Kor_e >= (+/-)0,5) zu einem Faktor zusammenfasst (vgl. Tab. 13):

Tab. 13: Faktor 05: Führungskompetenz: persönliche Konfliktfähigkeit (ie)

Faktor 05: Führungskompetenz: persönliche Konfliktfähigkeit	
Items	Kor_e
- Ich kann gut mit Kritik umgehen. [vierstufige Likert-Skala: trifft voll zu - trifft eher zu - trifft eher nicht zu - trifft gar nicht zu]	0,679
- Mit einigen Eltern kommt es immer wieder zu Konflikten. [vierstufige Likert-Skala: trifft voll zu - trifft eher zu - trifft eher nicht zu - trifft gar nicht zu]	0,576
- Ich weiß, dass ich zu Eltern guten Kontakt halten kann, selbst in schwierigen Situationen. [vierstufige Likert-Skala: trifft voll zu - trifft eher zu - trifft eher nicht zu - trifft gar nicht zu]	0,726

10.3.6 Veränderungspotential: Schulebene

Vor dem Hintergrund der Auffassung, dass kollegiale Selbstverwaltung aus einer organischen Entwicklung der Organisation erwächst sowie aufgrund zeitinduzierter Anpassungs- und Entwicklungsnotwendigkeiten, sind eine kontinuierliche Weiterentwicklung und Adaption zeitgemäßer Aspekte für die organisationale Existenz und Zukunftsfähigkeit als obligat zu betrachten. In der Kategorie des Veränderungspotentials auf Schulebene wird erörtert, inwiefern die Mitglieder des selbstverwalteten Waldorfschulorganismus' als Kollektiv die nötige Veränderungsbereitschaft und -fähigkeit mitbringen bzw. inwiefern es zu deren Ausbildung externer Hilfe bedarf. Dazu werden folgende Leitfragen fokussiert:

- *Wie ausgeprägt ist die Offenheit und Flexibilität gegenüber Veränderungen in der Schule?*
- *Inwiefern werden Veränderungsprozesse und externe Impulse in den Alltag integriert?*

Der *„Faktor 06: Veränderungspotential: Schulebene"* spiegelt sich insbesondere in den Variablen (Items) wider, die Aussagen über die Offenheit und die subjektiven Einstellungen gegenüber Veränderungen im Allgemeinen umfassen.

Die folgenden fünf Items wurden unter Anwendung der konfirmatorischen Faktorenanalyse auf deren Korrelation geprüft und aufgrund deren starken Zusammenhangs (Kor_e >= (+/-)0,5) zu einem Faktor komprimiert (vgl. Tab. 14):

Tab. 14: Faktor 06: Veränderungspotential: Schulebene (ie)

Faktor 06: Veränderungspotential: Schulebene	
Items	Kor_e
- Die Kollegen sind für Veränderungen aufgeschlossen. [vierstufige Likert-Skala: trifft voll zu - trifft eher zu - trifft eher nicht zu - trifft gar nicht zu]	0,835
- Initiativen werden im Kollegium häufig blockiert. [vierstufige Likert-Skala: trifft voll zu - trifft eher zu - trifft eher nicht zu - trifft gar nicht zu]	0,533
- Waldorfschulen sind gegenüber Neuerungen in Bezug auf die Unterrichtsgestaltung aufgeschlossen. [vierstufige Likert-Skala: trifft voll zu - trifft eher zu - trifft eher nicht zu - trifft gar nicht zu].	0,597
- Die Lehrer an dieser Schule berücksichtigen die Bedürfnisse der Schüler in ihrer Arbeit. [vierstufige Likert-Skala: trifft voll zu - trifft eher zu - trifft eher nicht zu - trifft gar nicht zu]	0,552
- Wir gehen gemeinsam neue Wege im Unterricht. [vierstufige Likert-Skala: trifft voll zu - trifft eher zu - trifft eher nicht zu - trifft gar nicht zu]	0,784

10.3.7 Veränderungspotential: Unterrichtsebene

In der Kategorie des Veränderungspotentials auf Unterrichtsebene werden die individuelle Bereitschaft und Fähigkeit zu notwendigen Veränderungen und Anpassungen in Bezug auf den eigenen Unterricht fokussiert. Dazu wird folgende Leitfrage berücksichtigt:

- *Wie ausgeprägt ist die Veränderungs- und Entwicklungsbereitschaft bezüglich des eigenen Unterrichts bei den Lehrern?*

Der *„Faktor 07: Veränderungspotential: Unterrichtsebene"* bildet sich insbesondere in den Variablen (Items) ab, die Stellungnahmen zur individuellen Flexibilität und zu den subjektiven Einstellungen hinsichtlich Veränderungen in der einzelpersonellen Tätigkeit als Lehrender beinhalten. Die folgenden drei Items wurden unter Anwendung der konfirmatorischen Faktorenanalyse auf

Entwicklung und Darstellung der Auswertungskategorien (Faktoren)   407

deren Korrelation evaluiert und aufgrund deren starken Zusammenhangs (Kor_e >= (+/-)0,5) zu einem Faktor konglomeriert (vgl. Tab. 15):

Tab. 15: Faktor 07: Veränderungspotential: Unterrichtsebene (ie)

Faktor 07: Veränderungspotential: Unterrichtsebene	
Items	Kor_e
- Wenn Schülern an meinem Unterricht etwas nicht gefällt, können sie mit mir offen darüber reden. [vierstufige Likert-Skala: trifft voll zu - trifft eher zu - trifft eher nicht zu - trifft gar nicht zu]	0,784
- Ich gebe jedem Schüler im Unterricht die Gelegenheit, seine Meinung zu dem jeweils behandelten Thema zu äußern. [vierstufige Likert-Skala: trifft voll zu - trifft eher zu - trifft eher nicht zu - trifft gar nicht zu]	0,735
- Ich bemühe mich, im Unterricht auf die Wünsche der Schüler einzugehen. [vierstufige Likert-Skala: trifft voll zu - trifft eher zu - trifft eher nicht zu - trifft gar nicht zu]	0,694

10.3.8 Ganzheitliche Arbeit: Zufriedenheit

Kollegial selbstverwaltend zu arbeiten bedeutet für jeden Beteiligten, Tätigkeiten in all deren Prozessschritten (ganzheitlich) auszuführen. Nicht jeder Mensch ist zur Leistung einer solchen holistisch geprägten Arbeit fähig und motiviert und bevorzugt gegebenenfalls fachlich spezialisierte Aufgaben. Es wird untersucht, inwiefern selbstverwaltete Waldorfschulen beim Personaleinsatz auf eine Beschäftigung von solchen Menschen achten, die sich in einer facettenreichen Arbeit mit Unterrichts-, Verwaltungs- und Schulleitungsaufgaben behaupten können und keine Überforderung erleiden sowie konkludent die kollegiale Selbstverwaltung der Schule adäquat mittragen können. Hierzu werden folgende Leitfragen beachtet:

- *Inwiefern können Waldorfschulmitglieder deren Arbeitsaufgaben mit moderatem Einsatz bewältigen, sodass sich eine Zufriedenheit einstellt?*
- *Wie adäquat ist die Passung zwischen Arbeitsanforderung und Fähigkeit des Einzelnen?*
- *Welches Volumen beansprucht die Selbstverwaltungsarbeit beim Einzelnen?*

Der „Faktor 08: Ganzheitliche Arbeit: Zufriedenheit" wird insbesondere durch die Variablen (Items) reflektiert, die Aussagen über die Zufriedenheit mit additiven Arbeitsaufgaben, über den Umfang von Selbstverwaltungstätigkeiten und über das subjektive Kompetenzerleben abbilden. Die folgenden fünf Items wurden unter Anwendung der konfirmatorischen Faktorenanalyse auf deren Korrelation getestet und aufgrund deren starken Zusammenhangs (Kor_e >= (+/-)0,5) zu einem Faktor subsumiert (vgl. Tab. 16):

Tab. 16: Faktor 08: Ganzheitliche Arbeit: Zufriedenheit (ie)

Faktor 08: Ganzheitliche Arbeit: Zufriedenheit	
Items	Kor_e
- Ich bin zufrieden mit meiner beruflichen Situation allgemein. [vierstufige Likert-Skala: trifft voll zu - trifft eher zu - trifft eher nicht zu - trifft gar nicht zu]	0,758
- Ich bin zufrieden mit meiner persönlichen Arbeitsorganisation. [vierstufige Likert-Skala: trifft voll zu - trifft eher zu - trifft eher nicht zu - trifft gar nicht zu]	0,591
- Ich bin zufrieden mit der schulischen Selbstverwaltung. [vierstufige Likert-Skala: trifft voll zu - trifft eher zu - trifft eher nicht zu - trifft gar nicht zu]	0,680
- Bei meiner Arbeit kann ich meine Kenntnisse/Fähigkeiten einbringen. [vierstufige Likert-Skala: trifft voll zu - trifft eher zu - trifft eher nicht zu - trifft gar nicht zu]	0,523
- Das Verhältnis zwischen pädagogischer Arbeit und (Selbst-) Verwaltungsarbeit empfinde ich als ausgewogen. [umcodiert von fünf- in vierstufige Likert-Skala: trifft voll zu - trifft eher zu - trifft eher nicht zu - trifft gar nicht zu]	0,558

10.3.9 Ganzheitliche Arbeit: Belastung

Während der zuvor ermittelte „Faktor 08: Ganzheitliche Arbeit: Zufriedenheit" darstellt, inwiefern eine ganzheitliche, auch Führungsaufgaben umfassende Arbeit bei den Betroffenen affirmiert wird, richtet sich der Fokus der Kategorie des Belastungsempfindens durch ganzheitliche Arbeit umgekehrt auf das Ausmaß der subjektiv wahrgenommenen Überforderung der Beteiligten durch die holistisch angelegte Arbeit. Hierzu wird folgende Leitfrage herangezogen:

Entwicklung und Darstellung der Auswertungskategorien (Faktoren) 409

- *Inwiefern fühlt sich der Einzelne durch die zusätzlich zur Unterrichtstätigkeit anfallenden Schulführungsaufgaben belastet?*

Der „Faktor 09: Ganzheitliche Arbeit: Belastung" spiegelt sich insbesondere in den Variablen (Items) wider, die Äußerungen zum Belastungserleben durch allgemeine und konkrete Zusatzaufgaben zur Lehrtätigkeit beinhalten. Die folgenden vier Items wurden unter Anwendung der konfirmatorischen Faktorenanalyse auf deren Korrelation untersucht und aufgrund deren starken Zusammenhangs (Kor_e >= (+/-)0,5) zu einem Faktor gruppiert (vgl. Tab. 17):

Tab. 17: Faktor 09: Ganzheitliche Arbeit: Belastung (ie)

Faktor 09: Ganzheitliche Arbeit: Belastung	
Items	Kor_e
- Wie sehr fühlen Sie sich belastet durch die Vielzahl an Konferenzen? [vierstufige Likert-Skala: sehr stark - stark - etwas - gar nicht]	0,835
- Wie sehr fühlen Sie sich belastet durch die Arbeitsvielfalt im Allgemeinen? [vierstufige Likert-Skala: sehr stark - stark - etwas - gar nicht]	0,616
- Wie sehr fühlen Sie sich belastet durch die Häufigkeit der pädagogischen Konferenzen? [vierstufige Likert-Skala: sehr stark - stark - etwas - gar nicht]	0,815
- Wie sehr fühlen Sie sich belastet durch die Vorbereitung und/oder Durchführung von Schulveranstaltungen? [vierstufige Likert-Skala: sehr stark - stark - etwas - gar nicht]	0,578

10.3.10 Engagement und Verantwortung

Das extraordinäre Engagement und die ausgeprägte Selbstverantwortung der Waldorfschulmitglieder kann nicht als eine evidente und von persönlichen Konditionen independente menschliche Veranlagung betrachtet werden. Vielmehr ist beim Personaleinsatz auf adäquate Fähigkeiten und eine angemessene Motivation zu achten. In dieser Kategorie wird ausgewertet, inwiefern Lehrende an Waldorfschulen den anspruchsvollen Einsatz bei deren Arbeit und zur Aufrechterhaltung der kollegialen Selbstverwaltung faktisch bewältigen und affirmieren. Hierzu werden folgende Leitfragen untersucht:

- *Inwiefern wird die spezielle Arbeit von den Waldorfschulmitgliedern als besonders verantwortungsvoll empfunden?*
- *Inwiefern werten diese die verantwortliche Tätigkeit ideell und quantitativ als belastend?*
- *Inwiefern nehmen diese die anspruchsvollen Aufgaben als persönliche Überforderung wahr?*

Der „*Faktor 10: Engagement und Verantwortung*" wird insbesondere durch die Variablen (Items) repräsentiert, die Stellungnahmen zu den erfahrenen Erwartungen und wahrgenommenen Ansprüchen an den Einzelnen in der selbstverwaltenden Arbeit enthalten sowie zu der daraus resultierenden Belastung und Überforderung und ergo dem Wunsch der Verantwortungsabgabe. Die folgenden drei Items wurden unter Anwendung der konfirmatorischen Faktorenanalyse auf deren Korrelation geprüft und aufgrund deren starken Zusammenhangs (Kor_e >= (+/-)0,5) zu einem Faktor zusammenfasst (vgl. Tab. 18):

Tab. 18: Faktor 10: Engagement und Verantwortung (ie)

Faktor 10: Engagement und Verantwortung	
Items	Kor_e
- Waldorfschulen fordern von Lehrern ein zu hohes Maß an Engagement und Mitverantwortung. [vierstufige Likert-Skala: trifft voll zu - trifft eher zu - trifft eher nicht zu - trifft gar nicht zu]	0,709
- Als Waldorflehrer muss ich sehr viel Kraft aus mir selber schöpfen. [umcodiert von fünf- in vierstufige Likert-Skala: trifft voll zu - trifft eher zu - trifft eher nicht zu - trifft gar nicht zu]	0,548
- Manchmal wünsche ich mir, mehr Verantwortung an einen Vorgesetzten (Rektor) abgeben zu können. [vierstufige Likert-Skala: trifft voll zu - trifft eher zu - trifft eher nicht zu - trifft gar nicht zu]	0,690

10.3.11 Management: Struktur

Die Idee der kollegialen Selbstverwaltung kann konkret zu unterschiedlichen Ausgestaltungen in deren Umsetzung führen (organische Sichtweise). Bei der praktizierten Führung in der kollegialen Selbstverwaltung wird erörtert, inwie-

Entwicklung und Darstellung der Auswertungskategorien (Faktoren) 411

fern einzelne Führungsbedarfe registriert und reüssiert werden und in welcher Hinsicht die Erfüllung von Führungsaufgaben Fragilität aufweist. Der Bereich des Managements (indirekte Führung) umfasst unter anderem die Gestaltung der Organisationsstrukturen zur Steuerung und Koordinierung der Aktivitäten (vgl. Kap. 3.3). Es wird ausgewertet, auf welche Weise die untersuchten Waldorfschulen in diesem Sinne organisatorisch und prozessual navigiert werden. Leitende Fragen sind hierbei:

- *Wie effektiv werden die Aufgaben des Organisationsmanagements (Arbeitszuweisung, -verteilung, -vertretung usw.) in der kollegialen Selbstverwaltung erledigt?*
- *Wie erfolgreich funktioniert hierbei die kollegiale Kooperation anstelle von festen Strukturen?*

Der „*Faktor 11: Management: Struktur*" spiegelt sich insbesondere in den Variablen (Items) wider, die Aussagen über die organisatorischen Verhältnisse der Schule bezüglich der Aufgabenverteilung und der gegenseitigen Unterstützung umfassen. Die folgenden drei Items wurden unter Anwendung der konfirmatorischen Faktorenanalyse auf deren Korrelation getestet und aufgrund deren starken Zusammenhangs (Kor_e >= (+/-)0,5) zu einem Faktor subsumiert (vgl. Tab. 19):

Tab. 19: Faktor 11: Management: Struktur (ie)

Faktor 11: Management: Struktur	
Items	Kor_e
- Ich bin zufrieden mit der Arbeitsverteilung im Kollegium. [vierstufige Likert-Skala: trifft voll zu - trifft eher zu - trifft eher nicht zu - trifft gar nicht zu]	0,765
- Ich bin zufrieden mit der Art, wie gegenseitige Vertretungen an der Schule organisiert sind. [vierstufige Likert-Skala: trifft voll zu - trifft eher zu - trifft eher nicht zu - trifft gar nicht zu]	0,706
- Im Kollegium unterstützen wir uns gegenseitig bei auftretenden Schwierigkeiten. [vierstufige Likert-Skala: trifft voll zu - trifft eher zu - trifft eher nicht zu - trifft gar nicht zu]	0,676

10.3.12 Management: Eltern- (Kunden-) Orientierung

Der Bereich des Managements (indirekte Führung) umfasst neben der strukturellen Gestaltung unter anderem auch die Eltern- respektive „Kunden"-Orientierung. Diese Kategorie soll Aufschluss darüber geben, ob hierfür in Waldorfschulen ein Bewusstsein sensibilisiert ist und entsprechende Aufgaben registriert und erfüllt werden. Leitfragen stellen dar:

- *Inwiefern herrscht ein Bewusstsein für eine Eltern- respektive „Kunden"-Orientierung vor, und inwiefern ist deren Handhabung in der kollegialen Selbstverwaltung etabliert?*
- *Inwiefern werden Waldorfschulen an das externe Umfeld angebunden?*

Tab. 20: Faktor 12: Management: Eltern- (Kunden-) Orientierung (ie)

Faktor 12: Management: Eltern- (Kunden-) Orientierung	
Items	Kor_e
- Ich gehe Beschwerden/Anliegen von Eltern nach. [vierstufige Likert-Skala: trifft voll zu - trifft eher zu - trifft eher nicht zu - trifft gar nicht zu]	0,687
- Eltern können mich bei Schulproblemen ihrer Kinder nach Absprache in der Schule ansprechen. [vierstufige Likert-Skala: trifft voll zu - trifft eher zu - trifft eher nicht zu - trifft gar nicht zu]	0,590
- Eltern können mich bei Schulproblemen ihrer Kinder auch außerhalb der Schulzeit ansprechen. [vierstufige Likert-Skala: trifft voll zu - trifft eher zu - trifft eher nicht zu - trifft gar nicht zu]	0,576
- Elternarbeit macht mir Spaß. [vierstufige Likert-Skala: trifft voll zu - trifft eher zu - trifft eher nicht zu - trifft gar nicht zu]	0,645
- Ich betrachte Eltern als Partner bei der Bildung/Erziehung ihrer Kinder. [vierstufige Likert-Skala: trifft voll zu - trifft eher zu - trifft eher nicht zu - trifft gar nicht zu]	0,718
- Ich bin zufrieden mit meinem Verhältnis zu den Eltern. [vierstufige Likert-Skala: trifft voll zu - trifft eher zu - trifft eher nicht zu - trifft gar nicht zu]	0,675
- Ich bin zufrieden mit der Wertschätzung meiner Arbeit durch die Eltern. [vierstufige Likert-Skala: trifft voll zu - trifft eher zu - trifft eher nicht zu - trifft gar nicht zu]	0,671

Der *„Faktor 12: Management: Eltern- (Kunden-) Orientierung"* zeigt sich vor allem in den Variablen (Items), die Angaben zu den subjektiven Einstellungen zur Arbeit mit Eltern sowie zur Bewertung der Beziehung zu Eltern erfassen.

Entwicklung und Darstellung der Auswertungskategorien (Faktoren) 413

Die in der obigen Tabelle 20 aufgeführten sieben Items wurden unter Anwendung der konfirmatorischen Faktorenanalyse auf deren Korrelation evaluiert und aufgrund deren starken Zusammenhangs (Kor_e >= (+/-)0,5) zu einem Faktor verknüpft.

10.3.13 Personalführung: Anerkennung und Wertschätzung

Der Bereich der Personalführung (direkte Führung) umfasst insbesondere die Gestaltung von Interaktionsprozessen durch Information und Kommunikation (Koordinationsfunktion), den Zusammenhalt der Arbeitsgruppe (Kohäsionsfunktion), die Verdeutlichung und Koordinierung von Zielen und Aufgaben (Lokomotions- und Organisationsfunktion) sowie die Anerkennung und Wertschätzung der Arbeitsleistung des Mitarbeiters (vgl. Kap. 3.3). Traditionelle Führung (z. B. durch einen Schulleiter) wird in der kollegialen Selbstverwaltung regulär durch Selbstführung substituiert. Die Kategorien, die Bereiche der Personalführung thematisieren, sollen daher erfassen, wie erfolgreich Aufgaben der direkten Führung ohne Vorgaben und Hilfestellungen einer Führungsperson reüssiert werden, das heißt, inwiefern eine Ausrichtung der Einzeltätigkeiten am Gesamtziel der Organisation, eine Selbstmotivierung und Aufrechterhaltung des Engagements des Einzelnen und eine Kommunikation und Lösung relevanter Anliegen gelingen. In der hiesigen Kategorie der Anerkennung und Wertschätzung werden speziell Prozesse erörtert, die dem Lehrer konstruktive Rückmeldungen über die Qualität seiner Arbeitsleistungen geben. Es werden folgende Leitfragen berücksichtigt:

- *Wie erfolgreich gelingt dem Einzelnen dessen Selbstführung?*
- *Inwiefern erhalten die Waldorfschulmitglieder Rückmeldungen über deren Arbeitsleistung und Hilfestellungen bei entstehenden Schwierigkeiten?*
- *Inwiefern wird die Arbeit des Lehrers für diesen offenkundig anerkannt und wertgeschätzt (im Sinne von Arbeitsmotivation)?*

Der „*Faktor 13: Personalführung: Anerkennung und Wertschätzung*" spiegelt sich insbesondere in den Variablen (Items) wider, die Aussagen über die subjektiv erfahrene Anerkennung des eigenen Leistungsbeitrags, über Rückmeldungen zur eigenen Arbeitsgüte, über den Respekt gegenüber der eigenen

Person sowie über vorhandene Hilfestellungen und Ansprechpartner im Arbeitsprozess berücksichtigen. Die folgenden sieben Items wurden unter Anwendung der konfirmatorischen Faktorenanalyse auf deren Korrelation geprüft und aufgrund deren starken Zusammenhangs (Kor_e >= (+/-)0,5) zu einem Faktor zusammenfasst (vgl. Tab. 21):

Tab. 21: Faktor 13: Personalführung: Anerkennung und Wertschätzung (ie)

Faktor 13: Personalführung: Anerkennung und Wertschätzung	
Items	Kor_e
- Wenn ich Schwierigkeiten in der Arbeit habe, kann ich im Kollegium offen darüber sprechen. [vierstufige Likert-Skala: trifft voll zu - trifft eher zu - trifft eher nicht zu - trifft gar nicht zu]	0,745
- Im Kollegium unterstützen wir uns gegenseitig bei auftretenden Schwierigkeiten. [vierstufige Likert-Skala: trifft voll zu - trifft eher zu - trifft eher nicht zu - trifft gar nicht zu]	0,753
- Für das Fach/die Fächer, das/die ich unterrichte, erfahre ich im Kollegium das für mich notwendige Verständnis. [vierstufige Likert-Skala: trifft voll zu - trifft eher zu - trifft eher nicht zu - trifft gar nicht zu]	0,777
- Ich fühle mich von meinen Kollegen mit meinen Anliegen ernst genommen. [vierstufige Likert-Skala: trifft voll zu - trifft eher zu - trifft eher nicht zu - trifft gar nicht zu]	0,836
- Wenn ich besondere Leistungen erbringe, wird dies im Kollegium wertgeschätzt. [vierstufige Likert-Skala: trifft voll zu - trifft eher zu - trifft eher nicht zu - trifft gar nicht zu]	0,705
- Zunehmend stelle ich fest, dass ich im Kollegium nicht zu Wort komme, dass mir einfach nicht zugehört wird. [vierstufige Likert-Skala: trifft voll zu - trifft eher zu - trifft eher nicht zu - trifft gar nicht zu]	-0,686
- Ich bin zufrieden mit der Wertschätzung meiner Arbeit im Kollegium. [vierstufige Likert-Skala: trifft voll zu - trifft eher zu - trifft eher nicht zu - trifft gar nicht zu]	0,784

10.3.14 Personalführung: Koordination und Zielerreichung

Ebenso zum Bereich der Personalführung (direkte Führung) gehören die in dieser Kategorie erfassten Aufgaben der Koordination und Zielerreichung. Diese zeigen auf, inwiefern Leistungserwartungen und angestrebte Teilziele in Orientierung am organisationalen Gesamtziel plausibel und transparent sowie Personalprozesse und -angelegenheiten evident geregelt sind. Es wird folgenden Leitfragen nachgegangen:

Entwicklung und Darstellung der Auswertungskategorien (Faktoren) 415

- *Inwiefern werden die Leistungsanforderungen dem Einzelnen deutlich kommuniziert?*
- *Inwiefern sind Kompetenzen transparent verteilt und Ansprechpartner ubiquitär bekannt?*
- *Inwiefern werden Personalführungsprozesse (Administration, Betreuung u. a.) explizit geregelt?*

Der „*Faktor 14: Personalführung: Koordination und Zielerreichung*" zeichnet sich insbesondere in den Variablen (Items) ab, die Stellungsnahmen zur Evidenz von Leistungsanforderungen und zur Zielklarheit sowie zur Qualität der Prozesse und Regelungen der Personaladministration enthalten. Die folgenden fünf Items wurden unter Anwendung der konfirmatorischen Faktorenanalyse auf deren Korrelation kontrolliert und aufgrund deren starken Zusammenhangs (Kor_e >= (+/-)0,5) zu einem Faktor gebündelt (vgl. Tab. 22):

Tab. 22: Faktor 14: Personalführung: Koordination und Zielerreichung (ie)

Faktor 14: Personalführung: Koordination und Zielerreichung	
Items	Kor_e
- Über Leistungsanforderungen herrscht im Kollegium ein Grundkonsens. [vierstufige Likert-Skala: trifft voll zu - trifft eher zu - trifft eher nicht zu - trifft gar nicht zu]	0,576
- Über besondere Entwicklungsschritte werden an unserer Schule Zielvereinbarungen getroffen. [vierstufige Likert-Skala: trifft voll zu - trifft eher zu - trifft eher nicht zu - trifft gar nicht zu]	0,790
- Die Einhaltung der Zielvereinbarungen wird regelmäßig evaluiert. [vierstufige Likert-Skala: trifft voll zu - trifft eher zu - trifft eher nicht zu - trifft gar nicht zu]	0,786
- Die Aufgaben und Kompetenzen bei Personalfragen sind an unserer Schule klar geregelt. [vierstufige Likert-Skala: trifft voll zu - trifft eher zu - trifft eher nicht zu - trifft gar nicht zu]	0,630
- Die Mitarbeiterbetreuung an unserer Schule funktioniert gut. [vierstufige Likert-Skala: trifft voll zu - trifft eher zu - trifft eher nicht zu - trifft gar nicht zu]	0,666

10.3.15 Personalführung: Kommunikation, Information, Transparenz

Im Rahmen der Personalführung (direkte Führung) respektive der Selbstführung in der kollegialen Selbstverwaltung sind insbesondere die Aspekte der Kommunikation, Information und Transparenz von grundlegender Relevanz und zählen zu den regulär entstehenden Führungsbedarfen. Diese dienen als Instrumente zur Verbindung der Einzelhandlungen und -leistungen der Organisationsmitglieder zu einem zu erfüllenden Ganzen (Organisationsziel). Zu erörtern ist, in welchem Ausmaß Kommunikation und Information unter den Beteiligten stattfinden sowie Transparenz der Prozesse besteht und so das übergeordnete Organisationsziel jedem gegenwärtig ist, mithin inwiefern relevante Informationen weitergeleitet oder anderen Kollegen vorenthalten werden. Dabei werden folgende Leitfragen beachtet:

- *Wie erfolgreich finden notwendige Kommunikationsprozesse zwischen den Lehrern statt?*
- *Inwiefern gelingt eine erforderliche Informierung aller Lehrer und der Eltern (Kunden)?*
- *In welchem Ausmaß sind interne Strukturen für Lehrer und Eltern („Kunden") transparent?*

Tab. 23: Faktor 15: Personalführung: Information, Kommunikation, Transparenz (ie)

Faktor 15: Personalführung: Information, Kommunikation, Transparenz	
Items	Kor_e
- Ich bin zufrieden mit der Kommunikation im Kollegium. [vierstufige Likert-Skala: trifft voll zu - trifft eher zu - trifft eher nicht zu - trifft gar nicht zu]	0,723
- Zwischen Klassenlehrern und Oberstufenlehrern finden ein regelmäßiger fachlicher Austausch statt. [vierstufige Likert-Skala: trifft voll zu - trifft eher zu - trifft eher nicht zu - trifft gar nicht zu]	0,516
- Unterrichtsmaterialien werden gegenseitig ausgetauscht. [vierstufige Likert-Skala: trifft voll zu - trifft eher zu - trifft eher nicht zu - trifft gar nicht zu]	0,553
- An unserer Schule gibt es klare Informationsstrukturen. [vierstufige Likert-Skala: trifft voll zu - trifft eher zu - trifft eher nicht zu - trifft gar nicht zu]	0,736
- Wir informieren uns gegenseitig über Inhalte von Fortbildungen. [vierstufige Likert-Skala: trifft voll zu - trifft eher zu - trifft eher nicht zu - trifft gar nicht zu]	0,578
- Die Verfahren zur Delegation von Entscheidungsprozessen sind transparent. [vierstufige Likert-Skala: trifft voll zu - trifft eher zu - trifft eher nicht zu - trifft gar nicht zu]	0,742
- Die Entscheidungsstrukturen an unserer Schule sind transparent. [vierstufige Likert-Skala: trifft voll zu - trifft eher zu - trifft eher nicht zu - trifft gar nicht zu]	0,784

Entwicklung und Darstellung der Auswertungskategorien (Faktoren) 417

Der „Faktor 15: Personalführung: Kommunikation, Information, Transparenz" bildet sich insbesondere bei den Variablen (Items) ab, die Aussagen über die Kommunikation im Kollegium der Waldorfschule, die Transparenz von Strukturen und Abläufen, die internen Informationsprozesse zwischen den Schulmitgliedern sowie die externen Informationsprozesse zu den Eltern („Kunden") betreffen. Die in der obigen Tabelle 23 aufgeführten sieben Items wurden unter Anwendung der konfirmatorischen Faktorenanalyse auf deren Korrelation geprüft und aufgrund deren starken Zusammenhangs (Kor_e >= (+/-)0,5) zu einem Faktor gruppiert.

10.3.16 Praktische Freiheit

Der Arbeit in einer kollegial selbstverwalteten Waldorfschule, die eine prinzipielle Negation direktionaler Führung impliziert, liegt die Intention eines strikt sachlich induzierten Agierens ohne externe Vorgaben zugrunde. Da die Organisation in eine durch Regularien geprägte Gesellschaft integriert ist, stellt sich die Frage nach der faktisch möglichen Freiheit innerhalb der Einzelinstitution. Weil Freiheit als Grundmaxime der Waldorfschularbeit betrachtet werden kann, soll eruiert werden, inwieweit diverse gesellschaftliche und auch waldorfschulinterne Vorgaben gegebenenfalls zu einer Freiheitsillusion führen. Es werden folgende Leitfragen bearbeitet:

- *Wie ausgeprägt gestalten sich die individuellen Entscheidungsmöglichkeiten?*
- *Wie groß sind die schulischen Handlungsspielräume?*
- *Inwiefern ist es möglich, die waldorfspezifischen Ziele faktisch zu verfolgen?*

Der „Faktor 16: Praktische Freiheit" zeigt sich insbesondere in den Variablen (Items), die Aussagen über die allgemeinen und persönlichen Handlungs- und Entscheidungsspielräume abbilden und so auch über die Möglichkeit der Umsetzung individueller Ideen. Die folgenden drei Items wurden unter Anwendung der konfirmatorischen Faktorenanalyse auf deren Korrelation geprüft und aufgrund deren starken Zusammenhangs (Kor_e >= (+/-)0,5) zu einem Faktor zusammenfasst (vgl. Tab. 24):

Tab. 24: Faktor 16: Praktische Freiheit (ie)

Faktor 16: Praktische Freiheit	
Items	Kor_e
- Ich habe persönliche Entscheidungskompetenzen. [vierstufige Likert-Skala: trifft voll zu - trifft eher zu - trifft eher nicht zu - trifft gar nicht zu]	0,681
- Unsere Schule hat für die Gestaltung des schulischen Geschehens den notwendigen Spielraum. [vierstufige Likert-Skala: trifft voll zu - trifft eher zu - trifft eher nicht zu - trifft gar nicht zu]	0,725
- Ich bin zufrieden mit den Möglichkeiten, waldorfpädagogische Ideen/Inhalte an unserer Schule verwirklichen zu können. [vierstufige Likert-Skala: trifft voll zu - trifft eher zu - trifft eher nicht zu - trifft gar nicht zu]	0,800

10.3.17 Problembereich: soziale Bedingungen

In der praktischen Umsetzung von kollegialer Selbstverwaltung können diverse Probleme auftreten, die deren Funktionalität examinieren (vgl. Kap. 7). Teilweise werden diese explizit registriert und unterschiedliche Maßnahmen zu deren Abhilfe eingesetzt. Andere Probleme werden hingegen als systemimmanent betrachtet und passiv akzeptiert. Es wird eruiert, welche bestehenden Probleme in inwiefern von den Betroffenen wahrgenommen und korrigiert werden, und welche sich abbildenden Prozesse auf welche Problembereiche hinweisen. Die Kategorie der sozialen Bedingungen als Problembereich kollegialer Selbstverwaltung erfasst die subjektiv erfahrene und apperzipierte langfristige Qualität der interpersonellen Zusammenarbeit des Kollegiums, die in vielfältigen Ausprägungen auftreten kann, und deren Spektrum von einem harmonischen Miteinander bis zu Konkurrenzdenken und Mobbing reicht. Die Kategorie beschreibt so die zwischenmenschlichen (in Abgrenzung zu den strukturellen) Bedingungen der Organisation. Es wird erörtert, inwiefern selbstverwaltenden Kollegien ein positiver sozialer Umgang ohne regulative oder mediatorische Interventionen eines Direktors gelingt. Folgenden Leitfragen werden beachtet:

- *Welche Qualität weist das soziale Miteinander unter den Waldorfschulmitgliedern auf?*
- *Inwiefern basiert die Zusammenarbeit zwischen Kollegen auf Vertrauen?*
- *Inwiefern herrscht ein Konkurrenzdenken unter den Kollegen vor?*

Entwicklung und Darstellung der Auswertungskategorien (Faktoren) 419

Der *„Faktor 17: Problembereich: soziale Bedingungen"* wird insbesondere durch die Variablen (Items) repräsentiert, die Stellungnahmen zum sozialen Umgang und Vertrauen sowie konträr zur Missgunst und zum Konkurrenzdenken im Kollegium erfassen. Die folgenden sechs Items wurden unter Anwendung der konfirmatorischen Faktorenanalyse auf deren Korrelation getestet und aufgrund deren starken Zusammenhangs (Kor_e >= (+/-)0,5) zu einem Faktor agglomeriert (vgl. Tab. 25):

Tab. 25: Faktor 17: Problembereich: soziale Bedingungen (ie)

Faktor 17: Problembereich: soziale Bedingungen	
Items	Kor_e
- Mit dem Betriebsklima an meiner Schule bin ich zufrieden. [vierstufige Likert-Skala: trifft voll zu - trifft eher zu - trifft eher nicht zu - trifft gar nicht zu]	0, 831
- Mit meinem Verhältnis zu meinen Kollegen bin ich zufrieden. [vierstufige Likert-Skala: trifft voll zu - trifft eher zu - trifft eher nicht zu - trifft gar nicht zu]	0, 820
- Der Umgangston unter den Kollegen ist freundlich. [vierstufige Likert-Skala: trifft voll zu - trifft eher zu - trifft eher nicht zu - trifft gar nicht zu]	0, 770
- Ich empfinde die Atmosphäre im Kollegium als vertrauensvoll. [vierstufige Likert-Skala: trifft voll zu - trifft eher zu - trifft eher nicht zu - trifft gar nicht zu]	0, 820
- In Konferenzen kann ich offen meine Meinung sagen. [vierstufige Likert-Skala: trifft voll zu - trifft eher zu - trifft eher nicht zu - trifft gar nicht zu]	0, 651
- Die Arbeit im Kollegium ist durch Konkurrenzdenken geprägt. [vierstufige Likert-Skala: trifft voll zu - trifft eher zu - trifft eher nicht zu - trifft gar nicht zu]	0, 636

10.3.18 Problembereich: unerwünschte informelle Hierarchien

Wie sich zeigte, stellen soziale Gruppen kultivierungsbedürftige Gebilde dar (vgl. Kap. 7.3.1). Eine Aufgabe von Führung ist die Sicherung der Arbeitsfähigkeit der Gruppe. Führt sich diese selbst, wie in der kollegialen Selbstverwaltung, wird diese Aufgabe auf das Kollektiv transferiert. Bei deren Nichterfüllung können Effekte fehlender Führung entstehen, die destruktiv auf die Zusammenarbeit der Kollegen und die Funktionalität der Organisation wirken. Es wird untersucht, inwiefern sich in der kollegialen Selbstverwaltung unerwünschte informelle Strukturen und Hierarchien abbilden bzw. den Waldorfschulmitgliedern die Genese und Aufrechterhaltung eines sozialen Gleichgewichts ohne Hilfestellung eines Schulleiters gelingt. Hierbei gelten folgende Leitfragen:

- *Inwiefern bilden sich in der kollegialen Selbstverwaltung informell soziale Subgruppen und Außenseiter heraus?*
- *Inwiefern gelingt in der kollegialen Selbstverwaltung die Genese eines sozialen Ganzen?*
- *Inwiefern übernehmen Meinungsführer informell die Leitung und erzeugen auf diese Weise latente hierarchische Strukturen?*
- *Inwiefern sehen sich die Waldorfschulmitglieder als Gleichgestellte bzw. als Konkurrenten an?*

Der „*Faktor 18: Problembereich: unerwünschte informelle Hierarchien*" zeichnet sich insbesondere in den Variablen (Items) ab, die Aussagen über das Zugehörigkeitsgefühl, über die Bildung von Untergruppen („Cliquen") und über das Dominanzverhalten von Kollegen in der Gruppe wiedergeben (vgl. Kap. 7.3.2). Die folgenden vier Items wurden unter Anwendung der konfirmatorischen Faktorenanalyse auf deren Korrelation evaluiert und aufgrund deren starken Zusammenhangs (Kor_e >= (+/-)0,5) zu einem Faktor kombiniert (vgl. Tab. 26):

Tab. 26: Faktor 18: Problembereich: unerwünschte informelle Hierarchien (ie)

Faktor 18: Problembereich: unerwünschte informelle Hierarchien	
Items	Kor_e
- Ich fühle mich im Kollegium häufig isoliert. [vierstufige Likert-Skala: trifft voll zu - trifft eher zu - trifft eher nicht zu - trifft gar nicht zu]	0,790
- Ich habe das Gefühl, dass es vermieden wird, mit mir zusammen zu arbeiten. [vierstufige Likert-Skala: trifft voll zu - trifft eher zu - trifft eher nicht zu - trifft gar nicht zu]	0,787
- Ich habe manchmal das Gefühl, dass ich zu bestimmten Veranstaltungen nicht eingeladen werde. [vierstufige Likert-Skala: trifft voll zu - trifft eher zu - trifft eher nicht zu - trifft gar nicht zu]	0,655
- Im Kollegium gibt es eindeutige Meinungsführer. [vierstufige Likert-Skala: trifft voll zu - trifft eher zu - trifft eher nicht zu - trifft gar nicht zu]	0,492

Entwicklung und Darstellung der Auswertungskategorien (Faktoren) 421

10.3.19 Problembereich: Bezug zur Anthroposophie

Wie die Waldorfpädagogik basieren auch die Prinzipien kollegialer Selbstverwaltung auf der Anthroposophie. Um deren Grundlagen theoretisch erörtern, verstehen und im Alltag anwenden zu können, ist ein persönlicher Bezug zur Anthroposophie als eine Conditio sine qua non zu verstehen. Kenntnisse über die anthroposophische Denkweise sind darüber hinaus für das Verständnis des Leitbilds der Waldorfschulen und die Identifikation mit diesem erforderlich (vgl. Kap. 6.2.3.3) und so zugleich für die Vorbeugung von missverstandenen Interpretationen der der kollegialen Selbstverwaltung zugrundeliegenden Prinzipien sowie zur Signalisierung des übergeordneten gemeinsamen Ziels (vgl. Kap. 6.2.3.2; 7.1.2). Die Arbeit in Waldorfschulen erfordert zudem ein ausgeprägtes individuelles Engagement, das eine ideelle Einstellung und eine sachliche Verbundenheit mit anthroposophischen Intentionen bedingt. Um den persönlichen Bezug zur Anthroposophie zu ermitteln, werden folgende Leitfragen zur Orientierung herangezogen:

- *Welchen Stellenwert hat Anthroposophie für den Lehrer im privaten Leben und im Beruf?*
- *Wie stark verbunden fühlt und wie sehr identifiziert sich der Einzelne mit der Anthroposophie?*
- *Wie intensiv setzen sich die Waldorfschulmitglieder mit der Anthroposophie auseinander und sind mit den geisteswissenschaftlichen Grundlagen der Waldorfschule vertraut?*

Tab. 27: Faktor 19: Problembereich: Bezug zur Anthroposophie (ie)

Faktor 19: Problembereich: Bezug zur Anthroposophie	
Items	Kor_e
- Das Vertrauen in übergeordnete Zusammenhänge (z. B. Karma, geistige Welt) gibt mir in meinem Beruf Halt und Sicherheit. [vierstufige Likert-Skala: trifft voll zu - trifft eher zu - trifft eher nicht zu - trifft gar nicht zu]	0,837
- Wenn ich berufliche Probleme habe, dann suche ich Antworten in den Schriften R. Steiners. [vierstufige Likert-Skala: sehr oft - oft - selten - gar nicht]	0,837

Der „Faktor 19: Problembereich: Bezug zur Anthroposophie" spiegelt sich insbesondere in den Variablen (Items) wider, die Aussagen zu der anthroposophischen Sozialisation und Verbundenheit des Einzelnen sowie zum Stellenwert der Anthroposophie in seinem Leben und seiner Arbeit enthalten. Die in der obigen Tabelle 27 aufgeführten zwei Items wurden unter Anwendung der konfirmatorischen Faktorenanalyse auf deren Korrelation geprüft und aufgrund deren starken Zusammenhangs (Kor_e >= (+/-)0,5) zu einem Faktor aggregiert.

10.3.20 Problembereich: subjektive Bedeutsamkeit der Arbeit

Der freiheitliche Handlungsspielraum in der kollegialen Selbstverwaltung bietet eine Variable für Interpretationen in Bezug auf die persönlichen Motive der Lehrenden und so auf die Relation ihres individuellen Daseins zur Arbeit. Selbstführung und eigenverantwortliches Handeln in der kollegialen Selbstverwaltung fordern vom Einzelnen – basierend auf der Verbundenheit zur Anthroposophie – eine kontinuierliche Vergegenwärtigung des gemeinsamen Gesamtziels sowie eine dementsprechende Handlungsausrichtung. Es wird eruiert, inwiefern der Auftrag der Waldorfschule durch die Lehrer präzise verstanden wird, sodass diese den Unterricht und das Kind als zentrale Ausgangspunkte ihres Handelns betrachten. Die subjektive Bedeutsamkeit der Arbeit liefert Hinweise auf deren Stellenwert im Leben des Einzelnen als Bestandteil seines Selbstverständnisses. Bei der Analyse der hiesigen Kategorie dienen folgende Leitfragen als Orientierung:

- *Welche Wichtigkeit und welchen Stellenwert nimmt die Arbeit im Leben des Einzelnen ein?*
- *Welche Wirkung hat die Tätigkeit des Lehrers auf diesen?*

Der „Faktor 20: Problembereich: subjektive Bedeutsamkeit der Arbeit" entspricht dem homophonen Faktor des AVEM-Verfahrens nach Schaarschmidt und Fischer (vgl. 2003; 2001). Die Korrelation wurde bereits mehrfach empirisch verifiziert (vgl. z. B. Peters 2013a). Die einzelnen Items des Faktors waren integraler Bestandteil des ausgegebenen Lehrerfragebogens (vgl. Kap. 9.3.2; Anlage 1). Diese wurden mit einer fünfstufigen Likert-Skala erhoben, zur hiesigen Faktorenanalyse jedoch in eine vierstufige Skala umcodiert. Der

Entwicklung und Darstellung der Auswertungskategorien (Faktoren) 423

Faktor nach Schaarschmidt und Fischer wird inhaltlich identisch übernommen. Einen Beweis für deren starke Korrelation (Kor_e >= (+/-)0,5) liefert die für die folgenden vier Items (nach Schaarschmidt und Fischer) angewandte Faktorenanalyse[155] (vgl. Tab. 28):

Tab. 28: Faktor 20: Problembereich: subjektive Bedeutsamkeit der Arbeit (ie)

Faktor 20: Problembereich: subjektive Bedeutsamkeit der Arbeit	
Items	Kor_e
- Die Arbeit ist für mich der wichtigste Lebensinhalt. [fünfstufige Likert-Skala: trifft völlig zu - trifft überwiegend zu - teils/teils - trifft überwiegend nicht zu - trifft überhaupt nicht zu]	0,721
- Die Arbeit ist mein Ein und Alles. [fünfstufige Likert-Skala: trifft völlig zu - trifft überwiegend zu - teils/teils - trifft überwiegend nicht zu - trifft überhaupt nicht zu]	0,811
- Ich brauche die Arbeit wie die Luft zum Leben. [fünfstufige Likert-Skala: trifft völlig zu - trifft überwiegend zu - teils/teils - trifft überwiegend nicht zu - trifft überhaupt nicht zu]	0,827
- Ich wüsste nicht, wie ich ohne Arbeit leben sollte. [fünfstufige Likert-Skala: trifft völlig zu - trifft überwiegend zu - teils/teils - trifft überwiegend nicht zu - trifft überhaupt nicht zu]	0,732

10.3.21 Problembereich: Stellenwert des Schülers beim Lehrenden

Ebenso das Selbstverständnis betreffend ist der Stellenwert des einzelnen Schülers beim Lehrenden. Dieser verweist darauf, inwiefern der genuine Auftrag der Waldorfschule in einem adäquatem Sinne verstanden wird, sodass

---

[155] Das psychodiagnostische Verfahren des AVEM (Arbeitsbezogene Verhaltens- und Erlebensmuster) ermöglicht, persönlichkeitsspezifische Muster des arbeitsbezogenen Verhaltens und Erlebens zu identifizieren, und erlaubt eine Diagnostik sowohl der gesundheitsförderlichen als auch der gesundheitsgefährdenden Beanspruchungsverhältnisse in der beruflichen Arbeit. Dieses wurde von Schaarschmidt und Fischer (vgl. 2003; 2001) im Rahmen einer Studie entwickelt, welche auf einer Datenerhebung von 7.600 Lehrern basiert. Bei der Konstruktion des Verfahrens wurde ein breites Merkmalsspektrum (66 Items) unter dem Gesundheitsaspekt berücksichtigt, das faktorenanalytisch in elf Dimensionen strukturiert wurde, die wiederum in drei Bereiche gegliedert werden konnten: Engagement, Widerstandsfähigkeit und Emotionen (vgl. ebd.). Eine der elf Dimensionen stellt die hier berücksichtigte subjektive Bedeutsamkeit der Arbeit dar.

das Handlungsziel in der auf anthroposophischen Grundlagen basierenden Erziehung und Bildung des einzelnen Kindes liegt („Erziehungskunst"). Dies wiederum bedeutet, dass jegliche Handlung von den Erziehungs- und Entwicklungsbedürfnissen des lernenden Kindes ausgehend erfolgt, und nicht von den persönlichen Belangen der Lehrenden, der sich hierbei selbst zurücknehmen muss. Bei der Analyse dieser Kategorie werden folgende Leitfragen zur Orientierung herangezogen:

- *Welchen Stellenwert misst der Einzelne den zu unterrichtenden Schülern bei?*
- *Welche Resonanz erfahren die Lehrer auf ihr Verhalten von den Schülern?*

Der *„Faktor 21: Problembereich: Stellenwert des Schülers beim Lehrenden"* wird insbesondere durch die Variablen (Items) reflektiert, die Aussagen zu der Qualität der zwischenmenschlichen Beziehung von Lehrendem und Schülern enthalten. Ist diese durch einen respektvollen Umgang, durch Wertschätzung und Vertrauen gekennzeichnet, lässt dies auf einen fürsorglichen und schülerzentrierten Unterricht des Lehrers schließen. Die folgenden vier Items wurden unter Anwendung der konfirmatorischen Faktorenanalyse auf deren Korrelation geprüft und aufgrund deren starken Zusammenhangs (Kor_e >= (+/-)0,5) zu einem Faktor zusammenfasst (vgl. Tab. 29):

Tab. 29: Faktor 21: Problembereich: Stellenwert des Schülers beim Lehrenden (ie)

Faktor 21: Problembereich: Stellenwert des Schülers beim Lehrenden	
Items	Kor_e
- Ich erfahre Respekt und Anerkennung von meinen Schülern. [vierstufige Likert-Skala: trifft voll zu - trifft eher zu - trifft eher nicht zu - trifft gar nicht zu]	0,656
- Schüler wenden sich auch mit persönlichen Problemen an mich. [vierstufige Likert-Skala: trifft voll zu - trifft eher zu - trifft eher nicht zu - trifft gar nicht zu]	0,843
- Ich bin zufrieden mit meinem Verhältnis zu den Schülern. [vierstufige Likert-Skala: trifft voll zu - trifft eher zu - trifft eher nicht zu - trifft gar nicht zu]	0,864
- Ich bin zufrieden mit der Wertschätzung meiner Arbeit durch die Schüler. [vierstufige Likert-Skala: trifft voll zu - trifft eher zu - trifft eher nicht zu - trifft gar nicht zu]	0,827

Entwicklung und Darstellung der Auswertungskategorien (Faktoren)

10.3.22 Problembereich: Arbeit als Selbstverwirklichung

Einen weiteren Aspekt des Selbstverständnisses des Lehrers erfasst die der Arbeit subjektiv attribuierten Funktion. Die Kategorie der Arbeit als Selbstverwirklichung als Problembereich thematisiert, inwiefern Lehrende ihre Handlungsfreiheit in der kollegialen Selbstverwaltung als einen überwiegend ihre Selbstverwirklichung ermöglichenden Raum missverstehen (vgl. Kap. 7.2.1). Folgenden Leitfragen wird hierbei nachgegangen:

- *Wozu dient die Arbeit den Lehrern subjektiv?*
- *Welche Auswirkungen hat die berufliche Tätigkeit der Lehrer auf ihre Persönlichkeiten?*
- *Inwiefern strebt der Einzelne an, sich in seiner Arbeit selbst zu verwirklichen?*

Der *„Faktor 22: Problembereich: Arbeit als Selbstverwirklichung"* zeigt sich insbesondere in den Variablen (Items), die Äußerungen zur subjektiven Funktion und Wirkung der beruflichen Arbeit der Lehrer enthalten. Die folgenden vier Items wurden unter Anwendung der konfirmatorischen Faktorenanalyse auf deren Korrelation evaluiert und aufgrund dessen starken Zusammenhangs (Kor_e >= (+/-)0,5) zu einem Faktor gebündelt (vgl. Tab. 30):

Tab. 30: Faktor 22: Problembereich: Arbeit als Selbstverwirklichung (ie)

Faktor 22: Problembereich: Arbeit als Selbstverwirklichung	
Items	Kor_e
- Meine Arbeit erfüllt mich mit Stolz. [umcodiert von fünf- in vierstufige Likert-Skala: trifft voll zu - trifft eher zu - trifft eher nicht zu - trifft gar nicht zu]	0,656
- Der Lehrerberuf stärkt mich in meinem Selbstwertgefühl. [vierstufige Likert-Skala: trifft voll zu - trifft eher zu - trifft eher nicht zu - trifft gar nicht zu]	0,843
- Der Lehrerberuf ist für mich eine Quelle erlebter Selbstwirksamkeit. [vierstufige Likert-Skala: trifft voll zu - trifft eher zu - trifft eher nicht zu - trifft gar nicht zu]	0,864
- Ich kann mich in meiner Arbeit verwirklichen. [vierstufige Likert-Skala: trifft voll zu - trifft eher zu - trifft eher nicht zu - trifft gar nicht zu]	0,827

10.4 Auswertungskategorien (Faktoren) im Überblick

Zusammenfassend werden noch einmal alle 22 per konfirmatorischer Faktorenanalyse generierten und überprüften Auswertungskategorien (Faktoren) aufgeführt, die für die im Folgenden durchgeführte Datenauswertung herangezogen werden (vgl. Tab. 31):

Tab. 31: Auswertungskategorien (Faktoren) im Überblick (ie)

Auswertungskategorien (Faktoren)	
01	Führung in der kollegialen Selbstverwaltung: Verständnis
02	Führung in der kollegialen Selbstverwaltung: Einstellung
03	Führung in der kollegialen Selbstverwaltung: Belastung
04	Führungskompetenz: Führungsfähigkeit
05	Führungskompetenz: persönliche Konfliktfähigkeit
06	Veränderungspotential: Schulebene
07	Veränderungspotential: Unterrichtsebene
08	Ganzheitliche Arbeit: Zufriedenheit
09	Ganzheitliche Arbeit: Belastung
10	Engagement und Verantwortung
11	Management: Struktur
12	Management: Eltern- (Kunden-) Orientierung
13	Personalführung: Anerkennung und Wertschätzung
14	Personalführung: Koordination und Zielerreichung
15	Personalführung: Kommunikation, Information, Transparenz
16	Praktische Freiheit
17	Problembereich: soziale Bedingungen
18	Problembereich: unerwünschte informelle Hierarchien
19	Problembereich: Bezug zur Anthroposophie
20	Problembereich: subjektive Bedeutsamkeit der Arbeit
21	Problembereich: Stellenwert des Schülers beim Lehrenden
22	Problembereich: Arbeit als Selbstverwirklichung

11 Darstellung der empirischen Ergebnisse

11.1 Deskriptive Auswertung (Items)

Da jede Waldorfschule unikale Attributiva und dadurch induzierte spezifische Konditionen für den Einzelnen aufweist, können die individuellen Projektionen bezüglich „Führung" und „kollegialer Selbstverwaltung" disparat ausgeprägt sein. Die beiden Fragebogen-Items zur *„Zufriedenheit mit der Führung"* sowie zur *„Zufriedenheit mit der schulischen Selbstverwaltung"* bilden hierzu konkrete Aussagewerte der Lehrer an Waldorfschulen ab. Die folgende deskriptive Auswertung dieser beiden Items basiert auf den arithmetischen Mittelwerten (M) der Datenangaben, die für Lehrergruppen segmentiert nach den diese beschäftigenden Waldorfschulen errechnet wurden, sodass die gemittelten Daten die Aussagewerte jeweils einer Waldorfschulinstitution repräsentieren. Durch die deskriptive Darstellung der Häufigkeitsverteilung soll die Streuung der sachlich einschlägigen Mentalitäten in den Waldorfschulen illustriert werden, die somit auf in den jeweiligen Schulen vorherrschende ideologische Grundtendenzen verweisen. In Destination eines introduktiven Aufrisses des empirischen Status quo werden diese der konsekutiven Faktorenauswertung präponiert und fungieren zugleich als deren Referenzwert. Die Darstellungen erfolgen einerseits tabellarisch, andererseits graphisch in einem zweidimensionalen kartesischen Koordinatensystem. Die Skalierung der Abszissenachse wird entsprechend einer vierstufigen Likert-Skala (1 = trifft voll zu, 2 = trifft eher zu, 3 = trifft eher nicht zu, 4 = trifft gar nicht zu) normiert, die Ordinatenachse beziffert die prozentualen Häufigkeiten der gemittelten Aussagenwerte je Waldorfschule.

11.1.1 Zufriedenheit mit der praktizierten Führung

Zur Erhebung der Zufriedenheit mit der praktizierten Führung wurde folgendes Item verwendet:

- *Bitte geben Sie an, inwieweit folgende Aussagen in Ihrer Schule zutreffen: So, wie bei uns die Schule geführt wird, ist es für mich in Ordnung.*

Die Antwortmöglichkeiten bei diesem Item waren in einer vierstufigen Likert-Skala [trifft voll zu – trifft eher zu – trifft eher nicht zu – trifft gar nicht zu] dargeboten. Die nicht repräsentierten absoluten und relativen Werte (H_n = 0; h_n = 0) werden in der Tabelle nicht aufgeführt, graphisch jedoch in relativer Form berücksichtigt. Es ergibt sich die in Tabelle 32 und in Abbildung 07 dargestellte Häufigkeitsverteilung basierend auf den arithmetischen Mittelwerten je Waldorfschule (vgl. auch Randoll 2013c: 104ff.):

Tab. 32: Zufriedenheit mit der praktizierten Führung (ie)

Zufriedenheit mit der Führung	Häufigkeit [absolut; H_n]	Häufigkeit [relativ; h_n]
1,0	5	4,9
1,4	1	1,0
1,6	6	5,9
1,8	10	9,9
2,0	24	23,5
2,2	26	25,4
2,4	10	9,9
2,6	8	7,9
2,8	8	7,9
3,0	3	2,9
3,4	1	1,0
gesamt	102	100,0

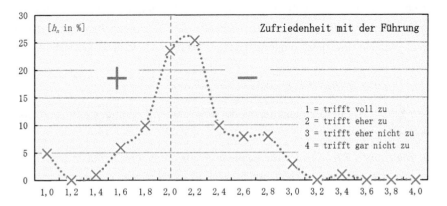

Abb. 07: Zufriedenheit mit der praktizierten Führung (ie)

Deskriptive Auswertung (Items) 429

Die Antwortfrequenzen zur Zufriedenheit mit der praktizierten Führung in den jeweiligen Schulen konzentrieren sich primär (etwa 50 Prozent) in dem Bereich „trifft eher zu" (kumulierte Ausprägungen von 1,6 bis 2,4). Insgesamt bildet sich jedoch eine Reichweite von „trifft voll zu" mit etwa 6 Prozent (kumulierte Ausprägungen von 1,0 bis 1,4) bis „trifft eher nicht zu" mit etwa 20 Prozent (kumulierte Ausprägungen von 2,6 bis 3,4) ab. Werden die Werte bis 2,0 („trifft eher zu") als Ausdruck von Zufriedenheit fokussiert (vgl. (+)-Bereich links der Trennlinie in Abb. 07), neigen sich diese tendenziell in Richtung Unzufriedenheit (55 Prozent). Die Streuung der Häufigkeiten spiegelt summa summarum ein Potential zur deutlichen Divergenz der Antwortgewichtungen in den unterschiedlichen Waldorfschulen zum Thema „praktizierte Führung" wider. Darüber hinaus lassen sich einige signifikant positiv wie auch negativ bewertete Fallbeispiele extrahieren. Die ungünstigste Bewertung mit dem Wert von 3,4 und einer Häufigkeit von 1 Prozent kann jedoch als ein nicht repräsentativer Ausreißer interpretiert werden.

11.1.2 Zufriedenheit mit der schulischen Selbstverwaltung

Zur Erfassung der Zufriedenheit mit der schulischen Selbstverwaltung diente folgendes Item:

- *Im Folgenden finden Sie Aussagen, die unterschiedliche Aspekte der Berufszufriedenheit betreffen. Bitte kreuzen Sie an, inwieweit Sie diesen Aussagen zustimmen oder nicht:*

Ich bin zufrieden mit ... der schulischen Selbstverwaltung.

Die Antwortmöglichkeiten bei diesem Item waren in einer vierstufigen Likert-Skala [trifft voll zu – trifft eher zu – trifft eher nicht zu – trifft gar nicht zu] vorgegeben. Die nicht repräsentierten Werte ($H_n = 0$; $h_n = 0$) werden auch hier tabellarisch ausgeschlossen, jedoch graphisch in relativer Form berücksichtigt. Es ergibt sich die in Tabelle 33 und Abbildung 08 dargestellte Häufigkeitsverteilung basierend auf den arithmetischen Mittelwerten je Waldorfschule (vgl. auch Randoll 2013c: 116ff.):

Tab. 33: Zufriedenheit mit der schulischen Selbstverwaltung (ie)

Zufriedenheit mit der schulischen Selbstverwaltung	Häufigkeit [absolut; H_n]	Häufigkeit [relativ; h_n]
1,0	3	3,0
1,6	1	1,0
1,8	7	7,0
2,0	23	22,9
2,2	20	20,0
2,4	22	21,9
2,6	11	11,0
2,8	7	7,0
3,0	7	6,9
gesamt	101	100,0

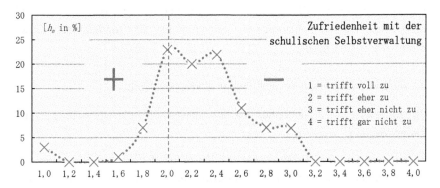

Abb. 08: Zufriedenheit mit der schulischen Selbstverwaltung (ie)

Auch bei der Zufriedenheit mit der schulischen Selbstverwaltung dominieren die Antworthäufigkeiten (Mittelwerte pro Schule) im Bereich „trifft eher zu" (kumulierte Ausprägungen von 1,6 bis 2,4) und mit etwa 73 Prozent noch signifikanter als bei der Zufriedenheit mit der praktizierten Führung. Dieses Resultat aus der Perspektive der Lehrer kongruiert mit dem aus Geschäftsführersicht, zu dem Koolmann und Nörling (vgl. Koolmann 2015: 143ff.) in ihrer Studie gelangen: Danach sind deutliche zwei Drittel (rund 68 Prozent) der Geschäftsführer mit der Selbstverwaltungsarbeit an ihrer Schule überwiegend zufrieden („trifft voll zu" und „trifft eher zu"). Die Reichweite der optierten Antworten der

Lehrenden zwischen „trifft voll zu" mit 3 Prozent (Ausprägung 1,0) und „trifft eher nicht zu" mit etwa 25 Prozent (kumulierte Ausprägungen von 2,6 bis 3,0) ist äquivalent zum Bewertungsergebnis der Zufriedenheit mit der praktizierten Führung. Werden Werte bis 2,0 („trifft eher zu") als Ausdruck von Zufriedenheit (vgl. (+)-Bereich links der Trennlinie in Abb. 08) fokussiert, tendieren auch hier die Aussagewerte zur Unzufriedenheit (67 Prozent) – darüber hinaus in einem deutlicheren Ausmaß als bei der Bewertung der praktizierten Führung. Analog zum Thema „Führung" zeigt die hiesige Streuung der Häufigkeiten eine erkennbare Diversität der Ansichten zur „Selbstverwaltung", sodass sich vereinzelte Fallbeispiele mit signifikant positiven und negativen Wertungen abbilden.

11.2 Undifferenzierte Auswertung der Faktoren

Die undifferenzierte Auswertung der präponiert generierten Faktoren basiert auf den errechneten arithmetischen Mittelwerten (M) respektive auf den Durchschnittswerten der summierten Aussagewerte aller an der Befragung beteiligten Waldorflehrer. Die graphische Darstellung der undifferenzierten Faktorenauswertung veranschaulicht somit die Aussagen der pauschalen (undifferenzierten) Kollegien in Bezug auf die einzelnen zu Faktoren aggregierten Items (vgl. Abb. 09).

Die Werte beruhen auf einer vierstufigen Likert-Skala (1 = trifft voll zu, 2 = trifft eher zu, 3 = trifft eher nicht zu, 4 = trifft gar nicht zu), sodass sich Gesamtwerte von 1 bis 4 ergeben können. Erfolgen bei der Berechnung der arithmetischen Mittelwerte dezimale Beträge, werden die Dezimalstellen wie folgt kategorisiert und interpretiert:

0,1 bis 0,2 = Vorkommawert tendiert geringfügig
aber sichtbar zum höheren Wert,
0,3 bis 0,4 = Vorkommawert tendiert deutlich zum höheren Wert,
0,5 = Vorkommawert äquilibriert die Merkmale
des niedrigeren und höheren Wertes,
0,6 bis 0,7 = Vorkommawert tendiert deutlich zum niedrigeren Wert,
0,8 bis 0,9 = Vorkommawert tendiert geringfügig
aber sichtbar zum niedrigeren Wert.

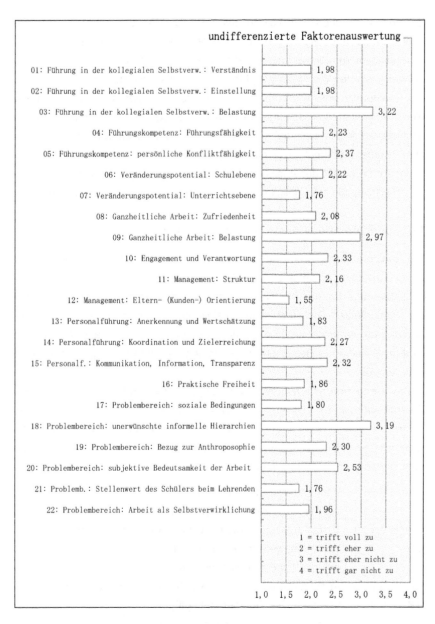

Abb. 09: Undifferenzierte Faktorenauswertung (ie)

Undifferenzierte Auswertung der Faktoren 433

Im Folgenden werden die intendierten Aussagewerte der generierten Faktoren sowie die zugehörigen Leitfragen zur Orientierung repetitiv aufgeführt.

Faktor 01: Führung in der kollegialen Selbstverwaltung: Verständnis

Die Kategorie zum Verständnis von Führung in der kollegialen Selbstverwaltung beinhaltet Aussagen über die Zufriedenheit mit dem gegenwärtig praktizierten und so vom Kollegium in den jeweiligen Waldorfschulen mindestens mehrheitlich optierten „Führungsmodell" und reflektiert folglich die von den Mitgliedern selbstverwalteter Waldorfschulen vertretenen terminologischen und konzeptionellen Auffassungen von „Führung". Leitfragen:

- *Was verstehen Waldorfschulmitglieder unter „Führung" im Kontext kollegialer Selbstverwaltung?*
- *Inwiefern entspricht die kontemporär praktizierte Form von Führung dem Verständnis der betroffenen Waldorfschulmitglieder?*

Mit einem arithmetischen Mittelwert (M) von gerundet 2,0 liegt die durchschnittliche Bewertung im Bereich „trifft eher zu". Die gegenwärtig praktizierte Führungsform kongruiert so – unter Zugrundelegung deren mindestens mehrheitlichen Beschlusses – weitgehend mit dem Verständnis der Waldorfschulmitglieder. Umgekehrt bilden die angewandten Führungsmodelle in den Waldorfschulen approximativ die vom Kollegium vertretenen Auffassungen von „Führung" ab. Die aktuell praktizierte Führungsform entspricht indes – mit Blick auf die potentiell wählbaren Skalenwerte von 1 bis 4 – nicht optima forma dem Führungsverständnis der Beteiligten. Jedoch kann der errechnete Mittelwert daraus resultieren, dass durch ein Mitteln stark streuender oder ausreißenden Einzelwerte ein assimiliertes Endergebnis generiert wird.

Faktor 02: Führung in der kollegialen Selbstverwaltung: Einstellung

Die Kategorie der Einstellung zur Führung in der kollegialen Selbstverwaltung umfasst Aussagen zur Legitimation (Akzeptanz/Ablehnung) von in den Bereich des gegenwärtig praktizierten „Führungsmodells" fallenden Einzelaspekten und erfasst so die Haltung der Waldorfschulmitglieder zum Thema „Führung".

Darüber hinaus spiegelt diese Kategorie wider, inwieweit die durch Führungsprozesse induzierten Bedingungen die Beteiligten belasten. Leitfragen:
- *Welche Legitimation (Akzeptanz/Ablehnung) erfährt die gegenwärtig praktizierte Form der Führung bei den Waldorfschulmitgliedern?*
- *Inwiefern ermöglicht die applizierte Variante von Führung Mitgestaltungsspielräume für die Waldorfschulmitglieder?*
- *Inwiefern belasten die aus den Führungsprozessen resultierenden Umstände die Beteiligten?*

Die kontemporär praktizierten Führungsprozesse in Waldorfschulen sowie deren strukturellen und sozialen Konsequenzen stoßen mit einem arithmetischen Mittelwert (M) von gerundet 2,0 („trifft eher zu") auf überwiegende Akzeptanz bei den Lehrern, sodass die Art der vorherrschenden Führungspraxis von diesen weitgehend als legitimiert wahrgenommen wird. Mit dem Blick auf die potentiell optierbaren Skalenwerte von 1 bis 4 verbleibt auch hier eine Toleranz zum optimalen Ergebnis, sodass die praktizierte Führung in Waldorfschulen durch die Betroffenen nicht vollumfänglich als legitim affirmiert wird. Da die Mittelwerte des präponierten Faktors zum Verständnis von Führung und der hiesige Faktor zur Einstellung zur Führung nahezu identisch beziffert sind und so einen homogenen Befund vermitteln, kann aufgrund der sachlichen Dependenz der beiden Faktoren auf ein evidentes und valides Ergebnis geschlossen werden. So repräsentieren das optierte Führungsmodell und sich daraus ableitende praktische Modi annähernd das, was Lehrer an Waldorfschulen unter „Führung" verstehen und im Sinne von „Führung" als akzeptiert und legitim sowie als „waldorfkonform" anerkennen.

Faktor 03: Führung in der kollegialen Selbstverwaltung: Belastung

Die Kategorie der Belastung durch Führung in der kollegialen Selbstverwaltung analysiert Aussagen zu den apperzipierten Herausforderungen des Einzelnen durch die aktive Partizipation an Führungsprozessen zur Substitution der konventionell dem Schulleiter zugewiesenen Aufgaben. Leitfrage:
- *Inwiefern fühlen sich die Waldorfschulmitglieder durch die aktive Mitgestaltung der Schulführungsprozesse belastet?*

Mit einem arithmetischen Mittelwert (*M*) von gerundet 3,2 („trifft eher nicht zu") bringen die befragten Lehrer zum Ausdruck, dass sie subjektiv keine ausgeprägte Belastung durch delegierte Führungsaufgaben in der kollegialen Selbstverwaltung wahrnehmen. Eine Belastungswahrnehmung durch kumulative Tätigkeiten ist – bezugnehmend auf die Dezimalstelle des Mittelwerts – mit einer „geringfügigen aber sichtbaren Tendenz" erkennbar, doch wird diese hiernach als moderat und tolerabel erlebt.

Faktor 04: Führungskompetenz: Führungsfähigkeit

Die Kategorie der Führungskompetenz im Sinne von Führungsfähigkeit bildet das subjektiv wahrgenommene führungsbezogene Wissen und Können in der Praxis kollegialer Selbstverwaltung ab, das auch applizierte Konfliktlösungsmechanismen inkludiert. Diese erfasst somit die bei den Waldorfschulmitgliedern disponiblen respektive profilierungsbedürftigen Fähigkeiten in Bezug auf das Reüssieren von Aufgaben in den Bereichen des Organisationsmanagements und der Personalführung. Leitfragen:

- *Wie wird die Qualität der Schulführung wahrgenommen?*
- *Wie wird die Funktionalität der Schulführung wahrgenommen?*

Der arithmetische Mittelwert (*M*) von gerundet 2,2 („trifft eher zu") spiegelt eine annähernd zufriedenstellende Beurteilung der Lehrer hinsichtlich der subjektiv wahrgenommenen Qualität und Effektivität von Führungsprozessen in der kollegialen Selbstverwaltung an Waldorfschulen wider. Vor dem Hintergrund dieses Ergebnisses kann davon ausgegangen werden, dass unvermeidbar entstehende und notwendigerweise zu ergreifende Führungsaufgaben auch regulär erfolgreich und kompetent erfüllt, eine funktionsfähige und effiziente Gestaltung der Führungsprozesse erzielt sowie in der Zusammenarbeit und in der sachlichen Aufgabe entstehende Konfliktsituationen konstruktiv und nachhaltig gelöst werden. Bezogen auf die Dezimalstelle des Mittelwerts existiert jedoch eine „geringfügige aber sichtbare Tendenz" zu der Wahrnehmung von volatilen (Teil-)Führungsprozessen, die auf einen entsprechenden Optimierungsbedarf hinweisen.

Faktor 05: Führungskompetenz: persönliche Konfliktfähigkeit

Bei der Kategorie der Führungskompetenz in Form persönlicher Konfliktfähigkeit werden introspektiv abgeschätzte eigene Fähigkeiten im souveränen Umgang mit entstehenden Konflikten beleuchtet. Diese Kategorie erfasst zudem den Adoptionsgrad von Konflikten als Chance für Veränderungen. Leitfragen:

- *Inwiefern können Konflikte im Kollegium erfolgreich gelöst werden?*
- *Inwiefern können Konflikte mit Eltern ("Kunden") konstruktiv bewältigt werden?*
- *Welche Ausprägung hat die Fähigkeit der Lehrer im souveränen Umgang mit Konflikten?*

Der arithmetische Mittelwert (*M*) von gerundet 2,4 liegt bei der Bewertung „trifft eher zu" und weist – mit Blick auf dessen Dezimalstelle – eine „deutliche Tendenz" zu „trifft eher nicht zu" auf. Somit fällt dieser Mittelwert im Vergleich zu dem der apperzipierten kollektiven und die gemeinsame Konfliktfähigkeit integrierenden Führungsfähigkeit ungünstiger aus. Demzufolge beurteilen die befragten Lehrer ihre subjektive Konfliktfähigkeit als weniger gut ausgebildet in Relation zum Gesamtorganismus der Waldorfschule, was auf einen individuellen Entwicklungsbedarf im Bereich „Konfliktmanagement" deutet. Dieses Ergebnis kongruiert mit dem der Geschäftsführerbefragung von Koolmann und Nörling (vgl. Nörling 2015b: 92ff.), die aufgrund ihrer Studienergebnisse im Bereich der Streit- und Konfliktkultur auf ein deutliches Verbesserungspotential verweisen: So sehen über die Hälfte (rund 54 Prozent) der Geschäftsführer eine effektive Streit- und Konfliktkultur an deren Schule als defizitär etabliert (vgl. auch Barz/Kosubek 2013: 34; Randoll 2013c: 99ff.).

Faktor 06: Veränderungspotential: Schulebene

Die Kategorie des wahrgenommenen Veränderungspotentials auf Schulebene erfasst die Modifikationsbereitschaft und das Entwicklungsvermögen bezogen auf gesamtorganisationale Strukturen und Prozesse als Voraussetzung für die Sicherstellung der institutionellen Handlungsfähigkeit und Existenz. Die Kategorie reflektiert die mentale Elastizität und Rezeptivität der gesamten Belegschaft hinsichtlich obligater organisationaler Veränderungsabläufe. Leitfragen:

Undifferenzierte Auswertung der Faktoren 437

- *Wie ausgeprägt ist die Offenheit und Flexibilität gegenüber Veränderungen in der Schule?*
- *Inwiefern werden Veränderungsprozesse und externe Impulse in den Alltag integriert?*

Insbesondere vor dem Hintergrund, dass sich Waldorfschulstrukturen lebendig-organisch aus der interaktiven Zusammenarbeit der Kollegen konstituieren und Veränderungsprozesse somit als integrativer und existentieller Bestandteil von Waldorfschulen figurieren sowie aufgrund zeitinduzierter, im Bildungsbereich besonders relevanter Adaptions- und Entwicklungsbedarfe, bildet der arithmetische Mittelwert (M) von gerundet 2,2 („trifft eher zu") ein relativ dezent ausgeprägtes Veränderungspotential ab, das – gemessen an der Dezimalstelle des Mittelwerts – zudem eine „geringfügige aber sichtbare Tendenz" zu erforderlichen Optimierungsmaßnahmen erkennen lässt, die beispielsweise einen Bedarf an Beratungen (wie Organisationsentwicklung) inhärieren können.

Faktor 07: Veränderungspotential: Unterrichtsebene

Die Kategorie des wahrgenommenen Veränderungspotentials auf Unterrichtsebene beinhaltet die Bewertung der subjektiven Entwicklungsfähigkeit und Adaptionsbereitschaft der Waldorflehrer im Bereich des individuellen Unterrichts und integriert auch die Berücksichtigung von Schülerimpulsen in der eigenen Lehrtätigkeit. Leitfrage:

- *Wie ausgeprägt ist die Veränderungs- und Entwicklungsbereitschaft bezüglich des eigenen Unterrichts bei den Lehrern?*

Mit dem arithmetischen Mittelwert (M) von gerundet 1,8 fällt das Ergebnis – wie bei dem vorangehenden zum Veränderungspotential auf Schulebene – auch einzelpersonell betrachtet in den Bereich „trifft eher zu" und – mit Berücksichtigung der Dezimalstelle des Mittelwerts – mit einer „geringfügigen aber sichtbaren Tendenz" zu „trifft voll zu". Im Vergleich zur gesamtorganisationalen Adaptionsbereitschaft wird das diesbezügliche subjektive Entwicklungsvermögen mit einer Differenz von 0,4 Punkten deutlich positiver eingestuft, sodass die Umsetzung individueller Modifikationsprozesse als erfolgreicher wahrgenommen wird als diese von kollektiven.

Faktor 08: Ganzheitliche Arbeit: Zufriedenheit

Durch die Kategorie der Zufriedenheit mit der ganzheitlichen Arbeit wird aufgezeigt, inwiefern die Beteiligten zu einer simultanen Wahrnehmung von Unterrichts-, Verwaltungs- und Schulleitungsaufgaben fähig sind und so auch zur Leistung eines fundierenden Beitrags zur kollegialen Selbstverwaltung der jeweiligen Waldorfschule. Die Kategorie umfasst Aussagen zur Zufriedenheit mit der gegenwärtigen beruflichen Herausforderung und zur Adäquanz zwischen organisationaler Anforderung und individueller Fähigkeit. Leitfragen:

- *Inwiefern können Waldorfschulmitglieder deren Arbeitsaufgaben mit moderatem Einsatz bewältigen, sodass sich eine Zufriedenheit einstellt?*
- *Wie adäquat ist die Passung zwischen Arbeitsanforderung und Fähigkeit des Einzelnen?*
- *Welches Volumen beansprucht die Selbstverwaltungsarbeit beim Einzelnen?*

Mit einem arithmetischen Mittelwert (*M*) von gerundet 2,1 („trifft eher zu") werden die ganzheitlich angelegten Arbeitsaufgaben als weitgehend mit den eigenen Fähigkeiten korrespondierend betrachtet, jedoch verbleibt eine Toleranz mit einer Punktedifferenz in Höhe von 1,1 für eine optimale Passung von leistungsbezogenem Soll und Ist sowie – rekurrierend auf die Dezimalstelle des Mittelwerts – eine „geringfügige aber sichtbare Tendenz" von 0,1 zu dem Bedarf einer verfeinerten Abstimmung der Eignungsprofile.

Faktor 09: Ganzheitliche Arbeit: Belastung

Die Kategorie des subjektiven Belastungsempfindens durch die ganzheitlich ausgerichtete Arbeit vermittelt die inverse Sichtweise des vorangehenden Faktors zur Zufriedenheit mit derselben und erfasst die individuell wahrgenommene Strapaze und Überforderung durch simultan zu erbringende Unterrichts-, Verwaltungs- und Schulleitungsaufgaben sowie die daraus resultierende Unzufriedenheit. Leitfrage:

- *Inwiefern fühlt sich der Einzelne durch die zusätzlich zur Unterrichtstätigkeit anfallenden Schulführungsaufgaben belastet?*

Undifferenzierte Auswertung der Faktoren 439

Der arithmetische Mittelwert (*M*) von gerundet 3,0 („trifft eher nicht zu") bildet den äquivalenten Gegenwert zur Zufriedenheit mit ganzheitlich angelegten Arbeitsprozessen, wodurch die ermittelten Ergebnisse bestätigt und somit validiert werden. Demnach werden andersartige und zusätzliche Aufgaben zur fachlichen Tätigkeit als prinzipiell belastend apperzipiert, jedoch in einem moderaten und nicht überfordernden Maß.

Faktor 10: Engagement und Verantwortung

Die Kategorie der bei der Arbeit als Waldorflehrer – im Sinne eines Mitglieds einer kollegial selbstverwalteten Organisation – erforderlichen Bereitschaft zu Engagement und Verantwortungsübernahme bildet die Beurteilung ab, inwiefern Lehrer über eine unerlässliche intrinsische Motivation und das Bestreben zu einer ausgeprägten Eigenverantwortung und persönlichen Hingabe für ihr Tätigkeitsspektrum mitbringen, und inwiefern diese als besonders strapaziös oder überfordernd empfunden wird. Leitfragen:

- *Inwiefern wird die spezielle Arbeit von den Waldorfschulmitgliedern als besonders verantwortungsvoll empfunden?*
- *Inwiefern werten diese die verantwortliche Tätigkeit ideell und quantitativ als belastend?*
- *Inwiefern nehmen diese die anspruchsvollen Aufgaben als persönliche Überforderung wahr?*

Der arithmetische Mittelwert (*M*) von gerundet 2,3 liegt im Bereich „trifft eher zu" und weist – unter Berücksichtigung dessen Dezimalstelle – eine „deutliche Tendenz" zum Bereich „trifft eher nicht zu" auf. Der ideelle Bestandteil der Waldorflehrertätigkeit scheint regulär als nicht unverhältnismäßig belastend, jedoch durchaus als deutlich spürbare Herausforderung auf den Einzelnen zu wirken.

Faktor 11: Management: Struktur

Die Kategorie der strukturellen Aspekte des Organisationsmanagements bezieht sich auf solche Führungsaufgaben, die den organisatorischen Aufbau und prozessualen Ablauf des Waldorfschulbetriebs betreffen und erfasst die Zufriedenheit mit der kontemporären Ausgestaltung der Organisationsstrukturen zur

Steuerung und Koordinierung der in deren Rahmen stattfindenden Aktivitäten. Leitfragen:

- *Wie effektiv werden die Aufgaben des Organisationsmanagements (Arbeitszuweisung, -verteilung, -vertretung usw.) in der kollegialen Selbstverwaltung erledigt?*
- *Wie erfolgreich funktioniert hierbei die kollegiale Kooperation anstelle von festen Strukturen?*

Der arithmetische Mittelwert (M) von gerundet 2,2 („trifft eher zu") bildet eine grundsätzliche Zufriedenheit mit den strukturellen Gegebenheiten der Waldorfschulen ab, die jedoch – die Dezimalstelle des Mittelwerts respizierend – eine „geringfügige aber sichtbare Tendenz" zur Unzufriedenheit aufweist. Aus den Beurteilungen der auf die Aufbau- und Auflauforganisation der Schulen abzielenden Managementaufgaben resultiert so ein leichter Verbesserungsbedarf.

Faktor 12: Management: Eltern- (Kunden-) Orientierung

Der Kategorie der Eltern- (Kunden-) Orientierung als Teilbereich des Organisationsmanagements thematisiert solche Führungsaufgaben, die den Aufbau und die nachhaltige Etablierung der Beziehungen zwischen Schulkollegium und Elternschaft fokussieren. Dies ist analog zu einer „Kundenpflege" zu verstehen. In dieser Kategorie werden die Einstellungen und Modi bezüglich der Zusammenarbeit mit Eltern eruiert. Leitfragen:

- *Inwiefern herrscht ein Bewusstsein für eine Eltern- bzw. „Kunden"-Orientierung vor, und inwiefern ist ihre Handhabung in der kollegialen Selbstverwaltung manifestiert?*
- *Inwiefern wird die Waldorfschule an das externe Umfeld angebunden?*

Durch den arithmetischen Mittelwert (M) von gerundet 1,6 wird deutlich, dass die Qualität der Zusammenarbeit zwischen Eltern und Lehrerkollegium an Waldorfschulen durchschnittlich mit „trifft eher zu" bewertet wird und – mit Blick auf die Dezimalstelle des Mittelwerts – eine deutliche Tendenz zu „trifft voll zu" aufweist. Die die „Kundenbetreuung" betreffenden Führungsaufgaben scheinen an Waldorfschulen in einem sensibilisierten Verständnis registriert und zufrie-

Undifferenzierte Auswertung der Faktoren 441

denstellend erfüllt zu werden, sodass eine erfolgreiche Integration der Eltern (und ihrer Expertise) in den Erziehungsprozess des Kindes durch die Lehrer stattzufinden scheint.

Faktor 13: Personalführung: Anerkennung und Wertschätzung

Die Kategorie der Anerkennung und Wertschätzung als Teilbereich der Personalführung erfasst Aussagen, inwiefern der einzelne Waldorflehrer in der kollegialen Selbstverwaltung ausreichende Rückmeldungen über die Qualität seiner Arbeit erhält. Die Kategorie inkludiert Bewertungen der subjektiv erfahrenen Würdigung und konstruktiven Kritik der eigenen Arbeit sowie der Unterstützung bei deren Ausführung. Leitfragen:

- *Wie erfolgreich gelingt dem Einzelnen dessen Selbstführung?*
- *Inwiefern erhalten die Waldorfschulmitglieder Rückmeldungen über deren Arbeitsleistung und Hilfestellungen bei entstehenden Schwierigkeiten?*
- *Inwiefern wird die Arbeit des Lehrers für diesen offenkundig anerkannt und wertgeschätzt (im Sinne von Arbeitsmotivation)?*

Der arithmetische Mittelwert (M) von gerundet 1,8 liegt im Bereich „trifft eher zu" und neigt sich – rekurrierend auf dessen Dezimalstelle – mit „geringfügiger aber sichtbarer Tendenz" in Richtung „trifft voll zu". Dieses Ergebnis deutet auf eine suffiziente Erfüllung der Führungsaufgaben der Anerkennung und Wertschätzung (trotz abstinenter Führungsinstanz) hin, sodass sich hieraus die Existenz einer respektvollen und konstruktiven kollegialen Zusammenarbeit in Waldorfschulen ableitet, die dem Einzelnen eine selbstverantwortete Arbeit ermöglicht.

Faktor 14: Personalführung: Koordination und Zielerreichung

Die Kategorie der Koordination und Zielerreichung als weiterer Teilbereich der Personalführung umfasst die wahrgenommene Präzision und Klarheit der an die Lehrer gestellten Leistungserwartungen und anvisierten Handlungsziele im Sinne der Gesamtorganisation sowie die Qualität der zu koordinierenden Regelungen und Abläufe in Waldorfschulen, die sich auf den Personalbereich beziehen. Leitfragen:

- *Inwiefern werden die Leistungsanforderungen dem Einzelnen deutlich kommuniziert?*
- *Inwiefern sind Kompetenzen transparent verteilt und Ansprechpartner ubiquitär bekannt?*
- *Inwiefern sind Personalführungsprozesse (Administration, Betreuung u. a.) explizit geregelt?*

Der arithmetische Mittelwert (*M*) von gerundet 2,3 verortet sich im Bereich „trifft eher zu" und weist – unter Berücksichtigung dessen Dezimalstelle – eine „deutliche Tendenz" zu „trifft eher nicht zu" auf. Die konventionell durch eine Führungsinstanz zu übernehmenden Aufgaben der Koordination und Zielausrichtung der Teilleistungen scheinen in der kollegialen Selbstverwaltung an Waldorfschulen durch die Leistungen des Kollegiums nur unzureichend substituiert und somit nicht akzeptabel erfüllt zu sein. Dies weist auf eine diesbezügliche Volatilität mit deutlichen Verbesserungsbedarfen hin.

Faktor 15: Personalführung: Kommunikation, Information, Transparenz

Die Kategorie der Kommunikation, Information und Transparenz, die ebenfalls der Personalführung zuzuordnen ist, gibt Auskünfte über die Qualität der Kommunikationsvorgänge als Verbindungselement zwischen den Einzelhandlungen der Lehrer mit dem Ziel deren Ausrichtung auf die Gesamtaufgabe der Waldorfschule sowie über den Grad der Informationsversorgung und die Dimension der wahrgenommenen Transparenz der Prozesse für Eltern und Schulmitglieder. Somit spiegelt diese Kategorie die prinzipiellen Voraussetzungen für ein ganzheitlich angelegtes Organisationsverständnis der Lehrer sowie die Durchschaubarkeit und Plausibilität der institutionellen Verfahren aus externer Sicht (Seriosität) wider. Leitfragen:

- *Wie erfolgreich finden notwendige Kommunikationsprozesse zwischen den Lehrern statt?*
- *Inwiefern gelingt eine erforderliche Informierung aller Lehrer und der Eltern („Kunden")?*
- *In welchem Ausmaß sind interne Strukturen für Lehrer und Eltern („Kunden") transparent?*

Mit einem arithmetischen Mittelwert (*M*) von gerundet 2,3 ergibt sich ein similäres Bild wie bei dem vorangehenden Faktor zur Bewertung der Aufgabenerfüllung der Koordination und Zielerreichung: Die durchschnittliche Meinung der Lehrer befindet sich bei der apperzipierten Kommunikation, Information und Transparenz im Bereich „trifft eher zu" mit einer „deutlichen Tendenz" zu „trifft eher nicht zu" bei Einbezug der Dezimalstelle des Mittelwerts. Das bedeutet, dass auch bezüglich dieser Aspekte deutliche Optimierungsbedarfe existieren, da diese genuin durch eine Führungsinstanz zu übernehmende Aufgaben nicht adäquat durch die Leistungen des Kollegiums substituiert werden können. Hinsichtlich der Durchschaubarkeit bzw. Transparenz von Organisationsstrukturen gelangen Koolmann und Nörling (vgl. Koolmann 2015: 185ff.) bei ihrer Geschäftsführerbefragung zu einem ähnlichen Ergebnis: Gerundet 65 Prozent der Geschäftsführer gaben an, dass diese Aspekte zufriedenstellend („trifft voll zu" und „trifft eher zu") seien und gerundet 35 Prozent, dass diese eher mangelhaft („trifft eher nicht zu") seien.

Faktor 16: Praktische Freiheit

Bei der Kategorie der praktischen Freiheit wird erhoben, welche subjektiv wahrgenommene Güte die eigene und die die gesamte Schule betreffende Handlungs- und Entscheidungsautonomie sowie die Freiheit zur Umsetzung spezifisch waldorfpädagogischer Inhalte in der Praxis aufweisen und reflektiert somit die faktisch mögliche Verfahrensunabhängigkeit in den einzelnen Waldorfschulen. Zugleich wird eruiert, inwiefern etwaige gesellschaftliche oder waldorfschulimmanente Richtlinien oder Satzungen gegebenenfalls restriktiv wirken. Leitfragen:
- *Wie ausgeprägt gestalten sich die individuellen Entscheidungsmöglichkeiten?*
- *Wie groß sind die schulischen Handlungsspielräume?*
- *Inwiefern ist es möglich, die waldorfspezifischen Ziele faktisch zu verfolgen?*

Mit einem arithmetischen Mittelwert (*M*) von gerundet 1,9 („trifft eher zu") zeigt sich eine regulär zufriedenstellende Situation in Bezug auf die praktischen Handlungsfreiheiten in Waldorfschulen und – mit Blick auf die Dezimalstelle des Mittelwerts – eine „geringfügige aber sichtbare Tendenz" zu einer vollkommen zufriedenstellenden Beurteilung („trifft voll zu"). Das positive Ergebnis verweist auf die tendenziell erfolgreiche Realisierung des angedachten Typus' von Waldorfschulen als staatsunabhängige Schulen mit der Intention eines Handelns mit striktem Sachbezug und ohne externe (sachfremde) Direktiven. Vor diesem Hintergrund wäre ein weiterer Ausbau der praktisch möglichen Freiheit anzustreben, um eine Bewertung mit eindeutiger Tendenz in Richtung „trifft voll zu" zu erreichen.

Faktor 17: Problembereich: soziale Bedingungen

Die Kategorie der sozialen Bedingungen als sensibler Bereich der kollegialen Selbstverwaltung erfasst die subjektiv apperzipierte Qualität der langfristigen interpersonellen Zusammenarbeit des Kollegiums und erfasst somit die sozialen – in Demarkierung zu den strukturellen – Bedingungen der Organisation. Da sich kollegiale Selbstverwaltung durch die Qualität der informellen Beziehungen und somit durch das interaktive Miteinander der Lehrer konstituiert und dieses in einem Spektrum von vertrauensvoll und harmonisch bis zu konkurrenzorientiert und konfliktär auftreten kann, wird dieses hier als ein Problembereich an Waldorfschulen ausgewiesen. Leitfragen:

- *Welche Qualität weist das soziale Miteinander unter den Waldorfschulmitgliedern auf?*
- *Inwiefern basiert die Zusammenarbeit zwischen Kollegen auf Vertrauen?*
- *Inwiefern herrscht ein Konkurrenzdenken unter den Kollegen vor?*

Der arithmetische Mittelwert (*M*) von gerundet 1,8 („trifft eher zu") weist auf einen regulär guten sozialen Umgang hin, ohne dass ein Direktor oder Rektor bzw. Schulleiter in konventionellem Sinne regulativ oder mediatorisch interveniert. Rekurrierend auf die Dezimalstelle des Mittelwerts neigt sich das Ergebnis mit einer „geringfügigen aber sichtbaren Tendenz" zu einer sehr guten Bewertung („trifft voll zu"). Aus diesem Ergebnis lässt sich ableiten, dass die soziale Dimension in Kollegien an Waldorfschulen als eine grundlegende Bedingung für eine funktionierende kollegial selbstverwaltende Zusammenarbeit tendenziell positiv ausgeprägt ist.

Undifferenzierte Auswertung der Faktoren 445

Faktor 18: Problembereich: unerwünschte informelle Hierarchien

Die Kategorie der Herausbildung informeller Hierarchien figuriert ebenso als ein Problembereich der kollegialen Selbstverwaltung, denn diese erfasst Effekte fehlender Führung, die in der Form latent induzierter und somit verdeckter Machtdifferenzierungen wirksam werden und das soziale Gleichgewicht destabilisieren oder korrumpieren können. Diese Kategorie gibt Auskunft über die von den Lehrern an Waldorfschulen empfundene Gruppenkohäsion sowie über registrierte suggestive Machtstrukturen respektive das Fähigkeitspotential des Kollegiums zur Genese und Konservierung einer sozialen Balance ohne die regulativen Hilfestellungen einer Führungsinstanz. Leitfragen:

- *Inwiefern bilden sich in der kollegialen Selbstverwaltung informell soziale Subgruppen und Außenseiter heraus?*
- *Inwiefern gelingt in der kollegialen Selbstverwaltung die Genese eines sozialen Ganzen?*
- *Inwiefern übernehmen Meinungsführer informell die Leitung und erzeugen auf diese Weise latente hierarchische Strukturen?*
- *Inwiefern sehen sich die Waldorfschulmitglieder als Gleichgestellte bzw. als Konkurrenten an?*

Mit einem arithmetischen Mittelwert (*M*) von gerundet 3,2 („trifft eher nicht zu") wird die subjektiv apperzipierte Existenz unerwünschter informeller Hierarchien in Kollegien an Waldorfschulen tendenziell abgewiesen und weist – die Dezimalstelle des Mittelwerts respizierend – eine „geringfügige aber sichtbare Tendenz" zur Negation („trifft gar nicht zu") auf. Diese Aussage kongruiert mit der relativ positiven Bewertung der sozialen Bedingungen (vorangehender Faktor 17) und unterstreicht eine grundsätzliche Fähigkeit von selbstverwaltenden Kollegien zur Herstellung und Pflege eines konstruktiven sozialen Umgangs.

Faktor 19: Problembereich: Bezug zur Anthroposophie

Die Kategorie des persönlichen Bezugs zur Anthroposophie thematisiert, inwiefern der Einzelne in einer identifizierenden Verbundenheit zu dieser steht, und welchen Stellenwert dieser der Anthroposophie im privaten Leben und der beruflichen Arbeit beimisst. Dies vermittelt einen Eindruck, inwiefern die theoretischen Grundlagen der kollegialen Selbstverwaltung sowie das Leitbild der Waldorfschule verstanden, vergegenwärtigt und umgesetzt werden. Aufgrund der zeitlichen Ferne des Entstehungsimpulses der Waldorfschule sowie zahlreicher sachfremder Einflüsse und missinterpretierten Überlieferungen wird die persönliche Referenzialität zur Anthroposophie als Problembereich betrachtet. Leitfragen:

- *Welchen Stellenwert hat Anthroposophie für den Lehrer im privaten Leben und im Beruf?*
- *Wie stark verbunden fühlt und wie sehr identifiziert sich der Einzelne mit der Anthroposophie?*
- *Wie intensiv setzen sich die Waldorfschulmitglieder mit der Anthroposophie auseinander und sind mit den geisteswissenschaftlichen Grundlagen der Waldorfschule vertraut?*

Der arithmetische Mittelwert (*M*) von gerundet 2,3 befindet sich im Bereich „trifft eher zu" und ist – mit Berücksichtigung dessen Dezimalstelle – durch eine „deutliche Tendenz" zu „trifft eher nicht zu" gekennzeichnet. Da Waldorfschulen auf der Anthroposophie gründen und diese als Basis deren Leitbilds fungiert, verweist dieses Ergebnis auf einen deutlichen Aufholbedarf in der Auseinandersetzung mit den anthroposophischen Grundlagen. Dies koindiziert mit den Befunden der Geschäftsführerbefragung von Koolmann und Nörling (vgl. Nörling 2015b: 110ff.), die feststellten, dass an weniger als einem Drittel (gerundet 31 Prozent) der untersuchten Waldorfschulen eine kontinuierliche Leitbildarbeit stattfindet („trifft voll zu" und „trifft eher zu") und gerundet 63 Prozent der Geschäftsführer supponieren, dass das Leitbild der Waldorfschule sowohl Lehrern als auch Eltern defizitär oder nicht bekannt ist („trifft eher nicht zu" und „trifft gar nicht zu"). Nach den Ergebnissen von Randoll (vgl. 2013c: 107ff.) gaben 67 Prozent der Lehrer an, dass an der Schule (wenigstens exzeptionell) Leitbildarbeit erfolgt. Hinsichtlich deren persönlichen Verhältnisses zur Anthroposophie beurteilten sich die Lehrer zu gerundet 34 Prozent als „praktizierend bzw. engagiert" und zu gerundet 40 Prozent als „positiv bejahend" und schrieben der Anthroposophie in ihrem Privat- und Berufsleben eine „sehr hohe" (gerundet 21 Prozent) bzw. „hohe" (gerundet 47 Prozent) Bedeutung zu (vgl. ebd.: 71f.).

Undifferenzierte Auswertung der Faktoren 447

Faktor 20: Problembereich: Bedeutsamkeit der Arbeit

Die Kategorie der subjektiven Bedeutsamkeit der Arbeit (vgl. Schaarschmidt/ Fischer 2003; 2001) spiegelt wider, inwiefern die berufliche Tätigkeit einen signifikant ausgeprägten Stellenwert im individuellen Leben des Lehrenden einnimmt und gibt so zudem Auskunft über sein Selbstverständnis. Da durch die Notwendigkeit des persönlichen Engagements und Einsatzes des Waldorflehrers der berufliche Stellenwert eine Gefahr dessen dominanten Gewichtung inhäriert, wird diese Kategorie als Problembereich aufgefasst. Leitfragen:

- *Welche Wichtigkeit und welchen Stellenwert nimmt die Arbeit im Leben des Einzelnen ein?*
- *Welche Wirkung hat die Tätigkeit als Lehrer auf diesen?*

Mit einem arithmetischen Mittelwert (M) von gerundet 2,5 liegt dieser zwischen den Bereichen „trifft eher zu" und „trifft eher nicht zu" und „äquilibriert daher die Aussagegehalte beider Werte". Daraus kann abgeleitet werden, dass den Lehrern in Waldorfschulen im Durchschnitt ihre berufliche Arbeit wichtig ist, diese aber nicht mit einer überhöhten Bedeutung in ihrem Leben belegen, sodass nicht (ausschließlich) diese zu ihrer Selbstidentifikation dient.

Faktor 21: Problembereich: Stellenwert des Schülers beim Lehrenden

Die Kategorie des Stellenwerts des Schülers beim Lehrenden figuriert ebenso als ein Teil seines Selbstverständnisses und erfasst die Beziehungsqualität zwischen Lehrer und Schüler. Diese Kategorie weist darauf hin, inwiefern der Auftrag der Waldorfschule und mithin des Einzelnen als ein pädagogischer verstanden wird, sodass das zu erziehende Kind und seine Entwicklung als Ausgangspunkt und Legitimierung des eigenen Handelns betrachtet werden. Da die freiheitliche Organisation der Waldorfschule zugleich ein gewisses Toleranzniveau für eine diesbezüglich konträr intendierte Interpretation bietet, wird diese Kategorie als Problembereich geführt. Leitfragen:

- *Welchen Stellenwert misst der Einzelne dem zu unterrichtenden Schülern bei?*
- *Welche Resonanz erfahren die Lehrer auf ihr Verhalten von den Schülern?*

Mit einem arithmetischen Mittelwert (*M*) von gerundet 1,8 liegt die Bewertung im Bereich „trifft eher zu" und neigt sich – mit Blick auf dessen Dezimalstelle – mit „geringfügiger aber sichtbarer Tendenz" zum Bereich „trifft voll zu". Dies deutet darauf hin, dass das Verhältnis zwischen Lehrer und Schüler primär durch Respekt, Wertschätzung und Vertrauen gekennzeichnet ist, was auf einen fürsorglichen und schülerzentrierten Unterricht schließen lässt. Auch gibt das Ergebnis Hinweise darauf, dass die Lehrer den pädagogischen Auftrag in dessen genuiner Qualität auffassen.

Faktor 22: Problembereich: Arbeit als Selbstverwirklichung

Die Kategorie des individuellen Verständnisses der Arbeit als Selbstverwirklichung informiert darüber, inwiefern die existierende Handlungsfreiheit in der kollegialen Selbstverwaltung von den einzelnen Lehrern als Raum zur reinen Selbstverwirklichung missinterpretiert wird und erfasst dementsprechend die subjektive Intention bei der Ausführung der Arbeit als Waldorflehrer. Diese Kategorie repräsentiert somit ebenso einen Problembereich kollegialer Selbstverwaltung. Leitfragen:

- *Wozu dient die Arbeit den Lehrern subjektiv?*
- *Welche Auswirkungen hat die berufliche Tätigkeit der Lehrer auf ihre Persönlichkeiten?*
- *Inwiefern strebt der Einzelne an, sich in seiner Arbeit selbst zu verwirklichen?*

Bei dem arithmetischen Mittelwert (*M*) von gerundet 2,0 („trifft eher zu") wird deutlich, dass die Arbeit als Waldorflehrer gemeinhin auch als ein Vehikel zur Selbstverwirklichung fungiert. Aufgrund des erforderlichen extraordinären Engagements des Lehrers im Waldorfschulkontext ist eine Identifikation mit der beruflichen Tätigkeit grundsätzlich von Relevanz, solange diese in einem moderaten Ausmaß vorherrscht. Als äquilibrierendes Gegengewicht fungiert die schülerzentrierte pädagogische Zielsetzung. Eine Harmonisierung wäre bei einem Mittelwert von 2,5 erreicht, sodass sich bei dem vorliegenden Ergebnis ein Trend von 0,5 Punkten zu einem Selbstverwirklichungsstreben des Lehrers abbildet, was auf einen entsprechenden Verbesserungsbedarf hinweist.

11.3 Differenzierte Auswertung der Faktoren

Bei der differenzierten Faktorenauswertung werden die arithmetischen Mittelwerte (M) der Faktoren nach den in Kapitel 10.2.2 illustrierten exogenen Variablen differenziert ermittelt und in einer jeweiligen Tabelle aufgeführt. Die berechneten differenzierten Mittelwerte (M_{diff}) der Faktoren werden graphisch mit deren undifferenzierten Mittelwerten (M) in den jeweiligen Abbildungen kontrastierend veranschaulicht. Es werden nur die differenzierten Mittelwerte (M_{diff}) berücksichtigt, die ein signifikantes Ergebnis erzielen. Diese sind in den jeweiligen Tabellen fett gedruckt hinterlegt. Als statistisch signifikant wird ein Resultat bezeichnet, wenn die Wahrscheinlichkeit (p) für die Annahme eines akzidentiellen Ereignisses für die ermittelten Unterschiede zwischen den Messgrößen (hier: Faktoren) einen zuvor festgelegten Schwellenwert nicht überschreitet. Das so bezeichnete „Signifikanzniveau" wird hier bei einem Wert von $p <= 0{,}05$ fixiert. Die als signifikant ausgewiesenen Unterschiede in den Messergebnissen liefern somit Hinweise auf eine faktisch existierende Diskrepanz und einen potentiell kausalen Zusammenhang. Auf dieser Basis können kontinuierende Analysen erfolgen. Für diese wird definiert, dass solche Faktoren mit signifikanten differenzierten Mittelwerten (M_{diff}) interessant sind und präziser betrachtet werden, deren Werte eine Differenz $\Delta >= (+/-)0{,}15$ aufweisen. Diese werden in der jeweiligen Tabelle durch eine grau schattierte Zelle signalisiert.

11.3.1 Faktorenauswertung differenziert nach dem praktizierten Führungsmodell

Bei der Auswertung der in Kapitel 10.3 entwickelten Faktoren differenziert nach der exogenen Variable des in den Waldorfschulen praktizierten Führungsmodells (klassisch; Mandat) zeigt sich, dass sich bei lediglich 5 von 22 Faktoren signifikante Unterschiede in den berechneten arithmetischen Mittelwerten (M_{diff}) ergeben (vgl. Tab. 34). Bei den übrigen Werten ist ein aleatorisches Resultat nicht ausschließbar, sodass diese bei der weiteren Auswertung ignoriert werden.

Die Faktoren mit signifikanten nach dem praktizierten Führungsmodell (klassisch; Mandat) differenzierten Messergebnissen ($p <= 0{,}05$) werden in Abbildung 10 graphisch veranschaulicht, wobei diese lediglich durch geringfügige Abweichungen zur undifferenzierten Auswertung gekennzeichnet sind.

Tab. 34: Faktorenauswertung differenziert nach dem praktizierten Führungsmodell (ie)

Faktoren		Differenzierung [praktiziertes Führungsmodell]	Mittelwert [M_{diff}]	Signifikanz [p]	Differenz [$\Delta = M_{diff.\ klass} - M_{diff.\ Mandat}$]
01	Führung in der kollegialen	klassisch	2,0628	,003	
	Selbstverw.: Verständnis	Mandat	1,9337	,003	0,1291
02	Führung in der kollegialen	klassisch	1,9909	,390	
	Selbstverw.: Einstellung	Mandat	1,9616	,393	
03	Führung in der kollegialen	klassisch	3,1777	,042	
	Selbstver.: Belastung	Mandat	3,2593	,043	−0,0816
04	Führungskompetenz:	klassisch	2,2604	,872	
	Führungsfähigkeit	Mandat	2,2533	,872	
05	Führungskompetenz:	klassisch	2,3333	,009	
	persönl. Konfliktfähigkeit	Mandat	2,4196	,009	−0,0863
06	Veränderungspotential:	klassisch	2,1903	,670	
	Schulebene	Mandat	2,2048	,672	
07	Veränderungspotential:	klassisch	1,7811	,800	
	Unterrichtsebene	Mandat	1,7724	,800	
08	Ganzheitliche Arbeit:	klassisch	2,1042	,053	
	Zufriedenheit	Mandat	2,0393	,055	
09	Ganzheitliche Arbeit:	klassisch	2,9799	,939	
	Belastung	Mandat	2,9831	,939	
10	Engagement und	klassisch	2,3144	,119	
	Verantwortung	Mandat	2,3826	,121	
11	Management:	klassisch	2,1776	,656	
	Struktur	Mandat	2,1615	,657	
12	Management: Eltern-	klassisch	1,5260	,061	
	(Kunden-) Orientierung	Mandat	1,5752	,062	
13	Personalf.: Anerkennung	klassisch	1,8123	,597	
	und Wertschätzung	Mandat	1,8327	,596	
14	Personalf.: Koordination	klassisch	2,3247	,026	
	und Zielerreichung	Mandat	2,2250	,026	0,0997
15	Personalf.: Kommunikation,	klassisch	2,3387	,269	
	Information, Transparenz	Mandat	2,2966	,270	
16	Praktische	klassisch	1,9079	,088	
	Freiheit	Mandat	1,8426	,090	
17	Problembereich:	klassisch	1,7809	,715	
	soziale Bedingungen	Mandat	1,7945	,712	
18	Problembereich: unerw.	klassisch	3,2215	,447	
	informelle Hierarchien	Mandat	3,1945	,446	
19	Problembereich:	klassisch	2,2396	,001	
	Bezug zur Anthroposophie	Mandat	2,3966	,001	−0,1570
20	Problembereich: subjektive	klassisch	2,5027	,352	
	Bedeutsamkeit der Arbeit	Mandat	2,5446	,352	
21	Problembereich: Stellenwert	klassisch	1,7357	,081	
	des Schülers beim Lehrenden	Mandat	1,7955	,082	
22	Problembereich: Arbeit	klassisch	1,9433	,641	
	als Selbstverwirklichung	Mandat	1,9630	,642	

Differenzierte Auswertung der Faktoren 451

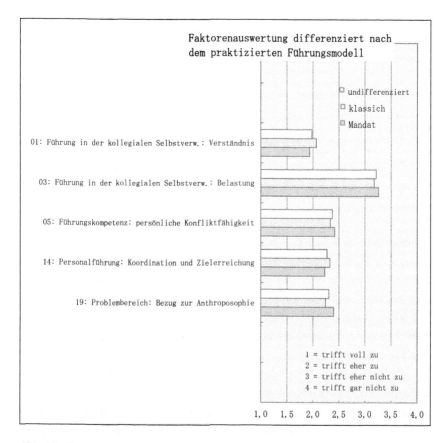

Abb. 10: Faktorenauswertung differenziert nach dem praktizierten Führungsmodell (ie)

Auf die signifikanten nach dem praktizierten Führungsmodell (klassisch; Mandat) differenzierten Ergebnisse begrenzt sind bei der Komparation der entsprechenden differenzierten arithmetischen Mittelwerte (M_{diff}) bei folgenden Faktoren erkennbare Unterschiede – jedoch in schwacher Ausprägung – erkennbar:

01: Führung in der kollegialen Selbstverwaltung: Verständnis
03: Führung in der kollegialen Selbstverwaltung: Belastung
05: Führungskompetenz: persönliche Konfliktfähigkeit
14: Personalführung: Koordination und Zielerreichung

Das durch die Lehrerkollegien von Waldorfschulen optierte Führungsmodell (klassisch; Mandat) scheint auf ihre Beurteilungen bezüglich der diesen Faktoren zugeordneten Items keine verifizierbaren Auswirkungen zu haben.

Bei folgendem Faktor ist eine leicht erhöhte Differenz (Δ) von gerundet 0,2 Punkten zu registrieren:

19: Problembereich: Bezug zur Anthroposophie

Die Lehrer klassisch geführter Waldorfschulen weisen demnach einen etwas intensiveren Bezug zur Anthroposophie auf als die in einer mandatsgeführten Schule tätigen Lehrer.

Summa summarum lässt sich ableiten, dass die Konsequenzen eines praktizierten Führungsmodells (klassisch; Mandat) einer Waldorfschule keine fundamentalen Zusammenhänge zu den in den einzelnen Faktoren enthaltenen Aussagewerten der Lehrer aufweisen. Paraphrasiert bedeutet dies, dass keine erkennbaren Wirkungseffekte bei den Beurteilungen der Items durch die Lehrer auftreten, wenn zwischen klassisch geführten und mandatsgeführten Kollegien differenziert wird, sodass die wahrgenommene Qualität bzw. Funktionalität von kollegialer Selbstverwaltung nicht prägnant durch das zugrundeliegende Führungsmodell determiniert wird.

Zu diesem Ergebnis gelangen auch Koolmann und Nörling (2015: 247) in ihrer Geschäftsführerbefragung: *"Aus Sicht der Geschäftsführer scheint die Wahl der Führungsstruktur keine erkennbaren Auswirkungen auf das Funktionieren oder Nichtfunktionieren der Selbstverwaltung einer Waldorfschule zu haben."* Daraus leiten sie eine größere Relevanz der Frage nach dem „Wie" ab in Abgrenzung zur Frage nach dem „Was". Auch Peters (2013b: 202, Ausl. ie) kommt bei seiner Untersuchung der arbeitsbezogenen Verhaltens- und Erlebensmuster von Waldorfschulkollegien zu dem Schluss, dass sich bezüglich des praktizierten Führungsmodells *„(...) keine signifikanten Zusammenhänge mit der AVEM-Musterverteilung nachweisen"* lassen, sodass potentielle Unterschiede im Belastungserleben der Lehrer von Waldorfschulen nicht auf die Struktur, sondern insbesondere auf die sozialen Prozesse zurückführbar sind.

Differenzierte Auswertung der Faktoren 453

11.3.2 Faktorenauswertung differenziert nach der Altersverteilung

Die differenzierte Auswertung der generierten Faktoren nach der exogenen Variable der dichotomen Altersverteilung (< 40 Jahre; >= 40 Jahre) ergibt, dass von den 22 Faktoren lediglich 8 Faktoren signifikante Unterschiede in den errechneten arithmetischen Mittelwerten (M_{diff}) aufweisen (vgl. Tab. 35). Bei den übrigen Werten ist ein akzidentielles Ergebnis nicht auszuschließen, sodass diese bei der weiteren Auswertung exkludiert werden.

Die Faktoren mit signifikanten nach der dichotomen Altersverteilung (< 40 Jahre; >= 40 Jahre) differenzierten Messergebnissen ($p <= 0,05$) werden in Abbildung 11 graphisch dargestellt, wobei diese nur marginale Abweichungen zur undifferenzierten Auswertung erkennen lassen.

Bezogen auf die signifikanten Ergebnisse zeichnen sich bei der Kontrastierung der nach der dichotomen Altersverteilung (< 40 Jahre; >= 40 Jahre) differenzierten Mittelwerte (M_{diff}) bei folgenden Faktoren apparente Diskrepanzen ab – jedoch lediglich in dezenter Ausprägung:

01: Führung in der kollegialen Selbstverwaltung: Verständnis
03: Führung in der kollegialen Selbstverwaltung: Belastung
04: Führungskompetenz: Führungsfähigkeit
10: Engagement und Verantwortung
11: Management: Struktur
13: Personalführung: Anerkennung und Wertschätzung
14: Personalführung: Koordination und Zielerreichung

Eine Berücksichtigung unterschiedlicher Altersklassen (< 40 Jahre; >= 40 Jahre) bei den befragten Waldorflehrern deutet auf keine mensurablen Auswirkungen auf ihre Beurteilungen der zu diesen Faktoren gehörigen Items hin.

Bei dem folgenden Faktor ist eine etwas höhere Differenz (Δ) von gerundet 0,2 Punkten erkennbar:

22: Problembereich: Arbeit als Selbstverwirklichung

Die unter 40-jährigen Lehrer tendieren demnach etwas stärker zu einem Selbstverwirklichungsstreben in der beruflichen Arbeit als die ab 40-jährigen.

Tab. 35: Faktorenauswertung differenziert nach der Altersverteilung (ie)

Faktoren		Differenzierung [Alter]	Mittelwert [M_{diff}]	Signifikanz [p]	Differenz [$\Delta = M_{diff,<40J.} - M_{diff,>=40J.}$]
01	Führung in der kollegialen	< 40 Jahre	1,8841	,004	
	Selbstverw.: Verständnis	>= 40 Jahre	1,9952	,003	-0,1111
02	Führung in der kollegialen	< 40 Jahre	1,9416	,111	
	Selbstverw.: Einstellung	>= 40 Jahre	1,9904	,115	
03	Führung in der kollegialen	< 40 Jahre	3,2935	,013	
	Selbstver.: Belastung	>= 40 Jahre	3,2015	,018	0,0920
04	Führungskompetenz:	< 40 Jahre	2,1434	,011	
	Führungsfähigkeit	>= 40 Jahre	2,2460	,012	-0,1026
05	Führungskompetenz:	< 40 Jahre	2,3191	,044	
	persönl. Konfliktfähigkeit	>= 40 Jahre	2,3803	,056	
06	Veränderungspotential:	< 40 Jahre	2,1723	,066	
	Schulebene	>= 40 Jahre	2,2285	,074	
07	Veränderungspotential:	< 40 Jahre	1,7346	,412	
	Unterrichtsebene	>= 40 Jahre	1,7595	,407	
08	Ganzheitliche Arbeit:	< 40 Jahre	2,0661	,627	
	Zufriedenheit	>= 40 Jahre	2,0813	,632	
09	Ganzheitliche Arbeit:	< 40 Jahre	2,9971	,352	
	Belastung	>= 40 Jahre	2,9609	,368	
10	Engagement und	< 40 Jahre	2,2398	,011	
	Verantwortung	>= 40 Jahre	2,3407	,006	-0,1009
11	Management:	< 40 Jahre	2,0849	,006	
	Struktur	>= 40 Jahre	2,1766	,009	-0,0917
12	Management: Eltern-	< 40 Jahre	1,5922	,042	
	(Kunden-) Orientierung	>= 40 Jahre	1,5425	,051	
13	Personalf.: Anerkennung	< 40 Jahre	1,7484	,005	
	und Wertschätzung	>= 40 Jahre	1,8456	,004	-0,0972
14	Personalf.: Koordination	< 40 Jahre	2,1949	,025	
	und Zielerreichung	>= 40 Jahre	2,2822	,036	-0,0873
15	Personalf.: Kommunikation,	< 40 Jahre	2,2996	,565	
	Information, Transparenz	>= 40 Jahre	2,3188	,577	
16	Praktische	< 40 Jahre	1,8503	,824	
	Freiheit	>= 40 Jahre	1,8579	,825	
17	Problembereich:	< 40 Jahre	1,7532	,119	
	soziale Bedingungen	>= 40 Jahre	1,8050	,129	
18	Problembereich: unerw.	< 40 Jahre	3,2011	,596	
	informelle Hierarchien	>= 40 Jahre	3,1847	,601	
19	Problembereich:	< 40 Jahre	2,3554	,161	
	Bezug zur Anthroposophie	>= 40 Jahre	2,2937	,174	
20	Problembereich: subjektive	< 40 Jahre	2,5234	,881	
	Bedeutsamkeit der Arbeit	>= 40 Jahre	2,5294	,879	
21	Problembereich: Stellenwert	< 40 Jahre	1,7121	,070	
	des Schülers beim Lehrenden	>= 40 Jahre	1,7663	,072	
22	Problembereich: Arbeit	< 40 Jahre	1,8232	,000	
	als Selbstverwirklichung	>= 40 Jahre	1,9789	,000	-0,1557

Differenzierte Auswertung der Faktoren 455

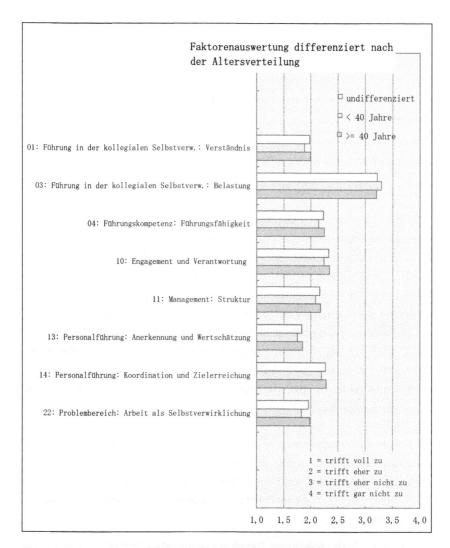

Abb. 11: Faktorenauswertung differenziert nach der Altersverteilung (ie)

Insgesamt bilden sich bei der Beachtung der dichotomen Altersverteilung (< 40 Jahre; >= 40 Jahre) von Lehrern an Waldorfschulen keine signifikanten Zusammenhänge zu den in den jeweiligen Faktoren beinhalteten Aussagewerten ab, sodass das Alter der Lehrer keine substantielle Determinante ihres Beurteilungsprozesses hinsichtlich der in den Items abgefragten Sachverhalte darstellt. Jüngere wie ältere Lehrer bewerten die Effektivität kollegialer Selbstverwaltung somit äquivalent respektive unabhängig von jahrgangsbezogenen Attributen und so in Korrespondenz zu hierzu divergierenden Merkmalen und Argumenten.

11.3.3 Faktorenauswertung differenziert nach erfolgten Beratungsleistungen

11.3.3.1 Maßnahmen zur Organisationsentwicklung

Bei der Auswertung der Faktoren differenziert nach der exogenen Variable der externen Beratungsleistungen in Form von Organisationsentwicklung (OE – ja; OE – nein) zeigt sich, dass 11 von 22 und damit die Hälfte der Faktoren signifikante Unterschiede in den berechneten arithmetischen Mittelwerten (M_{diff}) aufweisen (vgl. Tab. 36). Bei den übrigen Werten ist ein aleatorisches Ergebnis denkbar, sodass diese bei der weiteren Auswertung ausgeschlossen werden.

Die Faktoren mit signifikanten nach externen Beratungsleistungen in Form von Organisationsentwicklungsmaßnahmen (OE – ja; OE – nein) differenzierten Messergebnissen ($p <= 0{,}05$) werden in Abbildung 12 graphisch dargestellt, wobei diese nur geringe Diskrepanzen zur undifferenzierten Faktorenauswertung aufweisen.

Mit Fokus auf die signifikanten differenzierten Ergebnisse existieren komparativ zwischen den differenzierten Mittelwerten (M_{diff}) nach externen Beratungsleistungen in der Form von Organisationsentwicklungsmaßnahmen (OE – ja; OE – nein) bei den folgenden Faktoren erkennbare Differenzen – jedoch in minimaler Prägnanz:

01: Führung in der kollegialen Selbstverwaltung: Verständnis
02: Führung in der kollegialen Selbstverwaltung: Einstellung
05: Führungskompetenz: persönliche Konfliktfähigkeit
06: Veränderungspotential: Schulebene
10: Engagement und Verantwortung

Differenzierte Auswertung der Faktoren 457

12: Management: Eltern- (Kunden-) Orientierung
15: Personalführung: Kommunikation, Information, Transparenz
16: Praktische Freiheit
18: Problembereich: unerwünschte informelle Hierarchien
20: Problembereich: subjektive Bedeutsamkeit der Arbeit

Die Teilnahme an extern veranlassten Entwicklungsprozessen auf der Ebene der gesamten Organisation übt somit keinen zentralen Einfluss auf die Beurteilungsqualität der diesen Faktoren zugewiesenen Items durch die Lehrer aus.

Bei dem folgenden Faktor ist eine etwas erhöhte Differenz (Δ) von gerundet 0,2 Punkten erkennbar:

03: Führung in der kollegialen Selbstverwaltung: Belastung

Ein durch Organisationsentwicklungsmaßnahmen beratenes Kollegium fühlt sich demnach etwas weniger durch die Partizipation bei Führungsaufgaben belastet als ein nicht beratenes Kollegium.

Insgesamt scheinen (nicht) durchgeführte Maßnahmen in Form von Organisationsentwicklung (OE – ja; OE – nein) in Waldorfschulen keine bedeutenden Zusammenhänge zu den in den jeweiligen Faktoren enthaltenen Aussagewerten aufzuzeigen, sodass die auf die gesamte Institution gerichteten externen Beratungsleistungen nur marginale Auswirkungen auf die Ansichten der in dieser arbeitenden Lehrer haben. Ein „entwickeltes" Kollegium beurteilt demnach die Funktionalität von kollegialer Selbstverwaltung similär wie ein „nicht entwickeltes" Kollegium.

Dieses Ergebnis kongruiert mit jenem der Geschäftsführerbefragung von Koolmann und Nörling (vgl. Boukal 2015: 198ff.): Sie weisen nach, dass kein prägnanter Zusammenhang zwischen externen Beratungsleistungen in der Form von Maßnahmen zur Organisationsentwicklung und unter anderem effektiven Prozessen in der kollegialen Selbstverwaltung der Organisation existieren. Der Zusammenhang werde jedoch hoch signifikant, wenn ein institutionalisiertes Organ für Organisationsentwicklung in den jeweiligen Waldorfschulen implementiert ist.

458 Darstellung der empirischen Ergebnisse

Tab. 36: Faktorenauswertung differenziert nach erfolgten Beratungsleistungen: OE (ie)

Faktoren		Differenzierung [Organisationsentwicklung (OE)]	Mittelwert [$M_{diff.}$]	Signifikanz [p]	Differenz [$\Delta = M_{diff.\ OE\ ja} - M_{diff.\ OE\ nein}$]
01	Führung in der kollegialen	OE - ja	2,0447	,002	
	Selbstverw.: Verständnis	OE - nein	1,9550	,003	0,0897
02	Führung in der kollegialen	OE - ja	2,0391	,000	
	Selbstverw.: Einstellung	OE - nein	1,9533	,000	0,0858
03	Führung in der kollegialen	OE - ja	3,3040	,000	
	Selbstver.: Belastung	OE - nein	3,1377	,000	0,1663
04	Führungskompetenz:	OE - ja	2,2610	,415	
	Führungsfähigkeit	OE - nein	2,2350	,412	
05	Führungskompetenz:	OE - ja	2,4181	,007	
	persönl. Konfliktfähigkeit	OE - nein	2,3556	,008	0,0625
06	Veränderungspotential:	OE - ja	2,2593	,034	
	Schulebene	OE - nein	2,2086	,032	0,0507
07	Veränderungspotential:	OE - ja	1,7670	,427	
	Unterrichtsebene	OE - nein	1,7478	,429	
08	Ganzheitliche Arbeit:	OE - ja	2,1102	,078	
	Zufriedenheit	OE - nein	2,0675	,077	
09	Ganzheitliche Arbeit:	OE - ja	2,9894	,143	
	Belastung	OE - nein	2,9446	,141	
10	Engagement und	OE - ja	2,2713	,007	
	Verantwortung	OE - nein	2,3563	,007	-0,0850
11	Management:	OE - ja	2,1697	,869	
	Struktur	OE - nein	2,1741	,871	
12	Management: Eltern-	OE - ja	1,5854	,001	
	(Kunden-) Orientierung	OE - nein	1,5208	,001	0,0646
13	Personalf.: Anerkennung	OE - ja	1,8698	,079	
	und Wertschätzung	OE - nein	1,8216	,079	
14	Personalf.: Koordination	OE - ja	2,3073	,110	
	und Zielerreichung	OE - nein	2,2591	,119	
15	Personalf.: Kommunikation,	OE - ja	2,3681	,002	
	Information, Transparenz	OE - nein	2,2873	,002	0,0808
16	Praktische	OE - ja	1,9372	,000	
	Freiheit	OE - nein	1,8123	,000	0,1249
17	Problembereich:	OE - ja	1,8179	,337	
	soziale Bedingungen	OE - nein	1,7926	,336	
18	Problembereich: unerw.	OE - ja	3,1458	,010	
	informelle Hierarchien	OE - nein	3,2083	,013	-0,0625
19	Problembereich:	OE - ja	2,3324	,128	
	Bezug zur Anthroposophie	OE - nein	2,2803	,129	
20	Problembereich: subjektive	OE - ja	2,5949	,003	
	Bedeutsamkeit der Arbeit	OE - nein	2,5003	,003	0,0946
21	Problembereich: Stellenwert	OE - ja	1,7812	,087	
	des Schülers beim Lehrenden	OE - nein	1,7407	,090	
22	Problembereich: Arbeit	OE - ja	1,9603	,708	
	als Selbstverwirklichung	OE - nein	1,9490	,712	

Differenzierte Auswertung der Faktoren

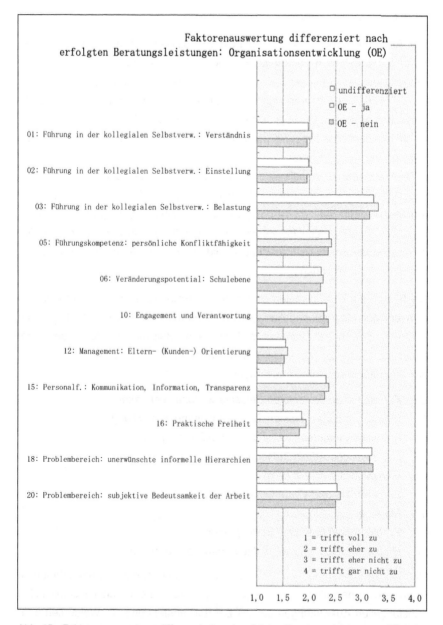

Abb. 12: Faktorenauswertung differenziert nach erfolgten Beratungsleistungen: OE (ie)

11.3.3.2 Maßnahmen zu Supervision/Coaching

Die Auswertung der entwickelten Faktoren differenziert nach der exogenen Variable der externen Beratungsleistungen in Form von Maßnahmen zu Supervision/Coaching (S/C – ja; S/C – nein) ergibt, dass 15 von 22 und damit mehr als die Hälfte der Faktoren signifikante Unterschiede in den berechneten arithmetischen Mittelwerten (M_{diff}) aufzeigen (vgl. Tab. 37). Bei den übrigen Werten ist ein akzidentielles Ergebnis potentiell möglich, sodass diese bei der weiteren Auswertung ignoriert werden.

Die Faktoren mit signifikanten nach externen Beratungsleistungen in Form von Maßnahmen zu Supervision/Coaching (S/C – ja; S/C – nein) differenzierten Messergebnissen ($p <= 0{,}05$) werden in Abbildung 13 graphisch veranschaulicht, wobei diese insgesamt etwas deutlichere Abweichungen zur undifferenzierten Faktorenauswertung abbilden als dies bei den bisher erfolgten Differenzierungen vorlag.

Die Faktoren mit signifikanten differenzierten Ergebnissen demarkierend finden sich bei der Gegenüberstellung deren differenzierten Mittelwerte (M_{diff}) nach externen Beratungsleistungen in Form von Maßnahmen zu Supervision/ Coaching (S/C – ja; S/C – nein) bei folgenden Faktoren mensurable Differenzen – jedoch in schwacher Ausprägung:

01: *Führung in der kollegialen Selbstverwaltung: Verständnis*
02: *Führung in der kollegialen Selbstverwaltung: Einstellung*
05: *Führungskompetenz: persönliche Konfliktfähigkeit*
08: *Ganzheitliche Arbeit: Zufriedenheit*
09: *Ganzheitliche Arbeit: Belastung*
10: *Engagement und Verantwortung*
11: *Management: Struktur*
17: *Problembereich: soziale Bedingungen*
18: *Problembereich: unerwünschte informelle Hierarchien*

Die Inanspruchnahme von individuellen externen Beratungsmaßnahmen in Form von Supervision/Coaching (S/C – ja; S/C – nein) scheint somit keine substantiellen Auswirkungen auf die Beurteilungstendenz der Waldorflehrer in Bezug auf die zu diesen Faktoren zählenden Items zu haben.

Differenzierte Auswertung der Faktoren

Tab. 37: Faktorenauswertung differenziert nach erfolgten Beratungsleistungen: S/C (ie)

Faktoren		Differenzierung [Supervision / Coaching (S/C)]	Mittelwert [$M_{diff.}$]	Signifikanz [p]	Differenz [$\Delta = M_{diff.\ S/C\ ja} - M_{diff.\ S/C\ nein}$]
01	Führung in der kollegialen	S/C - ja	1,9035	,000	
	Selbstverw.: Verständnis	S/C - nein	2,0398	,000	-0,1363
02	Führung in der kollegialen	S/C - ja	1,9082	,000	
	Selbstverw.: Einstellung	S/C - nein	2,0432	,000	-0,1404
03	Führung in der kollegialen	S/C - ja	3,2000	,168	
	Selbstver.: Belastung	S/C - nein	3,1597	,169	
04	Führungskompetenz:	S/C - ja	2,1320	,000	
	Führungsfähigkeit	S/C - nein	2,3353	,000	-0,2033
05	Führungskompetenz:	S/C - ja	2,3480	,024	
	persönl. Konfliktfähigkeit	S/C - nein	2,3998	,024	-0,0518
06	Veränderungspotential:	S/C - ja	2,1383	,000	
	Schulebene	S/C - nein	2,3101	,000	-0,1718
07	Veränderungspotential:	S/C - ja	1,7482	,828	
	Unterrichtsebene	S/C - nein	1,7535	,828	
08	Ganzheitliche Arbeit:	S/C - ja	2,0481	,011	
	Zufriedenheit	S/C - nein	2,1104	,010	-0,0623
09	Ganzheitliche Arbeit:	S/C - ja	2,9791	,031	
	Belastung	S/C - nein	2,9128	,030	0,0663
10	Engagement und	S/C - ja	2,4025	,000	
	Verantwortung	S/C - nein	2,2689	,000	0,1336
11	Management:	S/C - ja	2,1006	,000	
	Struktur	S/C - nein	2,2391	,000	-0,1385
12	Management: Eltern-	S/C - ja	1,5379	,713	
	(Kunden-) Orientierung	S/C - nein	1,5448	,713	
13	Personalf.: Anerkennung	S/C - ja	1,7474	,000	
	und Wertschätzung	S/C - nein	1,9042	,000	-0,1568
14	Personalf.: Koordination	S/C - ja	2,1331	,000	
	und Zielerreichung	S/C - nein	2,4074	,000	-0,2743
15	Personalf.: Kommunikation,	S/C - ja	2,2143	,000	
	Information, Transparenz	S/C - nein	2,4045	,000	-0,1902
16	Praktische	S/C - ja	1,7648	,000	
	Freiheit	S/C - nein	1,9100	,000	-0,1452
17	Problembereich:	S/C - ja	1,7301	,000	
	soziale Bedingungen	S/C - nein	1,8631	,000	-0,1330
18	Problembereich: unerw.	S/C - ja	3,2187	,013	
	informelle Hierarchien	S/C - nein	3,1586	,012	0,0601
19	Problembereich:	S/C - ja	2,2924	,831	
	Bezug zur Anthroposophie	S/C - nein	2,2996	,830	
20	Problembereich: subjektive	S/C - ja	2,5294	,612	
	Bedeutsamkeit der Arbeit	S/C - nein	2,5456	,612	
21	Problembereich: Stellenwert	S/C - ja	1,7557	,240	
	des Schülers beim Lehrenden	S/C - nein	1,7279	,241	
22	Problembereich: Arbeit	S/C - ja	1,9224	,064	
	als Selbstverwirklichung	S/C - nein	1,9786	,066	

462 Darstellung der empirischen Ergebnisse

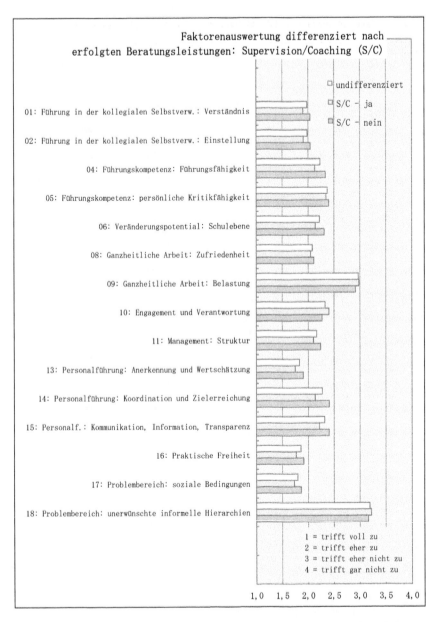

Abb. 13: Faktorenauswertung differenziert nach erfolgten Beratungsleistungen: S/C (ie)

Differenzierte Auswertung der Faktoren 463

Bei folgenden Faktoren ist eine etwas höhere Differenz (Δ) von gerundet 0,2 Punkten erkennbar:

04: Führungskompetenz: Führungsfähigkeit

Das durch Maßnahmen zu Supervision/Coaching extern beratene Waldorfschulkollegium bewertet die wahrgenommene kollektive Führungsfähigkeit mit einem Mittelwert von 2,13 etwas positiver als das nicht beratene mit einem Mittelwert von 2,34, was einer Differenz (Δ) von gerundet 0,2 Punkten entspricht.

06: Veränderungspotential: Schulebene

Auch beurteilt die durch Maßnahmen zu Supervision/Coaching extern beratene Lehrergruppe das apperzipierte Veränderungspotential auf Schulebene mit einem Mittelwert von 2,14 etwas positiver (Δ = 0,17) als die nicht beratene Gruppe mit einem Wert von 2,31.

13: Personalführung: Anerkennung und Wertschätzung
14: Personalführung: Koordination und Zielerreichung
15: Personalführung: Kommunikation, Information, Transparenz

In allen erhobenen Bereichen der Personalführung zeigen sich erkennbare Diskrepanzen bei der differenzierten Auswertung: Während Waldorflehrer, die externe Beratungsleistungen in Form von Maßnahmen zu Supervision/ Coaching erhielten, den Faktor 13 mit einem Mittelwert von 1,75 beurteilten, erhielt dieser bei den nicht beratenen Lehrern einen etwas weniger positiven (Δ = 0,16) Mittelwert von 1,90. Ebenso der Faktor 15 wurde bei der beratenen Gruppe mit einem Mittelwert von 2,21 positiver gewichtet (Δ = 0,19) als bei der nicht geschulten Gruppe mit einem Mittelwert von 2,40. Eine besonders hohe Differenz (Δ) von fast 0,3 Punkten zeigt sich bei der Auswertung des Faktors 14: Während die Beratenen diesen mit einem Mittelwert von 2,13 belegen, erzielt dieser bei den nicht Beratenen nur einen Mittelwert von 2,41. Es bildet sich ab, dass ein durch externe Maßnahmen zu Supervision/Coaching beratenes Kollegium demnach die Bewältigung von Personalführungsaufgaben im Rahmen der kollegialen Selbstverwaltung deutlich leichter fällt als den nicht beratenen Lehrern.

16: Praktische Freiheit

Des Weiteren wird die registrierte praktische Freiheit mit einem Mittelwert von 1,77 (im Vergleich zu 1,91) als etwas größer (Δ = 0,15) angesehen, wenn das Kollegium extern durch Maßnahmen zu Supervision/Coaching beraten wurde.

Summa summarum kann festgehalten werden, dass absolvierte Maßnahmen zu Supervision/Coaching (S/C – ja; S/C – nein) in der Relation zu den bisherigen Differenzierungen stärkere Zusammenhänge zu den in den jeweiligen Faktoren enthaltenen Aussagewerten aufweisen, sodass individuell ausgerichtete externe Beratungsmaßnahmen stärkere Auswirkungen auf die Haltungen der Lehrer verursachen als eine kollektive Entwicklung der Gesamtorganisation. Die Einstellungen und Wahrnehmungen der Waldorflehrer werden durch persönliche Supervision und Einzelcoaching tendenziell positiv beeinflusst, sodass individuell beratene Lehrer die Funktionalität kollegialer Selbstverwaltung prinzipiell etwas erfolgreicher bewerten. Damit lässt sich ein schwacher aber mensurabler Zusammenhang von externen Beratungsleistungen in Form von Maßnahmen zu Supervision und Coaching und den Beurteilungen der zu Faktoren gebündelten Items nachweisen.

11.3.4 Faktorenauswertung diff. nach der Qualität des Organisationsklimas

Die Auswertung der generierten Faktoren differenziert nach der exogenen Variable der Qualität des Organisationsklimas (positiv; (eher) negativ) bildet ab, dass sich bei 19 von 22 und damit bei nahezu allen Faktoren signifikante Unterschiede in den berechneten arithmetischen Mittelwerten (M_{diff}) ergeben (vgl. Tab. 38). Bei den drei verbleibenden Faktorenbewertungen sind zufällige Resultate nicht auszuschließen, sodass diese bei der weiteren Auswertung exkludiert werden.

Die Faktoren mit signifikanten nach der Qualität des Organisationsklimas (positiv; (eher) negativ) differenzierten Messergebnissen ($p <= 0,05$) werden in Abbildung 14 graphisch dargestellt, wobei diese insgesamt die deutlichsten Abweichungen zur undifferenzierten Faktorenauswertung aufzeigen im Vergleich zu den bisher erfolgten Differenzierungen.

Tab. 38: Faktorenauswertung differenziert nach der Qualität des Organisationsklimas (ie)

Faktoren		Differenzierung [Qualität des Organisationsklimas]	Mittelwert [$M_{diff.}$]	Signifikanz [p]	Differenz [$\Delta = M_{diff.\,pos.} - M_{diff.\,(eher)\,neg.}$]
01	Führung in der kollegialen	positiv	1,6263	,000	
	Selbstverw.: Verständnis	(eher) negativ	2,1196	,000	-0,4933
02	Führung in der kollegialen	positiv	1,6598	,000	
	Selbstverw.: Einstellung	(eher) negativ	2,1092	,000	-0,4494
03	Führung in der kollegialen	positiv	3,3165	,000	
	Selbstver.: Belastung	(eher) negativ	3,1775	,000	0,139
04	Führungskompetenz:	positiv	1,7438	,000	
	Führungsfähigkeit	(eher) negativ	2,4209	,000	-0,6771
05	Führungskompetenz:	positiv	2,3028	,000	
	persönl. Konfliktfähigkeit	(eher) negativ	2,3991	,000	-0,0963
06	Veränderungspotential:	positiv	1,9406	,000	
	Schulebene	(eher) negativ	2,3290	,000	-0,3884
07	Veränderungspotential:	positiv	1,7307	,185	
	Unterrichtsebene	(eher) negativ	1,7634	,180	
08	Ganzheitliche Arbeit:	positiv	1,8225	,000	
	Zufriedenheit	(eher) negativ	2,1777	,000	-0,3552
09	Ganzheitliche Arbeit:	positiv	3,0873	,000	
	Belastung	(eher) negativ	2,9199	,000	0,1674
10	Engagement und	positiv	2,4674	,000	
	Verantwortung	(eher) negativ	2,2716	,000	0,1958
11	Management:	positiv	1,8449	,000	
	Struktur	(eher) negativ	2,2855	,000	-0,4406
12	Management: Eltern-	positiv	1,4512	,000	
	(Kunden-) Orientierung	(eher) negativ	1,5875	,000	-0,1363
13	Personalf.: Anerkennung	positiv	1,4383	,000	
	und Wertschätzung	(eher) negativ	1,9831	,000	-0,5448
14	Personalf.: Koordination	positiv	1,9789	,000	
	und Zielerreichung	(eher) negativ	2,3866	,000	-0,4077
15	Personalf.: Kommunikation,	positiv	1,9725	,000	
	Information, Transparenz	(eher) negativ	2,4469	,000	-0,4744
16	Praktische	positiv	1,6063	,000	
	Freiheit	(eher) negativ	1,9527	,000	-0,3464
17	Problembereich:	positiv	1,2640	,000	
	soziale Bedingungen	(eher) negativ	2,0061	,000	-0,7421
18	Problembereich: unerw.	positiv	3,4421	,000	
	informelle Hierarchien	(eher) negativ	3,0908	,000	0,3513
19	Problembereich:	positiv	2,2973	,826	
	Bezug zur Anthroposophie	(eher) negativ	2,3050	,824	
20	Problembereich: subjektive	positiv	2,5074	,373	
	Bedeutsamkeit der Arbeit	(eher) negativ	2,5362	,368	
21	Problembereich: Stellenwert	positiv	1,6862	,000	
	des Schülers beim Lehrenden	(eher) negativ	1,7853	,000	-0,0991
22	Problembereich: Arbeit	positiv	1,7967	,000	
	als Selbstverwirklichung	(eher) negativ	2,0196	,000	-0,2229

466 Darstellung der empirischen Ergebnisse

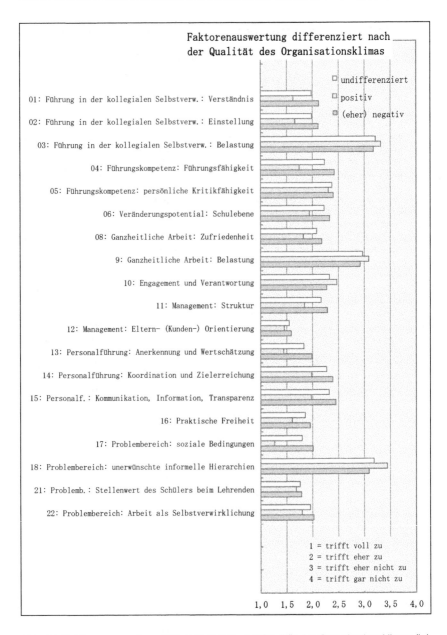

Abb. 14: Faktorenauswertung differenziert nach der Qualität des Organisationsklimas (ie)

Differenzierte Auswertung der Faktoren

Die Faktoren mit signifikanten differenzierten Ergebnissen fokussierend existieren bei der Komparation deren differenzierten Mittelwerte (M_{diff}) nach der Qualität des Organisationsklimas (positiv; (eher) negativ) bei folgenden Faktoren apparente Differenzen – jedoch in dezenter Ausprägung:

03: Führung in der kollegialen Selbstverwaltung: Belastung
05: Führungskompetenz: persönliche Konfliktfähigkeit
12: Management: Eltern- (Kunden-) Orientierung
21: Problembereich: Stellenwert des Schülers beim Lehrenden

Die Qualität des Organisationsklimas (positiv; (eher) negativ) hat demnach keine fundamentalen Auswirkungen auf die subjektive Beurteilung der zu diesen Faktoren gehörenden Items durch die Waldorflehrer.

Bei folgenden Faktoren ist eine etwas höhere Differenz (Δ) von gerundet 0,2 Punkten erkennbar:

09: Ganzheitliche Arbeit: Belastung

Lehrerkollegien in Waldorfschulen mit einem positiven Organisationsklima fühlen sich mit einem Mittelwert von 3,09 durch die ganzheitlich angelegte Arbeit etwas weniger belastet (Δ = 0,17) als Kollegien mit einem (eher) schlechten Organisationsklima (Mittelwert von 2,92).

10: Engagement und Verantwortung

Waldorflehrer, die in einem guten Betriebsklima arbeiten, empfinden das erforderliche Engagement und die ausgeprägte Selbstverantwortung ihres Berufs mit einem Mittelwert von 2,47 etwas weniger herausfordernd (Δ = 0,20) im Vergleich zu denen in einem (eher) schlechten Betriebsklima.

22: Problembereich: Arbeit als Selbstverwirklichung

Des Weiteren nutzen Waldorfschulmitglieder eines guten sozialen Klimas ihre Arbeit mit einem Mittelwert von 1,80 etwas stärker (Δ = 0,22) als Raum zur Selbstverwirklichung als Mitglieder eines (eher) schlechten sozialen Klimas mit einem Mittelwert von 2,02.

Bei den folgenden Faktoren ist der prägnanteste Unterschied (Δ) von gerundet 0,4 bis 0,7 Punkten feststellbar:

01: Führung in der kollegialen Selbstverwaltung: Verständnis
02: Führung in der kollegialen Selbstverwaltung: Einstellung

Hinsichtlich der Führung in der kollegialen Selbstverwaltung spiegeln die faktischen Verhältnisse in Waldorfschulen bei Kollegien mit gutem Betriebsklima mit einem Mittelwert von 1,63 deutlich stärker (Δ = 0,49) das von diesen adaptierte Verständnis von „Führung" wider, und entsprechen diese mit einem Mittelwert von 1,66 deutlich stärker (Δ = 0,45) deren Einstellungen von „Führung" (Akzeptanz/Legitimierung) als dies bei Kollegien mit (eher) schlechtem Betriebsklima gegeben ist.

04: Führungskompetenz: Führungsfähigkeit

Noch gravierender ist der Unterschied (Δ = 0,68) bei der Beurteilung der wahrgenommenen Führungskompetenz in Form von kollektiver Führungsfähigkeit: So bewerten Lehrer aus positiven Organisationsklimas diese als sichtbar besser (Mittelwert von 1,74) als Lehrer aus (eher) negativen Organisationsklimas (Mittelwert von 2,42).

06: Veränderungspotential: Schulebene

Das Veränderungspotential auf Schulebene wird von sozial gut aufgestellten Kollegien mit einem Mittelwert von 1,94 als deutlich ausgeprägter (Δ = 0,39) angesehen als von sozial (eher) schlecht aufgestellten Kollegien mit einem Mittelwert von 2,33.

08: Ganzheitliche Arbeit: Zufriedenheit

In einem ähnlichen Ausmaß erzielt die ganzheitlich ausgerichtete Arbeit in der kollegialen Selbstverwaltung bei der Lehrergruppe mit einem gutem Betriebsklima eine deutlich höhere (Δ = 0,36) Zufriedenheit (Mittelwert von 1,82) als bei jener Lehrergruppe mit einem (eher) schlechtem Betriebsklima (Mittelwert von 2,18).

Differenzierte Auswertung der Faktoren 469

11: Management: Struktur

Strukturbezogene Aufgaben des Organisationsmanagements betrachten Waldorfschulmitglieder aus einem gutem Sozialklima (Mittelwert von 1,85) als deutlich erfolgreicher erfüllt (Δ = 0,44) als solche aus einem (eher) schlechten (Mittelwert von 2,29).

13: Personalführung: Anerkennung und Wertschätzung
14: Personalführung: Koordination und Zielerreichung
15: Personalführung: Kommunikation, Information, Transparenz

Darüber hinaus wird das Reüssieren von allen erfassten Aufgaben aus dem Bereich der direkten Personalführung deutlich besser bewertet, wenn ein positives Betriebsklima in der Waldorfschule vorherrscht: Anerkennung und Wertschätzung (Mittelwert von 1,44 im Vergleich zu 1,98; Δ = 0,55), Koordination und Zielerreichung (Mittelwert von 1,98 im Vergleich zu 2,37; Δ = 0,41) sowie Kommunikation, Information und Transparenz (Mittelwert von 1,97 im Vergleich zu 2,45; Δ = 0,47).

16: Praktische Freiheit

Die faktisch wahrgenommene Freiheit im Alltag wird in sozial gut aufgestellten Kollegien als deutlich größer (Δ = 0,35) bewertet (Mittelwert von 1,61) als in sozial (eher) schlecht aufgestellten Kollegien (Mittelwert von 1,95).

17: Problembereich: soziale Bedingungen

Evident ist, dass in einem positiven Organisationsklima tätige Lehrer die sozialen Bedingungen an ihrer Schule mit einer Differenz (Δ) von 0,74 als erheblich angenehmer empfinden (Mittelwert von 1,26) als Lehrer aus einem (eher) negativen Organisationsklima (Mittelwert von 2,01).

18: Problembereich: unerwünschte informelle Hierarchien

Ebenso plausibel ist, dass Mitglieder aus sozial guten Verhältnissen deutlich weniger Probleme in Form von unerwünschten informellen Hierarchien innerhalb ihrer Waldorfschulinstitution wahrnehmen (Mittelwert von 3,44 im Vergleich zu 3,09; Δ = 0,35).

Insgesamt zeichnet sich ab, dass eine Differenzierung nach der Qualität des Organisationsklimas (positiv; (eher) negativ) referentiell zu den übrigen aufgeführten Differenzierungen die signifikantesten Auswirkungen auf die in den jeweiligen Faktoren enthaltenen Aussagewerten aufweist. Somit kann ein prägnanter und ausschlaggebender Einfluss der Güte des sozialen Umgangs an Waldorfschulen auf die Haltungen und Wahrnehmungen der Lehrer angenommen werden. Bei Vorliegen einer harmonischen Atmosphäre beurteilen die in dieser tätigen Lehrer die Funktionalität und Effektivität der kollegialen Selbstverwaltung deutlich besser als Lehrer aus Kollegien mit konfliktären Stimmungslagen. Aufgrund dieser Datenlage kann ein kausaler Zusammenhang zwischen der Qualität des Organisationsklimas und den Beurteilungswerten der zu Faktoren gruppierten Items nachgewiesen werden.

12 Diskussion der empirischen Ergebnisse

12.1 Diskussion der deskriptiven Auswertung (Items)

Bei der deskriptiven Auswertung der beiden Fragebogen-Items zur „Zufriedenheit mit der praktizierten Führung" sowie zur „Zufriedenheit mit der schulischen Selbstverwaltung" (vgl. Kap. 11.1) bildeten sich in den Ergebnissen breite Streuungen der Häufigkeiten ab, die sich in einem Intervall von „1: trifft voll zu" bis „3: trifft eher nicht zu" bewegten. Dies weist darauf hin, dass die Ausprägung der Zufriedenheit mit der Führung und den daraus resultierenden Konsequenzen sowie mit der Funktionalität der kollegialen Selbstverwaltung je nach Waldorfschule deutlich variieren kann. Dass die unterschiedlichen Auffassungen bezüglich Führung und kollegialer Selbstverwaltung in diesem Ausmaß divergieren, kann durch die unikalen Merkmale und Bedingungen der jeweiligen Waldorfschule begründet werden, die sich wie ein lebendiger Organismus individuell formieren und sich korrespondierend zu den spezifischen Anforderungen ausbilden soll. Dadurch sind in der Praxis keine homogenen Verhältnisse vorherrschend, die nach uniform statuierten Modi ablaufen und dementsprechend erfasst werden können. Die exzeptionellen extrem positiven wie negativen Mittelwerte bei der deskriptiven Auswertung der beiden Items deuten an, dass in selektiven Waldorfschulen Führungs- und Selbstverwaltungsprozesse eklatant dysfunktional respektive fulminant funktional zu sein scheinen. Dies belegt, dass die Art der Handhabung von Führung und kollegialer Selbstverwaltung in Waldorfschulen über ein prinzipielles Potential für eine erfolgreiche Umsetzung verfügt, aber ebenso einen möglichen Spielraum für die Etablierung destruktiver Strukturen inhäriert, die den genuinen Auftrag der Organisation inhibieren oder korrumpieren können. Die sich mit dem Blick auf die vorliegenden Daten abbildenden Fallbeispiele mit sowohl negativen wie positiven Merkmalen in besonders prägnanter Ausprägung können durch vertiefende Forschungsvorhaben aufschlussreiche Hinweise auf (miss-)erfolgsversprechende Determinanten kollegialer Selbstverwaltung liefern.

Der im Rahmen von Befragungen allgemein mögliche Verzerrungseffekt in Form einer „Tendenz zu Extremwerten" (vgl. Bogner/Landrock 2015: 4f.) kann in der hiesigen Untersuchung jedoch nicht identifiziert werden. Hierzu adversa-

© Springer Fachmedien Wiesbaden GmbH, ein Teil von Springer Nature 2019
I. Enderle, *Kollegiale Selbstverwaltung als Führungsprinzip*,
https://doi.org/10.1007/978-3-658-23547-5_12

tiv ist das Auslassen des Werts „4: trifft gar nicht zu" sowohl bei der Zufriedenheit mit der Führung als auch mit der Selbstverwaltung auffallend. Dies kann als Indiz für die Existenz einer grundsätzlich den arbeitenden Menschen zufriedenstellende Form der Zusammenarbeit in Waldorfschulen gewertet werden, die jedoch – mit Blick auf die kritischen Stimmen – noch keine ausgereiften Stadien erreicht hat. Alternativ kann das Ignorieren der schlechtesten Bewertung auch auf die intentionale Gesinnung und Ambition der Waldorfschulmitglieder zurückgeführt werden, die einerseits durch deren institutionellen Beitritt eine explizite Präferenz der kollegial selbstverwaltenden Arbeitsform repräsentieren, andererseits in ideell orientierter Motivation negative Aspekte affektioniert bewerten und/oder als systemimmanent tolerieren.

Der allgemeine Trend der Beurteilungen beider Items konsolidiert sich durch die Mittelwertbildung der relativ breit gestreuten Werte im Bereich 2 (trifft eher zu). Das mediale Austarieren der Bewertungen der Zufriedenheit mit der Führung und schulischen Selbstverwaltung um den Mittelwert von 2 gibt Hinweise darauf, dass die organisationalen Identifizierungs- und Detektionsprozesse der meisten Waldorfschulen noch nicht finalisiert sind, und sich diese in einem grundsätzlich funktionierenden aber durchaus verbesserungswürdigen Entwicklungsstadium befinden.

Zu berücksichtigen ist bei Befragungen im Allgemeinen jedoch, dass zum Beispiel im Fall von subjektiven Ambivalenzen oder Imponderabilien eine Abalienation der Antworten in Form einer sogenannten „Tendenz zur Mitte" auftreten kann, sodass ein sich zentral auf der Antwortskala befindender Wert präferiert wird (vgl. Bogner/Landrock 2015: 4f.). So kann ein situativ insuffizientes Vermögen der Befragten zur Einschätzung der vorherrschenden Umstände den mittleren Wert artifiziell kumulieren. Die Tendenz zu moderaten mittleren Werten kann auch auf einer (latenten) Defensivität der Befragten basieren. Wird die Waldorfschule als ein System betrachtet (vgl. Leber 1974), so ist diese in eine „gefährliche" Umwelt eingebettet, die zum Beispiel durch gesellschaftliche Vorurteile und Kritiken gegenüber der Waldorfschule bezüglich deren Anschlussfähigkeit an staatliche Schulabschlüsse oder ähnliches geprägt sein kann. Registriert eine soziale Gruppe eine externe „Bedrohung", kann dies reflektorisch zu einer besonders stabilen internen Kohäsion der Gruppe führen mit dem Ziel der Ausbildung einer adäquaten Renitenz gegen den „Aggressor" (vgl. Edding/Schattenhofer 2009). Wird durch Befragungen versucht, in die Strukturen einer solchen Gruppe zu invadieren und diese kritisch zu reflektieren, kann ein (subliminaler) Protektionsmechanismus in Form eines euphemistischen Darstellens existierender Probleme ausgelöst werden. Die Folge ist dann ein Kaschieren der faktischen Zustände und eine tendenziell neutralisierende Beurteilung durch die Wahl medialer Werte.

Das Obstruieren prägnanter Meinungsäußerungen kann auch in der Spezifität der sozialen Gruppe begründet liegen, sodass beispielsweise eine Furcht der Protestanten vor der Isolation aus dem Sozialverbund der Gruppe vorherrscht oder Dissidenten im Vorfeld von Meinungsführern manipuliert werden. In der vorliegenden Untersuchung wurde ein Prohibieren dieser Art von Einflussnahme durch die Anonymisierung der Befragung angestrebt, doch war deren vollumfängliche Exklusion nicht umsetzbar, da die fakultative und somit nicht kontrollierbare Option der Kommunikation und Offenlegung der eigenen Antworten innerhalb der befragten Kollegien bestand. Diese bei Befragungen potentiell inhärente Antwortverfälschung – insbesondere bei sensiblen Fragen – wird als „soziale Erwünschtheit" bezeichnet und kommuniziert tendenziell das vom Befragten putativ Erwartete und bildet nur marginal die realen Verhältnisse ab (vgl. Bogner/Landrock 2015: 2f.).

Die Similarität in den Beurteilungen der Items *„Zufriedenheit mit der praktizierten Führung"* und *„Zufriedenheit mit der schulischen Selbstverwaltung"* kann in deren homogenen terminologischen Applikation im Waldorfschulkontext – aber auch in deren faktischen Analogie – begründet liegen, sodass auch bei der Bewertung der Items keine explizite Distinktion erfolgt. Dies unterstreicht den signifikanten Zusammenhang respektive eine Identität von Führungs- und Selbstverwaltungsprozessen.

Ein mensurabler Unterschied in den Ergebnissen liegt in einem stärker ausgeprägten Zufriedenheitstrend mit der Führung in Abgrenzung zu diesem mit der kollegialen Selbstverwaltung in Waldorfschulen. Unter der Prämisse eines integrativen Zusammenhangs beider Aspekte kann diese Bewertungsdiskrepanz durch den hypothetischen Duktus des Phänomens „Führung" aus Sicht der Waldorflehrer begründet werden, welches zudem in dessen konventionellen Grundzügen abgelehnt wird. Kollegiale Selbstverwaltung hingegen stellt einen usuellen und internalisierten Bestandteil des Waldorfschulalltags dar und erweist sich durch deren faktische Disponibilität für eine Bewertung als zugänglicher.

12.2 Diskussion der undifferenzierten Auswertung der Faktoren

Bei der undifferenzierten Faktorenauswertung ist – wie bei der präponierten deskriptiven Auswertung der beiden Items zur *„Zufriedenheit mit der praktizierten Führung"* und zur *„Zufriedenheit mit der schulischen Selbstverwaltung"* – ebenso ein Trend zu mittleren Werten zu registrieren, der auf similäre Ursachen zurückgeführt werden kann (z. B. breite Streuung der Häufigkeiten, „Tendenz zur Mitte" bei den Befragten). Darüber hinaus ist darauf hinzuweisen, dass durch die zum Teil bis zu sieben Items aggregierende Faktorenbildung markante Unterschiede in der Beurteilung der Items relativiert, sodass die Resultate der Faktorenbewertungen moderater ausfallen. Je mehr Items ein Faktor umfasst, desto stärker ist der normierende Effekt. Die im Folgenden illustrierten Auswertungsergebnisse werden vor diesem Hintergrund entsprechend sublim erfasst und interpretiert.

Faktor 01: Führung in der kollegialen Selbstverwaltung: Verständnis
Faktor 02: Führung in der kollegialen Selbstverwaltung: Einstellung
Faktor 03: Führung in der kollegialen Selbstverwaltung: Belastung

Bei der Auswertung des *Faktors 01: Verständnis von Führung* und des *Faktors 02: Einstellung zur Führung in der kollegialen Selbstverwaltung* dienen jeweils die aus den in den Waldorfschulen applizierten Führungsformen resultierenden Praktiken als grundlegender Ausgangspunkt für die Bewertungen der befragten Lehrer. Erfasst wurde, dass etwa 19 Prozent der Waldorfschulen im klassischen Modell und etwa 22 Prozent im Mandatsmodell arbeiten, während lediglich zwei Waldorfschulen ein Direktionsmodell implementiert haben. Letztgenannte Fallzahlen wurden jedoch aufgrund deren defizitären Repräsentativität unter die Kategorie „sonstiges" als nicht konkretisierbare Führungsform gefasst. „Sonstige" und somit in der Erhebung inkommensurable Modelle der

Diskussion der undifferenzierten Auswertung der Faktoren 475

Führung gaben 18 Prozent der Befragten an, daneben nahmen 41 Prozent keine diesbezüglichen Angaben vor. Dies bedeutet, dass die Majorität der in den Waldorfschulen praktizierten Führungsmodi mit etwa 59 Prozent nicht konkret erfassbar ist, sodass bei der Auswertung der *Faktoren 01 und 02* zu einem dominierenden Anteil die für die befragten Lehrer als Referenz dienende Führungsform unbekannt ist. Mittels der Faktorenwerte kann demnach nicht geschlussfolgert werden, dass das Verständnis von und die Einstellung zu der Führung in der kollegialen Selbstverwaltung auf eine klassisch gedachte oder eine mandatsgesteuerte Ausprägung rekurrieren, da diese explizit artikulierten Formen bei insgesamt lediglich 41 Prozent vorliegen. Ein analoger Sachverhalt gilt für den *Faktor 03: Belastung durch Führung in der kollegialen Selbstverwaltung*. Die hierzu ermittelten Daten geben keinen eindeutigen Aufschluss über das referenziell zugrundeliegende Führungsmodell und damit darüber, bei welcher Form der Führung eine individuelle Partizipation an Führungsprozessen ein besonderes Belastungsempfinden beim Einzelnen evoziert.

Insgesamt zeigen die Ergebnisse der undifferenzierten Auswertung der oben aufgeführten Faktoren bezüglich der Führung in der kollegialen Selbstverwaltung, dass das implementierte Führungsmodell in den jeweiligen Waldorfschulen weitgehend mit dem Verständnis der in dieser tätigen Lehrer kongruiert (2,0: „trifft eher zu"), diese der demensprechend ausgeführten Führung gegenüber überwiegend positiv eingestellt sind (2,0: „trifft eher zu") und sich durch die Mitwirkung bei Führungsprozessen in keinem besonderen Maße belastet fühlen (3,2: „trifft eher nicht zu"). Die eher im medialen Bereich verorteten Werte deuten jedoch auf einen existierenden Optimierungsbedarf hinsichtlich der Harmonisierung von gewünschten und faktisch realisierten Führungsmodi hin. Unter der plausiblen Prämisse einer ausgeprägten Streuung der einzelnen Bewertungen und von durch die Mittelwertbildung assimilierten Ergebnissen ist von einem Vorliegen sowohl signifikant positiver wie negativer Fallbeispiele als integrative Bestandteile des Gesamtwerts auszugehen. Der gemittelte Durchschnittswert weist somit lediglich auf eine tendenzielle Zufriedenheit mit und Akzeptanz von Führungsabläufen hin, mithin jedoch auf ein existierendes – mehr oder weniger stark ausgeprägtes – Entwicklungspotential an einzelnen Waldorfschulen.

Die transluzente Nuance von Unzufriedenheit kann als ein Indiz interpretiert werden, dass diese nicht prinzipiell mit den intendierten und desiderablen Führungsmodi korreliert, sondern sich aus deren praktischen Anwendung ableitet, sodass die jeweils angewandte Führungsform affirmiert wird, jedoch dysfunktionale Prozesse im Alltag zu einer kritischen Bewertung führen. Ein solcher Sachverhalt würde zudem die Bewertung des Belastungsempfindens mit 3,2 („trifft eher nicht zu") erklären: Die Befragten apperzipieren eine Belastung durch Führungsaufgaben, beurteilen diese jedoch in der Qualität einer Herausforderung anstelle einer Überlastung.

In den hiesigen Ergebnissen wird die Zugrundelegung einer prinzipiellen kognitiven Antinomie von Führung im Sinne einer „regierungsmäßigen Bürokratie" und kollegialer Selbstverwaltung im Sinne einer „verwaltungsmäßigen demokratischen Lehrerrepublik" im Waldorfschulkontext reflektiert (vgl. Kap. 6.2.4.1 u. 6.3.1). Die oben skizzierte tendenziell überwiegende Zufriedenheit mit der praktizierten Führung in der kollegialen Selbstverwaltung und somit grundsätzlich vorherrschende Akzeptanz und kongruente Auffassung sowie marginale Belastungswahrnehmung durch Führungspartizipation spiegelt das entsprechende Verständnis der befragten Lehrer wider. Da die Angaben mehrheitlich auf klassisch, mandats- und in sonstiger Weise und nur exzeptionell auf direktional geführte Modelle rekurrieren, wird „Führung" allgemein in einer kollaborierenden Observanz verstanden und akzeptiert. Die leichten Tendenzen der Unzufriedenheit weisen vordergründig auf einen Bedarf der Melioration bestehender Verhältnisse in Abgrenzung zu einer Substitution durch alternative Führungsformen hin.

Faktor 04: Führungskompetenz: Führungsfähigkeit
Faktor 05: Führungskompetenz: persönliche Kritikfähigkeit

Die Auswertungen des *Faktors 04: Führungskompetenz: Führungsfähigkeit* und des *Faktors 05: Führungskompetenz: persönliche Kritikfähigkeit* erfassen zum einen das subjektiv wahrgenommene kollektive Vermögen des Waldorfschulkollegiums zur Bewältigung von Schulführungsaufgaben, zum anderen das individuelle Potential des konstruktiven Umgangs mit Konfliktsituationen, das einen Bestandteil der persönlichen Führungskompetenz darstellt. Die Resultate

Diskussion der undifferenzierten Auswertung der Faktoren 477

dieser Faktorenauswertungen lassen Konklusionen zu eventuellen Dysfunktionen in der praktischen Umsetzung kollegialer Selbstverwaltung und des optierten Führungsmodells zu.

Während die applizierten Führungsformen überwiegend mit dem Führungsverständnis der Lehrer kongruieren und als legitim beurteilt werden, erzielt die Bewertung der kollektiven Führungsfähigkeit – und somit die praktische Umsetzung des Führungsmodells – mit einem arithmetischen Mittelwert von 2,2 ein um 0,2 Punkte schlechteres Ergebnis, das somit im Bereich „trifft eher zu" liegt – jedoch mit einer mensurablen Neigung zu „trifft eher nicht zu". Diese Bewertungsdiskrepanz im Vergleich zum Führungsverständnis kann die bei dessen Auswertung transluzente Unzufriedenheitstendenz erklären, sodass diese nicht die prinzipiell typische Charakteristik des Modells, sondern dessen Volatilitäten in der praktischen Umsetzung alludiert und so auf einen Entwicklungsbedarf der Führungsfähigkeit des Kollegiums – die auch die Kompetenzvermittlung zur Selbstführung inkludiert – verweist, denn faktisch werden Führungsaufgaben implizit und weitgehend ohne konkrete Vorbereitung oder Schulung auf das Kollegium transferiert.

Eine noch prägnantere Tendenz zum Bereich „trifft eher nicht zu" fällt die Bewertung des Faktors der introspektiv wahrgenommenen Kritikfähigkeit des einzelnen Lehrers mit einem arithmetischen Mittelwert von 2,4 aus. Persönliche Kritikfähigkeit als Komponente von Führungsfähigkeit erfasst die Ausprägung des konstruktiven Umgangs mit Konflikten. Dieser ist insofern von Bedeutung, da in kollegial selbstverwalteten Waldorfschulen keine Zuständigkeit für das Konfliktmanagement durch einen Direktor bzw. Schulleiter existiert, und die Lehrer ohne diesbezügliche Hilfestellungen erforderliche Problemlösungen selbstverantwortlich initiieren müssen. Bei defizitärer Kritikfähigkeit des Einzelnen kann dies destruktive und desperate Situationen evozieren. Durch deren Relevanz in der kollegialen Selbstverwaltung leitet sich hieraus ein signifikanter Schulungsbedarf im Bereich der individuellen Kritik- und Konfliktfähigkeit ab. Dies affirmierend wies bereits Rudolf Steiner (vgl. GA 186: 128ff.) im Kontext kollegialer Selbstverwaltung auf die Opportunität der Integration von Konflikten in den Gruppenprozess hin (vgl. Kap. 6.1.1.4 u. 7.3.1): Indem Konflikte unreflektierte Gewohnheitsmuster (mentale Modelle) situativ hinterfragen, sorgten diese im Gegensatz zu einem harmonischen Miteinander für Veränderungsimpulse und initiierten Lernprozesse. Dieser auf der Basis der Beobachtungtechnik der Introspektion gewonnene Wert belegt einerseits eine gute Fähigkeit der Lehrenden zur selbstkritischen Wahrnehmung und Beurteilung, andererseits jedoch eine defizitäre bewusste Verbindung von individueller Kritikfähigkeit und kollektiven Dysfunktionen bei Führungsprozessen, sodass einschlägige Problematiken nicht hierauf zurückgeführt werden. Bei einer apperzipierten Affinität der beiden Größen würde dem *Faktor 04: Führungskompetenz: Führungsfähigkeit* ein noch negativerer Wert beigemessen. Hieraus kann abgeleitet werden dass – entgegen der eigentlichen Intention und Notwendigkeiten kollegialer Selbstverwaltung – das Individuelle tendenziell vom Kollektiven separiert behandelt wird und verweist folglich auf ein defizitäres Selbstverständnis des einzelnen Lehrers als Teil- „Führungskraft" und Teil-Verantwortlicher des Ganzen mit einer „lebenswichtigen" Funktion für den Gesamtorganismus „Schule".

Faktor 06: Veränderungspotential auf Schulebene
Faktor 07: Veränderungspotential auf Unterrichtsebene

Bei der Auswertung der beiden Faktoren zum wahrgenommenen Veränderungspotential bilden sich zwischen den Dimensionen „Schulebene" und „Unterrichtsebene" heterogene Ergebnisse ab: Während der *Faktor 06: Veränderungspotential auf Schulebene* mit einem arithmetischen Mittelwert von 2,2 („trifft eher zu") beurteilt wird, erhält der *Faktor 07: Veränderungspotential auf Unterrichtsebene* mit einem Wert von 1,8 („trifft eher zu") eine deutlich bessere Beurteilung. Zunächst verweisen damit beide Resultate auf deutlichen Handlungsbedarf. Eine flexible Akkommodationsfähigkeit kann als eine substantielle Voraussetzung für die intentionsadäquate Realisierung und existenzielle Aufrechterhaltung einer kollegial selbstverwalteten Organisation betrachtet werden, da sich deren Strukturen aus den sozialen Interaktionen deren Mitglieder formieren sollen (vgl. Kap. 6.1.1.2), und darüber hinaus das zu erschaffene „Bildungsprodukt" einem sachgemäß rapiden Alterungsprozess unterliegt. Die Relevanz eines kontinuierlichen Lernens akzentuierte bereits Rudolf Steiner, der die Lehrer im Sinne von mit den gegenwärtigen kulturellen Impulsen ver-

Diskussion der undifferenzierten Auswertung der Faktoren 479

traute „Zeitgenossen" zu einer strikten Ausrichtung des Unterrichts an den aktuell vorherrschenden und künftig zu bewältigenden Verhältnisse aufforderte (vgl. Kap. 6.1.1.3 u. 7.3.1). Erwartet wurde von den Lehrern als Individuum und als Kollektiv ein mit den situativen Gegebenheiten korrespondierendes Handeln. Der Unterricht sollte sich aus „Lebenskunde" konstituieren und nicht aus einer artifiziell konstruierten und schulspezifischen Modellwelt. Eine Reproduktion von Vergangenem sollte so verhindert (bzw. intuitives, experimentelles Handeln gefördert) und die Kinder für die zukünftigen Herausforderungen ihres Lebens vorbereitet werden (vgl. Kap. 6.1.1.4).

Die mit einer Differenz von 0,4 prägnant positivere Bewertung des Veränderungspotentials auf Unterrichtsebene in Relation zum Veränderungspotential auf Schulebene verweist auf eine weitgehend zufriedenstellende individuelle Offenheit gegenüber renovierenden Maßnahmen, während diese auf der gesamtorganisationalen Ebene als restriktiv beurteilt wird. Da es sich in beiden Fällen um identische Befragtengruppen handelt, lässt dieser Sachverhalt auf eine Korrelation der Flexibilität mit dem Radius der Betroffenen schließen (vgl. hierzu Schattenhofer 2009b; auch funktionale Begründung von Führung in Kap. 3.1.2). Sich auf Veränderungen beziehende Entscheidungen werden auf Unterrichtsebene vom Einzelnen solitär oder in Abstimmung mit wenigen weiteren Personen (z. B. Klassenlehrer und Fachlehrer) beschlossen, sodass diese eigenständig oder in einem distinktiven Umfang mit direktem kommunikativem Kontakt erfolgen. Mit Blick auf die Bewertung von 1,8 („trifft eher zu") scheint diese Verfahrensweise tendenziell erfolgreich praktiziert zu werden, was auf den absenten oder durch unmittelbare und kurze Informations- und Kommunikationswege gekennzeichneten Abstimmungsbedarf zurückgeführt werden kann. Der Einzelne scheint Veränderungen gegenüber prinzipiell rezeptiv und flexibel eingestellt zu sein und setzt diese auch in seinem eigenen Wirkungsradius praktisch um.

Maßnahmen auf Schulebene erfordern hingegen Koordinierungsprozesse zwischen vielen oder allen Kollegen (z. B. in Konferenzen). Nach Beurteilung der Datenlage mit einem Wert von 2,2 („trifft eher zu") scheinen hierbei prägnante Reibungsverluste in den Entscheidungs- und Abstimmungsabläufen zu entstehen, sodass die prinzipielle individuelle Flexibilität im Kollektiv obstruiert wird. Die konfliktären Verfahrensweisen können in divergierenden Zielvorstellungen der Beteiligten begründet liegen, sodass disparate Ansichten und Argumentationen vorherrschen und zu ausgreifenden und enervierenden Diskussionen in den Konferenzen führen, in denen schulverfassungsbedingt zumeist jeder zu Beiträgen und Einwänden berechtigt ist (vgl. Kap. 6.2.4.2). Hieraus leitet sich einerseits ein intensiver Bedarf der Leitbildarbeit im Sinne eines gemeinsamen Bewusstseins (geistige Mission) ab, welches die Gruppe zu einer mental kompatiblen Einheit sozialisiert und die individuellen Einzelleistungen explizit auf das Gemeinschaftsziel navigiert (vgl. Kap. 6.2.3.3). Andererseits wird hierdurch ein Modifikationsbedarf der angewandten Entscheidungs- und Abstimmungsverfahren tangiert mit dem Ziel der Optimierung der Dialogfähigkeit heterogener Standpunkte und Perspektiven, sodass die grundsätzlich vorhandene organisationale Flexibilität nicht torpediert wird und versandet. Darüber hinaus verweist das hiesige Ergebnis auf einen Bedarf an Leistungen externer Beratungsinstanzen (z. B. Organisationsentwicklung oder Supervision und Coaching), um Lernprozesse mittels professioneller Expertise, Begleitung und Hilfestellung erfolgreich in Waldorfschulen zu implementieren (vgl. Kap. 6.3.4).

Faktor 08: ganzheitlichen Arbeit: Zufriedenheit
Faktor 09: ganzheitlichen Arbeit: Belastung
Faktor 10: Engagement und Verantwortung

Die Faktoren zur ganzheitlichen Arbeit (Zufriedenheit und Belastung) sowie zum Engagement und der Verantwortung erfassen die subjektiven Bewertungen des simultanen Verrichtens von Unterrichts-, Verwaltungs- und Schulleitungsaufgaben mit hohem Einsatz und ausgeprägter Selbstverantwortung. Diese ganzheitliche Qualität der Arbeitsaufgabe des Waldorflehrers sollte nach Rudolf Steiner eine Identität von entscheidender und ausführender Instanz sowie einen individuellen Blick für das Ganze ermöglichen, sodass eigene Handlungskonsequenzen taxiert und eine adäquate Verantwortung für diese übernommen werden können. Seine Intention fokussierte ein sinnvolles Tun (vgl. Kap. 6.2.1 u. 6.2.2.3). Darüber hinaus erwartete Rudolf Steiner ein intensives und überdurchschnittliches Engagement jedes Einzelnen sowie dessen geistige Produktivität als notwendiger Input für die Gemeinschaft, damit die Waldorfschule als seinerzeit gesellschaftlich noch nicht ubiquitär vertretene „Musterinstitution" deren Funktionalität und Sinnhaftigkeit beweisen konnte (vgl. Kap. 6.2.1.2). Die Intuitionen des Einzelnen und somit seine konstruktiven Beiträge sowie seine proaktive Tatkraft verstand Rudolf Steiner als eine substantielle Grundlage der selbstverwalteten Waldorfschule, denn Anthroposophie lebe nicht theoretisch, sondern vom experimentell-forschenden Vorgehen und somit vom konkreten Handeln (vgl. Kap. 6.1.1.4).

Die Auswertung der Faktoren zur ganzheitlichen Arbeit verweist mit einem arithmetischen Mittelwert von 2,1 auf eine überwiegende Zufriedenheit sowie mit einem Wert von 3,0 auf eine als peripher wahrgenommene Belastung. Auch hier können die zu mittleren Werten tendierenden Aussagen grundsätzlich als ein Indiz für eine starke Streuung der Häufigkeiten interpretiert werden, sodass diese den Durchschnitt von Extremwerten abbilden. Doch können die ermittelten Daten ebenso das mehrheitliche Vorliegen einer faktischen Konkordanz persönlicher Fähigkeiten und Ressourcen und berufsbezogener Anforderungen widerspiegeln, sodass ganzheitlich angelegte Arbeitsaufgaben nicht merklich belastend wirken.

Dies würde auch das Ergebnis der Beurteilung von Engagement und Verantwortung affirmieren, welches mit einem arithmetischen Mittelwert von 2,3 („trifft eher zu") grundsätzlich auf ein weitgehend zu bewältigendes und akzeptables Anforderungsniveau verweist – mit einer mensurablen Tendenz zu Entlastungsbedarfen. Die verbleibenden Toleranzen für eine besonders zufriedenstellende Bewertung deuten auf suboptimale Verhältnisse im Praxisalltag hin. Diese können (ähnlich wie bei der Führungsbewertung) als ein Indiz für Volatilitäten in der praktischen Umsetzung des genuin sinnvollen Intendierten gewertet werden – in Abgrenzung zu solchen sachtypischer und generischer Art, die das Gesamtkonzept der kollegialen Selbstverwaltung grundsätzlich in Frage stellen würden. Eine ganzheitliche (von der Idee über die Umsetzung bis zum Vertreten der Folgewirkungen) und somit auch selbstverantwortliche Arbeit und ein überdurchschnittliches Engagement scheinen durch die Beteiligten prinzipiell volitional und motivational gestützt zu sein, doch existieren prozessuale Irritationen mit Handlungsbedarf.

Faktor 11: Management: Struktur
Faktor 12: Management: Eltern- (Kunden-) Orientierung

Die Faktoren aus dem Aufgabenbereich des Organisationsmanagements (indirekte Führung) erfassen Bewertungen der strukturellen Bedingungen (z. B. organisationale Aufgabenverteilung, Vertretungsregelungen) sowie die Qualität der Elternzusammenarbeit in Sinne einer „Kundenorientierung". Auf letztgenannte legte Rudolf Steiner großen Wert, der den Eltern eine unikale und fundierte Expertise in Bezug auf das eigene Kind zusprach, welche für den Erziehungsprozess unerlässlich sei, sodass Eltern zur Konstitution der Waldorfschule gehören sollten (vgl. Kap. 6.1.3.3).

Der arithmetische Mittelwert von 2,2 („trifft eher zu") bei der Bewertung der strukturellen Verhältnisse fällt deutlich schlechter aus als der mit 1,6 („trifft eher zu") bei der Bewertung der Eltern- (Kunden-) Orientierung, sodass die strukturelle Ebene auf deutlichen Verbesserungsbedarf verweist. Die diesbezüglich offenbar defizitären und/oder inhibierenden Zustände können eine Ursache für die Divergenz von ideeller Intention und praktischer Umsetzung in der kollegialen Selbstverwaltung darstellen bzw. deren Abbild reflektieren, da Strukturen in Waldorfschulen nicht als formeller Handlungsrahmen figurieren, sondern sich als Resultat aus den Interaktionen deren Mitglieder ableiten. Auch affirmiert dieser Wert die Beurteilungsergebnisse der Faktoren zum Verständnis von, zur Einstellung zur und zur Belastung durch Führung sowie zur wahrgenommenen Führungsfähigkeit, die sich alle (mit einer Diskrepanz von 0,2) im mittleren Bereich befinden, da die Struktur unter anderem ein Korrelat der Führungspraxis abbildet.

Bei den Aufgaben aus dem Bereich des Organisationsmanagements, die zur Gestaltung der institutionellen Strukturen und zur Steuerung und Koordinierung der Aktivtäten beitragen, handelt es sich um auf der Schulebene lokalisierte und das Kollektiv betreffende Tätigkeiten. Die Managementaufgaben der Eltern- (Kunden-) Zusammenarbeit fallen überwiegend in den Zuständigkeitsbereich des einzelnen Lehrers. Während bei strukturellen Maßnahmen Koordinationsprozesse auf organisationaler Ebene erforderlich sind, kann Elternarbeit individuell eigenständig oder in Abstimmung mit wenigen betroffenen Kollegen erfolgen. Mit einer Bewertung von 1,6 („trifft eher zu") scheint die Eltern- (Kun-

Diskussion der undifferenzierten Auswertung der Faktoren 483

den-) Orientierung in Waldorfschulen erfolgreich praktisch etabliert zu sein. So zeigt sich – wie auch bei der Bewertung des Veränderungspotentials –, dass die Effektivität kollegialer Selbstverwaltung mit der Größe der jeweils betroffenen Personengruppe korreliert und bei zunehmender Anzahl durch progressive Reibungsverluste beeinträchtigt wird. Vor dem Hintergrund dieser Daten lässt sich ableiten, dass optimale Modi zur Entscheidungsfindung und Koordination auf Schulebene in der kollegialen Selbstverwaltung bislang nicht detektiert und konstituiert werden konnten.

Faktor 13: Personalführung: Anerkennung und Wertschätzung
Faktor 14: Personalführung: Koordination und Zielerreichung
Faktor 15: Personalführung: Kommunikation, Information, Transparenz

Die Faktoren aus dem Aufgabenbereich der Personalführung (direkte Führung) werden in der kollegialen Selbstverwaltung kollektiv durch das Kollegium (anstelle eines Rektors oder Schulleiters) absolviert und umfassen die Bewertungen der wahrgenommenen Anerkennung und Wertschätzung der eigenen Arbeitsleistung, die Qualität der Koordinierungsabläufe zur Ausrichtung der Einzelbeiträge auf das gemeinsame Gesamtziel der Organisation sowie die Effektivität der organisationsweiten Kommunikation, Information und der Grad der Prozesstransparenz. Die Auswertung dieser Faktoren ergibt ein heterogenes Bild: Während die Anerkennung und Wertschätzung der eigenen Arbeit mit einem arithmetischen Mittelwert von 1,8 („trifft eher zu") eine eher positive Beurteilung erhalten, weist die subjektive Wahrnehmung der Effektivität von Koordination und Zielerreichung sowie der Qualität der Kommunikation, Information und Transparenz eine deutlich schlechtere Bewertung von jeweils 2,3 („trifft eher zu") aus.

Auch in diesem Ergebnis wird – wie bereits beim Organisationsmanagement und dem apperzipierten Veränderungspotential – eine Zunahme der Reibungsverluste bei steigender Gruppengröße reflektiert: Anerkennung und Wertschätzung erfolgen in der kollegialen Selbstverwaltung nicht „top down", sondern figurieren als ein mutueller interpersoneller und somit auf zwei oder wenige Kollegen demarkierter Prozess auf Augenhöhe. Während dieser von den befragten Lehrern als tendenziell gut erfüllt angesehen wird, weisen die beiden anderen Faktoren zur direkten Führung deutliche Insuffizienzen auf und deuten auf den Bedarf an zu optimierenden Lösungsansätzen. Sowohl die Aufgaben der Koordination und Zielerreichung sowie diese der Kommunikation, Information und Transparenz rekurrieren auf die Ebene der gesamten Organisation und folglich auf eine zahlenmäßig signifikant umfangreichere Personengruppe, denn diese Funktionen richten sich auf das Reüssieren eines gemeinsamen Gesamtziels, auf welches die Einzeltätigkeiten kalibriert und durch interaktive Informations- und Kommunikationsprozesse zu einem stimmigen Ganzen fusioniert werden sollen.

Die Bewertungen der Effektivität der Koordination und Zielerreichung sowie der Qualität der Kommunikation, Information, Transparenz mit jeweils 2,3 („trifft eher zu") avertieren insofern, da dies fundamentale und obligat zu erfüllende Führungsaufgaben darstellen und folglich auch in der kollegialen Selbstverwaltung nicht als peripher gedachte Bereiche zu behandeln sind. Vielmehr wirkte deren aberrante Handhabung für Rudolf Steiner als Impetus für – prinzipiell exzeptionelle – Interventionen (vgl. Kap. 6.3.4), durch die er die Einzelhandlungen repetitiv und explizit auf das gemeinsame Ziel der Waldorfschule ausrichtete, welches er als strikt übergeordnete Orientierungsgröße definierte (vgl. Kap. 6.2.3.2). Insbesondere die pädagogischen Konferenzen sollten als Kommunikationsinstrument dienen, da in diesen die individuellen Handlungen und Erfahrungen offengelegt werden sowie als Lernimpulse für Kollegen dienen und ergo das Reüssieren eines optimalen Resultats in Bezug auf die Kindeserziehung – im Sinne eines gemeinsamen Ganzen – ermöglichen sollten (vgl. Kap. 6.2.3.4). Dass diese Aspekte der Personalführung – trotz eines fundierten Konferenzsystems in Waldorfschulen – als defizitär erfüllt wahrgenommen werden, verweist auf einen essentiellen Reflexionsbedarf der angewandten Abstimmungsprozesse und -methoden hinsichtlich deren Strukturen und inhaltlichen Ausgestaltung sowie eventueller Restriktionen des Informationsflusses (z. B. unerwünschte informelle Hierarchiebildung). Relevant erscheint auch das konkrete Explizieren dieser Führungsaufgaben, um für deren Bedarf und Wahrnehmung zu sensibilisieren sowie – gegebenenfalls durch Schulung oder Beratung – deren adäquate Erfüllung zu sichern. Darüber hinaus tangieren die hiesigen Auswertungsergebnisse das Thema der Leitbildarbeit, welche dazu beitragen kann, über eine Identifikation mit der gemeinsamen geistigen Mission eine grundlegend stimmige Koordinierung und Ausrichtung der Einzelbeiträge auf das übergeordnete Gesamtziel (sachliche Mission) zu erreichen.

Faktor 16: praktischen Freiheit

Der Faktor der praktischen Freiheit erfasst die wahrgenommene Autonomie in der individuellen und organisationsbezogenen Realsierung intendierter anthroposophischer Impulse. Mit einem arithmetischen Mittelwert von 1,9 („trifft eher zu") wird diese als tendenziell zufriedenstellend beurteilt. Die Neigung zum Wert 2 kann mit der notwendigen Korrespondenz der „freien" Schule mit dem staatlichen System, in welches diese eingebettet ist, begründet werden, auf die bereits Rudolf Steiner hinwies (vgl. Kap. 6.1.1.1). So erwartete er von jedem Lehrer das souveräne Bemühen um eine Harmonisierung behördlicher Auflagen und ideeller Zielsetzung der Waldorfschule im Sinne eines Beweises der Umsetzbarkeit der von ihm vertretenen Idee einer „freien" Schule unter vorherrschenden „unfreien" gesellschaftlichen Bedingungen. Die Einhaltung diverser Bestimmungen und Regularien (z. B. Anschlussfähigkeit des Lehrplans an den der staatlichen Schulen) gilt auch gegenwärtig. Zudem erfordert eine Arbeitsgruppierung die wechselseitige Konnivenz und das detachierte Respektieren der Rechte und Ansichten des jeweils anderen (vgl. Kap. 6.2.4.1). Eine exhaustive Freiheit, die mit einer Bewertung von 1,0 einhergehen müsste, kann mit Blick auf die faktischen Prämissen nicht erreicht werden (und ist auch nicht anzustreben).

Grundsätzlich spiegelt die gute Bewertung der apperzipierten Freiheit das tendenziell erfolgreiche Umsetzen der diesbezüglichen Intention Rudolf Steiners wider. Da es sich um ein gemitteltes Ergebnis handelt und dieses auch breit gestreute Werte beinhalten kann, ist dieser Aspekt gegebenenfalls an einigen der befragten Waldorfschulen ausbaufähig. Die überwiegend gute Bewertung der praktischen Freiheit kann jedoch ebenso ein Indiz für deren besondere Würdigung durch die einzelnen Lehrer darstellen, die mittels einer euphemistischen Beurteilung die kontemporär vorherrschende Handlungsfreiheit zu konservieren versuchen (Theorie der psychologischen Reaktanz; vgl. Brehm 1966; Kap. 3.1.1).

Faktor 17: Problembereich: soziale Bedingungen
Faktor 18: Problembereich: unerwünschte informelle Hierarchien
Faktor 19: Problembereich: Bezug zur Anthroposophie
Faktor 20: Problembereich: subjektive Bedeutsamkeit der Arbeit
Faktor 21: Problembereich: Stellenwert des Schülers beim Lehrenden
Faktor 22: Problembereich: Arbeit als Selbstverwirklichung

Die Faktoren zu den Problembereichen kollegialer Selbstverwaltung erfassen deren fragilen Ressorts und Routinen, die eine besonders sensible Betrachtungsweise in der praktischen Umsetzung erfordern. Die Auswertung des Faktors der sozialen Bedingungen erzielt einen arithmetischen Mittelwert von 1,8 („trifft eher zu") und liegt somit in einem positiven Bereich. Wird kontrastierend die dichotome Differenzierung in ein gutes und ein (eher) schlechtes Organisationsklima als Segment des sozialen Miteinanders hinzugezogen (vgl. Kap. 11.3.4), lassen sich deutliche Abweichungen erkennen: Bei der Auswertung des Items „Betriebsklima" beurteilen dieses knapp 30 Prozent der Lehrer als gut (<= 2,0) und etwa 70 Prozent – und damit die eindeutige Majorität des Kollegiums – als (eher) schlecht (> 2,0). Ungeachtet eines tendenziell schlechten Klimas auf der Ebene der gesamten Organisation scheint demnach die Totalität des sozialen Miteinanders auf Personenebene eher positiv wahrgenommen zu werden. Daraus leitet sich eine prononcierte Harmonie hinsichtlich des Umgangstons, des Vertrauens und des persönlichen Verhältnisses zwischen Kollegen ab, insofern diese Interaktionen dualistisch oder in reduzierter Personenanzahl (z. B. auf Unterrichts- oder Fachebene) ablaufen. Auch hier greift somit der Wirkungsmechanismus der steigenden Konflikte bei zunehmendem Radius der Beteiligten.

Ebenso tendenziell positiv ist die Bewertung mit 3,2 („trifft eher nicht zu") des Faktors der unerwünschten informellen Hierarchien, deren Vorliegen von den Lehrern somit eher negiert wird, sodass sich diese in die Gruppe integriert und paritätisch behandelt fühlen. Die Items des Faktors rekurrieren primär auf soziale Prozesse in dualistischer Dimension, weniger auf diesbezügliche Verhältnisse auf organisationaler Ebene, sodass der Faktor den gegenseitigen Respekt der Lehrer reflektiert. Jedoch besteht auch die Option einer latenten Präsenz informeller Machtstrukturen, die sich einer kognitiven Bewertung ent-

Diskussion der undifferenzierten Auswertung der Faktoren 487

ziehen. In diesem Fall bleiben diese subtil, solange keine Konflikte im sozialen Miteinander entstehen. Erst in Krisensituationen werden diese detektierbar, zum Beispiel in der Form des Entzugs von Macht oder der Zugehörigkeit durch die Gruppe (vgl. Kap. 7.3.1).

Ein avertierendes Ergebnis zeigt sich bei der Auswertung des Faktors des Bezugs zur Anthroposophie mit einem Mittelwert von lediglich 2,3 („trifft eher zu"). Eine anthroposophische Verbundenheit des Einzelnen scheint demnach gegeben, jedoch in tendenziell geringer Ausprägung. Vor dem Hintergrund des Status' der Anthroposophie in Waldorfschulen als deren Leitbild und Grundlage deren Arbeitsprinzips und Pädagogik verweist der Wert auf deutlichen Aufholbedarf. Bereits Rudolf Steiner exponierte die Relevanz der Anthroposophieverbundenheit der Lehrer als eine essentielle Arbeitsgrundlage und erachtete diese für bedeutender als fachliche Qualifikationen in Form staatlich zertifizierter Examina (vgl. Kap. 6.2.3.3 u. 7.2.3). Das Ergebnis der Faktorenauswertung kann einerseits auf eine defizitäre Adäquanz zwischen Mitarbeiterprofilen und Organisationszielen und damit auf bestehende Optimierungsbedarfe im Bereich der Personaleinstellung (direkte Personalführung) deuten. Andererseits kann es auch ein Indiz für eine von dem anthroposophischen Impuls divergierende Ambition des Einzelnen zur Aufnahme der Arbeit an einer Waldorfschule darstellen, zum Beispiel eine solche der Freiheit durch die kollegiale Selbstverwaltung. Dies kann insofern als ein Problembereich gewertet werden, da auf diese Weise eine Dissoziation des gemeinsamen Bewusstseins (geistige Mission) sowie die Genese inhibierender oder korrumpierender Kontroversen auf prinzipieller Ebene drohen.

Die Auswertung des Faktors der subjektiven Bedeutsamkeit der Arbeit mit einem Mittelwert von 2,5 („trifft eher zu" bis „trifft eher nicht zu") bildet ab, dass der Beruf keine extraordinäre – lediglich eine moderate – Wichtigkeit und Stellung im Leben des Waldorflehrers einnimmt, sodass er sich nicht ausschließlich durch seine Arbeitstätigkeit selbstdefiniert, diese ihm aber ausreichende attraktive Anreize für das notwendige besondere Engagement offeriert. Insofern spricht dieses Ergebnis weder für eine gesundheitsgefährdende Präsenz der Arbeit im Leben des Einzelnen noch für deren unangemessen egozentrisch interpretierte Funktion.

Die Faktorenauswertung hinsichtlich des Stellenwerts des Schülers beim Lehrenden spiegelt mit einem arithmetischen Mittelwert von 1,8 („trifft eher zu") dessen deutliche Akzentuierung wider. Nach Rudolf Steiner intendiert die Waldorfpädagogik eine Erziehungspraxis, die rein vom Wesen des Kindes und dessen Entwicklung ausgeht. Waldorfpädagogik zeichnet sich folglich dadurch aus, dass sich diese ausschließlich an den Erziehungsbedürfnissen des Menschen bzw. der menschlichen Gesamtwesenheit orientiert (vgl. Kap. 6.2.3.2). Vor dem Hintergrund der Bedeutsamkeit einer schülerzentrierten pädagogischen Praxis verweist der Faktorenwert trotz positiver Ausprägung auf einen leichten Verbesserungsbedarf, welcher beispielsweise auf eine weiterführende Auseinandersetzung mit den anthroposophischen Grundlagen der Kindesentwicklung und -erziehung gerichtet sein könnte.

Der arithmetische Mittelwert von 2,0 („trifft eher zu") bei der Auswertung des Faktors der Bedeutung der Arbeit als Selbstverwirklichung weist auf eine diesbezügliche mensurable Neigung hin, sodass der Beruf des Waldorflehrers dem Einzelnen tendenziell als Raum zur Selbstverwirklichung dient. Im gegenwärtigen Zeitalter übernimmt die Arbeitstätigkeit nicht mehr ausschließlich eine Versorgungsfunktion für die existentielle Aufrechterhaltung der persönlichen Lebensbedingungen, sondern fungiert auch zur Befriedigung von höherwertigeren ideellen Motiven (wie die Selbstentfaltung). Während ein moderates Maß an Selbstverwirklichungsambitionen motivierend auf den Einzelnen und synergetisch auf die Gesamtheit wirken kann, birgt ein Übermaß die Gefahr eines unilateralen Individualisierungsstrebens, einer Pointierung egozentrischer Bedürfnisse und folglich eines Konterkarierens des sozialen Gemeinschaftlichen (vgl. Kap. 7.2 u. 7.3). Zwar befürwortete Rudolf Steiner grundsätzlich den Individualismus, doch prononcierte er zugleich eine strikte Überordnung des gemeinsamen Ziels über die individuellen Befindlichkeiten und erwartete folglich von den Lehrern ein Restringieren der Eigenheiten (nicht der Individualität), damit eine ausgleichende Balance zwischen den polaren Energien der Individualität und Sozialität erreicht werden kann (vgl. Kap. 6.2.4.1). Mit einem Wert von 2,0 („trifft eher zu") wird die Nutzung der Arbeit zur Selbstverwirklichung deutlich affirmiert, sodass dies auf einen erkennbaren Entwicklungsbedarf an den aktuellen Waldorfschulen hinweist.

12.3 Diskussion der differenzierten Auswertung der Faktoren

Bei der differenzierten Faktorenauswertung wird untersucht, ob die Gruppenmerkmale des praktizierte Führungsmodells (klassisch; Mandat), der dichotomen Altersverteilung (< 40 Jahre; >= 40 Jahre), der erfolgten externen Beratungsleistungen (Organisationsentwicklung und Supervision/Coaching, jeweils ja; nein) und der Qualität des Organisationsklimas (positiv; (eher) negativ) zu mensurablen Effekten bei den Bewertungen der in den Faktoren enthaltenen Items durch die Waldorflehrer und so zu disparaten Resultaten im Vergleich zur undifferenzierten Auswertung führen, sowie ob relevante Diskrepanzen zwischen den Werten der unterschiedenen Gruppen bestehen. Bei den fokussierten Merkmalen (exogene Variablen) wird somit eine Konstanz (Unabhängigkeit) supponiert, während sich die Faktoren als endogene Variablen abhängig verhalten.

Differenzierte Auswertung nach dem praktizierten Führungsmodell (klassisch; Mandat)

Die Faktorenauswertung differenziert nach dem praktizierten Führungsmodell (klassisch; Mandat) bildet lediglich minimale Abweichungen zu den undifferenzierten Bewertungsergebnissen ab. Während 5 von 22 Faktoren signifikante Unterschiede aufzeigen, liegt nur bei einem der 5 Faktoren – bei *Faktor 19: Bezug zur Anthroposophie* – eine Differenz (Δ) größer als der a priori definierte Schwellenwert von 0,15 vor, sodass Lehrer klassisch geführter Waldorfschulen einen etwas stärkeren Bezug zur Anthroposophie aufweisen als Lehrer mandatsgeführter Schulen. Da diese Differenz (Δ) mit einem gerundeten Wert von 0,16 Punkten nur marginal erhöht ist, erscheint auch bei diesem Faktor ein bedeutender Effekt auf die Güte der Beurteilungen durch die Merkmalsdifferenzierung suspekt.

Insgesamt zeigt sich, dass die Qualität der Bewertungen der in den Faktoren enthaltenen Items durch die Lehrer generell keinem Einfluss durch das jeweils praktizierte Führungsmodell (klassisch; Mandat) in der kollegialen Selbstverwaltung unterliegen, sodass Lehrer in klassisch geführten und in mandatsgeführten Waldorfschulen similäre Wahrnehmungen und Aussagen vertreten.

Differenzierte Auswertung nach der dichotomen Altersverteilung
(< 40 Jahre; >= 40 Jahre)

Die Faktorenauswertung differenziert nach der dichotomen Altersverteilung (< 40 Jahre; >= 40 Jahre) führt – ebenso wie die präponierte Differenzierung nach dem praktizierten Führungsmodell – zu peripheren Unterschieden zwischen den Bewertungen der separierten Gruppen. Es weisen 8 der 22 Faktoren signifikante Unterschiede auf, von denen nur einer (*Faktor 22: Problembereich: Arbeit als Selbstverwirklichung*) mit einem gerundeten Wert von Δ = 0,16 eine mensurable Abweichung erkennen lässt, sodass Lehrer unter 40 Jahren etwas stärker zur Selbstverwirklichungsambitionen in der Arbeit tendieren als Lehrer ab 40 Jahren. Da diese Diskrepanz lediglich geringfügig höher ausfällt als der zuvor definierte Schwellenwert, kann kein evidenter Zusammenhang zwischen den Jahrgängen und der Güte der Faktorenbewertungen auguriert werden.

Insgesamt kann resümiert werden, dass die Altersverteilung bei den Lehrern in Waldorfschulen keinen bedeutenden Einfluss auf die Ausprägungen der Befragungsergebnisse ausübt.

Differenzierte Auswertung nach erfolgten Beratungsleistungen
- Maßnahmen zur Organisationsentwicklung (OE – ja; OE – nein)

Die Faktorenauswertung differenziert nach erfolgten externen Beratungsleistungen berücksichtigt in Anspruch genommene Maßnahmen zur Organisationsentwicklung sowie zu Supervision und Coaching. Die Auswertungsergebnisse bezogen auf die Maßnahmen zur Organisationsentwicklung (OE – ja; OE – nein) bilden ab, dass bei 11 von 22 und somit der Hälfte der Faktoren signifikante Unterschiede in den ermittelten Werten hervortreten, von denen nur einer (*Faktor 03: Führung in der kollegialen Selbstverwaltung: Belastung*) eine Differenz (Δ) größer als 0,15 erreicht, sodass sich ein entwickeltes Kollegium etwas weniger durch die Partizipation an Führungsaufgaben belastet fühlt als ein nicht entwickeltes Kollegium. Da der konkrete Abweichungswert gerundet Δ = 0,17 beträgt und somit den definierten Schwellenwert nur marginal

Diskussion der differenzierten Auswertung der Faktoren 491

übersteigt, ist ein prägnanter Zusammenhang zwischen der exogenen Variable und den Faktorenwerten exkludierbar.

So kann konspektiert werden, dass Maßnahmen der Organisationsentwicklung, die die gesamte Schulebene betreffen, keine bedeutenden Effekte auf die Qualität der Bewertungen der Lehrer bezüglich der in den Faktoren enthaltenen Items verursachen.

- *Maßnahmen zu Supervision/Coaching (S/C – ja; S/C – nein),*

Werden die Faktorenbewertungen nach erfolgten Beratungsleistungen in Form von Maßnahmen zu Supervision und Coaching (S/C – ja; S/C – nein) differenziert, zeigen 15 der 22 und damit knapp 70 Prozent der Faktoren signifikante Unterschiede auf, von denen 5 Faktoren Differenzen (Δ) größer als der definierte Schwellenwert von 0,15 verzeichnen, darunter ein Faktor mit $\Delta > 0{,}2$. Grundsätzlich ist eine – wenn auch marginale – Tendenz zu positiveren Bewertungen der 15 Faktoren mit signifikanten Differenzen durch angewandte externe Beratungen in Form von Supervision und Coaching zu registrieren.

Als besonders auffällig präsentieren sich die durch Supervision und Coaching positiv beeinflussten Bewertungsunterschiede hinsichtlich aller durch die Befragung erfassten Kompetenzen zur Personalführung (*Faktoren 13, 14 und 15*) sowie bei der wahrgenommenen Führungskompetenz in Form von Führungsfähigkeit (*Faktor 04*). Individuell ausgerichtete Beratungsleistungen wie Supervision und Coaching scheinen in Kontrastierung zu organisational angelegten Maßnahmen wie die Organisationsentwicklung mit dem Führungsverhalten in Waldorfschulen positiv zu korrelieren. Da insbesondere bei dem *Faktor 14: Koordination und Zielerreichung* und dem *Faktor 15: Kommunikation, Information, Transparenz* aus dem Bereich der Personalführung vor dem Hintergrund der undifferenzierten Auswertung deutlicher Optimierungsbedarf abgeleitet wurde, können somit externe Beratungsleistungen in Form von individueller Supervision und persönlichem Coaching ein erfolgversprechenden Ansatz darstellen. Zugleich evozieren diese Formen externer Beratungen eine positive Bewertung der wahrgenommen Führungsfähigkeit (*Faktor 04*), sodass Rudolf Steiners Rolle als „anthroposophischer Berater" des Lehrerkollegiums der ersten Waldorfschule (vgl. Kap. 6.3.4) empirisch legitimiert werden kann: Ein kollegial selbstverwaltendes Kollegium scheint zur erfolgreichen Substitution der absenten Führungsinstanz und zur Übernahme deren Funktionen (insbesondere der Personalführungsaufgaben) einen Bedarf an individuell ausgerichteten Beratungsleistungen aufzuweisen. Dies lässt auch Rückschlüsse auf etwaige Defizite in der Waldorflehrerausbildung zu, die sich auf das Aneignen der Fähigkeiten zur Selbstführung und mithin auf die Kompetenz zum Erbringen subsidiärer Beiträgen zur kollegialen Selbstverwaltung („Selbstverwaltungskompetenz") beziehen und Implikationen eines erforderlichen Reformierungs- und Verbesserungsbedarfs erlauben.

Individuell ausgelegte Beratungsleistungen für Waldorflehrer zeigen darüber hinaus eine positive Wirkung (Δ = 0,17) auf das wahrgenommene Veränderungspotential auf Schulebene (*Faktor 06*). Auf diese sich bei der undifferenzierten Faktorenauswertung grundsätzlich als problematisch abbildenden Abläufe auf gesamtorganisationaler Ebene scheinen Einzelberatungen einen positiven Effekt auszuüben. Dies kann auf der ebenso hierdurch verbesserten Kompetenz in Personalführungsaufgaben (insbesondere *Faktor 14 und 15*) basieren, durch welche eine Steuerung der Prozesse auf Organisationsebene erfolgreicher gelingt.

Die gesteigerte Führungskompetenz kann darüber hinaus auch als eine Begründung für eine Erweiterung der wahrgenommenen praktischen Freiheit (*Faktor 16*) fungieren, wobei der Bewertungsunterschied (Δ) zu den Nichtberatenen nur knapp den definierten Schwellenwert von 0,15 erreicht: Durch kompetenteres Handeln in der kollegialen Selbstverwaltung entstehen in der Praxis geringere Obstruktionen, sodass dies ein subjektives Gefühl der wachsenden Freiheit effizieren kann.

Summa summarum kann festgehalten werden, dass individuelle Beratungsmaßnahmen in der Form von Supervision und Coaching eine mensurable positive Auswirkung auf die Funktionsfähigkeit und Effektivität der kollegialen Selbstverwaltung aufweisen und demzufolge auch strategisch zur Prozessoptimierung und zur Verbesserung des Konfliktmanagements appliziert werden können. Ein besonderer Vorteil beim Einsatz von externen Beratern stellt deren soziale Unabhängigkeit vom übrigen Kollegium dar sowie folglich deren detachierte Urteilsfähigkeit.

Diskussion der differenzierten Auswertung der Faktoren 493

Differenzierte Auswertung nach der Qualität des Organisationsklimas (positiv; (eher) negativ)

Die Faktorenauswertung differenziert nach der Qualität des Organisationsklimas (positiv; (eher) negativ) verursacht von den exogenen Variablen die deutlichsten Auswirkungen: Bei 19 der 22 und damit bei über 85 Prozent der Faktoren ergeben sich signifikante Unterschiede in der Qualität der Befragungswerte.

Bei 4 dieser Faktoren sind nur geringe Diskrepanzen (Δ < 0,15) zu registrieren, sodass auf lediglich periphere Zusammenhänge zwischen dem Organisationsklima und den Faktorenbewertungen der Lehrer geschlossen werden kann. Da es sich hierbei unter anderem um die Faktoren der persönlichen Konfliktfähigkeit (*Faktor 05*), der Elternzusammenarbeit (*Faktor 12*) und des Stellenwerts des Schülers beim Lehrenden (*Faktor 21*) handelt, erscheint dieses Ergebnis evident, da sich die tangierten Bereiche weitgehend außerhalb des Einflussradius' des Organisationsklimas auf individueller Ebene befinden. Ebenso naheliegend ist, dass *Faktor 17: Problembereich: soziale Bedingungen* und *Faktor 18: Problembereich: unerwünschte informelle Hierarchien* bei Vorliegen eines guten Klimas in deren Bewertungen deutlich positiver ausfallen, da diese in einem direkten thematischen Zusammenhang mit dem Organisationsklima stehen. Die differenzierte Beurteilung der sozialen Bedingungen (*Faktor 17*), die das Organisationsklima als eine Komponente integrieren, verdeutlicht mit einer Abweichung (Δ) von 0,75, dass bei einem guten Klima die übrigen sozialen Verhältnisse ebenso sichtbar positiver wahrgenommen werden, was auf deren Wechselwirksamkeit hinweist.

Grundsätzlich fallen bei Kollegien mit einem guten Betriebsklima die Bewertungen aller Faktoren mit signifikanten Differenzen deutlich besser aus und verweisen so auf eine positive Korrelation zwischen der Funktionalität kollegialer Selbstverwaltung und der Qualität des Organisationsklimas. Diese positiven Effekte zeigen sich insbesondere bei Prozessen auf gesamtorganisationaler Ebene, die sich bei der undifferenzierten Auswertung als prinzipiell problematisch darstellten. Konkret rekurrieren diese auf Tätigkeiten im Rahmen der indirekten als auch der direkten Führung: Das Management der strukturellen Bedingungen (*Faktor 11*) wird mit einer Differenz (Δ) von 0,44 besser beurteilt, wenn die Schule ein positives im Gegensatz zu einem (eher) negativen Betriebsklima aufweist, ebenso die Personalführungsaufgaben der Koordination und Zielerreichung (*Faktor 14*; Δ = 0,41) sowie der Kommunikation, Information und Transparenz (*Faktor 15*; Δ = 0,47). Zwar erreichen die Bewertungen des strukturellen Organisationsmanagements mit dem arithmetischen Mittelwert von 1,85 und der beiden letztgenannten Faktoren mit jeweils 1,98 bei Vorliegen eines positiven Klimas kein Optimum, doch scheint das Reüssieren von Führungsaufgaben deutlich verbessert zu sein. Die undifferenziert vergleichsweise gut bewerteten Personalführungsaufgaben der Anerkennung und Wertschätzung (*Faktor 13*), die auf zwischenmenschlicher und weniger auf organisationaler Ebene zu verorten sind, werden bei einem guten Organisationsklima deutlich positiver gewichtet (Δ = 0,55). Eine Begründung liefert die von Direktiven einer Führungsinstanz (z. B. Schulleiter) und präformierten Strukturen (z. B. Stellen und Positionen) unabhängige respektive von den sozialen Interaktionen der Teilhabenden abhängige Konstitution der Zusammenarbeit, sodass die Güte des gemeinsamen Handelns der Qualität der im Kollegium vorherrschenden interpersonellen Beziehungen entspricht. Werden diese als harmonisch, konstruktiv und vertrauensvoll empfunden, zeigen sich synergetische Konsequenzen auf die Funktionalität kollegialer Selbstverwaltung – auch bei den grundsätzlich eher diffizilen Abstimmungs- und Entscheidungsprozessen zwischen vielen oder allen Mitgliedern auf der Mesoebene der Organisation. Dieses Ergebnis rechtfertigt empirisch Rudolf Steiners vehementes Einfordern einer kollegialen Harmonie, welche auf wahrhaftem Vertrauen und sachlich-ehrlicher Aussprache basieren sollte (vgl. Kap. 6.2.4.4).

Zudem erscheint es evident, dass bei Lehrerkollegien mit positivem Organisationsklima die wahrgenommene Führungskompetenz in Form von Führungsfähigkeit (*Faktor 04*) mit einer Differenz (Δ) von 0,68 erheblich besser ausfällt als bei Kollegien mit (eher) negativem Organisationsklima und darüber hinaus mit einem arithmetischen Mittelwert von 1,74 (in Demarkierung zum undifferenzierten Wert von 2,42) auch absolut eine gute Bewertung aufzeigt. Dieser Effekt weist darauf hin, dass Führungsfähigkeit mit reibungsloser Funktionalität analogisiert wird bzw. störungsfreie Abläufe zumindest die Bewertung der Führungsfähigkeit positiv beeinflussen. Hierbei ist zu beachten, dass eine gute

Diskussion der differenzierten Auswertung der Faktoren 495

Führungsfähigkeit nicht obligat mit störungsfreien Prozessen unifiziert werden kann, da diese ebenso das Bewältigen von Konflikten inhäriert. Doch sind effiziente Abläufe durchaus ein mögliches Indiz für eine kompetente Führungstätigkeit. Das Ergebnis der Faktorenauswertung weist somit auf ein für eine erfolgreiche Führung in der kollegialen Selbstverwaltung notwendiges konstruktives und sozial ausgewogenes Miteinander hin und weiterführend auf die Wichtigkeit der Konvergenz zwischen persönlichen und organisationalen Zielsetzungen, was durch eine intensive Leitbildarbeit, externe Maßnahmen zur Verbesserung des sozialen Umgangs, des Dialogs und der Konfliktlösungsfähigkeit erreicht werden kann.

Naheliegend erscheint vor diesem Hintergrund die Bewertung des Verständnisses von und die Einstellung zur Führung (*Faktoren 01 und 02*), die mit Differenzen (Δ) von 0,49 und 0,45 bei Vorliegen eines guten Betriebsklimas deutlich positiver beurteilt werden und zudem mit arithmetischen Mittelwerten von 1,63 und 1,66 auch absolut betrachtet gute Bewertungen erhalten. Daraus kann eine positive Beeinflussung des Verständnisses von Führung und deren Akzeptanz durch ein harmonisches Organisationsklima abgeleitet werden, was sachlich kein obligater aber viabler Zusammenhang darstellt. Eine Begründung kann in der durch ein positives Klima ermöglichten effektiven Umsetzung der intendierten Prozesse liegen, da durch ein solches deren Obstruieren durch oppositionelles Verhalten reduziert wird.

Dies affirmiert das mit einer Differenz (Δ) von 0,39 positiver bewertete wahrgenommene Veränderungspotential auf Schulebene bei vorherrschendem guten Sozialklima (rund 1,94). Da hier ebenso in der kollegialen Selbstverwaltung tendenziell diffizile Abstimmungs- und Entscheidungsprozesse auf organisationaler Ebene tangiert werden, scheint ein positives Organisationsklima die grundsätzlich existierende individuelle Flexibilität auch auf Mesoebene zu konzedieren bzw. nicht zu inhibieren.

Damit einhergehend wird *Faktor 08: ganzheitliche Arbeit: Zufriedenheit* mit einer Differenz (Δ) von 0,36 bei gutem Organisationsklima erkennbar positiver beurteilt. Einerseits kann dies auf eine grundlegende konstruktivere Stimmungslage bei positivem Klima zurückgeführt werden, da es sich um einen Zufriedenheitswert handelt. Andererseits kann sich hierin auch die optimierte

Effizienz der Abläufe bei positivem Klima widerspiegeln, die das Dekrement von Restriktionen bei der simultanen Bewältigung von Unterrichts-, Verwaltungs- und Schulleitungsaufgaben ermöglichen.

Präsumtiv effiziert die wahrgenommene Reduktion von Störungen ein Empfinden größerer praktischer Freiheit (*Faktor 16*), da auch dieser Faktor bei einem positiv ausgeprägten Organisationsklima mit einer Differenz (Δ) von 0,35 besser bewertet wird als in einem (eher) negativ ausgeprägten Organisationsklima, der darüber hinaus mit einem arithmetischen Mittelwert von 1,61 zudem absolut betrachtet gut ausfällt. Diese Beurteilung stellt nur ein mögliches Indiz für eine faktische Erweiterung des individuellen und organisationalen Handlungsspielraums dar: Durch eine Reduktion von Reibungsverlusten ist ein tatsächlicher Ausbau der freiheitlichen Arbeit zwar durchaus denkbar, doch kann eine diesbezügliche subjektive Wahrnehmung auch von psychischer Natur sein.

Abschließend kann subsumiert werden, dass die Qualität des Organisationsklimas signifikanten Einfluss auf die Lehrerurteile hinsichtlich der Prozesse in der Zusammenarbeit nach dem Prinzip kollegialer Selbstverwaltung nimmt. Während die übrigen unabhängigen Variablen (praktiziertes Führungsmodell, dichotome Altersverteilung, erfolgte Beratungsmaßnahmen) diesbezüglich lediglich periphere Effekte aufzeigen, stehen die Qualität des Organisationsklimas und die Funktionalität der kollegialen Selbstverwaltung in einer mensurablen positiven Korrelation zueinander. Folglich kann eine positiv ausgeprägte Qualität des Organisationsklimas als substantielle Grundlage oder normative Basis für die Zusammenarbeit in der kollegialen Selbstverwaltung betrachtet werden – respektive als das konstitutive Kernelement dieses Führungsprinzips. Die Priorität sozialer vor struktureller Ansatzpunkte zur Verbesserung von Arbeitsabläufen affirmieren auch die Ergebnisse der Geschäftsführerbefragung (vgl. Koolmann/Nörling 2015: 245ff.). Bei einer Arbeitsweise ohne formelle Hierarchien und ohne eines vorab definierten strukturellen Gefüges setzen Prozessoptimierungen folglich bei einer Harmonisierung der sozialen Bedingungen an, aus denen sich konsekutiv organisationale Strukturen ableiten, in denen sich dann die Güte der kollegialen Zusammenarbeit ausdrückt und widerspiegelt, und welche so als eine Art „soziales Barometer" fungieren.

13 Gesamtresümee

13.1 Zusammenfassender Überblick

Die vorliegende Arbeit widmete sich dem Arbeitsprinzip der kollegialen Selbstverwaltung, das auf den anthroposophischen Grundlagen Rudolf Steiners basiert und in Freien Waldorfschulen seit deren Begründung 1919 praktiziert wird. Intendiert wurde eine Lokalisierung des Phänomens „Führung" in der kollegialen Selbstverwaltung sowie weiterführend deren Legitimierung als ein autonomes und ganzheitliches Führungsprinzip. Flankierend wurde reflektiert, inwiefern sich Führung und kollegiale Selbstverwaltung exkludieren, komplementieren oder sich wechselseitig bedingen, wie sich kollegiale Selbstverwaltung in deren genuinen Idee konstituiert und obligate Führungsbedarfe saturiert, welche energetischen und welche dysfunktionalen Kräfte in dieser wirken, und inwiefern deren Potentiale grundsätzlicher Art durch komparable Führungsprinzipien alludiert werden. Dazu wurden die der kollegialen Selbstverwaltung immanenten Arbeitsgrundsätze ausgehend von deren ursprünglichen Idee mittels theoretischer Primärquellen von Rudolf Steiner und einschlägiger Sekundärquellen rekonstruiert und in aggregierter Form illustriert, um ein konzeptionelles Fundament zur konsekutiven empirischen Verifizierung der zielsetzenden Fragestellung zu generieren.

Im Rahmen des theoretischen Teils der Arbeit erwies sich das Thema der Führung als ein multipel diskutiertes und profund erforschtes Gebiet, welches nicht nur in diversen Wissenschaftsdisziplinen (z. B. Psychologie, Betriebswirtschaftslehre, Soziologie) das Interesse deren jeweiligen Repräsentanten initiiert, sondern sich zudem gesellschaftlich ubiquitär disseminiert, sodass der äquivoke Begriff „Führung" variativ interpretiert wird und eine extensive Reichweite unterschiedlicher Betrachtungsperspektiven sowie facettenreicher Auffassungen hinsichtlich dessen Verständnisses effiziert (Kap. 2). Doch kristallisierten sich ebenso konkrete Kernaufgaben heraus, die in jedem sozialen Kontext im Sinne von „Führung" – unabhängig von deren implizit adhärierten Definition oder Methode – imperativ ergriffen werden müssen und auf diese Weise eine Existenz von „Führung" legitimieren (Kap. 3.1). Die in der Fachliteratur skizzierten typischen Führungsaufgaben (Kap. 3.2) der Planung, Organisation,

Sicherstellung der Ressourcenverfügbarkeit, Steuerung und Kontrolle erstrecken sich sowohl auf das Management der Organisation (indirekte bzw. sachbezogene Führung) als auch auf die Personalführung (direkte bzw. personenbezogene Führung) (Kap. 3.3). Es zeigte sich, dass der Modus der faktischen Handhabung von Führungsaufgaben mit den zeitgeschichtlich bedingten gesellschaftlichen Werten korrespondiert, sich durch diese legitimiert und sich demgemäß kontinuierlich weiterentwickelt.

Mit Blick auf die Evolution des Führungsverständnisses bildete sich als archaischste Tendenz eine subjekttheoretische Begründung ab (Kap. 4.1), die Führungserfolg in Dependenz zunächst von menschlichen Eigenschaften und dann vom Verhalten (Menschenbild, Führungsstil) einer solitären Führungsperson definierte. Schließlich mündete diese in der Annahme einer flexiblen Abhängigkeit des Führungserfolgs von den jeweils spezifischen Umfeldfaktoren der Führungssituation. Diese situationstheoretischen Führungsprinzipien (Kap. 4.2) umfassen eine Generation relativ junger Führungsansätze, bei denen die Führungsbeziehung, die Moral und Werte, die Verantwortungsteilung oder die Mitarbeiter und Arbeitsaufgabe je nach vertretenem Menschenbild unterschiedlich stark gewichtet fokussiert werden (Kap. 4.2.1). Im Rahmen der situationstheoretischen Ansätze mit primärer Konzentration auf den Mitarbeiter und die Arbeitsaufgabe (Kap. 4.2.2) wurden exemplarisch das Intrapreneurship und die Selbstführung (Kap. 4.2.2.1), die Theorie U: von der Zukunft her führen (Kap. 4.2.2.2) sowie die Dialogische Führung (Kap. 4.2.2.3) dargestellt, die diverse selbstverwaltungsaffine Komponenten integrieren.

In der Sequenz dieser Situationstheorien tendiert die Entwicklung zu innovativen integralen Führungsprinzipien (Kap. 4.3), deren Konzepte insbesondere in der wissenschaftlichen Diskussion noch weitgehend unpopulär sind. Exemplarisch wurden die selbstregulierten Kreise in der Soziokratie (Kap. 4.3.1), die dynamischen Rollen in der Holakratie (Kap. 4.3.2) sowie die Selbstführung in der integralen evolutionären Organisation (Kap. 4.3.3.) illustriert. Diese verweisen auf eine Führung von einer höheren (integralen) menschlichen Bewusstseinsstufe ausgehend, die ganzheitlich auf alle Organisationsebenen distribuiert ist. Es zeigte sich, dass diese Konzepte unbeabsichtigt und unwissentlich zur Anthroposophie Rudolf Steiners analoge Gedankengänge tangieren

Zusammenfassender Überblick

und so mit den Arbeitsgrundsätzen kollegialer Selbstverwaltung mensurabel korrespondieren. Dadurch bietet sich die Chance, die auf den Waldorfschulkontext demarkierte kollegiale Selbstverwaltung zu profanieren und – entstehungszeitlich betrachtet – als Ausgangspunkt der Tradition integraler Führungsansätze an die wissenschaftliche Führungsdiskussion anzubinden.

In einem folgenden Schritt wurde die Idee der kollegialen Selbstverwaltung (Kap. 5) von deren anthroposophischen Ursprung aus rekonstruiert, wozu einleitend eine notwendige begriffliche Abgrenzung (Kap. 5.1) und die Ableitung einer für die vorliegende Arbeit validen Arbeitsdefinition (Kap. 5.2) erfolgten. Durch die Fokussierung von Führungsprozessen in der kollegialen Selbstverwaltung und deren intendierten Anschluss an den wissenschaftlichen Diskurs der Führungsforschung wurde die Arbeitsdefinition auf die Mesoebene der internen sozialen Interaktionsprozesse und strukturellen Prämissen restringiert, sodass kollegiale Selbstverwaltung als eine formell hierarchiefreie Arbeitsform deklariert wurde, die Individualität ermöglicht, sekundiert und diese zugleich durch die soziale Kraft der gemeinsamen Zielsetzung und des einheitlichen Bewusstseins (sachliche und geistige Mission) äquilibriert.

Für den notwendigen Regress auf ein theoretisches Fundament wurden für die konsekutive empirische Untersuchung durch die Analyse einschlägiger Primär- und Sekundärquellen die charakteristischen Arbeitsgrundsätze der kollegialen Selbstverwaltung erarbeitet und zu einem zusammengehörigen Komplex agglomeriert dargestellt (Kap. 6). Diese wurden nach deren Lokalisierung in dem Bereich des Organisationsmanagements (Kap. 6.1) und der Personalführung (Kap. 6.2) sowie des zugrundeliegenden Führungsverständnisses (Kap. 6.3) differenziert und werden in den Tabellen 39 bis 41 in den Kapiteln 13.3.1 bis 13.3.3 noch einmal in synoptischen Überblicken aufgeführt. Deutlich wurde, dass die Arbeitsgrundsätze kollegialer Selbstverwaltung durch deren organisch-lebendige Offenheit und Dynamik sowie des interimistischen Status' der daraus abgeleiteten konkreten Handhabungen die Intention eines Aufbruchs zu einem gemeinsamen Experiment inhärieren, in dessen Rahmen diese durch das gemeinschaftlich erforschende und interaktive Handeln der Organisationsmitglieder und unter der Hilfestellung Rudolf Steiners im Sinne eines Beraters situativ ausgestaltet werden sollten.

In der Form eines bewertenden Diskurses kollegialer Selbstverwaltung (Kap. 7) erfolgte zunächst eine systematische Kritik an dem eigentlichen Arbeitsprinzip zur Sensibilisierung für dessen immanenten Schwachstellen (Kap. 7.1.1 bis 7.1.3) sowie anschließend eine Erörterung der mit der Praxis von kollegialen Selbstverwaltung einhergehenden Problematiken, welche sich auf etwaige Missverständnisse im Transfer des Urgedankens (Kap. 7.2) sowie auf sozialpsychologische Konsequenzen von fehlender Führung beziehen (Kap. 7.3). Mittels der Thematisierung dieser – verbesserungsbedürftigen und verbesserungsfähigen – „Achillesferse" kollegialer Selbstverwaltung wurde zugleich angestrebt, die Rechtfertigung für eine prinzipielle Annullierung dieses Arbeitsprinzips zu widerlegen.

Nachdem eine theoretische Referenzgrundlage durch das Aggregieren der Arbeitsgrundsätze kollegialer Selbstverwaltung konzipiert wurde, erfolgte die empirische Untersuchung, welche durch eine Darstellung deren Zielsetzung (Kap. 8) eingeleitet wurde. Diese fokussierte eine Verifizierung der praktischen Operativität von kollegialer Selbstverwaltung als eigenständiges Führungsprinzip und mithin eine Identifizierung des durch diese erreichten Erfüllungsgrads von notwendigen Führungsbedarfen sowie auch deren konfliktträchtigen Bereiche. Im Rahmen der Darstellung des Erhebungsdesigns (Kap. 9.1 bis 9.6) wurde die Studie von Randoll (2013a) dargestellt, welcher eine schriftliche Befragung von Lehrern der Freien Waldorfschulen und Rudolf-Steiner-Schulen in Deutschland (Vollerhebung) zugrunde liegt, und welche die Datenbasis für die hiesige Auswertung lieferte, sowie auf mit dieser zusammenhängende Studien verwiesen.

Im empirischen und diskursiven Teil der Arbeit (Kap. 10 bis 12) wurden mittels konfirmatorischer Faktorenanalyse 22 führungsbezogene Ressorts in Waldorfschulen extrahiert und ausgewertet sowie mehrfaktoriell differenziert untersucht – nach dem praktizierten Führungsmodell, einer dichotomen Altersverteilung, der erfolgten Beratungsleistungen in Form von Maßnahmen zur Organisationsentwicklung und zu Supervision und Coaching sowie der Qualität des Organisationsklimas. Einerseits wurde die Ermittlung des faktischen Status' quo, andererseits der Ursachen für Dysfunktionen in der Praxis kollegialer Selbstverwaltung angestrebt. Neben einer wissenschaftlichen Aufarbeitung und einer supplementären Datenerfassung sollte zugleich eine Ausgangsbasis für sequenzielle Forschungsvorhaben konstituiert werden.

Summa summarum wurde beabsichtigt, mittels eines konzeptanalogen Überblicks über die der kollegialen Selbstverwaltung zugrundeliegenden Arbeitsgrundsätze und deren Komplementierung durch Implikationen für insbesondere empirisch aufgedeckte Schwachstellen optionale Lösungsansätze für eine Optimierung der Arbeitsprozesse und ein Ausschöpfen der existierenden Potentiale in der kollegialen Selbstverwaltung zu entwickeln.

13.2 Zentrale Erkenntnisse

13.2.1 Kollegiale Selbstverwaltung als eine Form der Führung

Die oftmals disparate Behandlung von „kollegialer Selbstverwaltung" einerseits und „Führung" andererseits kann auf der Basis der hiesigen theoretischen wie empirischen Ergebnisse nicht verifiziert werden. Vielmehr zeigte sich, dass jede soziale Gruppe – und so auch das Kollegium einer Waldorfschule – ein kultivierungsdürftiges Gebilde darstellt (vgl. Kap. 7.3.1), das sich nach Steiner (GA 186) in einem oszillierenden Pendelzustand zwischen sozialen und antisozialen Trieben respektive – in Antons (2009) Diktion – zwischen integrierenden (zentripetalen) und differenzierenden (zentrifugalen) Kräften befindet und so eine wie auch immer geartete Führung benötigt (gemäß der anthropologischen Führungslegitimation; vgl. Kap. 3.1.2). In diesem Zusammenhang zeigte sich, dass Führung nicht obligat und unikal als ein autoritatives Infantilisieren des Menschen verstanden werden kann, sondern darüber hinaus als eine Dienstleistung der Hilfestellung und Orientierung (vgl. Kap. 4.2.1) und somit zugleich der Prohibition unerwünschter informeller Führungs- und Machtstrukturen (vgl. Kap. 7.3.2). Denn diese können – zumeist subliminal und unbewusst – tatsächlich Hierarchien und Handlungsrestriktionen evozieren und aufgrund deren Nicht-Greifbarkeit zu destruktiven sozialen Problematiken sowie zur Reduktion der Effektivität organisationaler Prozesse führen. In der logischen Konsequenz sichert die Existenz und Anwendung von Führung die individuelle und kollektive Handlungsfreiheit und den Raum für kreatives und intuitives Denken und Handeln.

Kollegiale Selbstverwaltung schließt Führung keineswegs aus, sondern figuriert selbst als eine organisationsspezifische Art der Führung mit eigenem Führungsverständnis mit dem Anspruch des Saturierens der in arbeitsteiligen Organisationen wesenstypisch entstehenden Führungsbedarfe.

Wie sich in Kapitel 3 zeigte, entstehen in jedem sozialen Kontext und somit auch in der Waldorfschule diverse Führungsaufgaben, und kollegiale Selbstverwaltung existiert zum Zweck deren Erfüllung. Diese Analogie zwischen Führung und kollegialer Selbstverwaltung wird auch durch die empirischen Ergebnisse reflektiert: So zeigte der deskriptive Überblick bei den Items zur Zufriedenheit mit der praktizierten Führung und der schulischen Selbstverwaltung an Waldorfschulen (vgl. Kap. 11.1; 12.1) eine prägnante Similarität der Beurteilungen, welche auf deren positive Korrelation verweist. Dies affirmiert, dass Selbstverwaltung als eine Art der Führung figuriert. Demgemäß induzierte die differenzierte Faktorenauswertung nach dem praktizierten Führungsmodell (klassisch; Mandat) keine mensurablen Effekte auf die Beurteilungen selbstverwaltungsrelevanter Aspekte (vgl. Kap. 11.3.1; 12.3.). Dieses Resultat erscheint evident, da Führung und kollegiale Selbstverwaltung ein identisches Konstrukt fokussieren und somit homogene Beurteilungsergebnisse effizieren. Folglich begründet sich die Funktionalität kollegialer Selbstverwaltung nicht aus dem angewandten klassischen oder mandatsgeführten Führungsmodell, sondern aus sich selbst.

Führung wird ex definitione in Kapitel 2 als soziales Gruppenphänomen bzw. als ein Interaktionsprozess zwischen mindestens zwei Personen verstanden, der auf das Erreichen gemeinsam intendierter Ziele mittels Kommunikationsprozesse fokussiert (vgl. Neuberger 1995a). Das charakteristisch Zwischenmenschliche von Führung und insbesondere auch von kollegialer Selbstverwaltung impliziert eine Dependenz deren Erfolgs von einem konstruktiven kollegialen Umgang. So verifizieren die empirischen Ergebnisse, dass die Güte des Organisationsklimas als normatives Fundament der kollegialen Selbstverwaltung betrachtet werden kann (vgl. Kap. 11.3.4; 12.3). Bei der differenzierten Auswertung führt das Vorliegen eines guten Organisationsklimas zu deutlich

Zentrale Erkenntnisse 503

positiveren Effekten bei der Beurteilung der Faktoren bezüglich der Funktionalität von kollegialer Selbstverwaltung. Dieses Faktum legitimiert somit empirisch Rudolf Steiners Appell für eine ausgeprägte Harmonie im Kollegium auf der Basis von wahrhaftem Vertrauen und einer ehrlichen sachlich-objektiven Aussprache als Voraussetzung für eine funktionierende Zusammenarbeit (vgl. Kap. 6.2.4.4)

Die Effektivität kollegialer Selbstverwaltung korreliert signifikant positiv mit der Qualität des Organisationsklimas, sodass die soziale Konvergenz der Arbeitsgruppe als konstitutives Kernelement dieses Führungsprinzips angesehen werden kann. Erfolgreiche kollegiale Selbstverwaltung ist nur nachrangig in der Dependenz von präformierten und/ oder zu modifizierenden strukturellen Bedingungen zu sehen, sondern abhängig von der Güte der sozialen Interaktionen, aus denen sich konsekutiv organisationale Strukturen formieren.

13.2.2 Kollegiale Selbstverwaltung als lebendig-organisches Gebilde

Auch wenn kollegiale Selbstverwaltung als eine autonome Führungsform betrachtet werden kann, figuriert diese als ein unvollendetes und nicht substantiiertes Konstrukt. Einerseits ließ die kursorische Begründung der ersten Waldorfschule keine zeitlichen Ressourcen für eine fundierte Ausarbeitung eines konstitutionellen Modells. Andererseits war der Interimscharakter kollegialer Selbstverwaltung explizit von Rudolf Steiner (GA 257: 162, Ausl. ie) intendiert, da eine lebendige Offenheit für verschiedene Entwicklungsrichtungen bestehen bleiben und eine kontinuierliche Weiterentwicklung durch Lernprozesse initiieren sollte: „*Man kann nichts für die Ewigkeit begründen. (...) Was leben will, muß sich wandeln, und eigentlich ist nur, was sich wandelt, lebensvoll.*" In diesem Sinne ist eine Organisation als etwas natürlich Gediehenes zu verstehen – gemäß eines lebendigen Organismus'.

Das rudimentäre und rezeptive Charakteristikum des Prinzips kollegialer Selbstverwaltung impliziert keine prinzipielle Dysfunktion oder impraktikable Utopie!

Dies verifiziert auch die deskriptive Auswertung der Items zur Zufriedenheit mit der praktizierten Führung und der schulischen Selbstverwaltung an Waldorfschulen: Diese bildete eine starke Streuung der Häufigkeiten ab, die somit sowohl auf auffallend dysfunktionale Fallbeispiele hinweist – aber eben auch auf besonders funktionale (vgl. Kap. 11.1; 12.1).

Vor dem Hintergrund des freien und intuitiven Denkens negierte Rudolf Steiner ein Determinieren des Handelns a priori, da Regularien auf Erfahrungswerten der Vergangenheit gründeten und diese reproduzierten. Handlungen bedürften der eigenen Schöpfung und könnten nur a posteriori beschrieben werden. Im Sinne einer Genese von faktisch Neuem (Innovation) plädierte er für die sukzessive Entwicklung intuitiver Lösungen am konkreten Fall (Experiment). Dabei bezog er explizit Prozesse des Scheiterns und Konflikte ein, die er als fruchtbare Erkenntnis- und Lernquellen betrachtete. Analog sollten im Rahmen der kollegial selbstverwaltenden Arbeit jeweils individuelle Antworten vor dem Hintergrund des spezifischen Kontextes gefunden werden. Diese Weiterentwicklungsbedürftigkeit seiner Idee kann so als Stimulierung der Geistestätigkeit verstanden werden, vorhandene Strukturen zu reflektieren und kontinuierlich Neues zu entwickeln. Demgemäß bildet jede kollegial selbstverwaltete Organisation eine spezifische Struktur bzw. ein eigenes *„Sozialgebaren"* (Kugler 1981: 100) aus.

Das Prinzip der kollegialen Selbstverwaltung erfordert im Sinne eines experimentell-forschenden Vorgehens kontinuierliche Lern- und Entwicklungsprozess aus repetitiven Runden des Versuchs und Irrtums.

Die oben angesprochene starke Streuung der Häufigkeiten bei der deskriptiven Auswertung der Items zur Zufriedenheit mit der praktizierten Führung und der schulischen Selbstverwaltung an Waldorfschulen führt insgesamt zu einer Tendenz zu Werten im medialen Bereich (vgl. Kap. 11.1; 12.1). Dies verweist darauf, dass eine selbstverwaltende Zusammenarbeit prinzipiell mit den Bedürfnissen eines arbeitenden Menschen kongruiert, jedoch vom Stand der organisationalen Entwicklungsphase der jeweiligen Schule abhängt. Dies affirmieren auch die Ergebnisse der undifferenzierten Faktorenauswertung (vgl. Kap. 11.2; 12.2). Die sich auch hier abbildenden mittleren Werte deuten auf

Zentrale Erkenntnisse 505

eine grundsätzliche Funktionalität kollegialer Selbstverwaltung hin, bei der jedoch diverser Optimierungsbedarf in der praktischen Umsetzung besteht. Substantiierte Ausformungen kollegialer Selbstverwaltung wurden so noch nicht oder nur rudimentär entwickelt.

Kollegiale Selbstverwaltung kann als in deren Grundidee funktional und als die Bedürfnisse eines modernen arbeitenden Menschen saturierend betrachtet werden; lediglich die sich konkret ausbildenden Strukturen in der Praxis erweisen sich als unausgereift und entwicklungsbedürftig.

13.2.3 Führung in der kollegialen Selbstverwaltung

Führungsaufgaben müssen im Rahmen kollegialer Selbstverwaltung nicht vollständig im Kollektiv liquidiert werden, sondern können auch an einzelne Personen oder an Kleingruppen temporär alternierend delegiert werden, ohne das Prinzip in dessen Grundidee zu korrumpieren. Besondere Relevanz erhält das explizite Ausweisen von Führungsaufgaben, damit diese nicht auf unerwünschte informelle Art zu sozialen Verzerrungen führen (vgl. Kap. 7.3.2). Mit Blick auf die Modi der ersten Waldorfschule zeigte sich, dass Rudolf Steiner zentrale Aufgaben der direkten Personalführung wie auch Teilbereiche des Organisationsmanagements übernahm, sodass er als – zumindest sporadisch agierende – „Führungsinstanz" bezeichnet werden kann. In dieser Rolle richtete er sein Verhalten jedoch strikt am Menschenbild der Anthroposophie aus (vgl. Kap. 6.3.2), sodass er die Individualität und Entwicklungsfähigkeit des Einzelnen respektierte und anstelle des Erteilens von Direktiven dessen aktive Urteilsfähigkeit förderte. Zugleich betonte er seine grundsätzliche statusbezogene Gleichstellung zum Kollegium, indem die Gültigkeit seiner Ratschläge und Maßnahmen stets von der Anerkennung jedes Einzelnen abhing.

Zusammenarbeit auf der Basis kollegialer Selbstverwaltung benötigt und beinhaltet Führung, ohne die Intention dieses Prinzips zu konterkarieren. Führungsverhalten in der kollegialen Selbstverwaltung gründet jedoch auf dem anthroposophischen Menschenbild und nicht auf autoritativen Maximen.

Führung und kollegiale Selbstverwaltung sind folglich nicht kontrovers, sondern komplementär oder synonym zu verstehen. „Führung" bedeutet in diesem Kontext das Reüssieren eines gemeinsamen Ziels (sachliche Mission) mittels der Sicherstellung infrastruktureller Voraussetzungen (Management) und der Wahrnehmung notwendiger Koordinations- und Informationsaufgaben (Personalführung). Auf die Tragweite von Führungshandeln in der kollegialen Selbstverwaltung weisen auch die empirischen Untersuchungsergebnisse hin: Diese verdeutlichen einen signifikanten Zusammenhang zwischen der Größe der betroffenen Personengruppe und der Funktionalität der Entscheidungs- und Abstimmungsprozesse (funktionale Führungslegitimation; vgl. Kap. 3.1.2). Bei der undifferenzierten Faktorenauswertung (vgl. Kap. 11.2; 12.2) bildete sich dieser Zusammenhang sowohl bei Aufgaben des Organisationsmanagements (indirekte Führung) als auch der Personalführung (direkte Führung) ab. Während Prozesse auf individueller Ebene oder zwischen zwei oder wenigen Personen als gut funktionierend bewertet wurden, ergaben sich auf organisationaler Ebene bei Prozessen mit vielen Beteiligten oder mit allen Mitgliedern deutliche Reibungsverluste. Zudem konnte ein erheblicher Unterschied in der Bewertung des Veränderungspotentials auf Unterrichtsebene sowie auf Schulebene nachgewiesen werden, wobei erstgenanntes als gut und letztgenanntes eher kritisch beurteilt wurde. Dies verweist auf eine abnehmende Veränderungsbereitschaft und zunehmende Hemmnisse in den Entscheidungs- und Abstimmungsprozessen bei einer steigenden Anzahl der betroffenen Personen. Daraus lässt sich eine defizitäre Saturierung von Führungsbedarfen zur Steuerung der Gesamtorganisation ableiten.

Die Effektivität kollegialer Selbstverwaltung korreliert signifikant negativ mit der Anzahl der an den Prozessen beteiligten Personen: Mit zunehmender Gruppengröße in Richtung Gesamtorganisation weisen die (Selbst-)Führungsprozesse in der kollegialen Selbstverwaltung höhere Reibungsverluste auf.

Bei der differenzierten Faktorenauswertung zeigte sich diesbezüglich, dass individuell angelegte Beratungsmaßnahmen in Form von Supervision und Coaching einen deutlich positiven Effekt auf die Funktionsfähigkeit kollegialer

Zentrale Erkenntnisse 507

Selbstverwaltung auch in den tendenziell problematischen Prozessen auf organisationaler Ebene aufweisen (vgl. Kap. 11.3.3.2; 12.3). Vor dem Hintergrund des empirischen Nachweises, dass Prozesse in Gruppen mit einer geringen Personenanzahl erfolgreich funktionieren und auf organisationaler Ebene zunehmend ineffektiver werden, ist ein temporär alternierender Transfer von Führungsaufgaben auf sachlich definierte und quantitativ begrenzte Arbeitseinheiten – oder in Herrmannstorfer (2012: 31) Diktion: eine *„dynamische Delegation"* – zu überdenken. Auf diese Weise werden Mandate stets neu akkordiert sowie die Genese von Machtkonglomeraten prohibiert, sodass die Idee kollegialer Selbstverwaltung nicht konterkariert wird. Die Entscheidungen auf kleiner Ebene werden konsekutiv auf das große Ganze transferiert, sodass auf der Gesamtebene nur noch die Resultate – nicht aber die dorthin führenden Prozesse – behandelt werden. Ein solches Verfahren konvergiert einerseits mit Rudolf Steiners Vorschlag der Einrichtung eines so bezeichneten „Verwaltungsrats" (vgl. Kap. 6.1.3.2), andererseits mit den Ideen aktueller integraler Führungsansätze (vgl. Kap. 4.3). Diesbezüglich prononciert Mosmann (2015: 47, Ausl. ie), dass ein effizientes gemeinsames Arbeiten *„(...) um so schwieriger wird, je mehr Menschen in der Konferenz zusammensitzen (...)"*, und schlussfolgert, dass jede freie Schule eine Wachstumsgrenze hat und *„was darüber hinaus wächst, muss sich abgliedern, um frei zu bleiben"*. Ergo besitzt die Sicherung der organisationalen Funktionsfähigkeit eine Priorität.

Kollegiale Selbstverwaltung intendiert keine omnipotente Mitsprache und Mitbestimmung aller, sondern das gemeinsame Generieren, Erproben, Manifestieren und erneute Überdenken sinnvoller Lösungen im Sinne eines kollektiv vertretenen und übergeordneten Gesamtziels.

13.2.4 Selbstverwaltungskompetenz als (Selbst-)Führungskompetenz

Kollegiale Selbstverwaltung als Führungsform umfasst sowohl Aufgaben der indirekten sachorientierten Führung (Management der Organisation) als auch der direkten personenbezogenen Führung (Personalführung) (vgl. Kap. 3.3). Bei der empirischen Auswertung bildete sich ab, dass im Rahmen kollegialer Selbstverwaltung zahlreiche Aspekte des Organisationsmanagements (z. B.

Elternzusammenarbeit) berücksichtigt und überwiegend gut erfüllt werden, während direkte Personalführung (z. B. Kommunikation, Information, Transparenz) tendenziell vernachlässigt wird und auf deutliche Defizite hinweist. In beiden Bereichen zeigten sich in solchen Teilbereichen deutliche Mängel, die auf der Ebene der Organisation zu verorten sind und so Koordinationsprozesse zwischen einer Vielzahl oder allen Mitarbeitern betreffen (vgl. Kap. 11.2; 12.2). Da hierbei fundamentale Führungsaufgaben angesprochen sind, leitet sich ein deutlicher Handlungsbedarf ab (z. B. Schulungen im Bereich von Führung und Management, Umstrukturierung des Konferenzsystems).

Weiterführend zeigten die empirischen Auswertungen, dass die ganzheitliche Qualität der Arbeit an Waldorfschulen aus Sicht der Lehrer als weitgehend zufriedenstellend und als nur moderat belastend beurteilt wird, das geforderte besondere Engagement und die Übernahme von (Selbst-)Verantwortung hingegen deutlich spürbare Herausforderungen darstellen (vgl. Kap. 11.2; 12.2), sodass weniger die inhaltliche Vielfalt als vielmehr das Verantwortungsgefühl als Bürde wirkt und somit die notwendige individuelle Rollenidentifikation als eine „Führungskraft" hinterfragt werden kann.

Darüber hinaus war den empirischen Daten zu entnehmen, dass die Lehrer mittels divergierender Beurteilungen der betreffenden Faktoren tendenziell das Individuelle vom Kollektiven gedanklich trennen und so persönliche Schwächen (hier: Kritikfähigkeit) nur unzureichend mit der gemeinschaftlichen Führungsfähigkeit verbinden (vgl. Kap. 11.2; 12.2). Kollegiale Selbstverwaltung gründet jedoch auf der Prämisse, dass jeder Einzelne Teil eines Ganzen ist, sodass das Ganze die Summe der Einzelbeiträge reflektiert (vgl. Kap. 6.2.1.3). Individuelle Schwächen sich folglich unmittelbar als solche auszugleichen und können nicht durch die Gesamtheit abgefangen und kompensiert werden.

Die Substitution direkter Personalführungsaufgaben einer konventionellen Führungsinstanz durch das Kollegium stellt in der kollegialen Selbstverwaltung eine besondere und optimierungsbedürftige Herausforderung dar. Hierbei inbegriffen ist das individuelle Selbstverständnis als zugehöriger Teil einer Gemeinschaft aus Führenden und Verantwortenden.

Zentrale Erkenntnisse 509

Weil Führungsaufgaben in der kollegialen Selbstverwaltung somit auf die Gemeinschaft transferiert und verteilt werden, bedürfen diese einer Aneignung entsprechender Fähigkeiten. Die empirische Auswertung zeigte, dass die kollektive Führungskompetenz als tendenziell gut, die individuelle Führungskompetenz als tendenziell verbesserungswürdig bewertet wurde (vgl. Kap. 11.2; 12.2). So spiegelt sich auch hier ein defizitäres Selbstverständnis des Einzelnen als Führender wider: Lehrer sehen sich hiernach eher als Pädagogen (was auch die positive Bewertung der Stellung des Schülers beim Lehrenden unterstreicht), weniger als Schulverwaltender, wobei sie die letztgenannte Aufgabe offenbar dem Kollektiv zuschreiben, dessen Teil sie paradoxerweise sind.

Berechtigterweise fragt Kiersch (2001): *"Wie studiert man Selbstverwaltungskompetenz?"*, denn deren Schulung ist in der Waldorflehrerausbildung nicht explizit verankert. Selbstverwaltungskompetenz beinhaltet vordergründig persönlichkeitsbildende Maßnahmen und basiert auf der Erkenntnis über das geistige Wesen des Menschen (Anthroposophie) und so auch über sich selbst (Selbsterkenntnis). Dazu ist das Erreichen einer höheren Bewusstseinsstufe der intuitiven Erkenntnis erforderlich, die den Menschen zum freien Denken und so zum Hervorbringen moralischer Intuitionen unabhängig von formalen Gesetzen befähigt (Ethischer Individualismus), oder alternativ der einsichtige Nachvollzug von explizierten Erkenntnisresultaten anderer. Sodann ist dieser auch imstande, sich unabhängig von äußeren Vorgaben, Weisungen und Zwang selbst zu führen. Die Fähigkeit zur Selbstführung fungiert wiederum als Prämisse für eine aktive Teilhabe an sowie das Leisten eines schöpferischen Beitrags zu der kollegialen Selbstverwaltung. Umgekehrt bedarf die Fähigkeit zur Selbstführung eines optimalen Handlungsspielraums zu deren Ermöglichung und Förderung, sodass der Einzelne einen Blick und ein Verständnis für die Gesamtprozesse erlangen und die Konsequenzen seines Handelns abschätzen kann. Dies erfordert zugleich das Registrieren- und Erfüllen-Können von Führungsbedarfen.

Selbstverwaltungskompetenz bedeutet (Selbst-) Führungskompetenz und bedarf der individuellen Fähigkeit und Bereitschaft sowie einer konkreten Ausbildung und Schulung.

Die differenzierte Faktorenauswertung nach in Anspruch genommenen externen Beratungsleistungen im Bereich der Organisationsentwicklung zeigte, dass in der kollegialen Selbstverwaltung der Ansatzpunkt für Veränderungsprozesse eher nicht auf organisationaler Ebene lokalisiert werden kann, sodass diese nur unzulänglich zentral steuerbar sind (vgl. Kap. 11.3.3.1; 12.3). Vielmehr bildete sich bei der Differenzierung nach Beratungen in Form von Supervision und Coaching ab, dass individuelle Entwicklungsmaßnahmen einen deutlich positiveren Effekt auf die Funktionsfähigkeit kollegialer Selbstverwaltung und insbesondere auf Kompetenzen der direkten Personalführung haben (vgl. Kap. 11.3.3.2; 12.3). Ein selbstverwaltendes Kollegium weist demnach einen zusätzlichen Bedarf an individueller Beratung auf, um die Leistungen einer Führungsperson optimal substituieren zu können. Eine solche Beratungsinstanz kongruiert mit der Rolle Rudolf Steiners seinerzeit. Beim Einsatz externer Berater besteht der Vorteil deren sozialen Unabhängigkeit.

Kollegial selbstverwaltende Kollegien benötigen eine arrondierende Option des Zugriffs auf eine perpetuell erreichbare externe Beratungsinstanz als individuelle Hilfestellung zur Bewältigung von Führungsaufgaben sowie zur Verbesserung bestehender Kompetenzlücken.

13.2.5 Selbstverwaltung versus Selbstverwirklichung

Der von Steiner (GA 31: 256) vertretene Individualismus im Sinne einer Herauslösung des Individuums aus den sozialen Verbänden zur *„freien Entfaltung der Bedürfnisse und Kräfte des Einzelnen"* (Soziologisches Grundgesetz) intendierte eine Ermöglichung des freien Denkens. Doch betonte Rudolf Steiner auch, dass der Mensch als ein soziales Wesen verkümmere, wenn dieser außerhalb der Gesellschaft ein isoliertes und abgesondertes Dasein pflegt. Der Förderung des Individualismus' steht somit die Integration in einen sozialen Kontext zur Relativierung des Egoismus' gegenüber (Soziales Hauptgesetz). Referenzpunkt bildet jeweils die Gemeinschaft, aus welcher der Einzelne entstammt und in welche dieser seine Intuitionen bereichernd einbringt. Diese Individualisierung bedeutet also keine Liquidierung der Gemeinschaftsziele zugunsten von egoistischen Opportunitäten. Das so bezeichnete

Zentrale Erkenntnisse 511

„Konzept des Individuums" der Gegenwart, das hingegen mit dem Verständnis einer dominierenden Selbstentfaltung und Selbstverwirklichung einhergeht und *„zur Anarchie neigende Tendenzen des Individualismus"* (Brater/Maurus 1999: 64) affirmiert, erweist sich als ein (fragwürdiges) Artefakt der Neuzeit (vgl. Antons 2009). *„Gelegentlich wird Rudolf Steiner deshalb so interpretiert, als wolle er aus dem Lehrer eine Ich-AG machen, als arbeite in einer freien Schule jeder beziehungslos neben dem anderen her. Das ist jedoch nicht gemeint",* so Mosmann (2015: 40).

Kollegiale Selbstverwaltung intendiert keine exzessive egozentrische Selbstverwirklichung, sondern schöpferische Individualität im Sinne des sozialen Ganzen, das auf einem durch die Anthroposophie verbundenen gemeinsamen Bewusstsein (Geist) und Ziel (Sache) gründet.

Dieses gemeinsame Bewusstsein und die sich daraus ableitende Gesamtaufgabe stellen fundamentale Komponenten kollegialer Selbstverwaltung dar (vgl. Bauer 2006: 169f.). Aufgrund deren Prägung durch die Anthroposophie bedingen diese eine persönliche Verbundenheit und Identifikation des Einzelnen mit derselben. Bei der empirischen Auswertung zeichnete sich jedoch hinsichtlich des Bezugs zur Anthroposophie ein deutlicher Aufholbedarf ab (vgl. Kap. 11.2; 12.2). Der durch die gemeinsame und den Rektorenposten ersetzende geistige Mission ermöglichte Handlungsspielraum im Rahmen der kollegialen Selbstverwaltung soll einen Nährboden für intuitive und auf den konkreten Einzelfall zugeschnittene Lösungen zum Reüssieren des gemeinsamen Gesamtziels offerieren. Hingegen dient dieser nicht dem Ausleben rein subjektiver Bedürfnisse oder dem Kreieren gesellschaftlicher Subwelten. Egoismus konterkariert die Funktionsfähigkeit kollegialer Selbstverwaltung, da dieser das Soziale supprimiert, das jedoch als deren Fundament fungiert – wie die empirische Auswertung belegte (vgl. 11.3.4; 12.3). In diesem Sinne weisen Brüll und Krampen (1992: 166f.) – ihre Fallstudien konspektierend – darauf hin: *„Eine rundum selbstverwaltete Schule haben wir nicht gefunden, allerdings auch nicht gesucht. Es gibt sie vermutlich nicht. Es kann sie wohl auch deshalb nicht geben, weil ein solcher Perfektionismus Selbstverwaltung zum Selbstzweck erheben müßte. Und dies sollte festgehalten werden: Bei allen Be-*

mühungen, Selbstverwaltung im Bildungswesen zu realisieren, muß und wird immer eines berücksichtigt werden müssen: Aufgabe von Schulen ist die Erziehung von Kindern zu freien Menschen, die lernen wollen, ihre eigenen Ziele innerhalb der Gesellschaft zu ergreifen. Selbstverwaltung dürfte ein gutes Mittel zu diesem Zweck sein." Kollegiale Selbstverwaltung ist so durch einen instrumentellen Charakter zu signifizieren mit dem Zweck, individuell kreierte Beiträge zu etwas gemeinschaftlich Erschaffenem zu verbinden.

Kollegiale Selbstverwaltung ist kein l'art pour l'art, sondern stellt eine den mündigen Menschen achtende und fördernde Arbeitsweise dar, die dazu dient, ein übergeordnetes gemeinschaftliches Ziel zu reüssieren, an dem alles individuelle Handeln ausgerichtet ist.

13.2.6 Anschlussfähigkeit an den wissenschaftlichen Führungsdiskurs

Eruiert wurde, dass Rudolf Steiners Idee der kollegialen Selbstverwaltung konkrete Attribute moderner Situationstheorien der postmodernen Führungsforschung (vgl. Kap. 4.2) integriert, die eine Abhängigkeit des Führungshandelns vom aktuellen Kontext postulieren und so einen Führungsbegriff zugrunde legen, der eine Vielzahl flexibel zu optierender Handlungsalternativen berücksichtigt. Kollegiale Selbstverwaltung schließt mit deren Abstinenz präformierter Strukturen und deren organisch-lebendigen Interimscharakter hieran an und erfasst darüber hinaus den Aspekt des intuitiven Handelns zur Bewältigung zukünftiger Situationen.

Die Parallelen zu den situationstheoretischen Führungsprinzipien konkretisieren sich wie folgt: Analog zu den Ansätzen mit Fokus auf die Führungsbeziehung (vgl. Kap. 4.2.1.1) gründet auch kollegiale Selbstverwaltung auf wertbasierten – insbesondere Vertrauen und Respekt prononcierenden – Beziehungen zwischen „Führenden" und „Geführten". Gemäß dem grundlegenden Prinzip der Substitutionstheorien intervenierte auch Rudolf Steiner nur exzeptionell in den Führungsprozess (Ausnahmeprinzip der Führung). Die von Rudolf Steiner als grundlegend betrachtete Verbundenheit zur Anthroposophie (gemeinsames Bewusstsein) verweist auf den Ansatz transformierender Führung, die auf das Erreichen eines moralisch angereicherten Beziehungsniveaus zielt und Attribute wie Visionen und Leitbilder betont. Introspektiv verstand sich Steiner in einer die Lehrerschaft beratenden Funktion. Dieser Kerngedanke findet sich im Konzept der dienenden Führung bzw. der Führung als Dienstleistung wieder, der auch die Selbstführung der Lehrer im Sinne eines Dienstes für das gemeinsame Ziel (sachliche Mission) tangiert.

Analog zu den Ansätzen mit Fokus auf Moral und Werte (vgl. Kap. 4.2.1.2) stützt sich auch kollegiale Selbstverwaltung auf ethisch-sittliche Grundsätze, die sich insbesondere in der Wertschätzung und Anerkennung der Gedanken des jeweils anderen ausdrücken. Wie der Ansatz der respektvollen Führung exponiert kollegiale Selbstverwaltung das paritätische Neben- und Miteinander auf Augenhöhe und somit ein horizontales Machtverhältnis. Neben der Förderung der Individualität integriert kollegiale Selbstverwaltung eine soziale Verbundenheit über die Anthroposophie (geistige Mission), die in similärer Weise auch im Ansatz der symbolischen Führung (Unternehmenskultur, Sinnvermittlung über Symbole) berücksichtigt wird. Rudolf Steiner vertrat ein anthroposophisches Menschenbild (vgl. Kap. 6.3.2) und richtete sein Verhalten konsequent danach aus. In diesem Sinne unterstreicht auch das authentische Führen die Konformität von persönlichen Überzeugungen und faktischem Handeln des Führenden. Den Grundgedanken des demokratisch-republikanischen Prinzips in der kollegialen Selbstverwaltung oder – in Dietz' (vgl. 2009a; 2009b; 2008a; Kap. 4.2.3.3) Diktion – der *„freien Empfänglichkeit"* für die Ideen der Mitmenschen greift die ethische Führung in Form der Achtung sittlicher Werte, der Würde und der Rechte des jeweils anderen auf.

Analog zu den Ansätzen mit Fokus auf die Verantwortungsteilung (vgl. Kap. 4.2.1.3) geht auch kollegiale Selbstverwaltung davon aus, dass stets mehrere Personen am Führungsprozess beteiligt sind. Wie der Ansatz der geteilten Führung plädiert kollegiale Selbstverwaltung für eine kollektive Entscheidungsfindung und Ergebnisverantwortung (Ganzheitlichkeit). Darüber hinaus werden bei der kollegialen Selbstverwaltung spezifische Aufgabenbereiche an Eltern (Kunden) delegiert. In diesem Sinne weisen auch die Führungsprozesse im distributiven Ansatz über die Organisationsgrenzen hinaus. Während kollaborative Führung das Agieren in Netzwerken und Partnerschaften integriert, werden auch im Rahmen kollegialer Selbstverwaltung einige Führungsprozesse durch überinstitutionelle Organe besorgt (z. B. Arbeitsgemeinschaften auf Länderebene, Bund der Freien Waldorfschulen auf Bundesebene). Bei den innerorganisationalen Führungsaufgaben gilt in der kollegialen Selbstverwaltung das Prinzip natürlicher Hierarchiebildung (Fähigkeits- bzw. Kompetenzhierarchie), das ebenso in dem Ansatz der komplementären Führung in Form einer stärkenorientierten Aufteilung der Führungsaufgaben aufgegriffen wird.

Während die bisher aufgeführten Führungsideen lediglich einzelne Elemente in sonst konventionelle Ansätze integrieren, intendieren die jüngsten situationstheoretischen Ansätze mit dem Fokus auf den Mitarbeiter und die Aufgabe (vgl. Kap. 4.2.1.4) einen ganzheitlichen Blick auf das Führungshandeln und zeichnen sich so durch eine noch deutlichere Parallele zur kollegialen Selbstverwaltung aus. Intrapreneurship und Selbststeuerung (vgl. Kap. 4.2.2.1) verweisen – wie die kollegiale Selbstverwaltung – auf eine Verteilung von Führung und Verantwortung auf alle organisationale Ebenen (kollektive Führung) und zugleich auf die Ermöglichung eines ganzheitlichen Blicks auf die Organisation (Sinngebung). Ähnlich wie in der kollegialen Selbstverwaltung werden wechselnde Führungseinheiten institutionalisiert und eine natürliche Hierarchiebildung auf der Basis der individuellen Fähigkeiten und Kompetenzen affirmiert. Darüber hinaus vertreten diese Ansätze – wie auch Rudolf Steiner dies tat – ein Führungsverständnis im Sinne der Anleitung zur Selbstführung. Die Theorie U von Scharmer (vgl. Kap. 4.2.2.2) greift vor allem das Thema der Intuition auf und stellt eine Technik zu deren Förderung dar. Scharmer verweist dabei explizit auf seine Inspiration durch Rudolf Steiners Schriften. So wird vordergründig – gemäß Rudolf Steiners Intention – angestrebt, Führungshandeln nicht auf statuierten und somit auf vergangenheitsorientierten Erfahrungen aufbauenden Modi zu konstituieren, sondern die Fähigkeit zur Lösungsfindung für zukünftige Herausforderungen (Innovationen) zu sensibilisieren. Ebenso die Dialogische Führung von Dietz (vgl. Kap. 4.2.2.3) rekurriert explizit auf Rudolf Steiners Gedankengut und greift mit deren fundamentalen Prinzipien der geistigen Produktivität und der freien Empfänglichkeit inhaltlich analog das demokratisch-republikanische Prinzip der kollegialen Selbstverwaltung (Polarität von Individualität und Sozialität) auf. Dietz betont weiterführend die Notwendigkeit des kontinuierlichen Austauschs (Dialogs) zwischen den Organisationsmitgliedern,

Zentrale Erkenntnisse 515

welcher bei Rudolf Steiner durch das Manifestieren eines umfassenden Konferenzsystems zum Ausdruck kommt.

Kollegiale Selbstverwaltung ist als ein eigenständiges Führungsprinzip zu verstehen, das Komponenten und Prinzipien situationstheoretischer Führungsansätze affiliiert und agglomeriert sowie umgekehrt als eine zum Teil explizite Inspirationsquelle für diese fungiert.

Bei der Rekonstruktion der Entwicklungen in der Führungsforschung bildeten sich sukzessive die Anzeichen für eine fundamentale Reformation ab, deren Trend durch erste integrale Führungsideen (vgl. Kap. 4.3) manifestiert wird. Diese nächste Ära von Führung (postpostmoderne Führungsforschung) basiert nicht auf konventionellen Theorien, sondern postuliert eine von Grund auf neu gedachte und verankerte Führung. Die integralen Ansätze rekurrieren nicht explizit auf Rudolf Steiner, doch weisen diese substantielle Kongruenzen zur kollegialen Selbstverwaltung auf. Zudem basieren integrale Führungsansätze zumeist auf evolutionstheoretischen Annahmen, die eine deutliche Analogie zu Rudolf Steiners Stufen der menschlichen Bewusstseinsentwicklung aufweisen.

Integrale Führung geht davon aus, dass der neuzeitliche Mensch durch eine Bewusstseinstransformation eine höhere Bewusstseinsebene erreicht hat, von der aus Führung definiert werden muss. Auch Rudolf Steiner ging bei seiner Idee der kollegialen Selbstverwaltung von einer höheren Bewusstseinsstufe einer intuitiven Erkenntnis mit der Fähigkeit zur moralischen Intuition (Ethischer Individualismus) aus. Sowohl integrale Konzepte als auch kollegiale Selbstverwaltung plädieren für eine ganzheitliche Sichtweise, die nicht nur eine Anpassung einzelner Komponenten inhäriert, sondern ein profundes Verständnis für organisationale und damit auch soziale Zusammenhänge erfordert. Ebenso wird in beiden Fällen die Organisation als ein sich lebendig entwickelnder Organismus verstanden, in dem sich Strukturen und Prozesse erst durch die praktischen Interaktionen der Mitglieder formieren und kontinuierlich verändern, sodass diese lediglich als *„Momentaufnahme der aktuellen organisationalen Realität"* (Mitterer 2015: 426) gelten. Zugleich beruhen integrale Führungsideen und kollegiale Selbstverwaltung auf der Anerkennung des Individuums und dem Respekt vor der Gleichwertigkeit der Menschen. Demgemäß ist Führung auf alle organisationale Ebenen distribuiert, sodass diesbezügliche Entscheidungen kollektiv getroffen und/oder vertreten werden. Hierbei gilt jeweils das „Prinzip der dynamischen Steuerung", das heißt, getroffene Entscheidungen können durch Erfahrungsgewinn a posteriori modifiziert werden. Führung wird jedoch in keinem der beiden Fälle vollständig eliminiert, sondern in divergenter Form integriert: Statt erzwungene formelle existieren natürliche Fähigkeits- oder Kompetenzhierarchien. „Führungskräfte" übernehmen jeweils die Rolle einer konsultativen und subsidiär agierenden Instanz und *„(...) müssen die Prozesse der kollektiven Intelligenz mittragen und sich daran beteiligen"* (Laloux 2014b: 37, Ausl. ie). Deren konventionellen Aufgaben der Information, Kommunikation und transparenten Prozessgestaltung werden in beiden Fällen durch ein ausgebautes System von Mitarbeiterzusammenkünften (Meetings, Besprechungen, Konferenzen o. ä.) substituiert.

Kollegiale Selbstverwaltung kann als affin zu integralen Führungsprinzipien betrachtet werden, welche aufgrund deren interimistischen Pionierstatus' in einer wechselseitigen synergetischen Komplementarität zueinander stehen. In deren Paradigma lokalisierend kann kollegiale Selbstverwaltung im Sinne eines eigenständigen Führungsprinzips an den wissenschaftlichen Führungsdiskurs angeschlossen werden.

13.3 Kollegiale Selbstverwaltung als Führungsprinzip mit Implikationen

Wie in Kapitel 13.2.1 konspektierend dargelegt, kann kollegiale Selbstverwaltung als ein vollumfassendes Führungsprinzip mit eigenständiger Berechtigung angesehen und in das Paradigma integraler Führungsansätze eingeordnet werden. Um kollegiale Selbstverwaltung in diesem Sinne konzeptionell zu veranschaulichen und eine Basis für deren Legitimierung zu legen, wurden deren immanenten Arbeitsgrundsätze – kategorial gegliedert in Organisationsmanagement, Personalführung und zugrundeliegendes Führungsverständnis – in Kapitel 6 ausführlich und vom Ursprungsgedanken ausgehend erarbeitet und werden im Folgenden in den Tabellen 39, 40 und 41 in der Form von synoptischen Übersichten noch einmal geschlossen dargestellt.

Mittels der empirischen Auswertung wurden diverse volatile Bereiche kollegialer Selbstverwaltung mit akuten Handlungsbedarfen ermittelt (vgl. Kap. 12.2; 12.3). Wie in Kapitel 13.2.4 erörtert, zeigt sich prinzipiell, dass Aufgaben des Organisationsmanagements in der kollegialen Selbstverwaltung überwiegend zufriedenstellend erfüllt werden, während solche der Personalführung eine tendenziell defizitäre Berücksichtigung und Saturierung finden. Insgesamt erweisen sich jedoch beide Bereiche als optimierungsbedürftig. Auf diese unzureichend ausgestalteten Ressorts und Praktiken oder absenten Komponenten wird jeweils mit optionalen Implikationen zur Modifikation oder Komplementierung der Selbstverwaltungspraxis hingewiesen. Synergetische Anregungen und Ideen offerieren dabei die in deren Ideologie affinen – und mittlerweile vielerorts praktisch erfolgreich eingeführten – integralen Führungsansätze (vgl. Kap. 4.3; 13.2.6).

Trautwein[156] (2016: 129f., Ausl. ie) hat in diesem Sinne die Befunde von Laloux zur Selbstführung in der integralen Organisation (vgl. Kap. 4.3.3) auf deren Übertragbarkeit auf das anthroposophische Sozialwesen geprüft und resümiert: *"Der grundlegende Werte- und Bewusstseinswandel, vor allem aber auch die praktischen Erfahrungen erfolgreicher selbstführender, integraler Unternehmen, ihre wachsende Zahl und globale Ausbreitung können, nach meiner Einschätzung, auch Unternehmen des anthroposophischen Sozialwesens ermutigen, ihre Quellen von Selbstverwaltung und spiritueller Entwicklungsorientierung neu zu aktivieren und erprobte Praktiken aus integralen Organisationskonzepte zu übernehmen. (...) Die Besinnung auf ein anthroposophisch-spirituelles Verständnis von Organisation, das diese nicht nur als lebendigen Organismus, sondern auch als real geistig-seelische Wesenheit versteht und in einer Wesensgliederkunde auch Kategorien zu deren Beschreibung entwickelt hat, könnte dem integralen Organisationsverständnis sogar weitere Fundierung zurückschenken."* So weist Trautwein auf das in Kapitel 13.2.6 thematisierte komplementierende Verhältnis hin, dessen Stimulus nicht unilateral von integral gedachten Führungsansätzen zur kollegialen Selbstverwaltung verläuft, sondern als mutueller Transfer verstanden werden kann.

---

[156] Manfred Trautwein ist Geschäftsführer bei Anthropoi, Bundesverband anthroposophisches Sozialwesen e. V. in Echzell-Bingenheim bei Frankfurt a. M. (http://www.verband-anthro.de).

13.3.1 Organisationsmanagement

Kollegiale Selbstverwaltung deriviert aus der Ambition eines freien Denkens und Handelns als Fundament für die Genese von Innovationen sowie weiterführend einer gesellschaftlich-kulturellen Fortentwicklung. Intuitives Vorgehen bedarf einer flexibel konstituierten Organisationsstruktur, die experimentelles Handeln ermöglicht und nicht durch vergangenheitsreproduzierende Regularien restringiert. So gelten für das Organisationsmanagement in der kollegialen Selbstverwaltung die in Tabelle 39 aufgeführten Arbeitsgrundsätze.

Tab. 39: Arbeitsgrundsätze kollegialer Selbstverwaltung: Organisationsmanagement (ie)

Organisationsmanagement: Gestaltung der Strukturen und aufgabenbezogenen Prozesse		
strukturelle Offenheit und Dynamik	externe Autonomie und interne Flexibilität	Unabhängigkeit von staatlichen Auflagen (Fremdkontrolle) und keine fixe innere Hierarchie
	Organisation als lebendiger Organismus	natürlich gediehener und gegebener sowie organisch-lebendiger Zusammenhang
	stetige Weiterentwicklung durch Lernprozesse	dynamische Situations- und Zeitabhängigkeit (Anbindung an die Wirklichkeit)
	Ermöglichung des intuitiven Handelns	Versuchsmethode: Konkretisierung allgemeiner Inhalte (Ideenform) durch experimentelles Handeln
	Formierung der Struktur aus konkreten Aufgaben	bedarfsgerechte und fallweise Aufgaben-/ Funktions-/ Sachorientierung
Positionslosigkeit und funktionale Hierarchie	„verwaltungsmäßige" Organisation	erweiterte funktionale Autorität: bewusste Anerkennung von Wissen und Können (Fachtüchtigkeit)
	Fähigkeits- und Kompetenzprinzip	Nebeneinander-/Gleichordnung statt formaler „Top-down"-Hierarchie
	erwiesene Sachverständigkeit	flexible Struktur aus einer Hierarchie von stets neu zu bildenden Anerkennungsverhältnissen
demokratiefördernde Organbildung	demokratische Mitverantwortlichkeit	individuelle Mündigkeit durch Macht- und Verantwortungsteilhabe
	zeitlich alternierende Führungsgremien	Effizienz und zugleich Vermeidung von Machtkonglomeraten (Wissens-/Erfahrungsvorsprünge)
	Einbezug von Eltern und Schülern („Kunden")	„Kundenorientierung" und Nutzung von „Kundenexpertise" bei der „Leistungserstellung"
informelle Bezüge zwischen Organen und Individuen	informelle zwischenmenschliche Beziehungen	Vereinbarungen als wechselseitige Übereinkunft nach dem Grundsatz der Betroffenheit
	Grundsatz der Präzision und Verbindlichkeit	Fehlervermeidung und Seriosität sowie solide Gültigkeit und vorhersehbare Verbindlichkeit
	horizontaler Informationsfluss	direkte/r Dialog/Kommunikation zwischen hierarchisch Gleichgestellten („Augenhöhe")

Kollegiale Selbstverwaltung als Führungsprinzip mit Implikationen   519

Als verbesserungswürdige Attribute des Organisationsmanagements werden – abgeleitet aus Theorie und Empirie – im Sinne optionaler Implikationen für die kollegiale Selbstverwaltung proponiert:

- *Nutzung der Offenheit für neue Entwicklungsrichtungen:* Kollegiale Selbstverwaltung offeriert nicht nur das institutionelle Potential für Veränderungsprozesse, sondern bedingt diese auch, was Rudolf Steiner durch die Analogie einer Organisation zu einem lebendigen Organismus zum Ausdruck brachte, dessen dynamische Anpassung an die Gegebenheiten des Umfelds dessen Existenz sicherstellt (vgl. Kap. 6.1.1). Die intendierte Freiheit bezieht sich in diesem Kontext sowohl auf die individuellen Leistungsbeiträge als auch auf die kollektiven Verfahren und Strukturen (Ebene der Gesamtorganisation). Entwicklungsoffenheit impliziert jedoch nicht Ziellosigkeit, das heißt, die diskursiv erörterten Veränderungsoptionen erfordern eine strikte Lösungsorientierung und eine zügige Applikation, gegebenenfalls eine erfahrungsbasierte Modifikation und erneute Anwendung (Versuchsmethode). Konflikte und Dysfunktionen müssen nicht als systemimmanent toleriert oder als „Preis für die Freiheit" interpretiert werden, sondern können als Chance und Impuls für Lernprozesse und zur organisationalen Weiterentwicklung fungieren. Die integralen Ansätze beinhalten diesbezüglich folgende relevante Argumente und Komponenten:
  - Auch hier werden formelle Hierarchien annulliert, da nach dem Verständnis integraler Konzepte die Struktur stets Ausdruck der aktuellen organisationalen Realität ist (lebendige Organisationsstruktur) und so keine ideale Struktur existieren kann. Diese bedarfsgerechte Manifestierung gelingt nur, wenn ein kontinuierlicher Anpassungsprozess stattfindet (institutionalisierte Organisationsentwicklung).
  - Freiheit und Parität implizieren keine Utopie der Entscheidungsfindung, vielmehr können auch gemeinschaftlich Strukturen, Abläufe und Aufgabendelegationen beschlossen werden.

- *Strukturelle Handhabbarkeit:* Die empirisch verifizierten zunehmenden Prozessdysfunktionen in der kollegialen Selbstverwaltung bei steigender Zahl der Beteiligten verweisen auf eine erforderliche Segmentierung der Gesamtorganisation, wie diese bereits durch Rudolf Steiner in Form von „Führungskomitees" vorgeschlagen wurde (vgl. Kap. 6.1.3), und wie diese durch Gremienbildung in den gegenwärtigen Waldorfschulen regulär auch stattfindet. Jedoch erfolgt diese oftmals unsystematisch und ad hoc, sodass eine unübersichtliche Vielzahl an Organen, Gremien und Ausschüssen existiert. Folgende Impulse der integralen Ansätze können hier berücksichtigt werden:

- Die Gruppenkonstellation sollte im Sinne der Förderung eines entspannten positiven Organisationsklimas auf Freiwilligkeit beruhen, da dieses – wie empirisch nachgewiesen – positiv zur Funktionalität kollegialer Selbstverwaltung beiträgt.

- Die Gruppenbildung leitet sich aus den Prämissen zur Erreichung des gemeinsamen Ziels ab (Aufgabenorientierung) und wird im Sinne eines Projekts zum Reüssieren eines definierten Teilziels formiert. Das Gruppenhandeln und -entscheiden erfolgt somit in der Intention einer ziel- und lösungsorientierten Arbeitseinheit, sodass Diskussionen ausschließlich sachbezogener Art sind.

- Die Gruppe wird erst konstituiert, wenn deren Zielsetzung und Grundfunktionen für alle transparent und plausibel sind, sodass diesbezüglich niemand mehr einen sachlich-objektiv begründeten Einwand vorbringen kann („Konsentprinzip").

- Die Gruppen tragen die vollumfängliche Verantwortung für deren Projekte (Ganzheitlichkeit und Selbstverantwortung), womit Reliabilität als ein Imperativ einhergeht.

- Die Gruppenquantität sollte zur Sicherstellung der Funktionalität und Handhabbarkeit auf maximal zehn bis zwölf Personen restringiert werden.

- *Strukturelle Klarheit:* Trotz der intendierten Positionslosigkeit und Hierarchiefreiheit in der kollegialen Selbstverwaltung – bzw. insbesondere deshalb – bedarf es einer für alle Beteiligten transparenten und evidenten strukturellen Ordnung, da jeder Arbeitskontext eindeutige Zuständigkeiten und Ansprechpartner erfordert: intern für die Bewältigung der Aufgabendelegation zur Erfüllung des Gesamtziels, extern für die Seriosität der Organisation. Diesen Anspruch greift Rudolf Steiners mit seinen vertretenen Prinzipien der Präzision und Verbindlichkeit auf. Bereits seinerzeit betonte er die Bedeutung der gewissenhaften und möglichst fehlerfreien Aufgabenerfüllung sowie einer verbindlichen und vorhersehbaren Gültigkeit (vgl. Kap. 6.1.4.2). Im Bereich des Organisationsmanagements zeichnet sich somit insbesondere die Notwendigkeit einer klaren Beschreibung und stringenten Dokumentation der strukturellen Gegebenheiten ab sowie deren dynamischen Fortschreibung. Zwar lehnte Steiner seinerzeit schriftliche Erfahrungsdokumentationen tendenziell ab (vgl. Kap. 7.1.2), doch ist diese vor dem Hintergrund einer umfassend angestiegenen Komplexität der Verhältnisse und neuer informationstechnischer Möglichkeiten modifiziert zu bewerten. Aufgrund ähnlicher Ergebnisse bei der Geschäftsführerbefragung (vgl. Kap. 9.6), die abbildeten, dass insbesondere für Außenstehende eine lediglich unzureichende „Durchschaubarkeit der Organisationsstrukturen" vorliegt, empfiehlt auch Koolmann (2015: 189, Ausl. ie) den betroffenen Kollegien, „(...) zum einen ihre Strukturen zu überdenken und zum anderen ihre Kommunikation bzw. Darstellung darüber innerhalb der Schule zu überprüfen". Auch hier leisten die integralen Ansätze verschiedene Anregungen:

- Eine Vermeidung von Stellenprogrammatik und fixierter Aufbauorganisation wird auch in den integralen Konzepten affirmiert. Jedoch können innerhalb einzelner Gruppen diverse Rollen explizit formuliert und demarkiert sowie auf konkrete Personen transferiert werden. Solchen Arbeitsrollen beinhalten keine Direktiven, sondern transparente Verantwortungs- und Zuständigkeitsbereiche und sind durch deren organisationalen Zweck, Entscheidungsraum und repetitive Aktivitäten definiert. Folglich sorgen diese lediglich für ein „geordnetes Verhalten" (Preyer 2012: 56) und fungieren als Simplifizierung sozialer Situationen, ermöglichen jedoch deutliche „interpretative Verhaltensspielräume" (Weibler 2001: 48) für den Einzelnen bei deren konkreten Ausgestaltung. Eine Arbeitsrolle definiert somit nicht das Handeln des Einzelnen, sondern die Aufgabe und den Beitrag zum Gesamtziel.
- Die Delegation der Arbeitsaufgaben durch die Rollendistribution erfolgt im Rahmen mutueller Resonanzgespräche und vor dem Hintergrund individueller Fähigkeiten und Bedürfnisse, sodass diese nicht als oktroyierende Zuweisung zu verstehen ist.

- Eine Arbeitsrolle ist nicht im strukturellen Gefüge fixiert, sondern kann prinzipiell von jedem Mitglied besetzt und auch von mehreren Personen ausgefüllt werden. Eine Person kann darüber hinaus variative Arbeitsrollen in unterschiedlichen Gruppen innehaben. Die Existenz einer Rolle kann somit interimistisch sein.
- Eine Rolle determiniert nicht die individuelle Identität oder Persönlichkeit, sondern existiert unabhängig von dieser. *„Eine Rolle charakterisiert somit keinen Menschen (...)"* (Neuberger 2002: 314, Ausl. ie), vielmehr wird unter dieser *„(...) das Insgesamt der Erwartungen verstanden, die an eine Person als Inhaberin einer Position gerichtet werden"* (ebd., Ausl. ie). Das bedeutet, *„(...) dass die Rollen nicht auf Menschen zu instanziieren sind, sondern auf die Mitgliedschaftsbedingungen von sozialen Systemen"* (Preyer 2012: 56, Ausl. ie).
- Eine Gruppe stellt schließlich ein Konvolut von Arbeitsrollen dar. In jeder Gruppe kann eine Leitungsrolle designiert werden. „Leitung" impliziert dann die Verantwortung für die Einhaltung und Aufrechterhaltung der Gruppenprozesse (Überblick über das Gesamtgeschehen). Bezogen auf den Status ist die Leitungsrolle den übrigen Arbeitsrollen gleichgestellt.
- Zur Übersicht über die Zuständigkeiten und zur Förderung der Transparenz besteht die Option der Implementierung eines internet- oder intranetbasierten Protokolls, auf welches alle Kollegen barrierefrei zugreifen können, und welches dynamisch fortgeschrieben werden kann.

13.3.2 Personalführung

Kollegiale Selbstverwaltung basiert auf einer republikanisch-demokratischen Verfassung, in deren Rahmen eine „verwaltungsmäßige" (in Abgrenzung zu einer „regierungsmäßigen") Ausgestaltung der Institution Anwendung findet. Anstelle einer hierarchischen Über- und Unterordnung gilt eine prinzipielle Parität aller Organisationsmitglieder im Sinne eines horizontalen Neben- und Miteinanders (Individualität). Damit das Individuelle nicht einseitig dominiert (Egoismus) und das Gemeinsame konterkariert, wirkt die Integration des Einzelnen in die Gemeinschaft (Sozialität) als äquilibrierende Kraft. In der kollegialen Selbstverwaltung existiert keine einer solitären Führungsperson attribuierte

Kollegiale Selbstverwaltung als Führungsprinzip mit Implikationen 523

Führungsrolle im konventionellen Sinne, welche die Aufgaben und Funktionen der Personalführung übernimmt und deren Erfüllung sicherstellt. Vielmehr werden diese gemeinschaftlich durch das Kollegium ausgeführt. Als substantielles Instrument zur Ermöglichung hierzu notwendiger interaktiver Austauschprozesse für die Kommunikation, Information und Koordination der Einzelaktivitäten im Sinne eines Gemeinschaftsziels fungiert ein umfassend ausgebautes Konferenzsystem. Vor diesem Hintergrund gelten für die Personalführung in der kollegialen Selbstverwaltung die in Tabelle 40 aufgeführten Arbeitsgrundsätze.

Tab. 40: Arbeitsgrundsätze kollegialer Selbstverwaltung: Personalführung (ie)

Personalführung:		
Gestaltung der sozialen Beziehungen und Interaktionsprozesse		
Selbstführung und Selbstverantwortung	Selbstführung	intuitives Denken und Handeln sowie Selbststeuerung und -organisation
	Engagement, geistige Produktivität, Eigeninitiative	proaktive Tatkraft und schöpferische Bewusstseinsleistung (Kreativität, Intuition)
	Selbstverantwortung	Verantwortungsauthentizität (Identität von Willensbildung/-ausführung)
systematische Mitbestimmung durch regelmäßige Konferenzen	paritätische Mitsprache und Mitgestaltung	Konferenz als herrschaftsfreies Medium (Gemeinschaft von „Souveränen")
	Konferenz als zentrales Element	Konferenz als lebenserhaltende/s „Herzstück" oder „Seele" der Organisation
	Ganzheitlichkeit und Sinnhaftigkeit	Prinzipien der Sachlichkeit u. Fachtüchtigkeit sowie Blick und Bewusstsein für das Ganze
Konferenz als dialogisches Organ und „fortlaufendes Seminar"	Information, Kommunikation und Koordination	kontinuierlicher Dialog und Abstimmungsprozess im Sinne des Gemeinschaftsziels
	Identifikation mit dem übergeordneten Ziel	Orientierung und Ausrichtung am Gemeinschaftsziel bzw. an der „sachlichen Mission"
	Erarbeitung eines gemeinsamen Bewusstseins	Einheitlichkeit durch Verbundenheit mit dem Gruppengeist („geistige Mission" / Leitbild)
	stetige Selbsterziehung und -entwicklung	Selbsterziehung im praktischen Tun, Selbstentwicklung via Fallbesprechungen in Konferenzen
Konferenz als hierarchiefreies Beschlussorgan	„republikanisch-demokratisches" Prinzip	oszillierende Polarität von Individualität und Sozialität („Gedankenvorurteilslosigkeit")
	Entscheidungsfindung durch Konsens	Prinzip der Einmütigkeit: Erkenntnis oder Nachvollzug u. sachlich begründetes Vetorecht
	Entscheidungsdifferenzierung und Ablaufstrukturierung	Delegation basierend auf Vertrauen, Mehrheitsbeschlüsse bei simplen Entscheidungen, Konferenzgestaltung mittels Prioritätensetzung
	kollegiale Harmonie und gegenseitiges Vertrauen	gute soziale Umgangsformen u. sachlich bezogene Ehrlichkeit (positives Organisationsklima)

Als verbesserungswürdige Attribute im Bereich der Personalführung werden – abgeleitet aus Theorie und Empirie – im Sinne optionaler Implikationen für die kollegiale Selbstverwaltung proponiert:

- *Überarbeitung des bestehenden Konferenzsystems:* Mittels der empirischen Auswertung wurde insbesondere eine defizitäre Erfüllung der direkten Personalführungsaufgaben identifiziert, die sich auf die Ebene der Gesamtorganisation beziehen (vgl. Kap. 11.2; 12.2). Diese umfassen vor allem die Funktionen der Information, Kommunikation und Transparenz sowie die Koordination und Zielerreichung. Trotz der Existenz eines fundierten Konferenzsystems in der kollegialen Selbstverwaltung (vgl. Kap. 6.2.3) weist deren Erfüllung auf deutliche Verbesserungsbedarfe hin. Da Mitarbeiterzusammenkünfte keinem Selbstzweck folgen, sondern sich unter anderem durch die Funktion der Aufgabensubstitution einer traditionellen Führungsinstanz legitimieren, deutet diese Insuffizienz auf die Notwendigkeit einer Inspektion und gegebenenfalls Umstrukturierung des etablierten Konferenzsystems hin. Hier bieten die integralen Ansätze arrondierende Impulse:
  - Die persönlichen Treffen zwischen den Organisationsmitgliedern unterliegen einer stringenten Differenzierung nach Besprechungsformen, sodass diese distinkt demarkierte Themenbereiche und Zielsetzungen beinhalten. Durch eine Abstufung von deren Brisanz und Komplexität können beispielsweise der zeitliche Umfang und der Turnus des Vollzugs der Treffen konkretisiert werden.
  - Um die Effizienz der Zusammenkünfte zu sichern, werden feste Strukturen und Abläufe stipuliert und diese konsequent am Gesamtziel orientiert. Intendiert wird folglich eine inhaltlich relevante und zeitlich ressourcensparende Umsetzung. Dieses Anliegen vertrat auch Rudolf Steiner (vgl. Kap. 6.2.4.3).

- *Klare (Gruppen-)Bezüge:* Zur verbesserten Erfüllung der zuvor genannten Personalführungsaufgaben bedarf es zudem der klaren Bezüge zwischen den Individuen und den Gruppen, da diese für Transparenz sorgen und die Koordination erleichtern. Klarheit bedeutet auch, dass einheitliche Verfahrensweisen im Sinne von verlässlicher Gültigkeit Anwendung finden (Prinzi-

Kollegiale Selbstverwaltung als Führungsprinzip mit Implikationen

pien der Präzision und Verbindlichkeit; vgl. Kap. 6.1.4.2). Denn trotz prinzipieller Selbststeuerung (oder insbesondere deswegen) bedürfen die Beziehungen zwischen Einzelnen und Gruppen einer konkreten Regelung. In den integralen Ansätzen finden sich diesbezüglich diverse Anregungen:

- Die Arbeitsrollen und Gruppen führen sich selbst, sodass diese innerhalb der Gruppengrenzen selbstorganisiert und sich selbstregulierend handeln. Innerhalb deren Grenzen verfügt jede Gruppe somit über eine vollständige Autonomie in deren Führung, Identität, Regeln und Entscheidungen.
- Daneben existieren umfassendere Gruppen, die die Entscheidungsräume und Richtlinien, Ziele und Anforderungen der Subgruppen definieren, wodurch eine stringente Zielverfolgung ermöglicht wird.
- Auch kann parallel zur beschriebenen Gruppenstruktur eine Linienstruktur etabliert sein, die der operativen Umsetzung der in den selbstgesteuerten Gruppen getroffenen Entscheidungen dient. Auf diese Weise interferieren und regieren die Gruppen die lineare Struktur und bestimmen deren Richtung. So werden Umsetzungsmaßnahmen nicht retardiert oder scheitern durch absente Zuständigkeiten.
- Die Gruppen sind durch doppelte Bezüge verbunden, das heißt, dass Gruppe und Subgruppe durch mindestens zwei Personen oder Arbeitsrollen (Delegierte) verknüpft sind. Diese partizipieren an Sitzungen beider Zusammenkünfte und sind jeweils in deren Diskussions- und Entscheidungsprozesse integriert. Auch zu horizontal angeordneten Nachbargruppen bestehen Verbindungen, sodass ein kontinuierlicher Wissensaustausch sowie eine optimale Koordination zwischen den Gruppen stattfinden können. Diese Bezugsregelungen werden nach dem Grundsatz der Ganzheit in den Beziehungen vollzogen, sodass Teilbeziehungen und damit Informationsstaus verhindert werden.

- *Institutionalisierte Resonanz-Verfahren:* Auch wenn die ausgewerteten empirischen Daten belegen, dass die die unmittelbar zwischenmenschliche Ebene betreffenden direkten Personalführungsaufgaben der Anerkennung und Wertschätzung in der kollegialen Selbstverwaltung grundsätzlich als erfüllt bewertet werden, bedarf es hier tendenziell eines weiteren Ausbaubedarfs. Denn Rückmeldungen über die individuelle Leistungsgüte liegen nicht als konstitutioneller Bestandteil in dem Verständnis einer notwendigen Führungsfunktion vor. Da diese oftmals auf dialogischer Ebene zwischen zwei oder wenigen Kollegen erfolgen, ist deren Qualität überwiegend persönlicher (gegebenenfalls sympathiegeleiteter) und nicht objektiv-sachlicher Art. Institutionalisierte Resonanz-Verfahren würden hierbei nicht nur dem Einzelnen eine Anerkennung und Wertschätzung seiner Arbeitsleistung vermitteln, sondern auch einen bedeutenden Beitrag zur organisationalen Entwicklung und Qualitätssicherung leisten. Zugleich griffen diese Rudolf Steiners Vorstellung von einer „sachlich bezogenen Ehrlichkeit" auf (vgl. Kap. 6.2.4.4). In diesem Sinne berücksichtigen die integralen Führungsansätze den Aspekt des Feedbacks in Form eines fest etablierten Prozesses:

- Beispielsweise greift im Kontext der Zuordnung von Arbeitsrollen das Kompetenzprinzip, auf dessen Grundlage in offenen Diskussionsrunden Funktionen und Aufgaben der Organisationsmitglieder definiert werden. Das Austarieren von Fähigkeits- und Anforderungsprofilen erfolgt durch positive Argumentation (soziale Achtsamkeit), wodurch der Betroffene zugleich eine Resonanz über die eigenen Stärken und Schwächen erhält.

- *Perpetuelle Konsultationsmöglichkeit einer Beratungsinstanz:* In der empirischen Auswertung bildetet sich ab, dass insbesondere individuell ausgelegte Beratungsformen (z. B. Supervision und Coaching) die Funktionalität kollegialer Selbstverwaltung verbessern können (vgl. Kap. 11.3.3.2; 12.3). Bereits Rudolf Steiner verwies darauf, dass sich nicht jeder auf der gleichen Wissens- und Erfahrungsstufe befinden kann und dass das Mitteilen von durch eine erfahrene Person bereits erarbeiteten Erkenntnissen ein probater Weg darstellt, um Lernprozesse anderer zu unterstützen (vgl. Kap. 6.2.3). Eine solche das Kollegium beratende Funktion übernahm seinerzeit Rudolf Steiner selbst als diejenige Person der Gruppe mit der umfassendsten Expertise. Im Rahmen der empirischen Auswertung konnte jedoch zugleich eine defizitäre Saturierung von Beratungsbedarfen erfasst werden, sodass dies ein ausbaufähiger Bereich darstellt. Ebenso verweist dies auf die Ausbildung der in der kollegialen Selbstverwaltung Tätigen, welche demnach der expliziten Integration einer Schulung von Selbstverwaltungskompetenz im Sinne von

(Selbst-)Führungskompetenz bedarf (vgl. Kap. 13.2.4), um somit die Notwendigkeit additiver Beratungen zu reduzieren. In den integralen Ansätzen wird dem Beratungsaspekt bedeutende Relevanz beigemessen:

- Den selbstorganisierten und sich selbststeuernden Gruppen stehen optional interne oder externe Berater für fachliche Fragen oder für soziale Konfliktfälle (Mediation) und damit für die Unterstützung der Prozesseffektivität zur Verfügung. Wie bereits erwähnt, erscheint hierbei – aufgrund deren sozialen Distanz – eine externe Beratungsinstanz zur Sicherstellung einer sachlichen Objektivität vorteilhaft.

- *Institutionalisierte Personal- und Organisationsentwicklung:* Ein weiterer Bereich mit deutlichen Verbesserungsbedarfen stellt jener der organisationalen Veränderungsprozesse dar, der sowohl individuelles wie auch organisationales Lernen erfasst und – insbesondere auch vor dem Hintergrund zunehmender Komplexität und verkürzter Veränderungszyklen – als grundlegende Voraussetzung gesehen werden kann für eine als ein lebendiger Organismus gedachte Organisation, die sich für deren Überlebens- und Zukunftsfähigkeit an die äußeren Umstände und Veränderungen assimiliert, notwendige Strukturen ausbildet und sich auf diese Weise weiterentwickelt. Eine angemessene Veränderungsfähigkeit und -bereitschaft stellen die basalen Bedingungen für einen adäquaten Transfer der Idee der kollegialen Selbstverwaltung in die gegenwärtige Zeitepoche dar. Die Veränderungsbereitschaft des Einzelnen zeigte sich bei der empirischen Auswertung als deutlich besser erfüllt als die der Gesamtorganisation, das heißt, der Einzelne scheint Veränderungen gegenüber prinzipiell empfänglich eingestellt zu sein, und vom Einzelnen oder einigen wenigen Kollegen initiierte Prozesse der Veränderung werden auf Unterrichtsebene auch weitgehend erfolgreich umgesetzt. Hingegen weisen Veränderungsmaßnahmen auf Organisationsebene gemäß der Datenlage deutliche Reibungsverluste und somit erhebliche Verbesserungsbedarfe auf (vgl. Kap. 11.2; 12.2). Ansatzpunkt könnte eine Modifikation der angewandten Entscheidungs- und Abstimmungsverfahren darstellen mit dem Ziel der Optimierung der Dialogfähigkeit heterogener Standpunkte und der Erhöhung der Effizienz in der Erörterung und Umsetzung von Handlungsoptionen.

Bereits Rudolf Steiner forderte von den Lehrern seinerzeit, als „Zeitgenossen" stets mit den gegenwärtigen gesellschaftlichen Verhältnissen vertraut zu sein und die selbstverwaltete Organisation eingebettet in einen spezifischen zeitlichen Kontext zu betrachten. Mensch und Gesellschaft stünden in einer korrespondierenden Wechselbeziehung, wodurch kontinuierliche Lernprozesse erforderlich seien (vgl. Kap. 6.1.1.3; 7.3.1). Doch stellt der Bereich der Personalentwicklung systembedingt einen nur fragmentär berücksichtigten Bereich in der kollegialen Selbstverwaltung dar (vgl. Kap. 7.1.2; 7.1.3). Ausgehend von deren Grundverständnis findet Personalentwicklung vordergründig in Form einer „Selbstentwicklung" der Lehrer in den Konferenzen durch den Austausch pädagogischer Erfahrungen („Schülerbesprechungen"; vgl. Kap. 6.2.3.4) sowie die Erarbeitung anthroposophischer Grundlagen („Erkenntnisgespräche"; vgl. Kap. 6.2.3.3) statt. Darüber hinaus werden zwar durchaus Maßnahmen zur Personalentwicklung realisiert, doch wären deren systematische Integration sowie eine Implementierung von einheitlichen Verfahren sinnvoll. Demgemäß belegen auch die Daten der Befragung der Geschäftsführer von Waldorfschulen (vgl. Kap. 9.6), dass Personalentwicklung zwar grundsätzlich erfolgt, aber keine feststehende Institution darstellt, sodass dahingehend deutliche Ausbaupotentiale bestehen (vgl. Boukal 2015: 217ff.).

In ähnlicher Weise verhält es sich mit der Organisationsentwicklung in der kollegialen Selbstverwaltung, die ebenso als ein konzepttypisch defizitär ausgestalteter Bereich zu sehen ist (vgl. Kap. 7.1.2; 7.1.3). Zwar betonte bereits Rudolf Steiner eine konsequente Anbindung an die realen Verhältnisse (Situationsbedingtheit; vgl. Kap. 6.1.1.3). Doch zeigte sich im Rahmen der Befragung der Geschäftsführer von Waldorfschulen (vgl. Kap. 9.6), dass nur in den wenigsten Fällen ein spezifisches Organ für eine kontinuierliche Organisationsentwicklung inklusive einer konsequenten Erfahrungsdokumentation existiert und somit das Selbstverständnis einer „lernenden Organisation" weitgehend fehlt (vgl. Boukal 2015: 198ff.). Zwar finden auch hier durchaus Entwicklungsprozesse statt, jedoch wäre darüber hinaus deren systematische Verankerung im Organisationsgefüge erstrebenswert. Hingegen zeigte sich, dass die Begleitung von Organisationsentwicklungsprozessen durch externe Berater als Methodenexperten als Alternative zu einem institutionalisierten Organ in Waldorfschulen häufiger in Anspruch genommen wird (vgl. ebd.: 204ff.), was auf eine ausgelagerte und bedarfsorientierte anstelle einer regulären und kontinuierlichen Organisationsentwicklung hinweist. Neben einer manifestierten Organisationsentwicklung stellt eine zusätzliche und perpetuell geregelte Konsultation von Beratern durchaus eine probate und weiter ausbaufähige Option dar.

- *Identifikation mit der Anthroposophie:* Die kontextbezogene Anpassung der Institution zur Sicherung deren Zukunftsfähigkeit umfasst nicht nur eine stetige Weiterentwicklung der Organisation (Organisationsentwicklung) sowie ein kontinuierliches Lernen der Organisationsmitglieder (Personalentwicklung), sondern auch eine entsprechende permanente Überarbeitung der angebotenen Leistung („Produktentwicklung"), die in Korrespondenz zur Personalentwicklung steht. Denn eine Organisation profiliert sich nicht ausschließlich durch deren Wandel, sondern auch maßgeblich durch deren inhaltliche Kernidee, die unabhängig von Veränderungen nach außen erkennbar sein muss. Die anthroposophische Ausrichtung der Waldorfschulen definiert deren Besonderheit (Alleinstellungsmerkmal) und bietet die Grundlage für eine notwendige institutionelle Profilstärkung. Im Rahmen der Personalrekrutierung sowie der Personalentwicklung bedarf es so der Beachtung und Förderung der anthroposophischen Sozialisation des Einzelnen sowie der klaren Definition diesbezüglicher Kriterien. Für Rudolf Steiner hatte der persönliche Bezug zur Anthroposophie eine größere Bedeutung für die kollegial selbstverwaltende Arbeit als staatlich zertifizierte Examina. Die persönliche Identifikation mit der Anthroposophie und die gemeinschaftliche Verbundenheit über diese sollten zugleich (anstelle eines Direktors) eine kohäsive Kraft im Kollegium freisetzen und für eine einheitliche Ausrichtung der Handlungen im Sinne eines gemeinsamen Ganzen sorgen (vgl. Kap. 6.2.3.3). Bei der empirischen Auswertung bildete sich jedoch eine unzureichende persönliche Identifikation mit der Anthroposophie ab (vgl. Kap. 11.2; 12.2). Hieraus ergibt sich ein intensiver Bedarf an Leitbildarbeit, um ein gemeinsames Bewusstsein (geistige Mission) der Arbeitsgruppe und eine einheitliche Ausrichtung der individuellen Einzelleistungen zu erreichen.

Die gemeinsame geistige Mission begünstigt darüber hinaus ein stimmiges Miteinander im Sinne eines positiven Organisationsklimas. Dieses erwies sich in der empirischen Auswertung als das Fundament für eine funktionierende kollegiale Selbstverwaltung und somit als bedeutender als optimierte Strukturen (vgl. Kap. 11.3.4, 12.3; 13.2.1). Auch die Ergebnisse der Geschäftsführerbefragung wiesen in eine ähnliche Richtung (vgl. Koolmann/ Nörling 2015: 245ff.). In diesem Sinne appellierte bereits Rudolf Steiner (GA 300: 719) wiederholt an das Lehrerkollegium, für dessen innere Harmonie im Verständnis von „gesunden Untergründen des Zusammenwirkens" zu sorgen: *„Hier muss lautere Harmonie herrschen"* (vgl. Kap. 6.2.4.4). Die Korrelation von Klima und Funktion kollegialer Selbstverwaltung verweist für deren Prozessoptimierung auf die notwendige Fokussierung auf soziale Abläufe sowie deren nachhaltige und umfassende Förderung (z. B. adäquate Personalauswahl, Beratung wie Mediation).

- *Konflikte und Scheitern als Chance:* Im Kontext der Organisationsentwicklung spielen Konflikte eine besondere Rolle. Wie zuvor betont, korreliert laut empirischer Auswertung die Effektivität kollegialer Selbstverwaltung positiv mit der Qualität des sozialen Miteinanders. Auch bildete sich ab, dass überwiegend eine Konfliktabsenz als positiv gewertet wird (vgl. Kap. 11.3.4; 12.3). Zwar plädierte Rudolf Steiner für eine kollegiale Harmonie und gegenseitiges Vertrauen (vgl. Kap. 6.2.4.4), doch verstand er hierunter kein Vermeiden (oder Ignorieren) von Konflikten. Ein gutes Organisationsklima ist somit nicht homosem mit „Konfliktlosigkeit" auszufassen – allenfalls mit einer Absenz persönlicher sympathieinduzierter Konflikte. Denn *„der Steinersche Selbstverwaltungsbegriff beinhaltet die Möglichkeit des Scheiterns, die grundsätzlich allem innewohnt, das zum ersten Mal diese Erde betritt"* (Mosmann 2015: 53). Rudolf Steiner ordnete dem Lösungsprozess von Konflikten eine besondere Bedeutung zu, denn durch diesen würden die Eigenheiten eines Organismus' erst sichtbar und initiierten für eine Weiterentwicklung notwendige Lernprozesse (vgl. Kap. 7.3.1). Erst wenn eine Zusammenarbeit nicht mehr reibungslos abläuft oder scheitert, werden Veränderungsprozesse unweigerlich angestoßen, um verbesserte Wege und Alternativen zu finden. Kollegiale Selbstverwaltung impliziert folglich keine „Konfliktvermeidungskompetenz", sondern eine sachbezogene „Konfliktlösungskompetenz". Hier bedarf es der Schulungsmaßnahmen zur Verbesserung der Konfliktlösungsfähigkeit des Einzelnen und der Gruppe, wobei in der empirischen Auswertung diesbezügliche individuelle Fähigkeiten deutlich defizitärer beurteilt wurden als diesbezügliche kollektive Fähigkeiten (vgl. Kap. 11.2; 12.2).

In den integralen Ansätzen werden Konflikte explizit berücksichtigt:
- Konflikte werden nicht als Dysfunktion oder chaotischer Zustand gewertet, sondern im positiven Sinne als „Spannungen" definiert und als hilfreiche Mittel in den diskursiven Prozess im Vorfeld einer Entscheidung integriert.
- Konflikte werden explizit zugelassen, da diese Impulse für Lernprozesse und somit eine Quelle für Erfahrungswerte und Entwicklungspotentiale darstellen. Denn durch das selbstständige Lösen von Konflikten kann der Einzelne den Sinn in seinem Tun erkennen.
- Um Konflikte selbst lösen zu können, werden den Gruppen Hilfestellungen durch eine Beratungsinstanz offeriert, die auf sachlicher oder mediatorischer Ebene agiert.

- *Individualität im Sinne der Gemeinschaft:* Kollegiale Selbstverwaltung akzentuiert die individuelle Freiheit im Sinne der Ermöglichung und Förderung intuitiven Denkens. Die Freiheit des Einzelnen intendiert hingegen kein isoliertautonomes Individualisierungsstreben ad infinitum und keinen Legitimierungsspielraum zur Saturierung egoistischer Bedürfnisse. Vielmehr beabsichtigt kollegiale Selbstverwaltung hierzu kontrovers eine Anbindung der individuellen Intuitionen an ein übergeordnetes Ganzes, sodass sich diese zu einer kongruenten Einheit verbinden und zum Wohl der Gemeinschaft beitragen. Die Affirmation notwendiger individueller Entscheidungen bedeutet dann zugleich die perpetuelle Übung im Nachvollzug der Gedankengänge des jeweils anderen (Selbstentwicklung). Kollegiale Selbstverwaltung fördert somit Individualität im Sinne des Ganzen. Die empirischen Auswertungen weisen auf einen diesbezüglichen Verbesserungsbedarf hin, da sich ein tendenzielles Individualisierungsstreben abbildete (vgl. Kap. 11.2; 12.2).

Zugleich ist die Beachtung der veränderten gesellschaftlichen Bedingungen und somit ein Transfer der Prinzipien kollegialer Selbstverwaltung in die Neuzeit notwendig: Stand vor einhundert Jahren die Erlangung der individuellen Mündigkeit im Vordergrund, die sich seit den 1960er Jahren deutlich durchgesetzt hat, so stellt für den heutigen Menschen tendenziell die Anbindung an das Soziale (Gemeinschaftsbildung) und damit eine Zurücknahme des Egoismus' eine größere Herausforderung dar. Da es um das Ausbalancieren des Pendelzustands von Individualität und Sozialität geht, bedarf es so gegebenenfalls der Berücksichtigung einer Schwerpunkverlagerung im Fokus der Zusammenarbeit.

- *Verfahren der Beschlussfassung:* Nach dem gleichen Prinzip wie beim zuvor genannten Aspekt sind auch die Verfahren der Beschlussfassung in der kollegialen Selbstverwaltung zu begreifen: Die Beiträge und Einwände des Einzelnen im Beratungs- und Entscheidungsprozess sind vor dem Hintergrund des Reüssierens eines gemeinsamen Ziels zu sehen und dienen nicht als Instrument zur Durchsetzung individueller Befindlichkeiten oder zur Inhibition subjektiv ungewollter Prozesse. So wies bereits Rudolf Steiner darauf hin, im Arbeitskontext persönliche Sympathien oder Antipathien auszublenden, sodass ein Veto im Rahmen eines Entscheidungsdiskurses sachlich begründet sein musste (vgl. 6.2.4.2). Zur effizienten Überarbeitung der Beschlussfassungsverfahren geben die integralen Ansätze subsidiäre Anregungen:
  - Prinzipiell gilt das gemeinsame Ziel für alle Involvierten als evident und erstrebenswert; diskussionswürdig sind lediglich die dorthin führenden Wege und Prozesse.
  - Alle Mitglieder werden an den Entscheidungsprozessen auf sachbezogene Weise (integrativ) beteiligt. Die Beschlussfassung erfolgt stets aufgabenbezogen vor dem Hintergrund des Gesamtziels und der Sicherung der organisationalen Handlungsfähigkeit und Existenz.
  - Ein alternatives Verfahren zum Konsensprinzip (Einstimmigkeit) stellt das Konsentprinzip (Kein-Einwand-Prinzip) dar: Ein Beschluss wird gefasst, wenn keiner mehr einen validen bzw. schwerwiegenden, begründbaren Einwand hat, der auf einer sachlichen Argumentation basiert. Diese erfolgt objektiv aus der Sicht der Arbeitsrolle (nicht nach persönlichen Bedürfnissen). Ein Einwand ist valide, wenn dieser zur Abwendung eines potentiellen Defekts der Organisation bei Umsetzung des diskutierten Beschlusses

dient. Somit müssen nicht alle Beteiligten konformer Meinung sein, es darf lediglich kein begründeter Einwand mehr gegen den Beschluss vorliegen.

- Alle Beschlüsse sind im weiteren Verlauf modifizierbar, wenn arrondierende Informationen durch Erfahrungsprozesse gewonnen werden (Verbesserungspotential), sodass im ersten Durchgang kein Zwang zur Genese einer endgültig korrekten Lösung besteht. Analogisierbar ist dies mit einem Betriebssystem, das sich auf der Basis reeller Daten kontinuierlich weiterentwickelt und optimiert (dynamische Steuerung).

- *Entscheidungsdifferenzierung und -gewichtung:* Eine konsequente Entscheidungsdifferenzierung und -gewichtung nach deren Brisanz ermöglicht eine zügige Lösungsfindung. Nicht alle Entscheidungen bedürfen einer fundierten Diskussion und Beratung, sodass Konferenzen demgemäß zeitlich restringiert und Abstimmungsverfahren simplifiziert werden können (z. B. Mehrheitsbeschluss). Diese Auffassung vertrat bereits Rudolf Steiner, der im Falle von Entscheidungen mit geringer Tragweite auch per Akklamation abstimmen ließ (vgl. Kap. 6.2.4.3). In den integralen Ansätzen ist eine derartige Entscheidungsdifferenzierung fest etabliert:
  - Es gibt Grundsatzentscheidungen normativer und strategischer Art, die im „Konsent" auf organisationaler oder Gruppenebene beschlossen werden.
  - Daneben gibt es operativen Entscheidungen, die im Tagesgeschäft fällig werden und auf die Ebene der Linienstruktur delegiert oder zwischen den Arbeitsrollen getroffen werden.

13.3.3 Führungsverständnis

Auch wenn in der kollegialen Selbstverwaltung keine an eine solitäre Person geknüpfte formale Führungsrolle (z. B. Direktor) existiert, beinhaltet der gemeinsame Umgang verschiedenartige Führungsbeziehungen, die sich auf die Interaktionen zwischen den (gleichgestellten) Kollegen oder zwischen Kollegen und (externen) Beratern bzw. Eltern und Kindern beziehen können. Kollegiale Selbstverwaltung impliziert hierbei ein freilassendes non-formales Führungsverständnis auf der Grundlage von informellen Bezügen und gegenseitigem Vertrauen. Die empirische Auswertung bildete eine tendenzielle Authentizität zwischen Führungsverständnis bzw. -einstellung und gegenwärtiger Führungspraxis ab (vgl. Kap. 11.2; 12.2), zeigte jedoch im Einzelfall auch deutliche diesbezügliche Divergenzen (vgl. Kap. 11.1). Für das Führungsverständnis in der kollegialen Selbstverwaltung gelten die in Tabelle 41 aufgeführten Grundsätze.

Tab. 41: Führungsverständnis in der kollegialen Selbstverwaltung (ie)

Führungsverständnis: Führung als notwendige aber statusunabhängige Funktion und prinzipiell auf alle Kollegen verteilt	
Antinomie von „Bürokratie" und „Verwaltung"	monokratische versus genossenschaftliche Führung: distinkte Abkehr von autoritativen Maximen
anthroposophisches Menschenbild	Mensch als einzigartiges Individuum: Mannigfaltigkeit, Dynamik und Fähigkeit zu höherem Bewusstsein
kollektive Führung	gemeinsame Übernahme von Führungsaufgaben durch Selbstführung und Selbstverantwortung bei Gültigkeit des Fähigkeits- und Kompetenzprinzips
Hilfe durch Beratung und exzeptionelle Intervention	Begegnung auf Augenhöhe sowie Prinzip der Subsidiarität

Als überarbeitungswürdige Bereiche des Führungsverständnisses werden – abgeleitet aus Theorie und Empirie – im Sinne optionaler Implikationen für die kollegiale Selbstverwaltung proponiert:

- *Verstärkte anthroposophische Grundlagenarbeit:* Kollegiale Selbstverwaltung ist als eine freiheitliche Arbeitsform zu verstehen, die durch eine gemeinschaftliche sachliche und geistige Mission der individuellen Initiative und den kreativen Einzelbeiträgen Richtung und Orientierung gibt und diese zu einem sinnhaften Ganzen fusioniert. Wie bereits im Kontext der Personalführung angeführt, bildete sich bei der empirischen Auswertung die Leitbildformulierung und -arbeit als defizitär erfüllt und als nicht konsequent institutionalisiert ab, sodass die geistige Mission nicht für alle Beteiligten evident und transparent ist. Auch die Geschäftsführerbefragung (vgl. Kap. 9.6) ergibt, *„(...) dass an einem Großteil der Schulen das eigene Leitbild nicht allen Lehrern und Eltern bekannt ist (...)"* (Nörling 2015: 115, Ausl. ie). Zudem erwiesen sich der individuelle Bezug und die Verbundenheit zur Anthroposophie in der empirischen Auswertung als aufholbedürftig (vgl. Kap. 11.2; 12.2), denn diese stellt das verbindende Element in der kollegialen Selbstverwaltung dar. Neben Konferenzen könnten hierzu aktuelle Medien (wie Internet/Blog, Intranet) appliziert werden, um eine organisationsinterne Plattform zugunsten der Transparenz zu etablieren – auch wenn Rudolf Steiner seinerzeit, wie bereits erwähnt, eine Dokumentation eher negierte (vgl. Kap. 7.1.2). Darüber hinaus bedarf es gegebenenfalls einer Konsultation externer Berater, die zu einem angemessenen Verständnis der Anthroposophie verhelfen.

- *Führung in aufgabenbezogenem oder funktionellem Verständnis:* Führung ist nicht kontrovers zur kollegialen Selbstverwaltung, und nicht begrenzt auf deren autoritative Ausprägung zu verstehen. Führung ist als prinzipiell personen- und statusunabhängige Aufgabe oder Funktion zu betrachten, welche einer unumgänglichen Erfüllung bedarf. Diese Auffassung wird von den integralen Ansätzen geteilt:
  • Führung wird als Arbeitsrolle angesehen und ist auf alle Organisationsebenen verteilt. Prinzipiell kann diese jeder dazu Befähigte übernehmen.
  • Es wirken Führungsprinzipien statt Führungskräfte, sodass grundsätzliche „Spielregeln" für entsprechende Entscheidungsprozesse gelten.
  • Statt definierter Führungsbefugnisse (Statusorientierung) gilt das sachlich-objektive Argument als „Machtinstrument" (Sachorientierung).

- *Führung als Beratung und Ermöglichung:* Führung gilt der Ermöglichung des eigenständigen Handelns der Organisations- oder Gruppenmitglieder mit dem Zweck des Reüssierens des intendierten gemeinschaftlichen Teil- oder Gesamtziels. Kontrolle wird durch Vertrauen substituiert. Rudolf Steiner lebte ein solches Führungsverständnis seinerzeit konsequent vor (vgl. Kap. 6.3.3). Er förderte die individuelle Initiative selbst dann, wenn die Ansichten von seinen Vorstellungen abwichen oder er diese für falsch erachtete, und ließ die Menschen eigene Erfahrungen sammeln. Hierbei offerieren die integralen Ansätze arrondierende Hinweise:
  • Die ehedem klassischen Leitungskräfte fungieren als Mitwirkende in den Gruppen und/oder als Berater und Optimierer des Entscheidungs- und Handlungsraums.

- Die Organisation wird als lebendiges System und als Teil eines größeren Prozesses betrachtet, wodurch diese einen eigenen „Existenzsinn" (evolutionärer Sinn) erhält. Die Führungskraft muss erspüren, in welche Richtung sich die Organisation entwickelt (vom Selbsterhalt zum Sinn und Zweck). Schließlich erhält sie die Aufgabe, das sich auf diese Weise konkretisierende Gesamtziel und die hierzu erforderlichen individuellen Beiträge gegenüber der Gemeinschaft zu verdeutlichen.
- Der Leitende definiert so die Richtung und koordiniert die Prozesse, sorgt für effiziente Abläufe, protokolliert, führt zum Ergebnis, fusioniert Einzelbeiträge und ermöglicht schließlich Orientierung für den Einzelnen.
- Da prinzipiell jeder Führungsfunktionen übernehmen kann, sind die sozialen Beziehungen durch Vertrauen, gegenseitigen Respekt und Anerkennung geprägt (Empathieförderung).

Summa summarum präsentiert sich kollegiale Selbstverwaltung prinzipiell mit dem Potential eines umfassenden, plausiblen und autonomen Führungsansatzes, welcher jedoch noch in verschiedenen Ressorts unausgereift ist und der weiteren Entwicklungen bedarf. Neben den signifikanten Parallelen zu den integralen Führungsansätzen tritt auch ein prägnanter Unterschied hervor: In den integralen Konzepten werden Arbeitsaufgaben, Zuständigkeiten und Befugnisse distinkt demarkiert und protokolliert sowie Prinzipien der Zusammenarbeit evident und transparent gestaltet, sodass zugleich gruppenpsychologische Negativeffekte bereits in deren Entstehung prohibiert werden können. Demgemäß resümieren auch Brüll und Krampen (1992: 161, Ausl. ie) nach der Auswertung von Fallstudien selbstverwalteter Einrichtungen: „(...) Auch Kollegialverfassungen benötigen .. Regeln, und es muß auch dafür gesorgt werden, daß diese Regeln eingehalten werden – trotz oder gerade wegen der Autonomie des Einzelnen"*,* und das Definieren dieser Regeln erfolgt „(...) ohne daß dadurch wieder eine Bevormundung eingeführt .." wird. Diese Erkenntnis wird bereits durch den von Rudolf Steiner intendierten Grundsatz der Präzision und Verbindlichkeit exponiert (vgl. Kap. 6.1.4.2). Viele der aufgeführten Implikationen beziehen sich somit nicht auf die Einführung grundlegend neuer, sondern auf die Konkretisierung (z. B. Definition und Dokumentation), den Ausbau und die (zeitgemäße) Weiterentwicklung bereits vorhandener Prinzipien.

13.4 Weiterer Forschungsbedarf und Ausblick

Wie sich abbildete, bedarf das Arbeitsprinzip der kollegialen Selbstverwaltung einer kontinuierenden systematischen Erforschung, für die im Folgenden diverse aus dem Kontext der vorliegenden Arbeit resultierende Impulse skizziert werden, die durchaus ergänzungswürdig sind:

- Bei der empirischen deskriptiven Auswertung der Items zur Zufriedenheit mit der praktizierten Führung und schulischen Selbstverwaltung (vgl. Kap. 11.1; 12.1) zeigte sich mit Blick auf die Streuung der Häufigkeiten, dass signifikant positiv und negativ bewertete Fallbeispiele in der Praxis existieren. Hier könnte eine fundierte Analyse von exzeptionell funktionalen respektive dysfunktionalen Organisationen interessante Aufschlüsse zur Effektivität dieser Führungsform geben. Anzustreben wäre das Extrahieren von Attributen und Modi, die für die jeweilige Funktion respektive Dysfunktion eine entscheidende Relevanz besitzen.

- Mittels der quantitativen Datenauswertung in der vorliegenden Arbeit konnte eine erste Bestandsaufnahme geleistet werden. Um fundierte Forschungserkenntnisse zu erheben, wären die Methoden der Fallstudienuntersuchung kollegial selbstverwalteter Institutionen und/oder der qualitativen Interviews mit deren Mitgliedern sinnvoll, da mittels deren Anwendung auch solche praktische Ausformungen und Modi erfassbar wären, die sich einer standardisierten quantitativen Methodik weitgehend entziehen. Ein qualitatives Verfahren ermöglicht einen dynamischen Dialog und eine spezifische Befragung und Analyse der vorherrschenden Verhältnisse, auf deren Grundlage kollegiale Selbstverwaltung arrondierend operationalisiert werden könnte.

- Gemäß Rudolf Steiners Grundsatz der Präzision und Verbindlichkeit wäre weiterführend die Induktion konkreter Prinzipien und Verfahrensweisen von erfolgreichen Fallbeispielen aus der Praxis und deren Aggregieren zu einem Gesamtkomplex sinnvoll. Auf diese Weise könnte sukzessive ein umfassendes Dokument zur Operationalisierung dieser Arbeitsform entwickelt werden, welches zugleich bei deren Konstituierung als ein eigenständiger Führungsansatz assistiert.

- Subsidiär erscheint eine präzise und umfassende Protokollierung der praktischen Erfahrungen und experimentellen „Versuchsergebnisse" im Zuge der Umsetzung der Arbeitsgrundsätze kollegialer Selbstverwaltung als sinnvoll. Diesbezüglich wäre die Entwicklung von Formaten für Informations- und Kommunikationsplattformen erstrebenswert, die einen unkomplizierten Umgang sowie einen restriktionsfreien Zugang für alle Organisationsmitglieder offerieren. Zusätzlich zu den Konferenzen könnte diese dem zeitlich mit den Ereignissen oder Anliegen unmittelbar koinzidierenden Informations- und dialogischen Austausch und auch der effizienten Abstimmung trivial dimensionierter Entscheidungen dienen sowie der systematischen Förderung der Transparenz von Strukturen und Prozessen.

- Eines besonderen Fokus' bedarf die Aus- und Weiterbildung der Organisationsmitglieder. Einerseits bedingt kollegiale Selbstverwaltung eine Persönlichkeitsentwicklung, die zur Selbstführung befähigt, andererseits eine Wissensvermittlung bezüglich der konkreten und originär gedachten Funktionsweise des Arbeitsprinzips und ein Entwickeln von Fähigkeiten und Kompetenzen für das Reüssieren der in diesem Kontext entstehenden Führungsaufgaben. Hierzu wären die Genese substantieller Forschungsresultate und konzeptioneller Entwicklungen im Bereich der Lehrerbildung anzustreben. In diesem Zusammenhang erhalten zudem die Modi eines adäquaten Vorbereitungsprogramms lehrender Personen – zu denen auch die Beratungsinstanzen zählen – besondere Relevanz.

- Die Prinzipien, die in der kollegialen Selbstverwaltung zur Anwendung kommen, verzeichnen eine umfassendere Dissemination in verschiedensten Organisationen als usuell prädiziert. Kenntnisse über deren Verbreitungsgrad sowie variativen Akzente und Ausgestaltungen in Form eines interinstitutionellen Erfahrungsaustauschs könnten wertvolle (gegenseitige) Synergieeffekte ermöglichen. Zugleich erhielte die oftmals zu Unrecht als dilettantisch depretiierte Arbeitsform kollegialer Selbstverwaltung eine solide gesellschaftliche Anbindung, was zu deren Legitimierung und Renommee beitragen könnte. Hierzu wäre die Institutionalisierung interorganisationaler Schnittstellen und Verbände denkbar, in deren Sinne der Bund der Freien Waldorfschulen ein potentielles Fundament offeriert. Darauf konstituierend wäre ein ausgebautes interdisziplinäres Netzwerk vorteilhaft, welches zudem nichtanthroposophische Einrichtungen mit integralen Führungsformen umfasst.

- Vor dem Hintergrund der denotativen Pluralität von „Selbstverwaltung" und der mithilfe der derivierten Arbeitsdefinition illustrierten semantischen Profundität scheint eine gegebene Adäquatheit und Plausibilität des gegenwärtig kursierenden Terminus' fragwürdig. Eine inhaltliche Vorstellung und Assoziation des zu anderen Selbstverwaltungsansätzen relativen Additivs wird – auch durch den attribuierenden Zusatz des Adverbs „kollegial" – nicht erreicht. Anzustreben wäre eine terminologische Renovierung, die sowohl das inhaltliche Spektrum des Arbeitsprinzips angemessen erfasst als auch durch eine weitgehende Assoziationsfreiheit durch semantische Verwandtschaften gekennzeichnet ist.

Abschließend bleibt zu betonen, dass sich kollegiale Selbstverwaltung trotz deren historischen Ursprungs nicht als anachronistisch, sondern als eine die Gegenwartsbedürfnisse alludierende Führungsform mit einer opportunen Potentialität zur Beantwortung neuzeitlicher Fragestellungen der Führungsforschung präsentiert. Rudolf Steiners elementaren Ideen zu den Prinzipien der Zusammenarbeit können heute empirisch legitimiert und substantiiert werden und finden auch – ohne wissentliche Referentialität – in nicht-anthroposophischen Zusammenhängen Berücksichtigung. Mosmann (2015: 8) unterstreicht in diesem Sinne: *„Die Methoden der Selbstverwaltung, wie sie Steiner beschreibt, sind für den gegenwärtigen Menschen gemacht."* Dies lässt vermuten, dass die damals oft zu futuristisch-visionären Gedankengänge Rudolf Steiners in der kontemporären Epoche auf einen Menschen treffen, der eine adäquate evolutionäre Bewusstseinsreife erlangt hat. Nach Trautwein (vgl. 2016: 115) hat Rudolf Steiner eine solche „integrale Bewusstseinsentwicklung" bereits seinerzeit vorhergesehen.

Jedoch wäre die Annahme utopisch, dass sich alle Menschen auf einer identischen Bewusstseinsstufe befinden und zum selben Zeitpunkt zur Adaption innovativer Prozedere befähigt sind. Entscheidender ist, dass *„Neueinrichtungen sich praktisch an das Bestehende anknüpfen lassen"* und *„die Verwirk-*

lichung solcher Ideen auf dem Bestehenden weiterbaut", so Steiner (GA 23: 96f.). Statt existierende Modi vollumfassend in einem Schritt zu verändern, kann eine sukzessive Entwicklung *"aus vielleicht kleinen Anfängen heraus"* (ebd.: 97) sinnvoll sein. Steiner (ebd.: 96) ermutigte: *"Niemand wird, was hier ausgeführt ist, für eine bloße Utopie halten, der Sinn für wirklich praktisch Durchführbares hat. Denn es wird gerade auf solche Einrichtungen gedeutet, die ganz unmittelbar an jeder Stelle des Lebens aus den gegenwärtigen Zuständen heraus erwachsen können."* Demgemäß ist auch Robertson (zit. n. Lessmann 2016: 77, Ausl. ie) von dem progredienten Einzug integraler – der kollegialen Selbstverwaltung signifikant ähnlicher – Führungsansätze in zeitgenössische Institutionen überzeugt: *"(...) Die Evolution wird ihren Weg in unsere Organisationen finden. Es ist nur eine Frage der Zeit."*[157]

---

[157] Die gegenwärtige Relevanz von auf Selbstführung basierenden Führungsansätzen wie die kollegiale Selbstverwaltung bildet sich durch eine zunehmende Forschungsaktivität auf diesem Gebiet ab. Beispielsweise erschien Ende des Jahres 2016 das Werk *"Das kollegial geführte Unternehmen: Ideen und Praktiken für die agile Organisation von morgen"* von Oesterreich und Schröder (2016), mit dem die Autoren das Erfahrungswissen aus diversen Unternehmen übermitteln, *"damit alle anderen, die gerade mit kollegialer Führung und agiler Organisationsentwicklung starten, nicht alles neu erfinden müssen"*, wie sie darin prononcieren. Nicht nur mit dieser Aussage, sondern auch inhaltlich setzen sie bei den Erkenntnissen von Laloux (2015: *"Reinventing Organisations"* – übersetzt: *"Die Neuerfindung der Organisation"*; vgl. Kap. 4.3.3) an und komplementieren diese. Ihre Idee basiert ebenso auf dem elementaren Prinzip: *"Führungsarbeit statt Führungskräfte"*, begründend mit dem Postulat: *"Führung ist zu wichtig, um sie nur Führungskräften zu überlassen"*. Das Werk wurde in der vorliegenden Arbeit inhaltlich nicht mehr berücksichtigt, soll jedoch aufgrund des unmittelbaren Themenbezugs an dieser Stelle explizit erwähnt werden.

Quellenverzeichnis

Allen 2003/2015: Allen, David: Getting things done: the art of stress-free productivity. New York/London u. a.: Penguin 2003. [deutsch: Wie ich die Dinge geregelt kriege: Selbstmanagement für den Alltag. A. d. Engl. übers. v. Reuter, Helmut. Überarb. Neuaufl. München: Piper 2015]. [Online: http://transhumanism-russia.ru/documents/ books/gtd/Getting_Things_Done_-_The_Art_Of_Stress-Free_Productivity.pdf (accessed: 26.08.2016)].

Altehage 1997: Altehage, Günter: Von den inneren Bedingungen einer kollegialen Ordnung. In: Erziehungskunst 61(1997)6, S. 617–627.

Althaus 2014: Althaus, Junko: Die moralische Intuition: Anleitung zu einem Erkenntnisprozess auf Grundlage der „Philosophie der Freiheit" Rudolf Steiners. Zürich (CH): Jakchos 2014.

American Society of Mechanical Engineers 1903: American Society of Mechanical Engineers (Ed.): Transactions of the american society of mechanical engineers. 28th ed. New York: The Society 1903.

Anheier u. a. 2007: Anheier, Helmut K./Priller, Eckhard/Seibel, Wolfgang/Zimmer, Anette: Der Nonprofit Sektor in Deutschland. In: Badelt, Christoph/Meyer, Michael/ Simsa, Ruth (Hrsg.): Handbuch der Nonprofit Organisation: Strukturen und Management. 4., überarb. Aufl. Stuttgart: Schäffer-Poeschel 2007, S. 17–39.

Antons 2009: Antons, Klaus: Die dunkle Seite von Gruppen. In: Edding, Cornelia/ Schattenhofer, Karl (Hrsg.): Handbuch: alles über Gruppen – Theorie, Anwendung, Praxis. Beltz: Weinheim/Basel: Beltz 2009, S. 324–355.

Antons 2000: Antons, Klaus: Praxis der Gruppendynamik: Übungen und Techniken. 8. Aufl. Göttingen u. a.: Hogrefe 2000.

Archer/Cameron 2008: Archer, David/Cameron, Alex: Collaborative leadership: how to succeed in and interconnected world. Oxford (UK): Butterworth Heinemann 2008.

Ardelt-Gattinger/Lechner/Schlögl 1998: Ardelt-Gattinger, Elisabeth/Lechner, Hans/ Schlögl, Walter (Hrsg.): Gruppendynamik, Anspruch und Wirklichkeit der Arbeit in Gruppen. Göttingen: Verlag für angewandte Psychologie 1998.

Argyris/Schön 1978/1999: Argyris, Chris/Schön, Donald A.: Organizational learning: a theory of action perspective. Reading (Mass.): Addison-Wesley 1978. [Deutsch: Die lernende Organisation. Grundlagen, Methode, Praxis. Stuttgart: Klett-Cotta 1999].

Assenmacher 2000: Assenmacher, Walter: Induktive Statistik. Berlin/Heidelberg/New York: Springer 2000.

Avolio 2004: Avolio, Bruce J.: Encyclopedia of leadership. 4. Ed. Thousand Oaks (CA): Sage 2004.
Avolio/Bass 2004: Avolio, Bruce J./Bass, Bernard M.: Multifactor leadership questionnaire: manual and sampler set. 3rd ed. Paolo Alto (CA): Mind Garden 2004.
Avolio/Gardner 2005: Avolio, Bruce J./Gardner, William L.: Authentic leadership development: getting to the root of positive forms of leadership. In: Leadership Quarterly 3(2005)16, pp. 315–338. [Online: http://marklight.com/Resources-Presentations/ MPS594%20Ethical%20Leadership/Authentic%20leadership%20de-velopment,%20 Avolio.pdf (accessed: 22.05.2015)].
Avolio u. a. 2004: Avolio, Bruce J./Gardner, William L./Walumbwa, Fred O./Luthans, Fred/May, Douglas R.: Unlocking the mask: a look at the process by which authentic leaders impact follower attitudes and behaviors. In: The Leadership Quarterly 15/2004, pp. 801–823. [Online: http://www.researchgate.net/profile/William_Gardner3/publica tion/222690544_Unlocking_the_mask_a_look_at_the_process_by_which_authentic_le aders_impact_follower_attitudes_and_behaviors/links/09e4150e1b977867c2000000.p df?inViewer=true (accessed: 22.05.2015)].
Avolio/Luthans/Walumbwa 2004: Avolio, Bruce J./Luthans, Fred/Walumbwa, Fred O.: Authentic leadership: theory building for veritable sustained performance. Working paper. Gallup Leadership Institute: University of Nebraska-Lincoln 2004.
Axelrod 2009: Axelrod, Robert: Die Evolution der Kooperation. 7. Aufl. München: Oldenbourg 2009.

Badelt/Meyer/Simsa 2007: Badelt, Christoph/Meyer, Michael/Simsa, Ruth: Die Wiener Schule der NPO-Forschung. In: Badelt, Christoph/Meyer, Michael/Simsa, Ruth (Hrsg.): Handbuch der Nonprofit Organisation: Strukturen und Management. 4., überarb. Aufl. Stuttgart: Schäffer-Poeschel 2007, S. 3–16.
Badelt/Meyer/Simsa 2007: Badelt, Christoph/Meyer, Michael/Simsa, Ruth (Hrsg.): Handbuch der Nonprofit Organisation: Strukturen und Management. 4., überarb. Aufl. Stuttgart: Schäffer-Poeschel 2007.
Backhaus u. a. 2016: Backhaus, Klaus/Erichson, Bernd/Plinke, Wulff/Weiber, Rolf: Multivariate Analysemethoden: eine anwendungsorientierte Einführung. 14. Aufl. Wiesbaden: Springer Gabler 2016.
Baecker 2008: Baecker, Dirk: Studien zur nächsten Gesellschaft. Frankfurt a. M.: Suhrkamp 2008.
Baecker 1994: Baecker, Dirk: Postheroisches Management: ein Vademecum. Merve: Berlin: 1994.
Balck 1996: Balck, Henning (Hrsg.): Networking und Projektorientierung: Gestaltung des Wandels in Unternehmen und Märkten. Berlin/Heidelberg/New York: Springer 1996.

Quellenverzeichnis

Bandura 1977/1979: Bandura, Albert: Social learning theory. Englewood Cliffs: Prentice-Hall 1977. [Deutsch: Sozial-kognitive Lerntheorie. Stuttgart: Klett-Cotta 1979].

Bartelt 2011: Bartelt, Dietrich: Wertschätzende, kompetente und ethische Führung: das Vertrauen der Mitarbeiter in ihre Führungskräfte. [Diss. Univ. Duisburg-Essen]. Duisburg-Essen: o. V. 2011.

Bartlett/Goshal 1998: Bartlett, Christopher A./Goshal, Sumantra: Wie sich die Rolle des Managers verändert. In: Harvard Business Manager 20/1998, S. 79–90.

Barz 2013: Barz, Heiner: Unterrichten an Waldorfschulen – Berufsbild Waldorflehrer: neue Perspektiven zu Praxis, Forschung, Ausbildung. Wiesbaden: VS für Sozialwissenschaften 2013.

Barz/Kosubek 2013: Barz, Heiner/Kosubek, Tanja: Gruppendiskussionen. In: Randoll, Dirk (Hrsg.): „Ich bin Waldorflehrer": Einstellungen, Erfahrungen, Diskussionspunkte – eine Befragungsstudie. Wiesbaden: Springer VS 2013, S. 15–65.

Barz/Randoll 2007: Barz, Heiner/Randoll, Dirk (Hrsg.): Absolventen von Waldorfschulen: eine empirische Studie zu Bildung und Lebensgestaltung. Wiesbaden: VS für Sozialwissenschaften 2007.

Bass 1998: Bass, Bernard M.: Transformational leadership: industry, military, and educational impact. Mahwah (N. J.): Lawrence Erlbaum Associates 1998.

Bass 1990: Bass, Bernard M.: Bass & Stogdills's handbook of leadership: theory, research, and managerial applications. 3rd ed. New York/London: Free Press 1990.

Bass 1985/1986: Bass, Bernard M.: Charisma entwickeln und zielführend einsetzen. [A. d. Engl. übers. v. Üblein, Eva unter Mitarb. v. Thierbach, H. D.]. Landsberg/Lech: Moderne Industrie 1986. [Original: Leadership and performance beyond expectations. New York/London: Free Press 1985].

Baum/Bondorf 2010: Baum, Elisabeth/Bondorf, Nadine: „Bevor es jetzt Chaos gibt schließen wir hier unsre Sitzung" – Wie Lehrkräfte kollegiale Kooperation gestalten. In: Schwarz, Bernd/Nenniger, Peter/Jäger, Reinhold S. (Hrsg.): Erziehungswissenschaftliche Forschung – nachhaltige Bildung. Beiträge zur 5. DGfE-Sektionstagung: Empirische Bildungsforschung/AEPF-KBBB im Frühjahr 2009. Landau: Empirische Pädagogik 2010, S. 142–149.

Baum/Bondorf/Hamburger 2007: Baum, Elisabeth/Bondorf, Nadine/Hamburger, Franz: „und da wir ja gerne effektiv arbeiten" – über Strukturprobleme schulischer Selbststeuerung. In: Graßhoff, Gunther/Höblich, Davina/Idel, Till-S./Kunze, Katharina/Stelmaszyk, Bernhard (Hrsg.): Reformpädagogik trifft Erziehungswissenschaft: Festschrift zum 65. Geburtstag von Heiner Ullrich. [Reihe: des Pädagogischen Instituts der Johannes Gutenberg-Universität Mainz. Bd. 3]. Mainz: Logophon 2007, S. 297–308.

Baum/Idel/Ullrich 2012: Baum, Elisabeth/Idel, Till-S./Ullrich, Heiner (Hrsg.): Kollegialität und Kooperation in der Schule: theoretische Konzepte und empirische Befunde. [Reihe: Schule und Gesellschaft. Bd. 51. Hrsg. v. Hascher, Tina/Horstkemper, Marianne/Melzer, Wofgang/Züchner, Ivo]. Wiesbaden: Springer VS 2012.

Bauer 2006: Bauer, Horst Ph.: Zur Ethik selbstverwalteter Organisationen – Anspruch und Realität von Schulen und Einrichtungen in freier Trägerschaft. In: Bauer, Horst Ph./Schneider, Peter: Waldorfpädagogik: Perspektiven eines wissenschaftlichen Dialoges. Frankfurt a. M.: Lang 2006, S. 129–234.

Bauer 2001: Bauer, Rudolph: Personenbezogene soziale Dienstleistungen: Begriff, Qualität und Zukunft. Wiesbaden: VS für Sozialwissenschaften 2001.

Bauer/Schieren 2015: Bauer, Horst Ph./Schieren, Jost (Hrsg.): Menschenbild und Pädagogik. Weinheim/Basel: Beltz Juventa 2015.

Bauer/Schneider 2006: Einleitung. In: Bauer, Horst Ph./Schneider, Peter: Waldorfpädagogik: Perspektiven eines wissenschaftlichen Dialoges. Frankfurt a. M.: Lang 2006, S. 9–14.

Bauer/Schneider 2006: Bauer, Horst Ph./Schneider, Peter: Waldorfpädagogik: Perspektiven eines wissenschaftlichen Dialoges. Frankfurt a. M.: Lang 2006.

Baumann 2010: Baumann, Holger: Notkonferenz! Oder: Kann eine Schale voll Mut wirklich helfen? Ein Albtraum. In: Info3 [Thema: Selbstverwaltung in der Krise] 10/2010, S. 25–27.

BdFWS 2012: Bund der Freien Waldorfschulen e. V. (Hrsg.): Qualifizierte Berufseinführung. Stuttgart: o. V. 2012. [Online: http://www.waldorfschule.de/waldorflehrer/qualifi zierte-berufseinfuehrung/ (Zugriff: 15.09.2016)].

BdFWS 2009: Bund der Freien Waldorfschulen e. V. (Hrsg.): Jubiläums-Berichtsheft: 1919–2009 Waldorfschule – 90 Jahre Zukunft. Stuttgart: o. V. 2009. [Online: hhttp://www.waldorfschule.de/fileadmin/downloads/jahresberichte/Jubilums-Berichtshe ft_2009_Presse.pdf (Zugriff: 15.09.2016)].

Beck 1997: Beck, Walter: Rudolf Steiner – sein Leben und sein Werk: eine Biographie mit neuen Dokumenten. Dornach (CH): Verlag am Goetheanum 1997.

Beck/Cowan 2008: Beck, Don E./Cowan, Christopher C.: Spiral dynamics-leadership, Werte und Wandel: eine Landkarte für das Business, Politik und Gesellschaft im 21. Jahrhundert. 2. Aufl. [Hrsg. v. Rosmann, Nadja. A. d. Engl. übers. v. Polányi, Carl]. Oxford: Blackwell Publishing 2008.

Becker 2009: Becker, Manfred: Führen mit Stellenbündeln. In: Rosenstiel, Lutz v./ Regent, Erika/Domsch, Michel E. (Hrsg.): Führung von Mitarbeitern: Handbuch für erfolgreiches Personalmanagement. 6. überarb. Aufl. Schäffer-Poeschel: Stuttgart 2009, S. 425–437.

Becker/Langosch 1995: Becker, Horst/Langosch, Ingo: Produktivität und Menschlichkeit: Organisationsentwicklung und ihre Anwendung in der Praxis. 4. erw. Aufl. Stuttgart: Enke 1995.
Beckermann 2008: Beckermann, Ansgar: Gehirn, Ich, Freiheit: Neurowissenschaften und Menschenbild. Paderborn: Mentis 2008.
Bennet u. a. 2003: Bennet, Nigel/Wise, Christine/Woods, Philip A./Harvey, Janet A.: Distributed leadership. Nottingham: National College for School Leadership 2003.
Bennis 1989: Bennis, Warren G.: Managing the dream: leadership in the 21th century. In: Journal of Organizational Change Management 2/1989, p. 7.
Bennis 1972: Bennis, Warren G.: Entwicklungsmuster der T-Gruppe. In: Bradford, Leland B./Gibb, Jack R./Benne, Kenneth D. (Hrsg.): Gruppen-Training. [A. d. Engl. übers. v. Krege, Wolfgang]. Stuttgart: Klett 1972, S. 270–300.
Bennis/Schein 1979: Bennis, Warren B./Schein, Edgar H.: Leadership and motivation: essays of Dougals McGregor. Cambridge (Mass.): The M.I.T. Press 1979.
Bennis/Townsend 1995/2005: Bennis, Warren G./Townsend, Robert: Reinventing leadership: strategies to empower the organization. Reprint. [1st Ed. 1995]. New York: HarperBusiness 2005.
Beoke 1945/1969: Boeke, Kees: Sociocratie. Abcoude/Utrecht (NL): o. V. 1945. [Sociacracy: democracy as it might be. First published in May 1945 by Kees Boeke (1884–1966). Amended ed. from Boeke, Beatrice C. Abcoude/Utrecht (NL): o. V. 1969].
Berthel 2000: Berthel, Jürgen: Personal-Management: Grundzüge für Konzeptionen betrieblicher Personalarbeit. 6., überarb. u. erw. Aufl. Stuttgart: Schäffer-Poeschel 2000.
Berthel/Becker 2007: Berthel, Jürgen/Becker, Fred G. : Personalmanagement. 8. Aufl. Stuttgart: Schäffer-Poeschel 2007.
Beyerlein 2000: Beyerlein, Michael (Ed.): Advances in interdisciplinary studies of work teams. 7th ed. Bingley (UK): Emerald Group 2000.
Biewer 2010: Biewer, Gottfried: Grundlagen der Heilpädagogik und Inklusiven Pädagogik. 2. Aufl. [Reihe: UTB für Wissenschaft: Uni-Taschenbücher]. Bad Heilbrunn: Klinkhardt 2010.
Bildungskommission NRW 1995: Bildungskommission Nordrhein-Westfalen: Zukunft der Bildung, Schule der Zukunft. Denkschrift der Kommission „Zukunft der Bildung – Schule der Zukunft" beim Ministerpräsidenten des Landes Nordrhein-Westfalen. Neuwied/Kriftel/Berlin: Luchterhand 1995.
Bird 1940: Bird, Charles: Social psychology. New York: Appleton-Century 1940.
Birker 1997: Birker, Klaus: Führungsstile und Entscheidungsmethoden. [Reihe: Praktische Betriebswirtschaft]. Berlin: Cornelsen Giradet 1997.

Birkinshaw 2012: Birkinshaw, Julian M.: Reinventing management: smarter choices for getting work done. Rev. and updated ed. San Francisco: Jossey-Bass 2012.

Bischoff, Franz O.: Der soziale Urgedanke. In: Anthroposophie 09/2010, S. 188–195.

Blake/Mouton 1964: Blake, Robert R./Mouton, Jane S.: The managerial grid: the key to leadership excellence. Houston: Gulf 1964.

Blalock/Blalock 1968: Blalock, Hubert M./Blalock, Ann B. (Eds.): Methodology in social research. New York: McGraw Hill 1968.

Blasius/Baur 2014: Blasius, Jörg/Baur, Nina: Multivariate Datenanalyse. In: Blasius, Jörg/Baur, Nina (Hrsg.): Handbuch Methoden der empirischen Sozialforschung. Wiesbaden: Springer VS 2014, S. 997–1016.

Blasius/Baur 2014: Blasius, Jörg/Baur, Nina (Hrsg.): Handbuch Methoden der empirischen Sozialforschung. Wiesbaden: Springer VS 2014.

Blesch/Mödinger 2014: Blesch, Rainer W./Mödinger, Wilfried: Dialogisches Führen: ein Beitrag zur Legitimierung zukunftsfähiger Führung. In: Internationale Zeitschrift für Philosophie und Psychosomatik 2(2014)6, o. S. [Online: http://www.izpp.de/fileadmin/ user_upload/Ausgabe_11_2-2014/Blesch_Mo__dinger.pdf (Zugriff: 23.07.2015)].

Blessin/Wick 2014: Blessin, Bernd/Wick, Alexander: Symbolische Führung. In: Arbeit und Arbeitsrecht 8/2014, S. 455–458.

Bösterling 2009: Bösterling, Burkhard: Theorie U und Presencing im Großgruppenformat. In: Profile – Internationale Zeitschrift für Veränderung, Lernen, Dialog [Thema: Beratung von Systemen: Großgruppen revisited] 17/2009, S. 51–59. [Online: http://www.booe.de/pdf/Theorie_U_als_GG_Intervention.pdf (Zugriff: 06.10.2016)].

Bogner/Landrock 2015: Bogner, Kathrin/Landrock, Uta: Antworttendenzen in standardisierten Umfragen. Mannheim: GESIS – Leibnitz Institut für Sozialwissenschaften (GESIS Survey Guidelines) 2015. [Online: http://www.gesis.org/fileadmin/upload/SDM wiki/Antworttendenzen_Bogner_Landrock_08102015_1.1.pdf (Zugriff: 16.10.2016)].

Bohnsack 2014: Bohnsack, Ralf: Rekonstruktive Sozialforschung: Einführung in qualitative Methoden. 9. Aufl. Opladen/Toronto: Budrich 2014.

Bohnsack 2001: Bohnsack, Fritz: Selbsterziehung und Lehrerbildung: die Bedeutung des „umgreifenden Ganzen". In: Kiersch/Paschen 2001: Kiersch, Johannes/Paschen, Harm (Hrsg.): Alternative Konzepte für die Lehrerbildung: 2. Akzente. Bad Heilbrunn (Obb.): Klinkhardt 2001, S. 109–140.

Bohnsack/Kranich: Bohnsack, Fritz/Kranich, Ernst-M. (Hrsg.): Erziehungswissenschaft und Waldorfpädagogik: der Beginn eines notwendigen Dialogs. Weinheim/Basel: Beltz 1990.

Quellenverzeichnis 547

Bois/Hüttner 2011: Bois, Marcel/Hüttner, Bernd (Hrsg.): Beiträge zur Geschichte einer pluralen Linken. [Reihe: Bewegungen, Parteien, Ideen. H. 3. Hrsg. v. d. Rosa-Luxemburg-Stiftung]. Berlin: o. V.: 2011. [Online: https://www.ro-salux.de/fileadmin/rls _uploads/pdfs/rls_papers/Papers_Beitr_zur_Gesch_3_web.pdf (Zugriff: 15.09.2016)].

Bois-Reymond 1872/2011: Bois-Reymond, Emil du: Über die Grenzen des Naturerkennens: die sieben Welträthsel. Hamburg: Tradition Classics 1872/2011.

Bolden 2007: Bolden, Richard: Distributes leadership. Discussion papers in management no. 07/02. University of Exeter. Exeter, Devon (U. K.): no publ. 2007. [Online: http://business-school.exeter.ac.uk/documents/discus-sion_papers/management/2007 /0702.pdf (accessed: 12.08.2015)].

Bono/Judge 2004: Bono, Joyce E./Judge, Timothy A.: Personality and transformational and trasactional leadership: a meta-analysis. In: Journal of Applied Psychology 89(2004)5, pp. 901–910.

Bonsen/Herzog 2010: Bonsen, Matthias zur/Herzog, Jutta: Leading with life: Lebendigkeit im Unternehmen freisetzen und nutzen. Wiesbaden: Gabler 2010.

Borg 2003: Borg, Ingwer: Führungsinstrument Mitarbeiterbefragung: Theorien, Tools und Praxiserfahrungen. 3., überarb. u. erw. Aufl. [Reihe: Wirtschaftspsychologie]. Göttingen/Bern/Toronto/Seattle: Hogrefe 2003.

Borkowski 2011: Borkowski, Jan: Respektvolle Führung: wie sie geht, was sie fördert und warum sie sinnvoll ist. [Reihe: Entscheidungs- und Organisationstheorie. Hrsg. v. Kahle, Egbert]. [Zugl. Diss. Univ. Lüneburg 2005]. Wiesbaden: Springer Gabler 2011.

Bos 1996: Bos, Lex: Soziale Spiegelbilder: die Gesellschaft als Spiegelbild des eigenen Innern. Dornach (CH): Verlag am Goetheanum 1996.

Bos 1992: Bos, Lex: Was ist Dreigliederung des sozialen Organismus? 2. Aufl. [Reihe: Kleine Reihe]. Dornach (CH): Verlag am Goetheanum 1992.

Boukal 2015: Boukal, Florian: Lernen und Entwicklung. In: Koolmann, Steffen/Nörling, Joseph E. (Hrsg.): Zukunftsgestaltung Waldorfschule: Ergebnisse einer empirischen Untersuchung zu Kultur, Management und Entwicklung. Mit einem Geleitwort von Bauer, Horst Ph. Wiesbaden: Springer VS 2015, S. 193–234.

Bradford/Gibb/Benne 1972: Bradford Leland B./Gibb, Jack R./Benne, Kenneth D. (Hrsg.): Gruppen-Training. [A. d. Engl. übers. v. Krege, Wolfgang]. Stuttgart: Klett 1972.

Brater 2013: Brater, Michael: Zur Qualität von Waldorfschulen, ihrer Entwicklung und Sicherung. In: Randoll, Dirk/Veiga, Marcelo da: Waldorfpädagogik in Praxis und Ausbildung: zwischen Tradition und notwendigen Reformen. Wiesbaden: Springer VS 2013, S. 25–50.

Brater 2010: Brater, Michael: Entwicklungsprojekt der Freien Waldorfschule Engelberg: die neue Selbstverwaltung für den Engelberg – Darstellung für den Resonanzworkshop am 10.06.2010. Unveröff. Manuskript. Winterbach: o. V. 2010.

Brater 2000: Brater, Michael: Das GAB-Verfahren zur Qualitätssicherung und Qualitätsentwicklung in pädagogischen und sozialen Einrichtung. München: GAB 2000.

Brater/Maurus 1999: Brater, Michael/Maurus, Anna: Selbstverwaltung – ein alter Hut? In: die Drei 69(1999)7/8, S. 59–69.

Brehm 1966: Brehm, Jack W.: A theory of psychological reactance. New York: Academic Press 1966.

Brodbeck 2008: Brodbeck, Felix C.: Leadership in organizations. In: Chmiel, Nik (Ed.): An introduction to work and organizational psychology: a European perspective. Malden: Blackwell 2008, pp. 281–304.

Brodbeck 2007: Brodbeck, Felix C.: Analyse von Gruppenprozessen und Gruppenleistung. In: Schuler, Heinz (Hrsg.): Lehrbuch Organisationspsychologie. 4., vollst. überarb. u. erw. Aufl. [Reihe: Psychologie Lehrbuch. Mithrsg. v. Brandstätter, Hermann/Bungard, Walter/Greif, Siegfried/Ulich, Eberhard/Wilpert, Bernhard]. Bern (CH): Huber (Hogrefe) 2007, S. 415–438.

Brodbeck 2006: Brodbeck, Felix C.: Navigationshilfe für internationales Change Management: Erkenntnisse aus dem GLOBE Projekt. In: OrganisationsEntwicklung 25(2006)3, S. 16–31.

Brown/Treviño/Harrison 2005: Brown, Michael E./Treviño, Linda K./Harrison, David A.: Ethical leadership: a social learning perspective for construct development and testing. In: Organizational Behavior and Human Decision Processes 97(2005)2, pp. 117–134.

Brüll 1992a: Brüll, Dieter: Waldorfschule und Dreigliederung – der peinliche Auftrag: vom Risiko, eine anthroposophische Institution zu sein. Raisdorf: Lazarus 1992.

Brüll 1988: Brüll, Dieter: Republikanisch und demokratisch. In: Erziehungskunst 52(1988)1, S. 39–48.

Brüll 2010: Brüll, Ramon: Vom Gemeinsinn zum Unternehmersinn. In: Info3 [Thema: Selbstverwaltung in der Krise] 10/2010, S. 20–23.

Brüll 1992b: Brüll, Ramon: Äußere Bedingungen für ein selbstbestimmtes Schulwesen. In: Fuchs, Eginhard/Krampen, Ingo (Hrsg.): Selbstverwaltung macht Schule: Fallstudien zur Freiheit im Bildungswesen. Dt. Ausgabe. [Reihe: des Europäischen Forums für Freiheit im Bildungswesen. Bd. 2. Hrsg. f. d. AG Selbstverwaltung]. Frankfurt a. M.: Info3 1992, S. 19–24.

Brüll 1980: Brüll, Ramon: Die Dreigliederung unterschiedliche verstanden. In: Giese, Reinhard (Hrsg.): Sozial Handeln aus der Erkenntnis des sozial Ganzen: soziale Dreigliederung heute. Rabel: Reinhard Giese 1980, S. 13–17.

Brüll/Krampen 1992: Brüll, Ramon/Krampen, Ingo: Merkmale der Selbstverwaltung im Bildungsbereich. In: Fuchs, Eginhard/Krampen, Ingo (Hrsg.): Selbstverwaltung macht Schule: Fallstudien zur Freiheit im Bildungswesen. Dt. Ausgabe. [Reihe: des Europäischen Forums für Freiheit im Bildungswesen. Bd. 2. Hrsg. f. d. AG Selbstverwaltung]. Frankfurt a. M.: Info3 1992, S. 157–167.

Buber 1997: Buber, Martin: Ich und Du. 10. Aufl. Heidelberg: Lampert Schneider 1997.

Buber 1954: Buber, Martin: Elemente des Zwischenmenschlichen. In: Merkur 8(1954)2, S. 112–127.

Buchner 1995: Buchner, Dietrich: Vision und Wandel. In: Buchner, Dietrich (Hrsg.): Vision und Wandel: Neuorientierung und Transformation von Unternehmen. Wiesbaden: Gabler 1995, S. 11–48.

Buchner 1995: Buchner, Dietrich (Hrsg.): Vision und Wandel: Neuorientierung und Transformation von Unternehmen. Wiesbaden: Gabler 1995.

Burns 1978: Burns, James M.: Leadership. New York: Harper & Row 1978.

Buck/Endenburg 2006: Buck, John A./Endenburg, Gerard: Die kreativen Kräfte der Selbstorganisation. [A. d. Niederl. übers. v. Peters, Isabell]. Rotterdam: Soziocratisch Centrum 2006. [Online: http://soziokratie.org/wp-content/uploads/2012/01/Die_Kreativen_Kraefte_der_Selbstorganisation.pdf (Zugriff: 26.08.2016)].

Carlgren/Klingborg 2016: Carlgren, Frans/Klingborg, Arne: Erziehung zur Freiheit: die Pädagogik Rudolf Steiners. Stuttgart: Freies Geistesleben 2016.

Cartwright 1959: Cartwright, Dorwin (Ed.): Studies in social power. Ann Arbor: Institute of Social Research 1959.

Chmiel 2008: Chmiel, Nik (Ed.): An introduction to work and organizational psychology: a European perspective. Malden: Blackwell 2008.

Chrislip/Larson 1994: Chrislip, David/Larson, Carl: Collaborative leadership. San Francisco: Jossey-Bass 1994.

Claessens 1977: Claessens, Dieter: Gruppen und Gruppenverbände: systematische Einführung in die Folgen von Vergesellschaftung. Darmstadt: Wissenschaftliche Buchgesellschaft 1977.

Clausen 2009: Clausen, Gisela: Führung: Das sensible Zusammenspiel. In: Edding, Cornelia/Schattenhofer, Karl (Hrsg.): Handbuch: alles über Gruppen – Theorie, Anwendung, Praxis. Weinheim/Basel: Beltz 2009, S. 358–403.

Colsmann 2005: Colsman, Hans W: In guter Verfassung! Eltern und Lehrer im Schulorganismus – auf Augenhöhe. Heidelberg: Menon 2005.

Colsmann 2004: Colsmann, Hans W.: Die Waldorfschule: Keim einer zukünftigen Gesellschaftsordnung? In: Erziehungskunst 68(2004)2, S. 148–156.

Colsmann 2003: Colsmann, Hans W.: Brauchen wir einen Geschäftsführer? Zur Frage der Selbstverwaltung einer Waldorfschule. In: Erziehungskunst 67(2003)1, S. 18–25.

Corsten 1985: Corsten, Hans: Die Produktion von Dienstleistungen: Grundzüge einer Produktionswirtschaftslehre des tertiären Sektors. Berlin: Erich Schmidt 1985.

Curedale 2013: Curedale, Robert: Design thinking: process and methods manual. Topanga (CA): Design Community College 2013.

Czesla 2010: Czesla, Christian: Kooperationen zwischen selbstverwalteten Institutionen: Kooperation ist nur im Tun erleb- und erfahrbar. In: Punkt und Kreis [Thema: Selbstverwaltet arbeiten] 09/2010, S. 10–12.

Daft 2008: Daft, Richard L.: The leadership experience. 5th ed. Mason (OH): South-Western Cengage Learning 2008.

Dahl 1957: Dahl, Robert A.: The concept of power. In: Behavioral Science 2/1957, pp. 201–215. [Online: https://www.unc.edu/~fbaum/teaching/articles/Dahl_Power_1957.pdf (accessed: 23.07.2015)].

Dahrendorf 1958/2010: Dahrendorf, Ralf: Homo Sociologicus: ein Versuch zur Geschichte, Bedeutung und Kritik der sozialen Rolle. 17. Aufl. Wiesbaden: VS für Sozialwissenschaften 2010. [1. Aufl. Köln/Opladen: Westdeutscher 1958].

Dansereau/Graen/Haga 1975: Dansereau, Fred jr./Graen, George/Haga, William J.: A vertical dyad approach to leadership within formal organizations. In: Organizational Behavior and Human Performance 13/1975, pp. 46–78.

Darwin 1859: Darwin, Charles: On the origin of species by means of natural selection, or the preservation of favoured races in the struggle for life. London: John Murray 1859. [Online: http://caliban.mpipz.mpg.de/darwin/origin/origin.html (accessed: 26.08.2016)].

Decker/Quaquebeke 2015: Decker, Catharina/Quaquebeke, Niels van: Respektvolle Führung. In: Felfe, Jörg (Hrsg.): Trends der Psychologischen Führungsforschung: neue Konzepte, Methoden und Erkenntnisse. [Reihe: Psychologie für das Personalmanagement: Trends der psychologischen Führungsforschung. Hrsg. v. Felfe, Jörg]. Göttingen u. a.: Hogrefe 2015.S. 89–102.

Dellbrügger 2013: Dellbrügger, Peter: Bei uns steht der Mensch im Mittelpunkt: Warum Phrasen statt Fragen das moderne Führungsdenken prägen. In: Werner, Götz W./ Dellbrügger, Peter (Hrsg.): Wozu Führung? Dimensionen einer Kunst. Karlsruhe: KIT Scientific Publishing 2013, S. 26–36.

Demirovic 2008: Demirovic, Alex: Wirtschaftsdemokratie, Rätedemokratie und freie Kooperationen. In: Widerspruch 55/2008, S. 55–67.

Diedrich/Heilemann 2011: Diedrich, Ralf/Heilemann, Ullrich (Hrsg.): Ökonomisierung der Wissensgesellschaft: Wie viel Ökonomie braucht und wie viel Ökonomie verträgt die Wissensgesellschaft? Berlin: Duncker & Humblot 2011.

Diekmann 2010: Diekmann, Andreas: Empirische Sozialforschung: Grundlagen, Methoden, Anwendungen. 4. Aufl. Reinbek b. Hamburg: Rowohlt Taschenbuch 2010.

Diemer 1974: Diemer, Alwin: [Art.] Geisteswissenschaften. In: Ritter, Joachim (Hrsg.): Historisches Wörterbuch der Philosophie Bd. 1–3. (1971–1974). [Buchstaben G–H. Bd. 3]. Basel (CH): Schwabe 1974, Sp. 211–215.

Dierendonck 2011: Dierendonck, Dirk van: Servant leadership: a review and synthesis. In: Journal of Management 37(2011)7, pp. 1228–1261.

Dietz 2016: Dietz, Karl-M.: Die geistige Dimension des Dialogs – Wege zu einer dialogischen Kultur. In: Dietz, Karl-M. (Hrsg): Leben im Dialog: Perspektiven einer neuen Kultur. 3., durchg. Aufl. Heidelberg: Menon 2016, S. 11–26.

Dietz 2016: Dietz, Karl-M. (Hrsg): Leben im Dialog: Perspektiven einer neuen Kultur. 3., durchges. Aufl. Heidelberg: Menon 2016.

Dietz 2014a: Dietz, Karl-M.: Dialog: die Kunst der Zusammenarbeit. 4. Aufl. 2014. Heidelberg: Menon.

Dietz 2014b: Dietz, Karl-M.: Eigenständig im Sinne des Ganzen: zur Intention einer Dialogischen Unternehmenskultur. 3., durchges. Aufl. Heidelberg: Menon 2014.

Dietz 2013: Dietz, Karl-M.: Initiative statt Gefügigkeit: Bildung im Zeichen der Individualisierung. In: Werner, Götz W./Dellbrügger, Peter (Hrsg.): Wozu Führung? Dimensionen einer Kunst. Karlsruhe: KIT Scientific Publishing 2013, S. 37–46.

Dietz 2012: Dietz, Karl-M.: Gemeinsam sind wir stark: zur Partnerschaft von Eltern und Lehrern in der Waldorfschule. In: Erziehungskunst [Thema: Selbstverwaltung: Träume und Tatsachen] 76(2012)3, S. 23–26.

Dietz 2011: Steiner kapieren, nicht nur zitieren. In: Erziehungskunst 75(2011)2, S. 9–11.

Dietz 2010: Dietz, Karl-M.: Führung: Was kommt danach? Perspektiven einer Neubewertung von Arbeit und Bildung. [Reihe: Studienhefte des Interfakultativen Instituts für Entrepreneurship (IEP) des Karlsruher Instituts für Technologie (KIT). Bd. 6]. Karlsruhe: KIT Scientific Publishing 2011.

Dietz 2009a: Dietz, Karl-M.: Produktivität und Empfänglichkeit: Wie arbeiten wir im Schulorganismus zusammen? In: Erziehungskunst 73(2009)4, S. 390–396.

Dietz 2009b: Dietz, Karl-M.: Individualismus als Sozialprinzip: freies Geistesleben nach 90 Jahren. In: die Drei 4/2009, S. 29–35.

Dietz 2008a: Dietz, Karl-M.: Produktivität und Empfänglichkeit: das unbeachtete Sozialprinzip des Geisteslebens. Heidelberg: Menon 2008.

Dietz 2008b: Dietz, Karl-M.: Jeder Mensch ein Unternehmer: Grundzüge einer dialogischen Kultur. [Reihe: Schriften des Interfakultativen Instituts für Entrepreneurship (IEP) der Universität Karlsruhe (TH). Bd. 18]. Karlsruhe: Universitätsverlag 2008. [Online: http://www.ksp.kit.edu/9783866442641 (Zugriff: 06.10.2016)].

Dietz 2008c: Dietz, Karl-M.: Spiritueller Individualismus: Sozialität und Freiheit im Zeitalter der Individualisierung. In: die Drei 11/2008, S. 13–15.

Dietz 2007: Dietz, Karl-M.: Waldorfschule – eine gesellschaftliche Avantgarde? In: Erziehungskunst 71(2007)7/8, S. 849–853.

Dietz 2006: Dialogische Schulführung an Waldorfschulen: spiritueller Individualismus als Sozialprinzip. Heidelberg: Menon 2006.

Dietz 2003: Dietz, Karl-M.: Gemeinschaftsbildung: eine Provokation des Bewusstseins. In: Erziehungskunst 67(2003)1, S. 3–11.

Dietz 2002: Dietz, Karl-M.: Eltern und Lehrer an der Waldorfschule: Grundzüge einer dialogischen Zusammenarbeit. Heidelberg: Menon 2002.

Dietz 2000: Dietz, Karl-M.: Die Wette um den Menschen – ihr vorläufiger Ausgang im 20. Jahrhundert. Heidelberg: Menon 2000.

Dietz 1999: Dietz, Karl-M.: Dialog als Chance: Wie entsteht Vertrauen in der Zusammenarbeit? In: Erziehungskunst 63(1999)7/8, S. 825–833.

Dietz 1996: Anthroposophie tun: Beobachtungen zu Rudolf Steiners Führungsstil. Heidelberg: Menon 1996.

Dietz/Kracht 2002/2016: Dietz, Karl-M./Kracht, Thomas: Dialogische Führung: Grundlagen – Praxis – Fallbeispiel: dm-drogerie markt. 4. Aufl. Frankfurt a. M.: Campus 2016. [1. Aufl. 2002].

Dilthey 1883: Dilthey, Wilhelm: Einleitung in die Geisteswissenschaften: Versuch einer Grundlegung für das Studium der Gesellschaft und der Geschichte. Leipzig: Duncker & Humblot 1883. [Online: http://www.anova.at/1sitemap/Philosophie/20-Dilthey,% 20Wilhelm%20-%20Einleitung%20in%20die%20Geisteswissenschaften.pdf (Zugriff: 26.10.2016)].

Döbrich 2007: Döbrich, Peter: Pädagogische EntwicklungsBilanzen mit hessischen Gymnasien: Ergebnisse 2006. [Projektbericht: Schulentwicklung, Qualitätssicherung und Lehrerarbeit. Bd. 63]. Frankfurt a. M.: DIPF 2007.

Dörner, Ruth/Franz, Norbert/Mayr, Christine (Hrsg.): Lokale Gesellschaften im historischen Vergleich: europäische Erfahrungen im 19. Jahrhundert. Trier: Kliomedia 2001.

Domsch 2009: Domsch, Michel E.: Personalplanung und Personalentwicklung für Fach- und Führungskräfte. In: Rosenstiel, Lutz von/Regent, Erika/Domsch, Michel E. (Hrsg.): Führung von Mitarbeitern: Handbuch für erfolgreiches Personalmanagement. 6. überarb. Aufl. Stuttgart: Schäffer-Poeschel 2009, S. 413–424.

Doppler 2009: Doppler, Klaus: Die Gruppe als Mittel zum Wandel und Folge des Wandels. In: Edding, Cornelia/Schattenhofer, Karl (Hrsg.): Handbuch: alles über Gruppen – Theorie, Anwendung, Praxis. Weinheim/Basel: Beltz 2009, S. 86–123.

Quellenverzeichnis 553

Dr. Horn Unternehmensberatung 1974: Dr. Horn Unternehmensberatung GmbH (Hrsg.): Der Wirtschaftsprüfer als Unternehmensberater: Festschrift für Wirtschaftsprüfer und Steuerberater Dr. Max Horn zum 70. Geburtstag. Ulm/Donau: o. V. 1974.

Drucker 2007: Drucker, Peter F.: Was ist Management? Das Beste aus 50 Jahren. 5. Aufl. [A. d. Engl. übers. v. Gebauer, Stephan]. Berlin: Econ 2007.

Drucker 2002: Drucker, Peter F.: Managing in the next society. [Series: Professional Development Collection]. New York: St. Martin's Press 2002.

Drucker 1999: Drucker, Peter F.: Management im 21. Jahrhundert. München: Econ 1999.

Duden 2001: [Art.] Führen. In: Dudenredaktion (Hrsg.): Duden – das Herkunftswörterbuch: Etymologie der deutschen Sprache. 3. Aufl. [Reihe: Der Duden in zwölf Bänden. Bd. 7]. Mannheim/Leipzig/Wien/Zürich: Dudenverlag 2001.

EACEA 2015: European Commission/Education and Youth Policy Analysis/Eurydice (Hrsg.): Teachers' and school heads' salaries and allowances in Europe – 2014/15: Eurydice – facts and figures. Luxembourg: Public. Office of the European Union 2015.

Ebers 1995: Ebers, Nikola: Individualisierung: Georg Simmel – Norbert Elias – Ulrich Beck. [Reihe: Epistemata: Würzbürger wissenschaftliche Schriften. Reihe Philosophie. Bd. 169]. [Zugl. Diss. Univ. Hamburg 1994]. Würzburg: Königshausen & Neumann 1995.

Edding 2009: Edding, Cornelia: Die Umwelt von Gruppen: Kontextorientierung und Kontextsteuerung. In: Edding, Cornelia/Schattenhofer, Karl (Hrsg.): Handbuch: Alles über Gruppen: Theorie, Anwendung, Praxis. Weinheim/Basel: Beltz 2009, S. 467–500.

Edding/Schattenhofer 2009: Edding, Cornelia/Schattenhofer, Karl (Hrsg.): Handbuch: alles über Gruppen – Theorie, Anwendung, Praxis. Beltz: Weinheim/Basel 2009.

Ehrenberg 2008: Ehrenberg, Alain: Das erschöpfte Selbst: Depression und Gesellschaft in der Gegenwart. [A. d. Französ. übers. v. Lenzen, Manuela/Klaus, Martin]. Frankfurt a. M.: Suhrkamp 2008.

Eisenhower 1954: Eisenhower, Dwight D.: Remarks at the annual conference of the society for personnel administration. December 5. Washington (D. C.): no publ. 1954.

Eitle 2005: Eitle, Werner: Basiswissen Heilpädagogik: Schülerband. 3. Aufl. Troisdorf: Bildungsverlag Eins 2005.

Endenburg 1992/1998: Endenburg, Gerard: Sociocracy as social design. [Transl. fr. dutch in engl. by Bowden, Clive/Pearson, Murray]. [Zugl. Diss. Univ. Delft (NL) 1992]. Delft: Eburon 1998. [Original: Sociocratie als sociaal oderwerp, proefschrijft. Eburon: Delft 1992].

Endenburg 1981/1998: Endenburg, Gerard: Sociocracy, the organization of decisionmaking: 'No objection' as the principle of sociocracy. [Transl. fr. dutch in engl. by Lindenhovius, Jasper/Bowden, Clive]. Delft: Eburon 1998. [Original: Sociocratie, de Organisatie van de Besluitvorming. Delft: Eburon 1981].

Endenburg 1992: Endenburg, Gerard: Soziokratie – Königsweg zwischen Diktatur und Demokratie? In: Fuchs, Jürgen (Hrsg.): Das biokybernetische Modell: Unternehmen als Organismen. Wiesbaden: Gabler 1992, S. 135–148.

Enderle 2011: Enderle, Inga: Menschenbilder im betriebswirtschaftlichen Kontext: Reichweiten und Grenzen. München: AVM 2011.

Engelhard 2013: Engelhard, Johann: [Art.] Laboristische Unternehmensverfassung. In: Springer Gabler Verlag (Hrsg.): Gabler Online-Wirtschaftslexikon. Wiesbaden: Springer Gabler 2013, o. S. [Online: http://wirtschaftslexikon.gabler.de/Archiv/4949/laboristische-unternehmensverfassung-v9.html (Zugriff: 15.09.2016)].

Engelström 1999: Engelström, Yrjö: Activity theory and individual and social transformation. In: Engelström, Yrjö/Miettinen, Reijo/Punamaki-Gitai, Raija-L. (Eds.): Perspectives on activity theory. Cambridge: Cambridge University 1999, pp. 19–39.

Engelström/Miettinen/Punamaki-Gitai 1999: Engelström, Yrjö/Miettinen, Reijo/Punamaki-Gitai, Raija-L. (Eds.): Perspectives on activity theory. Cambridge: Cambridge University 1999.

Eschenbach u. a. 2015: Eschenbach, Rolf/Horak, Christian/Meyer, Michael/Schober, Christian (Hrsg.): Management der Nonprofit-Organisation. Bewährte Instrumente im praktischen Einsatz. 3., überarb. u. erw. Aufl. Stuttgart: Schäffer-Poeschel 2015.

Esterl 2012: Esterl, Dietrich: Emil Molt: 1876–1936: Tun, was gefordert ist. Stuttgart: Mayer 2012.

Esterl 2000: Esterl, Dietrich: Was bedeutet Anthroposophie für die Waldorfschule? [Reihe: Elternfragen an die Schule]. Stuttgart: Freies Geistesleben 2000.

Evolve 2014: Thema: Führung neu Denken – eine Kultur jenseits von Kontrolle und Konsens. In: evolve 4/2014.

Fayol 1916/1929: Fayol, Henri: Administration industrielle et générale: prévoyance, organisation, commandement, coordination, contrôle. Paris: Dunod 1916. [Deutsch: Allgemeine und industrielle Verwaltung. A. d. Französ. übers. v. Reineke, Kahl. Hrsg. v. Internationalen Rationalisierungs-Institut. München/Berlin: Oldenbourg 1929].

Fedjuschin 1928/1975: Fedjuschin, Victor B.: Andrej Belyj, sein Weg mit Rudolf Steiner und sein Leben in der Anthroposophie: Briefe d. russ. Dichters, Romanschriftstellers u. Philosophen Andrej Belyj an Rudolf Steiner u. a. Verfasst 1928 v. Belyj, Andrej. Übers. 1975 v. Geier, Swetlana unter d. Titel: Verwandeln des Lebens. Dornach (CH): Rudolf Steiner 1928/1975. [Hrsg. v. Rudolf Steiner-Nachlassverwaltung: Kugler, Walter. Dornach (CH) 1928/1975]. [Online: http://bdn-steiner.ru/cat/Beitrage/D89_90.pdf (Zugriff: 15.09.2016)].

Felfe 2015: Felfe, Jörg (Hrsg.): Trends der psychologischen Führungsforschung: neue Konzepte, Methoden und Erkenntnisse. [Reihe: Psychologie für das Personalmanagement: Trends der psychologischen Führungsforschung. Hrsg. v. Felfe, Jörg]. Göttingen u. a.: Hogrefe 2015.

Felfe 2015: Felfe, Jörg: Transformationale Führung: neue Entwicklungen. In: Felfe, Jörg (Hrsg.): Trends der Psychologischen Führungsforschung: neue Konzepte, Methoden und Erkenntnisse. [Reihe: Psychologie für das Personalmanagement: Trends der psychologischen Führungsforschung. Hrsg. v. Felfe, Jörg]. Göttingen u. a.: Hogrefe 2015, S. 39–54.

Fichtner 1996: Fichtner, Ursula: Führer und Verführer: Studien zum Führungsgedanken zwischen 1871 und 1939. Frankfurt a. M.: Lang 1996.

Fiedler 1967: Fiedler, Fred E.: A theory of leadership effectiveness. New York: McGraw-Hill 1967.

Fitzner 2012: Fitzner, Inga: Integrales Bewusstsein: eine Spurensuche. Berlin/Münster: LIT 2012.

Fleishman 1973: Fleishman, Edwin A.: A leader behavior description for industry. In: Stogdill, Ralph M./Coons, Alvin E. (Eds.): Leader behavior: its description and measurement. 4th ed. [Research monograph no. 88]. Ohio State University: Columbus – Bureau of Business Research/College of Commerce & Administration 1973, pp. 103–119.

Flick 2007: Flick, Uwe: Qualitative Sozialforschung: eine Einführung. 7., völlig überarb. Neuaufl. Reinbek b. Hamburg: Rowohlt Taschenbuch 2007.

Fraenkel/Bracher 1957: Fraenkel, Ernst/Bracher, Karl D. (Hrsg.): Das Fischer Lexikon: Staat und Politik. Frankfurt a. M.: Fischer Taschenbuch 1957.

Franzen 2014: Franzen, Axel: Antwortskalen in standardisierten Befragungen. In: Blasius, Jörg/Baur, Nina (Hrsg.): Handbuch Methoden der empirischen Sozialforschung. Wiesbaden: Springer VS 2014, S. 701–712.

French/Raven 1959: French, John R. P./Raven, Bertram: The basis of social power. In: Cartwright, Dorwin (Ed.): Studies in social power. Ann Arbor: Institute of Social Research 1959, pp. 150–167.

Freunde der Erziehungskunst Rudolf Steiners 2001: Freunde der Erziehungskunst Rudolf Steiners (Hrsg.): Waldorfpädagogik weltweit: ein Überblick über die Entwicklung der Waldorf-Pädagogik sowie der anthroposophischen Heilpädagogik und Sozialtherapie. Berlin/Karlsruhe: o. V. 2001.

Frey/Schmalzried 2013: Frey, Dieter/Schmalzried, Lisa K.: Philosophie der Führung: gute Führung lernen von Kant, Aristoteles, Popper & Co. Berlin/Heidelberg: Springer 2013.

Frey 2015: Frey, Dieter: Warum gute Führung einfach und schwierig zugleich ist: ethische Grundlagen guter Führung. [Hrsg. v. Roman Herzog Institut e. V.]. München: o. V. 2015.

Frielingsdorf 2012: Frielingsdorf, Volker: Waldorfpädagogik in der Erziehungswissenschaft: ein Überblick. Weinheim/Basel: Beltz/Juventa 2012.

Fuchs 1993: Fuchs, Eginhard (Hrsg.): Für Freiheit im Bildungswesen! Gesprächsbeiträge und Erklärungen. [Unter Mitarb. v. Klisch, Angelika/Klose, Christian]. [Reihe: des Europäischen Forums für Freiheit im Bildungswesen. Bd. 4]. Frankfurt a. M.: Info3 1993.

Fuchs 1992: Fuchs, Jürgen (Hrsg.): Das biokybernetische Modell: Unternehmen als Organismen. Wiesbaden: Gabler 1992.

Fuchs/Krampen 1992: Fuchs, Eginhard/Krampen, Ingo: Innere Voraussetzungen der Bildungsfreiheit. In: Fuchs, Eginhard/Krampen, Ingo (Hrsg.): Selbstverwaltung macht Schule: Fallstudien zur Freiheit im Bildungswesen. Dt. Ausgabe. [Reihe: des Europäischen Forums für Freiheit im Bildungswesen. Bd. 2. Hrsg. f. d. AG Selbstverwaltung]. Frankfurt a. M.: Info3 1992, S. 13–18.

Fuchs/Krampen 1992: Fuchs, Eginhard/Krampen, Ingo (Hrsg.): Selbstverwaltung macht Schule: Fallstudien zur Freiheit im Bildungswesen. Dt. Ausgabe. [Reihe: des Europäischen Forums für Freiheit im Bildungswesen. Bd. 2. Hrsg. f. d. AG Selbstverwaltung]. Frankfurt a. M.: Info3 1992.

Gabert 1975: Gabert, Erich: Einleitungen. In: Steiner, Rudolf GA 300a: Lehrerkonferenzen mit den Lehrern der Freien Waldorfschule in Stuttgart, 8. Sept. 1919 bis 3. Sept. 1924. Ergänzungen zu den pädagogischen Grundkursen. [Studienmaterial für die Lehrer an Waldorfschulen. Bd. I: Das erste u. zweite Schuljahr. 16. Sept. 1919 bis 26. Mai 1921]. Bibliotheks-Nr. 300a der Gesamtausgabe des Rudolf Steiner Verl.. Dornach (CH): Rudolf Steiner 1919–1921. [Hrsg. v. Rudolf Steiner-Nachlassverw.: Gabert, Erich/Niederhäuser, Hans R.: 4., neu durchges. u. erw. Aufl. Dornach (CH) 1975], S. 13–60. [Online: http://fvn-archiv.net/PDF/GA/ GA300a.pdf (Zugriff: 15.09.2016)].

Gabert/Niederhäuser 1975: Gabert, Erich/Niederhäuser, Hans R.: Vorwort. In: Steiner, Rudolf GA 300a: Lehrerkonferenzen mit den Lehrern der Freien Waldorfschule in Stuttgart, 8. Sept. 1919 bis 3. Sept. 1924. Ergänzungen zu den pädagogischen Grundkursen. [Studienmaterial für die Lehrer an Waldorfschulen. Bd. I: Das erste und zweite Schuljahr. 16. Sept. 1919 bis 26. Mai 1921]. Bibliotheks-Nr. 300a der Gesamtausgabe des Rudolf Steiner Verlags. Dornach (CH): Rudolf Steiner 1919–1921. [Hrsg. v. Rudolf Steiner-Nachlassverwaltung: Gabert, Erich/Niederhäuser, Hans R.: 4., neu durchges. u. erw. Aufl. Dornach (CH) 1975], S. 9–11. [Online: http://fvn-archiv.net/PDF/GA/GA300a.pdf (Zugriff: 15.09.2016)].

Gadamer 1958: Gadamer, Hans-Georg: [Art.] Geisteswissenschaften. In: Galling, Kurt (Hrsg.): Religion in Geschichte und Gegenwart: Handwörterbuch für Theologie und Religionswissenschaft Bd. 1–6 (1957–1965). 3. Aufl. [Buchstaben D–G. Bd. 2]. Tübingen: Mohr Siebeck 1958, Sp. 1304–1307.

Galling 1958: Galling, Kurt (Hrsg.): Religion in Geschichte und Gegenwart: Handwörterbuch für Theologie und Religionswissenschaft Bd. 1–6 (1957–1965). 3. Aufl. [Buchstaben D–G. Bd. 2]. Tübingen: Mohr Siebeck 1958.

Garbe 2012: Garbe, Friedhelm: Konferenz – Kollektiv – Kollegium: Wie entsteht heute Gemeinschaft? In: Erziehungskunst [Thema: Selbstverwaltung: Träume und Tatsachen] 76(2012)3, S. 19–22.

Gardner u. a. 2005: Gardner, William L./Avolio, Bruce J./Luthans, Fred/May, Douglas R./Walumbwa, Fred O.: Can you see the real me? A self-based model of authentic leader and follower development. In: Leadership Quarterly 16/2005, pp. 343–372.

Gebert 1974: Gebert, Diether: Organisationsentwicklung: Probleme des geplanten organisatorischen Wandels. Stuttgart: Kohlhammer 1974.

Gebhardt 2011: Gebhard, Miriam: Rudolf Steiner – ein moderner Prophet: Biographie. München: Deutsche Verlagsanstalt 2011.

Gebser 1988: Gebser, Jean: Ursprung und Gegenwart. 3 Bde. München: Deutscher Taschenbuch 1988.

Geiselhart 2008: Geiselhart, Helmut: Die neuen Grundlagen der Führung: auf dem Weg zu einem neuen Menschenbild im lernenden Unternehmen. Wiesbaden: Gabler 2008.

Gerecht u. a. 2007: Gerecht, Marius/Steinert, Brigitte/Klieme, Eckhard/Döbrich, Peter: Skalen zur Schulqualität – Dokumentation der Erhebungsinstrumente: Pädagogische Entwicklungsbilanzen mit Schulen (PEB). 2. überarb. Aufl. [Reihe: Materialien zur Bildungsforschung. Bd. 17]. Frankfurt a. M.: GFPF/DIPF 2007. [Online: http://www.pe docs.de/volltexte/2010/3121/pdf/MatBild_Bd17_D_A.pdf (Zugriff: 06.10.2016)].

Gerstner/Day 1997: Gerstner, Charlotte R./Day, David V.: Meta-analytic review of leader-member exchange theory: correlates and constructs issues. In: Journal of Applied Psychology 82/1997, pp. 827–844.

Gester/Heitger/Schmitz 1993: Gester, Peter-W./Heitger, Barbara/Schmitz, Christof (Hrsg.): Managerie: systemisches Denken und Handeln im Management. 2. Jahrbuch. Heidelberg: Carl-Auer 1993.

Gidley 2007: Gidley, Jennifer: Educational imperatives of the evolution of consciousness: the integral visions of Rudolf Steiner and Ken Wilber. In: The International Journal of Children's Spirituality 12(2007)2, pp. 117–135. [Online: http://researchbank.rmit. edu.au/eserv/rmit:3645/n2006012277_am.pdf&a=bi&pagenumber=1&w=100 (accessed: 26.08.2016)].

Gigerenzer 2008: Gigerenzer, Gerd: Bauchentscheidungen: die Intelligenz des Unbewussten und die Macht der Intuition. [A. d. Engl. übers. v. Kober Hainer]. 3. Aufl. München: Goldmann 2008.

Giese 1980: Giese, Reinhard (Hrsg.): Sozial Handeln aus der Erkenntnis des sozial Ganzen: soziale Dreigliederung heute. Rabel: Reinhard Giese 1980.

Glasl 2013: Glasl, Friedrich: Konfliktmanagement: ein Handbuch für Führungskräfte, Beraterinnen und Berater. 11. Aufl. Stuttgart: Freies Geistesleben 2013.

Glasl 1999: Glasl, Friedrich: Confronting conflict: a first-aid kit for handling conflict. Stroud: Hawthorn Press 1999.

Glasl 1994: Glasl, Friedrich: Das Unternehmen der Zukunft: moralische Intuition der Gestaltung in Organisationen. Stuttgart: Freies Geistesleben 1994.

Glasl/Kalcher/Piber 2014: Glasl, Friedrich/Kalcher, Trude/Piber, Hannes (Hrsg.): Professionelle Prozessberatung: das Trigon-Modell der sieben OE-Basisprozesse. 3. Aufl. Stuttgart: Freies Geistesleben 2014.

Glasl/Lievegoed 1993/2016: Glasl, Friedrich/Lievegoed, Bernard: Dynamische Unternehmensentwicklung: Grundlagen für nachhaltiges Change Management. 5. Aufl. Bern: Haupt/Stuttgart/Wien 2016. [1. Aufl. Stuttgart: Freies Geistesleben 1993].

Glasl/Lievegoed 1993/2011: Glasl, Friedrich/Lievegoed, Bernardus C. J.: Dynamische Unternehmensentwicklung: Wie Pionierbetriebe und Bürokratien zu schlanken Unternehmen werden. [Reihe: Organisationsentwicklung in der Praxis. Bd. 6]. Bern/Stuttgart/Wien: Haupt 2011. [1. Aufl. 1993].

GOE 1980: Gesellschaft für Organisationsentwicklung: Leitbild und Grundsätze der Gesellschaft für Organisationsentwicklung. Langenfeld: unveröff. Manuskript 1980.

Gögelein 1994: Gögelein, Christoph: Die zukünftigen Aufgaben der der Freien Waldorfschulen. In: Erziehungskunst 58(1994)1/2, S. 3–10.

Gögelein 1993: Gögelein, Christoph: Zur Notwendigkeit der Freiheit im Bildungswesen: menschenkundliche Aspekte. In: Fuchs, Eginhard (Hrsg.): Für Freiheit im Bildungswesen! Gesprächsbeiträge und Erklärungen. [Unter Mitarb. v. Klisch, Angelika/Klose, Christian]. [Reihe: des Europäischen Forums für Freiheit im Bildungswesen. Bd. 4]. Frankfurt a. M.: Info3 1993, S. 23–25.

Gögelein 1990: Gögelein, Christoph: Was sind bestimmte Grundlagen der Waldorfpädagogik und aus welchen Quellen schöpft sie? In: Bohnsack, Fritz/Kranich, Ernst-M. (Hrsg.): Erziehungswissenschaft und Waldorfpädagogik: der Beginn eines notwendigen Dialogs. Weinheim/Basel: Beltz 1990, S. 185–204.

Quellenverzeichnis

Goethe 2002: Goethe, J. Wolfgang von: Naturwissenschaftliche Schriften I. [Reihe: Goethe: Werke, Kommentare und Register – Hamburger Ausgabe in 14 Bänden. Bd. 13]. [Textkrit. durchges. u. komm. v. Kuhn, Dorothea/Wankmüller, Rike, m. einem Essay v. Weizsäcker, Carl F. von]. 13. Aufl. München: C. H. Beck 2002.

Goethe 1999: Goethe, J. Wolfgang von: Wilhelm Meisters Wanderjahre. In: Poetische Werke. [Bd. 7]. Essen: Phaidon 1999, S. 387–717.

Götte 2006: Götte, Wenzel M.: Erfahrungen mit Schulautonomie: das Beispiel der Freien Waldorfschulen. [Zugl. Diss. Univ. Bielefeld 2000]. Stuttgart: Freies Geistesleben 2006.

Gontard 2002: Gontard, Maximilian: Unternehmenskultur und Organisationsklima: eine empirische Untersuchung. [A. d. R. Profession. Bd. 36]. [Zugl. Diss. Univ. München 2001]. München: Hampp 2002.

Gottschall 1990: Gottschall, Dietmar: Der Konsens regiert. In: Managermagazin 2/1990, S. 146–157.

Gottschall 1996: Gottschall, Dietmar: Alle Macht den Teams: Reportagen über neue Muster der Arbeit. In: Balck, Henning (Hrsg.): Networking und Projektorientierung: Gestaltung des Wandels in Unternehmen und Märkten. Berlin/Heidelberg: Springer 1996, S. 73–86.

Graßloff/Höblich 2005: Graßhoff, Gunther/Höblich, Davina: Lehrer-Schüler-Beziehungen an Waldorfschulen: Rekonstruktionen zum Verhältnis von Selbstverständnis der Lehrerschaft, Lehrer-Schüler-Interaktion im Unterricht und individueller Schulkultur. In: Bios 1/2005, S. 115–127.

Graßloff u. a. 2006: Graßloff, Gunther/Höblich, Davina/Stelmaszyk, Bernhard/Ullrich, Heiner: Klassenlehrer-Schüler-Beziehungen als biografische Passungsverhältnisse: Fallstudien zum Verhältnis von Lehrer-Schüler-Interaktionen und Selbstverständnis der Lehrerschaft an Waldorfschulen. In: Zeitschrift für Pädagogik 52(2006)4, S. 571–590. [Online: http://www.pedocs.de/volltexte/2011/4474/pdf/ZfPaed_2006_4_Grasshoff_Hoeblich_Stelmaszyk_Ullrich_Klassenlehrer_Schueler_Beziehungen_D_A.pdf (Zugriff: 15.09.2016)].

Graudenz 2013a: Graudenz, Ines: Lehrersein an einer Waldorfschule aus Sicht der Lehrer – eine Analyse ausgewählter Fragen. In: Randoll, Dirk (Hrsg.): „Ich bin Waldorflehrer": Einstellungen, Erfahrungen, Diskussionspunkte – eine Befragungsstudie. Wiesbaden: Springer VS 2013, S. 151–183.

Graudenz 2013b: Graudenz, Ines: Herausforderungen an die Waldorfschule in der Zukunft. In: Randoll, Dirk (Hrsg.): „Ich bin Waldorflehrer": Einstellungen, Erfahrungen, Diskussionspunkte – eine Befragungsstudie. Wiesbaden: Springer VS 2013, S. 223–229.

Greenberg/Baron 2003: Greenberg, Jerald/Baron, Robert: Behavior in organizations: understanding and managing the human side of work. 8th ed. Upper Saddle River (NJ): Prentice Hall 2003.

Greenleaf 1970/2015: Greenleaf, Robert K.: The servant as leader. Rev. Ed. Atlanta (GA): The Greenleaf Center for Servant Leadership 2015. [1st ed. Cambridge (Mass.): Center for Applied Studies 1970].

Grochla 1980: Grochla, Erwin (Hrsg.): Handwörterbuch der Organisation. 2. Aufl. Stuttgart: Poeschel 1980.

Grover 2014: Grover, Steven L.: Unraveling respect in organization studies. In: Human Relations 67(2014)1, pp. 27–51.

Grunwald 1998: Grunwald, Wolfgang: [Art.] Führung. In: Heinrich, Peter/Schulz zur Wiesch, Jochen (Hrsg.): Wörterbuch zur Mikropolitik. Wiesbaden: Springer Fachmedien 1998, Sp. 85–88.

Gubitzer 1989: Gubitzer, Luise: Geschichte der Selbstverwaltung. [Reihe: Selbstverwaltung AG Sozialpolitischer Arbeitskreise. Bd. M 96]. München: AG SPAK 1989.

Gulick 1937: Gulick, Luther H.: Notes on the theory of organizations. In: Gulick, Luther H./Urwick, Lyndall F. (Eds.): Papers on the science of administration. New York: Institute of Public Administration 1937, pp. 1–46.

Gulick/Urwick 1937: Gulick, Luther H./Urwick, Lyndall F. (Eds.): Papers on the science of administration. New York: Institute of Public Administration 1937.

Gutberlet 2013: Gutberlet, Wolfgang: Zur Kunst der Freiheit in der Führung. In: Werner, Götz W./Dellbrügger, Peter (Hrsg.): Wozu Führung? Dimensionen einer Kunst. Karlsruhe: KIT Scientific Publishing 2013, S. 47–55.

Gutmann 1985: Gutmann, Gernot: Arbeiterselbstverwaltung im Unternehmen: zur ökonomischen Problematik eines humanitären Prinzips. In: Rauscher, Anton (Hrsg.): Selbstinteresse und Gemeinwohl: Beiträge zur Ordnung der Wirtschaftsgesellschaft. [Reihe: Soziale Orientierung. Bd. 5]. Berlin: Duncker & Humblot 1985, S. 37–120.

Häußer 2009: Häußer, Ludwig P.: Dialog, Führung und Zusammenarbeit: Führungspädagogik als Agogik. [Zugl. Diss. Univ. Koblenz-Landau 2008.] Karlsruhe: Universitätsverlag Karlsruhe 2009.

Häußer 1991: Häußer, Ludwig P.: Freie Schulen sind keine Privatsache. In: Erziehungskunst 55(1991)4, S. 381–382.

Haijtema 2008: Haijtema, Dominique: Soziokratie: die Macht des Arguments statt der Macht der Mehrheit. [A. d. Niederl. übers. v. Böcklinger, Corinna/Dierkes, Isabell]. Original in: Slow Management Herbst/2008, S. 44–52. [Online: http://soziokratie.org/wp-content/uploads/2011/06/artikel-slowmanagement.pdf (Zugriff: 26.08.2016)].

Hale/Fields 2007: Hale, Jeff R./Fields, Dail L.: Exploring servant leadership across cultures: a study of followers in Ghana and the USA. In: Leadership 11(2007)3/4, pp. 397–417.

Hamel 2011: Hamel, Gary: First, let's fire all the managers. In: Harvard Business Review 12/2011, pp. 48–60.

Hardorp 2013: Hardorp, Benediktus: Führung ohne Hierarchie? In: Werner, Götz W./ Dellbrügger, Peter (Hrsg.): Wozu Führung? Dimensionen einer Kunst. Karlsruhe: KIT Scientific Publishing 2013, S. 56–72.

Hardorp 2009: Hardorp, Benediktus: Elemente einer Neubestimmung des Geldes und ihre Bedeutung für die Finanzwirtschaft der Unternehmung. Erw. u. akt. Fassung. [Zugl. Diss. Univ. Freiburg 1958]. Karlsruhe: KIT Scientific Publishing 2009. [Online: http://www.ksp.kit.edu/9783866442658 (Zugriff: 06.10.2016)].

Hardorp 2008: Hardorp, Benediktus: Arbeit und Kapital als schöpferische Kräfte: Einkommensbildung und Besteuerung als gesellschaftliches Teilungsverfahren. [Reihe: Schriften des Interfakultativen Instituts für Entrepreneurship des Karlsruher Instituts für Technologie. Bd. 16]. Karlsruhe: Universitätsverlag 2008. [Online: http://www.ksp. kit.edu/9783866442504 (Zugriff: 0.10.2016)].

Hardorp 2000: Hardorp, Benediktus: Ökonomie und spiritueller Auftrag der Waldorfschulen. In: Erziehungskunst 64(2000)5, S. 566–572.

Hardorp 1996: Hardorp, Benediktus: Schule als autonomes Unternehmen. In: Erziehungskunst 60(1996)6, S. 642–650.

Hardorp 1986: Hardorp, Benediktus: Anthroposophie und Dreigliederung: das soziale Leben als Entwicklungsfeld des Menschen. [Reihe: Anregungen zur anthroposophischen Arbeit. Bd. 15]. Stuttgart: Freies Geistesleben 1986.

Hardorp 1982: Hardorp, Benediktus: Waldorfschule und Waldorfschulverein: Wie ist das Verhältnis zu denken? In: Erziehungskunst 46(1982)11, S. 693–698.

Hardorp 1974: Hardorp, Benediktus: Führung ohne Hierarchie? In: Dr. Horn Unternehmensberatung GmbH (Hrsg.): Der Wirtschaftsprüfer als Unternehmensberater: Festschrift für Wirtschaftsprüfer und Steuerberater Dr. Max Horn zum 70. Geburtstag. Ulm/Donau: o. V. 1974, S. 108–127.

Harris 2003: Harris, Alma: Teacher leadership as distributed leadership: heresy, fantasy or possibility? In: School Leadership and Management 23(2003)3, pp. 313–324.

Harslem 2012: Harslem, Michael: Konflikt, Krise und Entwicklungschancen. In: Erziehungskunst [Thema: Selbstverwaltung: Träume und Tatsachen] 75(2012)3, S. 34–37.

Harslem 2003: Harslem, Michael: Kommt der Waldorf-Direktor? Oder: Ist die Selbstverwaltungs-Ideologie am Ende? In: Erziehungskunst 67(2003)1, S. 12–17.

Harslem 2001: Harslem, Michael: Die Konferenz als Spiegel der Schule und die komplizierte Physiognomie von Konflikten. In: Schiller, Hartwig (Hrsg.): Innere Aspekte der Konferenzgestaltung. Übungsansätze, Perspektiven, Erfahrungen. Stuttgart: Freies Geistesleben 2001, S. 209–219.

Harslem 2000: Harslem Michael: Personalentwicklung in Freien Waldorfschulen. In: Erziehungskunst 64(2000)5, S. 520–527.

Harslem 1996: Harslem, Michael: Dreigliederung und Waldorfschule: Aspekte zur Gestaltung der sozialen Prozesse. In: Erziehungskunst 60(1996)2, S. 121–128.

Harslem 1995: Harslem, Michael: Zur Zusammenarbeit von Eltern und Lehrern. In: Erziehungskunst 59(1995)12, S. 1221–1231.

Harslem 1994: Harslem, Michael: Führung und Selbstverwaltung ein Widerspruch? In: Erziehungskunst 58(1994)1/2, S. 72–85.

Harslem 1992: Harslem, Michael: Verein oder Genossenschaft? In: Erziehungskunst 56(1992)4, S. 337–341.

Harslem/Schubert 1988: Harslem, Michael/Schubert, Andreas: Die Ausgestaltung der Selbstverwaltung in der Waldorfschule. In: Erziehungskunst 52(1988)3, S. 165–188.

Hartmann 1964: Hartmann, Heinz: Funktionale Autorität: systematische Abhandlung zu einem soziologischen Begriff. [Reihe: Soziol. Gegenwartsfragen]. Stuttgart: Enke 1964.

Hatch 1997: Hatch, Mary J.: Organizational theory: modern symbolic and postmodern perspectives. Oxford (UK): Oxford University Press1997.

Haupt u. a. 1982: Haupt, Heinz-G./Jost, Annette/Leithäuser, Gerhard/Mückenberger, Ulrich/Negt, Oskar Pozzoli, Claudio/Steinberg, Hans J. (Hrsg.): Selbstverwaltung und Arbeiterbewegung: Jahrbuch Arbeiterbewegung 1982. Frankfurt a. M.: Europäische Verlagsanstalt 1982.

Heinen 1984: Heinen, Edmund (Hrsg.): Betriebswirtschaftliche Führungslehre: Grundlagen – Strategien – Modelle: ein entscheidungsorientierter Ansatz. 2., verbess. u. erw. Aufl. Wiesbaden: Gabler 1984.

Heinen-Anders 2013: Heinen-Anders, Michael: Kapitalneutralisierung als Dreigliederungsaufgabe: eine interdisziplinäre betriebswirtschaftliche Studie. Norderstedt: BoD 2013.

Heinen-Anders 2011: Heinen-Anders, Michael: Neue Eigentumsformen. In: Jedermensch 661/2011, S. 15.

Heinrich/Schulz zur Wiesch 1998: Heinrich, Peter/Schulz zur Wiesch, Jochen (Hrsg.): Wörterbuch zur Mikropolitik. Wiesbaden: Springer Fachmedien 1998.

Quellenverzeichnis 563

Heisterkamp 2010: Heisterkamp, Jens: Schule professionell managen. Interview mit Steffen Koolmann. Bearb. v. Julia Müller. In: Info3 [Thema: Selbstverwaltung in der Krise] 10/2010, S. 18–19.

Heisterkamp 2000: Heisterkamp, Jens: Was ist Anthroposophie? Einladung zur Entdeckung des Menschen. Dornach: Verlag am Goetheanum 2000.

Hellinckx 2010: Hellinckx, Griet: Ebbe und Flut: eine neue Dynamik von Individuum und Gemeinschaft. In: Info3 [Thema: Selbstverwaltung in der Krise] 10/2010, S. 11–17.

Helsper u. a. 2007: Helsper, Werner/Ullrich, Heiner/Stelmaszyk, Bernhard/Höblich, Davina/Graßhoff, Gunther/Jung, Dana: Autorität und Schule: die empirische Rekonstruktion der Klassenlehrer-Schüler-Beziehung an Waldorfschulen. Wiesbaden: VS für Sozialwissenschaften 2007.

Hendler 2007: Hendler, Reinhard: Grundbegriffe der Selbstverwaltung. In: Mann, Thomas/Püttner, Günter (Hrsg.): Handbuch der kommunalen Wissenschaft und Praxis. 3. Aufl. [Reihe: Grundlagen und Kommunalverfassung. Bd. I]. Berlin/Heidelberg: Springer 2007, S. 3–22.

Hentze 1995: Hentze, Joachim: Personalwirtschaftslehre 2. Personalerhaltung und Leistungstimulation, Personalfreistellung und Personalinformationswirtschaft. [Unter Mitarb. v. Metzner, Joachim]. 6., überarb. Aufl. [Reihe: UTB für Wissenschaft: Uni-Taschenbücher. Bd. 650]. Bern (CH)/Stuttgart/Wien: Haupt 1995.

Herbig 2005: Herbig, Albert F.: Führungskonzepte und -theorien: Grundlagen professioneller Mitarbeiterführung. [Reihe: Kompaktwissen Kommunikations- und Führungstechnik. Bd. 2. Hrsg. v. Herbig, Albert F.]. Norderstedt: BoD 2005.

Herrmannstorfer 2012: Herrmannstorfer, Udo: Selbstveraltungsorganisationen müssen delegieren können. In: Erziehungskunst [Thema: Selbstverwaltung: Träume und Tatsachen] 75(2012)3, S. 31–33.

Herrmannstorfer 2010: Herrmannstorfer, Udo: Wider die selbstverwaltete Krise: aufgabenorientierte Selbstverwaltung. In: Punkt und Kreis [Thema: Selbstverwaltet arbeiten] 09/2010, S. 4–7. [Online: http://www.verband-anthro.de/media/file/1372. PuK_21_2010_Michaeli_Selbstverwaltung_web.pdf (Zugriff: 06.10.2016)].

Herrmannstorfer 2008a: Herrmannstorfer, Udo: Selbstverwaltung – ein „Modell" in der Krise: die Symptome und ihre Ursachen. In: Strawe, Christoph: Hat die Selbstverwaltung eine Zukunft? Führungsfragen in freien Schulen und anderen Einrichtungen in freier Trägerschaft. [Vortrags-Zusammenfassung. Referenten: Herrmannstorfer, Udo/ Ross, Michael/Strawe, Christoph]. In: Sozialimpulse – Rundbrief Dreigliederung des sozialen Organismus 19(2008)3, S. 5–9. [Online: http://www.sozialimpulse.de/filead min/sozialimpulse/pdf/Selbstverwaltung_FreieSchulen.pdf (Zugriff: 06.10.2016)].

Herrmannstorfer 2008b: Herrmannstorfer, Udo: Führungsaufgaben im Schulorganismus: Herausforderungen hierarchiefreier Zusammenarbeit. In: Strawe, Christoph: Hat die Selbstverwaltung eine Zukunft? Führungsfragen in freien Schulen u. anderen Einrichtungen in freier Trägerschaft. [Vortr.-Zusammenf. Referenten: Herrmannstorfer, Udo/Ross, Michael/Strawe, Christoph]. In: Sozialimpulse – Rundbrief Dreigliederung des sozialen Organismus 19(2008)3, S. 14–19. [Online: http://www.sozialimpulse.de/fileadmin/sozialimpulse/pdf/Selbst-verwaltung_FreieSchulen.pdf (Zugriff: 06.10.2016)].

Herrmannstorfer 2008c: Herrmannstorfer, Udo: Eltern: Kunden, Teilhaber oder Vertragspartner? In: Strawe, Christoph: Hat die Selbstverwaltung eine Zukunft? Führungsfragen in freien Schulen und anderen Einrichtungen in freier Trägerschaft. [Vortrags-Zusammenfassung. Referenten: Herrmannstorfer, Udo/Ross, Michael/ Strawe, Christoph]. In: Sozialimpulse – Rundbrief Dreigliederung des sozialen Organismus 19(2008)3, S. 22–24. [Online: http://www.sozialimpulse.de/fileadmin/sozialim pulse/pdf/Selbstverwaltung_FreieSchulen.pdf (Zugriff: 06.10.2016)].

Herrmannstorfer 2001: Herrmannstorfer, Udo: Delegation und kollegiale Führung: am Beispiel der Selbstverwaltung der Waldorfschule. [Überarb. Nachschrift von Strawe, Christoph des Vortrages: Achtung, Erstickungsgefahr! Wie man sie durch Delegation und kollegiale Führung abwendet, geh. am 06.02.1999 im Studienhaus Rüspe]. In: Sozialimpulse – Rundbrief Dreigliederung des sozialen Organismus 12(2001)3, o. S. [Online: http://www.sozialimpulse.de/fileadmin/sozialimpulse/pdf/Delegation.pdf (Zugriff: 06.10.2016)].

Herrmannstorfer 2000: Herrmannstorfer Udo: Wege zur Qualität: die Befreiung schöpferischer Kräfte. [Unter dem Titel „Soziale Gestaltungsfelder in Aufgabengemeinschaften" erschienen in: Rundbrief Dreigliederung 3/2000]. [Online: http://www. sozialimpulse.de/fileadmin/sozialimpulse/pdf/Qualitaet.pdf (Zugriff: 06.10.2016)].

Herrmanstorfer o. D.: Herrmanstorfer, Udo: Die Arbeit am Menschen – ein Produktionsvorgang? Zur Charakteristik von Beziehungsdienstleistungen – ein Beitrag zur Debatte über Qualitätssicherung. Stuttgart: Initiative „Netzwerk Dreigliederung" o. D. [Online: http://www.sozialimpulse.de/fileadmin/sozialimpulse/pdf/Beziehungsdienstleistung.pdf (Zugriff: 06.10.2016)].

Hersey/Blanchard 1977: Hersey, Paul/Blanchard, Ken H.: Management of organizational behavior. Englewood Cliffs (NJ): Prentice Hall 1977.

Herzberg 1966: Herzberg, Frederick H.: Work and the nature of man. New York: World Publishing Company 1966.

Hill 2011: Hill, Hermann: Selbstverwaltung neu denken. In: NordÖR 11/2011, S. 469–474.

Hiller 2007: Hiller, Walter: Kurzer Abriss der Geschichte der deutschen Waldorfschul-Bewegung seit 1945. In: Barz, Heiner/Randoll, Dirk (Hrsg.): Absolventen von Waldorfschulen: eine empirische Studie zu Bildung und Lebensgestaltung. Wiesbaden: VS für Sozialwissenschaften 2007, S. 25–31.

Hinterhuber 1992: Hinterhuber, Hans H.: Strategische Unternehmensführung. Berlin/New York: de Gruyter 1992.

Hinterhuber u. a. 2014: Hinterhuber, Hans H./Schnorrenberg, Leonhard J./Stahl, Heinz K./Pircher-Friedrich, Anna M. (Hrsg.): Servant leadership: Prinzipien dienender Unternehmensführung. 2., neu bearb. Aufl. [Reihe: Fokus Management und Führung. Bd. 3. Hrsg. v. Hinterhuber, Hans H./Stahl, Heinz K.]. Berlin: Erich Schmidt 2014.

Hoch/Dulebohn 2013: Hoch, Julia E./Dulebohn, James H.: Shared leadership in enterprise resource planning and human resource management system implementation. In: Human Resource Management Review 1/2013, pp. 114–125.

Höblich/Graßloff 2006: Höblich, Davina/Graßhoff, Gunther: Lehrer-Schüler-Beziehungen an Waldorfschulen: Chancen und Risiken einer auf Vertrauen und Nähe basierenden Beziehung. In: Schweer, Martin K. W. (Hrsg.): Bildung und Vertrauen. Frankfurt a. M. u. a.: Lang 2006, S. 47–59.

Höhmann 2005: Höhmann, K.: Kollegiale Schulleitung: ihre Bedeutung im Schulalltag am Beispiel der Laborschule Bielefeld In: Die deutsche Schule 97(2005)2, S. 174–185.

Hofert 2016: Hofert, Svenja: Agiler führen: einfache Maßnahmen für bessere Teamarbeit, mehr Leistung und höhere Kreativität. Wiesbaden: Springer Gabler 2016.

Hoffrogge 2011: Hoffrogge, Ralf: Vom Sozialismus zur Wirtschaftsdemokratie? Ein kurzer Abriss über Ideen ökonomischer Demokratie in der deutschen Arbeiterbewegung. In: Bois, Marcel/Hüttner, Bernd (Hrsg.): Beiträge zur Geschichte einer pluralen Linken. [Reihe: Bewegungen, Parteien, Ideen. H. 3. Hrsg. v. d. Rosa-Luxemburg-Stiftung]. Berlin: o. V.: 2011, S. 93–101. [Online: https://www.rosalux.de/fileadmin/rls_uploads/pdfs/rls_papers/ Papers_Beitr_zur_Gesch_3_web.pdf (Zugriff: 15.09.2016)].

Hogg 2005: Hogg, Michael A.: Social identity and leadership. In: Messik, David M./Kramer, Roderick M. (Hrsg.): The Psychology of leadership: new perspectives and research. [Series: Organization and management. Ed. by Brief, Arthur P./Walsh, James P.]. Mahwah (N. J.): Lawrence Erlbaum Associates 2005, pp. 53–80.

Honnefelder/Schmidt 2007: Honnefelder, Ludger/Schmidt, Matthias C. (Hrsg.): Naturalismus als Paradigma: Wie weit reicht die naturwissenschaftliche Erklärung des Menschen? Berlin: University Press 2007.

Hosang 2000: Hosang, Maik: Der integrale Mensch. Gladenbach: Hinder+Deelmann 2000.

House 1977: House, Robert J.: A theory of charismatic leadership. In: Hunt, James G./ Larson, Lars L. (Eds.): Leadership: a cutting edge. Carbondale: Southern Illinois University Press 1977, pp. 189–207.

House u. a. 1999: House, Robert J./Hanges, Paul J./Ruiz-Quintanilla, S. Antonio/ Dorfman, Peter W./Javidan, Mansour/Dickson, Marcus W./Gupta, Vipin/Weibler, Jürgen u. a.: Cultural influences on leadership and organizations: project GLOBE. In: Advances in Global Leadership 1/1999, pp. 171–233.

Horx 2004: Horx, Matthias: Die neue Welt des ICHs? Verteidigung des Individualismus gegen seine Kritiker und Freunde. In: Nollmann, Gerd/Strasser, Hermann (Hrsg.): Das individualisierte Ich der modernen Gesellschaft. Frankf. a. M.: Campus 2004, S. 198–204.

Horx 2001: Horx, Matthias: Smart capitalism: das Ende der Ausbeutung. Frankfurt a. M.: Eichborn 2001.

Huber 1999: Huber, Stephan G.: Effectiveness & Improvement: Wirksamkeit u. Verbesserung von Schule – eine Zusammenschau. In: schulmanagement 30(1999)5, S. 8–18.

Huber/Ahlgrimm 2012: Huber, Stephan G./Ahlgrimm, Frederik (Hrsg.): Kooperation: aktuelle Forschung zur Kooperation in und zwischen Schulen sowie anderen Partnern. Münster: Waxmann 2012.

Hüther 2014: Hüther, Gerald: Die Macht der inneren Bilder: Wie Visionen das Gehirn, den Menschen und die Welt verändern. 8. Aufl. Göttingen: Vandenhoeck & Ruprecht 2014.

Hüther 2012: Hüther, Gerald: Hirnforschung und Führungskunst: supportive leadership. In: MQ Management und Qualität 4/2012, S. 8–11.

Hüther 2009: Hüther, Gerald: Wie gehirngerechte Führung funktioniert: Neurobiologie für Manager. In: ManagerSeminare 130/2009, S. 30–34.

Hunt/Larson 1977: Hunt, James G./Larson, Lars L. (Eds.): Leadership: a cutting edge. Carbondale: Southern Illinois University Press 1977.

Husemann/Tautz 1979: Husemann, Gisbert/Tautz, Johannes (Hrsg.): Der Lehrerkreis um Rudolf Steiner in der ersten Waldorfschule 1919–1925: Lebensbilder und Erinnerungen. 2. Aufl. Stuttgart: Freies Geistesleben 1979.

Idel 2007: Idel, Till-S.: Waldorfschule und Schülerbiografie: Fallrekonstruktionen zur lebensgeschichtlichen Relevanz anthroposophischer Schulkultur. Wiesbaden: VS für Sozialwissenschaften 2007.

Idel/Baum/Bondorf 2012: Idel, Till-S./Baum, Elisabeth/Bondorf, Nadine: Wie Lehrkräfte kollegiale Kooperation gestalten: Potenziale einer fallorientierten Prozessforschung in Lehrergruppen. In: Huber, Stephan G./Ahlgrimm, Frederik (Hrsg.): Kooperation: aktuelle Forschung zur Kooperation in und zwischen Schulen sowie anderen Partnern. Münster: Waxmann 2012, S. 141–158

Ilgen u. a. 2005: Ilgen, Daniel R./Hollenbeck, John R./Johnson, Michael/Jundt, Dustin: Teams in organizations: from input-process-output models to IMOI models. In: Annual Review of Psychology 56/2005, pp. 517–543.

Irle 1975: Irle, Martin: Lehrbuch der Sozialpsychologie. Göttingen/Toronto/Zürich: Hogrefe 1975.

Iwan 2007: Iwan, Rüdiger: Die neue Waldorfschule: ein Erfolgsmodell wird renoviert. Reinbek b. Hamburg: Rowohlt 2007.

Jacob 1990: Jacob, Herbert (Hrsg.): Allgemeine Betriebswirtschaftslehre: Handbuch für Studium und Prüfung. 5. Aufl. Wiesbaden: Gabler 1990.

Jaworski 2012: Jaworski, Joseph: Source: the inner path of knowledge creation. San Francisco (CA): Berrett-Koehler Publishers 2012.

Jennings/Stahl-Wert 2004: Jennings, Ken/Stahl-Wert, John: Serving leaders: Führen heißt dienen: fünf Maßnahmen, die Ihr Team, Ihr Unternehmen und Ihre Gemeinschaft verändern werden. [Reihe: Ken Blanchard]. Offenbach: Gabal 2004.

Jöreskog 1969: Jöreskog, Karl G.: A general approach to confirmatory maximum likelihood factor analysis. In: Psychometrika 34/1969, pp. 183–202.

Jonge/Scherm 2015: Jonge, Jan de/Scherm, Martin: Führung und Vertrauen: Konzepte und neue Befunde. In: Felfe, Jörg (Hrsg.): Trends der Psychologischen Führungsforschung: neue Konzepte, Methoden und Erkenntnisse. [Reihe: Psychologie für das Personalmanagement: Trends der psychologischen Führungsforschung. Hrsg. v. Felfe, Jörg]. Göttingen u. a.: Hogrefe 2015, S. 203–212.

Junge 2002: Junge, Matthias: Individualisierung. [Reihe: Campus Einführungen. Hrsg. v. Bonacker, Thorsten/Lohmann, Hans-M.]. Frankfurt a. M./New York: Campus 2002.

Kaehler 2014: Kaehler, Boris: Komplementäre Führung: ein praxiserprobtes Modell der organisationalen Führung. Wiesbaden: Springer Gabler 2014.

Kaehler 2013: Kaehler, Boris: Aufgabenorientierte und komplementäre Führung: Grundzüge eines integrativen Modells. In: Personalführung 7/2013, S. 30–37.

Kanter 1994: Kanter, Rosabeth M.: Collaborative advantage: the art of alliances. In: Harvard Business Review 72(1994)4, pp. 96–108. [Online: https://hbr.org/1994/07/collaborative-advantage-the-art-of-alliances (accessed: 12.08.2015)].

Karau/Williams 1993: Karau, Steven J./Williams, Kipling D.: Social loafing: a meta-analytic review and theoretical integration. In: Journal of Personality and Social Psychology 65(1993)4, pp. 681–706.

Katz 1955: Katz, Robert: Skills of an effective administrator. In: Harvard Business Review 1-2/1955, S. 33–42.

Katz/Kahn 1966: Katz, Daniel/Kahn, Robert L.: The social psychology of organizations. New York u. a.: Wiley 1966.

Katz/Maccoby/Morse 1950: Katz, Daniel/Maccoby, Nathan/Morse, Nancy C.: Productivity, supervision and morale in an office situation. Institute for Social Research, Ann Arbor: University of Michigan 1950.

Kehr 2000: Kehr, Hugo M.: Die Legitimation von Führung: ein Kleingruppenexperiment zum Einfluß der Quelle der Autorität auf die Akzeptanz des Führers, den Gruppenprozeß und die Effektivität. [Zugl. Diss. Univ. München 1997]. Berlin: Duncker & Humblot 2000.

Kellerman 1999: Kellerman, Barbara: Reinventing leadership: making the connection between politics and business. [Series: Leadership studies]. New York: State University of New York Press 1999.

Keller/Tobler 2002: Keller, Sibylle/Tobler, Matthias: Selbstverwaltung – Formen der Partizipation: formale Regelung von Partizipation in erwerbs- und marktorientierten selbstverwalteten Betrieben der deutschsprachigen Schweiz. Lizentiatsarbeit am Soziologischen Institut d. Univ. Zürich, Philosophische Fak. I. Zürich: o. V. 2002.

Kern 1992: Kern, Werner: Industrielle Produktionswirtschaft. 5., durchges. u. akt. Aufl. Stuttgart: Poeschel 1992.

Kerr 1983: Kerr, Norbert L.: Motivation loss in small groups: a social dilemma analysis. In: Journal of Personality and Social Psychology 45/1983, pp. 819–828.

Kerr 1977: Kerr, Steven: Substitutes for leadership: some implications for organizational design. In: Organization and Administrative Science 8/1977, pp. 135–146.

Kerr/Jermier 1978: Kerr, Steven/Jermier, John M.: Substitutes for leadership: their meaning and measurement. In: Organizational Behavior and Human Performance 22/1978, pp. 375–403.

Kerr/Mathews 1995: Kerr, Steven/Mathews, Charles S.: [Art.] Führungstheorien: Theorie der Führungssubstitution. In: Kieser, Alfred/Reber, Gerhard/Wunderer, Rolf (Hrsg.): Handwörterbuch der Führung. 2. Aufl. Stuttgart: Poeschel 1995, Sp. 1021–1034.

Kerschreiter/Eisenbeiss 2015: Kerschreiter, Rudolf/Eisenbeiss, Silke A.: Ethische Führung. In: Felfe, Jörg (Hrsg.): Trends der psychologischen Führungsforschung: neue Konzepte, Methoden und Erkenntnisse. [Reihe: Psychologie für das Personalmanagement: Trends der psychologischen Führungsforschung. Hrsg. v. Felfe, Jörg]. Göttingen u. a.: Hogrefe 2015, S. 27–38.

Kets de Vries 1998: Kets de Vries, Manfred: Führer, Narren und Hochstapler: Essays über die Psychologie der Führung. Stuttgart: Verl. f. Internationale Psychoanalyse 1998.

Kiersch 2015: Kiersch, Johannes: Die Waldorfpädagogik: eine Einführung in die Pädagogik Rudolf Steiners. 13. Aufl. Stuttgart: Freies Geistesleben 2015.

Kiersch 2011: Kiersch, Johannes: Waldorfpädagogik als Erziehungskunst. In: Uhlenhoff, Rahel (Hrsg.): Anthroposophie in Geschichte und Gegenwart. Berlin: Berliner Wissenschaftsverlag 2011, S. 423–476.
Kiersch 2001: Kiersch, Johannes: Wie studiert man Selbstverwaltungskompetenz? In: Kiersch, Johannes/Paschen, Harm (Hrsg.): Alternative Konzepte für die Lehrerbildung. Bad Heilbrunn (Obb.): Klinkhardt 2001, S. 202–217.
Kiersch 1996: Kiersch, Johannes: Was ist Wahrheit? In: Das Goetheanum 10/1996, S. 113–117.
Kiersch 1992: Kiersch, Johannes: Waldorfpädagogik am Beginn ihrer Entwicklung. In: Erziehungskunst 56(1992)6/7, S. 549–561.
Kiersch 1990: Kiersch, Johannes: Lebendige Begriffe – einige vorläufige Bemerkungen zu den Denkformen der Waldorfpädagogik. In: Bohnsack, Fritz/Kranich, Ernst-M. (Hrsg.): Erziehungswissenschaft und Waldorfpädagogik: der Beginn eines notwendigen Dialogs. Weinheim/Basel: Beltz 1990, S. 75–94.
Kiersch 1978: Kiersch, Johannes: Freie Lehrerbildung: zum Entwurf Rudolf Steiners. (Erziehung vor dem Forum der Zeit). Stuttgart: Freies Geistesleben 1978.
Kiersch/Paschen 2001: Kiersch, Johannes/Paschen, Harm (Hrsg.): Alternative Konzepte für die Lehrerbildung. Bad Heilbrunn (Obb.): Klinkhardt 2001.
Kieser 1999: Kieser, Alfred (Hrsg.): Organisationstheorien. 3. Aufl. Stuttgart u. a.: Kohlhammer 1999.
Kieser 1999: Kieser, Alfred: Human Relations-Bewegung und Organisationpsychologie. In: Kieser, Alfred (Hrsg.): Organisationstheorien. 3. Aufl. Stuttgart u. a.: Kohlhammer 1999, S. 101–132.
Kieser/Reber/Wunderer 1995: Kieser, Alfred/Reber, Gerhard/Wunderer, Rolf (Hrsg.): Handwörterbuch der Führung. 2. Aufl. Stuttgart: Poeschel 1995.
Kirchler/Meier-Pesti/Hofmann 2004: Kirchler, Erich/Meier-Pesti, Katja/Hofmann, Eva: Menschenbilder in Organisationen. [Reihe: Arbeits- und Organisationspsychologie. Bd. 5]. Wien: WUV-Universitätsverlag 2004.
Kirkpatrick 2011: Kirkpatrick, Doug: Beyond empowerment: the age of the self-managed organization. Sacramento (CA): Morning Star Self-Management Institute 2011.
Kirkpatrick 2010: Kirkpatrick, Doug: What is self-management? Sacramento (CA): Morning Star Self-Management Institute 2010. [Online: http://www.self-management institute.org/assets/images/uploads/WhatIsSelfMgmt.pdf (accessed: 15.09.2016)].
Klenk 2006: Klenk, Tanja: Selbstverwaltung – ein Kernelement demokratischer Sozialstaatlichkeit? Szenarien zur Zukunft der sozialen Selbstverwaltung. In: Zeitschrift für Sozialreform 52(2006)2, S. 273–291.

Klönne 1989: Klönne, Arno: Die deutsche Arbeiterbewegung: Geschichte, Ziele, Wirkungen. München: Deutscher Taschenbuch 1989.

Kloss 1983: Kloss, Heinz: Selbstverwaltung und die Dreigliederung des sozialen Organismus. [Reihe: Die Bundesrepublik Deutschland als Selbstverwaltungsland. Bd. 5]. Frankfurt a. M.: Klostermann 1983.

Kloss 1981: Kloss, Heinz: Die Selbstverwaltung des Geisteslebens. Frankfurt a. M.: Klostermann 1981.

Kloss 1980: Kloss, Heinz: Soziale Dreigliederungsgedanken außerhalb der Anthroposophie. In: Giese, Reinhard (Hrsg.): Sozial Handeln aus der Erkenntnis des sozial Ganzen: soziale Dreigliederung heute. Rabel: Giese 1980, S. 83–89.

Kloss 1957: Kloss, Heinz: Unser Geistesleben braucht die Selbstverwaltung. In: Die Kommenden 11(1957)24, S. 4.

Kloss 1949: Kloss, Heinz: Lehrer-Eltern-Schulgemeinden: der Gedanke der genossenschaftlichen Selbstverwaltung im Schulwesen. Stuttgart/Köln: Kohlhammer 1949.

Klug 2011: Klug, Thomas: Design Thinking: Wie man Ideen begreifbar macht. In: hkp-impulse 2011, o. S. [Online: http://www.hantschk-klocker.com/uploads/filemanager/do kumente/leseraum/innovation/hkp-artikel-design-thinking.pdf (Zugriff: 15.09.2016)].

Kluth 2002: Kluth, Winfried: Funktionale Selbstverwaltung. In: Zeitschrift des Deutschen Vereins 2002, S. 348–376.

Kluth 1997: Kluth, Winfried: Funktionale Selbstverwaltung: verfassungsrechtlicher Status – verfassungsrechtlicher Schutz. Tübingen: Mohr Siebeck 1997.

Kniebe 1989: Kniebe, Georg: Bewährungsprobe in der Praxis: die Waldorfschulen von ihrer Begründung bis zu ihrem Verbot im Dritten Reich. In: Erziehungskunst (1989)8/9, S. 668–683.

Kniebe/Mattke/Harslem 1999: Kniebe, Georg/Mattke, Hans J./Harslem, Michael: Wie arbeiten Eltern und Lehrer zusammen? Stuttgart: Freies Geistesleben 1999.

Knowles/Saxberg 1967: Knowles, Henry P./Saxberg, Borje O.: Human relations and the nature of man. In: Harward Business Review 45/1967, pp. 22–40 & 172–178.

König 2002: König, Oliver: Macht in Gruppen: Gruppendynamische Prozesse und Interventionen. [Reihe: Leben lernen. Bd. 106]. München: Pfeiffer bei Klett-Cotta.

König/Schattenhofer 2015: König, Oliver/Schattenhofer, Karl: Einführung in die Gruppendynamik. 7. Aufl. Heidelberg: Carl-Auer 2015.

Köpcke-Duttler o. D.: Köpcke-Duttler, Arnold: Stellung von Schulen in freier Trägerschaft. Marktbreit: o. V. o. D. [Online: http://www.montessori-deutschland.de/fileadmin/ freigabe/dachverband/PDFs/Stellung_von_Schulen_in_ freier_Tr_gerschaft.pdf (Zugriff: 12.09.2016)].

Koestler 1967/1968: Koestler, Arthur: The ghost in the machine. New York: MacMillan 1967. [Deutsch: Das Gespenst in der Maschine. Wien/München/Zürich: Molden 1968].

Koestler 1970: Koestler, Arthur: Jenseits von Atomismus und Holismus: der Begriff des Holons. In: Koestler, Arthur/Smythies, John R.: Das neue Menschenbild: die Revolutionierung der Wissenschaft vom Leben. [A. d. Engl. übers. v. Vesely, Franz]. Wien/München/Zürich: Molden 1970, S.192–229.

Koestler/Smythies 1970: Koestler, Arthur/Smythies, John R.: Das neue Menschenbild: die Revolutionierung der Wissenschaft vom Leben. [A. d. Engl. übers. v. Vesely, Franz]. Wien/München/Zürich: Molden 1970.

Kohs/Irle 1920: Kohs, Samuel C./Irle, K. W.: Prophesying army promotion. In: Journal of Applied Psychology 4/1920, pp. 73–87.

Koolmann 2015: Koolmann, Steffen: Führung und Management. In: Koolmann, Steffen/ Nörling, Joseph E. (Hrsg.): Zukunftsgestaltung Waldorfschule: Ergebnisse einer empirischen Untersuchung zu Kultur, Management und Entwicklung. Mit einem Geleitwort von Bauer, Horst Ph. Wiesbaden: Springer VS 2015, S. 141–191.

Koolmann 2007: Koolmann, Steffen: Entlohnung oder Investition? Zur Gestaltung der Elternbeiträge an Waldorfschulen. In: Erziehungskunst 71(2007)4, S. 390–394.

Koolmann 2003/2004: Koolmann, Steffen: Organisation, Führung und Verantwortung an Waldorfschulen: Studie im Auftrag der GLS Gemeinschaftsbank eG, Bochum. Witten: o. V. 2003/2004.

Koolmann/Nörling 2015: Koolmann, Steffen/Nörling, Joseph E. (Hrsg.): Zukunftsgestaltung Waldorfschule: Ergebnisse einer empirischen Untersuchung zu Kultur, Management und Entwicklung. Mit einem Geleitwort von Bauer, Horst Ph. Wiesbaden: Springer VS 2015.

Koontz/O'Donnell 1955: Koontz, Harold/O'Donnell, Cyril: Principles of management: an analysis of management functions. New York: McGraw-Hill 1955.

Kossbiel 1990: Kossbiel, Hugo: Personalbereitstellung und Personalführung. In: Jacob, Herbert (Hrsg.): Allgemeine Betriebswirtschaftslehre: Handbuch für Studium und Prüfung. 5. Aufl. Wiesbaden: Gabler 1990, S. 1045–1253.

Kotter 2011: Kotter, John B.: Leadership: What is it? In: Rowe, Glenn W./Guerrero, Laura (Eds.): Cases in leadership. 2nd Ed. Thousand Oaks (CA): Sage 2011, pp. 1–42.

Kottmann/Smit 2014: Kottmann, Thomas/Smit, Kurt: Führungsethik: Erkenntnisse aus der Soziobiologie, Neurobiologie und Psychologie für werteorientiertes Führen. Wiesbaden: Springer Gabler 2014.

Krätz 1992: Krätz, Otto: Goethe und die Naturwissenschaften. [Unter Mitarb. v. Merlin, Helga/Vesely, Ludwig]. München: Callwey 1992.

Krafft 1885: Krafft, Karl (Hrsg.): Das Volksschulgesetz v. 29. Sept. 1836: mit den durch die Gesetze v. 6. Nov. 1858, 25. Mai 1865, 18. Apr. 1872, 22. Jan. 1874 u. 30. Dez. 1877 herbeigeführten Änd. sowie gedrängter Zusammenst. d. geltenden Ausführungsvorschr., Konsistorialerlasse etc.; nebst einem Anhang; zunächst zum Gebrauche für d. evangelische Volksschulwesen in Württemberg. Stuttgart: Kohlhammer 1885.

Kramer/Cresby 2011: Kramer, Michael W./Crespy, David A.: Communicating collaborative leadership. In: The Leadership Quarterly 22/2011, pp. 1024–1037.

Krampen 1994: Krampen, Ingo: Selbstverwaltung als zeitgemäße Sozialform für mündige Menschen. In: Erziehungskunst 58(1994)1/2, S. 30–43.

Kranich 1990: Kranich, Ernst-M.: Anthropologie – das Fundament der pädagogischen Praxis. In: Bohnsack, Fritz/Kranich, Ernst-M. (Hrsg.): Erziehungswissenschaft u. Waldorfpädagogik: d. Beginn eines notw. Dialogs. Weinheim/Basel: Beltz 1990, S. 96–139.

Kranz 2007: Kranz, Tanja: Das Führungsverständnis angehender Schulleiterinnen und Schulleiter. [Zugl. Diss. Univ. Paderborn 2006]. Norderstedt: BoD 2007.

Krause 2001: Krause, Diana E.: Die Legitimation von Führung: ein Kleingruppenexperiment zum Einfluss der Quelle der Autorität auf die Akzeptanz des Führers, den Gruppenprozess und die Effektivität by Hugo Martin Kehr. In: Management Revue 12(2001)4, S. 370–373.

Krebs/Menold 2014: Krebs, Dagmar/Menold, Natalja: Gütekriterien quantitativer Sozialforschung. In: Blasius, Jörg/Baur, Nina (Hrsg.): Handbuch Methoden der empirischen Sozialforschung. Wiesbaden: Springer VS 2014, S. 425–438.

Kreutzer 1957: Kreutzer, Heinz: [Art.] Selbstverwaltung. In: Fraenkel, Ernst/Bracher, Karl D. (Hrsg.): Das Fischer Lexikon: Staat und Politik. Frankfurt a. M. Fischer Taschenbuch 1957, Sp. 256.

Kromrey 2009: Kromrey, Helmut: Empirische Sozialforschung: Modelle und Methoden der standardisierten Datenerhebung und Datenauswertung. 12. Aufl. [Reihe: UTB für Wissenschaft: Uni-Taschenbücher]. Stuttgart: Lucius & Lucius 2009.

Krosnik/Farbiger 1997: Krosnik, Jon A./Fabriger, Leandre R.: Designing rating scales for effective measurement in surveys. In: Lyberg, Lars/Biemer, Paul/Collins, Martin/Leeuw, Edith de/Dippo, Cathryn/Schwarz, Norbert/Trewin, Dennis (Eds.): Survey measurement and process quality. New York: Wiley 1997, pp. 141–164.

Krost/Kaehler 2010: Krost, Markus/Kaehler, Boris: Servant leadership: die Führungskraft als Diener? In: Personalführung 6/2010, S. 54–56. [Online: https://www.dgfp.de/wissen/personalwissen-direkt/dokument/84516/herunterladen (Zugriff: 10.08.2015)].

Krumme 2013: Krumme, Jan-H.: [Art.] Selbstverwaltung. In: Gabler Verlag (Hrsg.): Gabler Online Wirtschaftslexikon. Wiesbaden: o. V., o. S. [Online: http://wirtschaftslexikon.gabler.de/Archiv/7109/selbstverwaltung-v13.html (Zugriff: 23.05.2013)].

Krzyweck 1996: Krzyweck, Hans-J.: Schulleitung heute: direktorale oder kollegiale Führung? In: Schulverwaltung 6(1996)12, S. 323–325.

Kühl 2009: Kühl, Stefan: Handbuch Methoden der Organisationsforschung: Quantitative und Qualitative Methoden. Wiesbaden: VS für Sozialwissenschaften 2009.

Kugler 2010: Kugler, Walter: Rudolf Steiner und die Anthroposophie: eine Einführung in sein Lebenswerk. Köln: DuMont 2010.

Kugler 1981: Kugler, Walter: Selbstverwaltung als Gestaltungsprinzip eines zukunftsorientierten Schulwesens: dargestellt am Beispiel der Freien Waldorfschulen. [Reihe: Erziehung vor dem Forum der Zeit – Schriften aus der Freien Waldorfschule. Bd. 13]. [Zugl. Diss. Univ. zu Köln 1980]. Stuttgart: Freies Geistesleben 1981.

Kugler 1980: Kugler, Walter: Rudolf Steiner und die Anthroposophie: Wege zu einem neuen Menschenbild. Köln: DuMont 1980.

Kuhn 2009: Kuhn, Hubert: Die Gruppe als Mittel zur Leistungssteigerung. In: Edding, Cornelia/Schattenhofer, Karl (Hrsg.): Handbuch: alles über Gruppen – Theorie, Anwendung, Praxis. Weinheim/Basel: Beltz 2009, S. 124–161.

Kuhn/Weibler 2015: Kuhn, Thomas/Weibler, Jürgen: Führungsethik in Organisationen. In: Zeitschrift für Führung und Personalmanagement 1(2015)3, S. 20–23.

Kuhn/Weibler 2012: Kuhn, Thomas/Weibler, Jürgen: Führungsethik in Organisationen. Stuttgart: Kohlhammer 2012.

Kuhn/Weibler 2003: Kuhn, Thomas/Weibler, Jürgen: Führungsethik: Notwendigkeit, Ansätze und Vorbedingungen ethikbewusster Mitarbeiterführung. In: Die Unternehmung 57(2003)5, S. 375–392.

Kumbartzki 2002: Kumbartzki, Jürgen: Die interne Evolution von Organisationen: evolutionstheoretischer Ansatz zur Erklärung organisationalen Wandels. [Reihe: Markt- und Unternehmensentwicklung. Hrsg. v. Picot, Arnold/Reichwald, Ralf/Franck, Egon]. Wiesbaden: Deutscher Universitätsverlag 2002.

Kuster u. a. 2008: Kuster, Jürg/Huber, Eugen/Lippmann, Robert/Schmid, Alphons/ Schneider, Emil/Witschi, Urs/Wüst, Roger: Handbuch Projektmanagement. 2. Aufl. Berlin/Heidelberg: Springer 2008.

Lachmann 2010: Lachman, Gary: Die Rudolf Steiner-Story: ein neuer Blick auf Leben und Werk eines spirituellen Pioniers. [A. d. Engl. Übers. v. Everett, Richard]. 2. Aufl. Frankfurt a. M.: info3 2010.

Laloux 2014a/2015: Laloux, Frederic: Reinventing organizations: a guide to creating organizations: inspired by the next stage of human consciousness. Brussels (Belgium): Nelson Parker 2014. [Deutsch: Reinventing Organizations: ein Leitfaden zur Gestaltung sinnstiftender Formen der Zusammenarbeit. [A. d. Engl. übers. v. Kauschke, Mike]. München: Vahlen 2015].

Laloux 2014b: Laloux, Frederic: Führen heißt ermöglichen: über die Arbeit in lebendigen Systemen. Im Interview mit Kauschke, Mike. In: Evolve 4/2014, S. 36–39.

Landl/Peters/Röhler 2016: Landl, Richard/Peters, Jürgen/Röhler, Alexander: Qualitätsentwicklung an Waldorfschulen. [Reihe: Kulturwissenschaftliche Beiträge der Alanus Hochschule für Kunst und Gesellschaft. Bd. 14]. Frankfurt a. M.: Lang 2016.

Langer 1984: Langer, Susanne K.: Philosophie auf neuem Wege: das Symbol im Denken, im Ritus und in der Kunst. Frankfurt a. M.: Fischer 1984.

Latcheva/Davidov 2014: Latcheva, Rossalina/Davidov, Eldad: Skalen und Indizes. In: Blasius, Jörg/Baur, Nina (Hrsg.): Handbuch Methoden der empirischen Sozialforschung. Wiesbaden: Springer VS 2014, S. 745–756.

Latham/Locke 1991: Latham, Gary P./Locke, Edwin A.: Self-regulation through goal setting. In: Organizational Behavior and Human Decision Processes 50/1991, pp. 212–247.

Lavecchia 2013: Lavecchia, Salvatore: Vertrauen in die Ich-Geburt: Führung in Sokrates' Horizont. In: Werner, Götz W./Dellbrügger, Peter (Hrsg.): Wozu Führung? Dimensionen einer Kunst. Karlsruhe: KIT Scientific Publishing 2013, S. 73–81.

Leber 2011: Leber, Stefan (Hrsg.): Waldorfschule heute: Einführung in die Lebensformen einer Pädagogik. 5. Aufl. Stuttgart: Freies Geistesleben 2011.

Leber 1993: Leber, Stefan: Die Menschenkunde der Waldorfpädagogik: anthropologische Grundlagen der Erziehung des Kindes und Jugendlichen. Stuttgart: Freies Geistesleben 1993.

Leber 1990: Leber, Stefan: Die menschliche Individualität. In: Bohnsack, Fritz/Kranich, Ernst-M. (Hrsg.): Erziehungswissenschaft und Waldorfpädagogik: der Beginn eines notwendigen Dialogs. Weinheim/Basel: Beltz 1990, S. 140–184.

Leber 1989: Leber, Stefan: Die Waldorfschulen in der Bildungslandschaft der Bundesrepublik: 1945–1989. In: Erziehungskunst 53(1989)8/9, S. 684–702.

Leber 1982: Leber, Stefan: Selbstverwirklichung, Mündigkeit, Sozialität: eine Einführun in die Dreigliederung des sozialen Organismus. Frankfurt a. M.: Fischer Taschenbuch 1982.

Leber 1981: Leber, Stefan: Der Lebensorganismus der Freien Schule als soziales Übungsfeld. In: Erziehungskunst 45(1981)10, S. 537–548.

Leber 1977: Stefan Leber (Hrsg.): Der Mensch in der Gesellschaft: die Dreigliederung des sozialen Organismus als Urbild und Aufgabe. [Unter Mitarb. v. Eckhoff, Heinz]. [Reihe: Beiträge zur Anthroposophie. Bd. 2]. Stuttgart: Freies Geistesleben 1977.

Leber 1974/1991: Leber, Stefan: Die Sozialgestalt der Waldorfschule: ein Beitrag zu den sozialwissenschaftlichen Anschauungen Rudolf Steiners. [Reihe: Menschenkunde und Erziehung. Schriften der Pädagogischen Forschungsstelle beim Bund der Freien Waldorfschulen. Bd. 30]. Stuttgart: Freies Geistesleben 1974. [Akt. Neuausg. 1991].

Leber 1972: Leber, Stefan: Strukturen der Schulverfassung. In: Erziehungskunst 36(1972)11, S. 449–452.

Leber 1968: Leber, Stefan: Von der Konstitution der Waldorfschule: ein Strukturvergleich. In: Erziehungskunst 32(1968)1, S. 4–12.

Lehmann 1980: Lehmann, Helmut: [Art.] Organisationskybernetik. In: Grochla, Erwin (Hrsg.): Handwörterbuch der Organisation. 2. Aufl. Stuttgart: Poeschel 1980, Sp. 1569–1582.

Lehrs 1988: Lehrs, Ernst: Republikanisch, nicht demokratisch. In: Erziehungskunst 52(1988)1, S. 33–38.

Leist 2011: Leist, Manfred: Das Zusammenwirken von Eltern und Lehrer in der Schulgemeinschaft: Freie Waldorfschule und soziale Dreigliederung. In: Leber, Stefan (Hrsg.): Waldorfschule heute. Stuttgart: Freies Geistesleben 2011, S. 205–230.

Leist 1998: Leist, Manfred: Entwicklungen einer Schulgemeinschaft: die Waldorfschulen in Deutschland. Stuttgart: Freies Geistesleben 1998.

Leist 1996: Leist, Manfred: Eltern und Lehrer: ihr Zusammenwirken in den sozialen Prozessen der Waldorfschule. Stuttgart: Freies Geistesleben 1996.

Lessmann 2016: Lessmann, Anke: Evolution in Organisationen: eine Besprechung des Buches „Holacracy: ein revolutionäres Management-System für eine volatile Welt" von Brian Robertson. In: evolve 09/2016, S. 76–77. [Online: http://bewusstes-unterneh men.com/de-wAssets/docs/evolve09_Holacracy.pdf (Zugriff: 26.08.2016)].

Lewin/Lipitt/White 1939: Lewin, Kurt T./Lippitt, Ronald/White, Ralph K.: Patterns of aggressive behavior in experimentally created social climates. In: Journal of Social Psychology 10/1939, pp. 271–299.

Liebenwein/Barz/Randoll 2012: Liebenwein, Sylva/Barz, Heiner/Randoll, Dirk: Bildungserfahrungen an Waldorfschulen: empirische Studie zu Schulqualität und Lernerfahrungen. Wiesbaden: Springer VS: 2012.

Lievegoed 1970/1986: Lievegoed, Bernardus C. J.: Soziale Gestaltungen in der Heilpädagogik: eine Vortragsfolge von anthroposophischen Heilpädagogen im Troxlerhaus Wuppertal 1970. Hrsg. v. Garvelmann, Wolfgang. Gaienhofen (Horn): o. V. 1970. [Neuausgabe: Lievegoed, Bernard C. J.: Soziale Gestaltung am Beispiel heilpädagogischer Einrichtungen: eine Vortragsfolge. Hrsg. v. Garvelmann, Wolfgang. Frankfurt a. M.: Info3 1986].

Lievegoed 1974: Lievegoed, Bernardus C. J.: Organisationen im Wandel: die praktische Führung sozialer Systeme in der Zukunft. [Reihe: Führung und Organisation der Unternehmung. Bd. 19]. Bern/Stuttgart: Haupt 1974.

Likert/Gibson Likert 1976: Likert, Rensis F./Gibson Likert, Jane: New ways of management conflict. New York: McGraw Hill 1976.

Lindenberg 2011a: Lindenberg, Christoph: Individuelles Lernen. In: Leber, Stefan (Hrsg.): Waldorfschule heute. Stuttgart: Freies Geistesleben 2011, S. 123–150.
Lindenberg 2011b: Lindenberg, Christoph: Die leiblichen Grundlagen des Lernens. In: Leber, Stefan (Hrsg.): Waldorfschule heute. Stuttgart: Freies Geistesleben 2011, S. 151–186.
Lindenberg 2004: Lindenberg, Christoph: Rudolf Steiner: mit Selbstzeugnissen und Bilddokumenten. 9. Aufl. Reinbek b. Hamburg: Rowohlt Taschenbuch 2004.
Lindenberg 1997a: Lindenberg, Christoph: Rudolf Steiner: eine Biographie. Bd. I: 1861–1914. Stuttgart: Freies Geistesleben 1997.
Lindenberg 1997b: Lindenberg, Christoph: Rudolf Steiner: eine Biographie. Bd. II: 1915–1925. Stuttgart: Freies Geistesleben 1997.
Lindenberg 1988: Lindenberg, Christoph: Rudolf Steiner: eine Chronik: 1861–1925. Stuttgart: Freies Geistesleben 1988.
Lippe 1993: Lippe, Peter von der: Deskriptive Statistik. [Reihe: UTB für Wissenschaft: Uni-Taschenbücher. Bd. 1632]. Stuttgart/Jena: Fischer 1993.
Litz 2007: Litz, Stefan: Organisationaler Wandel und Human Resource Management: eine empirische Studie auf evolutionstheoretischer Grundlage. Wiesbaden: Deutscher Universitätsverlag 2007.
Locke u. a. 1981: Locke, Edwin A./Shaw, Karyll N./Saari, Lise M./Latham, Gary P.: Goal setting and task performance: 1969-1980. In: Psychological Bulletin 90(1981)1, pp. 125–152.
Loebell 2010: Loebell, Peter: Die Signatur der menschlichen Entwicklung als Grundlage der Waldorfpädagogik. In: Paschen, Harm (Hrsg.): Erziehungswissenschaftliche Zugänge zur Waldorfpädagogik. Wiesbaden: VS für Sozialwissenschaften 2010, S. 215–244.
Loebell 2004: Loebell, Peter: Ich bin, der ich werde: Individualisierung in der Waldorfpädagogik. Stuttgart: Freies Geistesleben 2004.
Loebell 2000: Loebell, Peter: Lernen und Individualität: Elemente eines individualisierenden Unterrichts. [Zugl. Diss. Univ. Göttingen 2000]. Weinheim: Deutscher Studien Verlag 2000.
Lorent 1992: Lorent, Hans-P. de: Schule ohne Vorgesetzte: Geschichte der Selbstverwaltung der Hamburger Schulen von 1870 bis 1986. [Reihe: Hamburger Schriftenreihe zur Schul- und Unterrichtsgeschichte. Bd. 4]. [Zugl. Diss. Univ. Hamburg 1990]. Hamburg: Curio Erziehung und Wissenschaft 1992.
Lüpke 2009: Lüpke, Geseko von: Zukunft entsteht aus der Krise: Antworten von Joseph Stiglitz, Vandana Shiva, Wolfgang Sachs, Macy Joanna, Bernhard Lietaer u. a. München: Riemann: 2009.

Lüdmann-Ravit 1994: Lüdmann-Ravit, Peter: Delegation oder Mandat: republikanisch und/oder demokratisch? In: Erziehungskunst 58(1994)1/2, S. 19–29.

Luhamnn 1964: Luhmann, Niklas: Funktionen und Folgen formaler Organisation. Mit einem Epilog. [A. d. Schriftenreihe der Hochschule Speyer. Bd. 20]. Berlin: Duncker & Humblot 1964.

Luthans/Rosenkranz 1995: Luthans, Fred/Rosenkranz, Stuart A.: [Art.] Führungstheorien: soziale Lerntheorie. In: Kieser, Alfred/Reber, Gerhard/Wunderer, Rolf (Hrsg.): Handwörterbuch der Führung. 2. Aufl. Stuttgart: Poeschel 1995, Sp. 1005–1021.

Lyberg et. al. 1997: Lyberg, Lars/Biemer, Paul/Collins, Martin/Leeuw, Edith de/Dippo, Cathryn/Schwarz, Norbert/Trewin, Dennis (Eds.): Survey measurement and process quality. New York: Wiley 1997.

Maier 1976: Maier, Magda: Der Gründer der ersten Waldorfschule, Emil Molt, zum 100. Geburtstag. In: Stuttgarter Zeitung vom 14.04.1976, o. S.

Maleri/Frietzsche 2008: Maleri, Rudolf/Frietzsche, Ursula: Grundlagen der Dienstleistungsproduktion. 5., vollst. überarb. Aufl. Berlin/Heidelberg: Springer 2008.

Malik 1984/2015: Malik, Fredmund: Strategie des Managements komplexer Systeme: ein Beitrag zur Management-Kybernetik evolutionärer Systeme. 11. Aufl. Bern/Stuttgart/Wien: Haupt 2015. [1. Aufl. Bern/Stuttgart/Wien: Haupt 1984].

Malik 2006: Malik, Fredmund: Führen – Leisten – Leben: wirksames Management für eine neue Zeit. Frankfurt a. M.: Campus 2006.

Mann 1959: Mann, Richard D.: A review of the relationships between personality and performance in small groups. In: Psychological Bulletin 56/1959, pp. 241–270.

Mann/Püttner 2007: Mann, Thomas/Püttner, Günter (Hrsg.): Handbuch der kommunalen Wissenschaft und Praxis. 3. Aufl. [Reihe: Grundlagen und Kommunalverfassung. Bd. I]. Berlin/Heidelberg: Springer 2007.

Manz/Sims 1989: Manz, Charles C./Sims, Henry P.: SuperLeadership: leading others to lead themselves. New York: Prentice Hall 1989.

Marx 1957: Marx, Karl: Das Kapital: Kritik der politischen Ökonomie. [Bd. I: Der Produktionsprozeß des Kapitals (1867)]. In: Rosa-Luxemburg-Stiftung (Hrsg.): Marx-Engels-Werke. [Bd. 23]. Berlin (DDR): Dietz 1962, S. 11–802. [Online: http://www.mlwerke.de/me/me23/me23_000.htm (Zugriff: 15.09.2016)].

Marx 1867/1885/1894: Marx, Karl: Das Kapital. 3 Bde. Hrsg. v. Engels, Friedrich. Hamburg: Meissner 1867/1885/1894.

Maurer 2012: Maurer, Matthias: Selbstverwaltung – eine Illusion? In: Erziehungskunst [Thema: Selbstverwaltung: Träume und Tatsachen] 76(2012)3, S. 3.

Maurus u. a. 2016: Maurus, Anna/Brater, Michael/Ackermann, Stefan/Elsäßer, Peter/ Hartmann, Elisa/Hepting, Sigrid/Juraschek, Stephanie/Lang, Rolf: Menschen entwickeln Qualitäten: Qualitätsmanagement nach dem GAB-Verfahren – ein Leitfaden für pädagogische und soziale Arbeitsfelder. 7. Aufl. [Reihe: Beiträge zu Arbeit – Lernen – Persönlichkeitsentwicklung. Hrsg. v. d. Gesellschaft für Ausbildungsforschung und Berufsentwicklung (GAB)]. Bielefeld: Bertelsmann 2016.

Mayntz 1968: Mayntz, Renate (Hrsg.): Bürokratische Organisation. [Reihe: Neue Wissenschaftliche Bibliothek. Bd. 27]. Köln: Kiepenhauer & Witsch 1968.

McCall/Lombardo 1983: McCall, Morgan W. jr./Lombardo, Michael M.: Off the track: why and how successful executives get derailed. Greenboro (NC): Centre for Creative Leadership 1983.

McGregor 1960/1973: McGregor Douglas: The human side of enterprise. New York: McGraw-Hill 1960. [Deutsch: Der Mensch im Unternehmen. 3., unveränd. Aufl. München: Econ 1973].

Messik/Kramer 2005: Messik, David M./Kramer, Roderick M. (Eds.): The psychology of leadership: new perspectives and research. [Series: Organization and management. Ed. by Brief, Arthur P./Walsh, James P.]. Mahwah (N. J.): Lawrence Erlbaum Associates 2005.

Miles/Watkins 2007: Miles, Stephen A./Watkins, Michael D.: The leadership team: complementary strengths or conflicting agendas? In: Harvard Business Review 4/2007, pp. 90–98.

Mintzberg 1973: Mintzberg, Henry: The nature of managerial work. New York u. a.: Harper & Row 1973.

Mitterer 2015: Mitterer, Gerald: Holacracy[TM]: ein Fleischwolf für organisationale Entscheidungsprozesse. In: Eschenbach, Rolf/Horak, Christian/Meyer, Michael/Schober, Christian (Hrsg.): Bewährte Instrumente im praktischen Einsatz. 3., überarb. u. erw. Aufl. Stuttgart: Schäffer-Poeschel 2015, S. 426–432. [Online: http://www.diebasis.at/ upload/multifile/553363131.pdf (Zugriff: 26.08.2016)].

Möhle 2010: Möhle, Andreas: Selbstverwaltung ist eine Bewusstseinsfrage. In: Punkt und Kreis [Thema: Selbstverwaltet arbeiten] 09/2010, S. 8–9.

Möhring 1998: Möhring, Hans-J.: Grundlagen einer ethisch-politischen Theorie der Führung. [Zugl. Diss. Univ. Basel 1994]. Basel: o. V. 1998.

Molt 1986: Molt, Emil: Was Dr. Steiner für mich und mein Unternehmen bedeutet. In: Erziehungskunst 50(1986)6, S. 354–356.

Molt 1972: Molt, Emil: Entwurf meiner Lebensbeschreibung: mit einem dokumentarischen Anhang: Nachwort v. Tautz, Johannes. Stuttgart: Freies Geistesleben 1972.

Molt 1925: Molt, Emil: Dr. Rudolf Steiner und die Waldorfschule. In: die Drei 5(1925)5, S. 361–371.
Molt 1919: Molt, Emil: Betriebsräte! Aus der Praxis für die Praxis. In: Soziale Zukunft 1(1919)1, S. 31–34.
Mommsen 1998: Mommsen, Hans: Aufstieg und Untergang der Republik von Weimar: 1918–1933. Überarb. u. akt. Aufl. Berlin: Propyläen 1998.
Mosmann 2015: Mosmann, Johannes (Hrsg.): Rudolf Steiner: Was ist eine freie Schule? [Vorwort u. Kommentar v. Mosmann, Johannes]. 2. Aufl. Berlin: Institut für soziale Dreigliederung 2015. [Online: http://www.dreigliederung.de/files/download/steiner-rudolf-freie-schule.pdf (Zugriff: 26.10.2016)].
Müller 2004: Müller, Karl: Selbst-Verwaltung: Worum geht's? In: Erziehungskunst 68(2004)2, S. 185–187.
Müller 2002: Müller, Karl: Ein Direktor für die Waldorfschule? In: Erziehungskunst 66(2002)9, S. 1003–1005.
Mumford u. a. 2000: Mumford, Michael D./Marks, Michelle A./Connelly, Mary S./Zaccaro, Stephen J./Reiter-Palmon, Roni: Development of leadership skill: experience and timing. In: Leadership Quarterly 11(2000)1, pp. 87–114. [Online: http://digital commons.unomaha.edu/cgi/viewcontent.cgi?article=1065&context=psychfacpub (accessed 15.09.2016)].
Mummendey/Grau 2000: Mummendey, Hans D./Grau, Ina: Die Fragebogen-Methode. 5., überarb. u. erw. Aufl. Göttingen u. a.: Hogrefe 2008.

Naphtali 1928: Naphtali, Fritz (Hrsg.): Wirtschaftsdemokratie: ihr Wesen, Weg und Ziel. Berlin: Verlagsgesellschaft des Allgemeinen Deutschen Gewerkschaftsbundes 1928.
Neuling 1985: Neuling, Matthias: Auf fremden Pfaden – ein Leitfaden der Rechtformen für selbstverwaltete Betriebe und Projekte. [Zugl. Diss. Univ. Bremen 1984]. Berlin: Stattbuch 1985.
Nevermann 1995: Nevermann, Knut: Selbstverwaltung. In: Baethge, Martin/Nevermann, Knut (Hrsg.): Organisation, Recht und Ökonomie des Bildungswesens. [Reihe: Enzyklopädie Erziehungswissenschaft. Bd. 5. Hrsg. v. Lenzen, Dieter]. Stuttgart/Dresden: Klett-Cotta 1995, S. 598–602.
Nerdinger 1995: Nerdinger, Friedemann W.: Motivation und Handeln in Organisationen: eine Einführung. Stuttgart/Berlin/Köln: Kohlhammer 1995.
Neuberger 2002: Neuberger, Oswald: Führen und führen lassen: Ansätze, Ergebnisse der Kritik der Führungsforschung. 6., völlig neu bearb. u. erw. Aufl. Stuttgart: Lucius & Lucius 2002.
Neuberger 1995a: Neuberger, Oswald: Führen und geführt werden. 5. Aufl. Stuttgart: Enke 1995.

Neuberger 1995b: Neuberger, Oswald: [Art.] Führungsdilemmata. In: Kieser, Alfred/ Reber, Gerhard/Wunderer, Rolf (Hrsg.): Handwörterbuch der Führung. 2. Aufl. Stuttgart: Poeschel 1995, Sp. 533–540.

Neubauer/Rosemann 2006: Neubauer, Walter/Rosemann, Bernhard: Führung, Macht und Vertrauen in Organisationen. [Reihe: Organisation und Führung. Hrsg. v. Oelsnitz, Dietrich von der/Weibler, Jürgen]. Stuttgart: Kohlhammer 2006.

Nicolai/Vollmar 2007: Nicolai, Alexander/Vollmar, Bernhard H.: Zwischen Sein und Sollen: Henry Mintzbergs Beitrag für die Managementwissenschaft. In: Organisations-Entwicklung 4/2007, S. 86–91.

Nieder 2009: Nieder, Peter: Mitarbeiterführung. In Nieder, Peter/Michalk, Silke (Hrsg): Modernes Personalmanagement: Grundlagen, Konzepte, Instrumente. Weinheim: Wiley 2009, S. 331–350.

Nörling 2015a: Nörling, Joseph: Methodik. In: Koolmann, Steffen/Nörling, Joseph E. (Hrsg.): Zukunftsgestaltung Waldorfschule: Ergebnisse einer empirischen Untersuchung zu Kultur, Management und Entwicklung. Mit einem Geleitwort von Bauer, Horst Ph. Wiesbaden: Springer VS 2015, S. 28–32.

Nörling 2015b: Nörling, Joseph E.: Kultur und Werte. In: Koolmann, Steffen/Nörling, Joseph E. (Hrsg.): Zukunftsgestaltung Waldorfschule: Ergebnisse einer empirischen Untersuchung zu Kultur, Management und Entwicklung. Mit einem Geleitwort von Bauer, Horst Ph. Wiesbaden: Springer VS 2015, S. 81–139.

Nollmann/Strasser 2004: Nollmann, Gerd/Strasser, Hermann (Hrsg.): Das individualisierte Ich der modernen Gesellschaft. Frankfurt a. M.: Campus 2004.

Northouse 2004: Northouse, Peter G.: Leadership: theory and practice. 3rd ed. Thousand Oaks (CA): Sage 2004.

Nowotny 2016: Valentin, Nowotny: Agile Unternehmen: fokussiert, schnell, flexibel: Nur was sich bewegt, kann sich verbessern. Göttingen: BusinessVillage 2016.

Nutzinger 1982: Nutzinger, Hans G.: Forschungsstand der theor. Bemühungen um die Selbstverwaltung. In: Haupt, Heinz-G./Jost, Annette/Leithäuser, Gerhard/Mückenberger, Ulrich/Negt, Oskar/Pozzoli, Claudio/Steinberg, Hans J. (Hrsg.): Selbstverw. u. Arbeiterbewegung: Jahrb. Arbeiterbewegung 1982. Frankfurt a. M.: Europ. Verlagsanstalt 1982, S. 157–168. [Online: http://kobra.bibliothek.uni-kassel.de/bitstream/urn:nbn: de:hebis:34-2010062433562/1/NutzingerForschungs stand.pdf (Zugriff: 15.09.2016)].

Oestereich/Schröder 2016: Oestereich, Bernd/Schröder, Claudia: Das kollegial geführte Unternehmen: Ideen und Praktiken für die agile Organsiation von morgen. München: Vahlen 2016.

Olfert 2005: Olfert, Klaus (Hrsg.): Personalwirtschaft. [Reihe: Kompendium der praktischen Betriebswirtschaft]. 11., überarb. u. akt. Aufl. Ludwigshafen (Rhein): Kiehl 2005.

Opp 2014: Opp, Karl-D.: Methodologie der Sozialwissenschaften: Einführung in Probleme ihrer Theorienbildung und praktischen Anwendung. 7. Aufl. Wiesbaden: VS für Sozialwissenschaften 2014.

Organ 1988: Organ, Dennis W.: Organizational citizenship behavior: the good soldier syndrome. Lexington: Lexington Books 1988.

Osswald 2012: Osswald, Florian: Selbstverwaltung als Leib des Geistes. In: Erziehungskunst [Thema: Selbstverwaltung: Träume und Tatsachen] 76(2012)3, S. 8–10.

Ostendorf 1990: Ostendorf, Fritz: Sprache und Persönlichkeitsstruktur: zur Validität des Fünf-Faktoren-Modells der Persönlichkeit. Regensburg: Roderer 1990.

Ostendorf/Angleitner 2004: Ostendorf, Fritz/Angleitner, Alois: NEO-Persönlichkeitsinventar nach Costa und McCrae: NEO-PI-R. Göttingen u. a.: Hogrefe 2004.

Padilla 2013: Padilla, Art: Leadership: leaders, followers, environments. New York: Wiley 2013.

Palmer 1966: Palmer, Otto: Rudolf Steiner über seine „Philosophie der Freiheit" – Monographie eines Buches: zusammengestellt und mit verbindenden Texten versehen. Stuttgart: Freies Geisteseben 1966.

Paschen 2010: Paschen, Harm (Hrsg.): Erziehungswissenschaftliche Zugänge zur Waldorfpädagogik. Wiesbaden: VS für Sozialwissenschaften 2010.

Paschen 1996: Paschen, Harm: Schulautonomie als Entscheidungsproblem: zur Abwägung heterogener Argumente. Weinheim: Deutscher Studien Verlag 1996.

Paulus/Schrotta/Visotschnig 2009: Paulus, Georg/Schrotta, Siegfried/Visotschnig, Erich: Systemisches Konsensieren. Holzkirchen: Danke 2009.

Pearce/Conger 2003: Pearce, Craig L./Conger, Jay A.: Shared leadership: reframing the hows and whys of leadership. Thousand Oaks (CA): Sage 2003.

Pearce/Sims 2000: Pearce, Craig L./Sims, Henry P.: Shared leadership: toward a multilevel theory of leadership. In: Beyerlein, Michael (Ed.): Advances in interdisciplinary studies of work teams. 7th ed. Bingley (UK): Emerald Group 2000, pp. 115–139.

Peters 2013a: Peters, Jürgen: Arbeitsbezogene Verhaltens- und Erlebensmuster von Waldorflehrern im Zusammenhang mit Arbeitsbelastung und Berufszufriedenheit: eine empirische Untersuchung. [Diss. Alanus Hochschule]. Alfter b. Bonn: o. V. 2013. [Online: https://www.alanus.edu/fileadmin/downloads/fachbereiche_und_studienanbe gote/fb_bildungswissenschaft/2013-09_Dissertation_Juergen-Peters_Arbeitsbezogene -Verhaltens-muster.pdf (Zugriff: 06.10.2016)].

Peters 2013b: Peters, Jürgen: Arbeitsbezogene Verhaltens- und Erlebensmuster. In: Randoll, Dirk (Hrsg.): „Ich bin Waldorflehrer": Einstellungen, Erfahrungen, Diskussionspunkte – eine Befragungsstudie. Wiesbaden: Springer VS 2013, S. 185–222.

Petersen 2003: Petersen, Jendrik: Dialogisches Management. Frankfurt a. M.: Lang 2003.

Petersen/Olesch 2011: Petersen, Jendrik/Olesch, Jens-R. (Hrsg.): Dialogisches Management und Organisationslernen: Research in Progress. München/Mering: Hampp 2011.
Petersen/Olesch 2011: Petersen, Jendrik/Olesch, Jens-R.: Innovative Organisationsgestaltung durch dialogisches Management. In: Petersen, Jendrik/Olesch, Jens-R. (Hrsg.): Dialogisches Management und Organisationslernen: Research in Progress. München/Mering: Hampp 2011, S. 3–20.
Peterson/Behfar 2005: Peterson, Randall S./Behfar, Kristin J.: Leadership as group regulation. In: Messik, David M./Kramer, Roderick M. (Eds.): The Psychology of leadership: new perspectives and research. [Series: Organization and management. Ed. by Brief, Arthur P./Walsh, James P.]. Mahwah (N. J.): Lawrence Erlbaum Associates 2005, pp. 143–162.
Pflägling 2015a: Pfläging, Nils: Komplexithoden: clevere Wege zur (Wieder)Belebung von Unternehmen und Arbeit in Komplexität. München: Redline 2015.
Pflägling 2015b: Pfläging, Nils: Organisation für Komplexität: Wie Arbeit wieder lebendig wird – und Höchstleistung entsteht. 2. Aufl. München: Redline 2015.
Pflägling 2009: Pfläging, Nils: Die 12 neuen Gesetze der Führung – der Kodex: Warum Management verzichtbar ist. Frankfurt a. M. u. a.: Campus 2009.
Pflägling 2006: Pfläging, Nils: Führen mit flexiblen Zielen: Beyond Budgeting in der Praxis. Frankfurt a. M. u. a.: Campus 2006.
Peus/Wesche/Braun 2015: Peus, Claudia/Wesche, Jenny S./ Braun, Susanne: Authentic Leadership. In: Felfe, Jörg (Hrsg.): Trends der psychologischen Führungsforschung: neue Konzepte, Methoden und Erkenntnisse. [Reihe: Psychologie für das Personalmanagement: Trends der psychologischen Führungsforschung. Hrsg. v. Felfe, Jörg]. Göttingen u. a.: Hogrefe 2015, S. 15–26.
Piecha/Wegge 2015: Piecha, Annika/Wegge, Jürgen: Shared leadership in Teams. In: Felfe, Jörg (Hrsg.): Trends der psychologischen Führungsforschung: neue Konzepte, Methoden und Erkenntnisse. [Reihe: Psychologie für das Personalmanagement: Trends der psychologischen Führungsforschung. Hrsg. v. Felfe, Jörg]. Göttingen u. a.: Hogrefe 2015, S. 79–88.
Pinchot 1985/1988: Pinchot, Gifford: Intrapreneuring: Why you don't have to leave the corporation to become an entrepreneur. New York: Harper & Row 1985. [Deutsch: Intrapreneuring: Mitarbeiter als Unternehmer. Wiesbaden: Gabler 1988].
Pircher Verdorfer/Peus 2015: Pircher Verdorfer, Armin/Peus, Claudia: Servant leadership. In: Felfe, Jörg (Hrsg.): Trends der psychologischen Führungsforschung: neue Konzepte, Methoden und Erkenntnisse. [Reihe: Psychologie für das Personalmanagement: Trends der psychologischen Führungsforschung. Hrsg. v. Felfe, Jörg]. Göttingen u. a.: Hogrefe 2015, S. 67–78.

Quellenverzeichnis 583

Pörsken 2011: Pörsken, Bernhard (Hrsg.): Schlüsselwerke des Konstruktivismus. Wiesbaden: Springer VS für Sozialwissenschaften 2011.

Podsakoff u. a. 1993: Podsakoff, Philipp M./Niehoff, Brian P./MacKenzie, Scott B./ Williams, Magaret L.: Do substitutes for leadership really substitute for leadership? An empirical examination of Kerr and Jermier's situational leadership model. In: Organizational Behavior and Human Decision Processes 54/1993, pp. 1–44.

Polanyi 1985: Polanyi, Michael: Implizites Wissen. [A. d. Engl. übers. v. Brühmann, Horst]. Frankfurt a. M.: Suhrkamp 1985.

Porst 2014: Porst, Ralf: Frageformulierung. In: Blasius, Jörg/Baur, Nina (Hrsg.): Handbuch Methoden der empirischen Sozialforschung. Wiesbaden: Springer VS 2014, S. 687–700.

Prange 2000: Prange, Klaus: Erziehung zur Anthroposophie: Darstellung und Kritik der Waldorfpädagogik. 3. Aufl. Bad Heilbrunn: Klinkhardt 2000.

Preuß1902: Preuß, Hugo: Das städtische Amtsrecht in Preußen. Berlin: Reimer 1902.

Preuß 1905: Preuß, Hugo: Das Recht der städtischen Schulverwaltung in Preußen. Berlin: Prager 1905.

Preyer 2012: Preyer, Gerhard: Rolle, Status, Erwartungen und soziale Gruppe: mitgliedschaftstheoretische Reinterpretationen. Wiesbaden: Springer VS für Sozialwissenschaften 2012.

Priller/Zimmer 2001: Priller, Eckhard/Zimmer, Annette: Der Dritte Sektor: Wachstum und Wandel. Gütersloh: Bertelsmann Stiftung 2001.

Rahm 2005: Rahm, Sibylle: Einführung in die Theorie der Schulentwicklung. [Reihe: Beltz Studium. Hrsg. v. Oelkers, Jürgen/Hurrelmann, Klaus]. Weinheim/Basel: Beltz 2005.

Raithel 2008: Raithel, Jürgen: Quantitative Forschung: ein Praxiskurs. 2., durchges. Aufl. Wiesbaden: VS für Sozialwissenschaften 2008.

Randoll 2013a: Randoll, Dirk (Hrsg.): „Ich bin Waldorflehrer": Einstellungen, Erfahrungen, Diskussionspunkte – eine Befragungsstudie. Wiesbaden: Springer VS 2013.

Randoll 2013b: Randoll, Dirk: Konzeption der Studie. In: Randoll, Dirk (Hrsg.): „Ich bin Waldorflehrer": Einstellungen, Erfahrungen, Diskussionspunkte – eine Befragungsstudie. Wiesbaden: Springer VS 2013, S. 13–14.

Randoll 2013c: Randoll, Dirk: Fragebogenerhebung. In: Randoll, Dirk (Hrsg.): „Ich bin Waldorflehrer": Einstellungen, Erfahrungen, Diskussionspunkte – eine Befragungsstudie. Wiesbaden: Springer VS 2013, S. 67–149.

Randoll/Veiga 2013: Randoll, Dirk/Veiga, Marcelo da: Waldorfpädagogik in Praxis und Ausbildung: zw. Tradition und notwendigen Reformen. Wiesbaden: Springer VS 2013.

Rasch u. a. 2014: Rasch, Björn/Friese, Malte/Hofmann, Wilhelm/Naumann, Ewald: Quantitative Methoden 1: Einführung in die Statistik für Psychologen und Sozialwissenschaftler. 4. Aufl. Heidelberg/Berlin: Springer 2014.

Rauscher 1985: Rauscher, Anton (Hrsg.): Selbstinteresse und Gemeinwohl: Beiträge zur Ordnung der Wirtschaftsgesellschaft. [Reihe: Soziale Orientierung. Bd. 5]. Berlin: Duncker & Humblot 1985.

Rauscher 1982: Rauscher, Anton (Hrsg.): Alternative Ökonomie. [Reihe: Mönchengladbacher Gespräche. Bd. 4]. Köln: Bachem 1982.

Ravagli 1993–2005: Ravagli, Lorenzo (Hrsg.): Jahrbuch für anthroposophische Kritik 1993 bis 2005. München: Novalis edition thrithemius 1993–2005.

Reetz 2007: Reetz, H.: Das Kapital und das dreigliedrige Eigentum: Ideen zur sozialen Architektur. In: die Drei 2/2007, S. 25–37.

Regnet 2009: Regnet, Erika: Kommunikation als Führungsaufgabe. In: Rosenstiel, Lutz von/Regnet, Erika/Domsch, Michel E. (Hrsg.): Führung von Mitarbeitern: Handbuch für erfolgreiches Personlamanagement. 6., überarb. Aufl. Stuttgart: Schäffer-Poeschel 2009, S. 204–212.

Rehn 2013: Rehn, Götz E.: Die Befreiung der Führung. In: Werner, Götz W./Dellbrügger, Peter (Hrsg.): Wozu Führung? Dimensionen einer Kunst. Karlsruhe: KIT Scientific Publishing 2013, S. 82–92.

Rehn 2012: Rehn, Götz E.: Wirtschaft(en) mit Sinn. In: Rehn, Götz E./Haccius, Manon (Hrsg.): Anthroposophische Perspektiven. Köln: DuMont 2012, S. 3–8.

Rehn 2011: Rehn, Götz E.: Wirtschaft neu denken – das Alnatura Modell. In: Diedrich, Ralf/Heilemann, Ullrich (Hrsg.): Ökonomisierung der Wissensgesellschaft: Wie viel Ökonomie braucht und wie viel Ökonomie verträgt die Wissensgesellschaft? Berlin: Duncker & Humblot 2011, S. 211–219.

Reinalter/Brenner 2011: Reinalter, Helmut/Brenner, Peter J. (Hrsg.): Lexikon der Geisteswissen.: Sachbegriffe – Disziplinen – Personen. Wien/Köln/Weimar: Böhlau 2011.

Rennert 1992: Rennert, Klaus: Was heißt delegieren? Eine Kernfrage sozialer Gestaltung. In: Erziehungskunst 56(1992)4, S. 342–349.

Respond 1992: Respond, Jan: Die Freiheit des Pädagogen. In: Erziehungskunst 56(1992)4, S. 350–360.

Ressler/Thomson 2009: Ressler, Cali/Thomson, Judy: Bessere Ergebnisse durch selbstbestimmtes Arbeiten: erfolgreich mit dem ROWE-Konzept. Frankfurt a. M.: Campus 2009.

Reuband 2014: Reuband, Karl-H.: Schriftlich-postalische Befragung. In: Blasius, Jörg/Baur, Nina (Hrsg.): Handbuch Methoden der empirischen Sozialforschung. Wiesbaden: Springer VS 2014, S. 643–660.

Richter 2003: Richter, Tobias (Hrsg.): Pädagogischer Auftrag und Unterrichtsziele – vom Lehrplan der Waldorfschule. [Reihe: Menschenkunde und Erziehung. Bd. 69]. Stuttgart: Freies Geistesleben. 2003.

Rittelmeyer 2007: Rittelmeyer, Friedrich: Meine Lebensbegegnung mit Rudolf Steiner. 12. Aufl. Stuttgart: Urachhaus 2007.

Rittelmeyer 2002: Rittelmeyer, Christian: Pädagogische Anthropologie des Leibes: biologische Voraussetzungen der Erziehung und Bildung. Weinheim/München: Juventa 2002.

Rittelmeyer 1990: Rittelmeyer, Christian: Der fremde Blick – über den Umgang mit Rudolf Steiners Vorträgen und Schriften. In: Bohnsack, Fritz/Kranich, Ernst-M. (Hrsg.): Erziehungswissenschaft und Waldorfpädagogik: der Beginn eines notwendigen Dialogs. Weinheim/Basel: Beltz 1990, S. 64–74.

Ritter 1974: Ritter, Joachim (Hrsg.): Historisches Wörterbuch der Philosophie Bd. 1–3. (1971–1974). [Buchstaben G–H. Bd. 3]. Basel (CH): Schwabe 1974.

Robert 1999: Robert, Anette: Schulautonomie und -selbstverwaltung am Beispiel der Waldorfschulen in Europa: Konzept, Handlungsspielräume und Rahmenbedingungen. [Reihe 31: Europäische Hochschulschriften. Politikwissenschaft. Bd. 391]. [Zugl. Diss. Univ. Mannheim 1998]. Frankfurt a. M.: Lang 1999.

Robertson 2016a: Robertson, Brian J.: Holacracy: the revolutionary management system that abolishes hierarchy. New York/London u. a.: Penguin 2016.

Robertson 2016b: Robertson, Brian J.: Holacracy: ein revolutionäres Management-System für eine volatile Welt. [A. d. Engl. übers. v. Kauschke, Mike]. München: Vahlen 2016.

Robertson 2015: Robertson, Brian J.: Holacracy: the new management system for a rapidly changing world. San Francisco: McMillan 2015.

Robertson 2014: Robertson, Brian J.: History of Holacracy®: the discovery of an evolutionary algorithm. Birchrunville (Pennsyl.): o. V. 2014. [Online: https://blog.holacracy.org/history-of-holacracy-c7a8489f8eca?gi=63d33f0774c3 (accessed: 15.09.2016)].

Robertson 2006: Robertson, Brian J.: Ein Interview mit Brian Robertson, Präsident von Ternary Software, Inc., über Holakratie. [A. d. Engl. übers. v. Wittrock, Dennis]. In: integrale perspektiven 8/2006, o. S. [Online: http://integralesleben.org/fileadmin/user_upload/images/DIA/Flyer/Interview_mit_Brian_Robertson_2006-02-08_v3_01.pdf (Zugriff: 15.09.2016)].

Rodler/Kirchler 2002: Rodler, Christa/Kirchler, Erich: Führung in Organisationen. [Reihe: Arbeits- u. Organisationspsychologie. Bd. 2]. Wien: WUV-Universitätsverlag 2002.

Rohde 2005: Rohde, Dirk: Zur „Schulleitung" an Waldorfschulen. In: Erziehungskunst 69(2005)10, S. 1129–1131.

Ronco 2010: Ronco, Raymond di: Wie führt sich eine selbstverwaltete Schule? In: Erziehungskunst [Thema: Führung: Last oder Lust] 74(2010)1, S. 12–15.

Rosa-Luxemburg-Stiftung 1962: Rosa-Luxemburg-Stiftung (Hrsg.): Marx-Engels-Werke. [Bd. 23]. Berlin (DDR): Dietz 1962. [Online: http://www.mlwerke.de/me/me23/me23_000.htm (Zugriff: 15.09.2016)].

Rosenstiel 2009: Rosenstiel, Lutz von: Grundlagen der Führung. In: Rosenstiel, Lutz von/Regnet, Erika/Domsch, Michel E. (Hrsg.): Führung von Mitarbeitern: Handbuch für ein erfolgreiches Personalmanagement. 6. überarb. Aufl. Stuttgart: Schäffer-Poeschel 2009, S. 3–27.

Rosenstiel 2007a: Rosenstiel, Lutz von: Grundlagen der Organisationspsychologie: Basiswissen und Anwendungshinweise. 6., überarb. Aufl. Stuttgart: Schäffer-Poeschel 2007.

Rosenstiel 2007b: Rosenstiel, Lutz von: Kommunikation in Arbeitsgruppen. In: Schuler, Heinz (Hrsg.): Lehrbuch Organisationspsychologie. 4., vollst. überarb. u. erw. Aufl. [Reihe: Psychologie Lehrbuch. Mithrsg. v. Brandstätter, Hermann/Bungard, Walter/ Greif, Siegfried/Ulich, Eberhard/Wilpert, Bernhard]. Bern (CH): Huber (Hogrefe) 2007, S. 387–414.

Rosenstiel 1992: Rosenstiel, Lutz von: Symbolische Führung. In: IO Managementzeitschrift 61(1992)3, S. 55–66.

Rosenstiel/Molt/Rüttinger 2005: Rosenstiel, Lutz von/Molt, Walter/Rüttinger, Bruno: Organisationspsychologie. 9., vollst. überarb. u. erw. Aufl. [Reihe: Grundriss der Psychologie. Bd. 22. Hrsg. v. Salisch, Maria von/Selg, Herbert/Ulich, Dieter]. Stuttgart: Kohlhammer 2005.

Rosenstiel/Regnet/Domsch 2009: Rosenstiel, Lutz von/Regnet, Erika/Domsch, Michel E. (Hrsg.): Führung von Mitarbeitern: Handbuch für erfolgreiches Personlamanagement. 6., überarb. Aufl. Stuttgart: Schäffer-Poeschel 2009.

Rosenthal u. a. 2010: Rosenthal, Seth A./Pittinsky, Todd L./Maruskin, Laura A./Montoya, R. Matthew: National Leadership Index 2010: a national study of confidence in leadership. Cambridge (Mass.): Center for Public Leadership, Harvard Kennedy School, Harvard University 2010. [Online: http://academic.udayton.edu/MatthewMontoya/pubs/NLI_2010.pdf (Zugriff: 15.09.2016)].

Ross 2008: Ross, Michael: Selbstverwaltung als Führungsmodell. In: Strawe, Christoph: Hat die Selbstverwaltung eine Zukunft? Führungsfragen in freien Schulen und anderen Einrichtungen in freier Trägerschaft. [Vortrags-Zusammenfassung. Referenten: Hermannstorfer, Udo/Ross, Michael/Strawe, Christoph]. In: Sozialimpulse – Rundbrief Dreigliederung des sozialen Organismus 19(2008)3, S. 19–22.

Roth/Rucht 2008: Roth, Roland/Rucht, Dieter (Hrsg.): Die sozialen Bewegungen in Deutschland seit 1945: ein Handbuch. Frankfurt a. M./New York: Campus 2008.
Rowe/Guerrero 2011: Rowe, Glenn W./Guerrero, Laura (Eds.): Cases in leadership. 2nd Ed. Thousand Oaks (CA): Sage 2011.
Rudolf 1960: Rudolf, Wolfgang: Zur Frage der Selbstverwaltung einer Waldorfschule. In: Erziehungskunst 24(1960)2/3, S. 72–78.
Rüther 2010: Rüther, Christian: Soziokratie – ein Organisationsmodell: Grundlagen, Methoden und Praxis. Masterthesis MBA an der World Wide Education GmbH (WWEDU). 2., korr. u. leicht akt. Aufl. Wels (AU): o. V. [Online: http://soziokratie.org/wp-content/uploads/2011/06/soziokratie-skript2.7.pdf (Zugriff: 26.8.2016)].
Rubin 2009: Rubin, Hank: Collaborative leadership: developing effective partnerships for communities and schools. Thousand Oaks (CA): Corwin 2009.
Rudolf-Steiner-NV 1998: Rudolf-Steiner-Nachlassverwaltung (Hrsg.) Rudolf Steiner in Mannheim: Briefe – Dokumente – Chronik. Dornach (CH): Rudolf Steiner 1998.

Sachs/Hedderich 2015: Sachs, Lothar/Hedderich, Jürgen: Angewandte Statistik: Methodensammlung mit R. 15. Aufl. Berlin/Heidelberg: Springer 2015.
Sauerland 2013: Sauerland, Dirk: [Art.] Arbeiterselbstverwaltung. In: Springer Gabler Verlag (Hrsg.): Gabler Online-Wirtschaftslexikon. Wiesbaden: Springer Gabler 2013, o. S. [Online: http://wirtschaftslexikon.gabler.de/Archiv/4948/arbeiterselbstverwaltung-v6.html (Zugriff: 15.09.2016)].
Sbandi 1973: Sbandi, Pio: Gruppenpsychologie: Einführung in die Wirklichkeit der Gruppendynamik aus sozialpsychologischer Sicht. München: Pfeiffer 1973.
Schaarschmidt/Fischer 2008: Schaarschmidt, Uwe/Fischer, Andreas W.: AVEM – Arbeitsbezogenes Verhaltens- und Erlebnismuster: AVEM (Standardform), AVEM-44 (Kurzform). 3. überarb. u. erw. Aufl. London/Frankfurt a. M.: Pearson 2008.
Schaarschmidt/Fischer 2003: Schaarschmidt, Uwe/Fischer, Andreas W.: AVEM – Arbeitsbezogenes Verhaltens- und Erlebnismuster: Handanweisung. 2., überarb. u. erw. Aufl. London/Frankfurt a. M.: Pearson 2003.
Schaarschmidt/Fischer 2001: Schaarschmidt, Uwe/Fischer, Andreas W.: Bewältigungsmuster im Beruf: Persönlichkeitsunterschiede in der Auseinandersetzung mit der Arbeitsbelastung. Göttingen: Vandenhoeck & Ruprecht 2001.
Schalk/Leist/Kügelgen 1969: Schalk, Ellen/Leist, Manfred/Kügelgen, Helmut von: Daten und Zeugnisse zur Biographie der Freien Waldorfschule. In: Erziehungskunst [Sonderheft: Soziale Erneuerung als Ursprung und Ziel der Freien Waldorfschule. 50 Jahre Pädagogik Rudolf Steiners. Festschrift der „Erziehungskunst"] 33(1969)8–9, S. 428–452. [Online: http://www.erziehungskunst.de/fileadmin/archiv_alt/1960-1967/1969_08_09_Jg_33.pdf (Zugriff: 15.09.2016)].

Scharmer 2007/2009: Scharmer, C. Otto: Theory U – leading from the future as it emerges: the social technology of presencing. Cambridge (Mass.): The Society for Organizational Learning (SoL) 2007. [Deutsch: Theorie U – von der Zukunft her führen: presencing als soziale Technik. Heidelberg: Carl-Auer 2009].

Scharmer 2003: Scharmer, C. Otto: The blind spot of leadership: presencing as a social technology of freedom. [Habil. Thesis]. Cambridge (Mass.): no publ. 2003.

Scharmer/Käufer 2008: Scharmer, C. Otto/Käufer, Katrin: Führung vor der leeren Leinwand: presencing als soziale Technik. In: OrganisationsEntwicklung 2/2008, S. 4–11.

Schattenhofer 2009a: Schattenhofer, Karl: Was ist eine Gruppe? Verschiedene Sichtweisen und Unterscheidungen. In: Edding, Cornelia/Schattenhofer, Karl (Hrsg.): Handbuch: alles über Gruppen – Theorie, Anwendung, Praxis. Weinheim/Basel: Beltz 2009, S. 16–46.

Schattenhofer 2009b: Schattenhofer, Karl: Selbststeuerung von Gruppen. In: Edding, Cornelia/Schattenhofer, Karl (Hrsg.): Handbuch: alles über Gruppen – Theorie, Anwendung, Praxis. Weinheim/Basel: Beltz 2009, S. 437–466.

Schein 1972/1980: Schein, Edgar H.: Organizational psychology. 2nd ed. [Series: Foundation of Modern Psychology. Ed. by Lazarus, Richard S.]. Englewood Cliffs (N. J.): Prentice-Hall 1972. [Deutsch: Organisationspsychologie: Führung – Strategie – Organisation. [Reihe 3: des interdisziplinären Instituts für Unternehmensführung an der Wirtschaftsuniversität Wien. Bd. 4. Hrsg. v. Hofmann, Michael.]. [A. d. Engl. übers. v. Münster, Thomas]. Wiesbaden: Gabler 1980].

Scheinert/Kionke/Osang 2012: Scheinert, Karin/Kionke, Dorothea/Osang, Ulrike: Mut zur Vision: Leitbildarbeit – ein Herzstück der Selbstverwaltung. In: Erziehungskunst [Thema: Selbstverwaltung: Träume und Tatsachen] 75(2012)3, S. 42–43.

Schieren 1998: Schieren, Jost: Anschauende Urteilskraft: methodische und philosophische Grundlagen von Goethes naturwissenschaftlichem Erkennen. [Zugl. Diss. Univ. Essen 1997]. Düsseldorf/Bonn: Parerga 1998.

Schiller 2012: Schiller, Hartwig: Die Konferenz als spirituelles Schulungsfeld. In: Erziehungskunst [Thema: Selbstverwaltung: Träume und Tatsachen] 75(2012)3, S. 38–41.

Schiller 2001: Schiller, Hartwig (Hrsg.): Innere Aspekte der Konferenzgestaltung: Übungsansätze, Perspektiven, Erfahrungen. Stuttgart: Freies Geistesleben 2001.

Schindler 1960: Schindler, Raoul: Über den wechselseitigen Einfluss von Gesprächsinhalt, Gruppenposition und Ichgestalt in der analytischen Gruppentherapie. In: Psyche 14(1960)6, S. 382–392.

Schindler 1957: Schindler, Raoul: Grundprinzipien der Psychodynamik in der Gruppe. In: Psyche 11(1957)5, S. 308–314.

Quellenverzeichnis

Schlittgen 2010: Schlittgen, Rainer: Statistische Inferenz. 2. durchges. Aufl. Hamburg: o. V. 2010. [Online: https://www.wiso.uni-hamburg.de/fileadmin/bwl/statistikundoekonometrie/Schlittgen/Statistische_Inferenz/ INFBUCH.pdf (Zugriff: 06.10.2016)].

Schmalenbach 2016: Schmalenbach, Bernhard (Hrsg.): Dimensionen der Heilpädagogik: Entwicklungsbegleitung, Gemeinschaftsbildung und Inklusion. Festschrift für Rüdiger Grimm. [Edition Anthropos: Heilpädagogik und Sozialtherapie aus anthroposophischen Perspektiven. Bd. 6]. Dornach (CH)/Oberhausen: Verlag am Gotheanum & Athena 2016.

Schmalenbach/Randoll/Peters 2014: Schmalenbach, Bernhard/Randoll, Dirk/Peters, Jürgen (Hrsg.): Lehrerinnen u. Lehrer an heilpädagogischen Waldorfschulen: eine explorative empir. Unters.. Wiesbaden: Springer VS für Sozialwissenschaften 2014.

Schmelzer 1991: Schmelzer, Albert: Die Dreigliederungs-Bewegung 1919: Rudolf Steiners Einsatz für den Selbstverwaltungsimpuls. [Reihe: Beiträge zur Bewusstseinsgeschichte. Bd. 11. Hrsg. v. Dietz, Karl-M. f. d. Friedrich-von-Hardenberg-Institut]. [Zugl. Diss. Univ. Bochum]. Stuttgart: Ed. Hardenberg (Freies Geistesleben) 1991.

Schmelzer 1989: Schmelzer, Albert: Rudolf Steiners Initiative für eine mündige Gesellschaft: die Dreigliederungsbewegung des Jahres 1919 – Ausgangspunkt der Waldorfschulgründung. In: Erziehungskunst 53(1989)8/9, S. 634–653.

Schmidt 2011: Schmidt, Robin: Rudolf Steiner: Skizze seines Lebens. Dornach (CH): Verlag am Goetheanum 2011.

Schneck 2000: Schneck, Ottmar (Hrsg.): Lexikon der Betriebswirtschaftslehre. Mit Beitr. v. Schneck, Ottmar/Hahn, Klaus/Schramm, Uwe/Stelzer, Matthias. 4., völlig überarb. u. erw. Aufl. [Reihe: Beck-Wirtschaftsberater]. München: Deutscher Taschenbuch 2000.

Schneider 2006a: Schneider, Peter: Waldorfpädagogik als mitteleuropäischer Kulturimpuls. In: Bauer, Horst Ph./Schneider, Peter: Waldorfpädagogik: Perspektiven eines wissenschaftlichen Dialoges. Frankfurt a. M.: Lang 2006, S. 45–104.

Schneider 2006b: Schneider, Peter: Lehrerbildung auf der Grundlage eines freiheitlichen Menschenbildes: 7 Leitideen. In: Bauer, Horst Ph./Schneider, Peter: Waldorfpädagogik: Perspektiven eines wissenschaftlichen Dialoges. Frankfurt a. M.: Lang 2006, S. 297–321.

Schneider 1982: Schneider, Peter: Einführung in die Waldorfpädagogik. [Reihe: Konzepte der Humanwissenschaften]. Stuttgart: Klett-Cotta 1982.

Schnell/Hill/Esser 2011: Schnell, Rainer/Hill, Paul B./Esser, Elke: Methoden der empirischen Sozialforschung. 9. Aufl. München: Oldenbourg Wissenschaftsverlag 2011.

Scholl 1995: Scholl, Wolfgang: [Art.] Philosophische Grundfragen der Führung. In: Kieser, Alfred/Reber, Gerhard/Wunderer, Rolf (Hrsg.): Handwörterbuch der Führung. 2. Aufl. Stuttgart: Poeschel 1995, Sp. 1749–1757.

Scholz 2014: Scholz, Christian: Personalmanagement: informationsorientierte und verhaltenstheoretische Grundlagen. [Reihe: Vahlens Handbücher der Wirtschafts- und Sozialwissenschaften]. 6., neu bearb. u. erw. Aufl. München: Vahlen 2014.

Schreyögg/Koch 2010: Schreyögg, Georg/Koch, Jochen: Grundlagen des Managements: Basiswissen für Studium und Praxis. 2., überarb. u. erw. Aufl. Wiesbaden: Springer Gabler 2010.

Schuler 2007: Schuler, Heinz (Hrsg.): Lehrbuch Organisationspsychologie. 4., vollst. überarb. u. erw. Aufl. [Reihe: Psychologie Lehrbuch. Mithrsg. v. Brandstätter, Hermann/Bungard, Walter/Greif, Siegfried/Ulich, Eberhard/Wilpert, Bernhard]. Bern (CH): Huber (Hogrefe) 2007.

Schuler 2000: Schuler, Heinz: Psychologische Personalauswahl: Einführung in die Berufseignungsdiagnostik. 3. Aufl. Göttingen u. a.: Hogrefe 2000.

Schuler/Höft 2007: Schuler, Heinz/Höft, Stefan: Diagnose beruflicher Eignung und Leistung. In: Schuler, Heinz (Hrsg.): Lehrbuch Organisationspsychologie. 4., vollst. überarb. u. erw. Aufl. [Reihe: Psychologie Lehrbuch. Mithrsg. v. Brandstätter, Hermann/Bungard, Walter/Greif, Siegfried/Ulich, Eberhard/Wilpert, Bernhard]. Bern (CH): Huber (Hogrefe) 2007, S. 289–344.

Schuler/Liepmann 2007: Schuler, Heinz/Liepmann, Detlev: Personalentwicklung. In: Schuler, Heinz (Hrsg.): Lehrbuch Organisationspsychologie. 4., vollst. überarb. u. erw. Aufl. [Reihe: Psychologie Lehrbuch. Mithrsg. v. Brandstätter, Hermann/Bungard, Walter/Greif, Siegfried/Ulich, Eberhard/Wilpert, Bernhard]. Bern (CH): Huber (Hogrefe) 2007, S. 345–384.

Schulz-Hardt/Frey 1998: Schulz-Hardt, Stefan/Frey, Dieter: Wie der Hals in die Schlinge kommt: Fehlentscheidungen in Gruppen. In: Ardelt-Gattinger, Elisabeth/Lechner, Hans/Schlögl, Walter (Hrsg.): Gruppendynamik, Anspruch und Wirklichkeit der Arbeit in Gruppen. Göttingen: Verlag für Angewandte Psychologie 1998, S. 139–158.

Schwachulla 1974: Meyers Lexikonredaktion: Schwachulla, Wolfgang (redak. Ltg.) (Hrsg.): Meyers großes Handlexikon A–Z. 19., neu bearb. Aufl. Mannheim/Wien (AU)/ Zürich (CH): Bibliographisches Institut 1974.

Schwartz/Pietschmann 2001: Schwartz, Eugene/Pietschmann, Brigitte: Überlebenshandbuch für Waldorflehrer. [A. d. Engl. übers. v. Buschmann, Patricia]. Augsburg: Maro 2001.

Schwarz/Nenninger/Jäger 2010: Schwarz, Bernd/Nenninger, Peter/Jäger, Reinhold S. (Hrsg.): Erziehungswissenschaftliche Forschung – nachhaltige Bildung. Beiträge zur 5. DGfE-Sektionstagung: Empirische Bildungsforschung/AEPF-KBBB im Frühjahr 2009. Landau: Empirische Pädagogik 2010.

Quellenverzeichnis 591

Schwarz u. a. 2005: Schwarz, Peter/Purtschert, Robert/Giroud, Charles/Schauer, Reinbert: Das Freiburger Management-Model für Nonprofit-Organisationen. 5., erg. u. aktual. Aufl. Bern (CH): Haupt 2005.

Schwarzer 2000: Schwarzer, Ralf: Stress, Angst und Handlungsregulation. 4. Aufl. Stuttgart/Berlin/Köln: Kohlhammer 2000.

Schweer 2006: Schweer, Martin K. W. (Hrsg.): Bildung und Vertrauen. Frankfurt a. M.: Lang 2006.

Schweppenhäuser 1975: Schweppenhäuser, Hans G.: Die organische Geldordnung. Berlin/Freiburg i. Br.: Institut für soziale Gegenwartsfragen 1975. [Online: http://www.dreigliederung.de/download/1975-02-001.pdf (Zugriff: 15.09.2016)].

Schweppenhäuser 1972: Schweppenhäuser, Hans G.: Das kranke Geld: Vorschläge für eine soziale Geldordnung von morgen. Stuttgart: Radius 1972.

Schweppenhäuser 1970: Schweppenhäuser, Hans G.: Macht des Eigentums: auf dem Weg in eine neue soziale Zukunft. Stuttgart: Radius 1970.

Schweppenhäuser 1963: Schweppenhäuser, Hans G.: Das Eigentum an den Produktionsmitteln: Studie zur Frage nach der Ursache und Überwindung des sozialen Gegensatzes. Mit einem Vor- u. Nachwort v. Wilken, Folkert. [Reihe: Gegenwartfragen. Bd. 1]. Berlin: Institut für soziale Gegenwartsfragen 1963. [Online: http://www.drei gliederung.de/download/1963-10-001.pdf (Zugriff: 15.09.2016)].

Schyns/Knoll 2015: Schyns, Birgit/Knoll, Michael: LMX – Leader-Member-Exchange. In: Felfe, Jörg (Hrsg.): Trends d. Psychologischen Führungsforschung: neue Konzepte, Methoden u. Erkenntnisse. [Reihe: Psychologie f. d. Personalmanagement: Trends d. psych. Führungsforschung. Hrsg. v. Felfe, Jörg]. Göttingen u. a.: Hogrefe 2015, S. 55–65.

Seidel 1978: Seidel, Eberhard: Betriebliche Führungsformen: Geschichte, Konzept, Hypothesen, Forschung. [Reihe: Betriebswirtschaftliche Abhandlungen. Bd. 30]. Stuttgart: Schäffer-Poeschel 1978.

Seiler 2010: Seiler, Stefan: Führung neu denken – im Spannungsfeld zwischen Erfolg, Moral und Komplexität. Zürich (CH): Orell Füssli 2010.

Seiwert 2015: Seiwert, Lothar: Autonomie gehört zur Führungskultur: Entwicklungslinien des Themas Selbstmanagement. Im Interview mit Stehr, Christoph. In: Personalführung 1/2015, S. 43–48.

Selg 2012: Selg, Peter: Rudolf Steiner 1861–1925: Lebens- und Werkgeschichte. [Bd. 1: 1861–1914; Bd. 2: 1914–1922; Bd. 3: 1923–1925]. Arlesheim (CH): Ita Wegmann Institut 2012.

Selg 2009: Selg, Peter: Der geistige Kern der Waldorfschule: ein Vortrag. [Hrsg. v. Ita Wegmann Institut für anthroposophische Grundlagenforschung]. Arlesheim (CH): Ita Wegmann Institut 2009.

Seliger 2014: Seliger, Ruth: Das Dschungelbuch der Führung: ein Navigationssystem für Führungskräfte. 5. Aufl. Heidelberg: Carl-Auer 2014.
Senge 2007/2009: Senge, Peter M.: Vorwort zur Originalausgabe. In: Scharmer, C. Otto: Theory U – leading from the future as it emerges: the social technology of presencing. Cambridge (Mass.): The Society for Organizational Learning (SoL) 2007, pp. 9–16. [Deutsch: Theorie U – von der Zukunft her führen: presencing als soziale Technik. Heidelberg: Carl-Auer 2009, S. 9–16].
Senge 1990/2011: Senge, Peter M.: The fifth discipline: the art and practice of the learning organization. New York: Doubleday Currency 1990. [Deutsch: Die fünfte Disziplin: Kunst und Praxis der lernenden Organisation. [A. d. Engl. übers. v. Klostermann, Maren/Freundl, Hans]. 11., völlig überarb. u. akt. Aufl. Stuttgart: Schäffer-Poeschel 2011].
Senge u. a. 2004: Senge, Peter M./Scharmer, C. Otto/Jaworski, Joseph/Flowers, Betty S.: Presence: human purpose and the field of the future. Cambridge (Mass.): The Society for Organizational Learning (SoL) 2004.
Shamir/Eilam 2005: Shamir, Boas/Eilam, Galit: What's your story? A life-stories approach to authentic leadership development. In: Leadership Quarterly 16/2005, pp. 395–417. [Online: https://sites.fas.harvard.edu/~soc186/AssignedReadings/Shamir-Stories.pdf (accessed: 15.09.2016)].
Smith 1776/1784: Smith, Adam: An inquiry into the nature and causes of the wealth of nations. 2 Vol. [Ed. by Cannan, Edwin]. London: Methuen & Co. Ltd. 1776. [Deutsch: Untersuchungen der Natur und Ursachen von Nationalreichtümern. 2 Bde. [A. d. Engl. übers. v. Schiller, J. F./Wichmann, C. A.]. Leipzig: Weidmanns Erben und Reich 1784]. [Online: http://www.ifaarchive.com/pdf/smith__an_inquiry_into_the_nature_and_causes_of_the_ wealth_of_nations%5B1%5D.pdf (accessed: 15.09.2016)].
Spieler 2011: Spieler, Ekkehard: Was beschäftigt den Geschäftsführer? In: Erziehungskunst 74(2011)11, S. 37–39.
Spillane 2006: Spillane, James P.: Distributed leadership. San Francisco: Jossey-Bass 2006.
Spillane/Halverson/Diamond 2004: Spillane, James P./Halverson, Richard/Diamond, John B.: Towards a theory of leadership practice: a distributed perspective. In: Journal of Curriculum Studies 1(2004)36, pp. 3–34. [Online: http://ddis.wceruw.org/docs/SpillaneHalversonDiamond2004JCS.pdf (accessed: 15.09.2016)].
Staehle 1999: Staehle, Wolfgang H.: Management: eine verhaltenswissenschaftliche Perspektive. 8. Aufl., überarb. v. Conrad, Peter/Sydow, Jörg. [Reihe: Vahlens Handbücher der Wirtschafts- und Sozialwissenschaften]. München: Vahlen 1999.

Quellenverzeichnis 593

Stahl 2002: Stahl, Eberhard: Dynamik in Gruppen: Handbuch der Gruppenleitung. Weinheim/Basel/Berlin: Beltz 2002.

Steiner 2007: Steiner, Rudolf: Selbstzeugnisse: autobiographische Dokumente. Hrsg. v. Kugler, Walter. Dornach (CH): Rudolf Steiner 2007.

Steiner 1913: Steiner, Rudolf: Das Wesen der Anthroposophie. Vortrag in Berlin am 3. Febr. 1913 anläßl. d. ersten Generalversammlung d. Anthropos. Gesellsch. Berlin: o. V. 1913. [Online: http://www.odys-see-theater.org/ftp/anthroposophie/Rudolf_Steiner/ DAS%20WESEN%20DER%20ANTHROPOSOPHIE%201913.pdf (Zugriff: 16.12.2016)].

Steiner GA 1: Steiner, Rudolf GA 1: Einleitungen zu Goethes naturwissenschaftlichen Schriften: zugleich eine Grundlegung der Geisteswissenschaft (Anthroposophie). 4 Bde. Bibliotheks-Nr. 1 der Gesamtausgabe des Rudolf Steiner Verlags. Dornach (CH): Rudolf Steiner 1884–1897. [Hrsg. v. Rudolf Steiner-Nachlassverwaltung: Bellmann, Paul G. 4. Aufl. Dornach (CH) 1973/1987]. [Online: http://bdn-steiner.ru/ cat/ga/001.pdf (Zugriff: 15.09.2016)].

Steiner GA 3: Steiner, Rudolf GA 3: Wahrheit und Wissenschaft: Vorspiel zu einer „Philosophie der Freiheit". Bibliotheks-Nr. 3 der Gesamtausgabe des Rudolf Steiner Verlags. [Zugl. Diss. Univ. Rostock 1891]. Dornach (CH): Rudolf Steiner 1892. [Hrsg. v. Rudolf Steiner-Nachlassverwaltung. 1. Aufl. Dornach (CH) 1958]. [Online: http://bdn-steiner.ru/cat/ga/003.pdf (Zugriff: 15.09.2016)].

Steiner GA 4: Steiner, Rudolf GA 4: Die Philosophie der Freiheit: Grundzüge einer modernen Weltanschauung: seelische Beobachtungresultate nach naturwissenschaftlicher Methode. Bibliotheks-Nr. 4 der Gesamtausgabe des Rudolf Steiner Verlags. Dornach (CH): Rudolf Steiner 1894/1918. [Hrsg. v. Rudolf Steiner-Nachlassverwaltung. 16. Aufl. Dornach (CH) 1962/1995]. [Online: http://fvn-archiv.net/PDF/GA/ GA004.pdf (Zugriff: 15.09.2016)].

Steiner GA 9: Steiner, Rudolf GA 9: Theosophie: Einführung in übersinnliche Welterkenntnis und Menschenbestimmung. Bibliotheks-Nr. 9 der Gesamtausgabe des Rudolf Steiner Verlags. Dornach (CH): Rudolf Steiner 1904/1910/1914/1922. [Hrsg. v. Rudolf Steiner-Nachlassverwaltung. Dornach (CH) Tb-Ausgabe 1987]. [Online: http://www.bdn-steiner.ru/cat/ga/009.pdf (Zugriff: 15.09.2016)].

Steiner GA 10: Steiner, Rudolf GA 10: Wie erlangt man Erkenntnisse der höheren Welten? Bibliotheks-Nr. 10 der Gesamtausgabe des Rudolf Steiner Verlags. Dornach (CH): Rudolf Steiner 1914/1918. [Hrsg. v. Rudolf Steiner-Nachlassverwaltung. 24. Aufl. Dornach (CH) 1961/1993]. [Online: http://fvn-archiv.net/PDF/GA/GA010.pdf (Zugriff: 15.09.2016)].

Steiner GA 12: Steiner, Rudolf GA 12: Die Stufen der höheren Erkenntnis. Erstauflage als Artikelserie mit den Nr. 29, 30, 32, 34 und 35 der Zeitschrift „Lucifer-Gnosis Okt. 1905 bis Mai 1908. [Mit Vor- u. Nachwort v. Steiner, Marie in d. ersten Buchausgabe v. 1931]. Bibliotheks-Nr. 12 der Gesamtausgabe des Rudolf Steiner Verlags. Dornach (CH): Rudolf Steiner 1905–1908. [Hrsg. v. Rudolf Steiner-Nachlassver-waltung. 7. Aufl. Dornach (CH) 1931/1993]. [Online: http://fvn-archiv.net/PDF/GA/ GA012.pdf (Zugriff: 15.09.2016)].

Steiner GA 13: Steiner, Rudolf GA 13: Die Geheimwissenschaft im Umriß. Bibliotheks-Nr. 13 der Gesamtausgabe des Rudolf Steiner Verlags. Dornach (CH): Rudolf Steiner 1909/1913/1925. [Hrsg. v. Rudolf Steiner-Nachlassverwaltung. 30. Aufl. Dornach (CH) 1962/1989]. [Online: http://fvn-archiv.net/PDF/GA/GA013.pdf (Zugriff: 15.09.2016)].

Steiner GA 16: Steiner, Rudolf GA 16: Ein Weg zur Selbsterkenntnis des Menschen in acht Meditationen. Bibliotheks-Nr. 16 der Gesamtausgabe des Rudolf Steiner Verlags. Dornach (CH): Rudolf Steiner 1912/1918. [Hrsg. v. Rudolf Steiner-Nachlassver-waltung: Gut, Taja. 8., durchges. Aufl. Dornach (CH) 1956/2004]. [Online: http://fvn-archiv.net/PDF/GA/GA016.pdf (Zugriff: 15.09.2016)].

Steiner GA 20: Steiner, Rudolf GA 20: Vom Menschenrätsel: Ausgesprochenes und Unausgesprochenes im Denken, Schauen, Sinnen einer Reihe deutscher und öster-reichischer Persönlichkeiten. Bibliotheks-Nr. 20 der Gesamtausgabe des Rudolf Steiner Verlags. Dornach (CH): Rudolf Steiner 1916/1918. [Hrsg. v. Rudolf Steiner-Nachlassverwaltung. 5., neu durchges. Aufl. Dornach (CH) 1957/1984]. [Online: http://fvn-archiv.net/PDF/GA/GA020.pdf (Zugriff: 15.09.2016)].

Steiner GA 21: Steiner, Rudolf GA 21: Von Seelenrätseln: Anthroposophie und Anthro-pologie, Max Dessoir über Anthroposophie, Franz Brentano (ein Nachruf), skizzen-hafte Erweiterungen. Bibliotheks-Nr. 21 der Gesamtausgabe des Rudolf Steiner Ver-lags. Dornach (CH): Rudolf Steiner 1917/1921. [Hrsg. v. Rudolf Steiner-Nachlass-verwaltung. 5. Aufl. Dornach (CH) 1960/1983]. [Online: http://fvn-archiv.net/PDF/ GA/GA021.pdf (Zugriff: 15.09.2016)].

Steiner GA 23: Steiner, Rudolf GA 23: Die Kernpunkte der sozialen Frage in den Lebensnotwendigkeiten der Gegenwart und der Zukunft. Bibliotheks-Nr. 23 der Ge-samtausgabe des Rudolf Steiner Verlags. Dornach (CH): Rudolf Steiner 1919. [Hrsg. v. Rudolf Steiner-Nachlassverwaltung. Dornach (CH) 6. Aufl. 1961/1976]. [Online: http://fvn-archiv.net/PDF/GA/GA023.pdf (Zugriff: 15.09.2016)].

Steiner GA 24: Steiner, Rudolf GA 24: Aufsätze über die Dreigliederung des sozialen Organismus und zur Zeitlage. Bibliotheks-Nr. 24 der Gesamtausgabe des Rudolf Steiner Verlags. Dornach (CH): Rudolf Steiner 1915–1921. [Hrsg. v. Rudolf Steiner-Nachlassverwaltung: Friedenthal, Robert. 2. erw. Aufl. Dornach (CH) 1961/1982]. [Online: http://fvn-archiv.net/PDF/GA/GA024.pdf (Zugriff: 15.09.2016)].

Steiner GA 26: Steiner, Rudolf GA 26: Anthroposophische Leitsätze: der Erkenntnisweg der Anthroposophie, das Michael-Mysterium. [Erstveröff. i. d. Wochenzeitschrift: Was in der Anthroposophischen Gesellschaft vorgeht. Nachrichten für deren Mitglieder, JG 1/2]. Bibliotheks-Nr. 26 der Gesamtausgabe des Rudolf Steiner Verlags. Dornach (CH): Rudolf Steiner 1924–1925. [Hrsg. v. Rudolf Steiner-Nachlassverwaltung. 10. Aufl. 1972/1998]. [Online: http://fvn-archiv.net/PDF/GA/GA026.pdf (Zugriff: 15.09.2016)].

Steiner GA 27: Steiner, Rudolf GA 27: Grundlegendes für eine Erweiterung der Heilkunst nach geisteswissenschaftlichen Erkenntnissen. Zus. m. Wegman, Ita. Bibliotheks-Nr. 27 der Gesamtausgabe des Rudolf Steiner Verlags. Dornach (CH): Rudolf Steiner 1925. [Hrsg. v. Rudolf Steiner-Nachlassverwaltung: in Einvern. m. Wegman, Ita. 7. Aufl. Dornach (CH) 1925/1991]. [Online: http://fvn-archiv.net/PDF/GA/GA027.pdf (Zugriff: 15.09.2016)].

Steiner GA 28: Steiner, Rudolf GA 28: Mein Lebensgang: eine nicht vollendete Autobiographie. Mit einem Nachwort hrsg. v. Steiner, Marie. Bibliotheks-Nr. 28 der Gesamtausgabe des Rudolf Steiner Verlags. Dornach (CH): Rudolf Steiner 1925. [Hrsg. v. Rudolf Steiner-Nachlassverwaltung. 9. Aufl. Dornach (CH) 1962/2000]. [Online: http://fvn-archiv.net/PDF/GA/GA028.pdf (Zugriff: 15.09.2016)].

Steiner GA 31: Steiner, Rudolf GA 31: Gesammelte Aufsätze zur Kultur- und Zeitgeschichte 1887–1901. 5 Bde. Bibliotheks-Nr. 31 der Gesamtausgabe des Rudolf Steiner Verlags. Dornach (CH): Rudolf Steiner 1887–1901. [Hrsg. v. Rudolf Steiner-Nachlassverwaltung: Froböse, Edwin/Teichert, Werner. 3. Aufl. Dornach (CH) 1966/1989]. [Online: http://fvn-archiv.net/PDF/GA/GA031.pdf (Zugriff: 15.09.2016)].

Steiner GA 34: Steiner, Rudolf GA 34: Lucifer-Gnosis: Gesammelte Aufsätze 1903 bis 1908. Grundlegende Aufsätze zur Anthroposophie und Berichte aus den Zeitschriften „Luzifer" Nr. 1–7, Juni bis Dez. 1903 u. „Lucifer-Gnosis" Nr. 8–35, Juli 1903 bis Mai 1908. Bibliotheks-Nr. 34 der Gesamtausgabe des Rudolf Steiner Verlags. Dornach (CH): Rudolf Steiner 1903–1908. [Hrsg. v. Rudolf Steiner-Nachlassverwaltung: Waeger, Johann. 2., neu durchges. Aufl. Dornach (CH) 1960/1987]. [Online: http://fvn-archiv.net/PDF/GA/GA034.pdf (Zugriff: 15.09.2016)].

Steiner GA 35: Steiner, Rudolf GA 35: Philosophie und Anthroposophie. Gesammelte Aufsätze 1904 bis 1923. Bibliotheks-Nr. 35 der Gesamtausgabe des Rudolf Steiner Verlags. Dornach (CH): Rudolf Steiner 1904–1923. [Hrsg. v. Rudolf Steiner-Nachlassverwaltung: Kugler, Walter. 2., erw. Aufl. Dornach (CH) 1965/1984]. [Online: http://fvn-archiv.net/PDF/GA/GA035.pdf (Zugriff: 15.09.2016)].

Steiner GA 40: Steiner, Rudolf GA 40: Wahrspruchworte. Bibliotheks-Nr. 40 der Gesamtausgabe des Rudolf Steiner Verlags. Dornach (CH): Rudolf Steiner 1912–1925. [Hrsg. v. Rudolf Steiner-Nachlassverwaltung: Wiesberger, Hella/Weyrather, Dorothea, unter Mitarb. v. Zoll, Julius. 8., überarb. Aufl. Dornach (CH) 1961/1998]. [Online: http://fvn-archiv.net/PDF/GA/GA040.pdf (Zugriff: 15.09.2016)].

Steiner GA 53: Steiner, Rudolf GA 53: Ursprung und Ziel des Menschen: Grundbegriffe der Geisteswissenschaft. Dreiundzwanzig öffentl. Vorträge: Berlin, 29. Sept. 1904 bis 8. Juni 1905. Bibliotheks-Nr. 53 der Gesamtausgabe des Rudolf Steiner Verlags. Dornach (CH): Rudolf Steiner 1904–1905. [Hrsg. v. Rudolf Steiner-Nachlassverwaltung: Niederhäuser, Hans R. 2., erw. Aufl. Dornach (CH) 1957/1981]. [Online: http://fvn-archiv.net/PDF/GA/GA053.pdf (Zugriff: 15.09.2016)].

Steiner GA 57: Steiner, Rudolf GA 57: Wo und wie findet man den Geist? Achtzehn öffentl. Vorträge: Architektenhaus in Berlin, 15. Okt. 1908 bis 6. Mai 1909. Bibliotheks-Nr. 57 der Gesamtausgabe des Rudolf Steiner Verlags. Dornach (CH): Rudolf Steiner 1908–1909. [Hrsg. v. Rudolf Steiner-Nachlassverwaltung: Trapp, Ulla. 2., durchges. u. verbess. Aufl. Dornach (CH) 1961/1984]. [Online: http://fvn-archiv.net/PDF/GA/GA057.pdf (Zugriff: 15.09.2016)].

Steiner GA 73a: Steiner, Rudolf GA 73a: Fachwissenschaften und Anthroposophie. Acht öffentl. Vorträge, elf Fragenbeantwortungen, ein Diskussionsbeitrag und ein Schlußwort: Dornach (CH) und Stuttgart, 24. März bis 2. Sept. 1921. Bibliotheks-Nr. 73a der Gesamtausgabe des Rudolf Steiner Verlags. Dornach (CH): Rudolf Steiner 1921. [Hrsg. v. Rudolf Steiner-Nachlassverwaltung: Trapp, Ulla/Lüscher, Alexander, unter Mitarb. v. Donat, Konrad. Dornach (CH) 2005]. [Online: http://fvn-archiv.net/PDF/GA/GA073a.pdf (Zugriff: 15.09.2016)].

Steiner GA 76: Die befruchtende Wirkung der Anthroposophie auf die Fachwissenschaften. Öffentl. Vorträge und Ansprachen im zweiten anthroposophischen Hochschulkurs: Dornach (CH), 3. bis 10. April 1921. Bibliotheks-Nr. 76 der Gesamtausgabe d. Rudolf Steiner Verl. Dornach (CH): Rudolf Steiner 1921. [Hrsg. v. Rudolf Steiner-Nachlassv.: Weidmann, Ernst/Bellmann, Paul G. 2., neu durchges. u. veränd. Aufl. Dornach (CH) 1948/1977]. [Online: http://fvn-archiv.net/PDF/GA/GA076.pdf (Zugriff: 15.09.2016)].

Quellenverzeichnis 597

Steiner GA 83: Steiner, Rudolf GA 83: Westliche und östliche Weltgegensätzlichkeiten: Wege zu ihrer Verständigung durch Anthroposophie. Zehn Vorträge: zweiter internationaler Kongreß d. anthroposophischen Bewegung in Wien (AU), 1. bis 12. Juni 1922. Bibliotheks-Nr. 83 der Gesamtausgabe des Rudolf Steiner Verlags. Dornach (CH): Rudolf Steiner 1922. [Hrsg. v. Rudolf Steiner-Nachlassverwaltung: Wispler, Caroline. 3., neu durchges. u. erg. Aufl. Dornach (CH) 1950/1981]. [Online: http://fvn-archiv.net/PDF/GA/GA083.pdf (Zugriff: 15.09.2016)].

Steiner GA 95: Steiner, Rudolf GA 95: Vor der Tore der Theosophie. Vierzehn Vorträge vor d. Mitgliedern d. Anthroposophischen Gesellschaft: Stuttgart, 22. Aug. bis 4. Sept. 1906, mit zwei Fragenbeantw. (Hörernotizen). Bibliotheks-Nr. 95 der Gesamtausgabe des Rudolf Steiner Verlags. Dornach (CH): Rudolf Steiner 1906. [Hrsg. v. Rudolf Steiner-Nachlassverwaltung: Trapp, Ulla. 4., verb. u. erw. Aufl. Dornach (CH) 1964/1990]. [Online: http://fvn-archiv.net/PDF/GA/GA095.pdf (Zugriff: 15.09.2016)].

Steiner GA 108: Die Beantwortung von Welt- und Lebensfragen durch Anthroposophie. Einundzwanzig Vorträge vor d. Mitgliedern d. Anthroposophischen Gesellschaft: Wien (AU), Breslau (PL), Stuttgart, Pforzheim, St. Gallen (CH), Berlin, München, Karlsruhe, Düsseldorf, Nürnberg: 14. März 1908 bis 21. Nov. 1909. Bibliotheks-Nr. 108 der Gesamtausgabe des Rudolf Steiner Verlags. Dornach (CH): Rudolf Steiner 1908–1909. [Hrsg. v. Rudolf Steiner-Nachlassverwaltung: Balastèr, Anna-M./Trapp, Ulla. 2., neu durchges. u. erw. Aufl. Dornach (CH) 1970/1986]. [Online: http://fvn-archiv.net/PDF/GA/GA108.pdf (Zugriff: 15.09.2016)].

Steiner GA 115: Steiner, Rudolf GA 115: Anthroposophie, Psychosophie, Pneumatosophie. Zwölf Vorträge vor d. Mitgliedern d. Anthroposophischen Gesellschaft: Berlin, 23. bis 27. Okt. 1909, 1. bis 4. Nov. 1910 u. 12. bis 16. Dez. 1911. Bibliotheks-Nr. 115 der Gesamtausgabe des Rudolf Steiner Verlags. Dornach (CH): Rudolf Steiner 1909–1911. [Hrsg. v. Rudolf Steiner-Nachlassverwaltung. 4., neu durchges. Aufl. Dornach (CH) 1965/2001]. [Online: http://fvn-archiv.net/PDF/GA/GA115.pdf (Zugriff: 15.09.2016)].

Steiner GA 120: Steiner, Rudolf GA 120: Die Offenbarungen des Karma. Ein Zyklus von elf Vorträgen vor d. Mitgliedern d. Anthroposophischen Gesellschaft: Hamburg, 16. bis 28. Mai 1910. Bibliotheks-Nr. 120 der Gesamtausgabe des Rudolf Steiner Verlags. Dornach (CH): Rudolf Steiner 1910. [Hrsg. v. Rudolf Steiner-Nachlassverwaltung: Friedenthal, Robert. 8. Aufl. Dornach (CH) 1956/1992]. [Online: http://fvn-archiv.net/PDF/GA/GA120.pdf (Zugriff: 15.09.2016)].

Steiner GA 137: Steiner, Rudolf GA 137: Der Mensch im Lichte von Okkultismus, Theosophie und Philosophie. Zehn Vorträge vor d. Mitgliedern d. Anthroposophischen Gesellschaft: Kristiania (Oslo), 2. bis 12. Juni 1912. Bibliotheks-Nr. 137 der Gesamtausgabe des Rudolf Steiner Verlags. Dornach (CH): Rudolf Steiner 1912. [Hrsg. v. Rudolf Steiner-Nachlassverwaltung: Waeger, Johann. 5., neu durchges. u. um Notizbucheintragungen erg. Aufl. Dornach (CH) 1993]. [Online: http://fvn-archiv.net/PDF/GA/GA137.pdf (Zugriff: 15.09.2016)].

Steiner GA 138: Steiner, Rudolf GA 138: Von der Initiation – Von Ewigkeit und Augenblick – Von Geisteslicht und Lebensdunkel. Sieben Vorträge u. ein Sondervortrag vor d. Mitgliedern d. Anthroposophischen Gesellschaft: München, 25. bis 31. Aug. 1912. Bibliotheks-Nr. 138 d. Gesamtausgabe d. Rudolf Steiner Verl. Dornach (CH): Rudolf Steiner 1912. [Hrsg. v. Rudolf Steiner-Nachlassv.: Froböse, Edwin. 4. Aufl. Dornach (CH) 1959/1986]. [Online: http://fvn-archiv.net/PDF/GA/GA138.pdf (Zugriff: 15.09.2016)].

Steiner GA 147: Steiner, Rudolf GA 147: Die Geheimnisse der Schwelle. Zehn Vorträge vor d. Mitgliedern d. Anthroposophischen Gesellschaft: München, 24. bis 31. Aug. 1913. Im Anschluß an d. Aufführungen d. Mysteriendramen: Der Hüter der Schwelle u.: Der Seelen Erwachen. Bibliotheks-Nr. 147 der Gesamtausgabe des Rudolf Steiner Verlags. Dornach (CH): Rudolf Steiner 1913. [Hrsg. v. Rudolf Steiner-Nachlassverwaltung: Froböse, Edwin/Wispler, Caroline. 6. Aufl. Dornach (CH) 1960/1997]. [Online: http://fvn-archiv.net/PDF/GA/GA147.pdf (Zugriff: 15.09.2016)].

Steiner GA 185a: Steiner, Rudolf GA 185a: Entwicklungsgeschichtliche Unterlagen zur Bildung eines sozialen Urteils. Acht Vorträge vor d. Mitgliedern d. Anthroposophischen Gesellschaft: Dornach (CH), 9. bis 24. Nov. 1918. Bibliotheks-Nr. 185a der Gesamtausgabe des Rudolf Steiner Verlags. Dornach (CH): Rudolf Steiner 1918. [Hrsg. v. Rudolf Steiner-Nachlassverwaltung: Waeger, Johann (Nachdr.). 3., unveränd. Aufl. Dornach (CH) 1963/2004]. [Online: http://fvn-archiv.net/PDF/GA/GA185a.pdf (Zugriff: 15.09.2016)].

Steiner GA 186: Steiner, Rudolf GA 186: Die soziale Grundforderung unserer Zeit in geänderter Zeitlage. Zwölf Vorträge vor d. Mitgliedern d. Anthroposophischen Gesellschaft: Dornach (CH) u. Bern (CH), 29. Nov. bis 21. Dez. 1918. Bibliotheks-Nr. 186 der Gesamtausgabe des Rudolf Steiner Verlags. Dornach (CH): Rudolf Steiner 1918. [Hrsg. v. Rudolf Steiner-Nachlassverwaltung: Friedenthal, Robert/Leinhans, Emil/Spengler, Theo. 3. Aufl. Dornach (CH) 1963/1990]. [Online: http://fvn-archiv.net/PDF/GA/GA186.pdf (Zugriff: 15.09.2016)].

Quellenverzeichnis

Steiner GA 188: Steiner, Rudolf GA 188: Der Goetheanismus: ein Umwandlungsimpuls und Auserstehungsgedanke: Menschenwissenschaft und Sozialwissenschaft. Zwölf Vorträge vor d. Mitgliedern d. Anthroposophischen Gesellschaft: Dornach (CH), 3. Jan. bis 2. Febr. 1919. Bibliotheks-Nr. 188 der Gesamtausgabe des Rudolf Steiner Verlags. Dornach (CH): Rudolf Steiner 1919. [Hrsg. v. Rudolf Steiner-Nachlassverwaltung: Waeger, Johann/Friedenthal, Robert. 3., neu durchges. Aufl. Dornach (CH) 1967/1982]. [Online: http://fvn-archiv.net/PDF/GA/GA188.pdf (Zugriff: 15.09.2016)].

Steiner GA 192: Steiner, Rudolf GA 192: Geisteswissenschaftliche Behandlung sozialer und pädagogischer Fragen. Siebzehn Vorträge vor d. Mitgliedern d. Anthroposophischen Gesellschaft: Stuttgart, 21. April bis 28. Sept. 1919. Darunter: Drei Vorträge über Volkspädagogik. Bibliotheks-Nr. 192 der Gesamtausgabe des Rudolf Steiner Verlags. Dornach (CH): Rudolf Steiner 1919. [Hrsg. v. Rudolf Steiner-Nachlassverwaltung: Wartburg, Helmut von. 2. Aufl. Dornach (CH) 1964/1991]. [Online: http://fvn-archiv.net/PDF/GA/GA192.pdf (Zugriff: 15.09.2016)].

Steiner GA 193: Steiner, Rudolf GA 193: Der innere Aspekt des sozialen Rätsels: Luziferische Vergangenheit und ahrimanische Zukunft. Zehn Vorträge: Zürich (CH), Berlin, Heidenheim und Berlin, 4. Febr. bis 4. Nov. 1919. Bibliotheks-Nr. 193 der Gesamtausgabe des Rudolf Steiner Verlags. Dornach (CH): Rudolf Steiner 1919. [Hrsg. v. Rudolf Steiner-Nachlassverwaltung: Knobel, Hendrik. 4. Aufl. Dornach (CH) 1968/1989]. [Online: http://fvn-archiv.net/PDF/GA/GA193.pdf (Zugriff: 15.09.2016)].

Steiner GA 206: Steiner, Rudolf GA 206: Menschenwerden, Weltenseele und Weltengeist. Teil 2: Der Mensch als geistiges Wesen im historischen Werdegang. Elf Vorträge vor d. Mitgliedern d. Anthroposophischen Gesellschaft: Dornach (CH), 22. Juli bis 20. Aug. 1921. Bibliotheks-Nr. 206 der Gesamtausgabe des Rudolf Steiner Verlags. Dornach (CH): Rudolf Steiner 1921. [Hrsg. v. Rudolf Steiner-Nachlassverwaltung: Waeger, Johann/Knobel, Hendrik. 2. Aufl. Dornach (CH) 1967/1991]. [Online: http://fvn-archiv.net/PDF/GA/GA206.pdf (Zugriff: 15.09.2016)].

Steiner GA 217a: Steiner, Rudolf GA 217a: Die Erkenntnis-Aufgabe der Jugend. Ansprachen u. Fragenbeantw., Aufsätze u. Berichte aus d. Jahren 1920 bis 1924 in Ergänzung zum „Pädagogischen Jugendkurs" v. 1922. Bibliotheks-Nr. 217a der Gesamtausgabe des Rudolf Steiner Verlags. Dornach (CH): Rudolf Steiner 1920–1924. [Hrsg. v. Rudolf Steiner-Nachlassverwaltung: Froböse, Edwin/Bellmann, Paul G. 2., erw. u. neu durchges. Aufl. Dornach (CH) 1957/1981]. [Online: http://fvn-archiv.net/PDF/GA/GA217a.pdf (Zugriff: 15.09.2016)].

Steiner GA 223: Steiner, Rudolf GA 223: Der Jahreskreislauf als Atmungsvorgang der Erde und die vier großen Festeszeiten. Fünf Vorträge vor d. Mitgliedern d. Anthroposophischen Gesellschaft: Dornach (CH), 31. März bis 8. April 1923. Die Anthroposophie und das menschliche Gemüt. Vier Vorträge vor d. Mitgliedern d. Anthroposophischen Gesellschaft: Wien (AU), 27. Sept. bis 1. Okt. 1923. Bibliotheks-Nr. 223 der Gesamtausgabe des Rudolf Steiner Verlags. Dornach (CH): Rudolf Steiner 1923. [Hrsg. v. Rudolf Steiner-Nachlassverwaltung: Friedenthal, Robert/Froböse, Edwin. 7. Aufl. Dornach (CH) 1976/1990]. [Online: http://fvn-archiv.net/PDF/GA/GA223.pdf (Zugriff: 15.09.2016)].

Steiner GA 257: Steiner, Rudolf GA 257: Anthroposophische Gemeinschaftsbildung. Zehn Vorträge vor d. Mitgliedern d. Anthroposophischen Gesellschaft: Stuttgart u. Dornach (CH), 23. Jan. bis 4. März 1923. Bibliotheks-Nr. 257 der Gesamtausgabe des Rudolf Steiner Verlags. Dornach (CH): Rudolf Steiner 1923. [Hrsg. v. Rudolf Steiner-Nachlassverwaltung: Friedenthal, Robert/Wispler, Caroline. 4. Aufl. Dornach (CH) 1965/1989]. [Online: http://fvn-archiv.net/PDF/GA/GA257.pdf (Zugriff: 15.09.2016)].

Steiner GA 259: Steiner, Rudolf GA 259: Das Schicksalsjahr 1923 in der Geschichte der Anthroposophischen Gesellschaft: vom Goetheanumbrand zur Weihnachtstagung. Ansprachen – Versammlungen – Dokumente: Stuttgart u. Dornach (CH), Jan. bis Dez. 1923. Bibliotheks-Nr. 259 der Gesamtausgabe des Rudolf Steiner Verlags. Dornach (CH): Rudolf Steiner 1923. [Hrsg. v. Rudolf Steiner-Nachlassverwaltung: Wiesberger, Hella unter Mitarb. v. Höller, Klaus/Donat, Konrad. 1. Aufl. Dornach (CH) 1991]. [Online: http://fvn-archiv.net/PDF/GA/GA259.pdf (Zugriff: 15.09.2016)].

Steiner GA 260: Steiner, Rudolf GA 260: Die Weihnachtstagung zur Begründung der Allgemeinen Anthroposophischen Gesellschaft 1923/1924: Grundsteinlegung, Vorträge u. Ansprachen, Statutenberatung: Dornach (CH), 24. Dez. 1923 bis 1. Jan. 1924. Mit einem Vorwort: Jahresausklang und Jahreswende 1923/1924 u. einem Nachwort hrsg. v. Steiner, Marie 1944. Bibliotheks-Nr. 260 der Gesamtausgabe des Rudolf Steiner Verlags. Dornach (CH): Rudolf Steiner 1923–1924. [Hrsg. v. Rudolf Steiner-Nachlassverwaltung: Wiesberger, Hella/Schweizer, Michael. 4., neu durchges. u. erg. Aufl. Dornach (CH) 1957/1994]. [Online: http://fvn-archiv.net/PDF/GA/GA260.pdf (Zugriff: 15.09.2016)].

Steiner GA 263a: Steiner, Rudolf GA 263a: Briefwechsel mit Edith Maryon: Briefe – Sprüche – Skizzen 1912 bis 1924. Bibliotheks-Nr. 263a der Gesamtausgabe des Rudolf Steiner Verlags. Dornach (CH): Rudolf Steiner 1912–1924. [Hrsg. v. Rudolf Steiner-Nachlassverwaltung: Donat, Konrad. 1. Aufl. Dornach (CH) 1990]. [Online: http://fvn-archiv.net/PDF/GA/GA263a.pdf (Zugriff: 15.09.2016)].

Steiner GA 267: Steiner, Rudolf GA 267: Seelenübungen I: Übungen mit Wort- und Sinnbild-Meditationen zur methodischen Entwicklung höherer Erkenntniskräfte. Veröffentlichungen aus d. Inhalten zu d. esoterischen Lehrtätigkeiten 1904 bis 1924. Bibliotheks-Nr. 267 der Gesamtausgabe des Rudolf Steiner Verlags. Dornach (CH): Rudolf Steiner 1904–1924. [Hrsg. v. Rudolf Steiner-Nachlassverwaltung: Wiesberger, Hella, unter Mitarb. v. Schmidt-Brabant, Manfred. 2. Aufl. Dornach (CH) 1997/2001]. [Online: http://fvn-archiv.net/PDF/GA/GA267.pdf (Zugriff: 15.09.2016)].

Steiner GA 268: Steiner, Rudolf GA 268: Mantrische Sprüche: Seelenübungen II: Veröffentlichungen aus d. Inhalten zu d. esoterischen Lehrtätigkeiten 1903 bis 1925. Bibliotheks-Nr. 268 der Gesamtausgabe des Rudolf Steiner Verlags. Dornach (CH): Rudolf Steiner 1903–1925. [Hrsg. v. Rudolf Steiner-Nachlassverwaltung: Wiesberger, Hella/Weyrather, Dorothea, unter Mitarb. v. Zoll, Julius. 1. Aufl. Dornach (CH) 1999]. [Online: http://fvn-archiv.net/PDF/GA/GA268.pdf (Zugriff: 15.09.2016)].

Steiner GA 293: Steiner, Rudolf GA 293: Allgemeine Menschenkunde als Grundlage der Pädagogik. Vierzehn Vorträge über Erziehung u. eine einführende Ansprache: Stuttgart, 20. Aug. bis 5. Sept. 1919. Schulungskurs für d. Lehrer anläßl. d. Begründung d. Freien Waldorfschule in Stuttgart. Teil I. Dornach (CH): Rudolf Steiner 1919. Bibliotheks-Nr. 293 der Gesamtausgabe des Rudolf Steiner Verlags. Dornach (CH): Rudolf Steiner 1919. [Hrsg. v. Rudolf Steiner-Nachlassverwaltung: Sam, Martina/Kugler, Walter. 9., neu durchges. und erg. Aufl. Dornach (CH) 1960/1992]. [Online: http://anthroposophie.byu.edu/schriften/293.pdf (Zugriff: 15.09.2016)].

Steiner GA 294: Steiner, Rudolf GA 294: Erziehungskunst: Methodisch-Didaktisches. Vierzehn Vorträge: Stuttgart, 21. Aug. bis 5. Sept. u. Schlußworte v. 6. Sept. 1919 anläßl. d. Begründung d. Freien Waldorfschule in Stuttgart. Dornach (CH): Rudolf Steiner 1919. Bibliotheks-Nr. 294 der Gesamtausgabe des Rudolf Steiner Verlags. Dornach (CH): Rudolf Steiner 1919. [Hrsg. v. Rudolf Steiner-Nachlassverwaltung: Niederhäuser, Hans R. 6. Aufl. Dornach (CH) 1966/1990]. [Online: http://fvn-archiv.net/PDF/GA/GA294.pdf (Zugriff: 15.09.2016)].

Steiner GA 295: Steiner, Rudolf GA 295: Erziehungskunst: Seminarbesprechungen und Lehrplanvorträge. Vorträge über Erziehung: Stuttgart, 21. Aug. bis 6. Sept. 1919, anläßl. d. Begründung d. Freien Waldorfschule in Stuttgart. Bibliotheks-Nr. 295 der Gesamtausgabe des Rudolf Steiner Verlags. Dornach (CH): Rudolf Steiner 1919. [Hrsg. v. Rudolf Steiner-Nachlassverwaltung: Gabert, Erich/Niederhäuser, Hans R. 4. Aufl. Dornach (CH) 1959/1984]. [Online: http://fvn-archiv.net/PDF/GA/GA295.pdf (Zugriff: 15.09.2016)].

Steiner GA 298: Steiner, Rudolf GA 298: Rudolf Steiner in der Waldorfschule. Vorträge über Erziehung u. Ansprachen für d. Kinder, Eltern u. Lehrer in d. Freien Waldorfschule in Stuttgart: Stuttgart, 7. Sept. 1919 bis 1. Juni 1924. Bibliotheks-Nr. 298 der Gesamtausgabe des Rudolf Steiner Verlags. Dornach (CH): Rudolf Steiner 1919–1924. [Hrsg. v. Rudolf Steiner-Nachlassverwaltung: Niederhäuser, Hans R. 2., neu durchges. Aufl. Dornach (CH) 1958/1980]. [Online: http://fvn-archiv.net/PDF/GA/ GA298.pdf (Zugriff: 15.09.2016)].

Steiner GA 300: Steiner, Rudolf GA 300: Lehrerkonferenzen mit den Lehrern der Freien Waldorfschule in Stuttgart, 8. Sept. 1919 bis 3. Sept. 1924. Ergänzungen zu d. pädagogischen Grundkursen. [Studienmaterial für d. Lehrer an Waldorfschulen. Bd. I–III]. Bibliotheks-Nr. 300 der Gesamtausgabe des Rudolf Steiner Verlags. Dornach (CH): Rudolf Steiner 1919–1924. [Hrsg. v. Rudolf Steiner-Nachlassverwaltung: Gabert, Erich/Niederhäuser, Hans R. 4., neu durchges. u. erw. Aufl. Dornach (CH) 1975]. [Online: http://anthroposophie.byu.edu/vortraege/300.pdf (Zugriff: 15.09.2016)].

Steiner GA 300a: Steiner, Rudolf GA 300a: Lehrerkonferenzen mit den Lehrern der Freien Waldorfschule in Stuttgart, 8. Sept. 1919 bis 3. Sept. 1924. Ergänzungen zu d. pädagogischen Grundkursen. [Studienmaterial für d. Lehrer an Waldorfschulen. Bd. I: Das erste u. zweite Schuljahr. 16. Sept. 1919 bis 26. Mai 1921]. Bibliotheks-Nr. 300a der Gesamtausgabe des Rudolf Steiner Verlags. Dornach (CH): Rudolf Steiner 1919–1921. [Hrsg. v. Rudolf Steiner-Nachlassverwaltung: Gabert, Erich/Niederhäuser, Hans R. 4., neu durchges. u. erw. Aufl. Dornach (CH) 1975]. [Online: http://fvn-archiv.net/PDF/GA/GA300a.pdf (Zugriff: 15.09.2016)].

Steiner GA 302: Steiner, Rudolf GA 302: Menschenkenntnis und Unterrichtsgestaltung. Acht Vorträge über Erziehung für d. Lehrer d. Freien Waldorfschule Stuttgart, 12. bis 19. Juni 1921. Bibliotheks-Nr. 302 der Gesamtausgabe des Rudolf Steiner Verlags. Dornach (CH): Rudolf Steiner 1921. [Hrsg. v. Rudolf Steiner-Nachlassverwaltung: Niederhäuser, Hans R. 5. Aufl. Dornach (CH) 1962/1986]. [Online: http://fvn-archiv.net/PDF/GA/GA302.pdf (Zugriff: 15.09.2016)].

Steiner GA 303: Steiner, Rudolf GA 303: Die gesunde Entwickelung des Menschenwesens: eine Einführung in die anthroposophische Pädagogik und Didaktik. Sechzehn Vorträge über Erziehung (Weihnachtskurs für Lehrer): Dornach (CH), 23. Dez. 1921 bis 7. Jan. 1922. Bibliotheks-Nr. 303 der Gesamtausgabe des Rudolf Steiner Verlags. Dornach (CH): Rudolf Steiner 1921–1922. [Hrsg. v. Rudolf Steiner-Nachlassverwaltung: Niederhäuser, Hans R., durchges. v. Kugler, Walter. 4. Aufl. Dornach (CH) 1969/ 1987]. [Online: http://anthroposophie.byu.edu/vortraege/303.pdf (Zugriff: 15.09.2016)].

Quellenverzeichnis

Steiner GA 304a: Steiner, Rudolf GA 304a: Anthroposophische Menschenkunde und Pädagogik. Neun öffentl. Vorträge über Erziehung: verschiedene Städte, 25. März 1923 bis 30. Aug. 1924. Bibliotheks-Nr. 304a der Gesamtausgabe des Rudolf Steiner Verlags. Dornach (CH): Rudolf Steiner 1923–1924. [Hrsg. v. Rudolf Steiner-Nachlassverwaltung: Niederhäuser, Hans R. 1. Aufl. Dornach (CH) 1979]. [Online: http://bdn-steiner.ru/cat/ga/304a.pdf (Zugriff: 15.09.2016)].

Steiner GA 305: Steiner, Rudolf GA 305: Die geistig-seelischen Grundkräfte der Erziehungskunst: spirituelle Werte in Erziehung und sozialem Leben. Zwölf Vorträge über Erziehung: Oxford (UK), 16. bis 29. Aug. 1922, mit einem Sondervortrag: Oxford (UK), 20. Aug. 1922, zwei Ansprachen zu Eurythmie-Aufführungen und einen Schlußwort. Bibliotheks-Nr. 305 der Gesamtausgabe des Rudolf Steiner Verlags. Dornach (CH): Rudolf Steiner 1922. [Hrsg. v. Rudolf Steiner-Nachlassverwaltung: Niederhäuser, Hans R., durchges. v. Kugler, Walter. 3., neu durchges. Aufl. Dornach (CH) 1979/1991]. [Online: http://fvn-archiv.net/PDF/GA/GA305.pdf (Zugriff: 15.09.2016)].

Steiner GA 306: Steiner, Rudolf GA 306: Die pädagogische Praxis vom Gesichtspunkte geisteswissenschaftlicher Menschenerkenntnis: die Erziehung des Kindes und jüngeren Menschen. Acht Vorträge über Erziehung: Dornach (CH), 15. bis 22. April 1923, mit drei Fragenbeantw. u. einleitenden Worten zu einer Eurythmie-Aufführung. Bibliotheks-Nr. 306 der Gesamtausgabe des Rudolf Steiner Verlags. Dornach (CH): Rudolf Steiner 1923. [Hrsg. v. Rudolf Steiner-Nachlassverwaltung: Nieder-häuser, Hans R. 4. Aufl. Dornach (CH) 1975/1989]. [Online: http://fvn-archiv.net/PDF/ GA/GA306.pdf (Zugriff: 15.09.2016)].

Steiner GA 307: Steiner, Rudolf GA 307: Gegenwärtiges Geistesleben und Erziehung. Ein Vortragszyklus über Erziehung: Ilkley (Yorkshire, UK), 5. bis 17. Aug. 1923. Bibliotheks-Nr. 307 der Gesamtausgabe des Rudolf Steiner Verlags. Dornach (CH): Rudolf Steiner 1923. [Hrsg. v. Rudolf Steiner-Nachlassverwaltung: Niederhäuser, Hans R. 5. Aufl. Dornach (CH) 1957/1986]. [Online: http://fvn-archiv.net/PDF/GA/GA307.pdf (Zugriff: 15.09.2016)].

Steiner GA 310: Steiner, Rudolf GA 310: Der pädagogische Wert der Menschenerkenntnis und der Kulturwert der Pädagogik. Zehn Vorträge über Erziehung: Oosterbeek-Arnheim (NL), 17. bis 24. Juli 1924. Bibliotheks-Nr. 310 der Gesamtausgabe des Rudolf Steiner Verlags. Dornach (CH): Rudolf Steiner 1924. [Hrsg. v. Rudolf Steiner-Nachlassverwaltung: Niederhäuser, Hans R. 4. Aufl. Dornach (CH) 1965/1989]. [Online: http://fvn-archiv.net/PDF/GA/GA310.pdf (Zugriff: 15.09.2016)].

Steiner GA 311: Steiner, Rudolf GA 311: Die Kunst des Erziehens aus dem Erfassen der Menschenwesenheit. Sieben Vorträge über Erziehung: Torquay (UK), 12. bis 19. Aug. 1924, mit einer Fragenbeantwortung vom 20. Aug. 1924. Bibliotheks-Nr. 311 der Gesamtausgabe des Rudolf Steiner Verlags. Dornach (CH): Rudolf Steiner 1924. [Hrsg. v. Rudolf Steiner-Nachlassverwaltung: Niederhäuser, Hans R. 5. Aufl. Dornach (CH) 1963/1989]. [Online: http://fvn-archiv.net/PDF/GA/GA311.pdf (Zugriff: 15.09.2016)].

Steiner GA 317: Steiner, Rudolf GA 317: Heilpädagogischer Kurs. Zwölf Vorträge über Medizin vor Ärzten u. Heilpädagogen: Dornach (CH), 25. Juni bis 7. Juli 1924. Bibliotheks-Nr. 317 der Gesamtausgabe des Rudolf Steiner Verlags. Dornach (CH): Rudolf Steiner 1924. [Hrsg. v. Rudolf Steiner-Nachlassv.: Zbinden, Hans W. 8. Aufl. Dornach (CH) 1952/1995]. [Online: http://fvn-archiv.net/PDF/GA/GA317.pdf (Zugriff: 15.09.2016)].

Steiner GA 318: Steiner, Rudolf GA 318: Das Zusammenwirken von Ärzten und Seelsorgern: pastoral-medizinischer Kurs. Elf Vorträge für Ärzte u. Priester u. eine Ansprache für d. Mediziner: Dornach (CH), 8. bis 18. Sept. 1924, mit Notizbucheintr. zu d. Vorträgen. Bibliotheks-Nr. 318 der Gesamtausgabe des Rudolf Steiner Verlags. Dornach (CH): Rudolf Steiner 1924. [Hrsg. v. Rudolf Steiner-Nachlassverwaltung: Zbinden, Hans W. 4. Aufl. Dornach (CH) 1973/1994]. [Online: http://fvn-archiv.net/PDF/GA/GA318.pdf (Zugriff: 15.09.2016)].

Steiner GA 329: Steiner, Rudolf GA 329: Die Befreiung des Menschenwesens als Grundlage für eine soziale Neugestaltung: altes Denken und neues soziales Wollen. Neun öffentl. Vorträge: Basel (CH), Bern (CH) u. Winterthur (CH), 11. März bis 10. Nov. 1919. Bibliotheks-Nr. 329 der Gesamtausgabe des Rudolf Steiner Verlags. Dornach (CH): Rudolf Steiner 1919. [Hrsg. v. Rudolf Steiner-Nachlassverwaltung: Wartburg, Helmut von/Kugler, Walter. 1. Aufl. Dornach (CH) 1985]. [Online: http://fvn-archiv.net/PDF/GA/GA329.pdf (Zugriff: 15.09.2016)].

Steiner GA 330: Steiner, Rudolf GA 330: Neugestaltung des sozialen Organismus. Vierzehn öffentl. Vorträge: Stuttgart, 22. April bis 30. Juli 1919. Bibliotheks-Nr. 330 der Gesamtausgabe des Rudolf Steiner Verlags. Dornach (CH): Rudolf Steiner 1919. [Hrsg. v. Rudolf Steiner-Nachlassverwaltung: Moering, Ruth. Dornach (CH). 2. Aufl. 1963/1983]. [Online: http://fvn-archiv.net/PDF/GA/GA330.pdf (Zugriff: 15.09.2016)].

Steiner GA 331: Steiner, Rudolf GA 331: Betriebsräte und Sozialisierung: Diskussionsabende mit den Arbeiterausschüssen der großen Betriebe Stuttgarts. Einleitende Worte, Diskussionsbeiträge u. Schlußworte auf neun Versammlungen: Stuttgart, 8. Mai bis 23. Juli 1919, u. ein dokumentarischer Anhang. Bibliotheks-Nr. 331 der Gesamtausgabe des Rudolf Steiner Verlags. Dornach (CH): Rudolf Steiner 1919. [Hrsg. v. Rudolf Steiner-Nachlassverwaltung: Kugler, Walter. 1. Aufl. Dornach (CH) 1989]. [Online: http://fvn-archiv.net/PDF/GA/GA331.pdf (Zugriff: 15.09.2016)].

Steiner GA 333: Steiner, Rudolf GA 331: Gedankenfreiheit und soziale Kräfte: die sozialen Forderungen der Gegenwart u. ihre praktische Verwirklichung. Sechs öffentl. Vortr. mit einem Schlußwort: Ulm, Berlin u. Stuttgart, 26. Mai bis 30. Dez. 1919. Bibliotheks-Nr. 333 d. Gesamtausgabe d. Rudolf Steiner Verl.. Dornach (CH): Rudolf Steiner 1919. [Hrsg. v. Rudolf Steiner-Nachlassv.: Groddeck, Wolfram. 2. Aufl. Dornach (CH) 1971/1985]. [Online: http://fvn-archiv.net/PDF/GA/GA333.pdf (Zugriff: 15.09.2016)].

Steiner GA 334: Steiner, Rudolf GA 334: Vom Einheitsstaat zum dreigliedrigen sozialen Organismus. Elf öffentl. Vorträge: Basel (CH), Zürich (CH) u. Dornach (CH), 5. Jan. bis 6. Mai 1920. Bibliotheks-Nr. 334 der Gesamtausgabe des Rudolf Steiner Verlags. Dornach (CH): Rudolf Steiner 1920. [Hrsg. v. Rudolf Steiner-Nachlass-verwaltung: Kugler, Walter. Dornach (CH) 1983]. [Online: http://fvn-archiv.net/PDF/ GA/GA334.pdf (Zugriff: 15.09.2016)].

Steiner 337a: Steiner, Rudolf GA 337a: Soziale Ideen, soziale Wirklichkeit, soziale Praxis: Frage- u. Studienabende d. Bundes für Dreigliederung d. sozialen Organismus: Stuttgart, 25. Mai 1919 bis 15. Sept. 1920. Bibliotheks-Nr. 337a der Gesamtausgabe des Rudolf Steiner Verlags. Dornach (CH): Rudolf Steiner 1919–1920. [Hrsg. v. Rudolf Steiner-Nachlassverwaltung: Lüscher, Alexander/Trapp, Ulla. Dornach (CH) 1999]. [Online: http://fvn-archiv.net/PDF/GA/GA337a.pdf (Zugriff: 15.09.2016)].

Steiner GA 339: Steiner, Rudolf GA 339: Anthroposophie, soziale Dreigliederung und Redekunst: Orientierungskurs für die öffentliche Wirksamkeit mit besonderem Hinblick auf die Schweiz. Sechs Vorträge über d. soziale Leben u. d. Dreigliederung d. sozialen Organismus: Dornach (CH), 11. bis 16. Okt. 1921. Bibliotheks-Nr. 339 der Gesamtausgabe des Rudolf Steiner Verlags. Dornach (CH): Rudolf Steiner 1921. [Hrsg. v. Rudolf Steiner-Nachlassverwaltung: Kugler, Walter. 3. Aufl. Dornach (CH) 1971/1984]. [Online: http://fvn-archiv.net/PDF/GA/GA339.pdf (Zugriff: 15.09.2016)].

Steiner GA 340: Steiner, Rudolf GA 340: Nationalökonomischer Kurs. [Reihe: Aufgaben einer neuen Wirtschaftswissenschaft. Bd. I]. Vierzehn Vorträge f. Studenten d. Nationalökonomie: Dornach (CH), 24. Juli bis 6. Aug. 1922. Bibliotheks-Nr. 340 der Gesamtausgabe des Rudolf Steiner Verlags. Dornach (CH): Rudolf Steiner 1922. [Hrsg. v. Rudolf Steiner-Nachlassverwaltung: Walter, Birgit/Leinhans, Emil, neu durchges. v. Kugler, Walter. 6. Aufl. Dornach (CH) 1965/2002]. [Online: http://fvn-archiv.net/PDF/ GA/GA340.pdf (Zugriff: 15.09.2016)].

Steinle 1978: Steinle, Claus: Führung: Grundlagen, Prozesse und Modelle der Führung in der Unternehmung. Poeschel: Stuttgart 1978.

Stentz/Plano Clark/Matkin 2012: Stentz, Jane E./Plano Clark, Vicki L./Matkin, Gina S.: Applying mixed methods to leadership research: a review of current practices. In: Leadership Quarterly 23(2012)6, pp. 1173–1183.

Stippler u. a. 2011: Stippler, Maria/Moore, Sadie/Rosenthal, Seth A./Dörffer, Tina: Führung: Überblick über Ansätze, Entwicklungen, Trends. [Reihe: Bertelsmann Stiftung Leadership Series]. Gütersloh: Bertelsmann Stiftung 2011.

Stöber/Bindig/Derschka 1974: Stöber, Adolf M./Binding, Rudolf/Derschka, Peter: Kritisches Führungswissen: Emanzipation und Technologie in wissenschaftssoziologischer Sicht. Stuttgart: Kohlhammer 1974.

Stockmeyer 1989: Stockmeyer, E. A. Karl: Die Entfaltung der Idee der Waldorfschule im Sommer 1919. In: Erziehungskunst 53(1989)8/9, S. 654–667.

Stockmeyer 2001: Stockmeyer, E. A. Karl: Angaben Rudolf Steiners für den Waldorfunterricht: eine Quellensammlung für die Arbeit der Lehrerkollegien. 6. Aufl. Stuttgart: Pädagogische Forschungsstelle b. BdFWS 2001.

Stogdill 1974: Handbook of leadership: a survey of theory and research. New York/ London: Free Press 1974.

Stogdill 1957: Stogdill, Ralph M.: Leadership and structures of personal interaction. Columbus: Ohio State University, Bureau of Business Research 1957.

Stogdill 1950: Stogdill, Ralph M.: Leadership, membership and organization. In: Psychological Bulletin 47(1950)1, pp. 1–14.

Stogdill 1948: Stogdill, Ralph M.: Personal factors associated with leadership: a survey of the literature. In: Journal of Psychology 25/1948, pp. 35–71.

Stogdill/Coons 1973: Stogdill, Ralph M./Coons, Alvin E. (Eds.): Leader behavior: its description and measurement. 4th ed. [Research monograph no. 88]. Ohio State University: Columbus – Bureau of Business Research, College of Commerce and Administration 1973.

Strawe 2015: Strawe, Christoph: Was ist freies Geistesleben und wie soll es finanziert werden? In: Erziehungskunst 79(2015)1, S. 5–7.

Strawe 2012: Strawe, Christoph: Selbstverwaltung ist das Grundprinzip einer modernen Sozialgestaltung. In: Erziehungskunst [Thema: Selbstverwaltung: Träume und Tatsachen] 76(2012)3, S. 4–7.

Strawe 2010: Strawe, Christoph: Schulführung durch Selbstverwaltung. In: Erziehungskunst [Thema: Führung: Last oder Lust] 74(2010)1, S. 16–18.

Strawe 2009: Strawe, Christoph: Dreigliederung kontrovers: Impulse und Perspektiven der sozialen Dreigliederung im 20. und 21. Jahrhundert. In: Sozialimpulse – Rundbrief Dreigliederung des sozialen Organismus 1/2009, S. 5–18. [Online: http://www.sozialimpulse.de/fileadmin/sozialimpulse/pdf/Dreigliederung_kontrovers.pdf (Zugriff: 15.09.2016)]

Strawe 2008: Strawe, Christoph: Hat die Selbstverwaltung eine Zukunft? Führungsfragen in freien Schulen und anderen Einrichtungen in freier Trägerschaft. [Vortrags-Zusammenfassung. Referenten: Hermannstorfer, Udo/Ross, Michael/Strawe, Christoph]. In: Sozialimpulse – Rundbrief Dreigliederung des sozialen Organismus 19(2008)3, S. 5–24. [Online: http://www.sozialimpulse.de/fileadmin/sozialimpulse/pdf/ Selbstverwaltung_FreieSchulen.pdf (Zugriff: 15.09.2016)].

Strawe 2007: Strawe, Christoph: Menschlicher und sozialer Organismus. In: Sozialimpulse – Rundbrief Dreigliederung des sozialen Organismus 1/2007, S. 13–21. [Online: http://www.sozialimpulse.de/fileadmin/sozial-impulse/pdf/Sozialer_Organismus.pdf (Zugriff: 15.09.2016)].

Strawe 2003a: Strawe, Christoph: Freiheit: Gestaltungsprinzip des geistig-kulturellen Lebens. I. Teil: Zur Begriffsbestimmung des Geisteslebens. In: Sozialimpulse – Rundbrief Dreigliederung des sozialen Organismus 3/2003, S. 14–22. [Online: http://www.sozialimpulse.de/fileadmin/sozialimpulse/pdf/Freiheit_Kulturleben.pdf (Zugriff: 15.09.2016)].

Strawe 2003b: Strawe, Christoph: Freiheit: Gestaltungsprinzip des geistig-kulturellen Lebens. II. Teil: Freiheit und Selbstverwaltung. In: Sozialimpulse – Rundbrief Dreigliederung des sozialen Organismus 4/2003, S. 14–21. [Online: http://www.sozialimpulse.de/fileadmin/sozialimpulse/pdf/Freiheit_Selbstverwaltung.pdf (Zugriff: 15.09.2016)].

Strawe 2000: Strawe, Christoph: Qualitätssicherung: Arbeitsmaterialien. 3. Aufl. [Basierend auf d. Referat (1996): Qualitätssicherung u. Selbstverwaltung – Supervision, Leistungsbeurteilung, permanente Fortbildung in anthropos. Einrichtungen. Veröffentl. in: Sozialimpulse – Rundbrief Dreigliederung d. soz. Organismus 1/1997]. Hrsg. v. Institut f. soziale Gegenwartsfragen e. V. Stuttgart: o. V. 2000. [Online: http://www.sozialimpulse.de/fileadmin/sozialimpulse/pdf/Qualitaetssicherung.pdf (Zugriff: 15.09.2016)].

Strawe 1998: Strawe, Christoph: Die Dreigliederungsbewegung 1917–1922 und ihre aktuelle Bedeutung. In: Sozialimpulse – Rundbrief Dreigliederung des sozialen Organismus 03/1998. Online: durchges. u. geringf. redigiert. [Online http://www.sozialimpulse.de/fileadmin/sozialimpulse/pdf/Dreigliederungsbewegung.pdf (Zugriff: 15.09.2016)].

Strawe 1986: Strawe, Christoph: Marxismus und Anthroposophie. [Zugl. Habil. Univ. Jyväskylä (FIN) 1986]. Stuttgart: Klett-Cotta 1986. [Online: http://www.sozialimpulse.de/ fileadmin/sozialimpulse/pdf/Marxismus_und_Anthroposophie.pdf (Zugriff: 15.09.2016)].

Stroebe/Frey 1982: Stroebe, Wolfgang/Frey, Bruno S.: Self-Interest and collective action: the economics and psychology of public goods. In: Journal of Social Psychology 21/1982, pp. 121–137. [Online: http://www.brunofrey.com/articles/C_107_1982 .pdf (accessed: 15.09.2016)].

Sutherland 2014: Sutherland, Jeff: Scrum: a revolutionary approach to building teams, beating deadlines and boosting productivity. London: Random House Business 2014.

Tannenbaum/Schmidt 1958: Tannenbaum, Robert/Schmidt, Warren H.: Ho to chose a leadership pattern. In: Havard Business Review 36/1958, pp. 95–101. [Online: http://www.expert2business.com/itson/Tannenbaum.pdf (accessed: 15.09.2016)].

Tautz 1986: Tautz, Johannes: Zum 50. Todestag von Emil Molt. In: Erziehungskunst 50(1986)6, S. 349–353.

Taylor 1911/2011: Taylor, Frederick W.: The principles of scientific management. London: Harper & Brothers 1911. [Deutsch: Die Grundsätze wissenschaftlicher Betriebsführung. Paderborn: Salzwasser 2011].

Taylor 1903/1914: Taylor, Frederick W.: Shop management. In: American Society of Mechanical Engineers (Ed.): Transactions of the american society of mechanical engineers. 28th ed. New York: The Society 1903, pp. 1337–1480. [Deutsch: Die Betriebsleitung insbesondere der Werkstätten. Berlin: Springer 1914].

Tenorth 2003: Tenorth, Heinz-Elmar (Hrsg.): Von John Dewey bis Paulo Freire. [Reihe: Klassiker der Pädagogik. Bd. 2]. München: Beck 2003.

Thäler 2001: Thäler, Hans: Teamwork in Organisationen: ein Handbuch für Mitarbeiter und Führungskräfte. Stuttgart: Freies Geistesleben/Bern (CH): Haupt 2001.

Thieme 1995: Thieme, Werner: Einführung in die Verwaltungslehre. Köln/Berlin/Bonn/München Heymanns 1995.

Tilliette 2015: Tilliette, Xavier: Untersuchungen über die intellektuelle Anschauung von Kant bis Hegel. Stuttgart/Bad Cannstatt: Frommann-Holzboog 2015.

Toffler 1980: Toffler, Alvin: The Third Wave. New York: MacMillan 1980. [Online: https://phamtrung.wikispaces.com/file/view/Toffler.Alvin.The.Third.Wave.pdf [accessed: 15.09.2016)].

Toffler 1990: Toffler, Alvin: Powershift: knowledge, wealth, and violence at the edge of the 21st century. New York: Bantam 1990.

Trautwein 2016: Trautwein, Manfred: Die Neuerfindung der Organisation – Perspektiven für das anthroposophische Sozialwesen. In: Schmalenbach, Bernhard (Hrsg.): Dimensionen der Heilpädagogik: Entwicklungsbegleitung, Gemeinschaftsbildung und Inklusion. Festschrift für Rüdiger Grimm. [Edition Anthropos: Heilpädagogik und Sozialtherapie aus anthroposophischen Perspektiven. Bd. 6]. Dornach (CH)/Oberhausen: Verlag am Gotheanum & Athena 2016, S. 114–135.

Trautwein 2008: Trautwein, Manfred: Idee und Praxis der Selbstverwaltung in sozialen Einrichtungen. In: Grimm, Rüdiger/Kaschubowski, Götz (Hrsg.): Kompendium der anthroposophischen Heilpädagogik. München: Reinhard 2008.

Trompenaars/Voerman 2009: Trompenaars, Fons/Voerman, Ed: Servant-leadership across cultures: infinite Ideas. Oxford (UK): Infinite Ideas Ltd. 2009.

Quellenverzeichnis 609

Tscheulin/Rausche 1970: Tscheulin, Dieter K./Rausche, A.: Beschreibung und Messung des Führungsverhaltens in der Industrie mit der deutschen Version des Ohio-Fragebogens. In: Psychologie und Praxis 14/1970, S. 49–64.

Tuckman 1965: Tuckman, Bruce W.: Developmental sequence in small groups. In: Psychological Bulletin 63/1965, pp. 384–399.

Tuckman/Jensen 1977: Tuckman, Bruce W./Jensen, Mary A.: Stages of small-group development revisited. In: Group & Organization Studies 4(1977)2, pp. 419–427.

Türk 1995: Türk, Klaus: [Art.] Entpersonalisierte Führung. In Kieser, Alfred/Reber, Gerhard/Wunderer, Rolf (Hrsg.): Handwörterbuch der Führung. 2. Aufl. Stuttgart: Poeschel 1995, Sp. 328–340.

Türk 1981: Türk, Klaus: Personalführung und soziale Kontrolle. [Zugl. Habil. Univ. Hamburg 1979]. Stuttgart: Enke 1981.

Tukey 1977: Tukey, John W.: Exploratory data analysis. Menlo Park (CA) a. o.: Addison-Wesley 1977.

Turner/Pratkanis 1998: Turner, Marlene E./Pratkanis, Anthony R.: Twenty-five years of groupthink theory and research: lessons from the evaluation of a theory. In: Organizational Behavior and Human Decicion Processes 73(1998)2/3, pp. 105–115.

Uehli 1919: Uehli, Ernst: Die Notwendigkeit der Selbstverwaltung des Geisteslebens. In: Dreigliederung des Sozialen Organismus 1(1919)8, o. S.

Uhlenhoff 2011: Uhlenhoff, Rahel (Hrsg.): Anthroposophie in Geschichte und Gegenwart. Berlin: Berliner Wissenschaftsverlag 2011.

Ullrich 2015: Ullrich, Heiner: Waldorfpädagogik: eine kritische Einführung. Weinheim/Basel: Beltz 2015.

Ullrich 1991: Ullrich, Heiner: Waldorfpädagogik und okkulte Weltanschauung: eine bildungsphilosophische und geistesgeschichtliche Auseinandersetzung mit der Anthropologie Rudolf Steiners. 3. Aufl. [Zugl. Diss. Univ. Heidelberg 1985]. Weinheim/München: Beltz Juventa 1991.

Ullrich/Idel 2012: Ullrich, Heiner/Idel, Till-S.: Wir sind der Fels in der Brandung: eine Fallstudie über Teamkooperation in der kollegialen Selbstverwaltung einer Freien Waldorfschule. In: Baum, Elisabeth/Idel, Till-S./Ullrich, Heiner (Hrsg.): Kollegialität und Kooperation in der Schule: theoretische Konzepte und empirische Befunde. [Reihe: Schule und Gesellschaft. Bd. 51]. Wiesbaden: Springer VS 2012, S. 119–134.

Vicenti/Geiss 2012: Vincenti, Andrea De/Geiss, Michael: Einleitung – verwaltete Schule: Geschichte und Gegenwart. In: Vincenti, Andrea De/Geiss, Michael (Hrsg.): Verwaltete Schule: Geschichte und Gegenwart. Wiesbaden: Springer VS 2012, S. 7–15.

Vicenti/Geiss 2012: Vincenti, Andrea De/Geiss, Michael (Hrsg.): Verwaltete Schule: Geschichte und Gegenwart. Wiesbaden: Springer VS 2012.

Vilmar 2006: Vilmar, Fritz: Wirtschaftsdemokratie – Zielbegriff einer alternativen Wirtschaftspolitik: kritische Bilanz und Aktualität nach 40 Jahren. Manuskript Univ. Bremen. Bremen: o. V. 2006. [Online: http://www.memo.uni-bremen.de/docs/m 3206.pdf (Zugriff: 23.05.2013)].

Vilmar 2012: Vilmar, Karsten: Zukunft der ärztlichen Selbstverwaltung in Deutschland. In: Ärzteblatt Sachsen 01/2012, S. 5–8. [Online: https://www.slaek.de/media/dokume nte/04presse/aerzteblatt/archiv/2012/aebl0112.pdf (Zugriff: 23.05.2016)].

Vögele 2011: Vögele, Wolfgang G. (Hrsg.): Der andere Rudolf Steiner: Augenzeugenberichte, Interviews, Karikaturen. 3. Aufl. Basel (CH): Futurum 2011.

Voigt 1989: Voigt, Rüdiger (Hrsg.): Politik der Symbole: Symbole der Politik. Opladen: Leske + Budrich 1989.

Voigt 1989: Voigt, Rüdiger: Mythen, Rituale und Symbole in der Politik. In: Voigt, Rüdiger (Hrsg.): Politik der Symbole: Symbole der Politik. Opladen: Leske + Budrich 1989, S. 9–37.

Volmerg 2000: Volmerg, Ute: Entwicklungsphasen in Gruppen. In: Antons, Klaus: Praxis der Gruppendynamik: Übungen und Techniken. 8. Aufl. Göttingen u. a.: Hogrefe 2000, S. 312–324.

Voßbein 1996: Voßbein, Reinhard: [Art.] Organisation. In: Woll, Artur (Hrsg.): Wirtschaftslexikon. 8., überarb. Aufl. München/Wien: Oldenbourg 1996, Sp. 530–533.

Vries 2008: Vries, Frank de: Keine pädagogischen Experimente? Gestaltungsfragen in der Oberstufe. In: Erziehungskunst 72(2008)1, S. 41–45.

Vroom/Yetton 1973: Vroom, Victor H./Yetton, Phillip W.: Leadership and decision-making. Pittsburgh (PA): University of Pittsburgh Press 1973.

Walumbwa u. a. 2008: Walumbwa, Fred O./Avolio, Bruce J./Gardner, Williams L./ Wernsin, Tara S./Peterson, Suzanne J.: Authentic leadership: development and validation of a theory-based measure. In: Journal of Management 1(2008)34, pp. 89–126. [Online: http://digitalcommons.unl.edu/cgi/viewcontent.cgi?article=1021&con-text=ma nage-mentfacpub (accessed: 15.09.2016)].

Ward 1893: Ward, Lester F.: The psychic factors of civilization. Boston: Ginn & Company 1893. [Online: http://soc-serv2.socsci.mcmaster.ca/econ/ugcm/3ll3/ward/psychic factors.pdf (accessed: 15.09.2016)].

Watrin 1982: Watrin, Christian: Ökonomie der Alternativen – eine Alternative? In: Rauscher, Anton (Hrsg.): Alternative Ökonomie. [Reihe: Mönchengladbacher Gespräche. Bd. 4]. Köln: Bachem 1982, S. 123–145.

Warnecke 2001: Warnecke, Hans-J.: [Art.] Fraktales Unternehmen. In: Zollondz, Hans-D. (Hrsg.): Lexikon Qualitätsmanagement: Handbuch des Modernen Managements auf der Basis des Qualitätsmanagements. München/Wien: Oldenbourg 2001, S. 255–258.

Warnecke 1995: Warnecke, Hans-J. (Hrsg.): Aufbruch zum Fraktalen Unternehmen: Praxisbeispiele für ein neues Denken und Handeln. Berlin: Springer 1995.

Warnecke 1993: Warnecke, Hans-J.: Revolution in der Unternehmenskultur: das Fraktale Unternehmen. Berlin: Springer 1993.

Watts 2008: Watts, Theresa: Business leaders' values and beliefs regarding decision making ethics. Morrisville (NC): LuLu.com 2008.

Weede/Jagodzinski 1977: Weede, Erich/Jagodzinski, Wolfgang: Einführung in die konfirmatorische Faktorenanalyse. In: Zeitschrift für Soziologie 6(1977)3, S. 315–333. [Online: http://www.zfs-online.org/index.php/zfs/article/viewFile/2333/1870 (Zugriff: 26.10.2016)].

Wegge 2015: Wegge, Jürgen: Führen mit Zielen. In: Felfe, Jörg (Hrsg.): Trends der Psychologischen Führungsforschung: neue Konzepte, Methoden und Erkenntnisse. [Reihe: Psychologie für das Personalmanagement: Trends der psychologischen Führungsforschung. Hrsg. v. Felfe, Jörg]. Göttingen u. a.: Hogrefe 2015, S. 179–190.

Wegge/Rosenstiel 2007: Wegge, Jürgen/Rosenstiel, Lutz von: Führung. In: Schuler, Heinz (Hrsg.): Lehrbuch Organisationspsychologie. 4., vollst. überarb. u. erw. Aufl. [Reihe: Psychologie Lehrbuch]. Bern (CH): Huber (Hogrefe) 2007, S. 475–513.

Wehr 1993: Wehr, Gerhard: Rudolf Steiner: Leben, Erkenntnis, Kulturimpuls – eine Biographie. Zürich (CH): Kösel 1993.

Weibler 2001: Weibler, Jürgen: Personalführung. [Unter Mitarb. v. Deeg, Jürgen/Rapsch, Anke]. [Reihe: Vahlens Handbücher der Wirtschafts- und Sozialwissenschaften]. München: Vahlen 2001.

Weinert 1998: Weinert, Ansfried B.: Organisationspsychologie: ein Lehrbuch. 4., vollst. überarb. u. erw. Aufl. Weinheim: Beltz 1998.

Weinert 1984: Weinert, Ansfried B.: Menschenbilder in Organisations- und Führungstheorien: erste Ergebnisse einer empirischen Überprüfung. In: Zeitschrift für Betriebswirtschaft 54/1984, S. 30–62.

Weinert/Langer 1995: Weinert, Ansfried B./Langer, Claudia: Menschenbilder: empirische Feldstudie unter den Führungskräften eines internationalen Energiekonzerns. In: Die Unternehmung 49/1995, S. 75–90.

Weinert/Scheffer 1999: Weinert, Ansfried B./Scheffer, David: Neue Wege zur Identifikation von Führungs- und Managementpotential: Arbeiten mit dem „Rev. Deutschen CPI" zur Früherkennung von Talent. In: Führung + Organisation 68/1999, S. 194–201.

Weissenberg 1977: Weissenberg, Peter: Reviewed work: new ways of managing conflict by Rensis Likert, Jane Gibson Likert. In: Administrative Science Quarterly 22(1977)3, pp. 545–549.

Wember 2012: Wember, Valentin: Wer verantwortet, wer leitet? Schwachstellen der Selbstverwaltung. In: Erziehungskunst [Thema: Selbstverwaltung: Träume und Tatsachen] 75(2012)3, S. 15–18.

Werner 2013: Werner, Götz W.: Sinnstiftung als Führungsaufgabe. In: Werner, Götz W./Dellbrügger, Peter (Hrsg.): Wozu Führung? Dimensionen einer Kunst. Karlsruhe: KIT Scientific Publishing 2013, S. 93–101.

Werner 2009: Werner, Götz W.: Führung für Mündige: Subsidiarität und Marke als Herausforderungen einer modernen Führung. Karlsruhe: KIT Scientific Publishing 2009.

Werner 2008: Werner, Götz W.: Geleitwort. In: Dietz, Karl-M.: Jeder Mensch ein Unternehmer. Grundzüge einer dialogischen Kultur. [Reihe: Schriften des Interfakultativen Instituts für Entrepreneurship (IEP) der Universität Karlsruhe (TH). Bd. 18]. Karlsruhe: Universitätsverlag Karlsruhe 2008, S. 6.

Werner/Dellbrügger 2013: Werner, Götz W./Dellbrügger, Peter (Hrsg.): Wozu Führung? Dimensionen einer Kunst. Karlsruhe: KIT Scientific Publishing 2013.

Werner/Plato 2001: Werner, Uwe/Plato, Bodo von: Waldorfpädagogik: Verbreitung und Motive im 20. Jahrhundert. In: Freunde der Erziehungskunst Rudolf Steiners (Hrsg.): Waldorfpädagogik weltweit: ein Überblick über die Entwicklung der Waldorf-Pädagogik sowie der anthroposophischen Heilpädagogik und Sozialtherapie. Berlin/Karlsruhe: o. V. 2001, S. 24–31.

Werther 2014: Werther, Simon: Geteilte Führung: ein Überblick über den aktuellen Forschungsstand. Wiesbaden: Springer Gabler 2014.

Wiechert 2014: Wiechert, Christof: Die Waldorfschule: eine Einführung. Dornach (CH): Verlag am Goetheanum 2014.

Wienert 2003: Wienert, Martin: Kollektive können keine Verantwortung übernehmen, In: Erziehungskunst 67(2003)1, S. 38–42.

Wilber 2014a: Wilber, Ken: Vorwort. In: Laloux, Frederic: Reinventing organizations: a guide to creating organizations: inspired by the next stage of human consciousness. Brussels (Belgium): Nelson Parker 2014, pp. I–IX.

Wilber 2014b: Wilber, Ken: Die Neuerfindung von Organisationen [Reinventing Organizations]. Ken Wilber im Gespräch mit Frederic Laloux. [Eine Zusammenf. v. Habecker, Michael]. In: integral informiert (Online-Journal) 47(2014)5/6, S. 7–22. [Online: http://www.integralesforum.org/fileadmin/user_upload/ONLINE_JOURNAL/OJ_ARCHIV/OJ_2014/OJ_47_062014.pdf (Zugriff: 26.08.2016)].

Wilber 2007/2009: Wilber, Ken: The integral vision: a very short introduction to the revolutionary integral approach to life, God, the universe, and everything. Boston (Mass.): Shambhala 2007. [Deutsch: Integrale Vision: eine kurze Geschichte der integralen Spiritualität. 3. Aufl. [A. d. Engl. übers. v. Petersen, Karin]. Berlin: Kösel 2009].

Wilber 2001/2011: Wilber, Ken: A theory of everything: an integral vision for business, politics, science, and spirituality. Boston (Mass.): Shambhala 2001. [Deutsch: Ganzheitlich handeln: eine integrale Vision für Wirtschaft, Politik, Wissenschaft und Spiritualität. Freiamt: Arbor 2011].

Wilber 1997: Wilber, Ken: An integral theory of consciousness. In: Journal of Consciousness Studies 4(1997)1, pp. 71–92.

Wilber 1977/1991: Wilber, Ken: The spectrum of consciousness. Wheaton (IL): Quest 1977. [Deutsch: Das Spektrum des Bewußtseins: eine Synthese östlicher und westlicher Psychologie. 5. Aufl. [A. d. Engl. übers. v. Eggert, Jochen]. Reinbek b. Hamburg: Rowohlt 1991].

Wilber/Engler/Brown 1986: Wilber, Ken/Engler, Jack/Brown, Daniel P.: Transformations of Consciousness. Boston/London: Shambhala 1986.

Wild 1974: Wild, Jürgen: Betriebswirtschaftliche Führungslehre und Führungsmodelle. In: Wild, Jürgen (Hrsg.): Unternehmensführung. Festschrift für E. Kosiol zu seinem 75. Geburtstag. Berlin: Duncker & Humblot 1974, S. 141–179.

Wild 1974: Wild, Jürgen (Hrsg.): Unternehmensführung. Festschrift für E. Kosiol zu seinem 75. Geburtstag. Berlin: Duncker & Humblot 1974.

Williams/Karau 1991: Williams, Kipling D./Karau, Steven J.: Social loafing and social compensation: the effects of expectations of co-worker performance. In: Journal of Personality and Social Psychology 61(1991)4, pp. 570–581.

Wimmer 2011: Wimmer, Rudolf: Die Steuerung des Unsteuerbaren. In: Pörksen, Bernhard (Hrsg.): Schlüsselwerke des Konstruktivismus. Wiesbaden: VS für Sozialwissenschaften 2011, S. 520–547.

Winkler 1998: Winkler, Heinrich A.: Weimar 1918–1933. Die Geschichte der ersten deutschen Demokratie. Durchges. Aufl. München: C. H. Beck 1998.

Witzenmann 1978: Witzenmann, Herbert: Intuition und Beobachtung. Teil 2: Befreiung des Erkennens, Erkennen der Freiheit. Stuttgart: Freies Geistesleben 1978.

Witzenmann 1977: Witzenmann, Herbert: Intuition und Beobachtung. Teil 1: Das Erfassen des Geistes im Erleben des Denkens. Stuttgart: Freies Geistesleben 1977.

Wöhe/Döring 2002: Wöhe, Günter/Döring, Ulrich: Einführung in die Allgemeine Betriebswirtschaftslehre. 21., neu bearb. Aufl. [Reihe: Vahlens Handbücher der Wirtschafts- und Sozialwissenschaften]. München: Vahlen 2002.

Woll 1996: Woll, Artur: [Art.] Führung. In: Woll, Artur (Hrsg.): Wirtschaftslexikon. 8., überarb. Aufl. München/Wien: Oldenbourg 1996, Sp. 230–231.

Woll 1996: Woll, Artur (Hrsg.): Wirtschaftslexikon. 8., überarb. Aufl. München/Wien: Oldenbourg 1996.

WRV 1919: Die Verfassung des Deutschen Reichs (Weimarer Reichsverfassung) vom 11. August 1919: beschlossen am 31. Juli 1919 in Weimar, ausgefertigt am 11. August u. verkündet am 14. August 1919. Weimar: o. V. 1919. [Online: http://www.document archiv.de/wr/wrv.html (Zugriff: 15.09.2016)].

Wunderer/Grunwald 1980: Wunderer, Rolf/Grunwald, Wolfgang: Führungslehre. [Unter Mitarb. v. Moldenhauer, Peter]. [Reihe: Grundlagen der Führung. Bd. 1]. Berlin/New York: De Gruyter 1980.

Yukl 2006: Yukl, Gary: Leadership in organization. 6. Aufl. Upper Saddle River (NJ): Pearson-Prentice Hall 2006.

Zander 2011: Zander, Helmut: Rudolf Steiner: die Biografie. 2. Aufl. München/Zürich: Piper 2011.

Zander 2007: Zander, Helmut: Anthroposophie in Deutschland: Theosophische Weltanschauung und gesellschaftliche Praxis 1894–1945. 2 Bde. Göttingen: Vandenhoeck & Ruprecht 2007.

Zimmermann 1985: Zimmermann, Heinz: Die Selbstverwaltung der Schule als Übungsfeld. In: Erziehungskunst 49(1985)7/8, S. 441–448.

Zollondz 2001: Zollondz, Hans-D. (Hrsg.): Lexikon Qualitätsmanagement: Handbuch des Modernen Managements auf der Basis des Qualitätsmanagements. München/Wien: Oldenbourg 2001.

Züll/Menold 2014: Züll, Cornelia/Menold, Natalja: Offene Fragen. In: Blasius, Jörg/Baur, Nina (Hrsg.): Handbuch Methoden der empirischen Sozialforschung. Wiesbaden: Springer VS 2014, S. 713–720.

Anlagen

Anlage 1: Lehrerfragebogen

Liebe Lehrerinnen und Lehrer!

Wir bitten Sie, sich ca. 45 Minuten Zeit für das Ausfüllen dieses Fragebogens zu nehmen. Er dient dazu, Informationen über Ihre gegenwärtige Arbeitssituation zu erhalten. Dabei geht es zunächst um allgemeine Aussagen über Waldorfschulen und Ihre persönlichen Motive, dort als Lehrerin/Lehrer tätig zu sein, sowie um die organisatorische und die klimatische Situation an Ihrer Schule. Mit weiteren Fragen soll ermittelt werden, wie es um Ihre Berufszufriedenheit und Ihre berufliche Belastung steht. Einige Fragen wurden aus bereits bestehenden Fragebögen zur Arbeitssituation von Lehrern an staatlichen Regelschulen übernommen, um Vergleiche zu ermöglichen. Deshalb ist es unvermeidlich, dass sich Fragen wiederholen oder sie für Ihre Arbeitssituation nicht ganz passend sind. Wir bitten Sie jedoch, auch diese Fragen zu beantworten. Aus Gründen der besseren Lesbarkeit wird bisweilen auf die Nennung der weiblichen Form verzichtet, so dass mit „Lehrern" bzw. „Schülern" auch immer „Lehrerinnen" bzw. „Schülerinnen" gemeint sind. Wir bitten hierfür um Verständnis.

Aus den gewonnenen Ergebnissen sollen Anhaltspunkte über die berufliche Situation von Waldorfschullehrern herausgearbeitet werden, welche für die inhaltliche Gestaltung der Aus-, Fort- und Weiterbildung von Bedeutung sein können. Zudem werden Ihrer Schule die zusammengefassten Ergebnisse auf Wunsch zur Verfügung gestellt, um jedem teilnehmenden Kollegium damit die Möglichkeit zur Selbstreflexion zu geben. Dabei wird ein Rückschluss auf Ihre Person durch die Darstellung der Ergebnisse ausgeschlossen sein. Alle Ihre Angaben werden streng vertraulich behandelt!

Bitte beantworten Sie alle Fragen und füllen Sie den Fragebogen möglichst zügig aus. Wenn Sie sich bei einer Antwort nicht gleich entscheiden können, wählen Sie bitte die Antwort, die am ehesten auf Sie zutrifft.

Wir danken Ihnen für Ihre Kooperation

Prof. Dr. Dirk Randoll, Alanus Hochschule
Prof. Dr. Heiner Barz, Universität Düsseldorf

© Springer Fachmedien Wiesbaden GmbH, ein Teil von Springer Nature 2019
I. Enderle, *Kollegiale Selbstverwaltung als Führungsprinzip*,
https://doi.org/10.1007/978-3-658-23547-5

Anlagen

Schulnummer

(nur für interne Auswertung)

Inhaltsverzeichnis

I. Motive, Ziele, Unterricht

II. Schulklima

III. Kommunikationsverhalten und kollegiale Zusammenarbeit

IV. Evaluation und Qualitätssicherung

V. Fragen zur Eltern(mit)arbeit und Lehrer-Eltern-Kommunikation

VI. Berufszufriedenheit

VII. Arbeitsbezogenes Verhalten und Erleben

VIII. Persönliche Arbeitszeitgestaltung

IX. Belastungserleben

X. Bewältigungserleben

XI. Fragen zum Gesundheitszustand

XII. Fragen zur Gehaltsordnung und Altersversorgung

XIII. Fragen zur beruflichen Situation und zur Person

Anlage 1: Lehrerfragebogen

I. Motive, Ziele, Unterricht

1. Was war/ist für Sie das Hauptmotiv, als Lehrer/Lehrerin an einer Waldorfschule tätig zu sein?

_____
_____
_____
_____

2. Was ist Ihnen in Ihrer Arbeit an der Waldorfschule besonders wichtig?

_____
_____
_____
_____

3. Haben Sie selber eine Waldorfschule besucht?

ja {1}	nein {2}
☐	☐

4. Kreuzen Sie bitte an, inwieweit Sie den folgenden Aussagen zustimmen können.

	trifft voll zu {1}	trifft eher zu {2}	trifft eher nicht zu {3}	trifft gar nicht zu {4}
1. Waldorfschulen fordern von Lehrern ein zu hohes Maß an Engagement und Mitverantwortung.	☐	☐	☐	☐
2. An Waldorfschulen sollte mehr Wert auf Leistung und auf Leistungsüberprüfungen gelegt werden.	☐	☐	☐	☐
3. Ich wünsche mir in unserem Kollegium mehr Diskussionen über den Sinn und Zweck qualitätsüberprüfender Maßnahmen an Waldorfschulen.	☐	☐	☐	☐
4. Durch das Zentralabitur hat die Waldorfschule an Profil gewonnen.	☐	☐	☐	☐
5. Das an den meisten Waldorfschulen praktizierte 8-jährige Klassenlehrerprinzip finde ich gut.	☐	☐	☐	☐
6. Waldorfschulen sind gegenüber Neuerungen in Bezug auf die Unterrichtsgestaltung aufgeschlossen.	☐	☐	☐	☐
7. Die zunehmende Akademisierung/wissenschaftliche Ausrichtung in der Waldorflehrerausbildung finde ich wichtig.	☐	☐	☐	☐
8. Ich befürchte, dass langfristig gesehen eine noch stärkere Anpassung der Waldorfschule an die Lehrplaninhalte der staatlichen Regelschule erfolgen wird.	☐	☐	☐	☐

5. Kreuzen Sie bitte an, inwieweit die folgenden Aussagen für Sie persönlich zutreffend sind.

	trifft voll zu {1}	trifft eher zu {2}	trifft eher nicht zu {3}	trifft gar nicht zu {4}
1. Ich lege Wert darauf, dass es im Unterricht absolut ruhig ist.	☐	☐	☐	☐
2. Wenn den Schülern an meinem Unterricht etwas nicht gefällt, können sie mit mir offen darüber reden.	☐	☐	☐	☐
3. Ich gebe jedem Schüler im Unterricht die Gelegenheit, seine Meinung zu dem jeweils behandelten Thema zu äußern	☐	☐	☐	☐
4. Ich erkläre in meinem Unterricht etwas so lange, bis jeder Schüler es verstanden hat.	☐	☐	☐	☐
5. Ich habe häufig die Befürchtung, meine Schüler ungerecht zu behandeln.	☐	☐	☐	☐
6. Wenn Schüler meinen Unterricht kritisieren, verletzt mich das.	☐	☐	☐	☐
7. Ich mache mir oft Gedanken darüber, ob die Schüler meinen Unterricht langweilig finden könnten.	☐	☐	☐	☐
8. Ich informiere jeden Schüler regelmäßig über seinen individuellen Leistungsstand.	☐	☐	☐	☐
9. In meinem Unterricht lernen die Schüler, mit Mitschülern etwas gemeinsam zu erarbeiten.	☐	☐	☐	☐
10. Das in meinem Unterricht Erlernte erleben die Schüler als sinnvoll.	☐	☐	☐	☐
11. Mir fehlt häufig die Zeit, meinen Schülern wirklich zuzuhören.	☐	☐	☐	☐
12. Ich habe ein vertrauensvolles Verhältnis zu meinen Schülern.	☐	☐	☐	☐
13. Im Unterricht orientiere ich mich vor allem an dem Waldorflehrplan.	☐	☐	☐	☐
14. Gespräche/Diskussionen, die von meiner Unterrichtsplanung abweichen, empfinde ich als störend.	☐	☐	☐	☐
15. In meinem Unterricht lernen die Schüler, sich selbständig etwas zu erarbeiten.	☐	☐	☐	☐
16. Ich bemühe mich, im Unterricht auf die Wünsche der Schüler einzugehen.	☐	☐	☐	☐
17. Wenn Schüler mein Vertrauen missbrauchen, haben sie bei mir verspielt.	☐	☐	☐	☐
18. Ich erfahre Respekt und Anerkennung von meinen Schülern.	☐	☐	☐	☐
19. Schüler wenden sich auch mit persönlichen Problemen an mich.	☐	☐	☐	☐
20. Arbeiten/Tests zur Lernstandskontrolle sind für mich ein selbstverständlicher Bestandteil meines Unterrichts.	☐	☐	☐	☐
21. Schüler nehmen Leistungsdruck in meinem Unterricht wahr.	☐	☐	☐	☐
22. Wenn Schüler, die ich unterrichte, die Schule wechseln oder vorzeitig verlassen, erlebe ich dies als persönliche Niederlage.	☐	☐	☐	☐
23. Auch gute Schüler werden von mir besonders gefördert.	☐	☐	☐	☐
24. Schüler nehmen Leistungskonkurrenz in meinem Unterricht wahr.	☐	☐	☐	☐
25. Ich bespreche mit meinen Schülern allgemeine oder aktuelle Themen, auch wenn der eigentliche Unterricht darunter leidet.	☐	☐	☐	☐

Anlage 1: Lehrerfragebogen 619

II. Schulklima

A. Kreuzen Sie bitte an, inwieweit folgende Aussagen auf **Ihre Schule** zutreffen.

An unserer Schule kommt es vor, dass Schülerinnen und Schüler ...	sehr oft {1}	oft {2}	selten {3}	gar nicht {4}
1. Wände voll schmieren.	☐	☐	☐	☐
2. ihren Müll verstreut in der Schule liegen lassen.	☐	☐	☐	☐
3. mutwillig etwas kaputt machen.	☐	☐	☐	☐
4. einzelne Unterrichtsstunden schwänzen.	☐	☐	☐	☐
5. andere Schülerinnen/Schüler schlagen.	☐	☐	☐	☐
6. andere Schülerinnen/Schüler erpressen.	☐	☐	☐	☐
7. die Schultische voll schmieren.	☐	☐	☐	☐
8. Schule schwänzen.	☐	☐	☐	☐
9. gezielt im Unterricht stören.	☐	☐	☐	☐
10. den Unterricht vorzeitig verlassen.	☐	☐	☐	☐
11. jüngere Schülerinnen/Schüler bedrohen.	☐	☐	☐	☐
12. Schulveranstaltungen, Ausflüge oder Projekttage schwänzen.	☐	☐	☐	☐
13. zu wenig Rücksicht auf jüngere Schülerinnen/Schüler nehmen.	☐	☐	☐	☐
14. zu spät zum Unterricht kommen.	☐	☐	☐	☐
15. Mitschüler mobben.	☐	☐	☐	☐

B. Fürsorglicher Erziehungsstil der Lehrkräfte
Inwieweit treffen folgende Aussagen auf die Lehrer an Ihrer Schule zu?

	trifft voll zu {1}	trifft eher zu {2}	trifft eher nicht zu {3}	trifft gar nicht zu {4}
1. Das Verhalten der meisten Mitglieder des Kollegiums gegenüber den Schüler/innen erscheint mir fürsorglich	☐	☐	☐	☐
2. Wenn an dieser Schule Schüler/innen mit einem Problem zu einem Lehrer/ einer Lehrerin kommen, werden sie in den meisten Fällen Hilfe finden.	☐	☐	☐	☐
3. Wenn die Schüler/innen ein Problem haben, das die ganze Schule betrifft, dann nimmt sich das Lehrerkollegium dieser Sache an	☐	☐	☐	☐
4. Die Lehrer/innen an dieser Schule berücksichtigen die Bedürfnisse der Schüler/innen in ihrer Arbeit	☐	☐	☐	☐
5. Wenn Schüler/innen mit der Schule Schwierigkeiten haben, erhalten sie von Lehrer/innen Unterstützung	☐	☐	☐	☐
6. Nicht nur einzelne Lehrkräfte, sondern das Kollegium nimmt sich Zeit, um Anliegen der Schülerschaft zu besprechen	☐	☐	☐	☐
7. Zwischen den Schülern und Lehrern besteht ein freundlicher und vertrauensvoller Umgang	☐	☐	☐	☐

III. Fragen zum Kommunikationsverhalten und zur kollegialen Zusammenarbeit

Bitte geben Sie an, inwieweit folgende Aussagen in Ihrer Schule zutreffen.

	trifft voll zu (1)	trifft eher zu (2)	trifft eher nicht zu (3)	trifft gar nicht zu (4)
1. Mit dem Betriebsklima an meiner Schule bin ich zufrieden.	☐	☐	☐	☐
2. Mit meinem Verhältnis zu meinen Kollegen/innen bin ich zufrieden.	☐	☐	☐	☐
3. Ich bin zufrieden mit der Kommunikation im Kollegium.	☐	☐	☐	☐
4. Der Umgangston unter den Kolleginnen und Kollegen ist freundlich.	☐	☐	☐	☐
5. Spannungen bzw. Konflikte unter den Kollegen/innen werden gut gelöst.	☐	☐	☐	☐
6. Im Kollegium gibt es Gruppen, die nur wenig miteinander zu tun haben.	☐	☐	☐	☐
7. In pädagogischen Konferenzen beteiligen sich die meisten aktiv an den Diskussionen.	☐	☐	☐	☐
8. Im Kollegium gibt es eindeutige Meinungsführer.	☐	☐	☐	☐
9. Ich fühle mich im Kollegium häufig isoliert.	☐	☐	☐	☐
10. Ich empfinde die Atmosphäre im Kollegium als vertrauensvoll.	☐	☐	☐	☐
11. Im Kollegium wird offen darüber gesprochen, ob mir eine Aufgabe zugetraut wird oder nicht.	☐	☐	☐	☐
12. Wenn ich Schwierigkeiten in der Arbeit habe, kann ich im Kollegium offen darüber sprechen.	☐	☐	☐	☐
13. Im Kollegium unterstützen wir uns gegenseitig bei auftretenden Schwierigkeiten.	☐	☐	☐	☐
14. Für das Fach/die Fächer, das/die ich unterrichte, erfahre ich im Kollegium das für mich notwendige Verständnis.	☐	☐	☐	☐
15. In Konferenzen kann ich offen meine Meinung sagen.	☐	☐	☐	☐
16. Konflikte können wir untereinander offen ansprechen.	☐	☐	☐	☐
17. Ich fühle mich von meinen Kolleginnen und Kollegen mit meinen Anliegen ernst genommen.	☐	☐	☐	☐
18. Über Leistungsanforderungen herrscht im Kollegium ein Grundkonsens.	☐	☐	☐	☐
19. Unterrichtsmaterialien werden gegenseitig ausgetauscht.	☐	☐	☐	☐
20. Wir informieren uns gegenseitig über Inhalte von Fortbildungen.	☐	☐	☐	☐
21. Die Kolleginnen/Kollegen sind für Veränderungen aufgeschlossen.	☐	☐	☐	☐
22. Wir gehen gemeinsam neue Wege im Unterricht.	☐	☐	☐	☐
23. Zwischen Klassenlehrern und Oberstufenlehrern findet ein regelmäßiger fachlicher Austausch statt.	☐	☐	☐	☐

Anlage 1: Lehrerfragebogen

	trifft voll zu {1}	trifft eher zu {2}	trifft eher nicht zu {3}	trifft gar nicht zu {4}
24. Die Zusammenarbeit zwischen Lehrern und Geschäftsführung funktioniert gut.	☐	☐	☐	☐
25. Die meisten Lehrer sind an der Schulleitungskonferenz zugelassen.	☐	☐	☐	☐
26. Ich empfinde mich in dem Schulorganismus als Teil eines großen Ganzen.	☐	☐	☐	☐
27. Ich habe das Gefühl, dass es vermieden wird, mit mir zusammen zu arbeiten.	☐	☐	☐	☐
28. An unserer Schule gibt es klare Informationsstrukturen.	☐	☐	☐	☐
29. Wenn ich besondere Leistungen erbringe, wird dies im Kollegium wertgeschätzt.	☐	☐	☐	☐
30. Die Verfahren zur Delegation von Entscheidungsprozessen sind transparent.	☐	☐	☐	☐
31. So, wie bei uns die Schule geführt wird, ist es für mich in Ordnung.	☐	☐	☐	☐
32. Die Qualität der Arbeit in der Schulverwaltung ist gut.	☐	☐	☐	☐
33. Die Entscheidungsstrukturen an unserer Schule sind transparent.	☐	☐	☐	☐
34. Die Arbeit im Kollegium ist durch Konkurrenzdenken geprägt.	☐	☐	☐	☐
35. Entscheidungsprozesse realisieren wir an unserer Schule effizient und zielführend.	☐	☐	☐	☐
36. Wir sagen offen, wenn wir einem Kollegen eine Arbeit nicht zutrauen.	☐	☐	☐	☐
37. Initiativen werden im Kollegium häufig blockiert.	☐	☐	☐	☐
38. Ich glaube nicht, dass ich es mir einbilde, dass ich durch Blicke und Gesten im Kollegium Abwertung erfahre.	☐	☐	☐	☐
39. Ich empfinde mich als Mitgestalter der Schule.	☐	☐	☐	☐
40. Die einzelnen Schulführungsgremien haben eine Geschäftsordnung.	☐	☐	☐	☐
41. Ich habe persönliche Entscheidungskompetenzen.	☐	☐	☐	☐
42. Zunehmend stelle ich fest, dass ich im Kollegium nicht zu Wort komme – dass mir einfach nicht zugehört wird.	☐	☐	☐	☐
43. An unserer Schule gibt es ausreichende Formen der Konfliktbearbeitung.	☐	☐	☐	☐
44. Die Aufgaben und Kompetenzen bei Personalfragen sind an unserer Schule klar geregelt.	☐	☐	☐	☐
45. Die Mitarbeiterbetreuung an unserer Schule funktioniert gut.	☐	☐	☐	☐
46. Manchmal wünsche ich mir, mehr Verantwortung an einen Vorgesetzten (Rektor) abgeben zu können.	☐	☐	☐	☐
47. Ich habe manchmal das Gefühl, dass ich zu bestimmten Veranstaltungen nicht eingeladen werde.	☐	☐	☐	☐

IV. Evaluation und Qualitätssicherung

Im Folgenden finden Sie einige Aussagen zum Thema „Evaluation und Qualitätssicherung".
Bitte kreuzen Sie an, inwieweit Sie diesen zustimmen oder nicht.

	ja {1}	nein {2}	weiß nicht {3}
An unserer Schule wurde innerhalb der letzten 10 Jahre mindestens eine qualitätsentwickelnde/-überprüfende Maßnahme zu folgendem Thema durchgeführt:			
1. Verbesserung der Unterrichtsqualität	☐	☐	☐
2. Organisationsentwicklung	☐	☐	☐
3. Konfliktmanagement	☐	☐	☐
4. Kommunikation	☐	☐	☐
5. Lehrergesundheit (z. B. Umgang mit Stress)	☐	☐	☐
6. An unserer Schule hat eine Leitbildarbeit stattgefunden	☐	☐	☐
7. An unserer Schule gibt es gegenseitige Unterrichtshospitationen	☐	☐	☐
8. An unserer Schule gibt es Supervision oder Coaching	☐	☐	☐

	trifft voll zu {1}	trifft eher zu {2}	trifft eher nicht zu {3}	trifft gar nicht zu {4}
9. Unsere Schule hat für die Gestaltung des schulischen Geschehens den notwendigen Spielraum.	☐	☐	☐	☐
10. Über besondere Entwicklungsschritte werden an unserer Schule Zielvereinbarungen getroffen.	☐	☐	☐	☐
Wenn 10. zutreffend:				
11. Die Einhaltung der Zielvereinbarungen wird regelmäßig evaluiert	☐	☐	☐	☐

V. Fragen zur Eltern(mit)arbeit und Lehrer-Eltern-Kommunikation

A. Bitte kreuzen Sie an, inwieweit die folgenden Aussagen auf Sie persönlich zutreffen.

	trifft voll zu {1}	trifft eher zu {2}	trifft eher nicht zu {3}	trifft gar nicht zu {4}
1. Elternarbeit macht mir Spaß.	☐	☐	☐	☐
2. Ich betrachte Eltern als Partner bei der Bildung/Erziehung ihrer Kinder.	☐	☐	☐	☐
3. Ich informiere die Eltern regelmäßig über das Geschehen an der Schule.	☐	☐	☐	☐

Anlage 1: Lehrerfragebogen

	trifft voll zu {1}	trifft eher zu {2}	trifft eher nicht zu {3}	trifft gar nicht zu {4}
4. Ich gehe Beschwerden/Anliegen von Eltern nach.	☐	☐	☐	☐
5. Ich informiere Eltern regelmäßig über die Lernfortschritte ihrer Kinder.	☐	☐	☐	☐
6. Eltern können mich bei Schulproblemen ihrer Kinder nach Absprache in der Schule ansprechen.	☐	☐	☐	☐
7. Eltern kennen Ansprechpartner bei Konflikten, die sie mit mir haben.	☐	☐	☐	☐
8. Eltern können mich bei Schulproblemen ihrer Kinder auch außerhalb der Schulzeit ansprechen.	☐	☐	☐	☐
9. In der Schule habe ich feste Elternsprechzeiten.	☐	☐	☐	☐
10. Die Zusammenarbeit mit den Eltern in der Selbstverwaltung (Gremien, Vorstand etc.) funktioniert gut.	☐	☐	☐	☐
11. Bei grundsätzlichen Fragen der Schulstruktur sind Eltern eingebunden.	☐	☐	☐	☐
12. Schulpädagogische Fragen sollten nur von Lehrern entschieden werden.	☐	☐	☐	☐
13. Mit einigen Eltern kommt es immer wieder zu Konflikten.	☐	☐	☐	☐
14. Elternräte sind meiner Ansicht nach überflüssig.	☐	☐	☐	☐
15. Ich mache den Eltern gegenüber meine eigenen Ziele und Wege deutlich.	☐	☐	☐	☐
16. Einmischungen von Eltern in meine pädagogische Arbeit weise ich strikt zurück.	☐	☐	☐	☐

B. Bitte kreuzen Sie an, auf wie viele Eltern die folgenden Aussagen zutreffen.

	die meisten {1}	viele {2}	einige {3}	wenige {4}
1. Eltern haben Verständnis für die Intentionen der Waldorfpädagogik.	☐	☐	☐	☐
2. Eltern erwarten zu viel von mir und meiner Arbeit.	☐	☐	☐	☐
3. Eltern mischen sich zu viel in meine Angelegenheiten als Lehrer ein.	☐	☐	☐	☐
4. Eltern bringen mir Respekt und Wertschätzung entgegen.	☐	☐	☐	☐

	die meisten {1}	viele {2}	einige {3}	wenige {4}
5. Eltern sind mit den Leistungsanforderungen, die ich an ihre Kinder stelle, zufrieden.	☐	☐	☐	☐
6. Eltern sind mit den Ergebnissen meines Unterrichts zufrieden.	☐	☐	☐	☐
7. Eltern tragen meine Entscheidungen als Lehrer mit (z .B. bei der Ahndung von Disziplinproblemen).	☐	☐	☐	☐
8. Eltern fühlen sich für die Belange der Schule mitverantwortlich.	☐	☐	☐	☐
9. Eltern übernehmen ihren Anteil an Verantwortung für das Gelingen des Bildungs- und Erziehungsprozesses (z. B. ausreichend Schlaf für das Kind; gesundes Frühstück; moderater Medienkonsum).	☐	☐	☐	☐
10. Eltern respektieren meine Privatsphäre.	☐	☐	☐	☐

VI. Berufszufriedenheit

A. Im Folgenden finden Sie Aussagen, die unterschiedliche Aspekte der Berufszufriedenheit betreffen. Bitte kreuzen Sie an, inwieweit Sie diesen Aussagen zustimmen oder nicht.

Ich bin zufrieden mit ...	trifft voll zu {1}	trifft eher zu {2}	trifft eher nicht zu {3}	trifft gar nicht zu {4}
1. meiner beruflichen Situation allgemein.	☐	☐	☐	☐
2. meiner persönlichen Arbeitsorganisation.	☐	☐	☐	☐
3. der Organisation unseres Schulbetriebs.	☐	☐	☐	☐
4. meinen Leistungsanforderungen an die Schülerinnen und Schüler.	☐	☐	☐	☐
5. dem fachlich-inhaltlichen Niveau meines Unterrichts.	☐	☐	☐	☐
6. den Möglichkeiten zur Fort- und Weiterbildung.	☐	☐	☐	☐
7. meinem Verhältnis zu den Schülerinnen und Schülern.	☐	☐	☐	☐
8. meinem Verhältnis zu den Eltern.	☐	☐	☐	☐
9. der sächlichen Ausstattung der Schule (Lehr- und Lernmittel).	☐	☐	☐	☐
10. dem Ruf meiner Schule in der Öffentlichkeit.	☐	☐	☐	☐

Anlage 1: Lehrerfragebogen

Ich bin zufrieden mit ...	trifft voll zu {1}	trifft eher zu {2}	trifft eher nicht zu {3}	trifft gar nicht zu {4}
11. der Art, wie die Idee der Schulführung an unserer Schule praktiziert wird.	☐	☐	☐	☐
12. den Möglichkeiten, waldorfpädagogische Ideen/Inhalte an unserer Schule verwirklichen zu können.	☐	☐	☐	☐
13. der Arbeit an anthroposophischen Themen im Kollegenkreis.	☐	☐	☐	☐
14. der schulischen Selbstverwaltung.	☐	☐	☐	☐
15. den räumlichen Gegebenheiten in der Schule (z. B. Beleuchtung, Hygiene, Raumtemperatur, Sanitäranlagen).	☐	☐	☐	☐
16. dem baulichen Zustand des Schulgebäudes.	☐	☐	☐	☐
17. der Führungskompetenz an unserer Schule.	☐	☐	☐	☐
18. der Wertschätzung meiner Arbeit im Kollegium.	☐	☐	☐	☐
19. der Arbeitsverteilung im Kollegium.	☐	☐	☐	☐
20. der Wertschätzung meiner Arbeit durch die Schüler.	☐	☐	☐	☐
21. der Art, wie gegenseitige Vertretungen an der Schule organisiert sind.	☐	☐	☐	☐
22. der Arbeit des Vorstandes.	☐	☐	☐	☐
23. den Möglichkeiten, im Kollegium gemeinsam etwas Künstlerisches zu erarbeiten.	☐	☐	☐	☐
24. der Arbeit der Geschäftsführung.	☐	☐	☐	☐
25. der Wertschätzung meiner Arbeit durch die Eltern.	☐	☐	☐	☐
26. der Arbeit des Sekretariats/der Verwaltung.	☐	☐	☐	☐
27. der Möglichkeit, die Organisationsstrukturen in der Schule mitzugestalten.	☐	☐	☐	☐
28. der Wertschätzung meines Berufes in der Öffentlichkeit.	☐	☐	☐	☐
29. der personellen Ausstattung an der Schule.	☐	☐	☐	☐
30. der Lage und dem Standort der Schule.	☐	☐	☐	☐
31. der Raumplanung/-verteilung in der Schule.	☐	☐	☐	☐
32. der Länge/Zeit meines Anfahrtsweges zur Schule.	☐	☐	☐	☐
33. der pädagogischen Qualität an der Schule.	☐	☐	☐	☐
34. der Rückmeldung, die ich über meine Arbeit erhalte.	☐	☐	☐	☐

VII. Arbeitsbezogenes Verhalten und Erleben

Bitte lesen Sie jeden dieser Sätze gründlich durch und entscheiden Sie, in welchem Maße dieser auf Sie persönlich zutrifft.

	trifft völlig zu {1}	trifft überwiegend zu {2}	teils/ teils {3}	trifft überwiegend nicht zu {4}	trifft überhaupt nicht zu {5}
1. Die Arbeit ist für mich der wichtigste Lebensinhalt.	☐	☐	☐	☐	☐
2. Was meine berufliche Entwicklung angeht, so halte ich mich für ziemlich ehrgeizig.	☐	☐	☐	☐	☐
3. Wenn es sein muss, arbeite ich bis zur Erschöpfung.	☐	☐	☐	☐	☐
4. Meine Arbeit soll stets ohne Fehl und Tadel sein.	☐	☐	☐	☐	☐
5. Auch in der Freizeit beschäftigen mich viele Arbeitsprobleme.	☐	☐	☐	☐	☐
6. Wenn ich keinen Erfolg habe, resigniere ich schnell.	☐	☐	☐	☐	☐
7. Ein Misserfolg kann bei mir neue Kräfte wecken.	☐	☐	☐	☐	☐
8. Mich bringt so leicht nichts aus der Ruhe.	☐	☐	☐	☐	☐
9. Mein bisheriges Berufsleben war recht erfolgreich.	☐	☐	☐	☐	☐
10. Ich habe allen Grund, meine Zukunft optimistisch zu sehen.	☐	☐	☐	☐	☐
11. Mein Partner/meine Partnerin zeigt Verständnis für meine Arbeit.	☐	☐	☐	☐	☐
12. Die Arbeit ist mein Ein und Alles.	☐	☐	☐	☐	☐
13. Ich strebe nach höheren beruflichen Zielen als die meisten anderen.	☐	☐	☐	☐	☐
14. Bei der Arbeit kenne ich keine Schonung.	☐	☐	☐	☐	☐
15. Ich kontrolliere lieber noch dreimal nach, als dass ich fehlerhafte Arbeitsergebnisse abliefere.	☐	☐	☐	☐	☐
16. Nach der Arbeit kann ich ohne Probleme abschalten.	☐	☐	☐	☐	☐
17. Misserfolge kann ich nur schwer verkraften.	☐	☐	☐	☐	☐
18. Wenn mir etwas nicht gelingt, bleibe ich hartnäckig und strenge mich umso mehr an.	☐	☐	☐	☐	☐
19. Ich glaube, dass ich ziemlich hektisch bin.	☐	☐	☐	☐	☐
20. In meiner bisherigen Berufslaufbahn habe ich mehr Erfolge als Enttäuschungen erlebt.	☐	☐	☐	☐	☐
21. Ich kann mich über mein Leben in keiner Weise beklagen.	☐	☐	☐	☐	☐

Anlage 1: Lehrerfragebogen

	trifft völlig zu {1}	trifft überwiegend zu {2}	teils/ teils {3}	trifft überwiegend nicht zu {4}	trifft überhaupt nicht zu {5}
22. Meine Familie interessiert sich nur wenig für meine Arbeitsprobleme.	☐	☐	☐	☐	☐
23. Ich brauche die Arbeit wie die Luft zum Leben.	☐	☐	☐	☐	☐
24. Für meine berufliche Zukunft habe ich mir viel vorgenommen.	☐	☐	☐	☐	☐
25. Ich arbeite wohl mehr als ich sollte.	☐	☐	☐	☐	☐
26. Was immer ich tue, es muss perfekt sein.	☐	☐	☐	☐	☐
27. Arbeitsprobleme beschäftigen mich eigentlich den ganzen Tag.	☐	☐	☐	☐	☐
28. Berufliche Fehlschläge können mich leicht entmutigen.	☐	☐	☐	☐	☐
29. Misserfolge werfen mich nicht um, sondern veranlassen mich zu noch stärkerer Anstrengung.	☐	☐	☐	☐	☐
30. Hektik und Aufregung um mich herum lassen mich kalt.	☐	☐	☐	☐	☐
31. In meiner beruflichen Entwicklung ist mir bisher fast alles gelungen.	☐	☐	☐	☐	☐
32. Mit meinem bisherigen Leben kann ich zufrieden sein.	☐	☐	☐	☐	☐
33. Von meinem Partner/meiner Partnerin wünsche ich mir mehr Rücksichtnahme auf meine beruflichen Aufgaben und Probleme.	☐	☐	☐	☐	☐
34. Ich wüsste nicht, wie ich ohne Arbeit leben sollte.	☐	☐	☐	☐	☐
35. Beruflicher Erfolg ist für mich ein wichtiges Lebensziel.	☐	☐	☐	☐	☐
36. Ich neige dazu, über meine Kräfte hinaus zu arbeiten.	☐	☐	☐	☐	☐
37. Für mich ist die Arbeit erst dann getan, wenn ich rundum mit dem Ergebnis zufrieden bin.	☐	☐	☐	☐	☐
38. Meine Gedanken kreisen fast nur um die Arbeit.	☐	☐	☐	☐	☐
39. Wenn ich in der Arbeit erfolglos bin, deprimiert mich das sehr.	☐	☐	☐	☐	☐
40. Falls mir etwas nicht gelingen will, sage ich mir: „Jetzt erst recht!".	☐	☐	☐	☐	☐
41. Ich kann mich in fast allen Situationen ruhig und bedächtig verhalten.	☐	☐	☐	☐	☐
42. Mein bisheriges Leben ist durch beruflichen Erfolg gekennzeichnet.	☐	☐	☐	☐	☐
43. Im Großen und Ganzen bin ich glücklich und zufrieden.	☐	☐	☐	☐	☐
44. Bei meiner Familie finde ich jede Unterstützung.	☐	☐	☐	☐	☐

	trifft völlig zu {1}	trifft überwiegend zu {2}	teils/ teils {3}	trifft überwiegend nicht zu {4}	trifft überhaupt nicht zu {5}
45. Meine Arbeit erfüllt mich mit Stolz.	☐	☐	☐	☐	☐
46. Ich mache in der Schule oft „Dienst nach Vorschrift".	☐	☐	☐	☐	☐
47. Im Laufe der Zeit habe ich insgesamt das Interesse an Auseinandersetzungen verloren.	☐	☐	☐	☐	☐
48. Als Waldorflehrer muss ich sehr viel Kraft aus mir selber schöpfen.	☐	☐	☐	☐	☐
49. Der Lehrerberuf bietet mir nicht mehr sehr viel Neues.	☐	☐	☐	☐	☐
50. Wenn ich krank bin, überwinde ich mich lieber und gehe trotzdem in die Schule, als dass ich einem Kollegen/einer Kollegin die Vertretung aufbürde.	☐	☐	☐	☐	☐
51. Das Verhältnis zwischen pädagogischer Arbeit und (Selbst-)Verwaltungsarbeit empfinde ich als ausgewogen.	☐	☐	☐	☐	☐

VIII. Fragen zu Aspekten der persönlichen Arbeitszeitgestaltung

A. Im Folgenden finden Sie einige Aussagen zu **Ihrer persönlichen** Arbeitsorganisation.

	trifft voll zu {1}	trifft eher zu {2}	trifft eher nicht zu {3}	trifft gar nicht zu {4}
1. Ich versuche, meine beruflichen Aufgaben so weit wie möglich in der Schule zu erledigen.	☐	☐	☐	☐
2. Ich würde gern mehr in der Schule arbeiten, wenn ich einen geeigneten Arbeitsplatz hätte.	☐	☐	☐	☐
3. In den Freistunden fehlt mir ein geeigneter Arbeitsplatz.	☐	☐	☐	☐
4. Ich habe einen geregelten Zeitplan für meine Arbeit.	☐	☐	☐	☐
5. Ich würde gerne Privates und Berufliches mehr voneinander trennen.	☐	☐	☐	☐
6. Überstunden sind ein selbstverständlicher Teil meiner Arbeit.	☐	☐	☐	☐
7. Ich arbeite für die Schule ...	Bitte nur eine Nennung:			
... fast nie am Wochenende	☐{1}			
... nur an einem der beiden Wochenendtage	☐{2}			
... öfter an beiden Wochenendtagen	☐{3}			
8. Ich schätze, dass ich neben meinem Unterricht und seiner Vor- und Nachbereitung noch ____ Stunden pro Woche für den Beruf tätig bin.				

Anlage 1: Lehrerfragebogen   629

Ich benötige **in der Woche** ca. ...	keine	1–3 Std.	4–6 Std.	7–9 Std.	> 10 Std.
... Vorbereitungszeit für meinen Unterricht.	☐	☐	☐	☐	☐
... für die Durchsicht von Hausaufgaben/Klassenarbeiten.	☐	☐	☐	☐	☐
... für Verwaltungsarbeiten in der Schule.	☐	☐	☐	☐	☐
... für Konferenzen in der Schule.	☐	☐	☐	☐	☐
... für Arbeiten im Rahmen der Selbstverwaltung unserer Schule.	☐	☐	☐	☐	☐
... für Delegationen/Konferenzen auf Landes-/Bundesebene.	☐	☐	☐	☐	☐
... für _____	☐	☐	☐	☐	☐

IX. Fragen zum Belastungserleben

A. Wie sehr fühlen Sie sich belastet durch ...

	sehr stark {1}	stark {2}	etwas {3}	gar nicht {4}
1. Ihren derzeitigen gesundheitlichen Zustand?	☐	☐	☐	☐
2. den Beruf?	☐	☐	☐	☐
3. bestimmte Lebensereignisse im privaten Umfeld (z. B. Familie)?	☐	☐	☐	☐
4. die Anzahl der wöchentlichen Arbeitsstunden?	☐	☐	☐	☐
5. die Stofffülle/den Lehrplan?	☐	☐	☐	☐
6. Reformen/Erlasse?	☐	☐	☐	☐
7. zu wenig Unterrichtsraum?	☐	☐	☐	☐
8. die Vielzahl der zu unterrichtenden Klassen?	☐	☐	☐	☐
9. die Vielzahl an Konferenzen?	☐	☐	☐	☐
10. Ihre Besoldungssituation?	☐	☐	☐	☐
11. Ihren beruflichen Status als Waldorflehrer?	☐	☐	☐	☐
12. das Verhalten einzelner Kolleginnen und Kollegen?	☐	☐	☐	☐
13. das Arbeitsverhalten einzelner Schülerinnen und Schüler?	☐	☐	☐	☐
14. das Halten von Vertretungsstunden?	☐	☐	☐	☐
15. das Image der Freien Waldorfschule in der Öffentlichkeit?	☐	☐	☐	☐
16. die Größe der Schülergruppen/Klassen ?	☐	☐	☐	☐
17. schulpolitische Entscheidungen, die die Realisierung waldorfpädagogischer Intentionen/Ziele erschweren?	☐	☐	☐	☐
18. Kritik der Waldorfpädagogik in den Medien?	☐	☐	☐	☐
19. die Arbeitsvielfalt im Allgemeinen?	☐	☐	☐	☐

	sehr stark {1}	stark {2}	etwas {3}	gar nicht {4}
20. Stundenpläne, die Ihrer persönlichen Situation nicht entsprechen?	☐	☐	☐	☐
21. die Schülerfluktuation (Wer kommt? Wer geht?)?	☐	☐	☐	☐
22. die Arbeit mit Eltern?	☐	☐	☐	☐
23. Ihre eigenen Ansprüche als Pädagoge?	☐	☐	☐	☐
24. Vor- und Nachbereitungen von Arbeiten/Prüfungen?	☐	☐	☐	☐
25. unmotivierte Schüler/innen?	☐	☐	☐	☐
26. die von R. Steiner beschriebenen Anforderungen/Ideale an die Person des Lehrers (Selbsterziehung)?	☐	☐	☐	☐
27. die Häufigkeit der pädagogischen Konferenzen?	☐	☐	☐	☐
28. die Anforderungen/Erwartungen von Eltern?	☐	☐	☐	☐
29. die Organisationsstrukturen in der Schule?	☐	☐	☐	☐
30. Vor- und Nachbereitungen des Unterrichts?	☐	☐	☐	☐
31. organisatorische Tätigkeiten neben der pädagogischen Arbeit?	☐	☐	☐	☐
32. persönliche Probleme und Sorgen einzelner Schüler/innen?	☐	☐	☐	☐
33. das Schreiben von Zeugnissen?	☐	☐	☐	☐
34. die Vorbereitung u./o. Durchführung von Schulveranstaltungen?	☐	☐	☐	☐
36. Disziplinprobleme einzelner Schüler/innen?	☐	☐	☐	☐
37. die Durchführung von Klassenfahrten, Exkursionen etc.?	☐	☐	☐	☐
38. Verwaltungstätigkeiten in der Schule?	☐	☐	☐	☐
39. Tätigkeiten zur Evaluation der Schule?	☐	☐	☐	☐
40. Arbeiten in Gremien des Schulträgers (z.B. Schulverein)?	☐	☐	☐	☐
41. Aufsicht halten während der Pausen?	☐	☐	☐	☐
42. den Lärmpegel in den Klassen?	☐	☐	☐	☐
43. das ständige Sprechen-Müssen?	☐	☐	☐	☐
44. Konflikte zwischen beruflichen und privaten Anforderungen?	☐	☐	☐	☐
45. Teilnahme an Schulführungskonferenzen?	☐	☐	☐	☐
46. den engen finanziellen Rahmen der Schule?	☐	☐	☐	☐
47. Sonstiges _____	☐	☐	☐	☐

	ja {1}	nein {2}
48. Wenn ich die Möglichkeit hätte, würde ich meinen Beruf wechseln.	☐	☐

Wenn zutreffend, in welchen Beruf? _____

Anlage 1: Lehrerfragebogen 631

	ja {1}	nein {2}
49. Wenn ich die Möglichkeit hätte, würde ich die Schule wechseln.	☐	☐
Wenn ja: Auf eine andere Waldorfschule?	☐	☐
Auf eine andere reformpädagogische Schule?	☐	☐
Auf eine staatliche Regelschule?	☐	☐
50. Wenn ich kündigen könnte, würde ich kündigen.	☐	☐

B. Selbstwirksamkeitserwartung

	trifft voll zu {1}	trifft eher zu {2}	trifft eher nicht zu {3}	trifft gar nicht zu {4}
1. Es gelingt mir, auch schwierige Schüler am Unterricht zu beteiligen.	☐	☐	☐	☐
2. Ich weiß, dass ich zu Eltern guten Kontakt halten kann, selbst in schwierigen Situationen.	☐	☐	☐	☐
3. Ich bin mir sicher, dass ich mich in Zukunft auf individuelle Probleme der Schüler noch besser einstellen kann.	☐	☐	☐	☐
4. Ich kann Schüler für neue Projekte begeistern.	☐	☐	☐	☐
5. Selbst wenn es mir einmal nicht so gut geht, kann ich doch im Unterricht immer noch gut auf Schüler eingehen.	☐	☐	☐	☐
6. Bei der Gestaltung meines Unterrichts entwickle ich immer neue Ideen.	☐	☐	☐	☐
7. Selbst wenn mein Unterricht durch Schüler gestört wird, bin ich mir sicher, die notwendige Gelassenheit bewahren zu können.	☐	☐	☐	☐
8. Ich kann innovative Veränderungen auch gegenüber skeptischen Kollegen durchsetzen.	☐	☐	☐	☐
9. Im Unterricht kann ich mich auf meine intuitiven Fähigkeiten verlassen.	☐	☐	☐	☐
10. Ich kann gut mit Kritik umgehen.	☐	☐	☐	☐
11. Das Vertrauen in übergeordnete Zusammenhänge (z. B. Karma, geistige Welt) gibt mir in meinem Beruf Halt und Sicherheit.	☐	☐	☐	☐
12. Ich bin den fachlichen Anforderungen im Unterricht gewachsen.	☐	☐	☐	☐
13. Im Umgang mit neuen Medien (z. B. Computer, Internet, Handy) fühle ich mich kompetent.	☐	☐	☐	☐
14. Der Lehrerberuf stärkt mich in meinem Selbstwertgefühl.	☐	☐	☐	☐
15. Der Lehrerberuf ist für mich eine Quelle erlebter Selbstwirksamkeit.	☐	☐	☐	☐
16. Ich kann mich in meiner Arbeit verwirklichen.	☐	☐	☐	☐
17. Ich habe Einfluss auf die Menge an Arbeit, die ich zu erledigen habe.	☐	☐	☐	☐
18. Bei meiner Arbeit kann ich meine Kenntnisse/Fähigkeiten einbringen.	☐	☐	☐	☐

Anlagen

X. Fragen zum Bewältigungserleben

A. Meine berufliche Leistungsfähigkeit ist

nicht so gut {1}	könnte besser sein {2}	zufriedenstellend {3}	gut {4}
☐	☐	☐	☐

B. Meine wöchentliche Arbeit für die Schule ist bei vollem Deputat pro Woche zu bewältigen. (*bei Teilzeitbeschäftigung bitte entsprechend beantworten*)

nie {1}	selten {2}	häufig {3}	sehr oft {4}
☐	☐	☐	☐

C. Im Folgenden finden Sie Aussagen über unterschiedliche Möglichkeiten, die beruflichen Anforderungen zu bewältigen.

Wenn ich berufliche Probleme habe dann ...	sehr oft {1}	oft {2}	selten {3}	gar nicht {4}
1. spreche ich mit Kolleginnen/Kollegen darüber.	☐	☐	☐	☐
2. hole ich mir Rat und Beistand bei guten Freunden oder Bekannten.	☐	☐	☐	☐
3. versuche ich mit anderen zusammen, die Bedingungen in der Schule zu verändern.	☐	☐	☐	☐
4. suche ich mir Literatur, die mir weiterhelfen könnte.	☐	☐	☐	☐
5. besuche ich Fortbildungsveranstaltungen.	☐	☐	☐	☐
6. suche ich Antworten in den Schriften R. Steiners.	☐	☐	☐	☐
7. versuche ich, darüber in Ruhe nachzudenken.	☐	☐	☐	☐
8. gehe ich zu einem Experten (z. B. Coach, Psychologen).	☐	☐	☐	☐
9. hilft mir mein eigener Schulungsweg.	☐	☐	☐	☐
10. wende ich mich an die pädagogische Konferenz.	☐	☐	☐	☐
11. wende ich mich an den Vorstand.	☐	☐	☐	☐
12. wende ich mich an die Geschäftsführung.	☐	☐	☐	☐
13. Sonstiges _____	☐	☐	☐	☐

Anlage 1: Lehrerfragebogen

D. Wenn Sie für Ihren Beruf neue Kraft schöpfen möchten: Welche Aktivitäten sind für Sie persönlich dabei am hilfreichsten und wie häufig kommen Sie während der Schulzeit dazu, diese auch zu verwirklichen?

Neue Kraft schöpfe ich v. a. durch ...	trifft voll zu {1}	trifft eher zu {2}	trifft eher nicht zu {3}	trifft gar nicht zu {4}	Während der Schulzeit realisiere ich das ... fast täglich {1}	1 x Woche {2}	1 x Monat {3}	1 x Jahr {4}
1. Naturerlebnisse (z.B. Spaziergänge, Gartenarbeit).	☐	☐	☐	☐	☐	☐	☐	☐
2. Lesen (keine unterrichtsbezogene Literatur).	☐	☐	☐	☐	☐	☐	☐	☐
3. Zusammensein mit Freunden/Bekannten.	☐	☐	☐	☐	☐	☐	☐	☐
4. Musik hören oder selber musizieren.	☐	☐	☐	☐	☐	☐	☐	☐
5. künstlerisch-handwerkliche Tätigkeiten.	☐	☐	☐	☐	☐	☐	☐	☐
6. Fernsehen.	☐	☐	☐	☐	☐	☐	☐	☐
7. den Besuch kultureller Veranstaltungen (Theater, Oper, Museum, Kino).	☐	☐	☐	☐	☐	☐	☐	☐
8. Meditieren.	☐	☐	☐	☐	☐	☐	☐	☐
9. Sport treiben (z. B. Radfahren, Joggen).	☐	☐	☐	☐	☐	☐	☐	☐
10. hinlegen und „vor mich hindösen".	☐	☐	☐	☐	☐	☐	☐	☐
11. den Besuch geselliger Veranstaltungen (z. B. Tanz, Feste).	☐	☐	☐	☐	☐	☐	☐	☐
12. das Studieren von Schriften R. Steiners.	☐	☐	☐	☐	☐	☐	☐	☐
13. den Besuch von Schulveranstaltungen (z. B. Monatsfeier, Klassenspiel, Orchester).	☐	☐	☐	☐	☐	☐	☐	☐
14. Sonstiges _____	☐	☐	☐	☐	☐	☐	☐	☐
15. Ich hole mir die nötige Kraft aus meiner täglichen Arbeit in der Schule.	☐	☐	☐	☐				
16. In der Regel kann ich mich nach einer Schulwoche ausreichend regenerieren.	☐	☐	☐	☐				

XI. Fragen zum Gesundheitszustand

	nicht so gut {1}	könnte besser sein {2}	zufriedenstellend {3}	gut {4}
1. Mein Gesundheitszustand ist:	☐	☐	☐	☐

		ja {1}	nein {2}
2.	Fühlten Sie sich in den letzten 2-3 Jahren häufiger krank als in den Jahren davor?	☐	☐
3.	Ist Ihr Gesundheitszustand für Sie ein Grund, an vorzeitige Pensionierung zu denken?	☐	☐
4.	Gibt es körperliche oder psychische Probleme, die Sie in direkten Zusammenhang mit ihrem Schulalltag bringen?	☐	☐

Wenn ja, welche? _____

5. Wenn Sie an das Ende Ihres Berufslebens denken: Welche Möglichkeiten können Sie sich am ehesten vorstellen?	Bitte nur eine Nennung:
- vorzeitig in Ruhestand gehen	☐{1}
- im „normalen" Rentenalter in den Ruhestand gehen	☐{2}
- über das normale Rentenalter hinaus arbeiten	☐{3}
- noch keine Vorstellung vorhanden	☐{4}
- Altersteilzeit nutzen	☐{5}
- Arbeiten, bis es wirklich nicht mehr geht	☐{6}

	ja {1}	nein {2}
6. Gehen Sie neben Ihren Aufgaben in der Schule noch einer anderen erwerbsmäßigen Tätigkeit nach?	☐	☐

Wenn ja, welcher? _____

XII. Fragen zur Gehaltsordnung und Altersversorgung

Wie hoch ist ihr monatliches Nettogehalt (nach Abzug aller Sozialleistungen)? _____ €

		ja {1}	nein {2}
1.	Ich bin mit meiner Einkommenssituation zufrieden.	☐	☐
2.	Ich bin wirtschaftlich von meinem Einkommen als Waldorflehrer abhängig.	☐	☐
3.	Für Personalkosten steht an unserer Schule zu wenig Geld zur Verfügung.	☐	☐
4.	Zur gesetzlichen Altersversicherung gibt es eine schuleigene Zusatzversicherung.	☐	☐
5.	An unserer Schule gibt es eine schuleigene Gehaltsordnung.	☐	☐
Wenn ja:			
6.	Über die Prinzipien der Gehaltsordnung bin ich gut informiert.	☐	☐
7.	Die Gehaltsordnung wird regelmäßig (mind. alle 3 Jahre) neu verhandelt.	☐	☐
8.	Die Gehaltsordnung an unserer Schule ist ausgewogen.	☐	☐

Anlage 1: Lehrerfragebogen   635

XIII. Fragen zur beruflichen Situation und zur Person

1. Ich bin

vollzeitbeschäftigt {1} ☐	teilzeitbeschäftigt {2} ☐

2. An meiner gegenwärtigen Schule arbeite ich seit ... Jahren.

1 – 5 {1}	6 – 10 {2}	11 – 15 {3}	16 – 20 {4}	21 u. mehr {5}
☐	☐	☐	☐	☐

3. Ich unterrichte z. Zt. an ... Schule(n).

1 {1}	2 {2}	3 u. mehr {3}
☐	☐	☐

4. Ich unterrichte z. Zt. an ... Schulstandort(en).

1 {1}	2 {2}	3 u. mehr {3}
☐	☐	☐

5. Ich unterrichte z. Zt. in ... Klassen / Kursen.

1 – 2 {1}	3 – 6 {2}	7 – 9 {3}	10 u. mehr {4}
☐	☐	☐	☐

6. Ich unterrichte z. Zt. in ... Jahrgangsstufen.

1 – 2 {1}	3 – 6 {2}	7 – 9 {3}	10 u. mehr {4}
☐	☐	☐	☐

7. Ich unterrichte z. Zt. insgesamt ... Schüler/innen.

bis 66 {1}	bis 100 {2}	bis 150 {3}	bis 199 {4}	200 u. mehr {5}
☐	☐	☐	☐	☐

	ja {1}	nein {2}
8. Ich unterrichte hauptsächlich in der Schulform/-stufe, für die ich ausgebildet wurde.	☐	☐
9. Ich unterrichte teilweise fachfremd.	☐	☐
10. Ich habe noch ein Mandat (Funktionsstelle).	☐	☐

Wenn ja, welches? _____

11. Die Zahl meiner Unterrichtsstunden pro Woche beträgt ... Stunden.

1 – 5 {1}	6 – 13 {2}	14 – 19 {3}	20 – 26 {4}	27 u. mehr {5}
☐	☐	☐	☐	☐

12. Welches Geschlecht haben Sie?

weiblich {1}	männlich {2}
☐	☐

13. Wie alt sind Sie? _____ Jahre

14. Sie sind ...

ledig/ alleine lebend {1}	mit Partner zusammen lebend {2}	verheiratet {3}	verwitwet {4}
☐	☐	☐	☐

15. Wie viele Kinder haben Sie?

keine {1}	eins {2}	zwei {3}	drei {4}	vier oder mehr {5}
☐	☐	☐	☐	☐

16. Wenn Sie Kinder haben:
Haben diese eine Waldorfschule besucht, besuchen sie derzeit eine bzw. möchten Sie sie dort einschulen? Besuch einer Waldorfschule:

	ja {1}	nein {2}
	☐	☐

Wenn nein, weshalb nicht? (Mehrfachantworten möglich)	
Keine Waldorfschule in der Nähe, zu langer Anfahrtsweg	☐
Habe keinen Platz für mein Kind bekommen	☐
Bedenken im sozialen Umfeld (Ehefrau, Großeltern, Bekannte)	☐
Auch andere Schulen bieten heute eine gute pädagogische Arbeit an	☐
Zu teuer; kann/konnte ich mir nicht leisten	☐
Vorbehalte gegenüber der Qualität der dort geleisteten Arbeit	☐
Keine Waldorfschule in der Nähe, meine Kinder sollen/sollten mit den Nachbarkindern in die Schule gehen	☐
Der gewünschte Schulabschluss wird/wurde dort nicht angeboten	☐
Sonstiges _____	☐

	ja {1}	nein {2}
17. Gehören Sie einer Religions- oder Glaubensgemeinschaft an?	☐	☐
Wenn ja, welcher? _____		
Wenn nein, orientieren Sie sich dennoch an einer solchen?	☐	☐
Wenn ja an welcher? _____		

18. Welches Verhältnis haben Sie zur Anthroposophie (bitte nur eine Nennung)?

Mein Verhältnis zur Anthroposophie würde ich wie folgt bezeichnen:

praktizierend/engagiert ☐   indifferent/neutral ☐   negativ/ablehnend ☐

positiv bejahend ☐   kritisch/skeptisch ☐

	ja {1}	nein {2}
19. Sind Sie Mitglied in der anthroposophischen Gesellschaft?	☐	☐
20. Sind Sie Mitglied der Freien Hochschule für Geisteswissenschaft?	☐	☐

	sehr hohe {1}	hohe {2}	weder noch {3}	geringe {4}	keine {5}
21. Welche Bedeutung hat die Anthroposophie für Sie in Ihrem täglichen Leben?	☐	☐	☐	☐	☐
22. Welche Bedeutung hat die Anthroposophie für Sie in Ihrer Berufstätigkeit?	☐	☐	☐	☐	☐

Anlage 1: Lehrerfragebogen

23. Ich unterrichte mit mehr als der Hälfte meiner aktuellen Stunden ...
(Bitte nur eine Nennung)

in den Klassen 1 – 4 als		in den Klassen 5 – 10 als		in den Klassen 11 – 13 als	
Klassenlehrer	☐	Klassenlehrer	☐		
Fachlehrer für Naturwiss.	☐	Fachlehrer für Naturwiss.	☐	Fachlehrer für Naturwiss.	☐
Fachlehrer für Mathematik	☐	Fachlehrer für Mathematik	☐	Fachlehrer für Mathematik	☐
Fachlehrer für Deutsch	☐	Fachlehrer für Deutsch	☐	Fachlehrer für Deutsch	☐
Fachlehrer für Politik/Sozialkunde	☐	Fachlehrer für Politik/Sozialkunde	☐	Fachlehrer für Politik/Sozialkunde	☐
Fachlehrer für Fremdsprachen	☐	Fachlehrer für Fremdsprachen	☐	Fachlehrer für Fremdsprachen	☐
Lehrer für Handarbeit	☐	Lehrer für Handarbeit	☐		☐
Lehrer für Ethik/ Religion	☐	Lehrer für Ethik/Religion	☐	Lehrer für Ethik/Religion	☐
Lehrer für Musik	☐	Lehrer für Musik	☐	Lehrer für Musik	☐
Lehrer für Gartenbau	☐	Lehrer für Gartenbau	☐		
Lehrer für Kunst und Handwerk	☐	Lehrer für Kunst und Handwerk	☐	Lehrer für Kunst und Handwerk	☐
Sportlehrer	☐	Sportlehrer	☐	Sportlehrer	☐
Lehrer für praktische Fächer wie Schreinerei	☐	Lehrer für praktische Fächer wie Schreinerei	☐	Lehrer für praktische Fächer wie Schreinerei	☐
Lehrer für Eurythmie	☐	Lehrer für Eurythmie	☐	Lehrer für Eurythmie	☐
Lehrer für besondere pädagogische Aufgaben	☐	Lehrer für besondere pädagogische Aufgaben	☐	Lehrer für besondere pädagogische Aufgaben	☐

24. Welchen Schulabschluss haben Sie erworben?

Volks- und Hauptschulabschluss	☐	Fachgebundene Hochschulreife	☐
Qualifizierender Hauptschulabschluss	☐	Abitur/Allgemeine Hochschulreife	☐
Mittlere Reife	☐	Keinen Schulabschluss	☐
Fachhochschulreife	☐	Anderen _____	

25. Welchen Beruf bzw. welche Berufe haben Sie erlernt? _____

26. Wo bzw. wie haben Sie sich für die Tätigkeit als Waldorflehrer qualifiziert?
   (Mehrfachantworten möglich)

			Dauer (in Jahren)
Berufsausbildung	☐		
Pädagogische Hochschule	☐	Abschluss: _____	
Hochschule/Universität	☐	Abschluss: _____	
+ Waldorfzusatzausbildung Vollzeit	☐		
+ Waldorfzusatzausbildung berufsbegleitend	☐		
+ Waldorfzusatzausbildung autodidaktisch	☐		
Freie Hochschule, Mannheim	☐		
Freie Hochschule, Stuttgart	☐		
Institut für Waldorfpädagogik, Witten/Annen	☐		
Alanus Hochschule, Alfter	☐		
Eurythmiestudium	☐		
+ pädagogische Qualifikation	☐		
Sonstiges	☐		

	ja {1}	nein {2}

27. Fühlten Sie sich durch Ihre Ausbildung hinreichend auf den beruflichen Alltag als Lehrer vorbereitet?   ☐   ☐

28. Welches sind Ihrer Meinung nach die drei größten Herausforderungen für die Waldorfschule in der Zukunft?

_____
_____
_____
_____
_____
_____
_____
_____

Vielen Dank für Ihre Mitarbeit!

Anlage 2: Mantelfragebogen für Geschäftsführer

Schulnummer

(nur für interne Auswertung)

Inhaltsverzeichnis

I. Schuldaten

II. Organisationsstruktur

III. Wirtschaftliche Daten

IV. Sozialdaten

V. Fragen zur Schulkultur

VI. Fragen zur Schulentwicklung

I. Schuldaten

1. In welchem Jahr wurde die Schule gegründet?

2. Wie viele Einwohner hat die Gemeinde, in der Ihre Schule ansässig ist?

< 5 Tsd. {1}	5– 20 Tsd. {2}	20–100 Tsd. {2}	100–500 Tsd. {4}	> 500 Tsd. {5}
☐	☐	☐	☐	☐

	ja {1}	nein {2}
3. Ist die Schule voll ausgebaut? (bis Klasse 13)	☐	☐

4. Wenn nein: Ausbau bis Klasse:

	einzügig {1}	zweizügig {2}	dreizügig {3}	mit Balkonklasse {4}
5. Ihre Schule ist ...	☐	☐	☐	☐

	ja	nein	wenn nein: in Planung?
6. Gibt es an Ihrer Schule einen heilpädagogischen Zweig?	☐	☐	☐
7. Existiert ein beruflich orientierter Zweig (z. B. Berufskolleg)?	☐	☐	☐
8. Gibt es an Ihrer Schule integrative Klassen?	☐	☐	☐
9. Gibt es ergänzende therapeutische Angebote für Schüler?	☐	☐	☐
10. Gibt es eine offene Ganztagsschule?	☐	☐	☐

11. Wie groß ist die angestrebte Klassengröße? _____ Schüler

12. Wie hoch ist die Anzahl der Schüler im Schuljahr 2010/2011? _____ Schüler

13. Wie viele Klassen haben Sie im Schuljahr 2010/2011? _____ Klassen

14. Wie viele Lehrer (Köpfe) arbeiten im Schuljahr 2010/2011? _____ Lehrer

15. Wie viele Lehrer/innen gibt es im Schuljahr 2010/2011? _____ Lehrerstellen

    15. a   - davon männlich: _____ Kollegen

    15. b   - davon weiblich: _____ Kolleginnen

16. Wie viele Stunden umfasst ein volles Deputat an Ihrer Schule? _____ Stunden

Anlage 2: Mantelfragebogen für Geschäftsführer

	ja {1}	nein {2}
17. Werden bei Ihnen Teildeputate stundengenau abgerechnet?	☐	☐
18. Werden zusätzliche Stunden (über das Deputat hinaus) vergütet bzw. einem Konto gutgeschrieben?	☐	☐

	ja {1}	nein {2}
19.a Haben Sie ein Schulgebäude angemietet?	☐	☐

19.b Falls es ein eigenes Gebäude gibt, wann wurde es errichtet? _____

	ja {1}	nein {2}
20. Wurde in den letzten 5 Jahren neu gebaut?	☐	☐

21. Wenn ja: Wie hoch waren die Kosten? _____ Euro

22. Neu hinzugekommene Fläche? _____ qm

23. Wie viel Quadratmeter (Hauptnutzfläche) stehen zur Verfügung? _____ qm

	ja {1}	nein {2}
24. Ist die Raumsituation von der Größe her ausreichend?	☐	☐

	nicht zufriedenstellend {1}	zufriedenstellend {2}	gut {3}
25. Die Qualität der vorhandenen Räumlichkeiten ist:	☐	☐	☐

	ja {1}	nein {2}	wenn ja: Die Qualität ist ...		
			nicht zufrieden-stellend {1}	zufrieden-stellend {2}	gut {3}
26. Ist ein Saal vorhanden?	☐	☐	☐	☐	☐
27. Ist eine Sporthalle vorhanden?	☐	☐	☐	☐	☐
28. Gibt es naturwissenschaftliche Fachräume in ausreichendem Maße?	☐	☐	☐	☐	☐
29. Ist die Ausstattung der Schule mit Lehr/Lernmitteln ausreichend?	☐	☐			
30. Ist die Ausstattung der Räume (z. B. Beamer, Chemielabor, Maschinen) für den Unterrichtsbetrieb ausreichend?	☐	☐			

II. Organisationsstruktur

1. Welche Rechtsform hat der Schulträger?	eingetragener Verein {1}	gemeinnützige GmbH {2}	Genossenschaft {3}
	☐	☐	☐

Die Fragen 2 und 3 sind nur im Falle eines **eingetragenen Vereins** zu beantworten:

2. Wie viele Lehrer sind Mitglied im Vorstand?	_____	Lehrer
3. Wie viele Eltern sind Mitglied im Vorstand?	_____	Eltern
4. Wie viele Verwaltungsstellen (Vollzeitäquivalente) gibt es?	_____	Stellen
5. Wie viele Lehrer sind Mitglied in der Schulleitungskonferenz?	_____	Lehrer
6. Wie viele Lehrer sind in der Schulleitung tätig?	_____	Lehrer

	ja {1}	nein {2}
7. Eine Mitarbeit an der kollegialen Selbstverwaltung ist an unserer Schule für alle Lehrer verpflichtend.	☐	☐
8. Die Teilnahme an der pädagogischen Konferenz ist verpflichtend	☐	☐
9. Eine Nichtteilnahme hat Konsequenzen für den Lehrer	☐	☐

	trifft zu {1}
10. An unserer Schule ist zurzeit kein Geschäftsführer fest angestellt.	☐

10.a Falls zutreffend: Wer ist für die Geschäftsführung verantwortlich? _____

Frage 11 nur für den Fall beantworten, wenn ein **Geschäftsführer angestellt** ist:

11.a Welche Berufsausbildung haben Sie? *(freiwillige Angabe)* _____

11.b Mit welchem Stundenanteil sind Sie an der Schule angestellt? _____ Stunden

Einschätzungen zur Organisationsstruktur	trifft voll zu {1}	trifft eher zu {2}	trifft eher nicht zu {3}	trifft gar nicht zu {4}
12. Die Organisationsstrukturen an unserer Schule sind für die Eltern durchschaubar.	☐	☐	☐	☐
13. Die Selbstverwaltung an unserer Schule funktioniert gut.	☐	☐	☐	☐
14. Die Arbeitsbelastung in der Schulführung ist gut verteilt.	☐	☐	☐	☐
15. Wie viele Lehrerstellen sind zurzeit nicht besetzt?	_____			Stellen
15.a - davon: aus finanziellen Gründen	_____			Stellen
15.b - davon: weil keine geeignete Person gefunden wurde	_____			Stellen

Anlage 2: Mantelfragebogen für Geschäftsführer 643

Eltern sind in folgenden Gremien vertreten:	ja {1}	nein {2}	Kreis nicht vorhanden {3}	Für dieses Gremium gibt es eine Geschäftsordnung. {4}
16. Vorstand	☐	☐	☐	☐
17. Schulleitung	☐	☐	☐	☐
18. Wirtschafts- und Finanzkreis	☐	☐	☐	☐
19. Öffentlichkeit	☐	☐	☐	☐
20. Baukreis	☐	☐	☐	☐

21. Welche Form der Führungsstruktur wird an Ihrer Schule derzeit praktiziert bzw. von Ihnen favorisiert? (bei Mischformen sind auch **Mehrfachnennungen** möglich)	aktuell praktiziert	von mir favorisiert
1. Das „klassische Modell": Die interne Konferenz entscheidet alle Führungsfragen. (Entwürfe werden delegiert aber die Entscheidung treffen alle).	☐	☐
2. Das „Mandats-Modell": Es gibt eine funktionale Führung, die auf 3 bis 5 Köpfe verteilt ist. Dadurch entstehen unterschiedliche Ressorts, bei denen jeweils eine Person Entscheidungskompetenz hat.	☐	☐
3. Das „Direktions-Modell": Eine existiert eine funktionale Führung, die auf einen Schulleiter (und evtl. einen Vertreter) übertragen wird, der über das laufende Geschäft entscheidet.	☐	☐
4. Sonstiges (bitte erläutern und evtl. die Rückseite mit benutzen):		

praktiziert:

_____

_____

_____

_____

_____

favorisiert:

_____

_____

_____

_____

_____

III. Wirtschaftliche Daten

1. Der Betriebshaushalt (das Budget) betrug im letzten Geschäftsjahr:	_____ Euro
2. Die Bilanzsumme lag im letzten Geschäftsjahr bei:	_____ Euro
2.b - und im Vorjahr bei:	_____ Euro
3. Das Jahresergebnis (Aufwand-Ertrag) der letzten drei Geschäftsjahre beträgt:	_____ Euro _____ Euro _____ Euro
4. Verbindlichkeiten gegenüber Banken:	_____ Euro
5. Verbindlichkeiten gegenüber Eltern:	_____ Euro
6. Durchschnittliche Aufwendungen für Fortbildungen:	_____ Euro
6.b - und im vergangenen Vorjahr:	_____ Euro

		praktiziert	favorisiert
7.	Welche Form der Gehaltsordnung gibt es derzeit an Ihrer Schule? Und welche Form wird von Ihnen persönlich favorisiert? **(Mehrfachantworten** sind bei Überschneidungen möglich)		
1.	Anlehnung an staatliche Besoldungsstrukturen nach öffentlichen Tarifen: Die Lehrer erhalten entsprechend der erworbenen Studien- und Berufsabschlüsse unterschiedliche Gehälter.	☐	☐
2.	Anlehnung an Gleichwertigkeitspostulate: Jeder Lehrer erhält unabhängig von staatlichen Zertifikaten und Refinanzierungsmodalitäten ein einheitliches Gehalt.	☐	☐
3.	Anlehnung an individuelle Leistungsvereinbarungen: Für jeden Lehrer wird in individuellen Vereinbarungen ein individuelles Gehalt unter Berücksichtigung der Kompetenzen, Gehaltserwartungen und der Finanzkraft der Schule festgelegt.	☐	☐
4.	Anlehnung an soziale Merkmale: Gleiches oder ähnliches Grundgehalt, aber Zuschläge für Ehefrau/mann und Kinder.	☐	☐
5.	Anlehnung an familiäre Solidarstrukturen: Jeder Lehrer nimmt sich aus dem Schulbudget so viel wie er braucht bzw. für seine Arbeit als angemessen ansieht.	☐	☐
6.	Sonstiges (bitte erläutern): praktiziert: _____ _____ favorisiert: _____ _____		

Anlage 2: Mantelfragebogen für Geschäftsführer 645

IV. Sozialdaten

1. Gibt es eine betriebliche Altersversorgung?

ja {1}	nein {2}
☐	☐

2. Gab es in den letzten 5 Jahren Rechtsstreitigkeiten mit Lehrern?

ja {1}	nein {2}
☐	☐

2.a Wenn ja, in wie vielen Fällen? _____

3. Gab es in den letzten 5 Jahren Rechtsstreitigkeiten mit Eltern?

ja {1}	nein {2}
☐	☐

3.a Wenn ja, in wie vielen Fällen? _____

4. Das Durchschnittsalter der Lehrer liegt (zwischen) ...

unter 35 J. {1}	35–40 J. {2}	40–45 J. {3}	45–50 J. {4}	50–55 J. {5}	über 55 J. {6}
☐	☐	☐	☐	☐	☐

5. Gibt es aufgrund des Einzugsgebietes Ihrer Schule Besonderheiten in der Sozialstruktur der Elternschaft (z. B. hoher akademischer oder handwerklicher Anteil, hoher Migranten-Anteil)?

_____

_____

V. Fragen zur Schulkultur

Einschätzungen zur Schulkultur	trifft voll zu {1}	trifft eher zu {2}	trifft eher nicht zu {3}	trifft gar nicht zu {4}
1. Es gibt genügend Kollegen, die die Schule aus innerer Überzeugung mittragen.	☐	☐	☐	☐
2. An unserer Schule gibt es eine gut funktionierende Streit- und Konfliktkultur.	☐	☐	☐	☐
3. Unsere Schule hat in der Öffentlichkeit einen guten Ruf.	☐	☐	☐	☐
4. An allen Arbeitskreisen (z. B. Baukreis, Wirtschaftskreis) sind Eltern beteiligt.	☐	☐	☐	☐
5. Wir arbeiten mit Unternehmen/öffentlichen Einrichtungen/ Vereinen in unserer Kommune/Stadt zusammen.	☐	☐	☐	☐
6. Wir betreiben eine regelmäßige Leitbildarbeit.	☐	☐	☐	☐
7. Unser Leitbild ist allen Lehrern und Eltern bekannt.	☐	☐	☐	☐

8. Wie hoch war die Lehrerfluktuation in den vergangenen 5 Jahren? *(ohne reguläre Austritte durch Pensionierung)*

0 bis 5 Wechsel {1}	6–10 Wechsel {2}	> 10 Wechsel {3}
☐	☐	☐

9. Wie hoch war die Schülerfluktuation im letzten Schuljahr, bezogen auf alle Klassen? *(ohne reguläre Austritte durch Abschlüsse und ohne Aufnahme in die neue erste Klasse)*

_____ Zugänge

_____ Abgänge

VI. Fragen zur Schulentwicklung

Gab es in den letzten 5 Jahren externe Beratungen?	ja {1}	nein {2}	wenn ja: *(freiwillige Angabe)*	
1. ... für den pädagogischen Bereich? (z. B. Supervision, Coaching)	☐	☐	Aufwendungen: _____ Mal	_____ Euro
2. ... für den wirtschaftlich-rechtlichen Bereich?	☐	☐	Aufwendungen: _____ Mal	_____ Euro
3. ... für den organisatorischen Bereich?	☐	☐	Aufwendungen: _____ Mal	_____ Euro
4. ... für soziale Fragen?	☐	☐	Aufwendungen: _____ Mal	_____ Euro

Einschätzungen zur Schulentwicklung	trifft voll zu {1}	trifft eher zu {2}	trifft eher nicht zu {3}	trifft gar nicht zu {4}
5. In unserer Schule gibt es Strategien zur Personalentwicklung.	☐	☐	☐	☐
6. Es gibt ein Organ der Schule, das kontinuierlich Organisationsentwicklung betreibt.	☐	☐	☐	☐
7. Wir nehmen wahr, was andere Schulen tun und integrieren neue Ideen, wenn sie in unser Schulkonzept passen.	☐	☐	☐	☐

8. In den letzten fünf Jahren haben Veränderungen in unserem Schulführungskonzept stattgefunden.

ja {1}	nein {2}
☐	☐

9. Welches sind Ihrer Meinung nach die drei größten Herausforderungen für die Waldorfschule in der Zukunft?

_____

_____

_____

_____

_____

Herzlichen Dank für Ihre Mitarbeit!

Printed by Books on Demand, Germany